抗日战争时期中国人口伤亡和财产损失调研丛书

主　编　张树军　李忠杰
副主编　蒋建农　霍海丹
　　　　李　蓉　姚金果

黑龙江省抗日战争时期
人口伤亡和财产损失

黑龙江省委党史研究室　编

中共党史出版社

图书在版编目（CIP）数据

黑龙江省抗日战争时期人口伤亡和财产损失 / 黑龙江省委党史研究室编 .-- 北京：中共党史出版社，2018.9
（抗日战争时期中国人口伤亡和财产损失调研丛书 / 张树军，李忠杰主编）
ISBN 978-7-5098-4807-4

Ⅰ．①黑… Ⅱ．①黑… Ⅲ．①抗日战争—损失—史料—黑龙江省 Ⅳ．① K265.06

中国版本图书馆 CIP 数据核字 (2018) 第 199010 号

出版发行：**中共党史出版社**
责任编辑：安胡刚
复　　审：陈海平
终　　审：汪晓军
责任校对：龚秀华
责任印制：谷智宇
责任监制：贺冬英
社　　址：北京市海淀区芙蓉里南街 6 号院 1 号楼
邮　　编：100080
网　　址：www.dscbs.com
经　　销：新华书店
印　　刷：北京君升印刷有限公司
开　　本：170mm×240mm　1/16
字　　数：642 千字
印　　张：33.5　16 面前插
印　　数：1—3050 册
版　　次：2018 年 9 月第 1 版
印　　次：2018 年 9 月第 1 次印刷
ISBN 978-7-5098-4807-4
定　　价：77.00 元

此书如有印制质量问题，请与中共党史出版社出版业务部联系
电话：010—82517197

《抗日战争时期中国人口伤亡和财产损失调研丛书》

本课题在中共中央党史研究室室委会领导下进行。先后四位时任主任孙英、李景田、欧阳淞、曲青山对本课题给予了重要指导。

主　编　张树军　李忠杰
副主编　蒋建农　霍海丹　李　蓉　姚金果

参加审稿的领导和专家：

一、中共中央党史研究室领导和专家

曲青山　孙　英　龙新民　陈　威　石仲泉
谷安林　张树军　黄小同　黄如军　李向前
陈　夕　任贵祥　郑　谦　王　淇　黄修荣
刘益涛　韩泰华

二、有关部门和单位的专家

李景田（第十二届全国人大常委、民族委员会主任委员；中共中央党史研究室原主任；中共中央党校原常务副校长）

何　理（中国人民解放军国防大学少将、教授、中国抗日战争史学会会长）

支绍曾（中国人民解放军军事科学院少将、原军事

历史研究部副部长、研究员）

罗焕章（中国人民解放军军事科学院研究员）

刘庭华（中国人民解放军军事科学院原军事历史研
究部研究室主任、研究员、博士生导师、
首席军史专家）

阮家新（中国人民革命军事博物馆原副馆长、研究员）

步　平（中国社会科学院近代史研究所原所长、研
究员）

汤重南（中国社会科学院世界历史研究所研究员、
中国日本史学会名誉会长）

姜　涛（中国社会科学院近代史研究所研究员）

荣维木（《抗日战争研究》原主编）

郭德宏（中共中央党校党史教研部原主任、教授、
博士生导师）

肖一平（中共中央党校党史教研部教授）

杨圣清（中共中央党校党史教研部教授）

李东朗（中共中央党校党史教研部教授、博士生
导师）

徐　勇（北京大学历史系教授、博士生导师）

李良志（中国人民大学中共党史系教授）

王桧林（北京师范大学教授、博士生导师）

谢忠厚（河北省社会科学院原现代史研究所所长、
历史研究所顾问、研究员）

中共中央党史研究室课题组成员

李忠杰　霍海丹　李　蓉　姚金果　李　颖
王志刚　王树林　杨　凯

《抗日战争时期中国人口伤亡和
财产损失调研丛书》

总　序

中共中央党史研究室副主任　李忠杰

　　发生在 20 世纪三四十年代的中国人民抗日战争，是中华民族抵抗日本帝国主义侵略的一场规模巨大的战争，是世界反法西斯战争的重要组成部分和东方主战场，是近代以来中国反对外敌入侵第一次取得完全胜利的民族解放战争。中国人民抗日战争的胜利，成为中华民族由衰败走向振兴的重大转折点，也对世界各国人民取得反法西斯战争的胜利、争取世界和平的伟大事业产生了巨大影响。

　　这场战争，作为世界反法西斯战争的一部分，从根本上来说，是反法西斯正义力量与法西斯侵略势力之间的一场大决战，是文明与野蛮的一场大搏斗。日本侵略者，站在法西斯阵营一边，不仅与中国人民为敌，而且与世界人民为敌，肆意践踏人类的公理和正义，企图以残暴杀戮的手段，将中华民族置于自己的铁蹄之下。日本侵略者先后占领了中国、东南亚、南亚、大洋洲许多国家的领土，杀害居民，掠夺物资，强征劳工，施放毒气，蹂躏妇女和儿童，毁坏和窃取文物，造成了大量人员和财产的损失，给中国人民和亚洲其他许多国家人民留下了巨大的创伤，给世界文明造成了空前的破坏。

　　中国是受战争摧残最为严重的国家。从 1931 年到 1945 年的 14 年间，日本侵略者先后占领了东北、华北、华中、华南等大片中国最重要的经济政治文化战略地区。在整个战争进程中，日军到处屠杀、焚烧、抢掠、奸淫，使中国人民的生命财产惨遭蹂躏；大量使用生化武器，进行残酷的细菌战和化学战；把大批中国平民和俘虏当作细菌和毒气的试验品；对无辜的中国平民施放毒气，或在河流、湖泊、水井中投毒；掠走大批中国劳工，强迫他们筑路、开矿、拓荒，从事大型军事工程，使其大批冻、饿、病、累而死；强征中国妇女作为"慰安妇"，严重残害妇女的身心健康；对抗日根据地实行"烧光、杀光、抢光"政策，企图摧毁抗战军民起码的生存条件；在许多地方还制造了一系列触目惊心的大惨案。直至今天，日本侵略所造成的后果还难以完全消除，日军遗留的毒气弹还不时地威胁着中国人民的生命安全。

日本侵略者的罪行，违背了起码的人类良知和国际公法，不仅是对人权和人道主义的践踏，而且是对人类文明的挑战。它决不是如某些日本右翼分子所说是解放亚洲和太平洋地区人民的行动，而是亚洲和太平洋地区历史上最黑暗的一幕，是人类文明史上的一场浩劫。第二次世界大战结束后，根据《波茨坦公告》的规定，远东国际军事法庭在东京对日本首要战犯进行了国际审判，确认侵略战争为国际法上的犯罪，策划、准备、发动或进行侵略战争者为甲级战犯。此外，盟军还在马尼拉、新加坡、仰光、西贡、伯力等地，对日本的乙、丙级战犯进行了审判。中国也先后对日本的有关战犯进行了审判。这些审判，与欧洲的纽伦堡审判一起，使发动侵略战争的罪犯受到了应有的惩处，代表了全世界一切爱好和平人民的共同愿望。这是正义的审判，历史的审判！这一审判的结果是不容挑战的！

策划和制造当年这场战争的，是一小撮日本军国主义和法西斯分子。而日本人民，从根本上来说，也是受害者。所以，日本人民也用不同方式对这场战争进行了抵制和反抗。不少参加侵华战争的士兵认识到战争的性质，幡然悔悟，积极参加了国际和日本国内的反战活动。战后，很多人勇敢面对历史事实，以见证人的身份揭露了日本军国主义的罪行。还有很多当年的士兵,真诚忏悔战争的罪行,以实际行动推动世界和平和中日友好,做了很多有益的工作。他们的良知和勇气,应该得到充分的肯定和赞赏。

相反,日本国内一些右翼势力,直到今天仍然否认侵略战争的性质和罪行,竭力推卸侵略战争的责任。对早已由当年远东国际军事法庭作出严正判决的南京大屠杀一案,始终企图翻案。历史不容改变,事实岂能抹杀!企图歪曲历史,掩盖罪行,这是中国人民绝对不能同意的!

中国人民在当年那场战争中的胜利,是正义战胜邪恶、光明战胜黑暗、进步战胜反动的伟大胜利!是正义的胜利、人民的胜利、和平的胜利!既是中华民族永远值得纪念的胜利,也是世界人民永远值得纪念的胜利!但是,在纪念胜利的同时,我们不要忘记,这一胜利是用极为惨重的代价换来的。在这一伟大胜利的背后,是中华民族遭受的巨大人员伤亡和财产损失!中华民族,既为这场战争的胜利作出了巨大的贡献,也在这场战争中付出了巨大的民族牺牲。

1995 年,江泽民同志在首都各界纪念抗日战争暨世界反法西斯战争胜利 50 周年大会上,对当年日本侵略中国造成巨大人口伤亡和财产损失的基本数据作出了重要表述。2005 年,胡锦涛同志在纪念中国人民抗日战争暨世界反法西斯战争胜利 60 周年大会的讲话中,再次郑重宣布,据不完全统计,在抗日战争期间,中国军民死伤 3500 多万人;按 1937 年的比值折算,中国直接经济损失 1000 多亿美元,间接经济损失 5000 多亿美元。中国领导人公开宣布的基本数据,从整体上揭示了中国人口伤亡和财产损失的规模,有力地揭露了日本军国主义侵略的罪行。

数据,是历史的抽象。数据的背后,是大量的事实、确凿的证据,是无数人们的惨痛记忆和血泪控诉。为了更直接、更具体、更全面、更系统、更立体地还原当年的历史，展示中国人民遭受的灾难和损失，揭露日本军国主义的罪行，驳斥日本右翼势力否认侵略罪行的种种言论，我们必须通过更多档案资料的展示、历史文书的挖掘、具体事实的考查、当事人的证词证言、各种各样的物证书证，等等，将侵略者的罪行昭告天下。因此，作为炎黄子孙，作为郑重的历史工作者，有必要、有责任、有义务、也有权利对战争期间中国的人口伤亡和财产损失进行更加系统、详尽、具体的调查研究，将当年中国人民的巨大牺牲和惨重损失永远地记载下来。

这项调查研究工作，本来在抗日战争结束之后，或者在新中国成立时，就应该进行。但由于种种历史原因，未能系统、全面地进行。由于年代久远，资料散失，在世的证人越来越少，现在进行这方面的调查和研究已经有很大困难。但是，无论早晚，这项工作总得有人来做。现在才做，已经晚了几十年。但如果现在再不做，将来就更晚，也更困难了。所以，无论再困难，做，都是必要的。做好这项调研，是对历史负责、对人民负责、对当年的牺牲殉难者负责、对我们的子孙后代负责。根本上，是对整个中华民族负责，也是对国际社会和人类文明负责。

因此，2004 年，中央党史研究室决定开展《抗日战争时期中国人口伤亡和财产损失》的课题调研。从 2005 年开始，组织全国党史部门围绕这一重大课题，开展了系统深入的调研工作。其基本任务，是按照实事求是的原则，调查更加详实、有力、具体、准确的档案、材料、事实，更加清楚准确地掌握日本军国主义的侵略罪行，更加清楚准确地掌握日本侵略在各个不同领域、地区和方面对中国造成的破坏和损失。其中包括：各个省、自治区、直辖市在抗战中的人口伤亡和财产损失情况；历次重大战役战斗中中国军队伤亡的情况；日本从中国掠走各种资源的情况；日本从中国掠走和破坏文物的情况；日军在中国制造的一系列重大惨案；中国劳工的损失情况；中国妇女遭受日军性侵犯的情况，包括"慰安妇"的情况；日军在中国使用细菌武器、化学武器及其造成伤害的情况；日本侵略在其他方面给中国造成破坏的情况；等等。

课题调研的整体布局，实行块块和条条的结合。每个省、自治区、直辖市党史研究室，主要负责把本区域内的情况调查清楚。也可根据实际情况，选择一些重点，进行专题性的调研，形成专题性的研究成果。一些重要专题，单靠某个省（自治区、直辖市）做不了，就采取条条的办法，组织专题性的调研。还有一些，则是条条与块块相结合。如毒气，日军在不同区域使用过，有关的省（自治区、直辖市）都调查。但作为一个专题，由相关的区域进行协调，配合开展调研工作，并形成专项的调研成果。如劳工、性侵犯等，就大致属于这种类型。

课题调研的方式方法，主要是查阅和搜集档案文献资料，包括不同历史时期的统计报表。同时查阅当时有关的报刊资料，查阅多年来涉及有关地方、有关课题的研究成果。对一些特殊的重大事件，特别是重大惨案等，也同时进行社会调查，对当事人、知情人、有关研究人员等进行走访，记录证词证言。对于特别重要的事件，有条件的，还进行必要的司法公证，如南京大屠杀、潘家峪惨案等，使这些调查都成为在法律上可以采信的证据。根据需要与可能，也到国外境外包括台湾地区查阅搜集档案资料。

中央党史研究室进行了大量组织和指导工作。在课题确定前，首先进行了必要的论证，得到了许多专家的支持。随后，制定了详细的工作方案，向各省、自治区、直辖市党史研究室发出正式通知和实施意见，明确了工作的指导思想、组织领导、调研项目、工作步骤、基本要求、注意事项等等。为了提高认识，振奋精神，交流经验，落实措施，专门召开了工作培训会议，就课题的总体规划、调研方法、需要把握的问题等，作了全面部署，特别是提出了把调研工作做成"基础工程、精品工程、警世工程、传世工程"的要求。多年来，一直分阶段、有步骤地把这项课题调研推向前进。有关领导和专家分别到各地参加会议，指导培训，提出要求，统一规格，解答疑难问题。在调研过程中，随时就有关问题进行具体指导。工作班子及时编发简报和简讯，交流情况和经验。

各级党委和政府高度重视。多数地方成立了由党史研究室领导负责的课题组。各地先后召开工作会议、电话会议等，培训人员，落实任务。许多地方形成了由党史研究室牵头，档案、民政、财政、司法、地方志、社科院以及高校等部门单位联合攻关的局面，保证了调研工作扎扎实实、有计划有步骤地向前推进。

《抗日战争时期中国人口伤亡和财产损失》课题调研先后经历了六个阶段。第一，酝酿启动。第二，全面调研。这是最重要的阶段。各地组织专门人员，查询档案，实地走访，搜集了大量资料。第三，起草报告。凡参加调研的县以上单位，都要在搜集整理、考证研究档案文献资料和进行实地调查的基础上，写出调研报告，全面、准确地反映调研成果。同时，将调研中搜集的档案文献资料进行分类整理，制作统计表、大事记和人员伤亡名录等。第四，分级验收。为保证调研成果的科学性、准确性、严肃性，各省、自治区、直辖市调研报告都要经过四级验收。首先由课题领导小组审查通过，然后聘请所在省份资深专家审读验收，合格后报送中央党史研究室课题组。中央党史研究室课题组审读各省、自治区、直辖市的调研报告及相关调研成果，认为合格后，再聘请有全国影响的专家审读，写出书面意见并亲笔署名。根据审读意见，各地都要反复认真进行修改，只有达到规定要求才能通过验收。第五，上报成果。完成调研工作的省、自治区、直辖市，都按统一要求，将调研中收集的档案文献资料等所有文件，精心整理，分类成册，向中央党史研究室提交调研成果。各市县也要逐级向省级报送。第六，反复审核。中央党史研究室召开审稿会，组织各省、自治区、直辖市按照标准自审，相互间互审，将各种材料进行比对，将有关数据核实，解决带有共性的问题，进一步统一标准、统一规范、统一格式。

这项课题调研，作为一项浩大的工程，到目前为止，进行了将近10年之久。前后共有60多万党史工作者、史学工作者和其他各类有关人员参加。将近10年来，各个地方都周密组织，采取有力措施推动工作开展，保证调研质量。如山东省，先在30个县（市、区）进行试点，然后在全省普遍推开，形成了纵向省市县乡村五级联动、步调一致，横向十几个部门优势互补、携手攻关的工作格局。课题调研期间，山东省参加工作的同志共查阅档案238742卷，复印档案资料406912页，查阅抗战期间及战后出版的书刊61301册（期），复制文献资料220177页。走访调查8万余个行政村、609万名70岁以上（即1937年全国性抗战爆发以前出生）老人中的507万余人，收集证言证词79万余份。拍摄照片资料7376幅、录像资料49678分钟，制作光盘2037张。全省1931个乡镇，每个乡镇都建立了包括证人证言证词、伤亡人员名录、财产损失清单、人员伤亡和财产损失数字统计、人员伤亡和财产损失大事记、重大惨案证据材料以及证人和知情人口述录音、录像、照片等内容的抗战时期人口伤亡和财产损失材料卷宗，共12892个。

这项课题调研，也得到了社会各界特别是档案图书部门、专家学者的普遍支持。许多档案馆、图书馆为这次调研提供各种方便。不少专家学者在教学科研任务繁重、经费困难的情况下，承担专题研究任务。有的外请专家利用学校假期全力以赴做课题，缺少交通工具，就以自行车代步或徒步，到档案馆和图书馆查阅文献资料。

为了扩大搜寻面，中央党史研究室还组织查档小组，分赴美国、俄罗斯、日本，搜集了许多抗战史料。很多地方的课题组都到台湾查档。在台北"国史馆"、中国国民党党史馆、"中央研究院"近代史研究所档案馆等，找到了数量巨大、整理比较细致的抗战档案。台北"国史馆"馆藏的国民党在大陆统治时期行政院赔偿委员会档案，涉及抗战时期中国人口伤亡和财产损失的有8924卷，内容十分翔实具体。既有中央机关、军队系统人口伤亡和财产损失情况，也有地方省、市、县、区和个人填报的资料，包括台湾地区和华侨的档案资料。新疆防空委员会也报送有财产损失材料，如修筑防空工事、疏散费等财产损失。重庆市报送有日机空袭慰恤重伤难胞姓名卡，上面有卡号、伤员姓名、性别、年龄、籍贯、受伤时间、受伤地点、犒金额、发犒金时期、所住医院名称、医院地址、入院时间等，受伤部位还配有图片加以说明。所有这些，为查明当时各方面的人口伤亡和财产损失，提供了重要证据。

这项重大课题调研的成果，均编成《抗日战争时期中国人口伤亡和财产损失调研丛书》公开出版，为国内外学者提供并为子孙后代留下一份关于抗战时期中国人口伤亡和财产损失的系统资料。经过验收、审核合格的调研报告和主要档案文献资料，都按统一体例，编辑成为丛书的A、B两个系列。A系列为各省、自治区、直辖市各一本调研成果，以及若干重要专题的调研成果，由中央党史研究室负责审核。B系列为各省、自治区、直辖市的其他大量调研成果，由各省、自治区、直辖市党史研究室负责审核。全部成果统一设计、统一规格、统一版式、统一编号，由中共党史出版社统一出版。全部出齐之后，将有300本左右。

为了集中反映日本侵略者在中国制造的各种重大惨案，我们专门编纂了一套《抗日战争时期全国重大惨案》，收录抗战时期死伤平民（或以平民为主）800人以上的重大惨案100多个，配以档案、文献、口述及照片等作为历史证据。日本一些右翼分子，常常攻击中国为什么不拿出伤亡人员名单。我们专门安排了一个省，即山东省，公布该省具体的伤亡人员名录（第一批先公布该省100个县〈市、区〉的死难人员名录），包括姓名、籍贯、年龄、性别、伤亡时间等多项要素。以此说明，中国的伤亡人员都是有根有据、铁证如山的。

历史的生命在于真实、客观、准确。《抗日战争时期中国人口伤亡和财产损失》这一课题调研的生命也在于真实、客观、准确。所以，在开展这一课题调研的过程中，我们始终把保证调研质量，保证所有材料、事实、成果的真实性、客观性和准确性放在第一位，并在五个重要环节上严格要求、严格把关。第一，严格要求。一开始就明确规定，课题调研工作坚持实事求是的原则和科学严谨的态度。整个调研工作必须尊重历史事实。档案怎么记录的，就怎么记载，不能随意改变。当事人、知情人怎么说的，就怎么记录，不能随意加工。所有的材料、事实都要经得起法律上和学术上的质证。在需要与可能的情况下，对当事人、知情人的证词证言要进行司法公证。各种数据，都要确有根据，不能随便编排、采信。不许追求任何高数字、高指标。第二，统一规范。对课题调研的项目、内容，都做了认真细致的研究，提出了统一要求和严格规范。对全部调研项目设计了统一的表格，对调研报告的内容和格式做了统一规定。每个数字的内涵外延，包括如何计算、如何换算等等，都有明确的规定。事前对调研人员进行了培训。调研过程中，对没有理解的问题、疑难的问题等，都由专家给予统一的解释、说明。第三，责任到人。对所有参与课题调研的人员，都实行责任制。查档的、笔录的、整理的、起草调研报告的、审读的……，每个环节的人员都要签名，以对这一环节自己的工作负责，对子孙后代负责。明确规定，今后凡遇到质疑，有关环节的调研人员都要能够站出来进行证明、解释和辩论。第四，客观撰写。在汇总情况、起草调研报告阶段，要求所有的数据统计都必须客观、真实、准确。一律用事实说话，材料要具体、实在。不允许像写文艺作品那样来写调研报告；不允许作任何想象、编造和煽情性的描写；不允许刻意追求语言的生动华美；不允许使用任何带有夸张性、主观推断性的文字；不允许用"不计其数"、"无恶不作"这类抽象的形容词来概括相关内容；经过调研，凡是能够说清的事实、数字都予采用，但仍然说不清的情况、数据，就客观地说明未查核清楚，在汇总和整理数据时充分考虑这些因素，绝对不得编造数字。第五，逐级验收。除了在调研过程中由特聘的专家随时给予指导外，对各地提交的调研报告和相关材料，都实行逐级验收制度。其中，对省级调研成果实行由地方到中央的四级验收，其他调研成果由有关省、自治区、直辖市党史研究室组织验收。每一验收环节都要有专家审读、签字。凡存在问题和不符合要求之处，都要退回重新核查和修改。

经过艰苦努力，到 2010 年底，我们在深入调研的基础上，初步编出了几十本成果，先行印制了少量样本作为内部工作用书，组织力量作进一步的研究、审读、复查、校核。从 2014 年初开始，我们又组织展开了新一轮较大规模的审核工作。第一，召开有关省、自治区、直辖市党史部门参加的审稿会，进一步提高认识，明确规范，听取相互评审以及从社会各方面听到的意见，对审核工作提出要求，进行部署。第二，开展自审、复核、修改，确保准确无误。同时在各省、自治区、直辖市党史部门之间交叉审读，相互间进行比较、核对、衔接。自审互审完成后，都要确认是否具备正式出版的质量水准，签署是否同意交付出版的意见。第三，由中央党史研究室组织专家，对所有拟第一批出版的成果（书稿）进行六个环节的审读、检查、修改、校对，不仅检查是否还有表述不够准确或不够清楚的地方，而且对各本书稿之间、每本书稿各个部分之间的内容、叙述、时间、数字等进行统筹检查，排除表述不一致的内容。第四，如实客观地说明我们工作尽最大努力后达到的程度。始终强调，凡是已经清楚的，就清楚表述。还没有搞清楚的，就如实说明还没有搞清楚。某些数据、结论与其他书籍资料不完全一致的，则说明我们是依据什么材料、从什么角度得出和叙述的，不强求一致。第五，组织各地党史部门继续参与审核。凡有疑问的，都与有关地方党史部门联系、查核。多数省、自治区、直辖市都派专人来京参与审核、修改、校对。审核完毕后，又组织各地党史部门对自己书稿的清样再次进行审核。然后再按出版流程交付印制。今年以来对这些成果再次进行如此繁密、细致的复核工作，都是为了进一步保证成果的质量，保证历史事实的真实性和准确性。

特别需要强调的是，开展这项调研，不是为了简单汇总、计算这样那样的数据，而是为了寻找、展示更多的档案、更多的材料、更多的人证物证、更多的历史事实，用具体的事实来反映当年中华民族遭受的巨大灾难，揭露日本侵略者反人类的罪行。时隔几十年，很多数据难以查清，很多数据可能不很吻合，而且数据的分类、统计、核算都极为复杂，远远不是简单做一做加法就能算出来的。所以，我们在数据上采取了十分谨慎的态度。能统计出来的就统计出来，难以统计的也不强求。统计的口径、结果相互有差别的，也注意说明。今后，我们将会对数据问题作进一步研究。因此，目前的研究还只是阶段性的，不能说已经包罗万象，更不是最终的结论。总体上，还是在为今后更加综合性的研究提供一个详尽、扎实的基础。

由于自始至终都高度重视和强调调研的质量，所以，对于这一项目的真实性、客观性、准确性，我们有充分的信心。当然，无论如何，历史已经过去了六七十年，很多当事人已经去世，很多档案资料已经散失。现在再对发生在六七十年前的灾难进行大规模的调查，其困难是可想而知的。所以，即使做了最大的努力，我们仍然充分预计在调研成果及有关材料中，还是会有不足和差错之处，出版之后，肯定会有不同意见。所以，我们真诚地欢迎所有看到这些调研成果的人们，对其中的内容、材料、数据等进行审查、讨论。如此，必将有更多的人们关心和参与对当年那场灾难的调查，必将会提供和发现更多的档案、更多的资料、更多的见证，必将对我们调研成果中的很多内容进行不断的推敲琢磨，从而使我们能够更加准确、系统地展示当年中国的人口伤亡和财产损失，使我们为子孙后代留下的资料更为完整、更为丰富。我们也欢迎日本和其他国家的人们对这些调研成果进行阅读、审查、讨论、质疑。如此，将会有更多的国家和人们关注中国当年所遭受的灾难，也将会有更多的存留于国外境外的档案资料出现在公众面前，也将会使对当年这段历史和灾难的记录、研究更加准确和科学。

《抗日战争时期中国人口伤亡和财产损失》课题调研，是一项学术性的工作。开展这项课题调研，是为了更加准确和详尽地记录这场战争和灾难的历史，更加充分和有力地揭露日本军国主义的侵略罪行、反击日本右翼势力否认侵略战争的言行，更加充分和有效地进行爱国主义教育，毋忘国耻、振兴中华，更加积极地促进两岸交流、推进祖国和平统一进程，同时，也是为了给全世界所有关注当年这场战争和灾难的国家、政府和人们一个更加负责任的交代，为子孙后代继续研究当年中国人民抗日战争和日本军国主义的侵略罪行留下一笔丰富翔实的历史遗产。因此，虽然是学术性调研，但具有重大的历史意义、现实意义、国际意义、政治意义。作为历史工作者，我们有责任、有义务，实事求是地把中华民族在那场战争中蒙受的巨大灾难和损失尽可能完整地记载下来。推动和开展这项课题调研，是良心所在，是责任所在！每每读到那些令人震颤的历史事实，每每想到那数千万死难者的冤魂亡灵，每每掂量我们今人特别是历史工作者的责任，我们都禁不住潸然泪下。将近 10 年来，所有调研人员本着对历史和民族负责的精神，殚精竭虑，无私奉献，千方百计寻找各种线索，逐字逐页翻阅档案资料。为了做好对当事人、知情人的调查取证工作，顶酷暑，冒严寒，深入村镇，一家一户进行走访。也许，随着时间的流逝，这样的调研工作，以后再也不可能如此全面深入大规模地进行了。所以，对于能够基本完成这一课题的调研，我们极为欣慰，对能够取得今天这样的成果，我们极为珍惜。将近 10 年来，调研工作遇到过重重困难，调研人员付出了巨大心血，但只要能够对国家、对民族、对人民有一个负责任的交代，我们所有的努力、辛劳甚至痛苦都是值得的！

现在，《抗日战争时期中国人口伤亡和财产损失调研丛书》A 系列第一批成果就要正式出版了，随后我们还将根据工作进程陆续出版第二批、第三批……B 系列丛书的编纂和出版工作也将同时推进。而且，这项课题调研工作远没有结束。截至目前课题调研取得的成果，都还是阶段性的、部分的、不完全的成果。很多专题性调研还要继续进行，对大量档案资料还要进行分析研究。所有这些，都还需要我们继续不懈地努力。我们将以对历史负责的精神，一如既往地将这项课题调研工作做好。

历史，是现实的基础，更是未来的起点。打开尘封的记忆，重温昔日的往事，我们可以得到很多的启示和教诲，增长很多的聪明和智慧。所以，研究历史，形式上是向后看，但根本目的是向前看。作为一种科学的研究，我们调查历史的真相，记录历史的灾难，不是为了延续旧时的仇恨，不是为了扩大中日之间的裂痕，不是为了煽动狭隘民族主义的情绪，而是为了以史为鉴，不让历史的悲剧重演；面向未来，书写更加友好合作的美好篇章。经历了太多的苦难和挫折之后，我们更加坚定地热爱和平，更加执着地追求正义，更加珍惜国家的主权与独立，也更加关注世界的文明发展和进步。我们真诚地希望，世界各国能够携手努力，平等协商，求同存异，友好相处，共同推进世界的发展，共享人类文明的成果；我们真诚地希望，中日两国人民能够更多地加强交流、理解和合作，共同开辟中日关系的新局面，使中日关系更加健康稳定地向前发展，使中日两国人民真正世世代代地友好下去；我们真诚地希望，中华民族能够始终以坚韧不拔的努力，坚定不移地走和平发展之路，在中国特色社会主义旗帜下全面建设小康社会，努力实现社会主义现代化，为推动建设一个和平发展、文明进步的世界作出自己的贡献！

2014 年 4 月 30 日

《抗日战争时期中国人口伤亡和财产损失》课题①调研工作规范和要求

  2004 年，中共中央党史研究室决定开展《抗日战争时期中国人口伤亡和财产损失》课题调研。2005 年向全国各省、自治区、直辖市党史研究室发出开展此项工作的正式通知，进行相应部署，着重说明工作的指导思想、调查项目、实施步骤及规范和要求。以后又随着课题调研的深入开展，对规范和要求进行了补充和完善。

一、课题调研的基本任务

  抗战损失课题调研的目的和任务是深化对抗日战争时期中国人口伤亡和财产损失的研究。1995 年，在首都各界纪念抗日战争暨世界反法西斯战争胜利 50 周年之际，江泽民同志曾经对 20 世纪三四十年代日本侵略中国造成巨大人口伤亡和财产损失的基本数据做出了重要表述。2005 年，在纪念中国人民抗日战争暨世界反法西斯战争胜利 60 周年大会的讲话中，胡锦涛同志再次郑重宣布，据不完全统计，在抗日战争期间，中国军民伤亡 3500 多万人；按 1937 年的比值折算，中国直接经济损失 1000 多亿美元、间接经济损失 5000 多亿美元。中共中央党史研究室组织开展的课题调研，旨在全面详尽调查有关抗日战争时期中国人口伤亡和财产损失的具体事实，为这组基本数据提供强有力的史实支撑，并不是简单地做数据统计。

---

① 本课题亦简称为抗战损失课题或抗损课题。因为抗日战争时期及抗战胜利后国民政府统计人口伤亡和财产损失多采用"抗战损失"等概括性提法，其中将人口伤亡也称作抗战损失之一种，与财产损失并提，故沿用这一表述。

课题调研的基本任务是：按照实事求是的原则，经过广泛、全面、深入细致的调查研究，包括查阅搜集档案资料、对统计数据进行分析等，获得更多的证据，以更加全面和准确地揭露日本帝国主义侵略中国的罪行及其对中国人民造成的伤害。

课题调研的主要内容包括：（1）各个省、自治区、直辖市在抗战中的人口伤亡和财产损失情况；（2）历次重大战役战斗中中国军队伤亡的情况；（3）日本从中国掠走各种资源的情况；（4）日本从中国掠走和破坏文物的情况；（5）日军在中国制造的一系列重大惨案；（6）中国劳工的损失情况；（7）中国妇女遭受日军性侵犯的情况，包括"慰安妇"的情况；（8）日军在中国使用细菌武器、化学武器及其造成伤害的情况；（9）日本侵略在其他方面给中国造成破坏的情况；等等。

二、课题调研的方式和方法

主要是组织有关人员查阅和搜集档案馆、图书馆和其他文博单位以及民间保存的有关中国抗战人口伤亡和财产损失的档案资料、报刊杂志、历年出版的专题资料集和发表的研究成果。对一些特殊、重大的事件如重大惨案，则走访当事人、知情人和有关研究人员，进行录音录像，整理和保存证人证言，有条件的还进行司法公证，努力使这些调查材料成为在法律上可以采信的证据。有些省份的课题组还到境外的有关机构查阅相关档案资料，作为对大陆保存的档案资料的丰富和补充。这次课题调研的整体布局，实行块块和条条相结合。每个省、自治区、直辖市党史研究室在负责开展地区性的广泛调研的同时，也从实际出发开展一些专题性调研。一些重要的、涉及多个地方的带有全局性的专题，则另组织专家进行调研。

三、对搜集档案资料的要求

1. 明确搜集档案资料的范围。搜集档案资料是本课题调研工作的基础，调研成果的质量也主要决定于档案资料是否翔实，是否尽可能完整和全面。所以，凡相关内容的档案资料，不论是直接反映人口伤亡和财产损失的，还是间接反映的（如关于人口状况、财产状况、生产能力、各类资源情况等资料），都尽量搜集，作为撰写调研报告的客观的历史依据。搜集的要件有：档案、报刊、史志、时人日记、专著专论、实地调查报告、图片、影像资料以及出版、发表的研究成果等。

2. 认真整理原始档案和资料。对于搜集到的档案资料，不论是来自原始的档案，还是来自报刊、史志、日记、图书、专题论文等，都认真整理，每份每件都注明保存的地点、单位、文件卷号、出版或发表处等，然后分类汇总，妥善保存。档案资料使用时一律保持原貌，必要时作注释说明，不允许对原件内容增改、涂抹。对搜集到的档案资料要在分门别类整理的基础上进行必要的考证、鉴别和研究。整理后的档案资料，不仅是有关课题承担者撰写课题调研报告的重要依据，其主要内容也作为附件收入有关的调研成果之中。

四、有关数据统计中的几个问题

1. 根据搜集、掌握资料的情况，抗日战争时期中国的人口伤亡分为直接伤亡和间接伤亡两大类。直接伤亡，一般是指日本侵略中国的战争直接导致的中国方面人员的死、伤、失踪等；间接伤亡，一般是指在日本侵略中国的战争包括特定战争环境中造成的中国方面被俘捕人员、灾民、难民、劳工等的伤亡。抗战期间，被俘捕人员、灾民、难民、劳工等伤亡很大，但由于其流动性大等复杂原因，很难形成具体数据资料，统计起来十分困难。因此，本课题调研中，将已确定属于死、伤或失踪的被俘捕人员、灾民、难民、劳工的数据归入有关地方间接伤亡统计数据；无法确定是否伤亡失踪的，可视情况单列相关数据并加以说明。需要补充说明的是，在战争中失踪者，按通常惯例归为死亡。

2. 抗日战争时期中国的财产损失分为直接损失和间接损失两大类。直接损失，一般是指在日军攻击、轰炸或掠夺中直接造成的社会财产损失。居民财产损失列为直接损失。间接损失，一般包括：(1)政府机关等因抗战需要而增加的费用，如迁移费、防空设备费、疏散费、救济费、抚恤费等；(2)各种营业活动可获利润额的减少及由于成本上升等增加的费用；(3)有关伤亡人员的医药、埋葬等费用；(4)为抗战捐献的物资和钱财；(5)有关人力资源的损失。总之，一切因战争造成的间接财产损失均包括在内。

3. 在财产损失中所列的人力资源类损失，包括了被俘捕人员、劳工等在财产方面的损失。中国各级政府所组织的劳役，例如为战争修筑公路、机场、军事工事等抽调民工，都算作人力资源损失。但中国方面征用民工和日本侵略军强征劳工有所区别。日军强征劳工的伤亡率很高，和中国方面征用民工民夫的情况区别很大，因此要分别统计和说明，不能混淆。

4. 中国军队在重大战役战斗中的人员伤亡，分别情况加以统计处理。此次课题调研以统计平民伤亡为主。有关省（自治区、直辖市）如发现有本地发生过军队人员伤亡的重要资料，可以搜集整理并在调研报告中说明，但不计入本地人口伤亡总数。若是本地籍军人的伤亡，则计入本地人口伤亡总数。

5. 海外华侨拥有中国国籍，因此在计算抗日战争时期中国人口伤亡和财产损失时，华侨人口伤亡和财产损失均计算在内。各有关地方在计算本地人口伤亡和财产损失时，视情况可以将本地籍华侨的伤亡、损失计入统计数据总数，亦可单列数据并加以说明。

6. 工厂、学校、机关团体等由于战争原因搬迁造成的损失，算作间接损失，原则上由工厂、学校、机关团体等原所在地方统计。如果原所在地方缺少相关资料，新迁移处具备资料条件，也可由后者统计。为避免交叉和重复，遇到这类情况须特别加以说明。

7. 政党、政府机构的财产损失，归入公用事业的社会团体类财产损失一并计算。

8. 被日军、日本占领当局无偿征用、占用的中国耕地，按农作物的产量及其价值计算财产损失。

9. 伪军、伪政府的人员伤亡和财产损失，一般计入中国人口伤亡和财产损失。

10. 由战争原因导致的如黄河花园口决堤一类重大事件所造成的人口伤亡和财产损失，计算在间接人口伤亡和财产损失中。

11. 重大的财产损失，均以相应数额的货币反映价值。反映财产损失的货币一般要注明币种。

12. 通常用于抗日战争时期财产损失统计的货币（主要是法币），币值问题非常复杂。本课题调研中，涉及财产损失统计的货币数据，有条件进行折算的，一般按1937年即全国抗战爆发当年通用货币法币的币值进行折算，并说明折算的方式方法。因条件不具备，保留原始数据未作折算的，则注明有关数据中用以反映财产损失的货币系何种货币、何年币值。

五、关于撰写课题调研报告的要求

本次课题调研，有关课题组和承担专门课题的专家均按要求撰写出调研报告。

1. 各省、自治区、直辖市课题组撰写调研报告，内容大致分为概述、主体、结论三部分。

概述部分主要包括：介绍课题调研工作的基本情况，如：投入多少力量，到过什么地方查阅搜集档案资料，搜集了多少档案资料等。反映本地的自然地理概况，抗战爆发前的经济社会发展和人口状况，以及在抗战时期是重灾区还是大后方，是沦陷区还是根据地等。叙述日本侵略者在本地的主要罪行。还可简略回顾以往相关课题的资料和研究情况。

主体部分主要包括：分析说明本地人口伤亡和财产损失情

况。根据现掌握资料，将本地抗战时期人口伤亡分为直接伤亡和间接伤亡，将本地财产损失分为直接损失和间接损失，并分别说明主要的史料依据和分析结果。

结论部分，汇总本地人口伤亡数据、财产损失数据。据实说明迄今所掌握资料的局限性、本地遭受人口伤亡和财产损失的特点、影响等。

撰写调研报告依据的主要资料以及调研中同步完成的专题研究报告等，作为调研报告的附件，纳入课题调研成果中。

2. 由一批专家承担的全局性专门课题，如抗日战争时期重大惨案、劳工问题、"慰安妇"问题、细菌战、化学战、文化损失、海外华侨人口伤亡和财产损失、中国军队伤亡、重要战役战斗伤亡等，其调研报告的撰写和附件的收录，参照以上要求进行。

六、对调研成果的验收

在各省、自治区、直辖市课题调研工作结束后，完成的包括课题调研报告在内的省级调研成果和市、县等调研成果，要装订成册，通过审阅和验收，逐级上报，送交各省、自治区、直辖市党史研究室和中共中央党史研究室分别保存。

为确保质量，在调研过程中形成的各省、自治区、直辖市A、B两个系列书稿（省级调研成果为A系列书稿，市、县等调研成果为B系列书稿），要分别通过验收。其中，省级调研成果要通过由地方到中央的四级验收，市、县等调研成果则在有关省、自治区、直辖市内验收。

省级调研成果上报验收前，课题组先认真进行自审，以保证内容的完整准确，特别是调研报告和有关专题研究报告、资料、大事记的内容和数据要互相补充、印证，不能互相矛盾。课题组完成自审后，省级调研成果首先报送省级抗战损失课题领导小组验收。省级课题领导小组审查通过后，送省级专家验收组验收。省级专家验收组参加验收的专家一般为3—5人，人选来自党史系统、社会科学院和社科联系统、档案史志部门、高等院校等方面，为较有影响力、权威性的专家。省级专家验收组在本省（自治区、直辖市）课题领导小组的指导下，按照学术规范的严格要求和有关规定审读、验收本省（自治区、直辖市）拟提交中共中央党史研究室的省级调研成果。验收的主要标准和目的是确保调研成果的准确性、可靠性。对于验收中指出的问题、提出的意见和建议，各省（自治区、直辖市）课题组须采取有效措施解决和落实。对一次验收不合格的，修改、完善之后进行第二次以至多次验收，直到合格为止。省级专家验收组验收合格后，填写《A系列书稿验收报告表》。填写的报告表和书稿同时报送中共中央党史研究室课题组。

中共中央党史研究室课题组收到经省级专家验收组验收合格的省级调研成果后，先进行验收。认为合格后，再聘请国内知名专家进行验收，并填写《A系列书稿验收报告表》。验收中所提修改意见，由有关省、自治区、直辖市课题组予以逐条落实，对调研成果做出相应修改或者说明相关情况。

由一批专家承担的全局性专题研究成果，最后形成的书稿也纳入A系列，其验收也参照上述程序和要求，由中共中央党史研究室课题组组织有关专家进行。对于验收中提出的意见，承担课题的专家要逐条落实，对调研成果进行修改完善直至合格为止。

最后，中共中央党史研究室课题组对经过反复修改形成的省级调研成果和全局性专门课题调研成果进行复核。完成各项程序并符合要求的调研成果，包括通过四级验收的A系列书稿和由有关省、自治区、直辖市党史研究室组织验收并合格的B系列书稿，分批次送交中共党史出版社付印出版。

中共中央党史研究室课题组

《黑龙江省抗日战争时期人口伤亡和财产损失》 编纂委员会

位于今黑龙江省鹤岗市境内梧桐河畔的赵尚志将军遇难之地纪念碑

1941年，东北抗日联军第十军军长汪亚臣在率部与伪军作战中牺牲。图为汪亚臣牺牲地——黑龙江省五常县石头亮子。

"八女投江"地——黑龙江省林口县乌斯浑河

东北抗日将领马占山率部抗击日本侵略军的嫩江江桥及日伪统治时期的桥头堡
遗址

东北抗日义勇军苏炳文部在黑龙江省齐齐哈尔市富拉尔基出发
抗击日军的情景

　　1938年2月，东北抗日联军第十一军七星砬子兵工厂负责人胡志刚率领工人和战士与"围剿"的敌人发生激战，后全部牺牲。图为位于今黑龙江省桦南县境内的七星砬子兵工厂造枪车间遗址。

　　1938年3月，东北抗日联军第五军第三师第八团第八连16名指战员在黑龙江省宝清县小孤山与日、伪军发生激战，连长李海峰以下12名指战员牺牲。后东北抗联第二路军将小孤山命名为"十二烈士山"。图为"十二烈士山"战斗的主阵地遗址。

　　1940年10月，东北抗日联军第三路军第三支队在黑龙江省嫩江县霍龙门与日、伪军展开一场激战。图为霍龙门遗址。

日军侵占黑龙江省通河县后掠夺木材的印记

　　日军掠夺木材印记的保存者——黑龙江省通河县农民栾成峰

日军侵占黑龙江省通河县后为拦截木村所设的水泥桩

日军奴役中国劳工在黑龙江省通河县修筑的山洞

日军侵占黑龙江省通河县时的炮舰残骸

日军奴役中国劳工在黑龙江省嫩江县修筑的霍龙门军用炮楼遗址

日军奴役中国劳工在黑龙江省嫩江县修筑的孟家庄机场机库遗址

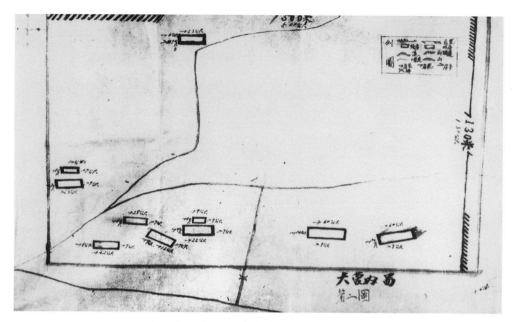

日军在黑龙江省黑河市奇克所修筑的大营内略图

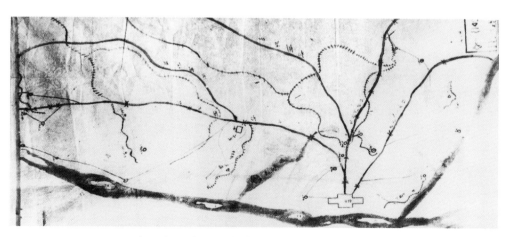

日军在黑龙江省黑河市奇克所修筑的军事基地略图

日军在黑龙江省黑河市逊克县修筑的工事

日军在黑龙江省牡丹江市
修筑的东宁要塞勋山地下战斗
指挥所

黑龙江省孙吴县境内胜山要塞日军守备队军营一角

设在黑龙江省牡丹江地区的"勤劳俸仕"队冈山队本部

1939年完工的日军731细菌部队建筑群全貌

日军731细菌部队孙吴县673支队人体实验解剖池遗址

日本关东军齐齐哈尔516化学部队（亦称日本陆军化学研究所）观测所遗址

黑龙江省孙吴县境内
日军第123师团地下指挥中
心遗址

黑龙江省孙吴县境内日军胜山要塞通往指挥中心
的地下通道

日伪当局在伪东安省林口县（今黑龙江省林口县）古城镇建立的移民村

日本移民村——日伪当局在伪三江省（今黑龙江省）桦南县建立的"湖南营"
移民村

日军驱赶百姓、焚烧房屋建立"集团部落"

遭受日伪残害的鸡西矿工的头骨（头骨上还有大铁钉）

日伪残害中国矿工的刑具

黑龙江省鸡西市滴道煤矿河北"万人坑"里被日伪残害致死的矿工遗骸

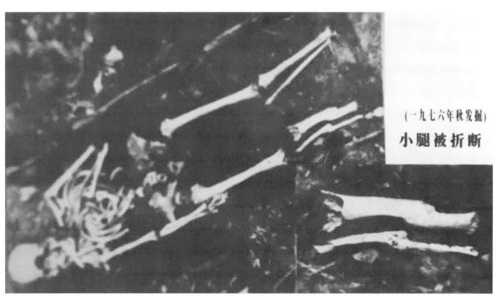

（一九七六年秋发掘）

小腿被折断

黑龙江省鸡西市滴道煤矿河北"万人坑"遗址出土的部分死难矿工尸骨

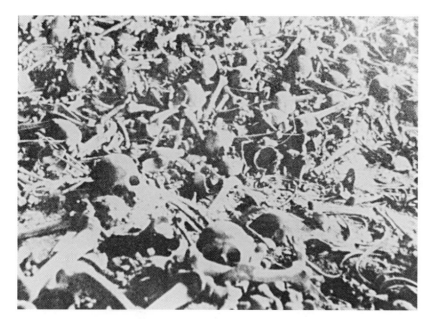

黑龙江省鹤岗东山"万人坑"里的累累白骨

1938年日军组建"满蒙开拓青少年义勇军",作为"百万户移民"的组成部分,并以此为兵源。图为"青少年义勇军嫩江训练所"。

　　2007年5月15日，黑龙江省孙吴县农民王立兴（右一）、刘月芬（右二）诉说日军罪行

　　2006年5月7日，见证人黑龙江省木兰县农民刘玉福（左二）回忆1938年安东"归屯并户"情况

目　　录

一、黑龙江省抗日战争时期人口伤亡和财产损失调研报告

黑龙江省抗战损失课题调研组

20 世纪三四十年代，日本发动的侵华战争给中华民族造成了深重灾难和巨大损失。日本侵略者在对东北三省长达 14 年残酷血腥统治中，给黑龙江省造成的重大人口伤亡和财产损失也是难以估量的。牢记历史，勿忘国耻。开展抗日战争时期黑龙江省人口伤亡和财产损失课题调研工作，对进一步揭露日本侵略者的战争罪行，大力弘扬爱国主义精神，凝聚全省人民团结奋进的力量，有着十分重要的历史和现实意义。

（一）调研工作概述

按照中央党史研究室的统一部署，黑龙江省抗日战争时期人口伤亡和财产损失（简称抗战损失或抗损）课题调研工作于 2005 年底展开。2006 年 3 月，课题调研工作全面启动。同时，确定了《抗战时期黑龙江省人口伤亡和财产损失课题调研实施方案》。

调研工作共分 5 个步骤进行。一是普遍摸底，掌握线索。各地调研组按照要求对省内的所有档案馆、图书馆、政协文史委、地方志、公安等凡是可能存有抗损资料的部门，以及有关省市档案馆、图书馆进行了广泛查阅、摸底，并按时间、内容对查到的资料线索进行分类、登记、备案。二是坚持标准、严格要求。通过阶段性检查验收和召开片会的方法，调研工作组对各地的调研工作进行检查指导并下发了《关于确保抗损课题调研工作质量的通知》，要求各地对查到的有价值的档案、图书、报刊、文献资料进行进一步确认，力求做到材料真实可靠，要素齐全，经得起历史检验。三是制定规范，确保调研成果质量。调研工作组制定了《全省抗损课题调研工作审核验收标准》，对已形成的调研成果实行县、市、省三级审验收，保证上报的调研材料的真实、准确和规范。

四是严把质量关，反复核对。调研工作组对各地和省直有关单位上报的调研材料和查阅到的档案、文献资料进行分析、考证、研究、归类。调研成果形成后，按照《提交和出版抗损课题成果的规定》，对各类调研成果材料进行认真的整理、装订和立卷、归档并刻录调研成果上报光盘，确保提交的抗损课题调研成果达到规定要求。五是精心准备，做好丛书的编纂工作。按照丛书编纂计划和实施细则，对收录到丛书的调研报告、专题报告、大事记等，组织有关专家进行审核论证，对原始档案、文献、图片等资料的利用力求保持原貌，确保资料的客观性、完整性、真实性和准确性。

虽因年代久远，有些史料难以查到，大量当事人也已不在世，但参加调研的单位和人员在各级党委和有关部门的高度重视和支持下，本着对历史、对民族、对人民高度负责的态度，克服各种困难，按照实事求是的原则，坚持高标准，严要求，共查阅历史档案、文献资料 75074 卷，复印 129954 卷，扫描历史档案、文献资料 34063 页，查阅各种图书、报刊资料 10554 种（次），收集图片资料 1772 页、证言证词 1182 份，采访 13821 人，整理了千万字以上的文字材料。最后，形成黑龙江省①抗战课题调研系列成果 300 卷。

（二）黑龙江省自然条件和抗战前及战争中政治经济社会变化状况

黑龙江地处祖国东北边陲，是全国纬度最高的省份。它的版图形似一只昂首高翔的天鹅，北部和东部隔黑龙江、乌苏里江与俄罗斯相望，西部与内蒙古相邻，南部与吉林省接壤，作为东北亚的腹地，东南与朝鲜、韩国、日本相望。

黑龙江省东西长 930 公里，南北相距约 1120 公里，全省土地总面积 45.46 万平方公里，占全国土地面积的 4.8%。境内西、北、东三面有逶迤起伏的大、小兴安岭和张广才岭、老爷岭两大山区，矿产种类繁多，森林茂密；东北与西南为一望无际的三江、松嫩两大平原，其中有与乌克兰、美国密西西比河流域相媲美的黑土地带，沃野千里，水源充足。黑龙江、松花江、乌苏里江、绥芬河四大水系的大小河川纵横交错，湖泊泡沼星罗棋布。山地约占全省土地总面积的 24.7%，丘陵占 35.8%，平原占 37.0%，水面和其他占 2.5%。② 全省地

---

① 本次课题调研的覆盖范围，为今黑龙江省行政管辖区。

② 黑龙江省地方志编纂委员会：《黑龙江省志·土地志》，黑龙江人民出版社 1997 年版，第 3 页。

处中温带至寒温带大陆性季风气候区。土壤肥沃，自然环境优越，矿产资源丰富，为发展工、农、林、牧、渔各业提供了得天独厚的良好条件。

早在旧石器时期，黑龙江地区就有人类活动。古代在这里居住的中华民族最早的先民，是西部的东胡（山戎）、中部的涉貊、东部的肃慎（息慎）。战国晚期后，属夫余国管辖。唐代，黑龙江地区在河北道的统辖之下，先后设立了渤海、黑水、室韦3个都督府。辽代，黑龙江地区西部和东部分属上京道和东京道管辖。金朝时期，今黑龙江省行政区域的绝大部分在金上京路的辖区范围内。元朝时，今黑龙江省地区分属开元路和水达达路管辖。明朝初为辽东都司管辖，后由奴儿干都指挥使司管辖。清朝，黑龙江初于宁古塔将军辖区之内，1683年设黑龙江将军，后改为黑龙江省。中华民国成立后，黑龙江省沿袭清代省、道、县三级体制，共辖龙江、绥兰、黑河3道。后增设呼伦道，共为4道，21县，6设治局。1930年黑龙江省辖42县11个设治局。此外，还有杜尔伯特旗、扎赉特旗、依克明安旗3个蒙旗。当时属于吉林省后划入黑龙江省的有22县[1]。

1931年九一八事变爆发后，在日本侵略军的操纵下，伪满洲国（后更名为"满洲帝国"）于1932年3月1日在东北宣布成立，同时宣布行政区划为奉天、吉林、黑龙江和热河4省。各省设省公署、省长，同时成立由日本人任厅长的总务厅，总揽各省省内大权。伪满洲国成立后的黑龙江省，共辖45县3旗。1934年10月11日，伪满洲国宣布将东北4省划分为10个省，又在蒙古族地区设兴安东省、兴安西省、兴安南省、兴安北省4个省区。实际上是把省区缩小，把东北重划为14个省，黑龙江省建制被撤销。这些省在今黑龙江地区的有龙江、滨江、三江、黑河，以及哈尔滨特别市、北满特别区[2]。

黑龙江在军事、政治和经济上具有重要战略地位。抗战前，由于人口的增加，垦地规模的扩大，农产品商品化的发展，交通条件的改善，黑龙江地区的工商贸易有了前所未有的发展，尤以哈尔滨发展较快。到1921年店铺发展到965户，1929年激增到7122户，成为黑龙江地区最大的商业城市[3]。而黑龙江地区的各类商业公司、店铺则达到近万家。

日本侵略者占领黑龙江后，无论是从巩固殖民统治的需要，还是经济掠夺的需要，抑或是对苏作战的需要，都把黑龙江地区作为强化法西斯统治的重要

---

① 黑龙江省地方志编纂委员会：《黑龙江省志·总述》，黑龙江人民出版社1999年版，第58—63页。

② 黑龙江省地方志编纂委员会：《黑龙江省志·总述》，黑龙江人民出版社1999年版，第70页。

③ 黑龙江省地方志编纂委员会：《黑龙江省志·商业志》，黑龙江人民出版社1994年版，第29页。

区域。日军从上到下建立了一系列的殖民统治体系，残酷地对黑龙江人民进行法西斯殖民统治。在统治东北的 14 年里，日本将黑龙江的经济纳入为其侵略战争服务的轨道，致使重工业畸形膨胀，日资工业急剧扩张，民族工业则陷入一蹶不振的艰难境地，民族商业遭受沉重打击。由于日伪当局的血腥统治和疯狂掠夺，黑龙江地区的工商贸易遭受严重破坏，许多店铺纷纷倒闭，侥幸存留下来的店铺，也在名目繁多的苛捐杂税重压下苦苦挣扎，至抗战胜利前，已濒临崩溃的边缘。

（三）日本侵略者在黑龙江省犯下的主要罪行

日本侵略者从 1931 年 11 月进攻黑龙江省开始，到 1945 年战败投降，对黑龙江共进行了长达 14 年的残酷统治。在这 14 年里，日本侵略者军事上疯狂地镇压风起云涌的抗日斗争，政治上实行极其野蛮的法西斯统治，经济上进行敲骨吸髓的掠夺，在黑龙江犯下了骇人听闻的罪行。

1. 军事上的疯狂屠杀

为占领黑龙江，实行其殖民统治，日本侵略者调集大批兵力，最多时有近百万人。从初期镇压抗日义勇军，到后来"清剿"东北抗日联军，乃至杀害无辜的东北百姓，妄图通过疯狂屠杀，镇压黑龙江人民的反抗。

（1）武力入侵黑龙江

日军占领辽宁、吉林两省主要城市后，即沿四（平）洮（南）路向北进犯黑龙江省，图谋侵占黑龙江省省会齐齐哈尔。黑龙江军民在马占山领导和号召下积极备战，将守军防线分为江桥、大兴和三间房 3 道防线，分别由卫队团团长徐宝珍、骑兵第一旅旅长吴松林、步兵第一旅旅长苑崇谷指挥[①]。11 月 4 日，日军调集嫩江支队主力，在飞机、大炮掩护下，向江桥守军左翼阵地发起猛烈攻击，中国守军奋起抵抗，江桥抗战爆发。

江桥抗战从 1931 年 11 月 4 日开始至 19 日止，历时 16 天，分为两个阶段：第一阶段从 11 月 4 日到 6 日，为江桥阻击战。从 11 月 7 日开始，江桥抗战进入第二阶段，即三间房狙击战。至 11 月 18 日，守军阵地官兵不足 2000 人。马占山部在内无粮草，外无救兵，弹尽粮绝，腹背受敌的极端困难形势下，向齐

---

① 中共黑龙江省委党史研究室：《中共黑龙江历史》第 1 卷（上册），中共党史出版社 2013 年版，第 197 页。

齐哈尔撤退，又命省政府同军队撤至克山、拜泉地区，省军、政两署则撤至海伦。11 月 19 日，日军侵占齐齐哈尔，江桥抗战宣告结束。江桥抗战虽遭遇失败，但这是九一八事变后，日本侵略者遇到的第一次有组织、大规模的武装抵抗。

日军侵占了齐齐哈尔、锦州等地之后，哈尔滨便成为日军侵吞整个东北的最大障碍。1932 年 1 月 27、28 日，于琛澂部伪军主力从五常向哈尔滨进犯，另一股伪军配合日军从哈长线向哈尔滨逼近。在抗日军的奋力反击下，哈尔滨保卫战首战取得胜利。日军迅速从辽西锦州调兵北上，准备再次进攻哈尔滨。1 月 30 日，日军开抵双城堡车站，遂与驻守自卫军发生激战。自卫军伤亡惨重，31 日下午退至哈尔滨，双城堡阻击战失利，通往哈尔滨的大门洞开。2 月 4 日拂晓，日军发起总攻，先后突破顾乡屯、南岗防线，自卫军接连失利。2 月 5 日晨又发动攻势，下午攻入哈尔滨火车站，突入道里区。2 月 5 日晚，北满第一大城市哈尔滨陷落。敌人进入哈尔滨后，立即展开大搜捕和大屠杀，凡参加反日抗日的、参加共产党的……被捕后均遭杀害①。

哈尔滨陷落后，日军又继续向松花江下游进犯。惨无人道的日本侵略军用飞机、大炮狂轰滥炸，各县的民宅、商店、学校被炸毁，许多无辜百姓被炸死。攻陷齐齐哈尔、哈尔滨后，日军继续发起进攻，黑龙江各地相继陷落。

（2）"清剿"抗日武装

武装入侵东北后，日本关东军妄图通过其一手炮制的伪满洲国对东北实行军事占领和殖民统治。但包括黑龙江人民在内的东北人民，没有屈服，不断进行反抗。

面对义勇军余部的坚持抗日与中国共产党领导的抗日武装不断发展，1933 年 6 月 8 日，日本关东军提出所谓"治安第一主义"，陆续增兵东北。1935 年日军增至 5 个师团、11 个骑兵联队、1 个混成旅团、3 个飞行联队和 4 个独立守备队，并将其分散配备到各地②，对抗日军民实行多方面连续不断的"讨伐"。然而，东北抗日武装虽因敌人连续镇压，遭到很大挫折和损失，但未被消灭并成了日本侵略者难以根除的"不治之症"，特别是由中国共产党领导的抗日武装还不断发展。如哈东游击队在同敌人的周旋中迅速壮大，1934 年 9 月，拥有

---

① 中共哈尔滨市委党史研究室：《中国共产党哈尔滨历史》第 1 卷，黑龙江人民出版社 2001 年版，第 235 页。

② 中共黑龙江省委党史研究室：《中共黑龙江历史》第 1 卷（上册），中共党史出版社 2013 年版，第 273 页。

队员470余人，游击区遍及五常、宾县、珠河、双城、阿城等数县，约东西200多里，南北350里的范围。此后，部队不断发展，1936年，组建了东北抗联第三军，有队员6000人左右。其中基干部队有1500余人，各师直属的收编队共有4500人左右①。

1936年初，随着东北抗日联军的建立，日本关东军司令部制定了1936年4月至1939年3月所谓《治安肃正三年计划》，妄图通过"治标"（军事计划）、"治本"（实行"匪民分离"）相结合的办法，在3年内彻底消灭东北地区的共产党和一切抗日武装。1937年夏，日伪将军事镇压的重点，由东边道地区逐步转向北满、吉东抗联集中活动的伪三江地区，开始对松花江下游地区进行疯狂的"大讨伐"。黑龙江境内的抗日武装和游击区遭到严重破坏，1938年后，进入极端艰难困苦时期，抗联部队损失相当严重，以第三路军为例，到1940年2月，第三路军部队仅剩500余人②。

（3）制造大屠杀、大惨案

在武力入侵和对抗日部队进行"讨伐"过程中，日伪当局还网罗"通匪""援匪""知匪不报"等罪名，甚至对手无寸铁的民众肆意杀害，制造了无数的流血惨案。

1933年3月10日，救国军和抗日部队2000多人攻打东宁县城三岔口，战斗持续3天，共歼日军100多人。13日，救国军因弹药不足撤退出城，日军进行疯狂报复，在全城搜捕"通匪"百姓，杀死群众200名③。1935年，日军对哈东各县抗日游击区和根据地发动军事"讨伐"，使"洙淇川一带，在今年春即被焚毁二百余里，屠杀民众七百余名"，"路南游击区三分之二以上已成一片焦土，仅离铁道线十余里地之地方未被焚烧，并申言发散布告毁灭赵尚志根据地，禁止住户，否则一律讨伐屠杀"④。

日本侵略军侵入逊克时，以"通匪、抗日"罪名，对逊克境内蒲拉口子屯朝鲜族居民进行大屠杀，百余名朝鲜族居民无一幸免⑤。在入侵佳木斯地区时，动辄把数百人、数千人集中起来大肆屠杀，制造多起骇人听闻的大惨案。1934年3月，土龙山暴动中，日军先后血洗村屯12个，用机枪扫射、刺刀捅、战刀

① 刘枫、胡凤斌、刘强敏编著：《东北抗日联军——第三军》，黑龙江人民出版社2005年版，第113页。

② 常好礼：《东北抗联路军发展史略》，吉林大学出版社1993年版，第255页。

③ 东宁县志办公室编：《东宁县志》，黑龙江人民出版社1989年版，第166—167页。

④ 《中共珠河县委关于敌人活动及县委工作情况的报告》（1935年8月21日），载中央档案馆、辽宁省档案馆、吉林省档案馆、黑龙江省档案馆编：《东北地区革命历史文件汇集》甲38，1990年，第201页。

⑤ 逊克县地方志编纂委员会编：《逊克县志》，黑龙江人民出版社1991年版，第12页。

砍，以及火烧、水溺、严刑拷打等多种手段杀害土龙山地区无辜村民1100多人。① 1937年10月，敌人以通抗日军的"罪"名，血洗汤原县西二堡和陶家湾两村，用枪击、活埋、填井、刀砍等野蛮手段，使500多无辜群众遇害。这批强盗杀人不眨眼，连老人、小孩都不放过，甚至将怀孕的妇女剖腹戏耍。②

（4）进行细菌、化学试验

抗战时期，日军公然违背国际公约，用活人进行冻伤、细菌感染、毒气实验。在黑龙江地区，日军从事化学武器研究的516部队和从事细菌武器研究的731部队是不折不扣的恶魔兄弟。为了达到全面侵华的目的，他们密切合作，进行人体实验，使大批中国同胞惨遭杀害。

初始阶段，日军516部队与731部队各自行事，但在研究和制造出化学武器以后，日本军队一方面需要检查其在战争中的实际效果，另一方面也要研究自己的军队防护方法。为实现这两个目的，需要用人作为实验对象。而这种人体实验对象恰恰在731部队中有收集。于是，齐齐哈尔的516部队与哈尔滨的731部队密切地配合起来。他们以牺牲中国人民的生命为代价，积累了化学毒剂对人体产生作用的大量病理学上的"科学"数据。七七事变后，日军在全面侵华战争中大规模使用细菌和化学武器，与其在东北的细菌、毒气实验取得的"经验"有密切关系。

在罪恶的魔窟中，有些人被注射细菌或灌入毒气，日军毫无人性地记录种种发病情况；有些人被活活解剖，身体的各个器官被浸泡在福尔马林溶液中；有些人还没有完全死去，就扔进焚烧炉痛苦地被烧死。据不完全统计，到1945年日本投降，日军在中国东北地区的化学战演习就有数十次，至少有3000名以上的中国同胞在731被用作试验而惨死③。抗战胜利后的1946年平房区一带还曾流行鼠疫，1947年肇东、肇源、齐齐哈尔、泰来等地流行霍乱，甚至2003年在齐齐哈尔发生的芥子气中毒事件，都是日本法西斯进行罪恶的细菌、毒气试验留下的恶果和罪证。

日本关东军以东北作为跳板，发动全面侵华战争，在黑龙江境内"围剿"抗日武装，将刺刀指向手无寸铁的百姓，制造大屠杀、大惨案，以爱国人士和

---

① 中央党史研究室第一研究部编：《抗日战争时期全国重大惨案（1）》，中共党史出版社2014年版，第32—36页。

② 中共佳木斯市委党史研究室：《中国共产党佳木斯历史（1928—2000）》上卷，黑龙江人民出版社2004年版，第52页。

③ 黑龙江省地方志编纂委员会：《黑龙江省志·总述》，黑龙江人民出版社1999年版，第225页。

战俘做细菌试验，双手浸满了黑龙江人民的鲜血。

2. 政治上的残酷迫害

日军入侵东北后，炮制傀儡政权，在黑龙江地区镇压奴役百姓，实行法西斯统治。

1932年3月1日，日本侵略者假借"满洲国"政府的名义，发表"建国宣言"，宣布伪满洲国成立。日本关东军司令官兼驻伪满大使是伪满洲国的最高决策者、统治者；伪满洲国从中央到地方各级政府的日本官员，则是伪政权的实际操纵者。凡一切决策，均由日本人总务厅长官、各部总务司长（后为各部次长）组成的总务厅、司长会议（后为"次长会议"）事先做出决定。地方省、市、县伪政权也是照此办理。省设总务厅，由日本人任厅长，操纵伪省府。各县除县长外，都设置了日本人参事官和警务指导官，一切政务均由日本人直接控制。1934年3月，溥仪称帝，但实际上，溥仪完全是日本帝国主义的傀儡，是个"儿皇帝"。在日本侵略者的操纵下，伪满洲国政府颁布了一系列残害东北人民的法西斯法律。种类繁多，五花八门的警察、特务、宪兵组织遍及东北各个角落，对人民实行令人窒息的法西斯高压统治。

（1）高压控制思想行动

日本侵略者以军事镇压占领东北后，不断抛出反动政治法令，大肆抓捕，设置秘密监狱，控制人民的思想舆论。

早在1932年9月公布的《治安警察法》就禁止人民秘密结社、发表议论、张贴图画、散发传单。《保安矫正法》就是把认为有犯罪危险的人送进各地特设的矫正辅导院，进行"精神训练"，强迫从事沉重的劳役。《思想矫正法》则是对可能犯有政治罪者实行"预防拘禁"，同时施以劳役。总之，只要百姓稍有不满，就会被扣上"反满抗日""思想犯"的罪名惨遭迫害。

更毒辣的是日伪宪警特可以以"预防犯罪"为名，随意把任何人抓走，投入在哈尔滨、佳木斯、鹤岗、密山等地设立的具有集中营性质的矫正辅导院，而进行"精神训练"与"矫正思想"的办法就是吊大挂、抽皮鞭、夹手指、烙铁烙、坐老虎凳等酷刑。

如鹤岗矫正院，自建立后先后从各地押送来"浮浪"（流浪汉）就有1800多人。矫正院四周设有电网、碉堡，有岗哨日夜巡逻，有武装看守。"犯人"吃的是发霉的高粱米饭团子和杂合面窝头，住的是稻草铺的地铺，每天强制劳动12个小时以上。由于肉体上受到摧残，精神上受到折磨，生活条件极其恶劣。黄病、浮肿、疥疮等流行病蔓延，加之残酷刑法的折磨，每天都有成批的

"犯人"死亡。到1945年8月15日东北光复，短短一年时间，被残害致死的"犯人"就有260多人①。

（2）制造大逮捕、大检举

日本侵略者设有专门的搜集、侦察和破获抗日活动为目标的宪兵队，还有遍布各地的特务网。设在哈尔滨的日本关东军情报部就是总特务机关，牡丹江、密山、佳木斯、齐齐哈尔、黑河等地，均有其人数众多、规模庞大的分支机构。

在警宪特的森严统治下，黑龙江大逮捕、大检举不胜枚举，无数爱国志士、知识分子、工农民众惨遭杀害。1936年6月13日，根据日本关东宪兵队司令部《全面逮捕北满共产党的命令》，哈尔滨、齐齐哈尔、海拉尔、牡丹江等地的日伪警、宪、特一齐出动，对各地共产党地下组织和反满抗日团体的成员进行了一次大逮捕。逮捕总人数达149人，其中哈尔滨52人，齐齐哈尔38人，海拉尔11人，牡丹江48人。以后几天里，海拉尔、牡丹江地区持续逮捕，海拉尔逮捕人数达25人，牡丹江地区逮捕人数达145人。日伪警宪特对被捕者进行数天或长达几个月的酷刑折磨，分别处以死刑和判处不同刑期②。1937年4月15日，哈尔滨宪兵队、滨江省公署警务厅、哈尔滨警察厅等在哈尔滨市及绥滨线、绥北线各铁路沿线同时进行搜捕，逮捕总人数达482名，其中85名被判处死刑③。

（3）推行保甲制度

伪满政府深恐百姓反抗和参加抗日队伍，除制定所谓《暂行惩治叛徒法》和《暂行惩治盗匪法》，还制定了《暂行保甲法》。该法除哈尔滨等大城市外，在黑龙江全境实行。

《暂行保甲法》及其《施行规则》《施行须知》中规定，城乡居民一律纳入按其居住区域划分的牌、甲、保组织之中，每牌中有居民违法，其余居民一律给以同等处罚，即实行"十家连坐"。伪保甲组建的自卫团，由伪警察署指挥和控制，成为辅警力量，负责维持公共秩序和应付突发事件。各级伪政权都建立了"清乡"委员会（1933年6月以后改称"治安维持会"），除配合日、伪军队"讨伐"中国的抗日武装，组织反动"自卫团"外，还要推行保甲制度。

---

① 中共鹤岗市委党史研究室编著：《中共鹤岗历史》第1卷，人民日报出版社2006年版，第53页。

② 郭素美、车霁虹主编：《日军暴行录·黑龙江分卷》，中国大百科全书出版社1995年版，第170—173页。

③ 《〈满洲日日新闻〉关于日伪破坏哈东特委等我党地下组织的报道》（1938年2月12日），载中央档案馆、中国第二历史档案馆、吉林省社会科学院合编：《日本帝国主义侵华档案资料选编·东北历次大惨案》，中华书局1989年版，第118页。

为了使保甲法家喻户晓，层层举办保甲讲习，强迫居民过"保甲日"，唱"保甲歌"，背诵"保甲五训""保甲十训"等。

（4）大搞"归屯并户"和"集团部落"

为配合对东北各地抗日武装的军事"讨伐"，日伪当局大搞"归屯并户"。1934年12月3日，由伪民政部发布《集团部落建设》文告，开始在东北普遍推行这一反动措施。

1936年前，黑龙江"集团部落"建设主要在伪滨江省重点实施，随着"三年治安肃正计划大纲"的制定，抗联部队活跃的三江地区逐渐成为实施重点。1937年至1939年，伪三江省的"集团部落"数量达到578个。据1938年统计，日伪当局在黑龙江地区的伪三江、滨江、龙江、牡丹江、黑河省的"集团部落"有5000余个[①]。

日本侵略者"归屯并户"，制造"集团部落"的过程，就是中国百姓经历血和火的过程。位于汤原县城东35里处的太平川"集团部落"即为典型部落。1936年日伪当局在太平川建立"集团部落"，仅将中部10余户住地划进部落，将该屯西部300余户1800余间民房和大量粮草、家具等财物全部烧毁，东部民房全部扒掉，东西部居民全部赶入部落内。同时将临近的齐家屯、姜家屯等12个村庄的居民也一律并入。1936年11月和1937年2月，又进行两次大规模"清乡圈屯"行动。残忍的日军端着上了刺刀的大枪，挨家逐户清查，对拖延和反抗"归屯并户"者实行残酷的杀光或集体抓捕[②]。被赶入部落的农民过着悲惨的生活，还要承担各种劳役和缴纳各种苛捐杂税，他们缺衣少食，饥寒交迫，非正常死亡的人到处可见。1937年至1938年，日伪当局在伪三江省桦南县建立了170个"集团部落"，在"归屯并户"中，烧毁村屯120余个，烧毁或拆掉民房2.4万余间，被杀害、冻饿而死的群众1.3万多人[③]。

（5）推行野蛮的劳工政策

1937年，伪满当局制定了《满洲劳工协会法》。其后，在黑龙江各地设立了伪满洲劳工协会。凡年龄14—50岁的男性公民，皆属劳工对象。有部门专门负责劳工的动员和摊派。对于逃避、抵抗不从者，由伪警察抓押、罚办或拘留强送。特别是1942年公布了《劳动者紧急就劳规则》后，警察、汉奸闯入民宅，拦路堵截或以抓"浮浪"为名强行抓捕劳工。此外，还在北平、天津等地

---

① 郭素美、车霁虹主编：《日军暴行录·黑龙江分卷》，中国大百科全书出版社1995年版，第238页。

② 郭素美、车霁虹主编：《日军暴行录·黑龙江分卷》，中国大百科全书出版社1995年版，第240、241页。

③ 郭素美、车霁虹主编：《日军暴行录·黑龙江分卷》，中国大百科全书出版社1995年版，第247页。

设立专门机构，骗招关内劳工。

劳工们主要是为日本侵略者筑路、采煤、开山、运物资、修建军事工程等。他们住漏雨工棚，睡凉地，三餐不饱。虽在病中也要坚持每日 10—14 小时的高强度劳动。劳工们没有言论自由，谁要是三五个人在一起，就会被以反满抗日的罪名关闭或处死。稍有怠慢就要遭到日本人、汉奸的毒打。对重病或遭伤致残者则以死亡论处，喂狼狗或砍杀焚烧，扔进"万人坑"，惨绝人寰。

据记载，康德十二年（1945）4 月，阿城日伪当局将 3 年"国兵"不合格组成 1380 人的奉公队，由日本人副县长岸要五郎亲自组织，分 3 个大队，第一大队 540 人，第二大队 480 人，第三大队 360 人，分别去巨源昶、白渣泡、小窝铺屯和洋灰窑修筑水利工程。前后 3 年共组织 4140 人（次）参加"义务"勤劳奉仕。每次多是在春、秋、冬三季施工，天气寒冷，吃不饱，穿不暖，劳动强度又大，病倒累倒不计其数。康德十二年（1945）冬去五常县马鞍山修干渠 540 人，曾 7 天不眠不休，多数人昏倒在地，病倒百余人，不但不给医治，并强迫排队跑步出汗，作为医病之良方。康德十年（1943），康德十二年（1945）春，修巨源昶水渠，劳工冒着零下十几度的严寒，在雪水没膝的情况下，一泡就是十几个小时，土筏的雪水顺着人的脊梁往下流，棉衣尽湿，奉仕结束后，各个面黄肌瘦。当时流传"熬过三年国兵漏，不死也要掉块肉"[1]。

为了从根本上销蚀中国人民的民族意识，日本侵略者在东北实行殖民地式的文化统治，对带有民族意识的出版物或进步书报一律查禁。凡发现此类书刊，无论过去出版的或现在发行的尽皆销毁。据伪文教部记载，曾在 5 个月内焚毁图书 650 余万册。[2] 日伪当局还不断加强在思想、文化上的统治，加强新闻、通讯、出版、广播、电影等文化事业统一管制；通过各种手段宣扬"日满一体"，鼓吹"日满亲善""民族协和""建国精神"；在学校进行奴化教育，强迫学生学习所谓主课日语，并肆意篡改中国地理、历史，开设"精神教育"课，妄图使黑龙江人民泯灭民族意识和斗争精神，甘当日本侵略者的"顺民"和任其驱使宰割的羔羊。在日本侵略者的殖民统治和压迫下，黑龙江人民毫无人权和自由，基本的生存条件被剥夺，民族感情被摧残。

3. 经济上的大肆掠夺

日本侵略者入侵黑龙江后，打着"开发""建设"的招牌，却利用其炮制

---

[1] 阿城档案馆藏，阿城县志档案，全宗 28，永久，卷号 197，第 30 页。

[2] 《东北抗日联军史》编写组：《东北抗日联军史》上册，中共党史出版社 2015 年版，第 263 页。

的伪满洲国政权，对包括黑龙江地区在内的东北经济实行强制的干预和严格的管理，通过所谓的"日满融合"和"日满一体化"，使东北经济从属于日本，并且变东北为其扩大侵略的战争基地。

（1）实行经济统制

日本侵略者为了迅速、有效地利用各种资源，满足侵略战争和继续扩张的急需，利用伪满政权强制推行经济统制政策。

1933年3月公布的《满洲国经济建设纲要》，囊括了交通、农业、矿产、工业、金融、商业等各个方面。它的根本原则就是使东北经济与日本经济实现"一体化"，将东北经济变为日本经济的附庸，为日本经济服务。

此后，日伪政府又先后颁布了《关于一般产业声明书》《重要产业统制法》《产业统制法》等法规，宣布对东北的一切工矿产业实行"国家"统制，后期又扩大到流通、分配、消费等各个领域，即一切社会经济活动完全由"国家"垄断起来。

表面上看，这是一种国家垄断资本主义的形式，但实质上，由于伪满洲国的傀儡政权性质，窃取和充当垄断地位的却是日本宗主国和日本垄断资本，即殖民地形态下由日本垄断的"国家"资本主义①。据统计，1943年黑龙江地区日本资本直接经营的重工业占全区总产值的75%以上，其余1/4的企业，虽然名义上不在日资手里，实际也由其操纵和控制②。

（2）攫取、掠夺资源

九一八事变后不久，日本侵略者便急不可待地采取军事强占、接管、"谈判"签订新合同、协定等各种手段，攫取了包括黑龙江境内的吉五、拉滨和齐克路与呼海路连接线、齐克路延长至黑河的铁路等大量新铁路的修筑权。其他航空、内河船运，以及电话电报业务也都为日本资本所垄断。

南满洲铁道株式会社（简称"满铁"）是一个日本国家垄断资本企业，在日俄战争后强行夺取了黑龙江的煤矿采矿权。1932年至1944年，日本侵略者在黑龙江攫取煤矿的地方包括：依兰、东宁、老黑山、密山、鹤岗、穆棱、富锦等。

日伪当局对东北的其他矿业，如金矿、铝矿等也完全实行"统制"，同样也多为日资所垄断。黑龙江金矿资源丰富，1934年5月，便被"满洲采金会社"垄断并疯狂开采。

---

① 王希亮：《试析日本帝国主义对中国东北的殖民统治》，载《学习与探索》1990年第2期。

② 黑龙江省地方志编纂委员会：《黑龙江省志·总述》，黑龙江人民出版社1999年版，第226页。

九一八事变后，由日本资本所垄断的"满洲电业株式会社"通过兼并和收买，不断扩大所属企业的数量。它在黑龙江地区的支社和支店有：哈尔滨支社（辖三岔河、呼兰等9个电灯公司）、齐齐哈尔支店（辖博克图电灯厂）、北安支店（辖孙吴发电所等）、牡丹江支店（辖梨树镇信合发电所等）、佳木斯支店（辖依兰电业会社等）、绥芬河宝成电灯公司等。

水电方面，1937年开始修建镜泊湖水电站，1942年开始部分送电。

此外，日伪当局还大肆掠夺亚麻等其他工业资源，对森林采取"拔大毛""剃光头"① 式采伐，严重破坏生态平衡。

（3）控制金融与财政

随着军事侵略的推进，日本垄断资本迅速涌入东北，并通过各种手段控制了东北的金融机构。

1932年6月，日伪当局决定将原有包括黑龙江省官银号在内的东北三省的金融机构合并建立伪满中央银行，实权完全由关东军、日本正金银号、日资朝鲜银行和满铁的代表所操纵和把持。

伪满中央银行成立后，就通过一系列货币政策统一货币，并收回旧币，在新旧币兑换过程中，通过兑换率的差额实现了经济掠夺。战争后期，又无限制地发行纸币，给黑龙江人民生活带来深重灾难。中央银行还通过集中信贷管理，放款给日本垄断公司、军工生产企业，并为日本侵略军提供军费，积极为日本侵略战争服务。

还应该指出的是，关东军所有的罪恶活动也是以榨取东北财富和东北人民的血汗来维持的。早在伪满洲国出笼之始，关东军司令官本庄繁就要挟溥仪签订了同意日本军驻防东北，担负"国防"任务的协定，同时规定日军所需经费由伪满洲国负担。为满足大量开销及军费、警察费的开支，伪满当局设立各种捐税，发行公债，强行摊派认购，以弥补财政赤字。日本侵略者还通过强迫储蓄进行金融掠夺，公布《国民储蓄会法》，使储蓄变成义务，将人民进行的正常消费搭配储蓄票，从东北人民手里掠夺财富。

（4）打压民族工商业

日本帝国主义侵占东北后，由于从日本新投入的资本大量涌入，迅速地垄

---

① 这是日伪时期采伐破坏森林的方式。"拔大毛"就是在作业条件差的山场，挑选红松等优质珍贵树种进行选择性采伐。采伐后的森林，树木品相残缺不全，生态系统遭到严重破坏。"剃光头"就是在地势较平、运输条件和作业条件好的山场，将森林中的树木全部砍伐。采伐后，山地如同人被剃尽了头发，光秃秃一片。

断了东北的军需工业、重工业和其他基础工业。东北的民族工商业受到日本垄断资本的排挤、压抑和损害，处于萧条衰退之中。

油坊是东北民族工业中最具代表性的行业之一，本身已趋向停滞，但日本资本由来已久的排挤和竞争，使该行业雪上加霜。满铁依靠强大的运输，运用运费政策和运输设施，扶植日本资本的特产商。1934 年，哈尔滨、营口、安东等地油坊，都停业一半甚至更多①。1935 年，哈尔滨油坊加工企业与 1927 年相比，从 39 个减少到 17 个。就是幸存的一些企业，也只能勉强维持，日益亏损。②

面粉业也同样遭此厄运。作为粮食批发商的粮栈，在东北有特殊的经济地位。粮栈不只沟通农民与粮食需求者，而且还向农民放贷，是一种金融机构。随着日本侵略者设立伪中央银行，大粮栈被撤销，小粮栈经营上也陷入困境。哈尔滨、绥化、海伦、克山等地原有粮栈 79 家，到 1934 年只剩下 41 家，其中哈尔滨倒闭的大粮栈，都是拥有资本数万元③的粮栈④。

由于日货对市场的冲击，经营国货的中小型企业，纷纷破产。据哈尔滨市道外商会会刊统计，1934 年仅在哈尔滨市道外区 10 个行业中，倒闭者 160 户。其中杂货业 40 户、棉织业 49 户、针织业 23 户、绸缎业 1 户、布业 8 户、五金业 2 户⑤。东北民族工商业的处境随着日伪"经济统制"的步步加紧一落千丈。

（5）建立"开拓团"

日本侵略者对东北的经济掠夺也逐步深入农村经济。它一方面继续维护中国已有的封建土地制度和剥削制度，另一方面则进行大量移民，建立所谓"开拓团"，就是使伪满政府允许日本人可以自由购买或租种东北土地，并享有关于土地的一切权利。

从 1932 年第一批日本武装移民到达佳木斯开始，到 1945 年日本投降为止，日本在东北地区共建立集团移民区 89 个，其中位于黑龙江地区的有 69 个。据统计，其间，日本向黑龙江地区移民 52822 户、137484 人，占向东北移民总数

---

① 解学诗：《伪满洲国史新编》，人民出版社 2008 年版，第 337 页。

② 黑龙江省地方志编纂委员会：《黑龙江省志·经济综志》，黑龙江人民出版社 1999 年版，第 51 页。

③ 日伪时期，伪满政府规定凡缴纳国税、市面流通，均以满洲中央银行发行的货币为准。但黑龙江地区反抗烽火此起彼伏，农村面积广阔且流通领域割据，货币种类繁多。本次调研本着实事求是的原则，凡有据可查均标明货币币种，其余币种不能确定。

④ 解学诗：《伪满洲国史新编》，人民出版社 2008 年版，第 341 页。

⑤ 黑龙江省地方志编纂委员会：《黑龙江省志·经济综志》，黑龙江人民出版社 1999 年版，第 54 页。

的 75.7% 和 71.3% ①。

随着移民规模的扩大，日本"开拓团"侵占土地日益增多。他们通过无偿占有或以低于市价几倍的价格强行收买土地，再将大部分土地分租给中国农民，许多农民沦为日本移民的雇工，饱受剥削和欺凌。日本侵略者还强迫失去土地的东北农民，迁移到生产、生活条件极差的边境地区去开荒和服劳役。这些被逐出原住处、失去土地的农民，流离失所，许多人死于冻饿和疾病，有的因生活无路而自杀。仅依兰、绥化、鹤岗等地，1942 年上半年因饥饿而自杀者即达340 人②。

（6）"粮谷出荷"与配给

"粮谷出荷"③ 是日伪统治时期东北农民一项极为沉重的负担。在农业统制政策下，日伪当局以极低的官定价格，以极其野蛮的方式，把所需的农产品全部掠夺到手，给农民带来了巨大灾难。

1938 年 11 月，伪满政府公布了《米谷管理法》，后又相继出台《主要特产物专管法》《主要粮谷统制法》。太平洋战争爆发后，农产品的统制色彩骤然浓重，日伪当局为督励"出荷"，甚至出动军警暴力参与。为保证完成"出荷"任务，有些地区的督励班在夜间突袭，对未完成"出荷"的农家进行搜查。伪三江省方正县公署还曾发布命令，对私藏粮食者一律与暗藏枪支弹药者，同样论处。因"粮谷出荷"造成的悲剧触目皆是。据伪满治安部警务司一份文件记载，在北安省望奎县因粮食奇缺，全县人民都笼罩着灰暗的悲观情绪，该县山头村，从 5 月 15 日至 20 日，仅在 5 户人家中就有 30 多人自杀④。在城镇，粮食配给所造成的灾难也是极为严重。

日伪对一般城镇居民实行极低标准的定额配给，造成普遍的饥饿。即便如此，粮食配给也经常中断，饿死病死不计其数。大米白面等细粮，成为日本人的专用，严禁中国人食用，一经发现，以"经济犯"处理。

黑龙江人民生活在极端的贫困和恐怖中，经济统制无孔不入，经济掠夺残酷异常，人们稍有不慎就会成为"经济犯"，人身与财产得不到安全保障，日伪的"王道乐土"完全断绝了人们的生路。

---

① 中共黑龙江省委党史研究室：《中共黑龙江历史》第 1 卷（上册），中共党史出版社 2013 年版，第 275 页。

② 黑龙江省地方志编纂委员会：《黑龙江省志·土地志》，黑龙江人民出版社 1997 年版，第 157 页。

③ 日伪统治时期，日伪当局强制农民将其生产的大部分粮食，按照日伪政府所规定的收购数量和最低收购价格交售的政策。

④ 解学诗：《伪满洲国史新编》，人民出版社 2008 年版，第 736 页。

（四）黑龙江省人口伤亡情况

　　日本侵略者在黑龙江地区实行残暴统治，给黑龙江人民造成了大量伤亡。根据现有材料统计，14 年间，黑龙江有据可查的人口伤亡达 2805647 人[①]，其中直接伤亡 163492 人，间接伤亡 2642155 人。

　　从伤亡人口的构成看，抗战时期，日本侵略者造成的黑龙江地区人口伤亡中，直接人口伤亡占比极小，只有 5.8%。其中死亡占比 71.9%，受伤及失踪两项合计占比 28.1%。间接伤亡人口占有绝对比例，达 94.2%。其中仅劳工一项就伤亡 1489201 人，占全省人口伤亡总数半数以上。

　　从伤亡人口的分布看，较多的集中于大城市和中心城市，其中哈尔滨伤亡总数超百万，占伤亡总数的 42.9%，伤亡总数超十万的城市依次是齐齐哈尔、牡丹江、绥化、黑河、佳木斯。以上 6 个地区在抗战期间人员伤亡占全省人员伤亡总数的比例高达 94%。

　　因存在资料缺失问题，另有伊春、七台河、鸡西、大兴安岭等地区个别统计项目为零或个位数，有待今后进一步征集资料和研究。所以，我们目前统计的人口伤亡总数要少于实际人口伤亡数字。

黑龙江省抗战时期直接人口伤亡数量统计表

（单位：人）

地市	死	伤	失踪	小计
哈尔滨	55398	11884	3112	70394
齐齐哈尔	7784	2851	4	10639
牡丹江	6478	1510	144	8132
佳木斯	25993	1413	3028	30434
大庆	415	660	60	1135
鸡西	3669	3132	0	6801
双鸭山	6079	5211	822	12112
伊春	1507	2	0	1509
七台河	2235	39	6	2280

---

① 这个数据中，包含了东北抗日联军及其前身东北人民革命军等的伤亡数。因其具体数字迄今不详，有待继续考证，所以本报告中没有单列。

地市	死	伤	失踪	小计
鹤岗	1999	347	3298	5644
大兴安岭	770	7	1	778
绥化	3213	267	1058	4538
黑河	2051	6534	511	9096
合计	117591	33857	12044	163492

黑龙江省抗战时期间接人口伤亡数量统计表

（单位：人）

地市	被俘捕伤亡	灾民伤亡	劳工伤亡	小计
哈尔滨	40316	745585	347813	1133714
齐齐哈尔	4322	676	478895	483893
牡丹江	6682	2088	277620	286390
佳木斯	4928	53708	32826	91462
大庆	938	5651	4315	10904
鸡西	1013	6817	50329	58159
双鸭山	765	3660	3471	7896
伊春	46	4509	9233	13788
七台河	1145	614	26355	28114
鹤岗	4012	8379	3385	15776
大兴安岭	0	80	3000	3080
绥化	1814	226384	48644	276842
黑河	6421	22401	203315	232137
合计	72402	1080552	1489201	2642155

黑龙江省抗战时期各市（地）人口伤亡汇总表

（单位：人）

哈尔滨	齐齐哈尔	牡丹江	佳木斯	大庆	鸡西	双鸭山	伊春	七台河	鹤岗	大兴安岭	绥化	黑河	总计
1204108	494532	294522	121896	12039	64960	20008	15297	30394	21420	3858	281380	241233	2805647

1. 直接人口伤亡

（1）无辜百姓的伤亡

日伪统治者对手无寸铁的无辜百姓进行了野蛮的残害和屠杀，其残害手段令人惨不忍睹，其屠杀惨景令人触目惊心。

1932年5月5日，侵华日军在松花江的舰船上用大炮向通河县城轰击，焚毁沿江房屋千余间，居民300余人丧生①。

5月30日，日军在海伦上空投掷炸弹50余枚，此外还用机枪扫射城内居民，在大十街及西市投硫磺弹数十枚，烧毁商号20余家，妓馆30余家，民房10余间，死伤居民30名左右，损失在100多万元②。

6月11日，马占山部义勇军在海伦退出作战后，日军进行了大肆报复，将海北镇内居民及早晨赶集之乡民，斩杀及活埋108人③。

11月22日，一队50余名日本骑兵向拜泉县高家屯（现民乐乡荣耀村）进犯。包围了高家大院用机枪进行扫射，并用柴草把所有的房子点燃。日军在屠杀高家人的同时，在屯子里还杀害了其他村民。在这次惨案中有无辜村民40人被害，重伤8人④。

1933年8月15日，《团绥宁县委关于客观形势、工人农民士兵情形、组织状况及工作计划的报告》中记述：日本统治东宁之后，实行大屠杀政策，尤其对青年，在东宁5个月来死于日帝手的有600余人，梨树镇200余人，九站300余人，五站约有200人⑤。

12月3日，日本兵在拜泉县张景芳屯杀害本屯75人和30余名过路人，共108人⑥。

1934年3月，依兰县土龙山农户因日军强占土地而举行暴动，关东军参谋长西尾寿造下令对这一带进行大"讨伐"。日军先后血洗村屯12个，烧毁70余

① 通河县地方志编纂委员会编：《通河县志》，中国展望出版社1990年版，第17页。

② 《〈申报〉海伦通讯》（1932年6月），载中央档案馆、中国第二历史档案馆、吉林省社会科学院合编：《日本帝国主义侵华档案资料选编·东北"大讨伐"》，中华书局1991年版，第43页。

③ 《〈申报〉海伦通讯》（1932年6月），载中央档案馆、中国第二历史档案馆、吉林省社会科学院合编：《日本帝国主义侵华档案资料选编·东北"大讨伐"》，中华书局1991年版，第45页。

④ 郭素美、车霁虹主编：《日军暴行录·黑龙江分卷》，中国大百科全书出版社1995年版，第111页。

⑤ 《团绥宁县委关于客观形势、工人农民士兵情形、组织状况及工作计划的报告》（1933年8月15日），载中央档案馆、辽宁省档案馆、吉林省档案馆、黑龙江省档案馆编：《东北地区革命历史文件汇集》甲38，1990年，第476页。

⑥ 北安市地方志办公室编：《北安县志》，1993年，第824—825页。

万斤粮食，死伤牲畜 290 余头。日军用机枪扫射、刺刀捅、战刀砍头，以及火烧、水溺、严刑拷打等多种手段杀害土龙山地区无辜村民 1100 多人①。

1935 年 2 月 18 日，驻东宁老黑山南村伪靖安军团长腾井带 200 多人去四道河子 "洗沟"，伪军以轻机枪向群众扫射，看到从火焰中逃出来的人，不分男女老幼用刺刀刺死再扔进火里。全村 120 多口人只剩下 8 个朝鲜族小孩和 3 个青年②。

6 月至 9 月，日军为消灭山区抗日军民，在五常境内进行了残酷的 "归屯并户"、制造 "无人区"。日军在五常东南山区见房就烧，见人就杀，最为震惊的是在四合川的 "清沟" 行动，老百姓俗称 "杀大沟"，全沟死难百姓达 1000 多人，仅三人班附近的 3 个大坑就有 500 多具尸体③。

10 月，日本侵略者实行清野集户，建 "集团部落"，对散居在山区的农户强行集屯，穆棱全县建 45 个 "集团部落"，6750 户被逼迁，2625 间民房被拆烧，逼迁农户因无衣食住而致死的有 200 余人④。

1936 年 6 月 28 日，日军在同江县鲁民店村杀害百姓 10 余人，并放火将鲁民店烧成一片废墟⑤。

1936 年冬，日军制造汤原县四合村惨案，火烧全村，63 人被烧死在屋里，逃离房屋的 47 名村民被日军逮捕，施以残酷刑罚折磨，最后全部被杀害。另有 10 余名村民因慌忙逃离后没来得及穿衣而被冻死。四合村的房屋、粮食、家具等全部化为灰烬，家禽、牲畜被日军抢劫一空。四合村变成了 "无人区"，2160 余垧土地也随之荒芜⑥。

1937 年 2 月 2 日，50 多名日军守备队及大批伪警察包围汤原县黄有屯、庆余屯、后二道岗等处，抓捕无辜群众 100 人押至太平川，杀害 62 人，史称 "二二惨案"⑦。

1937 年，饶河日伪警察、宪兵，将大叶子沟、十八垧地、西风沟、暖泉子、大带河、关门嘴子、暴马顶子、七里钦子一带 3000 多户 1 万多人驱赶下

① 中央党史研究室第一研究部编：《抗日战争时期全国重大惨案 (1)》，中共党史出版社 2014 年版，第 36 页。
② 中共东宁县委党史研究室编著：《中共东宁县地方史》第 1 卷，黑龙江人民出版社 2012 年版，第 113—114 页。
③ 中央党史研究室第一研究部编：《抗日战争时期全国重大惨案 (1)》，中共党史出版社 2014 年版，第 89 页。
④ 穆棱县志编纂委员会编：《穆棱县志》，中国文史出版社 1990 年版，第 21 页。
⑤ 郭素美、车霁虹主编：《日军暴行录·黑龙江分卷》，中国大百科全书出版社 1995 年版，第 146—149 页。
⑥ 郭素美、车霁虹主编：《日军暴行录·黑龙江分卷》，中国大百科全书出版社 1995 年版，第 254—255 页。
⑦ 汤原县地方志编纂办公室编：《汤原县志》，黑龙江人民出版社 1992 年版，第 31 页。

山。被枪杀、自尽、烧死 1000 多人，在暴马顶子一次清沟时有 100 多名群众被杀。"清乡"并屯时，农户卢洪祥老婆生孩子不过 5 天，没有搬迁，全家 5 口人被日军刺死，另有 2 个 10 岁左右的孩子跑到山野被冻死在雪地里①。

1943 年 3 月和 5 月，伪滨江省警备厅调集近 500 余名军警宪特，在巴彦、木兰、东兴 3 个县进行两次大逮捕，残害 1000 余人，即"巴木东事件"②。

1945 年 2 月 14 日，日军以"思想矫正"为由进行大逮捕。在凤山、凤阳、万柳、蚂蜒河、浓河沿山村屯逮捕无辜群众 287 人，刑讯致死 188 人③。

1945 年 8 月 19 日，一伙逃跑的日军对龙江县三家子屯、申地房子的老百姓进行屠杀，两村 160 多人被杀④。

8 月 24 日，日军一残部 150 余人对泰来县景星镇两家子蒙古族小屯手无寸铁的 80 多名百姓进行惨无人道的屠杀，血洗了全屯。之后又包围申地房子屯，将全屯 90 多口人全部杀害⑤。

（2）抗日武装人员的伤亡

九一八事变后，黑龙江抗日军民面对日军侵略，奋勇抵抗，并为此付出了生命与鲜血。

1）抗日义勇军的伤亡

1931 年 11 月 4 日—19 日，日本侵略军占领辽宁和吉林后即向黑龙江省发起进攻，以马占山为首的驻嫩江桥中国守军奋起抵抗。11 月 3 日，日军飞机向守军阵地投掷炸弹，伤守军士兵 9 人。天黑时，百名日军渡过江桥，对守军阵地猛烈射击，并有飞机投弹伤守军士兵 7 人⑥。11 月 4 日，日军进攻嫩江桥，5 日近午占领江桥阵地。守军顽强反击，马占山亲临前线督战，日伪军再次被击退。是役守军阵亡 262 人，伤 143 人⑦。11 月 7 日，江桥抗战进入第二阶段，日军在飞机坦克掩护下，不断向前线发起进攻，马占山部奋起抵抗，但伤亡惨重。11 月 19 日，马占山被迫通令撤退，江桥抗战结束。

① 饶河县地方志编纂办公室编：《饶河县志》，黑龙江人民出版 1992 年版，第 202 页。

② 东北沦陷十四年史编委会编：《日军暴行录·黑龙江分卷》，中国大百科全书出版社 1995 年版，第 220 页。

③ 通河县地方志编纂委员会编纂：《通河县志》，中国展望出版社 1990 年版，第 22 页。

④ 中国人民政治协商会议黑龙江省委员会文史资料研究委员会编辑部编：《不能忘记的历史》，黑龙江人民出版社 1985 年版，第 168 页。

⑤ 泰来县政协编：《泰来县文史资料》第 6 辑，2007 年，第 16—17 页。

⑥ 《东北抗日联军史》编写组：《东北抗日联军史》上册，中共党史出版社 2015 年版，第 97 页。

⑦ 《东北抗日联军史》编写组：《东北抗日联军史》上册，中共党史出版社 2015 年版，第 98 页。

1932 年 1 月，日军阴谋北上进犯哈尔滨。赵毅率部在双城堡火车站阻击日本侵略军天野旅团。天野旅团在受到重创后，日军立即从长春派出陆、空部队驰赴双城应接，除装甲车、坦克车外，还有飞机 20 多架配合作战。赵毅兵团损失惨重，20 多爱国军官壮烈牺牲，士兵伤亡六七百人①。

1932 年春，义勇军丁超部旅长孙殿甲率部在大勒勒密与日军展开激战，义勇军伤亡 200 余人②。

4 月 29 日，吉林自卫军冯占海部在方正县西北南天门遭遇退据此处的伪军反扑。冯占海指挥部队多日血战，毙伤敌军 200 余人，伪军反正者上千，并击落敌机 2 架，生擒驾驶员 2 人。自卫军也付出很大牺牲，官兵伤亡 200 余人③。

5 月 26 日，日军中佐中村茂一带领日军从肇东昌五东北角攻城，并有 9 架飞机对城内进行轰炸，义勇军李海青部死伤 100 余人。城陷后，日军在慈善会门前挑死无辜群众数人④。

7 月 28 日，马占山部行至十七井子，遇日军步骑 600 余人，张广文团长与工兵营刘润川营长率部与敌激战至夜，将敌击退，义勇军伤亡 100 余人⑤。29 日，马占山率 1000 余人在绥棱北部的罗圈甸子（罗圈沟）一带再次遭日军包围。此役计 3 昼夜，义勇军阵亡及失踪者约 500 人⑥。

8 月初，义勇军卢明谦率所部 100 余人，布西甘南红枪会 2000 余人与日军在齐黑路交战，突围时，红枪会因迷信神拳，用刀矛与敌拼命，伤亡 500 余人⑦。

9 月 14 日，抗日义勇军张锡三部进驻安达县城（今安达市任民镇）。16 日，大批日、伪军将其包围。17 日上午，将 108 名被俘的抗日义勇军官兵押到县城东门外，用机枪射杀⑧。

---

① 温永录主编：《东北抗日义勇军史》上，黑龙江人民出版社 1987 年版，第 502 页。

② 《吉兴笔供》（1954 年 5 月 1 日），载中央档案馆、中国第二历史档案馆、吉林省社会科学院合编：《日本帝国主义侵华档案资料选编·东北“大讨伐”》，中华书局 1989 年版，第 66 页。

③ 温永录主编：《东北抗日义勇军史》上，黑龙江人民出版社 1987 年版，第 531—532 页。

④ 肇东县县志办公室编：《肇东县志》，1985 年，第 10 页。

⑤ 《将军东行时沿途之战斗》（1932 年 7 月），载中央档案馆、中国第二历史档案馆、吉林省社会科学院合编：《日本帝国主义侵华档案资料选编·东北“大讨伐”》，中华书局 1991 年版，第 47 页。

⑥ 《罗圈甸子突围战》（1932 年 7 月 31 日），载中央档案馆、中国第二历史档案馆、吉林省社会科学院合编：《日本帝国主义侵华档案资料选编·东北“大讨伐”》，中华书局 1991 年版，第 51 页。

⑦ 《将军被围各部队外线之战斗》（1932 年 7 月），载中央档案馆、中国第二历史档案馆、吉林省社会科学院合编：《日本帝国主义侵华档案资料选编·东北“大讨伐”》，中华书局 1991 年版，第 50 页。

⑧ 安达市地方志办公室编：《安达县志》，1992 年，第 18 页。

10月8日，东北民众救国军高峻岭团与日军在富拉尔基黑岗子一带激战，救国军军官伤亡10余人，士兵伤亡200余人①。

10月27日，抗日军刘万魁部进攻宁安县城，与入侵日军展开激战，此役，刘万魁部牺牲约200人②。

10月29日，抗日救国军在齐齐哈尔拉哈车站与日军激战，连、营、团长阵亡十余人，战士伤亡400多人③。

11月17日，佳木斯日本关东军司令部纠集1000多名日、伪军，袭击驻桦川县抗日组织黄枪会。3天时间，日军袭击了在马忠显大桥附近村屯宿营的黄枪会、红枪会、信志山大队和王勇队等抗日武装。在抗日武装的奋力抵抗下，日军伤亡惨重，后由于王勇队叛变，包括黄枪会大帅吴国文、二帅张义、前部先锋纪希恩、海全支头领罗胜云和信志山等在战斗中壮烈牺牲。日军在这次屠杀中共杀害红枪会、黄枪会等抗日武装2000余人④。

11月中旬，日军从南满、吉东等地抽调大批兵力，在第十四师团长指挥下，向黑龙江义勇军发动了空前的攻势。李海青部率部奋力反击，伤亡四五百人⑤。

11月下旬，马占山部义勇军第一军军长邓文率部与进犯拜泉的日军战斗6昼夜，义勇军伤亡3000余人⑥。

12月1日，义勇军张殿九部与日军在甘南扎兰屯激战，张部伤亡200余人⑦。

1933年3月11日，吴义成部抗日救国军联合山林队攻打三岔口城的战斗中，日伪军用炮火反扑，先将救国军主要火力点利兴福炸毁，2名机枪手牺牲，后又将南火磨五节大楼炸毁，隐蔽在楼上射击敌人的20多名救国军战士全部

① 温永录主编：《东北抗日义勇军》下，黑龙江人民出版社1987年版，第769页。
② 《高泽健儿笔供》（1954年7月10日），载中央档案馆、中国第二历史档案馆、吉林省社会科学院合编：《日本帝国主义侵华档案资料选编·东北"大讨伐"》，中华书局出版社1989年版，第68页。
③ 温永录主编：《东北抗日义勇军史》下，黑龙江人民出版社1987年版，第780页。
④ 中共佳木斯市委党史研究室：《中国共产党佳木斯历史（1928—2000）》上卷，黑龙江人民出版社2004年版，第96页。
⑤ 中共齐齐哈尔市委党史研究室、中共齐齐哈尔市委党校：《丰碑·中国共产党齐齐哈尔史》第1卷，吉林人民出版社2003年版，第87页。
⑥ 《将军干部最后之壮烈战斗》（1932年11月20日），载中央档案馆、中国第二历史档案馆、吉林省社会科学院合编：《日本帝国主义侵华档案资料选编·东北"大讨伐"》，中华书局1991年版，第56—58页。
⑦ 《围攻省城之战斗》（1932年10月20日），中央档案馆、中国第二历史档案馆、吉林省社会科学院合编：《日本帝国主义侵华档案资料选编·东北"大讨伐"》，中华书局1991年版，第55、56页。

牺牲①。

3月17日，绥滨抗日义勇军在萝北县三间房阻击日军，击毙7人，义勇军伤亡20余人②。

1934年1月28日，高玉山率东北国民救国军攻打虎林县城。由于敌人猛烈反扑，高玉山率部撤退，救国军牺牲237人。战斗过后，日军在乌苏里江边杀害被俘的救国军战士41名，并将县商务会长张丕基枪杀③。

2）东北抗日联军的伤亡

中国共产党领导的东北抗日联军（简称东北抗联）曾经发展到11个军，其中有9个军在黑龙江境内活动过，最高峰期有3.5万余人。在长期的艰苦斗争中，东北抗日联军（包括其前身东北人民革命军、各种反日游击队等）指战员绝大多数战死疆场，到最后抗战胜利只剩1000余人。

1933年2月18日，驻富锦的日军大尉石井带领百余名日、伪军乘40辆汽车进攻绥滨县中兴镇，抗日人民自卫军奋力抵抗，自卫军伤亡数十人④。

1935年9月26日，东北人民革命军第四军第四团在新兴洞附近遭遇敌人突袭。激战中，朴振宇、李斗文等16名指战员英勇牺牲，吴福林等10人负伤⑤。

1936年2月27日夜，驻东京城的日军第四守备队一部和伪军警备旅第二十七团一个营向莲花泡开进，伪军骑兵第三十三团自上马莲河向镜泊湖瀑布以北地区运动，准备包围东北抗联第五军一师部队。次日拂晓，莲花泡战斗打响，抗联战士牺牲78名，负伤45名。由于敌人肆意毁坏抗联牺牲战士的遗体，地方抗日会备棺收殓时，仅埋葬了42位烈士，这就是后来被传颂的莲花泡防御战之42烈士⑥。

5月11日，由东北抗联第六军第二团和第三军第五师第一团共150多名指战员组成的依东先遣队，在依兰县东部暖泉子与3倍于我的日军"讨伐队"遭遇，绝大多数指战员英勇牺牲，几名幸存者几天后也被敌人逮捕杀害⑦。

---

① 中共东宁县委党史研究室编著：《中共东宁县地方史》第1卷，黑龙江人民出版社2012年版，第97页。

② 中共鹤岗市委党史研究室编：《中共鹤岗历史》第1卷，人民日报出版社2006年版，第81页。

③ 虎林县志编纂委员会编：《虎林县志》，中国人事出版社1992年版，第28页。

④ 绥滨县地方志编纂委员会编：《绥滨县志》，方志出版社1996年版，第504页。

⑤ 《东北抗日联军史》编写组：《东北抗日联军史》上册，中共党史出版社2015年版，第427、428页。

⑥ 《东北抗日联军史》编写组：《东北抗日联军史》上册，中共党史出版社2015年版，第581—582页。

⑦ 中共佳木斯市委党史研究室：《中国共产党佳木斯历史（1928—2000）》上卷，黑龙江人民出版社2004年版，第159页。

5 月 23 日，东北人民革命军第三军第三团在通河洼子张与日军进行激战，歼灭日军 30 多人，抗联战士牺牲 36 人①。

1937 年 4 月，伪黑河省警务厅长大园长喜，命令黑河日本守备队原田中佐指挥 1 个步兵营和 1 个骑兵连及伪爱辉县警察队，在逊河县松树沟西南约 30 公里的山中伏击抗联第三军赵尚志部，抗联战士牺牲 20 多人，被俘 1 人，另有 3 名鄂伦春向导被杀②。

7 月 29 日，东北抗联第五军教导团第一师在依兰刀口河西前齐家与日、伪军遭遇交战，抗联部队死 3 人，伤 7 人③。

7 月到年末，在三江大"讨伐"中，东北抗日联军战斗约 200 次，牺牲 1700 人，伤约 1000 人④。

8 月末，东北抗联第二师三个连、第三师第八九团与伪军三十五团在富锦县兴隆镇南战斗，抗联部队牺牲 4 人，伤 2 人⑤。

10 月，日军在黑通地区逮捕东北抗联指战员 100 余人，将其中大部杀害⑥。

1938 年 2 月，在三江省"大讨伐"中，东北抗联第十一军七星砬子兵工厂遭到围攻。兵工厂负责人胡志刚率战士 50 余人英勇抗击，最后全部牺牲⑦。同月，东北抗联第十一军第一旅在大锅盔山被"讨伐"之敌包围，旅长与 88 名战士殉国⑧。

3 月 8 日，东北抗联第三师第八团第一连被日、伪军困在宝清县小山之巅。突围时，抗联部队牺牲 12 人，伤 4 人⑨。

3 月 18 日，日军守备队步炮兵 200 余人、伪兴安军骑兵 100 余人组成的

---

① 通河县地方志编纂委员会编：《通河县志》，中国展望出版社 1990 年版，第 19 页。

② 爱辉县修志办公室编：《爱辉县志》，北方文物杂志社 1986 年版，第 27 页。

③ 《抗联第一路军 1932 年至 1940 年主要战斗统计表》（1941 年初），载中央档案馆、辽宁省档案馆、吉林省档案馆、黑龙江省档案馆编：《东北地区革命历史文件汇集》甲 60，1992 年，第 289 页。

④ 《王之佑笔供》（1954 年 8 月 8 日），载中央档案馆、中国第二历史档案馆、吉林省社会科学院合编：《日本帝国主义侵华档案资料选编·东北"大讨伐"》，中华书局 1989 年版，第 379—380 页。

⑤ 《第四·五军战斗情况统计表》（1937 年 6 月—1940 年 6 月 10 日），载中央档案馆、辽宁省档案馆、吉林省档案馆、黑龙江省档案馆编：《东北地区革命历史文件汇集》甲 58，1991 年，第 159 页。

⑥ 《关于海村园次郎在三江省"特别治安肃正"中罪行的调查材料》，载中央档案馆、中国第二历史档案馆、吉林省社会科学院合编：《日本帝国主义侵华档案资料选编·东北"大讨伐"》，中华书局 1989 年版，第 397 页。

⑦ 黑龙江省地方志编纂委员会：《黑龙江省志·大事记》，黑龙江人民出版社 1992 年版，第 596 页。

⑧ 黑龙江省地方志编纂委员会：《黑龙江省志·大事记》，黑龙江人民出版社 1992 年版，第 596 页。

⑨ 《第四·五军战斗情况统计表》（1937 年 6 月—1940 年 6 月 10 日），载中央档案馆、辽宁省档案馆、吉林省档案馆、黑龙江省档案馆编：《东北地区革命历史文件汇集》甲 58，1991 年，第 162 页。

"讨伐队"向宝清西沟与宝石河子之间的尖山子东北抗联第五军密营逼近。为拖住敌人，防止敌人突袭抗联密营，第五军第三师第八团第一连14名战士及总指挥部交通员2名，共16人，在连长李海峰、指导员班路遗的带领下，在头道卡子小孤山附近，与敌展开激战。李海峰等12名战士与敌人肉搏，直至英勇牺牲①。

4月15日，东北抗联第五军，第二军第二师、救世军，在依兰县大百顺沟与日军交战。抗联部队牺牲31人，伤7人②。

6月上旬，敌人以2000人的兵力，向七星砬子东北抗联各军密营发动第二次大规模进攻，抗联后方基地再次遭严重破坏。在战斗中第一旅伤亡十五六人，第二旅一个连被敌人堵在屋里，全部壮烈牺牲③。

夏初，日军步兵第三十团在宝清的七星泡一带与东北抗联30余人遭遇，日军对抗联部队实行包围攻击，抗联部队无法突围脱逃全部被俘，20多人被枪杀④。

10月下旬，东北抗联第五军第一师西征部队在刁翎地区柞木岗山下，宿营于乌斯浑河西岸老道沟柳毛丛中，部队被日、伪军发现包围，次日拂晓发生激战。随抗联第五军第一师远征的妇女团8名女战士在指导员冷云（郑志民）带领下，掩护大部队突围，在弹尽援绝、无路可退的情况下，宁死不屈，毅然跳入乌斯浑河，壮烈牺牲。史称"八女投江"⑤。

1939年4月23日，东北抗联第五军在穆棱、下城子与数百名日、伪军展开5小时激战，敌人伤亡惨重。战斗中，第五军政治部代理主任王克仁及第三团副团长王德山以下20人牺牲⑥。

11月8日，东北抗联第七军第一师第四团、第五军第九团等在大砬子东山与日军大和镇步骑兵激战。牺牲战士12人，失踪3人⑦。

1940年7月19日，日军渡边部队和伪嫩江森林警察大队150人的混合"讨

① 《东北抗日联军史》编写组：《东北抗日联军史》下册，中共党史出版社2015年版，第721页。

② 《抗联第二路军1932年至1940年战斗统计表》（1941年初），载中央档案馆、辽宁省档案馆、吉林省档案馆、黑龙江省档案馆编：《东北地区革命历史文件汇集》甲60，1992年，第301页。

③ 叶忠辉、李银桥、温野等编著：《东北抗联第八——十一军史》，黑龙江人民出版社2005年版，第273页。

④ 《李文龙、周大鲁证明材料》（1954年4月17日），载中央档案馆、中国第二历史档案馆、吉林省社会科学院合编《日本帝国主义侵华档案资料选编·东北"大讨伐"》，中华书局1991年版，第385页。

⑤ 林口县志编纂委员会编：《林口县志》下卷，黑龙江人民出版社1999年版，第1079页。

⑥ 《东北抗日联军史》编写组：《东北抗日联军史》下册，中共党史出版社2015年版，第808页。

⑦ 周保中：《周保中东北抗日游击日记》，解放军出版社2015年版，第533页。

伐"队携带轻重机枪、迫击炮等武器袭击了德都县朝阳山东北抗联第三路军总指挥部驻地。第三路军第三支队政委赵敬夫和总指挥部教导队队长曹玉魁指挥总指挥部教导队战士与敌人展开激烈战斗，掩护总指挥部领导人员突围。战斗中，北满省委委员张兰生、第三支队政委赵敬夫、第三路军总部机要主任兼电台台长崔清秀等10人壮烈牺牲，曹玉魁等8人负伤①。

10月7日，东北抗联第十二支队在肇源敖木台屯与日、伪军进行遭遇战，抗联44位指战员英勇牺牲②。

同月，伪第三军管区司令官王之佑命令步兵第四旅和混成十二旅对赵尚志所率部队进行17天"讨伐"，双方交战10次，抗联死伤约各10人③。

11月25日，建在虎林小穆河宝山的东北抗联第二路军第二支队密营被敌人破坏，所有粮食、物资尽皆丧失。战斗中，第二支队牺牲11人，负伤11人，失踪2人，冻伤14人④。

1941年9月20日，东北抗联第三路军第九支队在嫩江西岸郭泥屯活动时，突遭日军袭击，战斗1日，支队参谋长郭铁坚以下20余人壮烈牺牲⑤。

1942年2月1日，铃木"讨伐队"于呼玛县北习里与东北抗联第三路军第三支队交战，抗联部队25人牺牲⑥。

2月12日，赵尚志率东北抗联小部队袭击梧桐河伪警察分驻所时，遭到日伪特务刘德山的黑枪，后腰下部中弹，在昏迷中被俘。被俘后，赵尚志坚贞不屈，在梧桐河畔壮烈牺牲⑦。

2月13日，在兴安东省巴彦旗库楚东北方约7公里，东北抗联第三支队80人与铃木"讨伐队"遭遇交战，牺牲61人⑧。

3）起义官兵的伤亡

1938年2月，绥芬河国境监视队姜姓班长组织部分士兵起义，打死日军中尉连长后，多数士兵进入苏联，少数人被捕遭杀害⑨。

---

① 《东北抗日联军史》编写组：《东北抗日联军史》下册，中共党史出版社2015年版，第901页。

② 肇源县地方志编审委员会办公室编：《肇源县志》，1986年，第12页。

③ 《王之佑笔供》（1954年8月8日），载中央档案馆、中国第二历史档案馆、吉林省社会科学院合编：《日本帝国主义侵华档案资料选编·东北"大讨伐"》，中华书局1991年版，第451页。

④ 《东北抗日联军史》编写组：《东北抗日联军史》下册，中共党史出版社2015年版，第886页。

⑤ 《东北抗日联军史》编写组：《东北抗日联军史》下册，中共党史出版社2015年版，第995页。

⑥ 吉林省档案馆编译：《东北抗日运动概况》，吉林文史出版社1986年版，第358页。

⑦ 《东北抗日联军史》编写组：《东北抗日联军史》下册，中共党史出版社2015年版，第986页。

⑧ 吉林省档案馆编译：《东北抗日运动概况》，吉林文史出版社1986年版，第359页。

⑨ 绥芬河市地方志编纂委员会：《绥芬河市志》，黑龙江人民出版社2000年版，第16页。

1940 年 9 月，东北抗联第二路军第二支队在宝清县七河镇接应伪军第三十五团 200 余人起义。起义部队在转移途中，遭敌人追击和飞机轰炸，多数人牺牲或失散，只有 34 名参加了抗日联军①。

1941 年 1 月 4 日，王岗伪第三飞行队在班长苏贵祥率领下举行武装起义。起义士兵在投奔东北抗日联军途中，在肇州县郭头井村被日伪部队包围。战斗中苏贵祥等 30 人牺牲，44 人被俘，10 人逃脱②。

（3）地下抗日工作者、爱国人士的伤亡

在日本军国主义的铁蹄下，饱受苦难的东北人民受尽日本侵略者的残酷奴役，不甘做亡国奴，同侵略者进行了顽强的斗争。为此，遭到日军疯狂的镇压和迫害，大检举、大逮捕行动，使无数爱国志士惨遭屠杀。

1933 年 8 月，德都（现五大连池市）县城北双龙泉屯爱国人士王鸿图等 12 人，因援助马占山部抗日所需粮食、物资、马匹等，遭克山日本宪兵队逮捕。经残酷刑讯后，送往龙门山，11 人被日军枪杀于龙门山福利公司屯旧址，并焚尸灭迹。史称"龙门山惨案"③。

10 月 5 日，汤原、鹤立两地日本宪兵队同时出兵，中共汤原中心县委遭到破坏，前任中心县委书记裴治云，组织部部长崔圭复，县委委员金成刚（女），党员郑重久、孙哲龙、金术龙、李振永、林国镇，共青团员石光信（女）、孙明玉（女）、金峰春及革命群众柳仁化 12 人被日军逮捕入狱，后惨遭杀害，被活埋在鹤立宪兵队后院④。

1936 年 6 月，日本宪兵队对通河地下党进行大逮捕，反日会主席郑丙赞、抗日群众康龙奎、朴京相 3 人被杀害⑤。

8 月，在帽儿山蜜蜂村居住的许喜顺（共产党员，村农民委员会委员长）、王作舟（共产党员）和朱凤宪等人被办事处特务逮捕，同年 10 月被杀害⑥。

11 月，日本宪兵队破获齐齐哈尔共产国际军事情报站，至 25 日，情报站人员共有 19 人被捕。张永兴、张庆国、许志岚、陈福绪等 8 名情报人员于翌年

① 黑龙江省地方志编纂委员会：《黑龙江省志·大事记》，黑龙江人民出版社 1992 年版，第 621 页。
② 《东北抗日联军史》编写组：《东北抗日联军史》下册，中共党史出版社 2015 年版，第 922 页。
③ 德都县志办公室编：《德都县志》，黄山书社 1994 年版，第 1066—1067 页。
④ 汤原县地方志编纂委员会：《汤原县志》，黑龙江人民出版社 1992 年版，第 26 页。
⑤ 通河县地方志编纂委员会编：《通河县志》，中国展望出版社 1990 年版，第 20 页。
⑥ 《孙万芝控诉书》（1954 年 7 月 18 日），载中央档案馆、中国第二历史档案馆、吉林省社会科学院合编：《日本帝国主义侵华档案资料选编·东北"大讨伐"》，中华书局 1989 年版，第 162 页。

1月5日被枪杀在齐齐哈尔北郊①。

1937年2月16日,日军守备队长大尉下元率100多日军包围汤原县前孔家,逮捕抗日人员20人,并将地下抗联工作人员滕树伟一家13口推入大井淹死,此即"二一六惨案"②。

7月29日,日军和警察特务等七八十人在汤原县嘉兴村抓捕东北抗联地下工作者8名,除两人被关押51天后释放外,其余6人都于8月17日被日军杀害③。

1938年1月14日,驻扎在伪三江省的日本宪兵队,在汤原县、鹤立县套子房、尚家街、裕德等村屯惨杀中共党团员、抗日救国会及爱国群众110余人④。

3月15日,佳木斯宪兵队对中国共产党吉东省委、北满临时省委进行了大规模的镇压和逮捕。到7月8日为止,共逮捕中共党员和抗日工作人员达328人。有112人交由伪哈尔滨高等检察厅审理。89人被伪哈尔滨高等法院判决有罪。其中,死刑8人,无期徒刑5人,其余判处5—20年有期徒刑⑤。

11月24日,伪满警察据中共吉东省委书记宋一夫的供认,实行大逮捕,群众称"黑帽子事件",仅八面通一带遭逮捕和刑讯的共产党员、反日会员、爱国群众300余人⑥。

12月,在牡丹江铁岭河监狱,70余名被捕入狱的抗日志士被日军押进刑讯室,逐个注射针剂,几分钟后全部死去⑦。

1939年秋,伪警察发现汤原县正阳乡一带"归屯并屯"的刘长永屯给东北抗联第六军做棉衣。日军将刘长永屯包围,火烧屯子,刺死赵裁缝,并将与抗联有来往的抗日救国会会员高福全等3人塞进冰窟窿里活活淹死⑧。

---

① 中共齐齐哈尔市委党史研究室、中共齐齐哈尔市委党校:《丰碑·中国共产党齐齐哈尔史》第1卷,吉林人民出版社2003年版,第119—122页。

② 汤原县地方志编纂委员会编:《汤原县志》,黑龙江人民出版社1992年版,第31页。

③ 《关于海林园次郎在三江省"特别治安肃正"中罪行的调查材料》,载中央档案馆、中国第二历史档案馆、吉林省社会科学院合编:《日本帝国主义侵华档案资料选编·东北"大讨伐"》,中华书局1989年版,第397页。

④ 黑龙江省地方志编纂委员会:《黑龙江省志·大事记》,黑龙江人民出版社1992年版,第595页。

⑤ 《伪司法部刑事思想科关于"三·一五"事件情况通报》(1939年9月8日 秘第364号),载中央档案馆、中国第二历史档案馆、吉林省社会科学院合编:《日本帝国主义侵华档案资料选编·东北历次大惨案》,中华书局1991年版,第181—191页。

⑥ 穆棱县志编纂委员会编:《穆棱县志》,中国文史出版社1990年版,第22页。

⑦ 中共牡丹江市委党史研究室编:《牡丹江抗战十四年》,黑龙江朝鲜民族出版社1999年版,第60页。

⑧ 郭素美、车霁虹主编:《日军暴行录·黑龙江分卷》,中国大百科全书出版社1995年版,第256页。

1941 年 1 月，日军将 22 名抗日志士和群众推入肇源县三站李家围子附近的冰窟窿里杀害①。

12 月 17 日，齐齐哈尔日本宪兵队长星实敏以自己的姓作为镇压事件的代号，起名"贞星工作"。从 12 月 17 日开始疯狂的大逮捕，到 1942 年 2 月结束，共逮捕 500 多人。其中在齐齐哈尔就逮捕了 160 多人②。

1943 年 1 月 14 日，日、伪军在庆安逮捕爱国志士和无辜群众 107 人，其中杀害 70 人，致残 20 多人③。

1944 年 9 月，日本宪兵队在鸡宁街、平阳镇等地逮捕地下抗日工作人员李东升等 3 人，并搜捕嫌疑者 90 人。审讯后，李东升、张玉环（女）等 16 人被害④。

11 月 20 日，日本宪兵队在杏树、勃利街等地逮捕共产党地下工作者李东岱、桑元庆、曲东岩、刘清阳等 80 余人，有的被枪杀，有的被送到哈尔滨细菌研究所⑤。

2. 间接人口伤亡

（1）劳工伤亡

在东北沦陷 14 年间，日本侵略者为了掠夺资源，实现其永久独霸东北的野心，驱使大批劳工修筑军事工程和在矿山、建筑、运输等部门服役。恶劣的条件，繁重的苦役，非人的折磨，使无数劳工悲惨死去。

1）矿山劳工的伤亡

在日伪统治下，东北许多工厂、矿山由于机械化程度低，主要靠工人的血肉之躯，拼劳动强度极大，加上没有劳动保护设施，劳动环境恶劣，日本监工和把头不顾工人死活，工人吃不饱穿不暖，劳累不堪，以致各种事故频发，工人死伤累累⑥。

工人伤亡最多的要数煤矿，日本侵略者在各个煤矿，不按正常进度开采，不顾客观地质条件，不顾工人死活，采取破坏性掠夺式采煤方法，推行"狂采

---

① 黑龙江省地方志编纂委员会：《黑龙江省志·大事记》，黑龙江人民出版社 1992 年版，第 625 页。

② 中共齐齐哈尔市委党史研究室、中共齐齐哈尔市委党校：《丰碑·中国共产党齐齐哈尔史》第 1 卷，吉林人民出版社 2003 年版，第 187 页。

③ 王武斌主编：《庆安革命斗争史》，2001 年，第 59 页。

④ 鸡西市地方志编纂委员会编著：《鸡西市志》下卷，方志出版社 1996 年版，第 1358 页。

⑤ 勃利县志编纂委员会编纂：《勃利县志》，中国社会出版社 1992 年版，第 18 页。

⑥ 苏崇民、李作权、姜壁洁主编：《劳工的血与泪》，中国大百科全书出版社 1995 年版，第 378 页。

乱挖""人肉开采""用人换煤"的罪恶政策，致使大批劳工死亡。

1938年12月1日，城子河煤矿正式开采。由于日伪统治者只图多采煤，不顾工人死活，造成大批矿工死亡。1942年—1945年，城子河煤矿设有3座死人仓库，4年里拉出尸体5000多具①。

1943年1月6日，南岗三坑二槽右八片回采工作面发生瓦斯爆炸，引起煤尘燃烧。日本人为了保住矿井，不顾工人死活，下令封闭井口。这次事故当场死亡96人②。

1943年9月8日，滴道炭矿河北老二坑瓦斯爆炸，日本监工下令停止送风、堵塞井口，145名矿工窒息身亡③。

由于劳动繁重，劳动条件恶劣，缺乏劳动保护措施，加之吃不饱穿不暖，居住条件不良，环境不卫生，劳工们时常带病劳作，病饿、瘟疫时常发生，工人的死亡率直线上升。

1940年2月，嘉荫县乌拉嘎金矿工人在日伪警宪、把头的残酷压榨下，染流行性传染病，到8月，共死亡1000余人④。

1942年，日军从黄河边招来400多名矿工来鸡西挖煤，由于饥饿、病冻等原因，400多人最后只余30多人存活⑤。

劳工们除病死和发生事故而死亡外，还有许多人是被日本侵略者虐待折磨而死，甚至是杀害的。据张明远回忆，鸡西煤矿"特殊工人训练所"的山南电网里至少关押过9000多人。这些矿工除300多人逃跑外，到1945年光复，电网里活着的只有100多人，其余的全被活活折磨而死⑥。

日本侵略者惨无人道的暴行，激起劳工们的强烈反抗，但每次都遭到血腥镇压，多数未能逃出魔掌而惨遭杀害。加之生病、饥饿、事故等原因导致的伤亡，黑龙江劳工死伤累累。而日本侵略者为了处理劳工尸体，在黑龙江境内制造多处"万人坑"。

---

① 中国人民政治协商会议黑龙江省委员会文史资料研究委员会编辑部编：《不能忘记的历史》，黑龙江人民出版社1985年版，第261页。

② 鹤岗市地方志编纂委员会办公室编：《鹤岗市志》，黑龙江出版社1990年版，第14页。

③ 鸡西市地方志编纂委员会编著：《鸡西市志》下卷，方志出版社1996年版，第1357页。

④ 范德昌主编：《嘉荫县志》，黑龙江人民出版社1988年版，第12页。

⑤ 中共鹤岗市委党史工作委员会、鹤岗市志编审委员会办公室合编：《鹤岗史志通讯》第17辑，1985年，第13页。

⑥ 全国人民政治协商会议黑龙江委员会文史资料研究委员会编辑部编：《不能忘记的历史》，黑龙江人民出版社1985年版，第269—274页。

在鹤岗，日伪时期井下采空区用沙子回填，当年挖沙子后形成的坑，后来就成了扔死难工友的地方。1944年又在附近设立了矫正院，所死的人多数扔在里面，就成了专扔死人的坑。据记载，仅此坑的一角（长10米、宽8米、深2.5米）就堆积着死难者的尸骨千余具①。

在鸡西，日本侵略者先后在鸡西的恒山、滴道、城子河、麻山等矿修建了十几座死人仓库、病号房，然后把尸体运到"万人坑"扔掉，有的在坑附近修造了炼人炉，把大批尸体码成垛，浇上汽油焚烧。令人发指的是有的矿工、工属不等断气就被扔进死人仓库、万人坑或投入烧人场、炼人炉活活焚毙。据鸡西矿务局整理的材料记载，从各矿设置烧人场，修造炼人炉，到日本投降，几年间就烧掉了近5万具尸体②。

2）要塞及军事工程劳工的伤亡

在日本关东军的各种工程及军事要塞从事劳役的工人，处境更加恶劣。日本侵略军不仅在工程进行中随意杀害和枪杀工人，还往往在工程完工后，采取集体毒杀、活埋、枪杀等残忍手段将工人大批杀害以图保持其工程秘密。

1936年，在爱辉西岗子为日军修建军事工程的天津劳工1100余人和沈阳劳工600余人全部死亡。从北安抓来的1300余名劳工死掉600人，余者均被集体枪杀③。

1939年，在黑河稗子沟日军地下军事工程修建中1800多名关内劳工死掉1300名，余者也在军事工程完工后惨遭屠杀④。

日本侵略者为实施北进侵略苏联计划，不仅在黑龙江境内构筑了庞大的军事工程，还修筑了诸多军事要塞。这些要塞规模巨大，耗资甚巨，在修筑要塞期间，无数的中国劳工和战俘遭到残酷奴役和杀害，可以说，要塞是用中国劳工和战俘的累累白骨堆积而成的。

据统计，日本仅为修筑东宁要塞，抓捕的中国劳工就达17万人。随着工程的逐项完工，为了保密，侵略者以转移施工地点为名，将十几万劳工分批集体杀害。苏军攻打东宁要塞之际，穷途末路的侵略者把最后一批3000多名劳工骗入地下要塞，然后将要塞分段堵死，几千名劳工就这样被永远埋在了要塞里面，

① 《鹤岗东山万人坑调查》，载中央档案馆、中国第二历史档案馆、吉林省社会科学院合编：《日本帝国主义侵华档案资料选编·东北经济掠夺》，中华书局1991年版，第977页。

② 苏崇民、李作权、姜壁洁主编：《劳工的血与泪》，中国大百科全书出版社1995年版，第416页。

③ 郭素美、车霁虹主编：《日军暴行录·黑龙江分卷》，中国大百科全书出版社1995年版，第321页。

④ 郭素美、车霁虹主编：《日军暴行录·黑龙江分卷》，中国大百科全书出版社1995年版，第321页。

只有最后进去、离入口处较近的 30 多个劳工，拼命扒开洞口，侥幸逃了出来①。

被关东军称为"东方的马其诺防线"的虎头要塞，工程规模连接 5 个山头，地下隧道向四面延伸，长达数十里，工事分上中下 3 层，外围筑有野战工事和飞机场。施工期间，每年有 2000 名多劳工修筑横贯虎头山脉的军事要塞。因事关军事机密，每当一项工程完工之时，即为日军秘密集体屠杀劳工之日。据曾在虎头要塞服役的日本老兵回忆，有"1.3 万多名修筑要塞的中国劳工被日军处死，尸骨遍地"②。

3）其他劳工伤亡

日本侵略者为了扩大战争和维护统治，在黑龙江地区除修筑军事工程外，还大肆修筑其他各种工程。在这些工地服苦役的劳工，同样受到非人的待遇，被折磨、残害致死者不计其数。

始建于 1939 年 3 月的镜泊湖发电厂，是日本帝国主义侵占东北时期为掠夺中国资源而修建的一座水力发电站。电厂修建期间的土建工程劳动力，是由满洲东亚土木株式会社各分包组从关内的河北、河南、天津等地欺骗招募而来的。施工区域设置层层电网，以防工人逃跑。民工春天来时，穿着破旧棉衣，工作到夏季时，已变得衣不遮体，有的只能用装水泥的纸袋子遮风挡雨。作业时把头、工头只顾干工程进度，不管劳工死活。朱家明当时在水力电气建设局当电工，他亲眼见被塌方砸死的劳工尸体，一矿车一矿车往外运。一到夏季，霍乱和痢疾及瘟疫在工棚内传染流行起来，中国人得不到基本治疗，一旦得上病，很难逃脱死亡命运。非人的生活，造成中国劳工的大量死亡。据老工人讲，1939 年至 1941 年间，因病及冻饿和在施工中死亡的中国人，保守估计最低也有500 人。直到解放，电厂东沟仍然白骨累累③。

1940 年，日伪当局集中 1000 余名中国劳工修筑逊克别拉河大堤，每天劳动19 个小时，只配给橡子面、发霉高粱米为食物，还不让吃饱，冬天穿麻袋片，患病不给治疗，当年死去 600 多人。同时修筑曾家堡村的钢筋混凝土水闸，参

---

① 中共牡丹江市委党史研究室：《中共牡丹江地方史（1919—1949）》，黑龙江朝鲜民族出版社 2001 年版，第 100、101 页。

② 东北沦陷十四年史编委会编：《日军暴行录·黑龙江分卷》，中国大百科全书出版社 1995 年版，第 328—335 页。

③ 中共牡丹江市委党史研究室编：《牡丹江抗日十四年》，黑龙江朝鲜民族出版社 1999 年版，第 100—101页。

加施工的被俘抗联干部和战士 100 多人，事后被秘密处死①。

1943 年，集贤县被抓走劳工 992 人，被送到矿山、森林或军事工程要地去背煤、打石头、架桥梁、修公路、修飞机场等，死者和下落不明者达 333 人②。

1944 年 1 月，桦川县田禄村（今建国乡）修建排灌工程的天津劳工 600 余人，其中 570 余人在工程中死亡，被扔进"万人坑"③。

同年 9 月，日本侵略军在穆（穆棱河）兴（兴凯湖）水路改修工程中，使用劳工 7000 人，其中死亡的有 1700 余人④。

同年，日本关东军直辖工程——兴安岭王爷庙筑城工程，从各县征用约 2 万名劳工，其中死亡 6000 人⑤。

同年，讷河县劳工 2000 余人被送往黑河服劳役，死亡 36 人，因逃跑被打死 20 人，翌年，40 余人在查哈阳修筑灌区工程时被冻死⑥。

1944 年，日伪当局决定修建"满炭通神洞"铁路，同兴宁铁路（东宁至吉林汪清新兴）连结，分段承包给 3 个"柜头"，大肚川王八脖子大桥至"满炭"之间承包给"西松"组，铁路桥由"竹建"组包修。3 个组共有中国劳工 1100 人，因冻饿疫病劳累，加之日军残害，死者无数⑦。

（2）细菌、生化武器造成的伤亡

日本军国主义进行细菌战的准备由来已久。九一八事变后，日军将细菌战部分研究转移到中国东北，以日本关东军防疫给水部队的名义，在黑龙江地区的背荫河车站附近建立了细菌实验所，以中国战俘和反满抗日志士为试验品，组建细菌工厂。1936 年，根据日本天皇的秘密赦令，又将细菌实验基地移到哈尔滨以南 20 公里的平房地区，建造庞大的秘密细菌研究所兼细菌武器制造工厂。1940 年又在牡丹江、林口、孙吴、海拉尔增设 4 个支部。1941 年改为第 731 部队。

第 731 部队公然违背国际公约，用活人进行细菌试验，其罪行令人发指。

1936 年，牡丹江细菌部队在东宁县南部建了一个临时实验场，用活人进行细菌武器试验。他们把被捕的 100 名中国爱国志士和抗日游击队战士押进这个

① 孙吴县志编纂委员会办公室编：《孙吴县志》，黑龙江人民出版社 1991 年版，第 13 页。
② 黑龙江省集贤县县志编纂委员会编：《集贤县志》，1985 年，第 570 页。
③ 郭素美、车霁虹主编：《日军暴行录·黑龙江分卷》，中国大百科全书出版社 1995 年版，第 322 页。
④ 郭素美、车霁虹主编：《日军暴行录·黑龙江分卷》，中国大百科全书出版社 1995 年版，第 322 页。
⑤ 郭素美、车霁虹主编：《日军暴行录·黑龙江分卷》，中国大百科全书出版社 1995 年版，第 322 页。
⑥ 郭素美、车霁虹主编：《日军暴行录·黑龙江分卷》，中国大百科全书出版社 1995 年版，第 322 页。
⑦ 中共牡丹江市委党史研究室编：《牡丹江抗日十四年》，黑龙江朝鲜民族出版社 1999 年版，第 84 页。

试验场，投放了细菌武器和毒气，几分钟后坏疽菌就侵入人体，数小时后全部痛苦死去①。

1940 年夏，日本关东军防疫给水部队第 643 支队把伤寒病菌偷偷投撒到牡丹江拉古一带，关东军第五军团第 475 部队的劳工营开始流行伤寒病，五六百名从关内抓来的劳工相继死去②。

1940 年 12 月 2 日，侵华日军关东军驻哈尔滨平房区的第 731 部队在林口成立第 162 细菌支队。第 162 细菌支队在林口期间制造了骇人听闻的"七星泡屯窝子瘟"，全村 30 人丧生，大部分牲畜死亡③。

1940 年至 1942 年之间，日本关东军第 731 部队牡丹江支队和驻守东宁一带的日军化学部队把 100 余名中国抗日爱国志士用于细菌武器的实验。他们把这些人押进一个口袋型的实验场，然后投放了细菌武器和毒气，数小时后有三分之二的人痛苦地死去，没有死的人被就地枪杀④。

1943 年夏，日本关东军第 731 部队在安达特别靶场，将 10 多名中国人装进装甲车、坦克车内，在距离 10 米、20 米、30 米处，用新研制的火焰喷射器进行喷烧试验。结果坦克炮身、履带和装甲板被烧变形，车中的人被活活烤死、烧焦⑤。

1943 年 10 月 22 日，日本关东军第 731 部队从海城、大石桥、锦州等地押来 800 名劳工，全部拘押在哈尔滨平房正黄旗五屯的劳工棚里，用活人进行各种细菌武器实验，在不到两个月的时间里，竟惨杀 600 人，并把尸体扔进该屯西门外"万人坑"⑥。

为扩大侵略战争，日军将黑龙江地区作为日军进行化学战实验的场所；1939 年在齐齐哈尔建立化学武器研究和实验机构——关东军化学部，为在中国战场上使用化学武器提供技术支持和人员培训。

1940 年 4 月，日本陆军技术本部来中国东北试验瓦斯炮弹，齐藤美夫担任警务部长，将 30 名中国人作为试验品杀害。齐藤美夫回忆说："当时我得到白

---

① 中共牡丹江市委党史研究室编：《牡丹江抗日十四年》，黑龙江朝鲜民族出版社 1999 年版，第 64 页。

② 中共牡丹江市委党史研究室编：《中共牡丹江地方史（1919—1949）》，黑龙江朝鲜民族出版社 2007 年版，第 105 页。

③ 林口县志编纂委员会编：《林口县志》下卷，黑龙江人民出版社 1999 年版，第 1199 页。

④ 郭素美、车霁虹主编：《日军暴行录·黑龙江分卷》，中国大百科全书出版社 1995 年版，第 395 页。

⑤ 安达市地方志办公室编：《安达县志》，黑龙江人民出版社 1992 年版，第 22 页。

⑥ 黑龙江省地方志编纂委员会编：《黑龙江省志·大事记》，黑龙江人民出版社 1992 年版，第 643 页。

滨大尉的报告说，效果很好，30 名中仅有 1 名未死"①。

1940 年 7 月中旬，日本关东军化学部特种汽车第一联队材料厂在富拉尔基东散布糜烂性、持久性瓦斯，面积 2000 平方米，毒死中国男子 5 名，另有 25 名农民手脚被瓦斯腐蚀侵害②。

1942 年 7 月，在兴安西省扎兰屯东南 6 公里山地，日本关东军化学部练习队 300 名士兵进行瓦斯效力实验，向中国人散布糜烂性持久瓦斯。此次实验毒死中国男性农民 4 名，使 30 名中国男女农民的手脚受了腐蚀伤害③。

1943 年 7 月至 8 月，在兴安西省碾子山东 3 公里山地，日本关东军化学部练习队进行瓦斯效力实验，对中国人进行糜烂性持久瓦斯放毒。这次实验毒死 3 名中国农民，使得约 50 名男女农民的手脚受了腐蚀④。

1943 年 9 月中旬，在兴安西省扎兰屯东南 6 公里山地，日本关东军化学部训练队进行散度、放毒实验，对中国人进行糜烂性瓦斯及"赤筒"放毒时，此次实验毒死 3 名中国男性农民，并使约 40 名男女农民的手脚受了瓦斯腐蚀伤，或者由于气体瓦斯"赤筒"的毒害而使呼吸器官受了刺激伤⑤。

（3）其他伤亡

在抗战时期，除以上 5 种方式造成的伤亡，还存在其他的伤亡和损失，如病痛、瘟疫、饥饿、失踪等。这些数据散落于黑龙江各地史料之中，有些可证与战争因素有关，有些则无法证实，仅举几例说明这种情况。

1932 年春，肇东县满沟站流行霍乱病，每日死亡 20—30 人，计死亡 500—600 人⑥。

1941 年夏，穆棱县伤寒病流行，今福禄乡成德村全村有 100 多人发病，其中有 70 人病死⑦。

---

① 《齐藤美夫口供》（1954 年 12 月 11 日），载中央档案馆、中国第二历史档案馆、吉林省社会科学院合编：《日本帝国主义侵华档案资料选编·细菌战与毒气战》，中华书局 1989 年版，第 442 页。

② 《渡边国义笔供》（1954 年 8 月 8 日），载中央档案馆、中国第二历史档案馆、吉林省社会科学院合编：《日本帝国主义侵华档案资料选编·细菌战与毒气战》，中华书局 1989 年版，第 443 页。

③ 《渡边国义笔供》（1954 年 8 月 8 日），载中央档案馆、中国第二历史档案馆、吉林省社会科学院合编：《日本帝国主义侵华档案资料选编·细菌战与毒气战》，中华书局 1989 年版，第 444 页。

④ 《渡边国义笔供》（1954 年 8 月 8 日），载中央档案馆、中国第二历史档案馆、吉林省社会科学院合编：《日本帝国主义侵华档案资料选编·细菌战与毒气战》，中华书局 1989 年版，第 445 页。

⑤ 《渡边国义笔供》（1954 年 8 月 8 日），中央档案馆、中国第二历史档案馆、吉林省社会科学院合编：《日本帝国主义侵华档案资料选编·细菌战与毒气战》，中华书局 1989 年版，第 445 页。

⑥ 肇东县县志办公室编：《肇东县志》，1985 年，第 9 页。

⑦ 穆棱县志编纂委员会编：《穆棱县志》，中国文史出版社 1990 年版，第 23 页。

1943 年，集贤县民众被抓走出劳工者有 992 人，这些人被日本侵略者送到矿山、森林或军事工程要地去背煤、打石头、架桥梁、修公路、修飞机场等，其中死者和不知下落者达 333 人①。

1944 年 10 月，饶河县于永幸、小别拉炕二村一次抓捕"通苏""通匪"案犯 17 人，严刑拷讯后解往内地，杳无音讯②。

（五）黑龙江省财产损失情况③

抗战时期，日本帝国主义为实现其长期统治，变东北为其扩大侵略战争的物资供应基地，通过扶持伪满政权等种种手段，对东北进行经济、军事、商业、贸易等全方位的掠夺，使黑龙江地区遭受了极其严重的财产损失。由于日本侵略者战败时烧毁了大量文件，且很多财产损失没有史料记载，我们只能根据这次调研汇总上来的有限数据得出黑龙江地区财产损失情况，其中社会财产损失为伪国币④361023695292.73 元以上，居民财产损失为伪国币 381459024.59 元以上，共计损失超过伪国币 361405154317.32 元。

---

① 黑龙江省集贤县县志编纂委员会编：《集贤县志》，黑龙江人民出版社 1985 年版，第 570 页。
② 饶河县地方志编纂办公室编：《饶河县志》，黑龙江人民出版社 1992 年版，第 894 页。
③ 抗战时期黑龙江的财产损失，由于各地市上报的有关资料过于零散，且不全，故无法完整统计出准确的数据，现仅对涉及伪国币损失进行了简单基本统计，即对抗战期间历年的伪国币损失额逐次累加，没有进行动态的分析和折算，黄金、林地、文物等因损失无法统计和折算，本报告在此予以省略。1935 年 11 月，中华民国政府实行币制改革，规定以中央银行、中国银行、交通银行 3 家银行 (后增加中国农民银行) 发行的钞票为法币，禁止白银流通，发行国家信用法定货币，取代银本位的银圆。法币流通时间约为 13 年，至 1948 年 8 月被金圆券替代。由于种种原因，目前没有找到法币与伪国币的比值资料，且法币使用期间，币值变化幅度大，因此本次调研成果无法将伪国币折算成特定年度的法币。
④ 伪国币，全称"满洲国币"，由"满洲中央银行"发行，我们称其为伪国币或伪币。九一八事变前，东北流通的货币有：东三省官银号发行的兑换券、汇兑卷、哈尔滨大洋票，吉林永衡官银钱号发行的哈尔滨大洋票、官帖、大洋票、小洋票，黑龙江官银号发行的官帖、大洋票等 15 种。1932 年 7 月 1 日，伪满洲国设立"满洲中央银行"后，对东北的货币强行实施了"统一"，并以"统一"为名，掠夺了东北巨额的资金。开始发行伪国币时，伪国币与日元并不等值。据资料显示，伪满初期 100 元伪国币可兑换 72.6 日元；1934 年 100 元伪国币兑换 122 日元；到 1935 年，日本为了体现"日满一体、不可分"的"建国精神"，在货币方面要求伪满实现"日满货币等值"，从 1935 年 9 月直至 1945 年日本投降，1 元伪国币等于 1 元日币。从 1932 年伪国币发行到 1945 年日本投降，尚未查到伪国币历年贬值情况的详细资料。只有 1942 年以后伪国币发行的统计。1942 年以后，伪满进一步采取通货膨胀政策，加大了货币的发行量，货币发行几乎是翻倍增长，其增长指数达到惊人的程度，至 1945 年 7 月伪满发行伪国币额是 1932 年最初发行额（151865 千元）的 52 倍。

1. 社会财产损失

（1）工业损失

黑龙江地区矿产资源丰富，交通铁路发达，是东北重要的工业聚集区和物资集散地之一。抗战时期，日本侵略者全面控制和操控黑龙江的工矿业，掠夺战争资源。据不完全统计，1932 年至 1944 年，日本侵略者在黑龙江仅煤炭就至少掠夺 3400 多万吨[①]，仅从黑河、乌拉嘎、桦川、穆棱 4 地就掠走黄金 53. 51 万两[②]。

1）煤炭资源的损失

黑龙江地区是中国东北的主要产煤矿区，为了战争需要，日本侵略者把掠夺黑龙江地区的煤炭资源作为重要措施。

首先从组织上建立了一些名为"株式会社"的掠夺机构，如统辖鹤岗、东宁、三姓、宝清等矿区的有"满洲炭矿株式会社"（简称"满炭"），统辖穆棱等矿区的有"东边道开发株式会社"；还有密山炭矿株式会社所属的城子河、滴道、恒山等矿区[③]。然后通过直接兴建开矿、间接买断煤矿等手段疯狂掠夺煤炭资源。

1933 年 1 月，日军侵占东宁，开始大肆掠夺东宁煤炭资源，到 1937 年，年掠夺量达 1.6 万吨。但侵略者仍不满足，日军司令部向伪东宁县公署提出年产量要增加到 2 万吨。东宁煤矿矿主袁子祥被迫增加矿工开采煤矿，但仍无法满足日军要求。日军遂派人以"满炭"名义要求袁子祥，要么满足日军要求 1938 年出煤 3 万吨，以后每年增加 2 万吨，要么将东宁煤矿卖给"满洲炭矿株式会社"。万般无奈之下，袁子祥只得以 12 万现洋的价格将煤矿卖出[④]。

日本侵略者侵占煤矿后，采取掠夺式的开采方法，野蛮扩大采掘规模，强迫劳工为其开采。以黑龙江地区当时最大的煤矿鹤岗矿为例：这个矿当时共有 33 对斜井，4 个露天矿，近 500 个采掘工作面[⑤]。日本侵略者在开采时，采取高落式、残柱式和沿煤层掘进开拓单层跑的采煤方法，使煤炭回采率极低，一般都在 30% 以下，资源损失惊人。解放后，鹤岗矿务局组织技术人员对日伪时期

① 辛培林、张凤鸣、高晓燕主编：《黑龙江开发史》，黑龙江人民出版社 1999 年版，第 781 页。

② 黑龙江省地方志编纂委员会：《黑龙江省志·黄金志》，黑龙江人民出版社 1996 年版，第 5 页。

③ 黑龙江省地方志编纂委员会：《黑龙江省志·经济综志》，黑龙江人民出版社 1999 年版，第 49 页。

④ 中共牡丹江市委党史研究室编：《中共牡丹江地方史（1919—1949）》，黑龙江朝鲜民族出版社 2001 年版，第 101—102 页。

⑤ 黑龙江省地方志编纂委员会：《黑龙江省志·经济综志》，黑龙江人民出版社 1999 年版，第 49—50 页。

开采过的旧区进行计算，回采出去的煤约占三分之一，煤柱占三分之一，丢掉三分之一。按此计算，除去日本侵略者掠夺走的1554万吨煤炭外，还白白扔在井下3600万吨煤炭①。

为了适应采煤法的要求，采区的巷道大都布置在煤层中，不仅有害安全、丢损资源、维护困难，而且又容易自然发火，造成多处矿井上好的煤炭在井下自燃。日本侵略者还不顾自然条件和客观条件，强迫矿工在瓦斯集聚的井下作业，经常发生瓦斯爆炸事件，致使井毁人亡。而煤炭产量却急剧上升，1944年生产原煤285万吨，达到伪满时期的最高峰。②

黑龙江沦陷期间，日本侵略者仅从鸡西地区就掠夺煤炭1636万吨。其中：滴道煤矿优质主焦煤500万吨；密山炭矿煤炭250万吨；麻山煤矿煤炭20万吨；其他煤矿煤炭866万吨③。

2）黄金资源的损失

日军入侵黑龙江后，黑龙江地区的黄金资源被疯狂掠夺。

1932年6月，日本侵略者颁布了《产金收买法》，强令黄金持有者必须把黄金卖给伪满中央银行。他们还通过日伪"劳工协会"在各地骗招和拐卖中国矿工，推行"把头大柜"制，通过对工人的残酷压榨和商品垄断，进行盘剥和掠夺。

为把持和垄断黄金生产，1934年5月，日本侵略者颁布了《满洲采金株式会社法》，同时设立了伪满洲采金株式会社，作为黄金生产的机构。在伪满洲采金株式会社之下，又遍设作业所、出张所、矿冶所、探矿所等机构，形成对各金矿的垄断网络。1934年，伪满洲采金株式会社在呼玛县四道沟设呼玛矿业总处。同年在太平沟设立观都矿业总处，在嫩江支流泥鳅河上游建立了泥鳅河矿业所。1935年，伪满洲采金株式会社在小石头河设矿业所。1940年，在乌拉嘎设立矿业所。同年，把雷锋沟及其附近金矿租给伪满洲矿山会社经营。伪满洲昭德矿业会社还在穆棱县八面通设矿业所，经营穆棱河支流雷锋沟上游的金矿。除上述几大矿业所、矿区外，黑龙江地区还有3处金矿遭到日本侵略者的掠夺。即山成金矿、虎林金矿、东宁紫阳矿业所④。

日本侵略者为了加速对黑龙江地区黄金的掠夺，一方面对境内黄金资源进

① 鹤岗矿务局志编审委员会办公室编：《鹤岗煤矿史料选辑》第14辑，1986年，第9页。

② 黑龙江省地方志编纂委员会：《黑龙江省志·经济综志》，黑龙江人民出版社1999年版，第50页。

③ 鸡西市政协编：《鸡西文史资料》第4辑，1988年，第3页。

④ 黑龙江省地方志编纂委员会：《黑龙江省志·黄金志》，黑龙江人民出版社1996年版，第158—164页。

行了全面普查和勘探，另一方面加大投资力度，改进开采技术，实行机械化开采，建造采金船，提高开采效率。

日本侵略者制定了一个庞大的投资计划，1934 年计划投资 1200 万日元（实际投资 300 万日元），1938 年计划投资 5000 万日元（实际投资 4000 万日元），1942 年计划投资 7000 万日元（实际投资 6000 万日元）[1]。

为实现大规模掠夺，日本侵略者在黑龙江地区除了投资建设金矿以外，还进行了附属性项目建设，如 1939 年日本侵略者在呼玛县椅子圈发现煤矿，同年开始建设煤矿和发电厂，供金矿用电。同时建设的还有椅子圈—兴隆—韩家园和椅子圈—呼玛镇—金山镇的两项输变电工程。为尽快把开采的黄金运回日本，日本侵略者还在石头河南岗和驼腰子下桦建设了两个飞机场，空运黄金。

为全面霸占黑龙江黄金资源，伪满洲国对金矿开采业实行限制申请，至抗战后期黑龙江地区的金矿、金厂被全部收归采金会社统一经营，禁止任何私人开办金矿。与此同时，日本侵略者还在黑河、合江等地的金矿区内建立了各种军事、警察、特务组织，以保护其对金矿的开采和经营，并强行收缴各金厂原中国护厂人员的武装，阻止中国人采金。

太平洋战争爆发后，由于军事、经济形势所迫，日本侵略者开始在许多地方封沟闭矿（如 1942 年雷锋金矿停产，1944 年末穆棱县境内金矿全部停产），黑龙江地区的金矿开采几乎处于停顿状态。

3）电力资源损失

日本侵略军占领黑龙江后，一方面利用黑龙江的各种自然资源，建立发电站，牟取暴利，为日本侵略者服务；另一方面采取收购或强占的方式，霸占电力公司或者发电厂。

1934 年，强制征服和收买东北地区电力企业，组成伪满洲电业株式会社。之后，陆续在黑龙江地区的哈尔滨、齐齐哈尔、牡丹江、佳木斯、北安、鸡西等地成立了二级机构"支店"，统治各地电力工业[2]。

日本侵略者对中国人办的电力企业采取无偿占有或低价收买的手段进行统治。例如：满洲电业股份有限公司打着统一管理东北电力事业的幌子，对中国自办的哈尔滨电业局强制接收，同时将日商"北满电气"和哈尔滨电业局两个供电企业强行合并。与此同时，将哈尔滨周围的县镇发电厂强制归并。于 1936 年、1938 年先后将五常、呼兰、双城、安达、巴彦和一面被等县镇的发电厂和

---

① 黑龙江省地方志编纂委员会：《黑龙江省志·黄金志》，黑龙江人民出版社 1996 年版，第 158 页。
② 黑龙江省地方志编纂委员会：《黑龙江省志·电力工业志》，黑龙江人民出版社 1992 年版，第 4 页。

供电机构，收归哈尔滨管辖。这些县镇发电所装机容量为1246千瓦，年发电量近260万度①。

伪满初期，"恒曜电灯电力股份有限公司"供给黑河街内1250户的照明用电，年生产总额达83974元（伪满中央银行币）。1936年10月，该公司被日伪电业株式会社购买，为军事工程需要，不断增加发电机组，并与北安、孙吴发电厂并网②。1937年，佳木斯的景增源电灯厂在伪满洲铁路与官方的强迫下，并入满洲电业株式会社。在牡丹江地区，耀东电灯公司、志诚股份有限公司、宝成电灯公司、昌隆电灯股份有限公司等几家电厂，从1933年至1936年，也都先后被强行归并③。

出于掠夺资源和侵略战争的需要，日本侵略者不得不加紧发展电力工业，建设了齐齐哈尔、鸡西、牡丹江、佳木斯、镜泊湖、滴道、北安、鹤岗、桦南等一批较大的发电厂。火电机组最大容量达到1.5万千瓦，水电机组最大容量1.8万千瓦。形成了以哈尔滨、齐齐哈尔、牡丹江、佳木斯、鸡西、北安为基点的6个小型电力网④。但在生产技术方面对中国人实行全面封锁和垄断，各关键技术岗位完全由日本人把持，中国工人只能在除灰、运煤等体力劳动工种作业，根本得不到学习技术的机会。

东北解放前夕，日本侵略者疯狂地破坏发电和供电设备。牡丹江、鹤岗、镜泊湖、鸡西等发电厂都遭到严重破坏，给黑龙江地区电力工业的恢复带来了极大的困难。

4）其他工业损失

日本侵略者统治哈尔滨地区的14年间，疯狂掠夺，运往日本大量的工业原料。据记载，1940年，依兰亚麻厂年产亚麻约为300吨，全部运往日本北海道和富士山加工成纺织品，返销中国制成军用品，其中有棉衣、炮衣、帐篷、机翼等⑤。

在加工产业方面，黑龙江地区主要是农副产品以及粮食加工业。据1934年伪满《满洲经济年报》记载：在九一八事变前的1930年，整个北满地区生产面粉曾达到21万吨，1933年下降到14.6万吨⑥。1934年，日本侵略者将绥化

① 黑龙江省地方志编纂委员会：《黑龙江省志·经济综志》，黑龙江人民出版社1999年版，第48页。
② 爱辉县修志办公室编：《爱辉县志》，北方文物杂志社1986年版，第221页。
③ 黑龙江省地方志编纂委员会：《黑龙江省志·经济综志》，黑龙江人民出版社1999年版，第48页。
④ 黑龙江省地方志编纂委员会：《黑龙江省志·电力工业志》，黑龙江人民出版社1992年版，第4页。
⑤ 依兰县志办公室编：《依兰县志》，黑龙江人民出版社1990年版，第335页。
⑥ 黑龙江省地方志编纂委员会：《黑龙江省志·经济综志》，黑龙江人民出版社1999年版，第50页。

"广信火磨"改名为日满制粉株式会社绥化制粉厂。当时全县有食品工业工厂及作坊37家，其中油坊17家、烧锅122家，较大的制粉厂两家。到1936年，由于日伪的经济统治和对原料及销售方面的控制，全县手工作坊只剩下17家，其中油房8家、磨坊4家、烧锅5家，从业人员仅为122人[①]。

1945年，日本天皇宣布投降，日军在战败溃逃时，对黑龙江各地的工业机械进行了毁灭式的破坏。如1940年6月，日军在鸡西开始建设第一浮选厂；1942年9月，开始试生产；1943年9月，正式投产，日处理矿石100吨，年产石墨1500吨。1945年，日军溃逃前炸塌了坑口，烧毁了浮选厂和选矿厂、火药库及新旧房屋11栋，整个矿山变成一片废墟[②]。

（2）农业损失

黑龙江地区平原辽阔、土地肥沃，农业资源丰富。占领东北之后，为解决其国内资源紧缺的状况，日本侵略者廉价强行收购"国有"土地、强占耕地以建设兵营、仓库等军用设施，并通过"粮谷出荷"等形式将黑龙江的粮油大量运往日本。据统计，从1940年实行"粮谷出荷"政策起到日本投降止，日本侵略者从黑龙江地区征收的"出荷粮"1456.4万吨，占东北地区"出荷粮"总数3266万吨的44.6%。[③]

1）粮食资源的损失

抗战时期，黑龙江农村经济遭受到严重摧残，粮豆单产大幅下降，总产量不断减少。随着日本侵华战争进一步扩大，生产和生活资料日趋匮乏。伪满当局为满足其军事需要，实行战时经济体制，加强了粮食掠夺。仅1932年，就从阿城掠走外运粮食4400120市斤，其中，大豆3709560斤，小麦310400斤，小米17280斤，大米15240斤，高粮（粱）397640斤，豆油191860担，豆并（饼）14680担。[④] 在1938—1942年间又先后推出20余种控制粮食的"法规"。从1940年开始，伪满当局按照已出台的《粮谷统制法》，在农村实行交"出荷粮"制度，在城镇实行居民口粮、食油"配给"制度。

虽然"粮谷出荷"是打着"出价收买"的招牌，而实际所出的收买价格极低，农民得到的收入很少。1940年，黑龙江地区"出荷"100公斤大豆仅给17

① 绥化县志办公室：《绥化县志》，黑龙江人民出版社1985年版，第147页。
② 鸡西市政协编：《鸡西文史资料》第4辑，1988年，第4页。
③ 黑龙江省地方志编纂委员会：《黑龙江省志·粮食志》，黑龙江人民出版社1994年版，第32页。
④ 《阿城县志》初稿第4册，阿城档案馆藏，E125。

元（伪满中央银行币），市价可卖 200 元，相差 11 倍①。随着"出荷"粮逐年增加，掠夺的手段也不断强化。日伪当局将原有的粮谷、谷粉管理、特产物专管 3 个公司合并为统一的"统制"机构——满洲农产公社。并在各市、县（旗）设立了粮栈组合，健全了粮谷统制网络，进行强制征收。同时，还采取了欺骗的手段收购粮食。即实行所谓"奖励金制"和"先钱制度"，即每百公斤预付粮款 1 元，与农民签订"出荷"契约，规定最高的"出荷"量，不管秋季收成如何，都要强迫农民如数交粮。

1941 年，日伪在宁安全县"出荷"粮食 7.2 万吨，1943 年遭受虫灾、水灾，麦类、水稻均减 3 成，仍强制"出荷"粮食 5 万吨，占当时牡丹江省全部"出荷"粮食的 80%；1944 年"出荷"粮食 8.9 万吨②。1941 年 12 月 11 日，望奎县设立"搜荷督励本部"，全县缴"出荷"粮 6.16 万吨。③ 1942 年，瑷珲县"出荷"粮谷 444 万余斤，次年"出荷"粮谷 519 万余斤④。1942 年 11 月 6 日，伪满召开各省次长、副县长、兴农合作社的代表及日本人地方官吏会议。讨论增加粮谷"出荷"对策。提出 1942 年"出荷粮" 645 万吨，其中滨江省 107 万吨、北安省 88 万吨、龙江省 67 万。各省、县设立"农产物增产出荷完遂本部"，逐村逐屯掠夺粮食⑤。据《黑龙江产业概要》记载：1944 年，伪龙江省农民共交纳"出荷粮" 721939 吨，占总产量的 52%。平均每垧地交纳"出荷粮" 844 斤，占垧产量的 51%⑥。

日伪当局在黑龙江地区掠夺的粮食一年比一年增加，1941 年"出荷粮"为 231.9 万吨，比 1940 年增加 32.5 万吨，增加率为 16.3%；1942 年比 1941 年增加 23.3 万吨，增加 10%；1943 年比 1942 年增加 68.4 万吨，增加 26.8%；1944 年比 1943 年增加 122.7 万吨，增加 37.9%。这 5 年共征收"出荷粮" 1456.4 万吨，占同期粮食总产的 47.4% 以上，其中最高年份达 69.7%⑦。伪满当局将所搜到的粮食，大部分用于军需和运往日本国内，并且其数量逐年增加。1942 年运到日本 220 万吨，1943 年 250 万吨，1944 年 270 万吨，1945 年 8 月前运到日本 300 万吨。不到 4 年共从东北掠夺粮食运到日本国内就达 1040 万

① 黑龙江省地方志编纂委员会：《黑龙江省志·粮食志》，黑龙江人民出版社 1994 年版，第 27 页。
② 宁安县志编纂委员会编：《宁安县志》，黑龙江人民出版社 1989 年版，第 338 页。
③ 望奎县地方志编纂委员会编纂：《望奎县志》，1989 年，第 16 页。
④ 爱辉县修志办公室编：《爱辉县志》，北方文物杂志社 1986 年版，第 97 页。
⑤ 黑龙江省地方志编纂委员会：《黑龙江省志·大事记》，黑龙江人民出版社 1992 年版，第 638 页。
⑥ 黑龙江省地方志编纂委员会：《黑龙江省志·经济综志》，黑龙江人民出版社 1999 年版，第 45 页。
⑦ 黑龙江省地方志编纂委员会：《黑龙江省志·粮食志》，黑龙江人民出版社 1994 年版，第 6 页。

吨，占伪满"出荷粮"总数的28.4%①。

2）土地资源的损失

日本帝国主义在猖狂侵略东北的过程中，以各种方式强占土地，建设军用设施，为巩固其殖民统治，建立各类"开拓团"，致使黑龙江农民损失大量土地。

一是在所谓"日满经济一体化"的口号下，强行移民，组织"开拓团"，以掠夺土地。1936年，日本侵略者为掠夺资源，巩固其殖民统治，建立各类"开拓团"，圈占熟地，大量开荒，在嫩江强占土地近50万亩②。1940年，日本统治当局在东海、哈达、兴农设立开拓团，强占土地至少2000垧③。1941年在本祉小城子（今双城一、二、四、八队）开拓团侵占良田3000亩，东兰旗开拓团（今城建2、3、4、5、6队）侵占水田6500亩④。1938年2月，日本侵略军在庆城县拉林（今属两利乡）建立了庆城县境内第一个日本"开拓团"，至1943年10月共建15个"开拓团"，迁驻庆城县的日本移民1300余户，3715人，占地3600垧⑤。据统计，从1932年至1945年，日本侵略者在黑龙江地区的47个县398个村建有"开拓团"，入侵移民人数达116119人，占地约100万公顷⑥。

二是通过操纵伪满傀儡政权，通过低价收买，加紧土地掠夺。1933年10月，日军在依兰、桦川、勃利、宝清、虎林等6县征用165万垧可耕地，价格一律每垧1元，实际上等于强制剥夺⑦。1934年1月，日伪当局以微价在依兰、桦川一带强行收买土地，桦川县先后被强占土地10万余公顷。⑧ 1938年9月，伪滨江省公署开始强行"收买土地"。据伪《滨江日报》报道：第一次收买土地有宾县、阿城、五常、青冈、海伦、绥棱、东兴、安达、肇州、苇河、珠河、延寿、木兰13县，收买土地总面积3.5万垧⑨。

三是为获得军事用地，通过武装圈占和强迁的办法占用土地。1941年日本

① 黑龙江省地方志编纂委员会：《黑龙江省志·粮食志》，黑龙江人民出版社1994年版，第32页。

② 嫩江县地方志编纂委员会编：《嫩江县志》，三环出版社1992年版，第149页。

③ 鸡东县政协文史资料编纂委员会编：《鸡东文史资料》第2辑，1989年，第47—49页。

④ 阿城档案馆藏档案，全宗28，永久，卷号123，第245页。

⑤ 庆安县地方志编纂委员会办公室编：《庆安县志》，黑龙江人民出版社1995年版，第10页。

⑥ 黑龙江省地方志编纂委员会：《黑龙江省志·土地志》，黑龙江人民出版社1997年版，第156页。

⑦ 赵冬晖、孙玉玲主编：《苦难与斗争十四年》上卷，中国大百科全书出版社1995年版，第463页。

⑧ 桦川县志编纂委员会办公室编：《桦川县志》，黑龙江人民出版社1991年版，第20页。

⑨ 黑龙江省地方志编纂委员会：《黑龙江省志·大事记》，黑龙江人民出版社1992年版，第601页。

侵略者为了把勃利建成防苏第二线阵地，修建军营及飞机场，强行占用耕地和荒地 710 垧①。1939 年，伪瑷珲县公署以移民和军事用地为名，强占托力木、法别拉等 11 个村的耕地 9950 公顷②。同年，日本关东军在孙吴、瑷珲两县强占农民耕地，两年间强占耕地 9.2 万亩作为军事用地，驱赶居民 600 户，使 3000 多人无家可归③。

(3) 林业损失

黑龙江省幅员辽阔，素以森林资源丰富著称。黑龙江林区，包括大兴安岭（北段）、小兴安岭和长白山北部的张广才岭、完达山、老爷岭林区，崇山峻岭，绵亘千里。

九一八事变后，伪满洲国设立林野总局，各省设营林局，县设营林署，通过《林场权整理法》，将森林全部收归"国有"，对民族资本所办的林场一律撤销，对中东铁路公司各林场随同公司一起纳入其控制之下。日本关东军和日本"开拓团"进入林区，通过日本采木组合及其雇佣的大小木把头（包工头），在林区建立采伐作业所。通过其官办森林采伐集团"满洲林业株式会社"及其分支机构，大肆掠夺森林资源，将大量木材运往日本各地④。

日伪修建 12 条总长 884.3 公里的森林铁路，建立百余个采伐作业所，除大兴安岭和伊春林区北部未来得及大面积采伐外，凡交通方便及有水运条件的地方，都进行过"拔大毛"式的掠夺性采伐。一棵直径 60—70 厘米、长 40 米的优质红松，放倒后，只截取根部 4—5 米的一段，其余部分扔在山上任其烂掉。1935 年，东蒙公司在黑河设立出张所，年流送原木 10 万立方米，1938 年又扩大规模，年流送原木 21 万立方米。1935 年后，大北公司年流送黑河木材 5 万石⑤。1938 年，亲和木材公司年流送黑河木材 13 万石。1938 年后，盘古河采木公司年流送黑河的木材 8 万石⑥。1935 年，中东铁路林业局在县内设立嫩江森林事务所，专营林木采伐，每年采伐木材 2 万多立方米，均供日本侵略军调用。至伪满洲国崩溃时，卧都河以南的松木被砍伐殆尽，县内的原始森林已不复存在⑦。1936 年，日本侵略者在牡丹江地区掠走木材 24.5 万立方米，1937 年

① 勃利县志编纂委员会编：《勃利县志》，中国社会出版社 1992 年版，第 86 页。

② 爱辉县修志办公室编：《爱辉县志》，北方文物杂志社 1986 年版，第 28 页。

③ 黑龙江省地方志编纂委员会：《黑龙江省志·大事记》，黑龙江人民出版社 1992 年版，第 624 页。

④ 黑龙江省地方志编纂委员会：《黑龙江省志·林业志》，黑龙江人民出版社 2000 年版，第 7 页。

⑤ 石为重量单位。

⑥ 爱辉县修志办公室编：《爱辉县志》，北方文物杂志社 1986 年版，第 190 页。

⑦ 嫩江县地方志编纂委员会编：《嫩江县志》，三环出版社 1992 年版，第 204 页。

是 28 万立方米，1938 年达到 40 万立方米。1941 年，日本侵略者为了掠夺逊克县森林资源，急于把逊克境内采伐的 18 万立方米原木运出，特在北黑线孙吴站——逊河境内的王家馆子渡口修筑铁路，全长 70 多公里①，砍伐了大量森林。伪满时期宁安县森林的采伐量共达 231.08 万立方米②。据不完全统计，林口县沦陷时期，日本侵略者在县域部分地区掠夺了约 100 万立方米优质木材运回日本国，其中 20 万立方米木材加工成木炭运走③。

据统计，1935 年伪满实业部公布的森林面积为 41085 万亩，比 1929 年减少 6400 多万亩；森林蓄积量为 31.2 亿立方米，比 1929 年减少约 5 亿立方米。1937 年伪满实业部航空调查，黑龙江地区的森林面积又减少到 3.7 万多万亩，森林覆盖率下降到 54%。1945 年森林面积减少到 2.8 万多万亩，森林覆盖率降为 42%。日伪统治东北 14 年，掠夺和破坏的森林面积约 9000 万亩，造成广大地区水土流失、生态失调、森林资源枯竭的严重后果④。

（4）交通业损失

日本入侵东北后，黑龙江地区铁路由"满铁"经营。其间，黑龙江地区的铁路分别划归齐齐哈尔、牡丹江和哈尔滨 3 个铁路局。"满铁"一方面对原有铁路进行殖民主义的经营，一方面大力修建新铁路，特别是修建了大量把中国东北同日本本国和朝鲜密切连接起来的铁路和准备进犯苏联的铁路，为日本的军事战略意图服务。

日本控制铁路，除了军事运输，就是掠夺黑龙江丰富的农林矿产资源。在伪满的出口贸易总值中，1937 年输往日本的占 49.9%，1940 年增加到 95.98%（含日本占领关内地区的出口贸易）。从东北输出到日本的主要是大豆、豆饼和其他农产品，还有煤、铁矿石和生铁，以及食盐和木材。哈尔滨、齐齐哈尔、牡丹江 3 个铁道局的总货运量，从 1937 年的 1518.5 万吨，增至 1943 年的 3968.4 万吨；客运量从 1937 年的 1303.4 万人，增至 1943 年的 5475.1 万人⑤。

除铁路运输以外，日本侵略者还把发展公路运输视为实施其军事、政治、经济统治的重要手段，同时加强了对公路运输的控制。1932 年 9 月，伪满洲国政府提出了《满洲国道路建设纲要》。并制定了"国道"实施计划及技术标准。

---

① 逊克县地方志编纂委员会编：《逊克县志》，黑龙江人民出版社 1991 年版，第 254—255 页。

② 宁安县志编纂委员会编：《宁安县志》，黑龙江人民出版社 1989 年版，第 197 页。

③ 林口县志编纂委员会编：《林口县志》上卷，黑龙江人民出版社 1999 年版，第 342 页。

④ 黑龙江省地方志编纂委员会编：《黑龙江省志·土地志》，黑龙江人民出版社 2000 年版，第 109 页。

⑤ 黑龙江省地方志编纂委员会编：《黑龙江省志·铁路志》，黑龙江人民出版社 1992 年版，第 7 页。

其公路的修筑，主要从军事需要出发，以"国道"为重点；同时，还修建了地方道路、开拓道路、警备道路和特别军用道路。到1945年，黑龙江地区已基本形成的"国道"有23条，5936公里。另修建地方道路66条，5139公里；警备道路1828.2公里；开拓道路1469公里；特别军用路1000公里。并修建百米以上的永久性桥梁26座，6200余米①。

抗战时期，黑龙江航运有两个显著特点：一是航运为军事运输服务；二是航运作为日本帝国主义掠夺东北三省资源的一个主要运输环节。日本侵略者对原有的民族航运企业进行大规模地改组，组建了哈尔滨航业联合局，统一管理船舶运输及码头营业，而后又改组了哈尔滨造船所，解散了东北水道局，成立了哈尔滨航政局和松黑运输公司等机构。1939年4月，日本统治者又以低价强行收买了全部私人船舶，并入航业联合局，组成北满江运局。同时，成立松花江帆船航业公会，把木帆船也牢牢地控制在自己手里。

1932年底，"满航"在黑龙江地区开辟航空运输航线1条，1941年，"满航"在黑龙江地区的运输航线发展到12条。"满航"名义上是商用航空，实际是在日本关东军的严密控制下，已被日本侵略者用来为残酷镇压中国人民的反抗服务，成为运送日伪军政人员和军用急需物资的工具②。

值得注意的是，黑龙江地区修建的公路、桥梁、机场，特别是一些较大的工程项目，劳力大多是通过抓劳工、征"勤劳奉仕"③ 等办法解决。劳工没有人身自由，过着奴隶般的生活，时常因冻饿、劳累、疾病、迫害而死去。每一段道路、每一个工程都渗透着中国人民的鲜血。

随着日本侵华战争的失败，日本侵略者在溃逃时，派遣军队炸毁铁路，破坏水陆空航运，使黑龙江交通受到严重破坏。

（5）商业损失

民国初期，黑龙江地区土地开发加速，人口激增，粮食总产量和商品量迅速提高，加之铁路、水运发展，促进商品交换和商品流通进一步发展。除本地区大多数土地所有者同时兼营商业外，山东、河北等外地商人也纷纷来黑龙江

① 黑龙江省地方志编纂委员会：《黑龙江省志·交通志》，黑龙江人民出版社1997年版，第4页。
② 黑龙江省地方志编纂委员会：《黑龙江省志·交通志》，黑龙江人民出版社1997年版，第875页。
③ "奉仕"系日语，意思是服务、效力，"勤劳奉仕"是日伪当局对中国东北民众实行的强制劳役。其实施对象广泛，包括青少年及机关团体职员在内的各个阶层。在强制进行精神训练和军事训练过程中，迫使青少年和成人负担大量的劳役。开始时主要还是从事与日常生活有关的劳役，后来如修建"建国忠灵庙"、宫廷府、绿化运动，等等，都以勤劳奉仕的名义迫使人民服役。从1941年起，"勤劳奉仕"劳役的军事性日益浓厚，而且实施的对象从城镇扩及农村。

地区各个城镇开店经商。1929年初，哈尔滨各区加入商会的中国商号7122户，还有未入会者近千户。一些集中产粮大县如呼兰、海伦、巴彦、拜泉等地，商业也渐趋繁荣。大批外国商人以哈尔滨为据点，建立各种大型商业企业，到1930年有30多个国家在哈尔滨设各类进出口贸易机构1000多户①。

日本侵华战争爆发后，日本侵略者通过对原料及销售的控制、强行收购改名等手段，加强了对黑龙江的经济掠夺，企图垄断黑龙江的商业贸易，为日本推行侵略政策铺平道路。1932年接管设在黑龙江地区的全部海关，实行了对外贸易的垄断，同时日本资本和移民大量涌进黑龙江地区，日本企业纷纷建立。它们掠夺资源、获得财富，迫使黑龙江的民族工商业者、手工业者破产，商铺、手工作坊纷纷倒闭，大批工人失去工作。

1935年，望奎县城镇商家由民国时的349户，减少到249户，下降28.7%，资金由288.63万元（伪国币，下同），减少到120.54万元，下降47.3%②。1936年哈尔滨民族商户由1933年的7604户减少到4754户，资本金仅1000万元，而日商户却迅速增加，由1933年的347户增加到800户，资本金高达12000万元③。1941年后，日本侵略者实行物资配给制度，民不聊生，商业每况愈下，集贤县1938年的百余家店铺，到资本投降时，只剩下60余家，且多生意很难，处于风雨飘摇之中④。1942年，安达全县仅有大小商号377家，比1925年少五六百家多家⑤。

勉强存活下来的民族商业企业，在日伪政权的经济统治下，各种经济活动也几乎完全操纵在日本侵略者的手中，丧失了独立的经营自主权。首先，日伪通过其银行组织对企业的财务情况与制度加强控制。其次，通过日伪所成立的"组合"，企业的各项财务活动和制度均受组合的控制。再次，日伪的财政、税务行政部门，对企业的财务活动与制度控制也更为严格。尤其是在1941年日本发动了太平洋战争以后，先后通过伪满政府公布了《物价物资统制法》《七·二五物价停业令》等法令，把经济统制与政治统治结合起来，致使有的民族商户不仅企业倒闭，而且在政治上遭受迫害。1942年哈尔滨市同记商场附属工厂为买制帽原料，工厂经理赵胜轩、贺吟樵、苗霖3人被以"经济犯"的罪名逮

① 黑龙江省地方志编纂委员会：《黑龙江省志·商业志》，黑龙江人民出版社1994年版，第4—5页。

② 望奎县地方志编纂委员会编纂：《望奎县志》，1989年，第257页。

③ 赵冬晖、孙玉玲主编：《苦难与斗争十四年》上卷，中国大百科全书出版社1995年版，第434页。

④ 黑龙江省集贤县县志编纂委员会：《集贤县志》，黑龙江人民出版社1985年版，第221、292—293页。

⑤ 安达市地方志办公室编：《安达县志》，黑龙江人民出版社1992年版，第414页。

捕入狱，工厂也随之倒闭①。

在日本侵略者的商业掠夺下，其他外资企业也未能幸免于难。1941 年以后，日伪政府对美、英、比等国商号以敌性财产进行冻结，有的变价处理，到抗战胜利前夕，黑龙江地区民族商业已濒临崩溃边缘，整个商业已极度萧条。

（6）财政金融损失

金融机构是经济命脉之一。日本关东军入侵齐齐哈尔后，即封闭了黑龙江省官银号，后又利用"四行号"的资金、财产、设备和人员，成立伪满洲中央银行。

伪满洲中央银行是日本侵略者进行经济掠夺的重要工具，它既是经营货币、信用的经济组织，又是伪满洲国的金融机关。参与伪政权经济金融方针、政策和资源掠夺计划的制定，并对中国民族资本金融业进行严格的统制与打击。1932 年，伪满洲中央银行成立，其先对地方银行进行改组，将黑龙江省官银号改为"伪满中央银行齐齐哈尔分行"，所属各分号改为"伪满中央银行江字支行"。而后整理币制，发行伪币，强行收兑"四行号"和其他银行在黑龙江地区发行的各种货币，通过压价收缴，实行公开掠夺。发动"国民储蓄运动"，强制购买各种名目的"储蓄券""公债券"，搜刮民财。发行公债，强行摊派认购，1932 年发行公债 350 万元（伪国币，下同），1933 年增至 509 万元，1935年又增至 681 万元②。

日本入侵后，欧美外资银行、公司陆续停业撤离，并按照《银行法》《新银行法》之规定，对华资民族银行、钱业、保险业进行重新登记发证，逼迫关闭一批、合并一批。对民族保险业，拼凑成立华资保险公司公会，凡继续营业者均得参加公会，交纳保证金；交纳不起的被迫停业。日资保险公司则趁机增设，仅哈尔滨市就有 10 余家日资公司，几乎包揽全部保险营业。银行附属企事业，从银行分离出来，以当铺、酿造业、油坊、杂货代理业为基础，组成大兴公司，统一经营③。

日本侵占黑龙江后，为攫取财政权，以配合其政治统治，首先撤销了省财政厅，跨省设置了税务监督署，直辖伪中央政府财政部。1937 年改为经济部，征税权统归中央政府。撤销省财政厅后，省级财政预决算由省公署总务厅办理，县、市财政预决算及其财政事项由省公署民政厅掌握。

---

① 黑龙江省地方志编纂委员会：《黑龙江省志·经济综志》，黑龙江人民出版社 1999 年版，第 54—55 页。
② 中共黑龙江省委党史研究室：《中共黑龙江历史》第 1 卷（上册），中共党史出版社 2013 年版，第 277 页。
③ 黑龙江省地方志编纂委员会：《黑龙江省志·金融志》，黑龙江人民出版社 1989 年版，第 6 页。

东北沦陷时期的财政预算，是为日本帝国主义推行殖民统治与掠夺政策服务的，他们大肆征收捐税，并将大部分收入集中在中央政府，用以扩大侵略战争。用于地方的支出，只是公署费和警察费，以镇压群众，维持统治。1932 年（伪大同元年）龙江省、黑河省、三江省、滨江省、哈尔滨市收入计为 790 万元（伪国币，下同），支出 988 万元，超支 198 万元。到 1936 年（伪康德三年）收支各为 1813 万元。1939 年（伪康德六年）第二次世界大战爆发，日本帝国主义者为应付军事需要，进一步加紧了对黑龙江人民的压榨，在收入上实行了 3 次大增税，在省、县税和国税附加上都有大幅度增加。1941 年第一次增税，比 1940 年增加 59.8%。1942 年第二次增税，比 1940 年增加 87.7%。1943 年第三次增税，仅省税就比 1942 年增加 3.4 倍。在支出上除公署费、警察费外，从 1941 年（伪康德八年）又增加了所谓"北边振兴经济"费，实际是用于国境防务建设和修筑军事工程，充分证明了伪满财政的侵略性和掠夺性①。

2. 居民财产损失

日伪统治期间，黑龙江社会动荡不安，社会财产遭受损失，人民生活在水深火热之中，生命和财产安全均得不到保证。但由于居民财产损失存在数据零散、缺少记载、难以统计等特点，有限的文字资料很难体现这部分损失，还需要深入的调研与挖掘。

（1）房屋损失

日本侵略者侵占东北后，为割断抗日部队同人民群众的联系、加强法西斯统治，要求居民限期拆毁靠近山边的分散房屋，建立群居部落。到期不搬，房屋就要烧掉。

1932 年 6 月，日军以"剿匪"为名，对绥化县吴家窝棚、小苗家沟一带进行炮击，并放火烧毁民房 40 余间②。

1935 年 11 月，日伪在阿城推行归屯并户，强令山区居民迁于指定地点，不迁者当即烧毁房屋。阿城县达子营以东到红石砬屯的一趟沟，被烧毁和扒掉房屋 2243 间，毁掉自然屯 158 个，撂荒耕地 3285 垧，有 714 户农民背井离乡，粮食柴草、箱柜缸罐全部被日军烧毁③。

1936 年 5 月至 9 月，日军帽儿山治安肃正办事处为制造无人区，烧毁大量

① 黑龙江省地方志编纂委员会：《黑龙江省志·财政志》，黑龙江人民出版社 1991 年版，第 5 页。
② 任希贵主编：《绥化地区革命斗争史》，黑龙江人民出版社 1997 年版，第 46 页。
③ 阿城县志编纂委员会办公室编：《阿城县志》，黑龙江人民出版社 1988 年版，第 19 页。

房屋，仅蜜蜂地区就烧毁 6500 余间，并驱逐大批中国和平居民，使他们流离失所，无家可归①。

1936 年 10 月 16 日，日军帽儿山治安肃正办事处警察在蜜蜂村南大沟一带烧毁 120 多户房屋②。

从 1935 年到 1937 年，日军在宁安强行"归屯""并村"，共建部落 105 个，对原来的村庄一律实行"三光"政策，全县"集团部落"共受害 14512 户，每户按最低一座房屋计算，共损失房屋 14512 户③。

1937 年 11 月下旬至 12 月中旬，伪满警察协助日军"围剿"东北抗联第八、第九军根据地，在依兰县九区土城子屯迤以北至舒格图屯，大肆焚烧民房，全区共烧毁民房 2500 余间，使 6000 多居民在严冬无家可归④。

（2）禽畜损失

抗战期间，黑龙江禽畜的损失严重，原因是多方面的。一是战争爆发，家禽、耕畜走失或伤亡；二是日军为战争需要，强行征收军马，征用家畜、禽；三是由战争引发各种瘟疫，病死大量禽畜；四是发生自然灾害，家禽、耕畜被淹死或冲走；五是日本侵略者企图发动生化战，进行细菌研究，大批禽畜死于实验。

1933 年，林甸县畜牧损失严重。林甸县实业局统计，自事变以来，兵匪蹂躏，境内家畜、禽损失至巨。耕畜损失 6.58 万头，家禽损失 8.12 万只⑤。

1942 年春秋两季，在穆棱发生大规模牛瘟、猪瘟、鸡瘟。死于瘟疫的牛有 3000 多头，猪有 1.4 万多头，鸡有 5 万多只。各村屯城墙内外、壕沟、路旁，到处是死牛、死猪、死鸡⑥。

从 1936 年日军细菌部队第一四一支队建立，到 1945 年 10 月，至少有三四

① 《最高人民法院军事法庭对野崎茂作犯罪事实的庭审调查记录》（1956 年 7 月 11 日），载中央档案馆、中国第二历史档案馆、吉林省社会科学院合编：《日本帝国主义侵华档案资料选编·东北"大讨伐"》，中华书局 1989 年版，第 156 页。

② 《最高人民法院军事法庭对野崎茂作犯罪事实的庭审调查记录》（1956 年 7 月 11 日），载中央档案馆、中国第二历史档案馆、吉林省社会科学院合编：《日本帝国主义侵华档案资料选编·东北"大讨伐"》，中华书局 1989 年版，第 158 页。

③ 宁安县志编纂委员会编：《宁安县志》，黑龙江人民出版社 1989 年版，第 803 页。

④ 《王治林见证书》（1954 年 7 月 20 日），载中央档案馆、中国第二历史档案馆、吉林省社会科学院合编：《日本帝国主义侵华档案资料选编·东北"大讨伐"》，中华书局 1989 年版，第 436 页。

⑤ 林甸县志编纂委员会办公室编：《林甸县志》，1988 年，第 6 页。

⑥ 穆棱县档案科编：《穆棱县史料综述》，1981 年，第 18 页。

千匹马死于实验①。

(3) 生产工具、生活用品损失

日本帝国主义入侵东北后，肆意破坏居民的生命和财产，采取殖民统治，强制征用劳工，黑龙江地区居民的生产生活几乎处于停顿状态，生产力受到严重破坏，生产工具和生活用品损失无数。

1944年1月至6月，日本宪兵军曹奥泉仓三郎同另外两名宪兵，在镜泊湖抢夺居民小船1只，小米240公斤，青菜360公斤，鱼120公斤②。

（六）结论

根据截至目前所掌握的资料和进行的相关调研，我们得出以上黑龙江地区抗战时期人口伤亡和财产损失的基本情况。由于年代久远，绝大部分当事人已不在世，更因为日本侵略者在溃败时烧毁了大量的档案资料，使史料的搜集变得极为艰难，所以我们得出的这些数据只能部分地反映黑龙江地区的损失情况，部分地揭露日本侵略者在黑龙江犯下的不可饶恕的罪行。

1. 课题调研表明，日本侵略者在黑龙江地区犯下了累累罪行

此次抗损课题调研，调动全省8400多人参加，按照实事求是的原则，坚持以历史档案为依据，以重要文献为辅助，以大批经历过抗日战争的老人的证言证词为作证，整理、形成人口伤亡和财产损失的数据和材料。这些数据和材料表明：抗日战争时期，日本侵略者在黑龙江地区罪行累累。

东北沦陷后，日本帝国主义把黑龙江地区作为其强化法西斯统治的重要区域。在伪满19个省中，居于黑龙江省境内的就有7个省，伪满洲国军所设的11个军管区，设于黑龙江地区的就有5个。日军占领东北后，通过各种方法对黑龙江地区的经济进行敲骨吸髓的掠夺。在所谓的"共存共荣""日满经济一元化"的口号下，对经济实行统制，极力排挤和压制民族工商业，不仅大肆掠夺亚麻等工业资源，掠夺粮食等战争资源，还疯狂地掠夺破坏自然资源。经常进行大"讨伐"，镇压抗日军民和涉嫌"通匪"者。对占领区人民实行法西斯高压恐怖统治，大搞"治安肃正"运动，推行保甲制度，实施连坐法，随意逮捕杀害城乡居民。为修建军事设施和掠夺等资源，强行抓捕劳工。日军的细菌部

---

① 中共牡丹江市委党史研究室编：《中共牡丹江地方史》，黑龙江朝鲜民族出版社2001年版，第258页。
② 宁安县志编纂委员会编：《宁安县志》，黑龙江人民出版社1989年版，第811页。

队更是令人发指地用活人进行细菌战实验，致使大批的革命志士和无辜的群众受细菌感染而死，制造了多起震惊中外的惨案。

日本侵略者的罪行违背了起码的人类良知和国际公法，不仅是对人权和人道主义的践踏，而且是对人类文明的挑战。这次调研，揭露了日本侵略者在黑龙江地区的暴行，罪恶深重，不容抹杀！

2. 课题调研表明，抗战时期黑龙江的人口伤亡和财产损失巨大

日本法西斯是残暴的，然而黑龙江人民并未屈服于日军的铁蹄之下，反而激起了强烈反抗，最初是以马占山为首的抗日义勇军。义勇军失败后，中国共产党肩负起反抗日本法西斯的重任，组建反日游击队、人民革命军、东北抗日联军，与日本侵略者开展起英勇的游击战争。在黑龙江境内，东北抗日联军的11个军中就有9个军转战在这里。但由于敌我力量悬殊，黑龙江省的抗日军民在日寇的疯狂"围剿"和镇压下，遭受较大伤亡，付出了惨重的代价。

抗日战争时期黑龙江的人口伤亡和财产损失从地域上看，是全方位的。根据调研了解到的情况，黑龙江地区所辖的伪三江省、伪龙江省、伪滨江省等各个省份和县区都遭到了破坏和损失，从哈尔滨、齐齐哈尔等大城市，到土龙山、九里屯等乡村地带到处都遭到了严重破坏。从范围看，是广覆盖的。日本法西斯在政治上实行极其野蛮的法西斯统治，使无数无辜百姓惨遭杀害；在军事上的疯狂"围剿"和镇压，给黑龙江省的抗日军民造成极大伤亡；在经济上敲骨吸髓的掠夺和剥削，导致黑龙江财产和资源损失惨重。从程度看，黑龙江也是重灾区。日本侵略者占领长达14年之久，是日军"清乡""讨伐"的重点地区。黑龙江也是武装移民的主要省份，由于紧邻苏联前沿，很多重点攻势工程建在黑龙江，数以万计的劳工和"勤劳奉仕"者被夺去生命，罪恶的731部队也建在黑龙江境内，其罪恶径行难以言表。

在黑龙江这片土地上，日本侵略者几乎动用了所有的屠杀和损毁手段，在编织的"王道乐土"的假象下，为使黑龙江成为其侵略的后方基地，通过种种方式"改造"黑龙江人民与经济社会结构，给黑龙江人民造成了极大伤害。

3. 课题调研表明，开展抗战时期人口伤亡和财产损失的调研任重道远

这次课题调研，全省调动和组织了省和13个地市的党史力量，调动了相关部门数十个，最大限度地查阅了日伪时期黑龙江的档案资料，阅读复印了大量有关抗日战争的文献资料，采访了一大批健在的抗日战争亲历者，在此基础上形成了黑龙江省抗战时期人口伤亡和财产损失调研成果。

这次调研得到省委、省政府及各级党委领导的高度重视和支持，得到了各地干部群众的理解和肯定。大家普遍认为，充分揭露日本军国主义的战争罪行，更加全面、系统、立体地还原历史真相，说明中国人民遭受的灾难和损失，是一项对历史、对人民、对未来高度负责的大事、好事。通过调研，大致厘清了黑龙江省抗损的基本情况，完善了史料记载，对以往的记录进行了分析和考证，也使我们更加充分地认识到党史工作的重要意义和历史使命，更加客观清晰地看到日本军国主义在侵略战争中给中国人民带来的深重灾难，更加清醒地认识到落后就要挨打，和平与幸福来之不易。

　　几年来，调研人员克服重重困难，殚精竭虑，无私奉献，力图将战争的巨大灾难尽可能准确、完整地记载下来。但由于历史的原因和条件的限制，许多档案和文献资料无法查到，许多史实因当事人的离世而无法进一步核实，大量的线索需要更多的时间去厘清，现存的资料也需要进一步的挖掘和考证，特别是很多方面的数据，如居民财产损失等取证和考证都十分困难。应该说，我们得出的人口伤亡和财产损失数据还是初步的和尚不完整的，这次调研成果还是阶段性的，而不是最终结果。

　　真诚地欢迎所有看到这些调研成果的人们，关心和参与这项工作，并提出宝贵意见，从而使我们能够更加准确、系统地反映抗战时期黑龙江的人口伤亡和财产损失情况，以期在掌握更多资料和新的研究成果的基础上继续推进调研工作。

二、专　　题

（一）江桥抗战人员伤亡调研

1. 调研基本情况

　　齐齐哈尔市自省委部署抗战损失调研课题以来，通过对全市重大事件和专题的研究，确定了江桥抗战这一调研课题。由于江桥抗战不仅在齐齐哈尔市的抗战史上具有重要的历史地位，而且对全国抗战形势的发展有着极大的影响，因此，这一课题史学家们挖掘和研究得比较深入，形成的资料和档案较其他专题也更丰富。我们仅从中采用了比较有权威性的和本部门撰写的历史资料作为参考，形成了本次调研成果。同时，由于历史年代过于久远，对伤亡人员的数字认定，史学界有较多的争议，其中有些数字不乏重复计算的情况，因此，我们采用推论的方式，删除了可能重复的数字。

2. 马占山部队在抗击日军中伤亡情况

　　发生在齐齐哈尔的江桥抗战，是中国人民抗日战争中第一次有组织、有规模、有影响的战役，被称为中国抗日"第一枪"，在中国现代史上有重要意义。

　　1931年九一八事变后，由于国民党政府的不抵抗政策，驻在东北的中国军队并没有能够对日本侵略军组织有效的还击，以致日军在不到两个月的时间内就占领了辽宁、吉林两省。

　　1931年9月25日，日军上田大队占领洮南，洮辽镇守使张海鹏投降，并自称边境保安司令，宣布与张学良脱离关系。1931年10月1日，日本关东军将在沈阳东北军工厂夺取的6000支枪、200万发子弹及被服送给洮南的张海鹏。张海鹏投敌后，在日本武官指挥下向齐齐哈尔进犯。当时，北平副司令行营致电黑省："如张逆海鹏进军图黑，应予以讨伐，但对于日军务须避免直接冲突。"当时，黑龙江省的东北军主力及省政府主席万福麟在关内，齐齐哈尔城内仅有一个卫队团，省城周围也仅有四五个省防旅。省城内人心惶惶，投降派和特务活动猖獗。在这种形势下，张学良和万福麟电请南京政府，任命当时在黑河的马占山任黑龙江省代理主席兼军事总指挥。

10月13日，驻在洮南一带的汉奸张海鹏部3个团在两架日军飞机的配合下，向泰来嫩江哈尔葛铁路桥进犯，15日战斗打响，江桥抗战从此拉开了序幕。

驻守在黑河的马占山于10月10日临危受命，11日即率步兵李青山团兼程南下，19日夜抵省城齐齐哈尔。马占山在21日就职典礼上称："倘有侵犯我疆土及扰乱我治安者，不惜以全力铲除之，以尽我保卫地方之责。"22日，马占山发表了对日抵抗宣言："与此国家多难之秋，三省已亡其二，稍有人心者，莫不卧薪尝胆，誓救危亡，虽我黑龙江一隅，尚称一片净土，尔后凡侵入我省者，誓必死一战。"接着，他又于10月27日向省城军政人员发出通告："要求全体军政人员振奋精神，尽心务职，对于应办各项事务逐日清理，勿须停顿。尚仍如前泄沓不知奋勉，则自甘放弃，顽忽功令，一经查出，撤惩不贷。"这表明了马占山率领全省军民誓与日本侵略者抗战到底的决心。与此同时，为了激励将士，他发出悬赏张海鹏首级的布告，指出："张贼海鹏，老迈昏聩，贪利卖国，乘外患紧张之时，勾结外人争夺政权，实为国人所其弃。"张部闻之丧胆。

马占山就职后，主降势力赵作仁等鼓惑绅商多人阻止马占山抗日。马占山力排众议，主张抵抗日本侵略军，与此同时，马占山整顿内部，安定社会秩序。他命令撤离职守的军政两署人员迅速到职办公，加强省城警备司令部、省城公安局的领导力量，维护社会治安。在军事准备上，考虑到嫩江桥（在今黑龙江省泰来县江桥镇境内）是洮昂铁路线上的一座铁路大桥，南北交通要冲，黑龙江省城齐齐哈尔南部的重要门户。因此，它也是日本侵略军入侵黑龙江省的必经之路。所以，马占山在谢珂参谋长支持下，以防守嫩江桥为中心，积极备战，决心督率黑龙江军民，在嫩江桥阻击日军进犯。马占山积极整顿军务，进行临战训练，召开军事会议，并亲临前线布防。10月29日前，马占山完成了防御部署，从江桥到昂昂溪，设3道防线，将朴炳姗炮兵团（1400人）、徐宝珍卫兵团（200人）、步兵第三旅第一团（团长李青山，约2100人）、刘润川工兵营（440人）、孟宪德辎重营（约500人）配置在昂昂溪，所辖的骑兵第二团（团长刘斌）配置在莫古气、依布气地域，第三团（团长王克镇）配置在富拉尔基、景星；将国防军骑兵第八旅（旅长程志远）所辖的第五十三团（团长周作霖）配置在昂昂溪；将驻在塔子城、仙人洞地域的屯垦军改编为暂编第一旅（旅长苑崇谷兼第一团团长，张珏龙、赵冠五分别任第二、三团团长）命其到景星集结待命。整个防线是以江桥大兴车站为中心阵地，防线指挥部就设在大兴车站。马占山、谢珂坐镇齐齐哈尔指挥全军，一场中国军队有组织、有领导的反抗日本法西斯侵略的战役即将开始。

10月22日，日本驻齐齐哈尔领事清水八百一拜会马占山，声称：洮昂铁路为"满铁"（即日本经营的南满铁路株式会社）借款而修，此刻交通阻断，与"满铁"有利害关系，"满铁"将派工兵前往修理。10月25日，清水公然又对马占山提出，奉本庄司令官（日本关东军司令官本庄繁）之命，要马占山将黑龙江省政权和平让与叛逆张海鹏，并无耻地说张海鹏愿出美金500万元，请马占山出国游历。马占山严词拒绝，他大义凛然地说："马占山绝不能出卖黑龙江，你回去告诉本庄，他如想得黑龙江，可拿血来换，不要看不起中国人，拿钱来诱惑我。"10月26日，日本关东军司令部命令第二师团所属的第二十九联队进占四洮路全线，并做好北进的准备，命令第二师团第十六联队、野炮第二联队各抽一个大队，工兵第二大队抽出一个工兵中队，编成嫩江支队，迅速占领泰来至江桥一线；命令独立飞行第八中队配合嫩江支队的行动。10月27日，日本驻齐齐哈尔机关长、步兵少佐林义秀，要求马占山务于11月3日前修复江桥。10月29日和11月2日，他又两次向马占山发出所谓的最后通牒。马占山均未理睬。11月2日傍晚，日本嫩江支队到达泰来，当夜就派遣一支小队到嫩江桥南侧地域进行侦察。3日，日军第二师团先遣队、野炮第二联队第一大队到达江桥占领了阵地，上午11时许，30名日本兵和100名满铁工人，在飞机和装甲车的掩护下强行修桥。马占山部为了避免冲突，一线部队往大兴四站南五桥以北地域撤退。部队撤退时遭到日军飞机轰炸，伤亡16人。

11月4日晨5时，日军嫩江支队由泰来到达江桥。9时10分，日军第十六联队第七中队向大兴站进发，中午到达江桥，与工兵第七中队花井取得联络后，在七架飞机投弹和地面炮火的掩护下，向江桥守军部队发起了进攻，马占山当即命令江桥守军徐宝珍卫队团和吴松林骑兵团组织还击，并命令部队："务要保持镇静诱敌前进，候敌到百米极有限射程内，给予严重打击，务将敌军全部歼灭。如无我命令，擅自退却，致以军法从事。"守桥官兵早已按捺不住心中的怒火，决心以猛烈的炮火迎头痛击来犯之敌。守军伏在战壕内，当敌军进入有效射程内，守军以猛烈的火力齐向射，日军大乱。晚6时许，日军嫩江支队在炮兵、航空兵的配合下，对守军阵地发起了新的进攻。马占山急令吴松林骑兵旅增援部队到大兴一线，从两翼对日本侵略军实施反击。守桥部队乘势发起冲锋，与敌人展开白刃战。血战到下午8时许，江北无敌踪。至此，江桥阻击战全线展开。

11月5日晨，日军再次进犯，又被守军击退。下午，日军以张海鹏部为先锋，在5架飞机的掩护下向我桥头阵地猛扑，吴松林旅又一次将日伪军击溃。日军拉回伤兵、死尸数十卡车，滨本联队付出了空前的伤亡代价，战后日方公布：此役日军死伤167人；张海鹏伪军死伤700多人①。5日战况不仅震惊了关东军，也震惊了日本国内。日军前线指挥官恼怒异常，关东军司令本庄繁也大为震怒，星夜从四洮路急调援兵1000余人至大兴前线。

11月6日，日军又投入步兵4000余人、重炮8门、飞机8架、铁甲车3列②，在关东军高级参谋石原莞尔指挥下，向守军嫩江前沿阵地疯狂进攻。8架飞机反复地俯冲攻击，使江桥阵地陷入一片火海。卫队团在敌猛烈的火力突击和反复进攻面前，伤亡剧增，江桥主阵地形势危急。此时，马占山亲临前线作战。日军"以手榴弹为冲锋利器，士兵上刺刀向我猛扑。我军多缺乏刺刀，以枪柄抗敌，以死肉搏，仍将敌击退，其奋勇可知"。马占山令骑兵为先锋，迂回包围江桥南侧敌人，快速的骑兵部队突然出现在敌后侧，迅猛地横冲直杀，"马将军意顽强而至拔剑奋呼亦不退却，其勇敢殊堪惊人。"一时日军大乱。由于马占山部伤亡过重，马占山命令部队撤到三间房，退入第二道防线，并重新调整了战斗部署：命令步兵第二旅四团（团长吴德林）、步兵三旅一团（团长李青山）沿汤池至三间房铁路一线组织防御；骑兵第一旅（吴松林旅）以两个团在佰大街、经汤池至乌诺一线设防，保障汤池两翼安全；暂编第一旅（苑崇谷旅）在三间房、小新屯、大伯岱一线组织防御；骑兵第八旅第五十二团、五十四团在昂昂溪以西设防，负责景星方向警戒；骑兵第八旅第五十三团及其余部在昂昂溪周围组织防御。

日军占领大兴后，当夜用重炮向马占山部阵地乱射至7日晨1时。7日，驻哈尔滨日本领事大乔史声称：日军决定占领齐齐哈尔，限马占山部48小时内撤出省城，否则以飞机轰炸云云。马占山针锋相对，发布宣战通告，表示"大敌当前，惟有率砺所部誓死抵抗，一切牺牲在所不惜"，"占山守土有责，一息尚存，决不敢尺寸之土，沦为异族"。当日，敌再度进攻，我军退守三间房、红旗

① 周彦、李海主编：《江桥抗战及近代中日关系研究》，吉林人民出版社2005年版，第269—270页。
② 《东北抗日联军史》编写组：《东北抗日联军史》上，中共党史出版社2015年版，第98页。

营子，增加了张殿九旅，协力夹击过江之敌，敌不支，狼狈渡江西逃。我遂恢复江桥，计毙敌167人，伤敌600余人，我亦阵亡营长以下300余人[1]。

8日，日本侵略军改变了战略战术，变军事进攻为政治讹诈，并辅以军事压力的方针。本庄繁派林义秀把书面报告交马占山逼其立即下野，让权张海鹏，并限时答复。11月11日，本庄繁自沈阳直接致电马占山，又提出要马占山下野及撤走在齐齐哈尔的黑龙江防军，日军有权进驻昂昂溪等项要求。马占山严词予以驳斥："下野本无不可，但需有中国中央政府命令派人前来，方能交代。如张海鹏一类者，虽有中央命令亦不予政权，关于退兵一事，在我国领土上，我自有权，非日本所能干涉"。马占山将军不卑不亢，使日本侵略者连连碰壁。

日本侵略者的政治讹诈没有得逞，便又频频发动军事进攻。12日，下午13时，日军骑、炮兵500余人，向马占山守军的三间房左翼阵地展开攻势，被吴松林旅击退；13日晨5时，日军在飞机掩护下，以铁甲车为先导，步兵500余人，向小新屯守军阵地进攻。马占山部官兵全线出击，缴获重炮3门，击落敌机2架，击毙日军500余人，马占山再次亲临前线，嘉勉战士。

14日，敌人700余人，在飞机大炮掩护下，进攻汤池、莫古气阵地，上午10时许，敌2000余人分两路向守军阵地进攻，马占山冒着炮火，阵前督师，守军英勇杀敌，敌死伤惨重而退，马部伤亡也很惨重。

16日，日军1000余名，在野炮、飞机掩护下猛攻三间房阵地，双方激战甚烈，血肉相搏，马占山部伤亡较大[2]。

多次进攻受阻的日本侵略者，将其增援部队全部投入战斗。17日上午11时，在数架飞机的掩护下，以洮昂铁路为中心向马占山部防御阵地发起总攻。其中长谷部队旅团和旅顺重炮兵联队一部4000余人，攻三间房下面防线；天野旅团、第八混成旅团的两个联队和炮兵一部约7000余人，攻击三间房右翼，第二师团多门中将为总指挥。而马占山部驻守该阵地的兵力名为三个团，由于多次战斗伤亡，实际人数不足两千人。在数倍于我的日军的猛攻下，马占山部竭死抵抗，集中步炮兵主要火力阻击下面的日军，骑兵以两翼实施反击，打退日军骑兵10余次进攻。战至深夜，马占山部守兵疲劳饥饿过度，但将士们"枵腹抗战，义愤填膺，眼若血红，人人同仇敌忾，奋勇异常，喊杀之声，惊天动地，斯已壮矣！"但由于守军没有防空和反坦克武器，前沿阵地很快被突破，守军主力苑崇谷旅及程志远旅伤亡过半，只好且战且退。战斗持续到18日下午，日军

---

① 章伯峰、庄建平主编：《抗日战争》第1卷，四川大学出版社1997年版，第174页。

② 《东北抗日联军史》编写组：《东北抗日联军史》上，中共党史出版社2015年版，第100页。

的攻势更猛。为保存抗日实力，马占山下令洮昂路各防线向昂昂溪撤退。昂昂溪失守后，日军从景星绕道中东路向守军后方进攻，企图前后夹击，将守军一网打尽。至此，马占山部已弹尽粮绝，腹背受敌，只好退出昂昂溪，从大兴退至三间房以后，仗打得最激烈。双方交战的阵地遗尸累累，足有几千具。

19日凌晨，马占山为保存实力，向海伦方向转移，转移中将齐齐哈尔至依安段铁路破坏。19日下午2时，日军第二师团占领南大营，齐齐哈尔沦陷。11月18日，马占山在撤离省城齐齐哈尔前训喻留守的团长徐景德说，日军不进城不得稍退，如实不得已退出省城，敌人定沿乌裕尔河向龙安桥追击，杨家屯民团杨贵棠定在苇塘埋伏，你们可合兵一处利用有利地形痛击之。先是马占山接任省主席时，因杨家屯近在省城，地当要冲，就发给富裕民团步枪300支，子弹5万发，令杨贵棠在省城吃紧时设伏打击敌军。徐景德团撤走后，日军果然沿乌裕尔河追来，在距省城60里的龙安桥钻进了伏击圈，徐景德部与民团同日军在苇塘里展开了激战，敌骑兵400余人全部被歼。江桥抗战至此结束。

在江桥抗战中，黑龙江省守军以誓死的决心抗击日伪军，付出了巨大的牺牲，据《黑龙江省抗日战斗详报》载，江桥、大兴和三间房战役，江省军阵亡官130人，兵2331人；战伤官169人，兵2116人。[①]

（齐齐哈尔抗战损失课题调研组）

（二）"巴木东大检举"惨案

1943年3月和5月，伪滨江省警务厅调集500多名警察、特务和警备队，在巴彦、木兰、东兴（今木兰县东兴镇）3个县连续进行两次大逮捕，残害爱国民众1000余人，制造了一起震惊东北的大惨案。当时，日本侵略者把这次骇人听闻的血腥镇压称为"巴木东大检举"。

1. "巴木东大检举"的事发由来

巴木东地区是东北抗日联军第三路军活动的重要地区，在这里建立了许多抗日救国会和抗日武装组织。1941年11月，北满省委召开常委会议，决定加

---

① 转引自解学诗主编：《伪满洲国史新编》，人民出版社1995年版，第73页。

强党的群众工作，发展地下组织，打击日本侵略者，支援全国抗战，遂发出《给各级党的指示》《秘密指示信》等文件①。按照北满省委的指示，抗联第十二支队向巴彦、木兰、东兴一带展开了游击战争和群众工作，不断袭击敌伪机关、警察队和开拓团等，打击了敌人的嚣张气焰。抗日烈火在巴木东地区燃烧起来以后，日本侵略者惊恐万状。为镇压抗日军民的反日斗争，日伪当局强化其殖民统治，在巴木东设立和强化了庞大的日伪警特组织机构，除了3个县的伪县警察署外，在各地增设了警察分驻所。巴彦县有兴隆、龙泉、洼兴、天增、双庙、富裕等分驻所；木兰县有利东、五站、大贵、石河、大板子等分驻所；东兴县有赵家店、新民、满天、大营等分驻所。日伪当局妄图切断抗日队伍同广大民众的联系，不断地进行秋冬季节的"大讨伐"，破坏抗日根据地，围剿抗日武装。当这种办法达不到目的时，敌人便采取了"归屯并户""经济封锁""篦梳森林"等办法，实行所谓的"匪民隔离"政策，妄图消灭抗日力量。然而，东北抗日军民不屈服外夷，不甘心做亡国奴。当日伪当局进行大搜捕时，爱国民众对抗联队伍"看到不讲，碰到不嚷"，而支援抗联队伍的粮食、药品、武器、子弹等却始终没有间断过。日军无奈、焦急万分，日本检察官畠中在一次会议上说："救国会对抗日军队提供金钱、物资、粮食等，并做向导，侦察军警设备及行动，对抗日军队加以掩护，这些武装队，一旦事变到来时，会配合抗日军队，拿起武器来，对我们军警开始作战，特别是一些青年人参加，仅滨江省巴木东3县就不下千余人，这真是令人战栗的！"敌人的阴谋一次一次遭到失败。于是，他们又采取组织特务侦察的办法，破坏抗日的群众组织。

1942年春，滨江省警务厅成立一个治安肃正工作委员会。同年9月，省警务厅以日本特务科长小园井（警正）、特务股长泉屋立吉（警佐）、大场弥作（警佐）、野泽光三助（警佐）、平井二郎（警佐）以及翻译王蕴璞为首，抽调省警务厅刑事科外勤黄希南（警尉）、南岗警察署特务系刘殿铭（警尉）、道外警察署经济系外勤王玉环（警尉）等人组成一个滨江省警务厅特别搜查班。他们分赴巴木东3县警察署，组织各县的特别搜查班。巴彦警察署"特搜班"由省警务厅日本特务泉屋立吉和平井二郎直接指挥，县警察署特务股长九保谷正南和副股长陆维先任正副班长，翻译高升远，据点设在仁和商场后院客厅，对外称30号。木兰警察署"特搜班"由省警务厅日本特务野泽光三助亲自指挥，县警察署特务股长小川广一和副股长孙福江任正副班长，翻译王殿吉，据点设

<hr />

① 哈尔滨市档案馆档案，XZ2—1综合哈1—8—118卷。

在大兴公司（现一百货西龙安楼地址）。东兴警察署"特搜班"由省警务厅日本特务大场弥作亲自指挥，县警察署特务股长南村和副股长尹国良任正副班长，据点设在南烧锅（现东兴镇南门里道东）。他们采取包户侦察、设立据点、利用腿子、化装追踪的办法，侦察获取了抗联部队、救国会组织人员的部分情报，抓捕了一些中共党组织和抗联领导人。这是造成事件的第一个因素。除特务侦察外，叛徒告密也是原因之一。宋一夫（即宋效贤，吉东省委书记）、倪景阳（即倪福祥）、杨永祥（即杨得山，抗联第三十六大队队长）被捕以后叛变，供出了抗联的许多情况。接着，周云峰（即常云峰，抗联三路军第九支队政委）和李全（抗联第六支队通讯排长）也都被捕叛变，出卖了一些地下抗日组织和救国会员。

1943年2月12日，周云峰在巴彦县被捕投敌后，在日本特务泉屋立吉的指使下，又去侦察阎继哲。阎继哲化名姜有贵，潜伏在滨北线泥河车站附近的李碗铺屯甲长李彦荣家。周云峰通过阎继哲的弟弟阎继贤找到了阎继哲。这时，李全和李景荫也在李彦荣家。他们几个谁也不知道周云峰已经叛变投敌，只听周云峰说，他在哈尔滨太平桥开豆腐坊，资金不足，很困难，让他们3个也去。阎继哲等3人没有去，只是从他们的活动经费中，抽出点散金碎银给他解决豆腐坊的资金问题，没想到受骗了。周云峰把侦察到的情况，报告了在兴隆镇等候联络的省警务厅特搜班工作主任重见寿一。15日下午2点左右，重见寿一带领翻译王蕴璞、警尉吴树桂、李云峰和叛徒金丽珠、杨永祥、宋一夫等，由周云峰领路，分乘两辆马车，从屯两头潜入李碗铺屯。他们诈称要"出荷粮"，闯进了李彦荣家院内。宋一夫在院中监视，王蕴璞跟随重见寿一等人进入屋内。此时，李全正在炉子旁烧开水，被杨永祥发现，当即逮捕。阎继哲见势不妙，想逃离出去，不料，走在院中时，被宋一夫拦住，堵到碾房里扣上了手铐子。李景荫因去西屯，闻信未归，王蕴璞等人等了一夜，没抓着。阎继哲、李彦荣、李全被捕后，次日押送哈尔滨，分别关押在地方保安局特务分室和"松花塾"监狱。

李全叛变后，化名李洪全，泉屋立吉迫令女犯王桂兰与李全结婚。婚后，李全被派到巴彦兴隆镇，以开"兴滨旅店"为掩护，进行特务活动。

这些叛徒除了告密外，还千方百计地钻入抗联组织内部侦察。1942年5月，倪景阳诈称中央代表，冒名李玉廷（曾在苏联东方大学学习，学号37），通过抗联地下关系巴彦中医刘子祥和兴隆镇六合一木场经理冯殿文与抗联接上了头。这天，李全把李玉廷接到了五顶山密营。许亨植（即李熙山，抗联第三路军总参谋长）和张瑞麟接见李玉廷时，觉得此人可疑，便叫电报员乔树贵往苏联给张寿篯拍电报，汇报这位"中央代表"的情况。张寿篯接到电报后，断定此人是冒牌货，便回电让他们派两名交通员，将此人押去苏联。李玉廷做贼心虚，偷看了电文，知道露了马脚，便趁夜逃跑了。

1942年7月末，许亨植带着警卫员陈云祥到巴木东一带检查工作，他在东兴西北的五顶山地区找到了小部队负责人张瑞麟，听取了汇报，详细了解情况后，白天到密林中，坐在树墩上，把了解到的重要情况整理好，记下来，准备向上级汇报。晚间他到屯子里百姓家宣传抗日形势，发动群众抗日救国。8月2日，许亨植在警卫员陈云祥和张瑞麟派出的战士王兆庆的护送下离开这里，往东北方向奔铁力。为了避开搜山的敌人，他们在人迹罕见的深山密林荒谷中穿行，一天才走20多里路。天黑了，他们来到东北部的青峰岭下、少陵河上游的一个转弯处。许亨植等3人忍着蚊虫的叮咬和夜露的袭击，在这里宿营。8月3日清晨，警卫员陈云祥生火做饭。庆城县伪警察搜山队发现了缕缕不散开的炊烟，向大队长国长有报告后，国长有带着30多人，下令包围了冒烟处。凌晨3时，双方交火，激战两个多小时，许亨植和陈云祥不幸中弹牺牲。国长有让白长堤把许亨植和陈云祥的头割下来，装在篓里背到庆城，挂在伪县警察署门前示众。两天后，他们又把烈士的头颅送往北安警务厅，并大肆喧嚣其"讨伐"的胜利。王兆庆突围脱险后，立即向张瑞麟汇报了许亨植和陈云祥的情况。第二天，张瑞麟带几名战士到许亨植和陈云祥遇难地，准备掩埋战友的尸体，并寻找遗物，尤其是那些秘密文件和材料。可是，他们在河套上只发现了两个小腿残肢（尸体已被狼吃了），遗物早已不知去向，估计已落入敌手。秘密文件和材料有王新林①、张寿篯给许亨植的信，东兴、巴彦、木兰、哈尔滨等地的地下组织名单。由于地下组织名单落入敌手，张瑞麟等领导人研究了对策，马上召集救国会员负责人开会，布置他们动员参加抗日救国会的人迅速离开家乡到外地隐蔽，另谋生路，先躲过这场危险以后再做安排。10月，北满省委书记、抗联第三路军政委金策在庆城安邦河上游召开会议（后来称为"龙南会议"），决定转移巴木东等地区的党群组织。但是，最终也没有几个人逃出去。敌人得到了组织名单，成为造成"巴木东大检举"事件的直接因素。

---

① 王新林为苏联远东方面军一军官的中国化名，为俄名瓦西里的谐音。此后苏联远东方面军与抗联部队的联系人员有更换，但化名始终不变，一直称王新林。

2. "巴木东大检举"前日伪当局的阴谋策划

1943年年初,滨江省警务厅通过一段时间的特务侦察、叛徒告密和得到的地下组织名单,基本掌握了巴木东3县抗联活动和抗日救国会、农民武装队等情报。据敌伪档案记载:"抗日救国会、青年义勇队、农民自卫队等,这些在北满省委领导下,积极配合红军,一有事即企图蜂起,扰乱治安,成为该地区的癌症病。"因此,日伪才实行一齐检举。然后,泉屋立吉、重见寿一、高野喜一、望月贞义等日本特务在省警务厅制定了"巴木东肃正工作计划"。随后,"治安肃正工作队"成立,行动总指挥是哈尔滨警察局特高科长林宽重,副指挥是特高科警佐周质斌。巴木东3个县的警察署,也相应地成立了行动组织。每县都成立了5个班,即检举(逮捕)、取调(审讯)、警备、看守、庶务班。巴彦检举班下设17个组,组长是日本人;全县共有警察特务251人参加。木兰检举班下设7个分班,配备73人;省警备厅抽调市、县警特169人到木兰参加行动。东兴检举班设6个分班,配备66人;全县共参加警特143人。

3. "大检举"与残酷的大屠杀

经过阴谋策划和准备后,按预定时间,日伪当局开始了对巴木东3县爱国民众的"大检举"。1943年3月15日,天刚蒙蒙亮,敌人在巴木东3县同时进行大逮捕。他们按档案袋里的名单、地址,当场拆封,对号抓人。凡是被逮捕的人,每人头上都套一顶长长的黑帽子,下口处用布缠在脖子上。有的被戴上了手铐、脚镣,有的双手被铁丝拧上反绑着,有的嘴被塞上了黑布。在巴彦姜家窑抓王老客时,他还没起来,特务进屋后,硬把他拽下炕绑上了,他要穿靰鞡,特务孟庆余不让穿,并恶狠狠地说:"冻死也不可惜",并把他和徐德荣铐在一起,然后都扔到早已停在村口的大汽车上。这是第一次大逮捕。一天之间,巴木东3县被逮捕爱国民众有500余人。第一次大逮捕后,敌人并没有善罢甘休,经过两个月的阴谋策划,于5月25日进行了第二次大逮捕,在巴木东3县又逮捕了300余人①。加上平时零星逮捕的共计1000余人。这两次"检举",3个县的抗日救国会、农民武装队等组织全部被破坏。

日伪当局把两次逮捕的爱国群众,分别押在巴木东3县的"大营监狱"和哈尔滨"松花塾"监狱。关押期间,他们受到残酷的虐待,看守人员用木棒挨个敲脑袋,日夜不让睡觉;有的监室把高粱米粥倒在一个木槽子里,让"犯人"像猪一样用嘴拱着吃;有的整天不给摘黑帽子,很多人被捂瞎眼睛,每天都有人死去;在哈尔滨"松花塾"监狱的"犯人",每天只有两顿饭吃,每顿一碗稀粥和一个咸菜条子,长期吃不饱,人人骨瘦如柴,天天在死亡线上挣扎。院内就是刑场,敌人把人绞死后,偷偷地扔到荒郊野外,使抗日爱国民众尸骨无存。

据当时洼兴镇菅草沟屯王富回忆:我被关进监狱(巴彦监狱——编者注)的第三天,审讯时扒去我的衣服,把我背朝天按倒在一个抠有窟窿的木桩中间,先把我两只脚塞进木桩的眼里,用绳子绑上。接着,又把我两只手伸进前面木桩的眼里,也用绳子绑上,随后,两个警察把香点着,一起往我的后背上烧,每烧一处都得烧出大泡,再换一个地方烧,烧了大约有一个时辰,我疼得昏过去了。不知过了多长时间,我醒过来了,全身都是水。两个警察又逼问我,我有气无力地回答,我啥事也没干过。接着那两个警察又点着两支蜡,有一个脚踩着我的屁股,一个用蜡在我的伤口处烧起来,原先被烧成大泡的地方,全破了,血水直往下淌,疼得我又昏过去了,等我再醒过来,是下半晌了。两警察问我招不招?这时,我连话都说不出来了,只好摇摇头。这两家伙又点着香烟,用烟头往伤口处乱戳,不大一会儿,我眼睛冒血,鼻子出血,头发根渗血,又昏过去了。还有一次,监狱里给一个20多岁的"女犯"用刑,两个日本兵把这个女的仰面朝天按倒在门槛上,然后,用一块木板放在她身上,板子两头各站一个日本兵来回压。每压一下,她就发出撕心裂肺的惨叫声,不一会儿,她的鼻子、眼睛、嘴都往外流血。这时,还有两个日本兵在一旁不停地叫喊着,发出阵阵狂笑。日本兵压了好一会儿,她慢慢地断了气。

据健在的大贵镇龙泉村幸存者赵万金老人(80岁)回忆:1943年"巴木东大检举",我父亲赵贵被抓到木兰北大营,用木棒子活活打死,我母亲被特务王甲森、崔云廷打死,我妹妹饿死在家中。同时,被抓走的还有李君时、牟景州、万凤林、朱德山。朱德山、牟景州后被放回来,其他两人均死在狱中。我

---

① 郭素美、车霁虹主编:《日军暴行录·黑龙江分卷》,中国大百科全书出版社1995年版,第223页。

当时被抓到哈尔滨监狱，光复后回到家中。据当时大贵镇王大板子屯崔振君（已故）回忆：一次，我和同时抓来的王绍春一起过堂。他对我说：可要挺得住啊！特务听见后，恼羞成怒，狠狠地用大木棒子打他的脑袋，打得他脑浆崩裂，当时就死了。接着，特务就把大木棒子扔在我面前说：不从实招来，就打死你。我说：我啥也没干。特务说：你不说，我们有法叫你说。他们先是把我衣服扒去，将我两个大拇指用绳子绑上，吊在半空中来回悠，我的大拇指被悠脱臼。我也没招什么。特务又给我压杠子，让我跪在地上，把两臂倒背后面绑上，用碗口粗的圆木头，压在我的小腿上，一边一个特务来回压，我痛得昏过去。当我醒过来时，一个特务正在用烟头烧我的心口，痛得我爹一声妈一声地叫唤，后来就叫不出来了，又昏过去了。等我醒过来，特务又用手摇电话机给我过电，打得我全身酸麻，抽搐。特务问我招不招？我摇摇头。接着又把我的嘴上盖块布，然后，往布上倒辣椒水，我喘一口气，就吸一口辣椒水，近半桶水很快地灌进肚子里，肚子说不出的胀痛。我的眼角、耳朵、头发根都往外冒血水，我感到全身骨节剧痛，头晕眼黑，浑身如火烧一样。就这样，特务把我折磨昏过去，又醒过来，再昏过去，整整折腾一天，我不知道咋回的牢房。解放后，在"北大营"受过刑讯的房维新，在镇反大会上控诉日伪特务罪行时会议说："我前后被过三次堂，第一次过堂，把我的衣服扒光，似马攒蹄地吊在半空，用皮带劈头盖脑地抽我，从早晨打到晌午，打得我皮开肉绽，昏过去好几回。第二次用电线缠在耳朵上，一摇电话机，电通过全身，我立刻抽搐不止，好像千万根针尖扎在心上。第三次过堂，把我绑在板凳上，用布堵住嘴，往鼻子里灌凉水，灌得我肺子都要呛炸了，七窍往外呛血水，脑袋肿得有柳罐斗子那么大。"据当年在木兰北大营执行关押任务的伪警仕王荣讲："1943 年 5 月下旬的一天，下午 2 点多钟，我和赫玉书在值班时发现，一名犯人因受刑过重昏迷过去，当时，赫玉书报告给小队长刘文玉。刘文玉领着朱涤民、谢文满、靳琨、贺会卿、李其威等人来到现场，刘文玉叫朱涤民和谢文满把这个人从炕上拽下来，拖出去，靳琨、李其威、贺会卿 3 人帮着把那人拽到埋人坑给活埋了。还有一天，我听到后院枪响，不一会儿，刘文玉、荆世良等人从后院回来，我问荆世良方才枪响咋回事？"荆世良说：在审讯时，一个犯人把日本人山田骂恼了，山田说：把他拉出去，死了死了的。朱涤民、谢文满架着这个人往外走，还没走到门口，刘文玉就喊：躲开！还没等躲开呢，山田的枪就响了，一枪打在犯人头上了，让我们把他拽到西北角埋了。一般在审讯时，用的刑有：打板子、鞭子抽、压杠子、过电等。过电时，是男犯多数把电线接在小便上，是女犯多数把电线接在奶头上，更残忍的是把电线插到阴道里，其惨状不堪入目。

据当时满天星五顶二屯幸存者江花回忆：1943年农历二月初十早晨，东兴来的大汽车，和我一起被捕的有我的儿子江玉才、陈平、刘长江、刘庆田、阎国栋、荀义、荀德生，还有前甸子屯赵福恩、刘风、王兴、王永江、王玉馥、李树文、李洪勤、赵乃更、刘玉珍、赵清林。我们这些被逮捕的除了陈平、荀义、赵清林、王永江、刘玉珍和我侥幸活下来外，其他人都惨死在监狱中。据当时满天星前甸子屯幸存者赵清林回忆：和我关在一起的有郭富、刘风、毕文才等。我在狱中被审好几次。一次是压杠子，痛得我死去活来。还有一次过电，虽然我没被电死，但我被打得嗷嗷直叫，特务们在一旁哈哈大笑。最后一次让我学猪叫、狗叫。还有毕文才，在审讯时给他上了大挂、坐老虎凳、灌辣椒水，把他打得遍体鳞伤，整个身子几乎没有一块好地方。由于10多次审讯，施以酷刑，他被活活折磨死。还有和我关在一起的李树文（家是满天前甸子屯的），审讯时给他上刑挺重，不但把他吊起来，来回悠，还用烟火往他肚子上烧，后来，把两个肩膀都悠脱臼了，最后死在狱中。

总之，在审讯时，为了从爱国民众嘴里得到地下党组织和抗联的情况，日伪警特使用了灭绝人性的逼供、残害和屠杀。

附件： 昌中检察官关于"巴木东"事件后的形势报告①

（1943年9月8日）

本管区有滨江、北安、黑河三省，其区域之广大及地位之重要，不必多说。由其位置及居住民族之多以及沿革之特殊等，所产生的思想情况极为复杂，也是诸位所周知的。

现在，我从担任本厅思想系检察官的立场出发，根据本会议的宗旨，对三省之思想形势做一简要报告。关于思想形势，如各位所知，自本年三月十五日开始之所谓北满地区肃正工作，至上月十二日判决结束为止，暂告完结。今天即主要报告此点，同时对其他一两个问题加以说明。

今天出席会议的多数是在本次肃正工作中英勇奋斗之战士，以不眠不休、

---

① 此附件系日伪资料，转引自中央档案馆、中国第二历史档案馆、吉林省社会科学院合编：《日本帝国主义侵华档案资料选编·东北历次大惨案》，中华书局1989年版，第590—595页。

不顾疾病感染之危险，进行了积极的工作，结果获得如统计表所示，以案件上送五百五十二名之战绩（见附表一），适值召开本会议，本人深表庆贺。

本案件系对北满省委及东北抗日联军第三路军所领导之滨江省巴彦、东兴、木兰，北安省铁骊、庆城、绥化各县反满抗日之徒的大逮捕，此点已勿容多说。有关嫌疑分子之所为，均简单记载于已发给诸位之附件中（见附表二），请阅览之。

康德七年以后，北满省委之重点活动地区由三肇地区转移至滨江省东北部之巴彦、东兴、木兰及北安省之铁骊、庆城、绥化、绥稜各县。由于三肇地区被清扫而丧失了大多数党员的共产党地下组织，其掩护活动之机关最近亦仅限于东北抗日联军第三路军第九支队及第十二支队。虽然党员为数极少，然而诚如各位所知，抗日军之活动却极其猖獗。试举一例，将我主要担当搜查之东兴县满天星村全村，都说成通匪分子、救国会会员、武装组组员亦不算夸大。又如，巴彦县姜信供述，一旦有事，即可纠合六百名武装队员响应抗日军。形势诚不容疏忽。

一九三九年前后，即康德六年前后，北满省委似乎已处于驻伯力苏联远东军之领导下，因此省委及抗日军最近以准备日苏战争为活动目标，狂奔于争取群众，其方法亦是进行打倒日满之罪恶宣传，借以扰乱和收拢民心，进而组织领导所谓救国会及武装组织等。

接受其领导之群众，大多数是无知农民。此可认为，因我之经济统治、征购粮食之强化以及开拓团收买土地等而使无知农民极易接受抗日军之罪恶宣传。然而其中竟有在当地有相当之地位，并于过去曾因努力于满洲国之建设多次受到表彰，而现在仍居于自卫团长等地位者，却以服从抗日军为自己之信念，甚至最后面对堂堂警察官及检察官，仍于法庭上强调自己行为之正确，此等肆无忌惮之徒，其言语行动确是骇人听闻。

以上情况，与我等过去认为通匪系受抗日军之威胁不得已而为之者相比，我认为本案内容与前是大大的不同了。

其次，将共匪领导下成立之所谓救国会、武装组等情况，按县说明之。

北安省内之武装队计绥化县一组，庆城县一组；救国会计铁骊县一组，庆城县三组，巴彦县大体分为八组，再细分约为十五组。其所以如此，乃由于采取了首先组成救国会，进而在其下面组织附属小团体的形式，这可能是由于为了争取前面已说到的扬言有部下六百名之姜信、吴福东等有力人物，而给以总会长等虚荣地位。其领导者为周云峰、阎继哲、李全、朴吉松。

其次为木兰县，大分约十组，细分约十一组。其领导者为钮景芳、朴吉松、李全。

最后为东兴县，大分约十一组，细分约十七组。领导者为张瑞麟、朴吉松、李全。

将三县地图打开，并将通匪者之分布状况以符号表示，则可看出，几乎遍及全县。其参加人员每组数名乃至三十名，但有可能参加者，正如前已说过之姜信扬言六百名。其内容现在虽无详加说明之必要，但为供在座诸位参考，略加说明。救国会向共匪提供钱财粮食，或为其带路并探听军警设备及行动，以进行援助和掩护，归根到底乃是以打倒满洲国为目的。武装组系武装团体，目的在于一旦有事即响应共匪，拿起武器与我军警开战，参加者以青少年为主。

以上是集体的援助共匪者，至于向共匪提供粮食等之个人，即所谓通匪者人数无论如何亦难以估计。若从各方面加以估计，仅滨江省三县本案之对象决不下一千人。实令人不寒而栗。

附表一：巴木东事件以案件上送人员统计表

地区 / 被处理情况			类别	上送件数人数	起诉件数人数	其他			
						中止审讯人数	审讯中死亡人数	释放人数	小计
第一次（三月十五日）	北安省	庆城县 绥化县 铁骊县	件数	64	36	27		1	28
			人数	86	49	34	1	2	37
	滨江省	东兴县	件数	77	61	4	10	2	16
			人数	77	61	4	10	2	16
		木兰县	件数	142	93	12	24	13	49
			人数	143	94	12	24	13	49
		巴彦县	件数	105	75	14	8	8	30
			人数	107	77	14	8	8	30
	小计		件数	388	265	57	42	24	123
			人数	413	281	64	43	25	132

被处理情况 / 地区		类别	上送件数人数	起诉件数人数	其他			
					中止审讯人数	审讯中死亡人数	释放人数	小计
第二次（五月二十五日）	滨江省 东兴县	件数	23	23				
		人数	23	23				
	木兰县	件数	68	62			6	6
		人数	68	62			6	6
	巴彦县	件数	48	37			11	11
		人数	48	37			11	11
	小计	件数	139	122			17	17
		人数	139	122			17	17
合计		件数	527	387	57	59	24	140
		人数	552	403	64	60	25	149

附表二：巴木东事件被起诉人员职业统计表

地区 / 职业	第一次					第二次				合计
	北安地区	滨江省			小计	滨江省			小计	
		东兴县	木兰县	巴彦县		东兴县	木兰县	巴彦县		
农民	39	55	71	63	228	18	45	34	97	325
无职业	3	1	8	1	13		5	1	6	19
警察官	4	2		2	8					8
职员			1	1	2	1	3		4	6
自卫团			3	3	6	1			1	7
协和会				2	2	2			2	4
中医				1	1		1	1	2	3
商人			2		2		1		1	3
铁匠			2		2					2
木匠			2		2					2

续表

职业＼地区	第一次 北安地区	东兴县	木兰县	巴彦县	小计	第二次 东兴县	木兰县	巴彦县	小计	合计
文书							2		2	2
教员						1		1	2	2
旅馆店员								1	1	1
饭馆店员			1	1	2					2
奉公队								2	2	2
其他	3	3	4	3	13			2	2	15
合计	49	61	94	77	281	23	62	37	122	403

附表三：巴木东事件被起诉人员判决情况统计表

	地区	第一次 北安地区	东兴县	木兰县	巴彦县	小计	第二次 东兴县	木兰县	巴彦县	小计	合计
被起诉人员数		49	61	94	77	281	23	62	37	122	403
被处理情况	死刑	9	9	12	15	45	7	11	3	21	66
	无期徒刑	10	9	8	8	35	3	16	6	25	60
	十五年至二十年徒刑	4	2	1	1	8	4	9	2	15	23
	十年至十五年徒刑	2	5	9	4	20	6	15	10	31	51
	五年至十年徒刑	7	10	19	21	57	3	7	4	14	71
	五年以下徒刑	15	17	38	18	88		1	1	2	90
	驳回公诉	2	9	7	4	22		3	2	5	27
	尚未判决				6	6			9	9	15
合计		49	61	94	77	281	23	62	37	122	403

（哈尔滨市抗战损失课题调研组）

70

（三）西宝宝屯惨案

西宝宝屯又名小宝宝屯、宝宝屯，现名长兴村，位于铃铛麦河西岸，马忠显大桥西侧，距佳木斯市区只有 6 公里左右。现有土地面积 5724.47 亩，总户数 606 户，人口 1933 人，抗日战争期间归属于桦川县向化区佳木斯镇管辖，现在归属于佳木斯市东风区松江乡管辖。

九一八事变之后，日本侵略者开始对东北各地强行进行军事占领，不但实行经济掠夺，还对中国人民进行残害与镇压。东北人民不愿做亡国奴，纷纷奋起抗日。在三江地区，以佳木斯为中心，桦川、富锦、依兰、汤原、宝清以及三江地区边远各县都纷纷建立起大刀会、红枪会、黄枪会①、白枪会、黄砂会、黑枪会等自发的人民抗日组织。1932 年 5 月日军占领佳木斯后，黄枪会、红枪会、白枪会、大刀会、王勇队和信志山团等抗日组织自发联合起来，屯兵桦川县会龙山下和马忠显大桥附近，共同抵抗日军的进攻，在群众的支援下，多次重创日、伪军，狠狠地打击了日本侵略者的嚣张气焰。为了镇压和"围剿"这支抗日队伍，1932 年 11 月，日军偷袭黄枪会驻地西宝宝屯，杀害我方 2000 多人②，这是日本侵略者在桦川县境内制造的一次大惨案。

1932 年 11 月 17 日拂晓之前，日军的马队炮兵由一名少佐指挥，直奔西宝宝屯偷袭黄枪会。几天来，黄枪会会友因为帮助群众收割庄稼，都很疲劳，出现了军纪不严、军心涣散的情况，同时又由于取得了几场胜利，以为日军害怕，不敢出战，有些轻敌。因此，西宝宝屯口的岗哨也都麻痹大意，后半夜就找地方睡觉去了，屯头只用几个树干拦上，目的是防止敌人炮车。日军马队进屯时，张海川、张海川的弟弟、张海川的两个儿子和李英贵 5 人正在村边的场院打场。日本人从西南方向上来后，见人就杀，5 位农民全部被敌人杀害③。来自巨宝屯的黄枪会会员田生起来小解，发现日本人来后大声惊呼，但是为时已晚，日伪军已经用机枪将各路口封住，只等黄枪会向外冲击便开始射击。田生在逃跑时

---

① 黄枪会是佛教中的一个会门，约于清朝末年由关内传入。1932 年 3 月黄枪会正式成立，推选吴国文为都天大帅，会员发展到数千人，并树起"反帝抗日，保国安民"的大旗。

② 中共佳木斯市委党史研究室：《中国共产党佳木斯历史》上卷，黑龙江人民出版社 2004 年版，第 97 页。

③ 根据 2009 年 5 月 22 日在长兴村（原西宝宝屯）采访村民方国富录音整理，存中共佳木斯市委党史研究室。

被流弹打伤了腿，躲到麦垛里才逃过了一命①。

　　驻扎在西宝宝屯的黄枪会前部先锋纪希恩被惊醒之后，知道被敌人偷袭，立即带领会友们手持黄缨枪向外冲杀，但门口已被日军用机枪封住，冲出去的多数被射死，几乎死尸封门，纪希恩也在战斗中牺牲。开战之后，信志山团长本想用大炮和日军对抗，没想到刚发几炮，阵地就被日军重炮摧毁。大炮失效后，信志山亲自指挥士兵冲锋杀敌。激战中，信志山身先士卒，身负重伤，被人用马驮着送到苏家店附近的张宝山屯，但因伤势过重，流血过多，又无药医治，唯恐连累百姓，而且不愿被俘受辱，信志山遂拔枪自刎身亡。

　　驻扎在公和屯的黄枪会大帅吴国文听到日伪军袭击西宝宝屯的枪声后，立即率领500多会友救援。大队人马一进屯，就和日伪军展开了白刃战。吴国文手持大刀与日军搏斗，连杀日军10多人，但就在与一个日兵拼大刀时，被旁边的日军用枪击中，不幸为国英勇捐躯。黄枪会二帅张义，海全支头领罗胜云，参谋孙大玉、孙金炎、修刚、邓军，还有为大帅吴国文扛大刀的张震以及会员冯全、孙某、曲传会、陆某、巨宝屯的李姓哥仨、冯万太、汪会山等人都在浴血奋战中英雄牺牲②。住在西宝宝屯的慕家大小子慕景林，也是这次战斗的受害者，由于敌人在追击撤退的黄枪会会员时，他冒失地开门，当场就被敌人用枪打死。

　　此次战斗进行了十几个小时，由于黄枪会只用大刀、长矛以及吃"符"念"咒"的精神胜利法和敌人战斗，根本挡不住敌人的大炮和机枪，几乎全军覆灭。为了保存实力，黄枪会从西宝宝屯纷纷向南山撤退；但日军已用大炮封锁了主要道口，黄枪会又被暗投日军的王勇在撤退的路上带队截击，伤亡更为惨重。铃铛麦河西岸流血殷殷，地皮变色，由西宝宝屯、马忠显大桥以东、以西直到宝山屯、洪家围子、姜家屯，沟里、地里、水里到处都是尸体，黑压压的一片，2000多名黄枪会会友和信志山团士兵战死于疆场。战斗打完后，能认领的尸体都被亲属认走了，能拉20具尸体的大马车总共拉了几十车，最后没人认领的尸体还有400多，附近好心的村民在铃铛麦河河东的夹信子里挖了一个大坑，把400多具尸体都埋了，大家把埋人的地方叫作"万人坑"，以此来昭示后人要记住日本侵略者在桦川土地欠下的这笔血债。

<hr />

①　根据2009年5月6日在长兴村采访村民方国富录音整理，存中共佳木斯市委党史研究室。

②　根据2009年5月6日在东华村采访村民曲百顺、2009年5月11日在会龙村卫东屯采访村民张富国、2009年5月26日在笔架山监狱果树14大队采访退伍老军人吴庆云和5月20日在兴安乡兴四村采访老村干部刘宝海录音整理，存中共佳木斯市委党史研究室。

在马忠显大桥战斗中，以黄枪会为主的抗日队伍虽然失败了，但壮士的鲜血不会白流，无数忠魂凝成了一个血的教训，带着浓厚的封建迷信色彩的自发的抗日队伍是不能最终取得胜利的，必须拿起武器，组织真正的抗日武装，才能彻底消灭日伪军，取得抗日斗争的最后胜利。这次战斗失败后，大部分会友归田务农，在抗日救国会中积极参加抗日活动；另一部分会友参加了抗日游击队和后来的抗联队伍，在抗日战场上继续英勇杀敌。

（佳木斯市抗战损失调研课题组）

（四）三肇惨案

三肇惨案是 1940 年 11 月至 1941 年 3 月间，日本侵略者在三肇地区制造的逮捕屠杀抗日军民的血腥事件。在这次惨案中，被逮捕和屠杀抗日军民数百人。按照中央党史研究室的有关要求，我们在查阅了大量的日伪档案资料、当事人口述资料和专门从事这方面研究专家研究成果的基础上，经过研究考证，形成了三肇惨案专题调研材料。

1940 年秋，东北抗日联军第三路军第十二支队，按照中共北满省委和抗联第三路军总指挥部的指示，深入三肇地区，进行平原游击战，先后袭击丰乐街，攻取肇源城，赫赫战绩震撼了东北大地，使穷凶极恶的日本侵略者惶恐不安。于是，日本侵略者动用大批关东军、伪满宪兵队组成"讨伐"队、"特别搜查班"和"宣抚工作委员会"，杀气腾腾地扑向三肇地区，进行了惨绝人寰的大逮捕、大屠杀，制造了目不忍睹的三肇惨案。

据有关资料记载，制造这场惨案的日、伪军，伪满警察"讨伐队"和日伪机构有 20 多个，其中直接参加的主要有：新京最高法院、新京宪兵司令部、滨江省警务厅、滨江省高等检察厅、哈尔滨高等检察厅、哈尔滨地方检察厅、哈尔滨第四宪兵团、哈尔滨警备队、伪第四教导队四团二营一部、××骑兵三十四团、××日本筑场队、工博队、肇州警察署、双城警察署、阿城警察署 14 个机构。此外，一些军警宪特机构及肇州、肇东、肇源（当时称郭尔罗斯后旗）、安达、青冈、兰西等县分别编成的"特别搜查班"也参与制造了这场惨案。

最先扑向三肇地区的是日伪"讨伐"队和"特别搜查班"。日伪"讨伐"队由日军子安部队、伪军刘兴讨伐队、警察队、"宣抚工作委员会""治安工作指导部"组成，另配备伪宪兵若干，以日军子安部队为主力。日伪"讨伐"队本部及主力设在肇州县城，在肇源、肇东、安达等县的主要街村各设一部，划分责任区，造成各地区相互接应之势。在此兵力部署基础上，日伪开始对抗日联军进行"讨伐"和对三肇、安达地区进行"治安肃政"，其中肇州、肇源为"治安肃正"的重点。

"特别搜查班"最初由滨江省警务厅组织了3个，即：以哈尔滨市警务厅司法科警佐叶永年等5人组成的"尔"字特别搜查班，以双城县警察署警佐白受天等5人组成的双城班，以阿城县警察署警佐肖世光等人组成的阿城班。此外，还有滨江省警务厅特务科长影山（日本人）以下若干人。"特搜班"在滨江省警务厅警务科长山崎（日本人）和滨江省警务厅刑事科长胡进助（日本人）统一指挥下，进行搜捕、审讯活动。特务科长影山担任情报工作，以搞清抗联第十二支队、三肇地区党组织、抗日组织和抗日人员的底细。

1940年11月9日，抗联第十二支队从肇源城撤出不到3个小时，日本关东军便出动百余人，乘3辆汽车，在粮场部队长的率领下开进肇源城。继之，伪滨江省警务厅警务科长山崎、刑事科长胡进助以及郭后旗公署参事官三浦带领"特别搜查班"也开进肇源城。随后城门关闭，内外交通断绝，荷枪实弹的日军带着伪警察，杀气腾腾，挨家逐户地进行搜查。顿时，全城鸡飞狗叫，男躲女藏，一派恐怖气氛。

此间，肇东、肇州以及附近的安达、青冈、兰西等县也编成了"特别搜查班"，开始了搜捕活动。进入肇源城的"特搜班"决定，每日要抓20人。于是在肇源街头天天都有许多市民群众无辜被捕，并受到严刑逼供。

11月9日，"特搜班"将认为是"袭击时的通匪者"19人，用铁丝捆绑着，推上汽车拉到肇源三站松花江江沿李家围子一带。在附近的渔房子抓到了3个渔民凿冰窟窿。冰窟窿凿好后，这些杀人不眨眼的日本侵略者，用刺刀将19名志士塞进冰窟窿①。为了掩盖其罪行，他们把3个凿冰窟窿的渔民也推入江中，其残暴酷虐的情景，惨不忍睹。在此期间，无辜受害者不胜枚举。参加制造三肇惨案的伪肇州县警察署长李在实供称：到肇源的第二天，"我亲自指挥逮捕了150多人，其中有20多由我亲自指挥，在警察署后院砍死了，同时又亲手砍死5人。其余的130人交给日本人"。

此后，日伪军警宪特在整个三肇地区，有组织有计划地进行全面的"大讨伐"、大搜捕。

12月初，滨江省防卫司令部在肇州县公署召开参加这次"大讨伐"、大搜

---

① 肇源县地方志编审委员会办公室编：《肇源县志》，黑龙江人民出版社1985年版，第692页。

捕的各机构首脑会议，由伪军第四军管区主任顾问皆滕大佐部署"治安肃正"工作，并正式成立了"治安肃正指导部"，以肇州县公署西院为办公地点。

"治安肃正指导部"组成后，日本侵略军滨江地区防卫司令大迫少将纠合伪滨江省公署、警务厅、协和会、日伪宪兵机关和伪军，共同在三肇地区进行"治安肃正"。伪协和会、伪滨江省公署和伪滨江省警务厅主要进行地方"肃正"，旨在阻止抗联部队和共产党组织在当地进行活动，对当地居民的抗日思想和行动进行清洗和"宣抚"。伪步兵第二十五团第二营和第四宪兵团一部，配合日本关东军对抗联十二支队进行追击和"讨伐"。于是三肇地区军警密布，特务如麻，无辜被捕和被杀害者比比皆是。据伪满洲国司法部刑事司思想科关于"三肇事件"的情况报告称：满军第四宪兵团，并得到日满军的协助，从1940年11月11日起，"至康德八年（1941年）三月十五日共逮捕了十二支队长徐泽民、参谋长李忠孝、第三十四大队第一中队长艾青山、三肇地区工作员杨宏杰、肇州大庙西屯抗日救国会分会长李明树以及投匪者、救国分会会员、土匪、违法官吏筹292名"①。这是一个公开的数字，而被秘密逮捕和杀害者不计其数。

在大搜捕的同时，"特搜班"和各县警务科组成由日本人主持的审讯班，采用软硬兼施的手段进行审讯。诱骗不灵，就用过电、灌辣椒水（或凉水掺煤油、掺小米）、烧红的铁钩子烙、烟头烧、压杠子、子弹头刮肋骨上附肉、皮鞭抽等惨无人道的酷刑进行逼供。曾任伪滨江省肇州县公署副县长的日本战犯、三肇惨案的参加者岛村三郎在《中国归来的战犯》一书中叙述了一个抗日救国会员妻子的控诉。她控诉道："我的丈夫正仰面朝天被绑在院里的一架梯子上灌凉水。他一边痛苦的喊叫，一边左右摇晃着头，极力不让水灌进嘴里。但那是不可能的，凉水不断地灌进他的肚子。眼看着肚子渐渐地大了起来。我亲眼看着，实在难受得透不过气来。不一会儿，我丈夫就不动了，我用双手捂着脸，不忍看下去。这时，一个凶恶的日本鬼子掰开我的手嚎叫道：'怎么样？要是不招，对你也这样！'这时另一个日本鬼子用皮靴踩在我丈夫的肚子上，噗的一声，水从我丈夫嘴里像喷泉似地喷了出来。'哈哈哈……'瞧热闹的鬼子们一齐大笑起来。一个鬼子突然狠狠地踢我丈夫的脸，这时我丈夫总算缓过一口气来。'怎么样？如果不说，还要让你亲爱的丈夫喝凉水！'鬼子又喊叫起来。在

---

① 《伪司法部刑事司思想科关于三肇事件的情况报告》（1941年6月），载中央档案馆、中国第二历史档案馆、吉林省社会科学院合编：《日本帝国主义侵华档案资料选编·东北历次大惨案》，中华书局1989年版，第342页。

我惊慌地望着我丈夫的时候，我丈夫愤怒地喊道：'不能说，把嘴割开也不能说！'话音未落，两个鬼子扑到我丈夫跟前，用脚端我丈夫的嘴，嘴被踢破，鲜血染红了脸。我丈夫这时又大声喊道：'不要说……即使剩下你一个人也要保护更多的同志！'鬼子像发了疯似地抽打我的丈夫，他再一次昏厥过去。在零下20多度的气温下，我丈夫刚才吐出来的水已经在地面上结了一层冰。这样的刑讯天天都在继续。"这就是日本侵略者所谓"日满亲善""王道乐土"的真实写照。

1941 年 2 月 12 日，伪满洲国司法部制定了"三肇地区共匪事件逮捕处理要领"。决定"对该地区进行根本肃正，从司法方面采取严厉措施，彻底粉碎平原游击运动，用武力镇压排日的狂妄活动"。大量派遣"有才能的检察官"，"到当地去极迅速地完成侦查工作，并实施果断的处置"，"实行必罚、严罚主义"，"特别是对于日本人进行恐怖活动的有关分子，采取严厉的处置措施"。于是，以哈尔滨高等检察厅杉原次长为侦查本部长的 5 名检察官编成侦查班到三肇地区进行侦查审讯。日伪当局下令，不惜一切代价，在"全满各地动员优秀的日系检察官充实之"。接着，检察厅在肇州设置侦查本部，将检察官分成肇州、肇源两个班，分别进行刑讯活动。肇源班于 2 月 17 日开始"侦查审理"，肇州班于 2 月 22 日开始"侦查审理"。他们的"审理"只不过是用刑具对抗日志士进行摧残逼供，然后按照由法院"毫不更改地迅速作出判决"。3 月 19 日将 175 各抗日志士分别判了刑。其中，被处以死刑的 72 人，无期徒刑 40 人。接着，日本侵略者又进行了灭绝人性的集体大屠杀。

（绥化市抗战损失课题调研组）

（五）桦南惨案概述

土龙山乡现位于黑龙江省桦南县境内，伪满时期归依兰县管辖。日伪时期，依兰是日本侵略者移民东北的重点地区。日本关东军为了进行移民，大规模地抢占土地，或以极低廉的价格收买土地，使当地农户面临着生存危机。而关东军强行征地使农村中一些较富裕的户也没能幸免，他们的土地也被作为移民开拓用地全部被征购。这样就逼得这一地区的广大农户无路可走。依兰县第三区区长兼自卫团团长谢文东在农户们的响应下，决定在土龙山举行暴动，以粉碎日本的移民计划。恰好此时日本关东军派人来土龙山搜掠财物，成为暴动的直接导火线。

1934 年 3 月 5 日，土龙山的农民开始武装暴动，并组成东北民众自卫军。暴动的农民解除了伪警署的武装，并对赶来的关东军驻依兰的第十师团第六十三联队的一部分进行了伏击，第六十三联队队长饭冢朝吾当场被打死。关东军参谋长西尾寿造下令对土龙山一带进行大"讨伐"。日军随即派出飞机对土龙山一带狂轰滥炸，并出动大批军队对这一地区的百姓进行大屠杀，制造了一系列血案，统称桦南惨案。

1. 血洗北半截河子

1934 年 3 月 12 日早晨，一支日本骑兵队和弥荣开拓团守备队，以满载日本兵的 3 辆汽车开路，马队紧随其后，带着机关枪、迫击炮向北半截河子杀来。日军先到了后居园屯，一进屯就开始烧杀。屯里有 20 多户人家，在家的人，都被日军用刺刀、机枪杀害了。所有房屋都用火点着。亲历者吴和当时只有 12 岁，家住前居园屯，在院子里望见后居园浓烟滚滚、火海一片，就和屯子里的人逃到前面小门傅家去了。后来他回忆道："日军在后居园屯烧杀后，接着血洗了马青山、崔和、秦奎武、韩国文、王德花（现在的团结村）、兰四先生（现在的曙光农场一分场）等村屯。把村子里人杀光，房屋烧光。尤其血洗韩国文院套时，把附近村屯逃难到他院里的 200 多乡亲们，全部用机枪扫射死。"

韩国文是当时依兰县土龙山区六保六甲甲长，其家有一个很大的院套，院套四角有 4 个炮台。3 月 11 日下午，当地群众听说一支日本骑兵已开往孟家岗，要和那里开拓团的守备队来血洗土龙山，这一带的那小店（现在的八虎力车站）、张麻花、桑殿荣、双汉屯、火烧沟、马青山、刘海楼等 10 个村屯的乡亲们，连夜套上大车，往北半截河子一带跑。当晚大部分群众居住在韩国文院套。韩家院里院外停了 50 多辆大车，车上用炕席搭成棚，棚里还生了炭火盆。因快到二月二了，逃难的人群还想在难中过个龙头节，讨个吉利。家家都利用韩家所有锅灶，轮班煮饺子、蒸干粮。

3 月 12 日晌午刚过，3 辆满载日本兵的汽车在前，马队在后，在屠杀完别的村屯后，又杀气腾腾地向韩家大院开来。手无寸铁的逃难百姓惊慌失措，乱成一团，有的忙着套车逃跑。韩国文见此情形对慌乱的人群喊："大家不要慌，我这院套的 4 个炮台里，有快枪、洋炮、母猪炮等 10 多根，鬼子来到跟前还能抵挡一阵子，一时半会儿是进不来的。"说着就拿起大枪上了东南炮台。马龙江是这次洗劫的幸存者，他回忆道："那时我在东北炮台里，眼见日军的汽车越来越近，只离里把地时炮台里的小伙子们沉不住气了，洋炮、抬杆子呼通！呼通！一齐向日本人开了火。怎奈离太远，没有打中，但日本人也不敢再往前进。他们停下汽车，从车上抬下机关枪，对着逃难的大车扫射起来。这时，几十辆大小不等的马车，长蛇似的从韩国文门前大道向西奔逃，跑到前头的不知是谁家的马车的辕马'打压子'，道路堵住了，所有车辆都堵在横垄。这一来，日本人的机关枪更得把了，'嗒嗒'爆豆似的响着，马被击中倒下了，车上的人在一声声惨叫声中都倒了下去。""韩国文从炮台里撤出来往西北跑去，这时，我看到有两个便衣特务领着两个日本人指着韩国文说些什么，只见一个日本兵跪在地上端枪瞄准，一声枪响，韩国文才跑一里多地，就一头栽倒在高粱川上。住在院外的老左家3口人，除一个小子逃出去了，其余被日本兵用刺刀捅死。这时，日军从望远镜里看见王乃花屯方向来了大排队，才匆匆撤走。"

日军的屠杀，使从韩国文门前到西沟子这6里地的大道上，死尸横躺竖卧，遍地是血。有的老太太和儿媳妇死在一起，有不懂事的小孩还趴在死去妈妈的怀里找奶吃，有的还剩一口气呻吟着。日军在此次洗劫韩家院套中，各村屯来逃难的村民，惨遭杀害的有60余户216人。

不到10个小时的烧杀，日军血洗了北半截河子一带的8个村屯。杀害无辜百姓440余人，烧毁大小房屋200余间，烧毁粮食20余万斤、牲畜约180头。

2. 烧杀五保地区

1934年3月15日，被派往白家沟收敛饭冢等人尸体的日军河野部队，在徐爽屯（现在四合村东2里）附近遭到了民众抗日救国军冯丙辰部的阻击。冯部撤走后，日本兵兽性大发，向屯子里猛烈射击，十几个人被打死。孟大骡子屯（现在的小四合村）的张人贵，正走在路上，被一枪打死。徐振明在屋里坐着，也被机枪打死。日本兵一进屯就烧房子，点柴禾垛。赵延禄的3间房和王学忠的2间房全被烧毁。屯子里火光冲天，哭声一片。

日军烧完徐爽屯，又来到四合屯，一进屯个个拿着火把烧房子。尚春岐整个屯子浓烟滚滚，一片火海。全屯共烧掉70多间房屋，大人孩子都吓跑了。衣服、家具、粮食也全被烧光了。

烧了四合屯，日军又往西直奔白家沟。路过梁喜春院套时，遭到抗日救国军20余人的阻击。救国军撤走后，日本兵就砸开院门，进院就开枪把3位老人打死，然后放火烧了15间房屋和院内的东西。

3. 血洗九里六

伪满时的九里六，分上九里六和下九里六。上九里六是现在桦南县八浪乡九里六屯，下九里六是现桦南县阎家乡老街基南二里多的地方。下九里六东西长3里、南北宽2里，有好几条大街。正街两旁有油坊、粉坊、杂货铺、成衣铺、饭店、皮铺、大车店、磨房、铁匠炉等工商行业门市，当时也是一个热闹的集市。日军血洗九里六后，这里成了一片废墟。

1934年3月10日，九里六的老乡听说日军在北半截河子一带一天就血洗了8个村屯，还要对土龙山全区进行血洗，人们都提心吊胆。后来，一连下了几天大雪，积雪一米多深，道路堵塞，车马难行，人们的心才稍稍放下。可是刚通车的3月19日早8时许，有3辆日军军车从阎家方向开来。看样子是日军的侦察车。当时屯里有驻守的抗日武装，他们把日军停在屯里的两辆汽车打坏了。屯边的那辆车跑回湖南营报信去了。当日下午两时许，日军又开来四五十辆汽车，对九里六进行了大反扑。抗日民众救国军在大排队的掩护下，带领部分老百姓撤出九里六。日军见屯里枪声不响了，乘半夜冲进屯子，他们手拿汽油火把，见房就点，连下屋、猪圈、狗窝、柴草垛都不放过。整个屯子火光冲天，日本兵借着火光，见人就杀，没死的就补捅一刺刀，钻进炕洞的人都被揪出来，用刺刀捅死，躲在草垛里的人被活活烧死。大半夜的血洗，九里六的房子全部烧毁，尸横遍地。

许庆老人回忆说：日军血洗九里六时，他13岁，住在下九里六南2里多地的山坡上的姑姑家。3月19日上午天还挺晴，过午就下起雪来了。大约两点多，他听到汽车声，爬上土墙一看，日军来了48辆汽车，车上架着机关枪、大炮，大约有千把人。不大一会儿，双方就接火了，战斗打得十分激烈，从下午一直打到半夜。后来抗日军撤走了，日军闯进屯子开始烧房子，当时大人哭、小孩叫、猪叫狗咬，牛马在圈里烧得乱叫乱撞，真是令人心惊、惨不忍睹。天刚放亮时，日军开始了大搜查、大追捕，对逃难的群众尾追不放。他们追上逃到东南山根下的28名群众，用草绳子把人一个个捆起来，叫并排跪在地上，然后用机枪都给打死了。接着日本兵又把东山坡的老王家围了起来，老王家是3

间大草房，80来名群众躲在里面，危急时刻，一个老头儿走出屋，想向日军为大家说情，没等他开口，就被日军开枪打死了。屋里人谁也不敢再出来，日军就把门窗封严，用机枪往屋里扫射，然后放火烧了这所房子。事后，房框里只见一大堆烧焦的人骨露着白茬，横躺竖卧，好不凄惨。

李福申老人回忆说：下九里六经过那次大难的人只剩下他一个了。那年他25岁，家住在下九里六屯东头山根底下，日本兵是从西头进来的，听到炮响，他们全家就从东头跑到上九里六，幸未遭杀害。北山根下的老麻家，听到炮响，大人小孩都往外跑，日本兵发现后，用枪把他们都打死了。事后，李富申到现场，看见他家十几岁的小女孩死后手还捂着眼睛，可见，是在恐惧状态中被日军枪杀的。老朱家12口人死得更惨，老人被挑死在炕上，女人抱着孩子被挑死在炕下，男人被挑死在门前，一家12口横躺竖卧在血泊之中。康希久一家7口人，躲进猪圈，也未能逃脱敌人的魔掌，全部被枪杀。梁俊峰一家12口人，也被日军用刀都挑死在屋里，两个20来岁的大姑娘，被他们祸害后也被枪杀。余永录一家躲在萝卜窖里，敌人发现后，用机枪都给突突（扫射）死了。其余人家，除了不在家的没遭到杀害外，没有一个幸免。日军撤走的第二天，李福申等回去收尸，当时看到遍地是死尸，到处是血腥味，尸首能认出来的就单埋了，认不出的就一起埋掉。那时人死得太多了，究竟谁死了，谁伤了是说不清的，但能在敌人屠刀下活过来的人，据李福申等知道有4个，一个是老徐头，嘴巴被子弹从左边穿到右边，算是幸存者；另一个是王贞，他的大腿被打个眼子，当时昏死在血泊中，日军走后，他醒过来逃到河南高家街；再就是老金家娘俩，在炮轰时，他们躲在一条土墙下，尘土把娘俩身上盖了一层，没被日军发现，算是捡了两条性命。

日军在九里六的暴行，据桦南县政协文史办根据当地老户提供的情况和县志记载统计，被日军杀害的群众有600多人，全家灭绝的近一半。烧毁房屋700多间，死伤牲畜100多头（匹），毁掉粮食20多万斤。

在土龙山惨案中，日军先后血洗村屯12个，烧毁70余万斤粮食，死伤牲畜290余头。日军用机枪扫射、刺刀捅、战刀砍头，以及火烧、水溺、严刑拷打等多种手段杀害土龙山地区无辜村民1100多人，这是不能忘记的历史。

（中共中央党史研究室　王树林）

主要参考资料：

1. 郭素美、车霁虹主编：《东北沦陷十四年史丛书·日军暴行·黑龙江卷》，中国大百科全书出版社1995年版。

2. 中国抗日战争史学会、中国人民抗日战争纪念馆编：《日军侵华暴行实录》（一），北京出版社 1995 年版。

3. 中共中央党史研究室科研管理部编：《日军侵华罪行纪实（1931—1945）》，中共党史出版社 1995 年版。

4. 全国政协文史和学习委员会编：《亲历惨案》（1），中国文史出版社 2005 年版。

5. 中国人民政治协商会议黑龙江、辽宁、吉林省委员会文史资料研究委员会：《不能忘记的历史》，黑龙江人民出版社 1985 年版。

（六）"粮谷出荷"给黑龙江人民带来的灾难

日本侵略者处心积虑地侵占中国东北，其主要目的之一是掠夺东北丰富的资源。民国时期中国有 30 个省，其中东北 4 省（辽宁、吉林、黑龙江、热河）最富庶。当时东北 4 省地域广阔，约 100 万平方公里，有居民 2000 万，崇山环峙，河川纵横，物产丰饶。日本帝国主义侵略中国东北的根本目的是使之成为它进一步扩大侵略的战略基地、商品销售和资本输出并获得高额垄断利润的场所、战略物资和工业原料以及农产品的稳定产地。为了最大限度地掠夺东北的粮食，日本侵略者采取了"粮谷出荷"手段，东北大量的粮食被掠夺。按照中央党史研究室的有关要求，我们对日军侵占黑龙江地区期间疯狂地对粮食进行掠夺、强制推行"粮谷出荷"情况进行了专题调研，依据大量的历史资料和口述资料，经过研究和考证，形成了《"粮谷出荷"给黑龙江人民带来的灾难》专题调研报告。

1. 日军侵占初期对粮食的掠夺

日本侵略者侵占黑龙江地区初期就开始对粮食进行掠夺。但为稳定统治局势并能专注于政治、军事侵略活动，日军获取农产品是通过一般的商业贸易和集送手段进行的。中国民族资本粮食业尚可自由经营，境内有 268 家粮栈、132家火磨、386 家油坊都还有利可图。随着日本侵略者军事势力的推进，日商大量涌入黑龙江地区，日满、三井、三泰等会社依仗殖民政策对中国民族资本粮食企业进行大规模兼并和收买，同时逐步由哈尔滨市向外市、县扩张，致使民族资本粮商每况愈下。

日本侵略者侵占黑龙江初期，在哈尔滨等处交易市场上进行所谓期粮买卖。

这种期粮交易分近期、中期和远期。近期即限 1 个月交粮；中期，限 2 个月交粮；远期，限 3 个月交粮。三井等会社根据伦敦市场商情，在交易市场作粮食交易。为了使日商垄断粮食市场，1935 年 12 月，日伪当局制订并公布了商业登记法。实业部以登记许可为名，取消了各地 100 多家粮栈，仅许可三井出资的哈尔滨三泰粮栈成立股份公司，在各交易市场上设立粮栈，收购粮谷。其余 20 多家粮栈，虽然许可存在，但是在营业上加以严格的限制。这使三井等日商垄断交易市场，他们可以任意压低农民生产的粮价，从中牟取暴利。

1937 年 7 月 7 日，日本帝国主义发动了全面侵华战争。侵略战争的扩大，使日本的生产和生活资料日趋紧张。日伪当局为满足其军事需要，实行战时经济体制，执行《满洲产业开发五年计划》，采取"统制经济一元化"的方针，加紧对各行各业进行经济统制。为了加强粮食掠夺，日伪当局发布了一系列法律规定，1938 年 8 月 22 日，公布了《米谷管理制度要纲》；11 月 22 日公布了《米谷管理法》，设立了满洲粮谷会社，统制稻米的生产和价格调整。其目的是增加东北稻米产量，把廉价的稻米输往日本[①]。1939 年 10 月 17 日，公布了《主要特产物专管法》，开始由伪满洲特产专管公司及各省公司垄断大豆、苏子、大麻子等油料产品的收购；11 月 2 日，公布了《主要粮谷统制法》，对高粱（包括高粱米）、玉米、谷子（包括小米）进行"统制"，指定省、县（旗）粮谷股份公司统一进行征收及输出；11 月 7 日在公布《小麦及制粉业统制法》的同时，还设置了满洲谷粉管理股份公司，规定统一由该公司低价征收小麦。这些法律规定，加强了对东北粮食的统制，以伪满洲国法律手段为日本侵略者掠夺粮食提供了方便。

2. "粮谷出荷"政策的出台

随着日本侵略战争的持久和扩大，商业贸易手段已不能满足日本侵略者的粮食需求，日本侵略者为加强粮食掠夺，实现东北为"大东亚粮谷兵站基地"的目的，将粮食收购由严格"统制"变为强制收购，以残酷的手段推行"粮谷出荷"政策，强迫农民售粮。

---

① 《古海忠之笔供》(1954 年 6 月 13 日)，载中央档案馆、中国第二历史档案馆、吉林省社会科学院合编：《日本帝国主义侵华档案资料选编·东北经济掠夺》，中华书局 1991 年版，第 5 页。

"出荷"是日语，意为出售。"粮谷出荷"即每年年初，各地统治机构与农民强行签订所谓"出荷"契约，规定最高的"出荷"量，秋后不管收成如何，强迫如数售粮。

从 1939 年 10 月开始日伪当局便对"粮谷出荷"进行布置。原伪满洲国民生部大臣金名世供称：伪满政府从 1939 年起，实行了全面的经济统制，对东北人民加紧了压榨。其中危害人民最厉害的就是公布《粮谷统制法》，夺取农民的农产物。伪满政府根据粮谷统制法，开始实施"粮谷出荷"，直接向农民要粮。该年规定的"粮谷出荷"总数是 500 万吨，因着手较晚，大部分粮谷都被日本垄断资本三井、三菱所收买。所以，"粮谷出荷"的第一年，所收购的粮谷大约 260 万吨，没有完成任务①。

据原伪龙江省省长黄富供称：1939 年 10 月，我到任不久，伪满便开始布置"粮谷出荷"。那时候，"粮谷出荷"还没有一套具体做法，因此，省实业厅通令各县，禁止农民自由买卖粮食，要把粮食卖给政府设立的交易市场。当时在白城、讷河、龙江、洮南 4 县建立起粮食交易市场，其他 9 县则临时指定了交易市场。由于实行的时间已经是 12 月份了，所以，这一年只收买了 18 万吨。也就是说这时"粮谷出荷"刚开始，收效并不大。

为了强制执行"粮谷出荷"政策，大肆掠夺粮食，1940 年 3 月，日伪当局召开了伪省长会议，规定了各省的"出荷"任务，严令必须完成"出荷量"。3 月 10 日，日伪当局公布了《促进出荷统制令》，8 月 29 日公布了《农产品交易场法》，规定了农产物交易场由市县或旗开设，令兴农合作社或开拓协同组合联合会施设经营②。9 月 30 日公布了《粮谷管理法》，规定农产物生产人或取得人不得在农产物交易场或由地方行政官署指定场所以外场所买卖农产物③。日伪还将特产公社、粮谷会社和粮面管理会社合并，组成农产公社，统一管理原有 3 家的业务，同时与地方行政机关和兴农合作社农产品市场结成一条纽带，统制粮食、饲料、油料、油脂及其制成品，成为综合性统制机构。这些统制法实际上是严禁粮食生产者进行市场交易，逼迫农民将生产的粮食"出荷"给日伪统治者，为扩大战争和日本及殖民地所用。

---

① 《金名世证词》（1954 年 11 月 11 日），载中央档案馆、中国第二历史档案馆、吉林省社会科学院合编：《日本帝国主义侵华档案资料选编·东北经济掠夺》，中华书局 1991 年版，第 545 页。

② 《〈农产物交易法〉摘录》（1940 年 8 月 29 日），载中央档案馆、中国第二历史档案馆、吉林省社会科学院合编：《日本帝国主义侵华档案资料选编·东北经济掠夺》，中华书局 1991 年版，第 516 页。

③ 《〈粮谷管理法〉摘录》1940 年 9 月 30 日，载中央档案馆、中国第二历史档案馆、吉林省社会科学院合编：《日本帝国主义侵华档案资料选编·东北经济掠夺》，中华书局 1991 年版，第 518 页。

日伪当局开始强制征收粮食，推行"粮谷出荷"政策时，对"出荷"量作了规定，一般是：大田 1 坰下等地"出荷"5 斗，中等地 8 斗至 1 石，上等地 1 石 2 斗至 1 石 3 斗 5 升；水田 1 坰头等地"出荷"9 石，2 等地 8 石，3 等地 7 石。但是有的地主和"满拓"土地经理人直接替佃户管理"出荷"（由他们代交"出荷"粮），以独吞"配给品"。所以"出荷粮"大部分摊派到贫苦农民身上。如宝清县青山区西五甲屯地主李士玉，种一等地 120 坰，只报 7 坰，把头等地报为 3 等地，年应交"出荷粮"162 石（容量单位，1 石等于 10 斗，等于 100 升，约 250 公斤），实际只交 3.5 石。统制经济 5 年，地主李士玉少交"出荷"粮 792.5 石，将这些少交的数量摊给贫苦佃户和少数自耕农。

日伪当局进行"粮谷出荷"打着"出价收买"的招牌，而实际所出的收买价格极低，农民得到的收入很少。对"出荷粮"，日伪统治者最初曾预付很少的价款（每百公斤 1 元），1940 年，黑龙江地区"出荷"100 公斤大豆仅给 17 元（伪满中央银行币），而 100 公斤大豆按当时市价可卖 200 元，相差 11 倍。太平洋战争爆发以后，日伪当局加紧搜荷（征购），从中央到地方，层层摊派，不论农民有无现粮，一律强制交纳，而且基本上不再付款。"粮谷出荷"实际上是对东北人民进行经济剥削的农业税收。以 1943 年为例，黑龙江地区"出荷"量占总产量的 49.1%，1944 年达到 69.7%。农民一年血汗几乎有一半以上被强迫"出荷"，剩下的还要用于种子、饲料和交租，口粮所余无几。在"粮谷出荷"的无情征收之下，黑龙江人民蒙受了深重灾难。

3. "粮谷出荷"的强制推行

"粮谷出荷"政策出台以后，日伪统治者便采取各种强制手段实施，使黑龙江地区大量的粮食被掠夺。

各地强制推行"粮谷出荷"政策的主要是兴农合作社。兴农合作社由金融合作社和农事合作社合并而成，名义上是帮助进行生产的农民组织，其职能是发放农业贷款、分配改良种子、指导栽培、兴办共同设施，经营粮食交易市场等，实际上兴农合作社是从伪满洲国中央到地方的村都建立起来的经济统制组织，以其来控制农村经济，有组织地掠夺农产品。

据 1940 年 4 月伪满兴农合作社中央会社《统计年报》记载，伪满兴农合作社在黑龙江地区建立征收"出荷粮"机构的县旗有：龙江省的讷河、富裕、龙江、泰来、林甸、甘南、泰康（今杜蒙自治县）7个县；北安省的克山、依安、拜泉、绥化、海伦、明水、克东、望奎、庆城（今庆安）、北安、嫩江、德都12个县；三江省的桦川、依兰、富锦、勃利、方正5个县；东安省的宝清县；牡丹江省的宁安、穆棱两县和滨江省的兰西、巴彦、阿城、呼兰、双城、青冈、宾县、肇东、肇州、延寿、木兰、五常、郭尔罗斯后旗（今肇源）、安达14个县，共41处。这些县旗兴农合作社主要办理"出荷粮"开票、检斤、结算，提供情报，供给数据，征收手续费，有的还配合伪军、警、宪、特翻箱倒柜，殴打农民，抢掠粮食①。1940年，黑龙江地区"出荷"量为199.4万吨，"出荷粮"数量占东北地区（共征收"出荷粮"472.4万吨）的42.2%。

日本侵略者为最大限度地掠夺粮食，通过"出荷"搜刮的粮食逐年增加，掠夺的手段不断强化。1941年7月14日，伪满当局又公布《满洲农产公社法》，将原有的粮谷、谷粉管理、特产物专管3个公司合并为统一的"统制"机构——满洲农产公社，并在各市、县（旗）设立了粮栈组合，健全了粮谷统制网络，进行强制征收。同时，伪满当局还采取了欺骗的手段收购粮食，实行所谓"奖励金制"和"先钱制度"，即每百公斤预付粮款1元，与农民签订"出荷"契约，规定最高的"出荷"量，不管秋季收成如何，都要强迫农民如数交粮。1941年11月，为普遍实施"粮谷出荷"政策，伪满当局先后召开伪省长、县长会议。会上，日本总务长官提出要加强以武力强迫征收"出荷粮"，实行所谓"总力集结体制"。

1941年12月，日军偷袭美军的主要海空军基地珍珠港，太平洋战争爆发。为了满足扩大战争的需要，日本侵略者更加严厉地推行"粮谷出荷"政策。1942年，伪满当局提出：按"决战下绝对需要之数量"进行"出荷"。年末，伪满政府召开各省次长、副县长、兴农合作社的代表及日本人地方官吏会议，讨论增加"出荷"粮谷对策。随后各省、县设立"农产物增产出荷完遂本部"，逐村屯掠夺粮食，实行所谓"总力集结体制"。当年，日本侵略者在黑龙江地区征收"出荷粮"255.2万吨，占东北地区"出荷粮"总数量的604.8万吨的42.2%；比1941年多收23.3万吨，增加10%。1943年，日伪当局征收"出荷粮"范围又进一步扩大，在9月的伪省长会议上，提出黑龙江地区"决战必胜，增产必成"的口号，树立"搜货万全体制"加强督励队作用，完善"出荷粮"表报手续，确保"出荷粮"分配数量，进一步确立"搜荷强力体制"。不管年

---

① 张继民主编：《黑龙江省志·粮食志》，黑龙江人民出版社1994年版，第28页。

成丰歉，摊派的"出荷粮"任务必须完成。在黑龙江地区 70 个有"出荷粮"任务的县、旗中，征收 15 万吨以上的县有龙江、讷河、海伦、依安、双城 5 个；征收 10 万吨以上的县有拜泉、克山、呼兰、肇东、绥化、巴彦、肇州 7 个县；征收 5 万吨以上的县有望奎、宾县、青冈、五常、泰来、明水、甘南、依兰、兰西、安达、延寿、肇源、庆安 13 个县；征收 4 万吨以上的有富锦、桦川、阿城、木兰、宁安、林甸和克东 7 个县；征收 4 万吨以下的还有 38 个县旗。征收的品种由上年的 3 个（大豆、小麦、高粱）增加到 8 个（大豆、小麦、高粱、大米、玉米、小麻子、苏子、谷子）。为了多征收"出荷粮"，日伪当局在"出荷"前面加上"增产"二字，称"增产出荷"。1943 年伪滨江省粮谷"出荷成绩"压倒其他各省。到 1 月 18 日即完成 90.5%，伪省"出荷"本部长（即伪省长）与次长日本人中岛为向上级讨功，亲自赴各县、市、旗督促，采取搜粮、捕人、烧房的政策，不论口粮、种子、饲料，全部交"出荷粮"，月底完成 100%。这一年，黑龙江地区"出荷"量达到 323.6 万吨，比上年增加 26.7%，占东北地区"出荷粮"总量（746.5 万吨）的 43.3%，"出荷"率一般均在 40% 以上。伪北安省则高达 53.5%。1944 年，伪满统治当局更加紧搜刮、掠夺粮食。这一年，各级"出荷督励班"纷纷出动，夜以继日地逼迫广大农民送交"出荷粮"，挨家挨户进行搜查。1944 年，黑龙江地区搜刮的"出荷粮"446.3 万吨，比上年增加 37.9%，出荷率高达 69.7%，占东北地区出荷粮总量（892.6 万吨）的 50%。而当时黑龙江地区全境平均亩产只有 50.5 公斤，农民还要向地主交 4 成"租粮"，再加地主、官吏把官府的各种税赋强加在农民身上，因而农民不堪重负，生计难以维持。

据不完全统计，从 1940 年至 1944 年的 5 年间，日本侵略者从黑龙江地区征收的"出荷粮"达 1456.4 万吨，占东北地区"出荷粮"总数（3266 万吨）的 44.6%。日伪当局将所搜到的粮食，大部分用于军需和运回日本国内，并且其数量逐年增加。伪满政府每年以最低的价格，把东北农民生产的粮谷掠夺到手，然后再按照物动计划分别运往日本、朝鲜、关东州和华北等处，每年有 300 万吨以上[①]。1942 年运到日本国 220 万吨；1943 年 250 万吨；1944 年 270 万吨；1945 年 8 月前运到日本 300 万吨。不到 4 年共从东北掠夺粮食运到日本国内就达 1040 万吨，占东北地区"出荷粮"总数的 28.4%。

---

① 《金名世证词》（1954 年 11 月 11 日），载中央档案馆、中国第二历史档案馆、吉林省社会科学院合编：《日本帝国主义侵华档案资料选编·东北经济掠夺》，中华书局 1991 年版，第 545 页。

4. 强制"粮谷出荷"给农民带来的灾难

日本侵略者在东北农村实行"粮谷出荷"制度，给黑龙江农民带来了极大的灾难。

日伪当局在黑龙江地区"出荷"量逐年提高，掠夺的粮食一年比一年增加。1941 年"出荷粮"为 231.3 万吨，比 1940 年增加 31.9 万吨，增加率为16.0%；1942 年比 1941 年增加 23.9 万吨，增加率为 10%；1943 年比 1942 年增加 68.4 万吨，增加率为 26.8%；1944 年比 1943 年增加 122.7 万吨，增加率为 37.9%。这 5 年共征收"出荷粮"1456.4 万吨，占同期粮食总产的 47.4%，其中最高年份达 69.7%。如此大的"出荷"量使广大农民很难承担，而日伪当局对完不成"出荷粮"的农民翻箱倒柜进行搜查，用酷刑折磨，硬逼着农民交粮。由于当时在殖民统治下，商品粮生产极不发达，而"出荷粮"多、比例大，再加上农业税、地租粮，口粮所剩无几，农民过着"半年糠菜半年粮"的生活。不甘受奴役的农民，采取少报产量，拖欠"出荷"，外逃躲避等方式进行反抗，遭到伪满当局残酷镇压，被伪满警察毒打致死和被逼自杀的事件时有发生。

1940 年秋，伪延寿县公署为了督促农民交"出荷粮"，由伪县长、伪副县长担任总指挥官，县协和会、兴农合作社等有关部门参加，编制 5 个督励班，每班又分成 4 个分班，每一分班调查一个村"先钱契约"的执行情况，对不能如数完成的屯或户，翻箱倒柜，甚至挖坟掘墓，一旦发现粮食，就从重处罚。阿城县伪县公署扩大充实经济警察人员，组成"农产物粮谷出荷取缔游动班"，分区域对各交通要道口设卡巡查，禁止农民自由买卖粮食。运销粮食者，一经发现，即遭缉捕，监禁定罪。讷河县在督励班的催逼下，实际"出荷"量高达151983 吨，占当年粮食总产量的 75% 以上。双城县 1941 年 12 月中旬，一天只征收"出荷粮"100 大车。督励班来到后采取严厉措施，加紧强行收粮，1942年 1 月 31 日至 2 月 1 日两天就征收到 2500 大车。3 日又达到 3000 多大车。

《滨江日报》1942 年 2 月 4 日报道披露，所谓"有恶质农人"（农民百姓）隐匿粮谷之事实多数发现。其隐匿场所，主要有柜子、棺材、天井、菜窖、洁物瓮、高粱及苞米秆垛中和庙内等处。据伪满警务部门统计，1942 年 10 月 1 日至翌年 3 月末，全东北被检举的抗"出荷"案件就有 55992 件，没收农民粮食

6360 吨。方正县还发布命令，凡私藏粮者，一律与暗藏子弹同样论罪。

当时的产粮大县绥化由于强征"出荷粮"，农民也变得一贫如洗。1943 年 3 月，伪满协和会绥化县本部职员长濑治（日本人）、吴泰辰对绥化县西北部呼兰河沿岸 4 个村进行调查，调查报告中作了如下悲惨的记载："中央堡屯，该屯牌长郑兴有地 30 垧，耕种 15 垧，其中 10 垧因水灾几无收成。责任出荷量 10900 公斤，已出荷 6000 公斤，驻在员还要求追加，郑兴有不得不把吃粮、种子全都拿出来，进行应付。另外，该屯驻在员还威吓说，如不出荷就要殴打。可是因为全部耕地都受了水灾，一粒粮食也无法出荷者不在少数。""太平村张海屯，该屯不种地的董家，连续 3 天没有吃的，向各家要土豆，维持一家 6 口的生活。其次，访问屯内靠打零工而谋生者，他们自然没有小米、高粱米，吃的是从田地里搜来的剩菜叶，穿的是破如渔网的衣服。有一个妇女身上竟然裹着破麻袋。还有一家 3 个孩子饥饿得起不来，躺在炕上手捧野菜吞食。炕上没有席子，用蒲包做成裤子穿。""中央堡屯，刘家的妻子，新生的婴儿饥得哭号不停，妻子也瘦弱不堪，刘家无奈决心全家自杀，正在此时，村里的驻在所员给了 6 元钱。刘某拿这点钱到永安用私价买了点包米面回来给妻子熬了点粥喝。"[①] 在强行"粮谷出荷"下，被掠夺得连一粒粮食都没有的人何止是这些。

伪绥化县公署为了支援所谓"圣战"，实施《决战搜荷方策要纲》。"绥化县粮谷搜荷督励本部"成立，由伪县长张迎春任本部长，副县长浅子英（日本人）任副本部长，下有日军驻绥化守备队小队长、伪县协和会长、县各科科长、警察署署长、兴农合作社理事长以及商工会长等人参加。县督励本部人员直接参加组织各街、村成立"粮谷搜荷督励工作班"，与警察分署、派出所以及各粮栈等结合，强迫农民按期交出粮食。各街、村粮谷出荷督励班的头头都是由效忠于日本人的汉奸担任。当时绥化县催粮谷的有个叫栾传大的，出门骑着马，手拿大马棒，搜粮谷时，谁要说没粮，除了打骂就是封糊灶炕门、堵烟囱，把农民过春节蒸的黏豆包都给搜去，逼着农民把剩下的一点口粮全部交出才算了事，农民对栾恨之入骨。绥化县津河村要"出荷粮"最紧，农民也最苦。更甚者就是寺庙道士出外化缘化来的一点粮食也要拿出来"出荷"。龙山村（今长发镇）碾子、磨都被封上，豆腐坊也被关门。群众如要私自动用碾子、磨，就得给伪警察送礼。当时在群众中流传这样的民谣："碾子不让推，磨子不让转，

---

① 满铁调查部：《满洲产业统制政策的变化和特殊会社的特点》（1940 年 3 月），载中央档案馆、中国第二历史档案馆、吉林省社会科学院合编：《日本帝国主义侵华档案资料选编·东北经济掠夺》，中华书局 1991 年版，第 567—572 页。

青龙（碾）白虎（磨）遭了难。要想让它转，先给警察送鸡蛋。"

1943 年，庆安县巨源泡村遭受严重雹灾，农民根本无力完成出荷任务，伪村长刘振华为讨好日本主子，在会上硬说是丰收了，保证按时完成出荷任务。日本主子当即表扬了他，并要与会各伪村长以刘为样子，提前或按期完成任务。刘振华回村后，带两个得力的打手丛大巴掌和何大棒子，走到哪里打到哪里。穷棒子岗屯李少卿藏点种子，被何大棒子发现了，当即被打得鼻青脸肿，无奈马上装车送粮。因灾情太重，多数农民完不成出荷任务，连过年蒸的黏干粮都顶任务送出去了。年关时，丛大巴掌把出荷拖欠户集中到一起互相对打（当时叫协和嘴巴），硬逼着完成尾欠数。前高家屯高常宝、樊崇德等人因交不上尾欠粮，被何大棒子等人打得跪在地上口吐鲜血。丛大巴掌将岳家屯的张洪楼以及本屯的几家没粮户抓到村公所，用皮带抽、刀背砍，打得村民个个头破血流、伤痕累累。西梁家屯催粮员程打爹（程宝中）一进入征粮期，在他的管境内，碾、磨全部封死不准转动。到田家村的催粮员毛琪，在催粮高潮期，看谁家的烟囱冒烟，就到谁家逼粮。家家为了避免灾祸临头，宁肯饿着也不敢生火做饭。胡家店村的催粮员高乔，因逼粮手段狠毒，打人多，被伪县公署授"八甲模范催粮员"。历年催粮的收尾阶段，为搜净农民粮食，各个村都组成搜荷队，深入各村进行搜查。搜荷队如狼似虎，手拿探子、铁锹等工具，一进屯便挨家逐户，屋里屋外，棚上地下，村里村外，草垛柴堆，雪地土坑，甚至野外坟地都探测到了。一旦在谁家翻出粮来，谁就要被抓到村上，遭受毒刑拷打。欢胜乡苗家沟村牟有志交不上尾欠粮，因搜荷队在他家翻出点粮来，被绑到村公所严刑拷打，灌辣椒水，放回数日后死去。

1943 年冬季，讷河县福民村福利屯，来了 40 多名蒙族骑兵队，他们在屯长家门前不仅挂上粮食收购督励工作队的旗子，而且还挂上喇叭，以此制造农民交"出荷粮"的声势。他们要求农民把藏的粮食全找出来，把种子、口粮、饲料全交出来，然后由村长向县里申请种子、口粮，县里统一分配，以此用来欺骗农民交"出荷粮"。许多农民哭着说："如果把粮食都没收了，家里就没吃的了。"督励队搜查了这个屯的王兆信、黄凤明、徐文、乐惠春、黄万海、孙广和、曲广铎等 7 个农民的家，翻出燕麦、小麦、苞米、大豆、黄米、小米、高粱米和饭豆共 27 石 6 斗 8 升，致使福利屯的农民无法安排生活。1943 年望奎县因"出荷粮"过多，农民口粮奇缺，无法生存，"山头村 5 家 30 多口人从 5 月 10 日吃大烟或跳井自杀未遂"。

日本侵略者通过"粮谷出荷"掠夺粮食，不仅造成广大农村粮食奇缺，而且迫使大批农民破产。在黑龙江农村，除地主富农、较富裕的中农尚能继续从事生产外，大部分农户都相继破产或近于破产。为了活下去，他们只能吃糠咽菜，啼饥号寒，艰难度日。

（绥化市抗战损失课题调研组）

（七）日本侵略者对鹤岗煤炭资源的破坏和掠夺

鹤岗煤矿是一座具有近百年历史的老矿山，地下蕴藏着近 30 亿吨的煤炭资源，年产量 1400 多万吨，是全国重点煤炭生产基地之一。为了让后人了解日本侵略者对鹤岗煤炭资源的破坏和掠夺，我们按照中央和省委党史研究室《关于抗战时期人口伤亡和财产损失调查》的要求，在查阅大量历史资料，走访诸多日伪时期曾在鹤岗工作过的老矿工及懂煤炭开采的技术人员基础上，将日伪时期日本侵略者践踏鹤岗矿山，对其丰富的煤炭资源进行疯狂破坏和掠夺的情况整理如下：

1. 九一八事变前鹤岗煤矿状况

鹤岗煤矿原由鹤岗煤矿股份有限公司（也称鹤立岗煤矿公司）经营，日伪时期由鹤岗炭矿株式会社（也称鹤岗炭矿）经营。据民国时期的《上海新闻报》《民国日报》《商工日报》和《鹤岗煤矿史料》记载：1914 年，当地农民曹凤阳在今鹤岗矿务局岭北煤矿南采区与南翼邻近处开荒种地，发现了煤苗，于是就把此事告诉给鹤立镇测地委员沈松年。1917 年，沈松年与当地绅士孙丙午获得了开采权。1918 年，两人集资 15 万元①成立了兴华煤矿公司。该公司是完全由中国人开办的煤炭公司。当时，因煤矿规模小，公司只有 50 余人。1920年 1 月，鹤岗煤矿由商办改为官商合办，公司改为鹤岗煤矿股份有限公司。公司相继购入部分机器，生产规模稍有扩大。1923 年 7 月，由于资金不足，运输不便等原因，公司终止采煤。1924 年，北京农商地质调查所技师谭锡畴来矿山进行详细调查，认为煤质、煤量均有开采价值，他在北平农商部地质调查所刊行的《地质汇报》上以"黑龙江汤原县鹤立岗煤田地质矿产"为题论述了鹤岗煤矿的煤质、储量以及存在的问题和建议，得到了黑龙江督军吴俊升的支持。

---

① 本文所涉及货币，币种均不详。特此说明。

在吴俊升的运筹下，人们在鹤岗煤矿到煤的输出口岸——莲江口铺设了一条55.6公里的运煤铁路，1926年7月竣工通车，定为鹤岗铁路。通车后，煤炭扩大了销路，产量猛增，机械设备不断增加，辅助设施相继加强，鹤岗煤矿先后成立了矿灯厂、翻砂厂、木工厂、机械厂、钳工厂、铁工厂等，煤炭生产规模逐步扩大。1929年，鹤岗煤矿股份有限公司改组，在哈尔滨设立了总公司，在莲江口设立了矿山事务所，在鹤岗矿山设立了驻矿事务所。股东张学良的夫人于凤至等人一次就投资60万元，购置了机船、拖船，促进了煤炭运销，使鹤岗煤炭销至华北各地，工人也增加到2万人。当时，煤矿工人不仅能按时开支，而且平均日工资一元左右，运煤夫每日可得二三元工资，当时每月伙食只有四五元钱，因公死亡抚恤金100元，煤矿工人的生活还过得去①。

2. 鹤岗矿山沦陷

1931年，日本帝国主义发动九一八事变，蒋介石采取不抵抗政策，日本侵略军由南满疯狂地向北满逼近。距佳木斯百余里地的鹤岗矿山也人心惶惶，整个矿山处于半停产状态，产量急剧下降，运销也非常困难，矿工纷纷逃散（满总巡视员关于下江工运报告中记载，当时鹤岗煤矿只有1000余人）。据当时鹤岗煤矿事务所所长郭忠回忆：1932年8月11日早8点左右，由日军三十三旅团中村少将率领步、骑、炮3个兵种3000余人，从莲江口西煤场乘5节用麻袋装土堆成工事的平板列车，沿铁路线向鹤岗矿山进攻。日军侵占鹤岗矿山后的第二天就将大部分军队撤走了，只有一个中队百十来人留守鹤岗矿山，驻扎在现新街基南大营一带，日本大队本部设在鹤立镇。从此，鹤岗矿山沦陷。

1932年12月，在日本侵略者的授意下，伪满政府实业部派一名叫高木的日本调查员到哈尔滨调查，并任李叔平为鹤岗煤矿股份有限公司专务董事，赵颉第为常务董事，接管了鹤岗煤矿股份有限公司，同时以逆产名义没收了张学良夫人于凤至等人的180万元的股份归满洲政府，将原广信公司的股份转为江字支行（即满洲国的中央银行分支机构）所有。至此，鹤岗煤矿股份有限公司股权大部分被伪满洲国政府接收，实际上，鹤岗煤矿已不折不扣地落入日本侵

① 《满洲总工会巡视员××关于下江工人斗争情形的报告》（1933年7月15日），载中央档案馆、辽宁省档案馆、吉林省档案馆、黑龙江省档案馆编：《东北地区革命历史文件汇集》甲14，1988年，第364页。

略者手中，鹤岗煤矿成为日本侵略者掠夺中国煤炭资源的基地。

　　1933 年八九月间，日本侵略者为了尽快恢复煤炭生产，多出煤炭以满足侵略战争的需要，派日本人诹访好太郎、森田太郎作为采煤技师、技师长来到鹤岗矿山，并重新组建了驻矿事务所，委任郭忠为驻矿事务所所长。1934 年 5 月，满炭株式会社成立，鹤岗煤矿股份有限公司改由伪满政府与满炭株式会社合资经营，伪满政府的股份占 20%，满炭股份占 80%。随之，日本侵略者逐渐将日本人派到鹤岗矿山。到 1936 年，鹤岗矿山的管理部门有 70% 是日本人，各部门被日本人所控制。

　　1937 年，伪满政府将鹤岗煤矿公司股份转让给满炭，并将驻矿事务所改为满炭株式会社鹤岗矿业所，炭矿长先后由永原岩雄、渡边三郎、白泽巴担任，次长由金井健吉担任。同年，以日本人鲇川义为首的日产事业集团组建的满洲重工业开发株式会社（简称满业）接管了东北重工业的全部股本，东北煤矿股本划归满业。1943 年 3 月，满业投资 1.7 亿元，成立了鹤岗炭矿株式会社。满业总裁高崎达之助任取缔役会长（董事长），兴耜友兼任专务取缔役（董事），田边实任常务取缔役（常务董事）。这样周折几次，日本侵略者终于让鹤岗煤矿脱离满炭独立，成为日本人完全垄断的矿山。

3. 日本侵略者对鹤岗煤矿资源的疯狂掠夺

　　日本侵略者侵占鹤岗矿山后，为了多出煤炭，满足侵略战争的需要，不顾矿工的死活，不计资源损失，采取广开井口，多设采煤工作面，加大矿工的劳动强度，延长劳动时间，"以人换煤"的掠夺式开采政策，同时，改变鹤岗煤矿过去的采煤方法，以露天开采为主变以井下开采为主，并陆续增加机械设备，使煤炭产量不断增长，成为满炭系统四大煤矿之一。

　　（1）日本侵略者对矿山的疯狂开发

　　1）大力开发露天、斜井

　　据《全国矿局沿革》（此件存中央档案馆）记载：1933 年 11 月，日本侵略者在兴山五层露天内开凿了鹤岗煤矿第一口斜井，接着又开发了兴山南二层露天。1935 年，为了扩充采煤场所，满铁地质调查所对鹤岗煤田状况进行了详细的调查，并写出《鹤岗煤田调查报告》。此后，鹤岗煤矿就开始了大规模的开发建设。1936 年，日本侵略者开发东山煤矿。1937 年先后成立了东山开发事务所和兴山采炭所。他们增加资本投入，逐步更新机械和改善技术设备，竭尽全力开发了东山一、二两处露天。开凿了兴山第一（四、五、六层）、第二（五层）、第三（五层）眼斜井。1938 年，成立了南岗开发事务所，开凿了第一（三、四、五、六层）、第二（七、八层）、第三（上一、上二层）3 个井口及三坑东西两处小露天。同时，开凿了东山一、二、三斜井。1939 年，东山、南岗开发事务所改为东山、南岗采炭所。东山一、二、三斜井正式开采，并成立了大岭开发所。1940 年 4 月，满铁调查班对鹤岗煤矿进行了更加详细的调查，并根据鹤岗煤矿地下煤层赋存状态、埋藏量、煤质情况写出了《满洲重要炭矿调查报告》，对鹤岗煤矿的开发计划进行详细的说明。从此，日本侵略者更加疯狂地开发鹤岗矿山，同年开凿了 6 处斜井。到 1941 年，掠夺煤炭场所已扩充为兴山、东山、南岗 3 个采煤所和大岭、陆镜、兴安 3 个开发事务所。1942 年，开发兴山二坑。1943 年，满炭鹤岗矿业所改为鹤岗炭矿株式会社后，日本侵略者投资 1.7 亿元（伪币）扩大了煤炭生产规模，并成立了专门负责露天采煤机构——石头采炭所。1944 年，日本侵略者为了进一步加紧对鹤岗煤炭资源的掠夺，又投资 2.5 亿元（伪币）作为兴安煤矿的开发经费，着手开发兴安矿区。至此，鹤岗煤矿共有 5 个采炭所，2 个开发所，33 个斜井，大小露天矿井 10 个，近 500 个采煤工作面。

其中，兴山采炭所是九一八事变前进行作业的采煤区。九一八事变以后，日本侵略者把兴山作为以井下采掘为主的采煤区，主要有一、二、三、五坑 4 个斜井；东山采炭所以露天开采为主，主要有一、二、三坑；南岗采炭所是井下采掘，主要有一、二、三坑三处斜井及一些小规模的露天坑；石头采炭所除了两处露天坑外，主要还有一、二坑两个斜井；陆镜采炭所主要有一、二、三、六坑四处斜井；兴安开发事务所有两处斜井，由于煤质和煤量比较好，日本侵略者把此处作为矿区开发重点；大岭开发所主要是井下采煤。

2）大上煤矿主要动力——电

1935 年 7 月，南满电业股份有限公司投资 36700 元（伪币）开始修建鹤岗发电所，1936 年 8 月，容量为 1500 千瓦的一号发电机安装就绪交付使用。同时，鹤岗至佳木斯的 76 公里的 2 万伏（2.2 万伏）输电线路架设竣工，中央变电所相继建成并开始供电。从此，鹤岗矿山逐渐使用电力机械。

3）大量增加矿山机械设备

日本侵略者为了大量掠夺鹤岗地下煤炭资源，在广开矿井、增加发电设备的同时，加强了露天和矿井主要生产系统的机械设备。从 1944 年 12 月的"伪满设备表"的不完全统计中，就可以看出矿山设备情况：

设备名称	容量（马力）	数量（台）	总容量（马力）
大绞车	75—300	48	7275
小绞车	10—30	138	11262
压缩机	30—250	62	7720
抽水机	20—150	191	10709
主扇	50—150	7	650
局扇	3—25	113	788
卡机	30—50	9	290
运煤机	5—15	46	390

4）大肆扩充地面辅助设施

为配合对煤炭的掠夺，日本侵略者大肆扩充地面辅助设施。一是 1937 年，由日本松田株式会社设计的年处理原煤能力为 100 万吨的选炭厂（今南山选煤厂）开始施工，1938 年手选工艺建成投产，1942 年在原有基础上安装了两台选煤每小时 200 吨的洗煤机，使选煤产品达到 3 种型式 9 个品种；二是采取大铁路运输方式，延长矿区铁路达 120 公里，增加了电机车与蒸汽机车；三是扩充了各采炭所的安全灯房及小型工厂；四是扩充了中央铁工厂、木工厂，当时储料仓库就增到 32 处；五是建设了石头河水源地，用一台 25 马力的水泵抽水，供应日本人饮用；六是开发建设了会馆 1 处、制米厂 1 处、农园 1 处、机车库 1处、学校 3 处、医院 2 处。

至此，日本侵略者把鹤岗矿山初步建成了一个掠夺煤炭资源的大型生产基地。

（2）日本侵略者大肆骗招劳力，增加采掘工人

随着矿山采煤工作面的不断扩大，日本侵略者需要大量的劳动力。由于当时矿工生活条件极差，报酬非常低，劳动强度非常大等原因，煤矿几乎招不来劳动力。日本侵略者为解决其掠夺煤炭资源劳力不足问题想尽了办法。一是成立把头诘所。1937 年秋天，大把头杜文祥在劳务系主任岗田的授意下成立了把头诘所，到山东、吉林、河南、安徽等地骗招劳动力。据史料记载：从 1937 年到 1944 年，把头诘所从关内共招劳工 1 万余人[①]。二是成立报国队。从桦川、

---

① 鹤岗矿务局志编审委员会办公室编：《鹤岗煤矿史料选辑》第 10 辑，1985 年，第 34 页。

绥滨、汤原、双城、青岗等附近县城强行摊派农民劳工。三是成立矫正辅导院和刑务署两个监狱。太平洋战争爆发后，日本侵略者加紧对鹤岗煤矿资源的掠夺，以满足战争的需要，他们在城市抓一些无辜的人当作"浮浪"送到矫正辅导院，并将大批"犯人"和战俘送到刑务署，强迫这些"浮浪"和"犯人"充当无偿劳动力，据市公安局的敌伪档案记载：鹤岗刑务署先后关押 3600 余人，鹤岗矫正辅导院先后关押"浮浪"1190 余人。

鹤岗煤矿劳动力逐年猛增，据《鹤岗煤矿史料选辑》第 3 辑第 45 页"劳动工资处大事记"记载：1933 年，鹤岗煤矿工人仅有 300 余人，1934 年就增加到 2000 余人，到 1938 年末就增加到 7642 人，到 1944 年就增加到 25000 人。

据《鹤岗煤矿史料选辑》第 14 辑记载：1945 年 8 月 15 日前，鹤岗煤矿除常役夫 2500 人，常役夫 13500 人外，尚有临时工 4000 人，康生队（鸦片患者）100 人，勤劳奉仕队（伪国兵漏）2200 人，报国队（被强行派来的各县农民）9500 人，义勇奉公队（商人）700 人，明生队（矫正辅导院里的"浮浪"）1200 人，隆兴队（刑务署监狱里的犯人）1100 人，鹤岗煤矿从业人员 3.4 万余人。从如下鹤岗煤矿历年来人口变化情况，就可以看出日本侵略者是如何搜刮劳力，疯狂掠夺鹤岗煤炭资源的。

时间	人口	资料来源
1931 年	1000	满洲总工会巡视员关于下江工人斗争情况报告①
1934 年	2000	伪《把头诘所》②
1935 年	2983	《1935 年鹤岗煤矿》③

（3）日本侵略者疯狂掠夺和破坏鹤岗的煤炭资源

日本侵略者采取掠夺式的开采方法，为增加煤炭产量，野蛮地扩大采掘规模，大量增加采掘工人、使用电力机械，使鹤岗的煤炭资源遭到严重破坏。

1）日本侵略者掠夺式的开采方法

日本侵略者在开采煤炭资源时，采取的是野蛮掠夺式的采煤方法。一是采取高落式、残柱式和沿煤层掘进开拓单层跑的采煤方法，使煤炭资源损失惊人。高落式就是不管煤层多厚，贴底板送上山，两面开帮，走向宽 15—20 米，工人

---

① 《满洲总工会巡视员××关于下江工人斗争情形的报告》（1933 年 7 月 15 日），载中央档案馆、辽宁省档案馆、吉林省档案馆、黑龙江档案馆编：《东北地区革命历史文件汇集》甲 14，1988 年，第 364 页。

② 鹤岗市志编审委员会编：《鹤岗史料》第 5 辑，1982 年。

③ 参见鹤岗市志编审委员会编：《鹤岗史料》第 1 辑，1982 年。

就在这么大的悬顶下作业，挑冒顶煤，冒多少算多少，顶板岩石下来就不管了，另送上山。残柱式就是上分层采一次，下分层再采一次，有时下分层的残柱煤也回收出来，有时也冒石头，工人把这种采煤方法叫作"穿花朵"。这样的开采方法，使煤炭回采率极低，一般都在30%以下，资源损失惊人。解放后，鹤岗矿务局组织技术人员对日伪时期开采过的旧区进行计算，回采出去的煤约占三分之一，煤柱占三分之一，丢掉三分之一。按此计算，除去日本侵略者掠夺走的1554万吨煤炭外，还白白扔在井下3600万吨煤炭[①]。二是为了适应日本侵略者采取的高落式、残柱式采煤法的要求，采区的巷道布局，无论是运输巷道，还是回风巷道，大都布置在煤层中，这种布局不仅有害安全、丢损资源、维护困难，而且又容易自然发火，造成多处矿井上好的煤炭在井下自然燃烧，甚至不少露天坑也发生煤炭自燃情况。据日伪时期在鹤岗矿山当工人的吴文海（原鹤岗矿务局科研所副所长、工程师）回忆说：1944年，他在兴山五坑井下干活时，看到有不少的煤炭已经烧成焦炭。据《鹤岗煤矿史料选辑》第14辑记载：1938年2月，兴山五槽斜井由于自然发火而将井口封闭。1942年4月1日发行的《满炭时报》第2卷第4号"鹤岗特辑号"《回忆和展望座谈会实录》一文也记载了兴山五槽自然发火情况（原是日文，高云岫译）。三是日本侵略者不顾自然条件和客观条件，强迫矿工在瓦斯集聚的井下作业。当时，斜井大都采用自然通风，致使井下风量严重不足，造成瓦斯大量集聚，经常发生瓦斯爆炸事件，致使井毁人亡。1943年1月6日，南岗三坑瓦斯大爆炸死亡96人，是鹤岗矿区历史上空前大事故[②]。四是日本侵略者采取打眼放炮、人工攉煤等采煤工艺，而且采煤场子大都是用鸭嘴棚子支护，工人们在冒顶区内进行作业，生命安全毫无保障。据老工人姜长旺回忆说："那时我在兴山二坑干活，有一段时间我们送下山，连续送40多米，日本人为了加快速度，不让棚棚子，结果40多米无棚区全部塌方。"

2）日本侵略者疯狂掠夺煤炭资源

为了多出煤，日本侵略者延长矿工劳动时间，加大矿工劳动强度，实行井下两班制，工人纯劳动时间是12个小时，加上班前到工房挂牌取票，去劳务系排队"抄入"点名、领灯，再等坑内系派活后下井接班，每天实际在班上时间达16个小时以上，并且还要受把头、监工的监管（当时实行的是包工制，由包工把头与矿方承包煤炭生产任务）。与此同时，日本侵略者不断加大煤炭生产指

---

① 鹤岗矿务局志编审委员会办公室编：《鹤岗煤矿史料选辑》第14辑，1986年，第9页。

② 鹤岗矿务局志编审委员会办公室编：《鹤岗煤矿史料选辑》第2辑，1983年，第31页。

标，加上电力机械的增加，到 1944 年鹤岗煤矿生产原煤就达 267.89 万吨。据 1945 年 9 月 30 日，鹤岗煤矿维持会维持经过报告书记载：当时各采炭所的生产情况是，兴山采炭所日产原煤 2700 吨左右；东山采炭所日产原煤 500 吨左右；南岗采炭所日产原煤 1000 吨左右；石头采炭所日产原煤 1000 吨左右；陆镜采炭所日产原煤 1000 吨左右；兴安开发事务所日产原煤 1000 吨左右；大岭开发所主要是井下采煤，当时因资材、运输等原因，日产原煤仅有百吨左右。从 1937 年到 1944 年鹤岗煤矿共生产原煤 1233.5 万吨，相当于前 20 年原煤总产量的 4.2 倍。据解放后的《东北国营煤矿年鉴》（1948 年）记载，日本帝国主义侵华期间，在鹤岗煤矿掠夺原煤量为 1554 万吨，具体情况列表如下：

单位：万吨

年份	1931	1932	1933	1934	1935	1936	1937	1938
产量	29.6	6.4	28.8	31.9	32.8	34.2	48	66.7
年份	1939	1940	1941	1942	1943	1944	1945	合计
产量	97.1	120.4	171.5	207.1	254.8	267.9	156.8	1554.00

注：1945 年的产量是根据全国矿局沿革记载。

3）日本侵略者疯狂掠夺煤炭资源所造成的经济损失

据 1937 年满铁事务所撰写的《鹤岗煤田调查报告》记载：当时，按哈尔滨市煤价，鹤岗煤在煤场上的价格是：

单位：伪币/吨煤

名称	价格	名称	价格	名称	价格
1 号原煤	13.55	2 号原煤	12.55	3 号原煤	11.35
1 号块煤	15.95	2 号块煤	14.55	3 号块煤	13.55

据 1948 年国民党东北物资调节委员会编辑的《东北经济小丛书》记载：伪满对鹤岗煤的收购价格 1944 年为 20.82 元；1945 年为 32.452 元。根据以上价格，如果 1931 年至 1939 年的煤价按照每吨煤 13.55 元计算，9 年共生产煤炭 375.5 万吨，直接经济损失为 5088.025 万元。1940 年至 1945 年的煤价按照每吨煤 20.82 元计算，6 年共生产煤炭 1178.5 万吨，直接经济损失为 24536.37 万元。日本侵略者疯狂掠夺鹤岗煤炭资源所造成的直接经济损失为：29624.395 万元。扔在井下的 3600 万吨煤炭，每吨煤按 20.82 元计算，间接经济损失为 74952 万元。

4. 日本侵略者对鹤岗矿山的破坏

1945 年 8 月 10 日，日本侵略者逃跑时把鹤岗矿山破坏得千疮百孔。据史料记载：日本人逃跑时匆忙地对矿山进行破坏，他们破坏了发电厂、变电所和车库。发电厂的 3 台发电机被炸坏，其中一号机和后部的汽门及油管被炸断。二号机的砺磁机和发电机全部被炸毁。三号机的挡板线圈、砺磁机一部分被炸毁。电刷架全部被炸毁。另外，日本侵略者在一号机的砺磁机内放炸药 2 箱，在发电机与机械联轴节中间放炸药 1 箱，在 6 个汽缸内放 4 箱炸药。由于人们抢救及时，炸药没有爆炸。日本人还炸了老火车站，把矿山铁路的车头都带走了。他们放火烧了兴山采炭所，佳木斯发电厂也遭到破坏①。

由于停电，鹤岗煤矿的矿井大部分被水淹没。没被淹的，因坑口无法生产，六七个坑口自然发火，给后来恢复煤矿生产造成巨大困难和损失。仅兴山、东山、南山 3 个煤矿坑口损失估价折合黄金就达 402.14 两；鹤岗矿务局各种车辆损失估价折合黄金 18197.35 两；鹤岗矿务局各种矿山机器损失估价折合黄金 925.75 两；鹤岗矿务局各种建筑物损失估价折合黄金 5547.74 两，水道暖气损失估价折合黄金 78.86 两，全局共计损失估价折合黄金 25151.84 两②。

日本侵略者不仅大肆掠夺鹤岗的煤炭资源，而且惨无人道地奴役和摧残中国矿工，造成矿工的大量伤亡。1943 年 1 月 6 日，南岗采炭所三坑二层右八片回采工作面发生瓦斯爆炸，南岗采炭所主任久广本（日本人）在那儿亲自指挥，三坑保安班长长谷川（日本人）领人用木板、草包堵坑口。仅这次事故就死亡 96 人。

总之，日本帝国主义侵华 14 年，不仅掠夺了鹤岗大量煤炭，把整个矿山破坏得千疮百孔，给后来煤矿的建设和发展造成巨大困难，而且造成大量的人员伤亡，鹤岗人民永远不会忘记。

（鹤岗市抗战损失课题调研组）

---

① 鹤岗矿务局志编审委员会办公室编：《鹤岗煤矿史料选辑》第 8 辑，1984 年，第 21 页。
② 鹤岗矿务局志编审委员会办公室编：《鹤岗煤矿史料选辑》第 10 辑，1984 年，第 46 页。

（八）渤海上京龙泉府遗址被盗掘及掠走文物的调查

1. 遗址发掘前的保存状况

渤海上京龙泉府又称渤海王城、忽汗城，位于今黑龙江省宁安市渤海镇，是唐代渤海国（698—926 年）中后期的都城，使用时间是公元 755—926 年。公元 926 年，契丹攻灭渤海国，于其旧地设东丹国，将城更名为天福城，作为东丹国都城。公元 928 年，东丹国南迁东平，天福城废毁，在历史记载和人们的视野中消失。在此后 700 余年的时间里，此地没有大规模的人类活动，遗址被全部保存了下来，城墙、宫殿、佛寺、街坊、道路等遗迹清晰可辨，直至清康熙年间才有学人考察、著录，清中期以后，遗址内出现了小的村屯，开始了小规模的生产活动。在东亚考古学会发掘之前，渤海上京龙泉府是当时中国保存最完好的古代都城遗址。

以东京帝国大学教授原田淑人为首的日本东亚考古学会①，分两次调查、发掘了上京龙泉府遗址（渤海镇当时被称为"满洲国牡丹江省宁安县东京城"，遗址被称为"东京城遗址"）。通过这次调查、发掘活动，世人对上京城的形制、规模等有了一定的认识，并大体搞清了宫城内各殿址的布局、规模和形制，但大批珍贵渤海文物也被盗掘和掠走。

2. 发掘人员

1933 年的调查、发掘人员：

---

① 日本东亚考古学会成立于 1925 年，由东京帝国大学和京都帝国大学的考古学者合作组成，目的是与中国学者合作，进行考古发掘，同时在北京大学和东京、京都大学之间交换留学生。从 1928 年开始，由日本外务省提供资金，日本每年向中国派遣一名留学生，依次为驹井和爱（1928 年）、水野清一（1929年）、江上波夫（1930 年）、三上次男（1931 年）、田村实造（1932 年），这些人后来均成为日本在中国东北进行文化掠夺考古的领导者。

东京帝国大学教授	原田淑人
京都帝国大学教授	村田治郎
京都帝国大学文学部讲师	水野清一
东京帝国大学文学部讲师	驹井和爱
东方文化研究班嘱托	羽馆易
关东军陆地测量部员	片野弥一郎
关东军陆地测量部员	黑田一
东京帝国大学教授	池内宏
京城帝国大学教授	鸟山喜一
东方文化研究班嘱托	外山军治
中国学者	金毓黻
中国学者	金九经
东亚考古学会干事	岛村孝三郎

1934 年的调查者：

东京帝国大学教授	原田淑人
京都帝国大学教授	村田治郎
京都帝国大学文学部讲师	水野清一
东京帝国大学文学部讲师	驹井和爱
帝室博物馆鉴查官	矢岛恭介
京都帝国大学文学部讲师	三上次男
摄影师	窪田幸康
东亚考古学会干事	岛村孝三郎

3. 调查、 发掘的主要遗迹

外城正北门

内城南门

内城北门

第一宫殿址（今称宫城正南门，下同）

第二宫殿址（第 1 号宫殿）

第三宫殿址（第 2 号宫殿）

第四宫殿址（第 3 号宫殿）

第五宫殿址（第 4 号宫殿）

第六宫殿址（第 5 号宫殿）

宫城寝殿址

禁苑正殿址

禁苑团山遗址

外城中轴大街东侧的第一寺庙址

外城中轴大街西侧的第二寺庙址

外城东半城的第三寺庙址

外城中轴大街西侧的第四寺庙址

兴隆寺渤海石灯

三灵坟

4. 发掘所造成的渤海上京文物流失

1933 年至 1934 年，日本东亚考古学会发掘渤海上京龙泉府遗址期间，发掘出大量的渤海文物，由于参加者基本是日本人，所以数量不能确知，从《东京城》报告发表的文物来看，多为精美的艺术品，所包含的学术意义尤为巨大。除一小部分藏于伪满洲国奉天国立博物馆（今辽宁省博物馆）外，均被掠到日本，藏于日本东京帝国大学（今日本东京大学）文学部，除现东京大学考古陈列室展出一小部分外，其余收入仓库，近年尚有日本学者整理研究①。

被掠走的文物种类主要有：

（1）建筑材料类

板瓦

筒瓦

莲花瓦当

有戳印文字的瓦

宝相花纹砖

---

① 参见［日］小岛芳孝：《渤海上京龙泉府的瓦——从长冈博男的收藏品谈起》，金太顺译，刘晓冬校，载《东北亚考古资料译文集·渤海专号》，北方文物出版社 2001 年版。

缠枝忍冬花纹砖

铁制门枢

铁风铃

（2）建筑装饰类

三彩兽头

三彩鸱尾

绿釉陶覆盆

石制殿陛螭首

鎏金建筑装饰铜件

壁画残片

（3）佛像类

陶制立姿佛像

陶制坐姿佛像

铁制佛像

鎏金铜佛

（4）生活器物、工具和武器类

陶器

三彩陶器

陶纺论

铁制火筷子

铁剪

铁镢

（5）装饰品类

青铜骑马人像

5. 发掘对遗址造成的破坏

考古发掘是一项非常严肃的科学研究工作，需要考古工作者进行大量的艰苦细致的努力，通过科学发掘和对地层学、类型学等进行研究，揭示发掘对象所包含的文化面貌、特征、性质及其经济、文化特点以及当时社会发展阶段和文明发展历程。

但是，东亚考古学会在渤海上京龙泉府遗址的发掘活动，则带有明显的政治、文化侵略和掠夺的性质。

东亚考古学会在渤海上京龙泉府遗址的考古活动，跨越了两个年度，第一次是从 1933 年 6 月 6 日至 25 日，计 20 天；第二次是从 1934 年 5 月 20 日至 6 月 19 日，计 31 天。两次共计 51 个工作日，在这样短的时日内，工作范围却包括了外城、内城的重要遗迹和宫城中轴线上所有宫殿址，现场操作野蛮、草率，臆测各遗迹之间的关系随意挖掘，根本不考虑遗迹的完整性。中华人民共和国成立后，黑龙江省文物考古研究所在对遗址进行发掘时，发现了诸多无意义的、随意挖掘的坑、沟，这给遗址的整体面貌造成了极大的破坏。对发掘后的现场，日本人也不采取任何保护措施，多数遗迹就此毁坏，造成无法弥补的损失。

据发掘者称，此项发掘活动，得到了日本陆军省和外务省热诚的支援，在有关人员赴遗址的路途中，与日本陆军"讨伐队"同行，整个发掘期间，由日本领事馆警察署长泽田宽幸率日警 11 名，伪满洲国保安队日本指导官宇佐美勇藏率队员 20 余名全程保护，测量、绘图工作均由日本关东军派人完成。

可见，这不是一次单纯的学术活动，而是一次未经中国政府许可的，带有文化掠夺性质的发掘。

（黑龙江省文化厅抗战损失课题组）

（九）九一八事变后日本在黑龙江地区进行移民侵略的情况

早在日俄战争后，日本帝国主义就把向中国东北移民作为其向中国扩张的一项重要措施。第一任满铁总裁后藤新平在其就职书中说："经营满蒙的诀窍，在于实现满洲移民集中主义"。1931 年九一八事变后，日本帝国主义向中国东北地区进行了大规模的移民侵略活动，妄图通过向中国东北移民，改变东北的人口构成，使东北殖民地化、日本人化，从而达到永久占据东北，将东北变成日本一部分的目的。这一移民侵略政策的实施给东北人民带来了沉重的灾难。我们在查阅大量的日伪档案资料、当事人口述资料和专家调研成果的基础上，经过研究考证，形成本专题调研报告。

1. 日本向中国东北进行移民侵略由来已久

移民是新老殖民主义者向外侵略扩张的重要手段，一切殖民主义者都毫无例外地向它的殖民地附属国进行大量移民。日本扩张主义者向中国东北进行移民侵略既与日本国土狭小、资源匮乏有关，也与日本的社会发展的特殊性有着密切关系。日本是一个四面环海的岛国，领土由北海道、本州、四国、九州4个大岛和其他6800多个小岛屿组成。日本陆地面积约37.78万平方公里。日本境内多山，山地约占总面积的70%，大多数山为火山，平原很少，资源匮乏。

日本自明治维新后，很快走上了军国主义道路，制定了一条吞并朝鲜，侵占中国东北，进而征服全中国，称霸亚洲的基本路线，即所谓"大陆政策"。向中国东北进行移民，正是大陆政策的重要组成部分。日本军国主义分子、殖民政策的炮制者儿玉源太郎和"满铁"第一任总裁后藤新平以及"关东都督"福岛安正等在策划成立"满铁"时，就公然鼓吹移民的重要性。早在1909年，日本外务大臣小村寿太郎在国会上提出了"满鲜移民集中论"以后，日本帝国主义向我国东北的移民侵略活动就开始了。

九一八事变前日本在中国东北的势力范围在南满，因此最初的移民也入殖在那里。1914年，日本侵略者在"满铁"附属地中划出大约11200亩土地，移入铁道警备退伍兵1100户，建立了铁道自警村，1915年和1916年日本侵略者先后从日本山口县移民32户，到辽宁金县，建立了爱川村①。日本参谋本部用秘密军费开支资助"满铁"500万日元，作为移民事业经费。1928年，满铁又建立"大连农事株式会社"，并分别在公主岭、熊岳城两地建立了所谓"农事试验所"进行移民活动。但在九一八事变前其阴谋未能完全得逞。移民的数量很有限。

1931年九一八事变后，由于日本帝国主义武装占领中国东北，为日本在中国东北推行移民政策创造了有利条件，铺平了道路。他们可以通过傀儡政权，毫无限制地掠夺土地。因此从1932年起，日本陆军省、拓务省及关东军就开始制订大量的从日本内地向我国东北移民的计划和方案。

九一八事变后，移民政策的积极推行者石黑忠笃、加藤完治和宗光彦就迫

---

① 孙邦主编：《经济掠夺》，吉林人民出版社1993年版，第748页。

不及待地向日本拓务省当局提出了一件所谓《满蒙移殖民事业计划书》，日本关东军司令官本庄繁以及参谋坂垣征四郎、石原莞尔提出对中国东北的大量移民是绝对必要的，认为移民可改变民族的成分，会使日本人成为我东北各民族的"中坚分子"，它也是"日满不可分的纽带"。总之，就是企图通过移民，使我国东北日本化，彻头彻尾地沦为日本殖民地。

日本移民政策的积极推行者加藤完治于 1932 年 5 月就匆忙奔赴奉天（沈阳），与关东军司令官本庄繁与东宫铁男密谋，决定以日本在乡军人为主募集移民，在中国东北北部设置 10 个"屯垦队"，1 个团为 500 人，分 10 个团共计5000 人的移民计划。由关东军的东宫大尉负责现地安排，加藤完治负责在日本国内募集和运送。日本方面的送出机关是日本拓务省，伪满方面接收单位是关东军特务部，当时正值犬养内阁于 5 月垮台，永井柳太郎就任拓务相，积极推行移民侵略政策。

1932 年 10 月，关东军抛出《关于向满洲移民要纲案》，该《要纲》明确提出了日本农业移民所具有的政治、经济、军事等四项目的。一是通过移民巩固和扩展日本在我国东北的权益。就是日本企图通过移民在伪满洲国内以日本人为核心，"扶植"维持殖民统治的"现实势力"。二是掠夺东北的经济资源。《要纲》说明书公然说："把我国内地人移植到未开化的满洲，掀起移民运动，是落在我们双肩上的天赋使命。""开拓这些处女地，可获得丰富的农、牧、林、矿等物资，是解决我国粮食问题、工业原料问题的关键。"这些言论赤裸裸地表明了日本移民的经济目的。三是适应日本军事侵略的需要。《要纲》明确了使日本移民担负日本帝国主义发动战争的后备兵力的任务。四是解决日本的所谓"人口过剩"问题。其实质是为了缓和日本国内政治经济危机，缓和阶级矛盾，使日本的农民阶级对封建性帝国主义的统治与压迫的反抗有某种程度的缓和，以维持其对本国人民的统治。同时，这也是"对苏国防"，进攻苏联的需要。

2. 移民政策的推行

移民侵略的政策确定后，在移民侵略政策的推行者的策划和日本政府的直接领导下，日本即开始向中国东北移民。其移民的主要地点是黑龙江地区。因为这里土地肥沃、地广人稀，移民不会引起更多的土地纠纷。九一八事变后，日本向中国东北移民大体上分 3 个阶段。

第一个阶段是 1932 年至 1936 年，是由官方有组织有计划地在中国东北进行试验移民阶段，也称为武装移民阶段。其特点是将以前的"普通移民"改为"特别农业移民"。"特别农业移民是以退伍军人为主体，在警备上相当于屯田兵制组织，具有充分的自卫能力"，其目的是使武装起来的农业移民起到维持治安、协助关东军镇压东北人民抗日斗争的作用，因此也称为武装移民阶段。这一阶段共进行五次武装移民，这些移民均入殖黑龙江地区。

第一次试验移民于 1932 年 9 月开始。首先从在乡军人中选拔了 492 人，送往日本茨城县友部的日本国民高等学校、岩手县六原道场及山形县太高根道场 3 个训练所进行训练。10 月 5 日从日本神户出发，10 月 14 日到达中国东北佳木斯。这次移民叫"佳木斯屯垦第一大队"。由于受到当地抗日力量的阻挠，这些移民在佳木斯仅停留了半年，于 1933 年 3 月到达桦川县永丰镇，建立了"弥荣村"移民团。这次移民完全按照军队编制，编为 4 个中队，12 个小队，日本陆军步兵中佐市川益平任大队长。全大队除每人配备步枪一支外，还配备有重机枪 4 挺，迫击炮两门。第二次是 1933 年 7 月，移民迁移到桦川县七虎力附近，迁入 500 名，建立"千振村"，团长宗光彦；第三次是 1934 年 10 月，300 名日本移民移到绥棱县瑞穗村，团长林恭平；第四次是 1935 年 9 月，迁入密山县城子河 300 名、哈达河 200 名移民，团长中佐藤修和贝泽洋二；第五次是 1936 年 7 月，入殖密山县永安屯、朝阳屯、黑台等村屯。5 次共移民 2900 户、7260 人。

第二个阶段是 1937 年以后的大规模移民阶段。从 1936 年开始，日本将在中国东北的侵略活动的重心由开始以建立和维持其殖民统治秩序，即所谓"治安第一"转向实行有计划的经济掠夺，因此，各种大规模移民计划纷纷出笼。1936 年，关东军召开的第二次移民会议拟定了《满洲农业移民百万户移住计划》草案，并制订出"二十年百万户移民计划"（1937 年至 1956 年）。随后，新上任的关东军司令官南次郎派人将草案提交日本政府有关部门，广田内阁采纳了这一方案，并把这一方案作为日本七大国策之一。随之，伪满傀儡政府也将日本移民政策作为它的三大国策（即"北边振兴计划""产业开发五年计划"和"百万户移民计划"）之一。日本提出 20 年移民 100 万户 500 万人的目的是：20 年后，伪满人口估计达 5000 万，日本人即占一成。这样，日本就可利用数百万移民在中国东北建立以"大和民族"为指导核心的殖民秩序。正如日本拓务省的官员所说："现在满洲国的人口约有 3000 万人，20 年后将近 5000 万人，那时将占一成的 500 万日本人移入满洲，成为民族协和的核心，则我对满洲的目的，自然就达到了。"① 这个目的就是将东北变成日本领土的一部分。

日伪统治者为确保"国策移民"的顺利进行，又分别于 1940 年 5 月、6 月和 1941 年 11 月，以伪满洲国的名义制定并公布了《开拓团法》《开拓协同组合法》和《开拓农场法》，即所谓"开拓三法"，对移民组织的性质、组成、管理、财务、土地等都在法律上进行明确，以此作为日本向中国东北进行大规模移民侵略的法律保障。

为适应大规模移民的要求，日本侵略者又采取了多种新的移民方式，其中最主要的是"分村分乡"移民。所谓"分村分乡"移民，即把日本的一个村或一个乡作为"母村"，从中分出部分农户组成一个"开拓团"，移到中国东北建立一个"分村"或叫"子村"，以确保移民的数量和稳定。"分村分乡"移民的形式从第六次移民以后逐年增多，最后以"分村分乡"形式组成的"开拓团"所占比率高达 95%。其次，就是"满蒙开拓青少年义勇军"的移民形式。即将16 至 19 岁的日本青少年组成"满蒙开拓青少年义勇军"，他们首先要在日本国内接受 3 个月训练，然后进入设在中国东北的训练所进行 3 年的训练。在训练期间，队员按军队编制，训练的重点是向这些日本青少年灌输帝国主义、法西斯主义思想，意在把他们培养成日本帝国主义的侵略工具。1941 年 3 月统计数据显示，这样的训练所在中国东北共有 94 个。到 1945 年日本投降为止，由日本国内训练所送到中国东北的训练人数为 86530 人，约占日本移民总数的30%②。青少年义勇军队员不仅是一般移民的后备力量，更重要是关东军的后备兵源。

第三个阶段为 1941 年以后的移民衰败时期。太平洋战争爆发后，伴随着日本青壮年劳动者中应征入伍者增加以及日本国内军事工业的扩大、农村剩余劳动力的枯竭，这一时期的日本农业移民团的计划数和实际迁入数明显背离。1942 年移民的迁入率激减至 50.2%，1943 年的一般"开拓团"计划户数为19680 户，实际迁入户数为 2895 户，迁入率则激减至 14.7%。另外，伴随日本关东军向南方战线的大调动，移民团员应召入伍的人数迅速增加，在日本战败之前，以 300 户为单位移民的移民团除妇孺老者外，只有病弱青年 20—26 名。日本移民政策事实上即已宣告崩溃。

经过各阶段的移民，到 1944 年末，日本侵略者向中国东北移民总计约 33

---

① 孙继武、郑敏主编：《日本向中国东北移民的调查与研究》，吉林文史出版社 2002 年版，第 373 页。
② 孙继武、郑敏主编：《日本向中国东北移民的调查与研究》，吉林文史出版社 2002 年版，第 432 页。

万人，其中日本一般"开拓团"达881个，约69822户，192492人。据有关资料记载，入殖黑龙江地区的日本开拓团数为611个，占总数（881个）的69.4%，其中三江省115个、牡丹江省48个，黑河省21个，北安省161个，龙江省（含今吉林省所属7个县，其中开拓团13个）72个，滨江省85个，东安省109个；入殖户数52822户，占总数（69822户）的75.7%，其中三江省9657户，牡丹江省3504户，黑河省4142户，北安省10978户，龙江省6759户，滨江省7223户，东安省10559户；入殖人口137484人，占总数（192492人）的71.3%，其中三江省32770人，牡丹江省11143人，黑河省5394人，北安省26241人，龙江省14759人，滨江省23834人，东安省23343人[1]。

3. 移民侵略给黑龙江人民带来的深重灾难

日本向中国东北移民的目的十分明确，也非常恶毒。所谓"开发""开拓""五族协和"和"王道乐土"，只不过是当时日本帝国主义用来蒙骗中国人民和日本人民的一种宣传。从根本上讲，它绝对不存在什么"开发"和"开拓"的动机；从结果上看，日本移民更没有带来所谓的"其乐融融的五族协和"和"王道乐土"的景象，带给中国东北人民的只有侵略、掠夺和血淋淋的殖民统治与民族压迫。日本侵略者在黑龙江地区进行大量的移民，建立开拓团，给黑龙江人民带来的危害极大，主要是剥夺了农民大量的土地，对农民进行奴役和残害，镇压人民的抗日斗争。

（1）对移民用地的掠夺

日本侵略者大规模向中国东北移民，首先要解决的是移民所需土地问题，因此掠夺土地是日本侵略者主要目的之一，土地的掠夺给东北人民带来巨大灾难。对日本移民每户占有的土地面积，日本侵略者做了规定，日本关东军和拓务省于1935年3月和7月制订的《北满移民农业经营标准案》，规定每户移民20町步[2]，即耕地10町步，放牧采草地、林地9町步，宅地、菜园、道路用地1町步[3]。1936年5月关东军制订的《满洲农业移民百万户移住计划案》，预定移民用地面积为1000万町步。为取得如此大量的土地，日本侵略者费尽心机，

---

① 祝平主编：《满洲开拓史》，黑龙江人民出版社1991年版，第328页。

② 町步，日本的土地面积单位，1町步合99.2公亩，约等于14.87市亩或1.5垧。

③ 孙继武、郑敏主编：《日本向中国东北移民的调查与研究》，吉林文史出版社2002年版，第387页。

采取各种残酷的手段。在 1932 年与 1933 年日本向桦川县永丰镇和依兰县湖南营进行第一次和第二次武装移民时，移民用地由关东军直接出面，指导日本东亚劝业会社向中国农民强行收买，引起了当地农民的反抗。这引发了 1934 年 3 月土龙山农民反抗日本侵略者掠夺土地的暴动。此后，日本侵略者为缓和中国人民的反日斗争，变换手法，改由伪满洲国负责提供移民用地。日伪统治者于 1936 年 1 月设立了以伪满洲国为法人的满洲拓殖株式会社，从事移民用地的收买与经营。1936 年 4 月日伪当局召开第二次移民会议后，伪满洲国政府于国务院以及各省、县、旗设招垦地整备委员会，由招垦地整备委员会与中国农民进行接触、交涉，满拓会社在招垦地整备委员会的"斡旋"下进行实际的收买。而移民入殖地的选择与确定，则由以关东军参谋长为委员长的移民事务处理委员会进行。这既保持了关东军对移民事业的主导权，又把伪满政府推到了夺取土地的第一线。1937 年 8 月，随着《二十年百万户送出计划》的实施，日伪当局又设立了"日满合办"的满洲拓殖公社，以取代满洲拓殖会社，表明日本帝国主义对中国东北土地的掠夺进一步加强。至 1941 年，日伪当局以移民用地名义夺取的土地已达 2000 万公顷，是原定 1000 万町步目标的 2 倍。1943 年以后计划取得移民用地 650 万公顷，这样，移民用地将达 2650 万公顷。其中，预定农耕地 1300 万公顷，森林放牧用地及其他用地 1350 万公顷①。为取得移民用地，日伪当局采取了种种措施。

一是把没收的原国有地、官地以及所谓的"逆产地"、地主不在土地直接划作日本移民用地。在 1932 年 2 月关东军制订的 15 年内移民 10 万户的最初移民计划——"移民方策案"中，曾确定日本政府从伪满洲国获取这类无偿土地的面积为 103.15 万町步，约占 10 万户移民所需土地 166.8 万町步的 62%。从 1936 年起，日伪当局通过"地籍整理"，获取了大量此类土地。

二是强行从中国农民手中购买土地。由于国有地、官地中适于移民的土地毕竟数量有限，所以强行从中国农民手中购买土地便成为获取移民用地的主要途径。"收买"移民用地由关东军直接主持，并成立"土地征用委员会"。1933—1934 年间关东军委托日本东亚劝业株式会社对东北三江平源一带土地进行"收买"。1933 年，进入桦川县永丰镇的第一次武装移民团将预定占据区域内的原住户已垦地 700 余町步全部强行收买。购买土地的价格十分低廉。1933—1934 年间，关东军委托日本东亚劝业会社在阿什河沿岸收买移民用地

---

① 孙继武、郑敏主编：《日本向中国东北移民的调查与研究》，吉林文史出版社 2002 年版，第 388 页。

1.45 万町步。时价上等熟地 200 元，中等 160 元，下等 130 元，但东亚劝业会社对阿什河右岸熟地的收买价格仅为上等地 56 元，中等地 40 元，下等地 24元，即仅及时价的四分之一。阿什河右岸农民为反对低价收买土地成立了农民办事处，并向关东军当局陈述东亚劝业会社的压迫情况，但该会社的方针是"不管有何等反对行动，坚决按既定的协定价格收买"。"军方也坚决按既定方针进行收买"。在有的地方"实际是熟地（耕地）和荒地平均后定价为 1 元收买的"。更有甚者，1933 年日本第一次武装移民移住在桦川县永丰镇，将该镇的 99 户、400 多中国农民全部驱逐，掠夺了该村全部土地。农民如果拒不交出地契，关东军便采取高压手段捣毁农家的墙壁，强抢地契，并把这些失去土地的农民驱赶到荒山野岭去垦荒。桦川县中伏乡中伏村傅才说："为了给'开拓团'准备土地，日本人强行缴地，命令有地的人都必须把地照交到富锦县里去"。"后来，日本人又把我们赶到集贤县去当'县内开拓民'，并将我们编成几个部落"，"我住在天青屯，在那里开荒，但指给我们开荒的土地是一片大甸子，那几年水又大，甸子里一片汪洋，根本没法开垦，当时仅天青屯就饿死十几口人"。

为缓和东北农民的反抗斗争，1939 年 12 月日本内阁和伪满政府分别通过的《满洲开拓政策基本要纲》，将移民用地的取得方针，确定为"开发未利用地主义"。伪满产业部大臣吕荣寰并发表声明："对于开拓土地，采取未利用地开发主义，即以收买荒地为原则，除万不得已的情况外不得收买熟地。不进行强制收买，以妥善的价格并取得农民同意后再确定预购的土地。"但这只不过是日伪当局欺骗东北农民的宣传手段，事实上，日伪当局此后从未停止过掠夺东北农民的熟地。

日本和伪满政府 1942 年 1 月发表的《满洲开拓第二期五年计划实行方策》，对取得移民用地提出了以下方针："用地调配以开发来利用地主义为原则，在军事上及其他特别需要之场合，即便不是未利用地，也可将其作为开拓地"。这一特别规定成为日伪当局强行购买东北农民既垦地（熟地）的依据，从而使其对东北农民既垦地的掠夺更为变本加厉。

日本开拓团在黑龙江占地共 9733250 公顷，其中三江省 2386697 公顷、牡丹江省 218159 公顷、滨江省 111256 公顷、北安省 2047593 公顷、龙江省 2509018 公顷、黑河省 223016 公顷，东安省 1236251 公顷①，占总面积

---

① 祝平主编：《满洲开拓史》，黑龙江人民出版社 1991 年版，第 327 页。

（10728244 公顷）90.7%。

日伪当局掠夺日本移民用地的行径给东北农民造成了深重灾难。失去土地的农民或背井离乡，艰难度日，或留居原地，沦为满拓公社或日本移民的佃户，忍受残酷的剥削。

1939 年，黑河省次长中井久二批准并下令以军事区域为名，驱逐瑷珲县老青屯、叶集屯、梁集屯、托力木 4 个自然屯 150 余户居民、649 人离开原住舍。并采用强制手段，规定在限期内迁至荒草甸子上，建设新屯（即现在的新民屯）。如过期不搬者即用炮弹将房子炸毁，违者严惩①。12 月 1 日那天夜里，当日伪军警逼迫住户搬出住所时，老幼哭的哭、喊的喊，无家可归，东奔西散，尤其是正值腊月寒天，受尽冻饿，搬到新地方房屋土地皆无，再加上换水土，很多人得病死了。

1940 年至 1941 年，密山县九洲屯 160 多户失去土地的农民被日本移民团撵至荒无人烟的深山老林，重新开荒盖房。在失去土地的农民中，还有相当一部分被作为"国内开拓民"强迁到边远地区开荒种地。至 1944 年末，这种"国内开拓民"约有 45000 户。至于留居原地沦为满拓公社或日本移民佃户的失去土地的农民，为数也不少。满拓公社购买土地后，在日本移民尚未到来之际，常把土地出租给当地农民。如第一次武装移民迁入桦川县弥荣村的日本开拓民，1942 年平均每户自耕地 3.5 垧，佃耕地 9.7 垧，佃耕总面积为 3037.9 垧，即耕种面积的 26.5% 是开拓民自己耕种，其余的 73.5% 租给原住民佃耕。总之，无论是背井离乡，还是在原住地沦为日本移民的佃户，失去土地的农民处境十分悲惨。

（2）日本移民剥削和残害中国农民

日本侵略者对向中国东北移民，曾制定了所谓"四大经营主义"的经营方针，即自耕农主义、自给自足主义、集体经营主义、农牧混同主义。这是 1934 年 11 月日本在新京（长春）第一次移民会议上制定的移民经营方针。事实上这一经营方针只是一种欺骗手段，根本无法实现。日本移民一般每户可获得 2 町步的水田、10 町步的旱田及包括其他在内的合计 20 町步的土地。而从事农业经营的日本移民，从日本来到东北农村，由于地域不同、农耕方法的不同，加之劳动力的匮乏，无法经营如此大面积的土地。其结果是他们只得将大部分得到的土地出租给中国农民佃耕，使自身地主化。因此租种"开拓团"土地的中

---

① 孙邦主编：《经济掠夺》，吉林人民出版社 1991 年版，第 766 页。

国农民是大量的。以绥棱县瑞穗村移民团为例，1940年3月（即其迁入东北的第6年后），从已耕地看，移民自营地是1367町步，不过占水田、旱田总面积的32.2%，剩下的67.8%，约2870町步，全都是佃耕地。更有甚者，1941年，仅迁入东北3年的第八次大八浪移民团，自营地仅占总面积的10.3%，其余89.7%的土地全部是佃耕地。1942年3月的调查材料表明，日本移民出租土地，最低者占其握有土地的1/4左右，一般占1/3至1/2，多者占60%至90%，有的高达95%左右。日本移民的所谓"自营地"，也主要是雇佣中国年工、月工、日工生产。如伪三江省弥荣村移民团的301户移民，"自营"土地1250公顷，共雇佣年工400人，日工1.8万人；伪东安省永安屯有移民283户，"自营"土地2727公顷，雇佣年工150人，月工20人，日工9000人。还有一部分移民逐渐脱离了农业生产，从事农业外劳动，如在事务所、医院、训练所、种畜场等各种移民团附属机构工作；而有的则从事完全与农业无关的职业，如土建承包业、搬运业等；更有一些既不从事农业生产，也无其他职业，即游手好闲者。1939年7月对日本第1—4次移民团进行的调查表明，从事非农业的移民户数占移民总户数的比例分别为28.9%、28.2%、21.6%、20.3%，平均20%以上日本农业移民脱离了农业。伪满后期，这种移民团员弃农的情况更加显著。仍以绥棱县瑞穗村移民团为例，其共有移民204户，1939年7月前从事非农业户数为44户，占总户数的21.6%，1939年以后则增加到83户，占总户数的40.7%。这部分移民将分配给自己的土地转为佃租，变成完全坐收地租的移民地主。因此，"四大经营主义"只不过是掩盖日本移民侵略本质的骗术而已。

中国农民是日本移民侵略的直接受害者。由于日本大肆掠夺土地，广大的农民丧失了土地。据日伪当局统计，1940年，"北满"（大体属于黑龙江省地界）16县17屯无地者占63.2%。另据对北部产粮区16县10085户的调查，无地农民达7272户，占农户总数的72.12%，无地农户的增长，使农村的租佃经营和雇工经营有了进一步发展。据统计，伪满前期东北佃农和半佃农约占农户总数的26%，雇农约占30.3%；至伪满后期，佃农所占比例增至34%，雇农更是猛增至49%。在东北北部日本移民集中地区，佃农和雇农增长的比例更快。例如富裕县李地房子屯1934年有农户13户，雇农为5户，占农户总数的33.3%，到1938年农户增至54户，被雇农民则达33户，比例迅速上升到61.1%，比1934年几乎增长一倍。这种殖民地性质的租佃关系和雇佣关系的形成和加深，使中国广大农民不仅承受着日本帝国主义的民族压迫，而且承受着殖民地主的阶级压迫。

日本开拓团不但剥夺了中国农民的土地，而且肆意对中国人进行摧残和杀害。庆安县王机匠屯的榜青户王永宽、孙发等人交不上租，日本人竟以抗租为名，把他们抓到开拓团总部毒打一顿，又到他们家抢走了不少东西，名曰"以物抵租"。王永宽挨打、被抄家后，日本开拓团仍不甘心，又硬撵王永宽搬家，因王永宽无处搬迁，日本人先是用二齿子把他家的房子刨了个大窟窿，又扇他一顿耳光子，然后又扒了他家的锅台。被逼无奈，他只好拖儿带女到外屯借宿。与他同时被驱赶搬迁的共有8家。1943年庆安县的吕占山给日本人扛活。日本人（东家）丢了一匹马，硬说是吕占山偷的，吕占山被打得头破血流，还被送到县监狱关押了27天。侵入庆安的开拓团，除向中国人出租土地，雇长工外，还不时地对中国人进行种种迫害。庆安县发展乡境内，曾有一家姓韩的妇女，路经日本人的土豆地，便捡了几个土豆，被日本人绑在车"脚"子上，扒光衣服，先是用皮带抽，然后任蚊子叮咬，后来好心的乡亲用钱说情，日本人才把她放回。发展乡小蚕场住着日本人，如果有一两个中国人从那路过，就被抓住扔进河沿附近的枯井里，到1945年日本投降时枯井都被尸体填满了。因此，打鱼的、走路的，谁都不敢从那儿过路。1940年秋季，张打头的因家中无粮，到王机匠屯房后日本人的地里瓣了几穗青苞米。日本人发现后，手端带刺刀的枪，边追边刺。张打头被刺得遍体鳞伤，到家后就死了。住在王贵屯的日本人佐藤，丢了一匹马。清早，发现院墙被挖一个洞，马是从洞被盗走的。于是他就把在院墙外住着的张文林、刘仲喜和李炳生三人抓到开拓团总部，严刑拷打，把刘仲喜当场打得昏死过去，扔到小壕沟里①。

1939年五常县朝阳川"开拓团"管房屋修建工程的铃木久因当地农民处于农忙期，忙于自家农活，无力给"开拓团"干工价低廉的苦力，便怀恨在心，听到一家中有人高声谈话，便以策划反对"开拓团"建设工程为名，闯入房中，用三八式步枪将农民李洪玉当场打死。原伪虎林县副县长大濑权次郎后来供述：1943年5月，虎林县清和村移民和邻近的中国和气村农民因土地和伐木之事发生冲突，"开拓团"员便向中国农民开枪射击，当场打死3人，打伤多人，重伤5人，事件发生后，大濑权次郎还威胁中国农民让步，向日本移民赔礼表示和解②。由此可见，"五族协和"和"王道乐土"只不过是骗人的鬼话。

为了更有力地统治中国农民，日本统治者还将农村固有的地主经济和富农经济纳入日本殖民地经济体系中，为殖民统治和经济掠夺服务。虽然在一些地

① 庆安县政协编：《庆安文史资料》第5辑，1992年，第118页。
② 孙邦主编：《经济掠夺》，吉林文史出版社1993年版，第764页。

区部分地主的土地被吞并，变为"满拓"及日本移民的用地，但这并不表明削弱了地主阶级的存在。这部分地主摇身一变成为"满拓"的"土地经理人"，在日本移民尚未移来之际，掌管着土地的出租权和雇工权，是完全依附于殖民统治者的"二地主"，成为殖民统治者的帮凶。1940年，"满拓"共拥有"土地经理人"936名，通过他们控制87755户佃农，仅佳木斯一个地区就有"土地经理人"287名，管辖20397户佃农户。这些人大部分同时还在县、村、屯政权、侦察特务及协和会、兴农合作社等殖民机构中任要职，成为日本帝国主义在农村进行殖民统治的支柱。而广大农民不仅要受移民地主的剥削和压迫，还要受"二地主"的剥削和压迫。1934年，黑龙江省平均地租率为29.1%，1938年上升到40.1%。其中，富裕县李地房子屯1934年地租率为13%，1938年增为29.3%，提高了一倍多；青冈县董家店屯1934年地租率为25%，1938年达45.1%，农民几乎把收成的一半交给了地主。除地租外，农民还要负担各种苛重的捐税。他们每年劳动时间长达11个月，每天劳动十几个小时，劳动量十分繁重，所得报酬却少得可怜。日本移民侵略给东北广大农民造成了最直接的损害。殖民统治与殖民掠夺置广大农民于水深火热之中，人们在繁重的赋税和劳役的压迫下骨瘦如柴，忍饥挨饿，卖儿卖女，四处逃亡，有的甚至被逼自杀，农村的再生产能力遭受到极大的破坏，殖民侵略严重阻碍了生产力的发展。

（3）日本移民也是被害者

日本移民大多数是贫苦的农民，生活在社会最底层的劳动者。在中国人面前，他们虽然有些民族优越感，但大部分移民能与中国农民正常往来，和平共处。尽管如此，他们侵占了中国的土地，役使和剥削了中国人民，变成了日本帝国主义的侵略工具，给中国人民带来了深重的灾难。但是，另一方面，大多数日本移民又是日本帝国主义侵略战争的受害者。移民中的大多数是被欺骗、强征和生活所迫来到中国。到中国后，他们被日本帝国主义用来镇压东北人民，为日本侵略战争生产粮食及充当炮灰。到战争后期，日本移民中的青壮年男子都陆续被调往前线打仗，有幸生还者很少，余下的全是妇女、老幼病残。1945年8月日本战败后，日本政府又置日本移民的生死于不顾。日本移民在慌恐、迷茫、无奈的情况下，有的集体自杀，有的在撤退途中病死、饿死，大量死亡。原日本第二次千振移民团团长宗光彦回忆说："当时的形势极为混乱，移民团团员为了避免战祸都设法逃跑。……但这些逃难者们，有的事前就自杀了，有的在途中渡河淹死了，有的被复仇的人杀死。其中儿童都因行走不便，携带困难，与父母生离死别，逃难他乡。""往方正县方面逃跑的移民团团员，其中400人由于营养不良，体弱多病，又因传染开斑疹伤寒症，死去很多。昭和二十一年（1946年）2月到哈尔滨时仅剩下100余名。同年4月，这批移民到达新京（长春）时，只剩下50来人了。"方正县永建乡的王绍镇老人当时给日本移民当长工，他亲历亲见了日本永建"开拓团"（中国人都叫它"鬼子营"）老小82口集体自焚的情景①；桦川县东宝村的田志说：当时日本移民并非都是自愿死的，有些是被逼自杀和被杀死的。"当地移民本部领导劝妇女儿童自杀，又把不肯自杀的关在一个大房子里烧死。"绥棱县瑞穗村开拓团在日本投降后，开拓团团长手握钢刀，亲自监视着每个团民都把毒茶喝下去，又放火，使自己的尸体都化成了灰烬。事后有人粗略计算一下，仅此一地日本拓团集体自杀的就有160人之多。

日本开拓团入侵中国东北期间，日本移民有很大伤亡，据有关资料记载，日本开拓团及义勇队死亡45985人，失踪45327人，两项占日本移民总数的40.6%。

日本移民最终成为日本侵略战争的殉葬品。而事实是饱受日本帝国主义侵略践踏的东北人民，用他们的质朴的感情和无私的胸怀，向日本移民伸出了援助之手，他们历尽千辛万苦，收养拯救了数以千计的挣扎在死亡线上的日本残留妇女和儿童，体现了中国人民宽大的胸怀与友好和善的品格。

（绥化市抗战损失课题调研组）

（十）东北沦陷时期日军在黑龙江地区建立"集团部落"、实施"归屯并户"、制造"无人区"造成的人员伤亡和财产损失情况

实施"归屯并户"、建立"集团部落"、制造"无人区"，是日本帝国主义在东北沦陷区推行殖民统治政策时，为消灭东北的抗日武装力量，切断抗日武装与人民群众的血肉联系而进行的罪恶活动。日本侵略者指使日伪地方当局和军警，用烧光、杀光、抢光的"三光"政策，强迫分散居住在抗日武装活动地区的民众离开原住地，迁往指定的地方集中居住，建立由军警宪特严密控制的"集团部落"（即大的武装村落，也称之为"人圈"），烧毁原住地村屯，制造

---

① 孙继武、郑敏主编：《日本向中国东北移民的调查与研究》，吉林文史出版社2002年版，第384页。

"无人区"。这一罪恶活动给沦陷区人民带来深重灾难，造成了巨大的人口伤亡和财产损失。根据日伪时期有关"集团部落"的档案材料、口碑资料以及进行较详细的调查研究，我们将东北沦陷时期黑龙江地区日本侵略者建立"集团部落"、实施"归屯并户"、制造"无人区"的情况概述如下。

1. 日本侵略者推行"归屯并户"、 建立"集团部落"、制造"无人区"概况

1931 年日本武装侵占东北激起东北人民的强烈反抗，东北各民族、各阶层人民建立起各种抗日组织，展开了轰轰烈烈的武装抗日斗争。东北抗日义勇军和东北抗日联军的武装抗日，沉重打击了日本侵略者，威胁着日本的殖民统治。于是日本侵略者调集大批兵力疯狂镇压东北抗日武装力量。但是，单纯的军事"围剿""讨伐"并没有消灭东北抗日武装力量，抗日武装却在人民群众的支援和帮助下异常活跃，迅猛发展。为彻底根除东北抗日力量，日伪统治者采取了"治标"（即武力"讨伐"）和"治本"（所谓"匪"民分离）相结合的办法，实行以关东军为中心，集日伪军警与行政于一体的"治安肃正"。在"治本"工作中，建立"集团部落"、设立"无人区"，被日伪统治者视为根绝抗日武装力量，实现"匪"民分离目的的最重要、最有效的措施。

所谓"集团部落"，就是在指定地区，按照日军特定规模和结构修建的具有政治统治和军事战略作用的特殊的集团村落。无数群众是在日军刀枪下被迫离开世代居住的家园迁入到部落里的，他们在日伪军警严密控制下，受到法西斯集中营式的统治。因此，"集团部落"与一般村落的最大区别在于其自身所具有的警防作用。

东北地区实施"归屯并户"、建立"集团部落"政策最早在抗日武装较活跃的伪间岛省的延吉、和龙、珲春 3 县进行，收到实效后，被日伪当局倍加推崇。1932 年 12 月 3 日，伪民政部发布了《民政部关于集团部落训令》，明令规定："将星散住户量为整理，使之结成互相联络之集团部落"①，加以集团化，配之以强有力的防卫设施和适当的警备力量，切断抗日武装赖以存活的粮食补

---

① 《民政部关于建立集团部落训令》（1932 年 12 月 3 日），载中央档案馆、中国第二历史档案馆、吉林省社
会科学院合编：《日本帝国主义侵华档案资料选编·东北"大讨伐"》，中华书局 1991 年版，第 174 页。

给，以实现村民和反日军队的彻底分离，并将抗日武装活动地区分为"匪区"（即"无人区"）或"半匪区""准半匪区"。凡"匪区"内不得居住居民，原住民一律迁到"集团部落"，"半匪区"内也严格"限制居住"，经审查允许居住者必须持有警察机关颁发的"许可证"。于是集中营式的"集团部落"建设在抗日武装活动地区大规模残酷地推广开来。

日伪当局在东北建立的"集团部落"从规模结构上大体分为以下类型：一是规模较大，占地5—6垧，纵横约300米（也包括伪汤原县太平川600×660米的特大型部落），形状呈矩形，可容纳200—300户。部落筑有土墙、铁丝网、壕沟，部落内建有部落办公室、操场、学校，自卫团、警察所位于部落中心，部落四角设有炮楼。该类型部落警备设施齐全，军事功能较强。二是规模百米见方，能容纳100户左右，此类型较多见，内外部结构设施大体同上一类型。如伪滨江省1935—1938年建设的部落，集团户数最大在200户，最小在120户①。三是规模较小，能容纳20—50户，屯周围圈起围墙，一般情况是警备设施不健全，形式简单粗陋，为日伪当局称之谓"聚家部落""小部落"或"屯基"。

在抗联活动的游击区，伪满有关省份根据伪民政部训令制定了相应的"集团部落"建设计划，并加速实施。1936—1937年是"集团部落"建设的高峰期，截至1939年日伪在东北共建13451处各种不同类型的"集团部落"②。

伪满洲国建立后，1934年10月将原有东北四省制增设为14省，即伪奉天、吉林、滨江、龙江、锦州、安东、热河、三江、间岛、黑河及兴安东、兴安南、兴安西、兴安北省。1937年7月增设通化、牡丹江两省。1939年5月又增设北安、东安省。1941年7月又增设四平省。在现今黑龙江地区主要包括伪滨江、龙江、三江、黑河以及后来设置的伪牡丹江、北安、东安省。

日伪统治时期，黑龙江地区是东北抗日联军抗日活动较为活跃的地区，抗联第三至十一军在这里沉重打击了日本侵略者。因此，日伪当局在上述黑龙江地区所属省、县广泛推行了建立"集团部落"政策。这里重点阐述的是黑龙江地区抗日武装较为活跃的，也是日军开展"归屯并户"、建立"集团部落"、设立"无人区"极为典型的、有代表性的伪滨江、三江两省的情况。

伪满14省下的伪滨江省包括1旗27县，即伪阿城、宾县、双城、五常、珠河、苇河、延寿、呼兰、巴彦、木兰、肇东、肇州、兰西、东兴、安达、青

---

① ［日］《滨江省集团部落建设进展》，载《满洲评论》第10卷第23号，1936年。

② 姜念东等：《伪满洲国史》，吉林人民出版社，1991年版，第206—208页。

岗、东宁、穆棱、宁安、密山、虎林、望奎、海伦、绥棱、绥化、庆城、铁骊、郭尔罗斯后旗。

1936 年 7 月前，黑龙江地区"集团部落"建设主要在伪滨江省重点实施，其中哈东五县（双城、五常、珠河、阿城、宾县）以及东宁、宁安、穆棱、密山、虎林县是伪滨江省实施的重点县。据统计，到 1937 年"集团部落"达 3384 个，位居伪满 14 省之首。

1936 年 4 月，日伪统治者制定了所谓《满洲国三年治安肃正计划大纲》，将建设"集团部落"的重点放在抗联活动较活跃的伪三江、滨江、吉林、间岛等省，对战斗在松花江下游的抗联 8 个军实行重点军事"讨伐"，即"三江特别大讨伐"，其"集团部落"的修筑也随之移向三江地区，并在抗日游击区短时间内迅速完成了制订"集团部落"建设的计划。

伪满 14 省下的伪三江省包括 14 县，即伪方正、依兰、抚远、同江、富锦、桦川、通河、汤原、萝北、绥滨、宝清、勃利、抚远、饶河。

伪三江省的"集团部落"建设，1936 年以饶河、依兰、汤原三县为重点，时年度全省 13 县（不包括抚远县）建立 83 个"集团部落"。1937 年 7 月，随着"三江地区特别大讨伐"，伪三江省治安维持会以所辖方正、依兰、勃利、汤原和桦川县 5 县为重点地区，综合实施各项治安肃正工作，并提出伪三江省采取的方针是"重要街镇以外的农户，原则上都要收容到集团部落之中"①。1937—1939 年的"集团部落三年计划"，使伪三江省的"集团部落"数量达 578 个②。

日伪当局在抗日武装较为活跃的黑龙江地区实施残酷的"归屯并户"，建立"集团部落"，造成了巨大的人口伤亡和财产损失。据 1938 年 10 月日伪统计，在黑龙江地区的伪三江、滨江、龙江、牡丹江、黑河省，1935—1937 年的"集团部落"数量达 5000 余个③。强制推行过程中日伪军警烧杀抢掠，无恶不作。据《新京日日新闻》报道，仅在 1937 年一年间，伪三江省日伪军警频繁出动摧毁山寨 1143 个④。

---

① 《三江省特别治安肃正过程中的归屯并户情况》，载中央档案馆、中国第二历史档案馆、吉林省社会科学院合编：《日本帝国主义侵华档案资料选编·东北"大讨伐"》，中华书局 1991 年版，第 435 页。

② 《三江省特别治安肃正过程中的归屯并户情况》，载中央档案馆、中国第二历史档案馆、吉林省社会科学院合编：《日本帝国主义侵华档案资料选编·东北"大讨伐"》，中华书局 1991 年版，第 427 页。

③ 郭素美、车霁虹主编：《日军暴行录·黑龙江分卷》，中国大百科全书出版社 1995 年版，第 238 页。

④ 《新京日日新闻》1938 年 7 月 14 日。

2. 日本侵略者在伪滨江省、三江省"归屯并户"、建立 "集团部落"、制造"无人区"的罪行

（1）伪滨江省哈东地区"归屯并户"造成的人口和财产损失

1）帽儿山蜜蜂村被烧毁 56 个村屯

哈东地区是东北抗日武装活动的重要游击区，也是日伪当局"归屯并户"、制造"无人区"的重点地区。1936 年 5 月，伪滨江省公署召开省区内的 17 县 1 旗的参事官会议，针对帽儿山地区治安状况，决定成立哈东五县（双城、五常、珠河、阿城、宾县）联合治安肃正办事处，即帽儿山办事处，由伪滨江省警务厅属官野崎茂作任处长。

哈东五县治安肃正办事处成立后，为割断抗日武装与人民群众的联系，强行"归屯并户"，建立"集团部落"，制造"无人区"，日伪当局仅在办事处所辖地区的蜜蜂、张家店、喜家店、老道沟、六里地、庆丰、庆喜、杨家街、庆业、双马架等处就建立了 10 余处"集团部落"，毁灭周围村屯 56 个，约在 50 公里的范围内制造"无人区"。

帽儿山办事处采取了武力烧杀的残忍手段强制推行"集团部落"建设。1936 年 6 月办事处的日伪警察出动全部人员到蜜蜂村南大沟"归屯并户"，居住在南大沟的农民被日伪警察刀枪逼迫赶到蜜蜂村大街上，人们被圈在一起，日本警察扬言："南大沟里有抗日军，在沟里住的人都要搬到蜜蜂村街上来住，如果谁再住在沟里，就往沟里放毒瓦斯，把你们统统毒死！"说完就从沟里往外赶人。不久，日伪警察又到蜜蜂村，他们手举火把见房就烧，将南大沟里的房子全部点燃，据被害人杨桂云亲眼所见，南大沟烧毁的房屋就有 120 多户①。

据韩景昌供述："1936 年 8 月中旬，帽儿山联合治安肃正办事处处长野崎茂作指挥其部下武装警察和自卫团，去蜜蜂、三于家、张家店、大青顶子、板子房、青龙山一带烧毁和平村庄。因我当时是自卫团总，我不但亲眼所见，而且还直接参加了这种罪恶活动。我记得那次去有 60 余名警察，我带 40 多名自卫团员配合。仅在那一次烧了 300 多户 700 多间房子。除此，联合办事处搜查

---

① 《建立集团部落概况》，载中央档案馆、中国第二历史档案馆、吉林省社会科学院合编：《日本帝国主义侵华档案资料选编·东北"大讨伐"》，中华书局 1991 年版，第 173 页。

班经常在外边烧房子，在蜜蜂和帽儿山一带有4000多户，绝大部分被烧，将该地区的群众逼得东奔西散，无家可归。"①

由于哈东五县办事处在帽儿山地区实行烧光、抢光、杀光的毒辣政策，帽儿山地区的张家店、老道沟等56个村屯的民房全部被烧毁，变成了无人居住的废墟，3000余户1.5万余人失去住处，其中被迫搬进"集团部落"的1000余户，余下的2000余户饥寒交迫，四处逃亡。此次洗劫，烧毁房屋6000多间，荒芜耕地1.2万余垧②。野崎茂作战后供述："为了制造无人区，我曾命令部下烧毁了大量房屋，仅在蜜蜂地区就烧毁了6500余间，并驱逐了大批中国和平居民，使他们没有东西吃，没有地方住，流离失所、无家可归。同时还指使所属在蜜蜂村逮捕了杜忠臣以下35人，对他们进行殴打、灌凉水、上大挂等酷刑，拷问后，其中1人被酷刑致死，5人被杀害。"③

日本侵略者建立"集团部落"制造"无人区"，手段极其狠毒，在"无人区"不仅房屋烧成灰，就连寺庙也没能幸免。据原伪阿城县警务科翻译于义臣证词：1936年秋，伪阿城县警务科在料甸子沿山一带施行"集团部落"暴政，在巡查"集团部落"并屯情况时，见靠山隐匿的三五户10余间房子未搬，当即将房屋全部烧毁。随后，料甸子警察署警察和自卫团在所辖山区四和尚庙，将20多间庙房全部烧毁，不给抗日武装留下丝毫存身之处④。

蜜蜂村被毁灭村庄损失情况统计表

村屯名	户数	人口	房屋（间）	土地（垧）	村屯名	户数	人口	房屋（间）	土地（垧）
张家店	80	300	155	350	老母猪屯	50	200	100	200
喜家店	105	420	200	500	三分所	27	90	50	108
霍家店	70	250	140	280	献县屯	26	95	50	110
老道店	140	500	280	540	五甲东沟	90	360	180	360

① 《韩景昌笔供》（1956年3月10日），中央档案馆、中国第二历史档案馆、吉林省社会科学院合编：《日本帝国主义侵华档案资料选编·东北"大讨伐"》，中华书局1991年版，第159页。

② 《张连发等人控诉书》（1956年3月5日），载中央档案馆、中国第二历史档案馆、吉林省社会科学院合编：《日本帝国主义侵华档案资料选编·东北"大讨伐"》，中华书局1991年版，第163页。

③ 《最高人民法院军事法庭对野崎茂作犯罪事实的庭审调查记录》（1956年7月11日），中央档案馆、中国第二历史档案馆、吉林省社会科学院合编：《日本帝国主义侵华档案资料选编·东北"大讨伐"》，中华书局1991年版，第156页。

④ 《于义臣检举书》（1954年5月18日），载中央档案馆、中国第二历史档案馆、吉林省社会科学院合编：《日本帝国主义侵华档案资料选编·东北"大讨伐"》，中华书局1991年版，第201页。

村屯名	户数	人口	房屋（间）	土地（垧）	村屯名	户数	人口	房屋（间）	土地（垧）
三姓沟	30	120	60	120	老爷岭	80	320	160	320
刘涣沟	25	100	50	100	彭老祖沟	36	140	70	140
红旗杆庙	30	120	60	120	金麻子沟	25	100	50	100
罗圈场子	23	90	46	96	胡家沟	20	80	40	80
棒锤砬子	27	120	54	103	玉福亭沟	30	120	60	120
大猪圈屯	40	160	80	160	方家屯	26	100	50	104
套子房	36	140	70	140	迷魂阵沟	30	120	60	120
东红石砬子	20	80	40	80	老佛堂沟	50	200	100	200
东五甲	20	80	40	80	十三保	135	530	270	545
将杆岭	30	120	60	120	杨家街	50	200	100	200
西蜜蜂园子	40	150	80	160	夏家沟	60	240	120	240
东蜜蜂园子	65	260	130	260	老道沟	80	320	160	320
西五甲	70	280	140	280	毕家沟	70	280	140	280
板子房	35	120	70	120	凉水泉子	80	320	160	320
土山头	55	220	110	220	老龙头	110	440	220	440
赵货郎沟	85	320	170	340	三股流	200	800	440	800
双马架	40	160	80	160	张家菜园子	30	120	60	120
三九天	23	90	46	92	扈家沟	30	120	60	120
半截河	120	450	240	480	大荒顶子	120	480	240	480
土豆甸子	120	450	240	480	二荒顶子	100	400	200	400
西红石砬子	40	130	80	160	扒火岭	80	320	160	320
红庙沟	20	80	40	80	张相跃岭	85	340	170	340
北石场	30	120	60	120	计54屯	3219户	12585人	4101间	12948垧
两撮毛	80	320	160	320					

此表见《张连发等八人控诉书》（1956年3月5日），载中央档案馆、中国第二历史档案馆、吉林省社会科学院合编：《日本帝国主义侵华档案资料选编·东北"大讨伐"》，中华书局1991年版，第164页。

2）五常四合川"杀大沟"

日军占领东北后，五常县小山子、冲河、沙河子、四合川、向阳山等山区的抗日军民，以深山密林为依托，以分散居住的山区百姓为后盾，开展游击战争，不断打击日伪军事力量。为摧毁山区抗日军民的相互支援和割断鱼水联系，日伪军警进行了残酷的"归屯并户"，在五常东南山区见房就烧，见人就杀，其中最为震惊的是在四合川的"清沟"行动，老百姓俗称"杀大沟"。

四合川位于五常县东南部，老爷岭北麓的一个山区盆地，占地面积1140平方公里。这里多是关内躲避饥饿战乱闯关东逃荒的散户，他们三三两两，依山择地而居，从事着农牧渔猎业。1935年5月，日军第三十八联队以及伪警察、自卫队，共计3000多人，全副武装来到四合川，进行拉大网式的篦梳山林，实施"清沟"杀人。先是几架飞机在四合川上空飞过，随后而来的日本兵，见房就举火烧毁，见人就开枪射杀，见到鸡猪牛马就抢掠。深山老林燃起团团烈火，群众凄惨的哭喊声，鬼子的狂吼声，枪声以及烈火的噼啪声混在一起，震荡山谷。

在四合川中部，有一个十几户的小屯，叫三人班，猎户韩宝一家12口人全部被杀害。石头河子屯张万富一家老少三代23口人，被日军枪杀在沙河子日本兵营北部的树林里。四合川北部一处20余户的山村，名保龙殿，有民间传说曾是清祖努尔哈赤的降生地，但这里也难逃日军的熊熊大火。

在日军疯狂地"杀大沟"毁灭山区百姓家园时，人们被迫跑到山林中躲藏，然而为将四合川变成"无人区"，把川内百姓斩尽杀绝，日伪军警在山口要道驻军设卡，拦截过往行人，并诱使百姓出山，然后当即杀害，无人幸免。

四合川"杀大沟"行动，死难者1000多人。在三岔河一个大坑内就有200多具尸首。三人班附近的3个大坑里有尸首500多具。据不完全统计，全县在日本侵略者实施"归屯并户"中，有6900多间民房被烧毁，2100户家破人亡。当时20多万人口的五常县（不包括拉林，属双城县）死难者1.1万多人，五常县60%的土地2900平方公里成为"无人区"[①]。

（2）伪三江省汤原县"归屯并户"人口和财产损失

1936—1937年，日本侵略者在抗日武装活动频繁的"地皮红透三尺"的伪汤原县境内的黄花岗、吉祥村、永昌屯、东江沿、施家亮子、五保、二保和太平川建立了8处"集团部落"。在推行"集团部落"建设中，日本侵略者在抗日游击区，强迫偏远地区和分散居住的农民"归屯并户"，迁到指定的部落居住，对原有的村庄实行烧光、杀光、抢光的"三光"政策，制造"无人区"，

---

① 李志新、李兆巍：《侵华日军在五常制造"无人区"的罪恶》，载《龙江党史》1997年第4期，第40页。

以此达到隔断人民群众和抗日武装联系的目的。

1) 汤原太平川"集团部落"

汤原太平川"集团部落"是日伪统治中国东北期间一处规模较大、比较典型的部落，该部落位于汤原县城东 35 里处。

太平川在"归屯并户"前有 500 余户人家，日伪当局为切断抗日武装与人民群众的联系，以太平川屯为基础，在东西宽 600 米、南北长 660 米的范围内建立"集团部落"。太平川屯西部 300 余户 1800 余间民房和大量粮草、家具等全部被烧毁，东部民房全部被扒掉，仅中部 10 余户住地被划进"集团部落"的范围内。太平川周围远至 17 里、近至 3 里范围内邻近的齐家屯、姜家屯等 12 个村庄的居民一律并入太平川"集团部落"（详见太平川地区实施归屯并户所造成的损失统计表）。

1936 年 11 月和 1937 年 2 月，日军在太平川进行两次大规模清乡圈屯行动，制造无数起骇人听闻的血案。

残忍的日军端着上了刺刀的大枪，挨家逐户清查，对拖延和反抗归屯并户者实行残酷的杀光和集体抓捕。一些民众不愿离开家园拒绝搬迁，便被抓进县城日军守备队施以各种酷刑折磨至死，或被集体扔进井中活活淹死。

日军在太平川"归屯并户"中，将 20 多人推下前孔家井里；有些井内发现的尸体是被日军杀害后扔进去的，董家大井紧靠在一堵垡子墙下，归屯时没人知道井里埋着人，天长日久，见墙根井旁总有野鸡逗留，并且飞下去啄食，人们下去探查，才发现井里石坎下埋有 6 具尸体。安洪富家大井扔有七八具尸体，此外黄有井中也埋有尸体①。

距太平川 3 里远只有 15 户人家的刘盛金屯农民不愿搬迁到太平川，日军守备队就将全屯的男女老少驱赶到村头场院，用木棒逐个毒打被迫跪在地上的群众，人们被打得头破血流，皮开肉绽。日军放火点燃所有房屋，刘盛金屯的百姓无奈被赶进太平川部落。

刘盛金屯的刘奎昌拒绝并户，日军火烧刘奎昌的房子，并用机枪扫射刘家房屋，刘的妻子和女儿趴在炕沿下躲避枪弹，母女俩虽躲过日军的枪弹，却因惊吓成疾，不久就病死了。日军驱赶全屯人到村头场院时，农民刘其昌的妻子正在产期，日军惨无人道地把她赶到场院，让她跪在地上并凶残地毒打，日军撤离后，她卧床不起，悲惨死去。

---

① 政协黑龙江省委员会文史资料研究委员会编：《不能忘记的历史》，黑龙江人民出版社 1985 年版，第 192 页。

在日本侵略者推行"集团部落"建设中，东北抗日武装及地下反日组织、救国会积极抵抗"归屯并户"，采取多种形式的斗争。中共汤原县委委员康正发等人在黄有屯秘密联络群众，进行反对将黄有屯归并到太平川"集团部落"的斗争。1937年农历春节，天还没亮，日军严密包围黄有屯，敲门砸窗，挨家抓人，除了女人和孩子，全屯男人都被驱赶到李长顺场院，打骂之后，将其中康正发、丛凤林、王长富等40余人押往太平川日军守备队。被抓者受尽酷刑，十人九不还，有的被活活拷打致死，有的被拉到汤旺河塞进冰窟窿里。据康正发之弟康雨亭控诉："日军驻太平川守备队于伪康德三年十二月间在黄有屯将康正发逮捕，同时被捕的有与抗联有关系的刘海龙、刘海清、刘海富兄弟三人，在太平川关押数日后送汤原县日军守备队，康正发被活活拷打致死，刘海龙等兄弟三人被秘密杀害。"① 黄有屯被日军烧毁后，全屯百姓被逼无奈并入太平川"集团部落"。

日军修筑太平川"集团部落"动用民工4500余人，修筑围墙高9尺，宽6尺，长达2532公尺，墙内筑有二层台阶，墙外挖有1.5公尺深、3公尺宽的水沟，水沟外安设5尺多高的铁丝网。太平川筑有大小炮台9个，分布在部落四门（每门一个）、围墙四角（每角一个）和部落中心（一个）。太平川周围12个村庄的居民，除部分逃散他乡外，有270余户被赶入太平川部落，周围村屯全部被扒掉或烧毁②。

日本侵略者对并入太平川"集团部落"内的居民实行残暴的法西斯殖民统治，部落内设有伪警察署、拘留所，配备10人以上的武装警察，并驻有日本守备队、治安队。部落内实行严格的保甲连坐制度，组建伪自卫团。伪警察和伪自卫团一方面担负部落的防卫，同时还进行户口调查，收集民情、岗哨盘查等活动，协助武装"讨伐队"搜查部落内的通"匪"者和所谓的"潜伏匪"，即反满抗日地下工作者。

被赶入"集团部落"的居民受到严格控制和监视，毫无人身自由。日伪当局为使"匪"民分离，对部落居民中16—60岁的男子采取指模，进行指纹登记，以此作为分辨"匪"民的重要凭据。部落内无论男女，凡12岁以上者都发给居住证、通行许可证、携带物品许可证、购物证等，随时受到军警宪特的检查。

部落内三五人不得结群走路和谈话，夜间不准插门、点灯、说话，警察特

---

① 中央档案馆档案材料。
② 最高人民检察院调查员于德和1956年12月关于太平川村"集团部落"的调查报告。

务经常潜在居民房前屋后暗查偷听。如荣德库，天刚一黑，躺在炕上和家人闲唠，被偷听的警察发现，警察闯进屋里严加盘问、毒打。警察特务两天一查户口，三天一查夜，并规定外出、来客必须到警察署报告，经批准后才能外出或留宿客人，否则以所谓通"匪"、思想不良等加以毒打和拘禁，并且实行日出群集一起外出劳动、太阳偏西日本旗落必须归宿。农民李仁外出办事回来时部落四门紧闭，被警察抓住，关押在炮楼里。

日本守备队在部落内无恶不作，奸淫烧杀。据张和等11人控诉："日军守备队在太平川竭尽残暴，昼夜侵入百姓居室，强奸妇女。张禄之妻被日军强奸致死；汪某之妻被7名日军轮奸后，夫妻被迫逃散在外，至今没有下落"。太平川居民刘萧氏控诉："日军毫无人性地残害和污辱妇女，在太平川东门外刘正刚的女儿就被日军强奸了"①。

太平川"归屯并户"给人民造成了苦不堪言的灾难。首先是耕地的迅速减少甚至大量荒芜。太平川归屯并户时荒芜土地4000多垧，人们被集中在部落内，耕地又被严格限制在部落附近的一定区域，难以满足部落内众多农业人口的需要。其次是严重缺粮造成群众饥饿而死。日伪当局在推行"归屯并户"时往往采取突然袭击的办法，许多人来不及带上口粮，大批粮食连同房屋被日军一并烧毁，以致许多人归屯后因无粮可吃被活活饿死。部落内的民房极少数是归屯前筑成的，迁往部落内的农民多数没有住房，只得在露天地搭起小草棚安身，有的挖个地窖子（半洞穴式的简易房屋），阴暗潮湿，风吹雨淋，染病死亡者甚多。"集团部落"中的各项设施都是以部落居民的义务劳动进行的，部落内的青壮年被迫编入伪自卫团或警备班，参加义务性的军事训练和各种劳役。部落内的农民平均每年每户被强征劳工30余次，每年还要付出约300吨粮食的杂税。而那些被迫流散，走死逃亡者，境遇则更加悲惨。

2) 汤原西二堡"归屯并户"惨案

西二堡（今裕德乡）又名刘侉子屯，位于汤原县城东70余华里。西二堡原是伪满保甲制的行政区划，下辖5甲，主要包括刘侉子屯、于家沟、卯家街、毛家街、尚家街、套子里、高殿元等村屯。1936年改西二堡为裕德，但人们仍习惯称其西二堡。这里依山临水，地理环境复杂，群众条件好，抗联第六军经常在这一带开展游击战争。

1937年冬，日本侵略者为切断抗联与民众的联系，在西二堡地区实行"归

① 《刘萧氏控诉书》（1955年4月13日），载中央档案馆、中国第二历史档案馆、吉林省社会科学院合编：《日本帝国主义侵华档案资料选编·东北"大讨伐"》，中华书局1991年版，第200页。

屯并户"，计划烧毁于家沟、毛家街、尚家街、套子里、高殿元等村落，将该地区百姓聚集驱赶到西二堡屯和卯家街（今加兴）居住，并在这两个部落周围建立9个日本移民开拓团，形成包围之势。

据农民赵世德、刘子臣讲述："伪康德四年初冬（1937年12月），从鹤立来了百余个日本兵"[1]，同西二堡日本守备队300余人，全副武装，分东西两路，向西二堡周围各村屯扑来。

东路日军自西二堡出发，从大脑山直扑于家沟、卯家街。日军所到之处鸡飞狗咬。人们从睡梦中惊醒，杂沓的皮靴声和鬼子的谩骂声交织在一起，惊慌中人们还没有穿好衣服就被集中赶到李宗哲家院子里。逃跑的人被陆续抓回来，躲在屋内的居民被赶出来。

在李宗哲家场院里，混乱的人群被日军用刺刀逼着站成两排，日军在人群中将赵景春等8人拖出，毒打一顿后用铁丝捆住穿成一串，连同从于家沟、大脑山抓的14人一起押往西二堡守备队。

与此同时，西路日军自西二堡出来后，向南直扑高殿元屯，然后向北回经套子里和尚家街，一路烧杀抢掠，所到之处房屋葬身火海，百姓尸横遍地。

在尚家街，一声惊呼："鬼子来了！"宁静沉睡的尚家街立刻变得一片混乱。据永发乡红旗大队的于跃江控诉："日本人烧尚家街，我住在尚家街东头。日本鬼子进屋后用刺刀把门帘挑开，妇女和孩子逼到一边，我那年11岁，父亲、伯父、舅父被绑上逼到乔三矬子家烧死了。"

日军将尚家街70多名被抓来的农民（壮年男性）分别关押在乔三矬子、白桐林、老丁家房子里，房门用木杠顶住。尚家街的妇女及孩子哭喊着涌向这3座房子，她们哭天喊地，哀告日军发发慈悲，放了她们的男人。然而兽性的日军在这3座房子附近架起机枪。突然，日军将房子用火点燃，留在院内的妇女和孩子哭叫着，向关押着亲人的房子冲去，日军将她们团团围住，用刺刀把她们逼回院中。大火吞噬着房屋，关在屋里的人们在烈火中齐心破门窗向外涌，这时，封锁房子的机枪响了，房内房外一片大乱，人被焚毁的惨叫声，妇女孩子的哭喊，房屋燃烧的噼啪声混成一片，好不凄惨。房内70余人全部葬身火海[2]。

日军驱散了悲恸欲绝的妇女孩子，押着王宝坤等10人，逼着李德山等十余

---

① 《血洗鹤立"西二堡"》，载《鹤岗工人报》1964年2月8日。

② 政协黑龙江省委员委文史资料研究委员会编：《不能忘记的历史》，黑龙江人民出版社1985年版，第154页。

人套上马车，返回了西二堡守备队。惨遭洗劫的当天夜里，妇女、儿童和老人顶着夜晚呼啸的风雪，相互照顾着向鹤立和西二堡走去。

尚家街的火熄灭了，被烧死的人有的在炕洞里；有的在锅灶里；有的头插进水缸里；有的相互抱在一起，横躺竖卧，惨不忍睹。

惨案并没有结束。东西两路日军共抓来群众32人，被关进西二堡日军守备队司令部院内。翌日晨，日本守备队、警察特务、伪自卫团全部出动，押着用铁丝拧在一起的32名群众，朝距西二堡二里远的车喜云家多年不用的18丈深的大井（也称北井）走去。

据当时伪自卫团员赵喜证词："往北井送人时，我在西南炮台站岗，两人拧在一起。"车家废井周围布满了日军，他们端着上了刺刀的大枪。当32名群众被推向井边打开铁丝后，日军凶狠地用刺刀逐个从农民的背后扎进胸膛，然后挑进井里，32名无辜百姓无一幸免。在第31位遇难者被日军挑入井中时，他顺势紧拽日本兵的枪，想同日军同归于尽，吓得日军松开了手，枪掉到了井里。最后一位遇难者是一未成年的半拉小子，日军谎骗他："用绳子把你送到井里，把枪拿上来就放你回家"。然而，当他把枪拿上来后，没等站稳脚跟，就被日军一刺刀挑进了井里。

据统计，日本侵略者在西二堡残暴杀害了120余名同胞①，烧毁村屯和房屋，给百姓造成巨大的人员伤亡和财产损失。

3）疯狂制造"无人区"

日本侵略者为消灭抗日武装力量，在汤原县疯狂制造"无人区"。对"归屯并户"中抵抗的民众或发现部落内有与抗日武装来往者，以物资援助者均施以疯狂报复，血腥屠杀。

① 汤原四合村"无人区"

汤原四合村是一个仅有几十户人家百余人的小村落，该村农民秘密支援抗日武装，因此，抗联经常来往此地。日本侵略者为消灭抗日武装，实施"归屯并户""无人区"计划，妄图把四合村变成烧光、杀光、抢光的"三光"地区。

1936年冬，全副武装的日军在夜深人静时，杀气腾腾奔赴四合村，封锁村内交通要道，手持火把的日军将村内所有的房屋点燃，火光映红了黑夜，四合村的村民在烈火中惊醒，有的逃离火海，有的被大火吞噬，其中63人在睡梦中被火活活烧死在屋里；而逃离房屋的村民47人遭到日军的逮捕，施以残酷的刑

---

① 政协黑龙江省委员会文史资料研究委员会编：《不能忘记的历史》，黑龙江人民出版社1985年版，第159页。

罚折磨，最后全部被屠杀；另有十几名村民慌忙逃离火舌吞噬的房屋后，在逃亡他乡途中因未来得及穿衣服而被冻死。四合村的房屋、粮食、家具等全部化为灰烬，家禽、牲畜被日军抢劫一空，四合村变成了"无人区"，2160 余垧土地也随之荒芜[①]。

② 汤原西北沟"火烧围子"

1938 年，日伪当局在汤原县正阳乡西北沟一带进行"归屯并户"，将附近各屯都并到刘长永屯，在那里四周建起了高 2.7 米，宽 1 米的围墙，设有东西大门。

这年秋天，西北沟地下党组织为确保抗联战士入冬前穿上棉衣，秘密发动刘长永屯的群众给战斗在北山里的抗联六军做棉衣 60 套。被伪警发现后，日本守备队对这里的群众进行疯狂报复。日军迅速包围刘长永屯，架起机枪，封锁所有要道，然后放火烧屯。浓烟四起，烈焰升腾，仅两个小时，刘长永屯变成了一片废墟，百姓流离失所。

日军为了镇压人民的反日活动，恫吓群众，用刺刀扎死了为抗联做 15 套棉衣的赵裁缝，又将与抗联有联系的抗日救国会会员高福全等 3 人绳捆索绑，用汽车拉到竹帘的松花江上塞进冰窟窿里活活淹死[②]。

在汤原县正阳乡南向阳村西四里处有一片黄草甸子，那长 520 米、宽 430 米的村屯遗迹，就是被日军"归屯并户"后又毁于烟火的刘长永屯，人们称其"火烧围子"。

(3) 伪三江省桦川县"归屯并户"人口和财产损失

桦南县位于黑龙江省东北部。东北沦陷时期属于伪三江省桦川县和依兰县，1946 年桦川县南部设桦南县。据解放后桦南县政协文史办统计，1937—1938 年，日伪当局在桦南县建立了 170 个"集团部落"，在"归屯并户"中，日军烧毁村屯 120 余个；烧毁或拆掉民房 2.4 万余间；被杀害、冻饿而死的群众 1.3 万多人；荒芜耕地 2100 多垧；伤害牲畜 4800 多头[③]。

该县土龙山地区（旧依兰）是抗日武装的重要游击区，这里曾经举行过规模浩大的农民暴动，在"归屯并户"中日军对该地区的民众恨之入骨，实施疯狂报复。

---

① 《日伪时期的集团部落》，载《伪皇宫陈列馆年鉴》，1984 年，转引自郭素美、车霁虹主编：《日军暴行录·黑龙江分卷》，中国大百科全书出版社 1995 年版，第 255 页。

② 政协黑龙江省委员会文史资料研究委员会编：《黑龙江文史资料》第 22 辑，黑龙江人民出版社 1985 年版，第 203 页。

③ 政协黑龙江省委员会文史资料研究委员会编：《不能忘记的历史》，黑龙江人民出版社 1985 年版，第 198 页。

按照日伪当局的规划，伪桦川县河北黑嘴子山屯将并到湖南营。一天，从湖南营来的日本人通告河北黑嘴子山屯：限第二日全屯人必须搬到湖南营去，如果不搬，房子统统烧掉。据农民柳春满控诉："当时正是数九天，全村人心惶惶，有的拴车备马准备逃跑，有的烧香念佛祈天保佑。第二天，太阳刚偏西，一辆满载日本兵的汽车开进屯子，他们端着上了刺刀的大枪，拿着沾了汽油的火把，挨家烧房子。全屯 27 户 32 座房子被点着了，火苗被风一吹，窜起一丈多高，越烧越旺，不断发出噼啦啦响声，人们站在村外眼巴巴瞧着，谁也不敢去救，大火直烧到日头下山。日军撤离后，人们才跑回屯里救火，哭喊着从火堆里扒衣物粮食，有人又在屯里搭起小草棚暂时安身，在冻饿恐惧中熬过了漫长的黑夜。可是，次日下午又来了一汽车日本兵，日军看农民又回来住下，更加恼怒，再次把没有烧完的房屋和柴草垛全部点燃。至此，全屯 79 间房屋、270 多石粮食全部烧毁，烧死耕马 7 匹、牛 6 头、车 2 辆。"①

1937 年冬，日军在桦川县冷家沟进行"归屯并户"，人们不愿搬迁，拖延不走。这一天，满载日本兵的 5 辆大汽车凶神恶煞地开进冷家沟，立即用随车带来的汽油浇在民房上，然后点燃，大火逐片烧起，冷家沟变成了火海。数九寒天，北风怒号，火借风势，越烧越旺，接连烧到附近的西沟和东冷屯。人们面对辛苦盖起的家园被火海吞没，流下悲愤的眼泪，攥紧了手中的拳头。据孟宪卓等 5 位老人回忆："日本兵火烧冷家沟时，有 2 名青年不忍心眼瞧着家宅被焚，闯进屋里抢夺生活用品，被日军发现后当即用刺刀挑死在窗下。曲万祥的母亲刚生孩子仅两天，日军硬把她从炕上拉出门，她拼死才把孩子抢出来。"这场大火整整燃烧了 7 天 7 夜，烧毁房屋 300 多间；粮食 40 万斤；毁掉水井 7 眼；烧死牛马 22 匹、猪 38 口；杀死 4 人。此次全屯因无家安身冻饿死者有 30 余人②。

同年冬，日军强迫桦川县南大甸子、碱草沟、东达连泡、柳条沟、西达连泡、东山等小村屯的星散住户限期迁往九里六屯。这些星散住户认为冬季搬迁受到寒冷和饥饿的威胁，都想往后拖延。事隔 3 日，日军见农民丝毫没动，便驱车逐屯逐户烧房子，共烧五六百户人家。日军火烧九里六后岗和东达连泡时，有两位老人哭天喊地向日军请求别烧房子时，被日军用刺刀活活挑死在房前。被烧掉房屋的农民流离失所。在迁往九里六屯的途中，有的冻死在荒郊野外；有的冻死在柴草堆里。据许庆祥、梁秀文回忆："腊月二十五，天特别冷，我去九里六的途中看见 6 个人冻死在一个大木柜中。九里六屯一下子涌来几百人，

① 政协黑龙江省委员会文史资料研究委员会编：《不能忘记的历史》，黑龙江人民出版社 1985 年版，第 199 页。
② 政协黑龙江省委员会文史资料研究委员会编：《不能忘记的历史》，黑龙江人民出版社 1985 年版，第 200 页。

住的吃的非常困难，迁到九里六的农民因没有房屋居住，或搭起小草棚安身；或露宿柴草堆旁，这年因冻饿而死的足有百十人。"①

（4）伪三江省方正县"归屯并户"人口和财产损失

方正县位于松花江中游南岸，张广才岭余脉老爷岭北麓。日本占领东北期间属于伪三江省地界，这里东西部地势险峻，山高林密，北部平坦，战略地位十分重要，抗联第三军、四军、五军、八军、九军、十一军都活动在这里的山区及山区与村屯相邻地带。

方正县素有"七山半水，二分半田"之说，日本侵略军占领东北之前，打猎的、捕鱼的、采药的以及部分种地的农民住在山区的马架里，在山脚下、土坳里、沟谷旁，他们或三五户，或八十家，生活虽然贫穷些，但过着自给自足的田园生活，日子悠闲稳定。日军占领方正后，为割断人民群众与抗日武装的联系，自1935年5月始，他们的房屋家产不断遭到日军的烧毁和抢劫，背井离乡到日军指定的村落，过着无奈而艰辛的生活，造成了巨大的人口伤亡和财产损失。

（5）伪三江省饶河、抚远等县"归屯并户"人口和财产损失

在伪三江省实施的"归屯并户"、建立"集团部落"过程中，1937年饶河县散居山里的农民被日军勒令归到指定的村落内，西风沟、十八垧地等3000余户万余人被赶出家门，日军对没有归屯的见人就杀，仅在关门嘴子及岭西一带，日军一次就杀害200余人，此次归屯，饶河县约有2/3的山区变成"无人区"②。

据原伪满第四军管区中将司令官李文龙交代，伴随三江地区"大讨伐"，"从1937年春到1938年秋开始的大规模集家并屯和治安肃正逮捕下，三江地区的抗日军民被屠杀3000余人。我亲眼看到饶河县大小别拉炕、关门嘴子等地被划为无人区，2000多户房子被烧。饶河县在没有实施集家并户前是6000多户，实施以后只剩下3000多户。依兰和勃利两县人口比饶河多得多，又是抗日联军的根据地，在建立集团部落的时候所受的损失也比饶河大得多，至少两倍以上。全三江地区十四县统计起来，农民损失财物总计在万户以上，被屠杀的人也有二万余人，再加上被杀害的抗日联军，人数达四万人"③。

抚远县位于黑龙江和乌苏里江两江交汇处，与苏联隔江相望。1939年日伪

---

① 政协黑龙江省委员会文史资料研究委员会编：《不能忘记的历史》，黑龙江人民出版社1985年版，第200页。

② 饶河县政协文史资料编纂委员会编：《饶河文史资料》第3辑，1985年，第107—108页。

③ 《李文龙、周大鲁证明材料》（1954年4月17日），载中央档案馆、中国第二历史档案馆、吉林省社会科学院合编：《日本帝国主义侵华档案资料选编·东北"大讨伐"》，中华书局1986年版，第386页。

当局为隔绝人民与抗联的联系，根据日伪制定的《三年肃正计划大纲》，推行"归屯并户"和建立"集团部落"。当时抚远县共并屯 31 个，毁地 700 余垧，烧毁房屋数百栋[1]。1943 年又将第一次并屯后遗留在沿江一带的 164 户居民 582 口人强行迁移到指定的村落实行严格管制。

世代居住在松花江下游沿岸的赫哲族人被日伪当局强行归到密林深处的沼泽地带建立 3 个部落。1942 年初，抚远县勤得利和富锦县齐齐喀、莫日红阔、哈鱼、街津口等地沿江一带以渔猎为生的赫哲族人，被日伪当局勒令 5 天之内全部搬走，捕鱼用的钩、网、船等工具全部扔掉，人们仅许带点简单被褥和衣服。几家合住在阴暗潮湿的地窖子里，带来的一点儿粮食很快就吃光了。冰雪季节只能挨饿，等到野菜长出来了就只能吃野菜，吃得人都浮肿[2]。由于生活条件的改变和传统生产、生活方式被破坏，以及疾病流行到东北光复时，一部落赫哲族 77 人，死 18 人；二部落 51 人，死 19 人；三部落 109 人，死 35 人[3]，致使原本人数偏少的赫哲族人口迅速下降，到了濒临灭绝的边缘。

3. 结论

日军在黑龙江地区的"集团部落"建设，几乎遍布该地区的主要抗日游击区和根据地。这一政策的实施，其目的和用心是极其阴险毒辣的。日本侵略者通过建立"集团部落"，采取政治隔离、军事围困、经济封锁等手段，不仅隔离了抗日武装与人民群众的联系，断绝了抗日武装对人民的保护和群众对抗日武装的支援，使抗联在给养、宿营、兵员补充、情报等方面均遭受到极大的困难，孤军奋战，损失惨重，不得不离开原有的游击区而去另辟新区，这成为东北抗日斗争失利的重要原因。同时这也给东北人民带来深重的灾难，在人口伤亡和财产损失以及心理精神方面形成无法估量、无法计数的巨大伤害。

以上反映的仅是日军在抗日武装活动区的伪三江和滨江两省的部分地区进行"归屯并户"、建立"集团部落"造成的损失情况，而且是不全面的。日本战败后，中国共产党经过解放战争建立了新中国。由于当时的国际和国内形势，

---

[1] 李茂喜主编：《抚远县志》，中华书局 1998 年版，第 380 页。

[2] 尤志贤：《日本侵略者对赫哲民族的迫害》，载政协黑龙江省委员会文史资料研究委员会编：《黑龙江文史资料》第 22 辑，第 208 页。

[3] 李茂喜主编：《抚远县志》，中华书局 1998 年版，第 385 页。

东北各地区对于日本给中国造成的损失缺少关注和重视，缺乏对档案以及口碑资料的收集和整理。因此时至今日，对于黑龙江省乃至整个东北地区此方面的损失情况没有进行过统计，这是非常遗憾的事情。尽管如此，通过对上述地区情况的梳理和调查，我们还是能够窥见日本统治东北时期，黑龙江地区在此方面的损失是巨大的，这是用确切的数字无法衡量的。

（黑龙江省社会科学院抗战损失课题组）

（十一）日军鸡西"虎头要塞"

虎头是黑龙江省鸡西市所辖的一个镇。由于坐落在完达山脉的虎头山上而得名。这里山峦起伏，森林茂密、地势险要、易守难攻，隔乌苏里江与俄罗斯联邦的军事重镇伊曼市相望，属军事要地。第二次世界大战期间，日本侵略者把这里作为桥头堡，因为在军事上这里可以直接渡江进攻苏联远东地区，侧面配合绥芬河、东宁正面的日军主力向苏联海参崴地区进攻，也可以阻止从伯力南下增援的苏军，可以切断对面苏联的铁路、公路、水路运输线，迅速达到占领苏联远东地区的目的。侵华日军认为："虎头恰似正对符拉迪沃斯托克和乌苏里斯克咽喉的匕首，又像直插苏联滨海边疆心脏部的长矛枪尖。不能不看到虎头作为天然的桥头堡，凭借周边的大沼泽地带，完全可以抵制苏军的奇袭和机动作战"[1]。因此日军侵占虎头后，按照日本军国主义对苏作战计划，把这里视为军事要地，修筑了号称"东方马其诺防线"的虎头要塞，企图把它作为进攻苏联的要道和防御苏联进攻的坚固阵地。

1. 虎头要塞的基本情况

虎头地下要塞作为日军东满要塞线左翼据点，其规模据日军称是当时世界上未曾有过的、亚洲最大的军事要塞。它南起边脸子山，北至乌苏里江，正面宽 12 公里，纵深 6 公里，主要集中在虎头山、猛虎头、虎北山、虎西山和虎啸山 5 座标高 100—150 米的丘陵地带。要塞以猛虎山为主阵地，虎东山、虎北山为护阵地，以虎西山、虎啸山两个阵地作为背后依托，以支撑猛虎山主阵地这

---

① ［日］冈崎哲夫：《战尘之心》，肖炳龙译，哈尔滨工业大学出版社 1993 年版，第 29 页。

一中心枢纽。要塞区形成 3 道防线，乌苏里江为沿江第一道屏障。

要塞规模庞大，结构复杂，设施齐全。地面、地下联网配套。地上军事设施主要有：火石山列车炮阵地、巨型火炮阵地、榴弹炮、加农高炮、野炮阵地、军用机场、陆军医院、兵舍等。各阵地外围有：战斗掩体、暗堡以及沟通各主要阵地交通壕、电网。地下设施有：指挥所、粮秣库、烯料库、弹药库、发电所、将校舍、士兵舍、通讯室、医务所、伙房、浴池、厕所、蓄水井、陷阱。通往地面的设施有：观测所、竖井、通风口、反击口、射击孔等。洞内还有由猛虎山向四面八方条理分明的地下隧道，隧道宽 3 米，高 4 米，正面全长 8 公里，工事上的覆被用 2—3 米厚的钢筋水泥浇筑。另外，隧道内设备先进，其中虎东山的炊事、暖气设备全部电气化。当时世界范围内，在地下要塞中装有暖气调和的唯有虎东山。

日军为进一步扩大所谓"大东亚共荣圈"进而进攻苏联远东，开始向东北大量增兵。1938 年 3 月，根据日军陆甲第 8 号令，关东军建立第四国境守备队（又称满洲 948 部队），下辖步兵队、炮兵队、工兵队。司令官为少将仓茂周藏，以后继任，几任司令官均为少将军衔。据日本人冈崎哲夫回忆：虎头要塞内所有的仓库里，储备了大量的粮食、被服、弹药、燃料，足可供养 1 万名士兵半年使用。各要塞地区的兵营都满员。后国境守备队兵力增至一个师团，1.2 万人，结集于 4 个地区进行严格训练。而部署在虎头要塞周边地区的日军，据说当时虎林铁道沿线动员了 20 万军队，在虎头也有 1 万人，由于兵营满员而居住在帐篷里[1]。

1945 年 7 月，随着日军在太平洋战场连连失利，日军南线全线告急，从而将虎头第四国境守备队改编为第十五国境守备队，队长为大佐西胁。下设 6 个步兵中队、一个工兵中队、一所陆军医院，总兵力为 1400 人，另外还有部分伪军，为江上过往炮舰供应物资。要塞中武器装备有，1941 年从日本东京湾运来的日本唯一重武器——射程 20 公里，40 厘米口径榴弹炮一尊，其炮弹每发重 1 吨。据说此炮是当时日本陆上最大重型火炮。还有 24 厘米口径列车炮，最大射程 50 公里，远远超过日本战列舰"大和号"的主炮射程。再加上 30 厘米榴弹炮、15 厘米加农炮、速射炮、曲射炮、迫击炮，合计 24 门。另外，在要塞外围还筑有 3 个军用飞机场和林口至虎头的铁路。当时关东军认为，虎头要塞工事的坚固性，日军守备队兵员配备以及火力配备，其阵容远远胜过法、德两国

---

① ［日］冈崎哲夫：《日苏虎头决战秘录》，肖炳龙译，哈尔滨工业大学出版社 1993 年版，第 21 页。

相互在莱茵河国境修筑的马其诺和杰克福利德两要塞。甚至还狂妄宣称，如日苏战争爆发，只要在虎头坚持 3 天，即可打赢日苏战争。

2. 修筑要塞的劳工来源及其伤亡

（1）劳工来源

在日伪统治者的"产业开发五年计划""北边振兴计划"和战时经济统治的反动政策下，日伪当局从 1936 年到 1945 年间从不同地方用不同方式强迫和诱骗中国同胞来虎林，在中苏边境、关东军驻地修筑地上和地下军事设施、飞机场、军用道路、挖河开渠、建筑兵营等。

中国同胞到虎头修筑要塞，主要是以被骗、强征、抓俘虏等方式而沦为劳工。

据记载：每年春季还有约 2000 名中国劳工和满洲国报国队被送到要塞从事修筑军用道路和火炮阵地①。

曾在密虎铁道警备队任乘警的古川三男说：在一次执行乘警业务时，看到一列开往虎头的货车挤满了苦力。这些苦力来自中国山东，被送往虎头修筑要塞。出于保护军事机密，这些外出挣钱的苦力是绝无希望返回故乡的②。根据他在东北两年零 8 个月军队生活期间所看到的苦力数量来推定，建筑要塞所投入的劳工数量是相当大的。他说他从未看到过返回的劳工，从这一点推断，正如传闻的那样，可以想象的他们的悲惨结局。

曾在虎林停车场司令部工作的铃木正已证实，来自遥远的华北及其他地区的大量战俘经虎林被送往完达、虎头方面，从事修筑工事。他还证实，劳工塞满了 50 辆闷罐车，并连续 5 列车，在工事完工后，这些战俘几乎无一人返回③。

据《虎林抗日烽火》记载：（某人）1939 年在戏院子里看戏，被抓了浮浪，送到虎林县水克站（今半站），下车后用布蒙着眼带到工棚子，以后天天在火石山挖沙子，为修虎头地下要塞备料，挖沙子的劳工有 500 人。1940 年 1 月 14 日，被日本军队在太行山区俘虏的共产党领导的抗日部队的常永年等 4000 人，在太原市被押了一个多月后，用火车运到虎林县忠诚乡西南五十公里处修军用

---

① ［日］冈崎哲夫：《日苏虎头决战秘录》，肖炳龙译，哈尔滨工业大学出版社 1993 年版，第 170 页。
② ［日］冈崎哲夫：《日苏虎头决战秘录》，肖炳龙译，哈尔滨工业大学出版社 1993 年版，第 170 页。
③ ［日］冈崎哲夫：《战尘之心》，肖炳龙译，哈尔滨工业大学出版社 1993 年版，第 41 页。

道路；1940年6月，辽宁省东沟县征派李玉成等500名农民，组成"勤劳奉仕队"，被发配到虎林水克站（今半站），由劳工大队长于文龙监管，由荒川组为包工大柜，修通往虎头的军用道路，在他们之前已有500名劳工，在那里挖山洞；1940年9月，侯作秀从牡丹江被高岗组招骗至虎头修关东军兵营。

（2）劳工伤亡情况

在虎头修筑要塞的中国劳工，因为高强度的劳动、残酷的役使、非人的待遇，加上缺乏营养，大批死亡，并被弃尸荒野，惨遭狼狗啃噬，累累白骨随处可见。

据记载："关东军在虎头下了极大的赌注，投下了数亿元资金，动用了15万劳动力，庞大的要塞工事吞噬了无数中国劳工的生命"[1]。曾在虎头满洲第851部队服役的加纳传之说，他入伍第一年，亲眼目睹中猛虎山北后许多暴弃于山野的苦力尸骨[2]。

日本关东军工程部队强迫大批中国劳工在县城后的东、西、北猛虎山和虎啸山下开始修建以进攻苏联为目的的虎林地下军事要塞。以后每年从东北、华北征用中国劳工2000人，在极为恶劣的条件下施工，死伤中国同胞很多，尸体弃于荒野[3]。

1937年七七事变前，日本侵略军主要是从关内的山东和东北招骗劳工。还有以抓"浮浪"的名义强征的伪满报国队、勤劳奉仕队，此外还有诱骗来的闯关东的贫民及俘虏，这些人都被称为"特殊工人"和"未被解放的奴隶"。他们被装进瓦罐式的专用列车经哈尔滨直达虎头。下车后即被控制在地下要塞各个工地的工棚里。劳工工棚是用苇席和木杆搭起的窝棚，窝棚周围架着3层电网。除网内有日军严守外，还有定位巡逻的士兵。进入工区，就是进入死胡同，尤其是中国俘虏没有一个被遣返的，逃出来的是极少数。

由于年代久远，而且修筑虎头要塞是在秘密状态下进行的，并且日军为了保密，工程完工后秘密处死了修筑要塞的中国劳工，加上修筑要塞的日军工程技术人员回国后，也遭软禁等原因，究竟有多少中国劳工被强迫修筑要塞和被残害致死，目前准确数字还难以统计。但是，综合上述各种资料，我们认为可以得出这样一个结论：从1934年开工到1939年完工（不包括从事辅助性军用设施及砂石警备道路修筑的劳工数），6年间，日军共计强征中国劳工至少

---

①　[日]冈崎哲夫：《秘录·北满永久要塞》，肖炳龙译，哈尔滨工业大学出版社1993年版，第34页。

②　[日]冈崎哲夫：《战尘之心》，肖炳龙译，哈尔滨工业大学出版社1993年版，第40、53页。

③　虎林县志办公室编：《虎林县志》，中国人事出版社1992年版，第28页。

13000 名以上。[①] 这些劳工的最终结局不是被瘟疫、强体劳动、逃跑等折磨致死，就是要塞修建结束后被秘密处死，几乎没有生还。

据当年在修筑虎头要塞时逃出的虎林迎春机械厂的离休工人于胜怀老人陈诉：我是 1939 年在安徽抗日游击队被日军俘虏的。我们 80 名战俘被押来东北鹤岗，后又押到虎头修工事。我们住树林旁的大席棚里，四周架设 3 层电网。日本人在我们衣服的后背上编洋字码，我的背后是个 "9" 字。还把我们右眼眉刮掉，以便于识别。干活时坐有篷的大汽车，一出电网门就把我们眼睛蒙上，到洞口再把蒙布打开。进洞时 3 个人带一盏煤气灯，在洞里凿石、运石、放炸药。旁边有持镐把的日本监工看着我们。从早上 6 点干到晚上 6 点。吃的是玉米面、土豆、萝卜。日本人不让你吃饱，而且经常毒打你。我实在忍受不了，趁一次夜晚停电的机会，连同 3 名战友，冒着生命危险逃脱出来。

被诱骗参加修筑虎头要塞的虎林市供销社离休干部孙同修老人说：我是在 17 岁时在沈阳被招工到虎头小北山修地下工事的，住的是用席子搭的马架。木杆子搭的床，铺上草。一个工棚住 200 人，共有 18 个工棚。干活的有从沈阳、四平和大连等地来的人。吃的是玉米面、黑面，菜是咸盐豆，穿的衣服像日本的黑道袍，里边的棉花像灰毯子，一点也不暖和。冬天干活我们把洋灰袋子绑在两条腿上御寒。上身也将洋灰袋子剪个洞套到身上。每天早上，小把头用镐把敲床，喊劳工起床，6 点上工，点名、排队走，少一个也不行。有一天早上，把头喊起床，见一个劳工躺在那儿没起来，过去就是几镐把，但人还是不动，仔细一看才发现已经死了。劳工一天能死 4 个，大多是累死、病死的，有的人还有气就被抬走，扔到山沟里任野狗啃吃，暴尸荒郊。

更为残酷的是日军在工程完成后，集体屠杀劳工的罪行。"昭和 18 年（1943 年）某日，因要塞设施大致完工，日军举行庆祝竣工的宴会，将俘虏、劳工人员集中在中猛虎山西麓的洼地里，用酒肴欺骗劳工说犒劳他们。被诱骗出席宴会的俘虏中有一军官设法逃避而躲进工棚，最后被粗暴地拉出去，宴会进行到高潮时，那个军官察觉不妙，惊恐地跳起来想逃离洼地。在一片怒吼和杯盘狼藉声中，突然重机枪喷出了火舌，宴会场顿时化作血腥的屠场和尸体的堆积场，日军守备队立刻将洼地填平了"[②]。由此可见，虎头要塞是数万名中国劳工和战俘的血肉和尸骨筑成的。这是日本法西斯灭绝人性奴役中国劳工的又一铁证。

① 郭素美、车霁虹主编：《日军暴行录·黑龙江分卷》，中国大百科全书出版社 1995 年版，第 335 页。
② ［日］冈崎哲夫：《日苏虎头决战秘录》，肖炳龙译，哈尔滨工业大学出版社 1993 年版，第 7 页。

3. 要塞的覆灭

1945年7月，随着日军在太平洋战场连连失利，日军南线全线告急，将虎头第四守备队改编为第十五国境守备队，队长是大佐西胁武，下设6个步兵中队，1所陆军医院，总兵力为1400人。

1945年8月8日，苏联正式对日宣战，苏军出兵中国东北。集结于伊曼地区的苏联第一方面军第三十五集团军，向虎头日军第十五国境守备队阵地——虎头要塞进行了猛烈轰炸和炮击。虎头筑垒地域的道路、地面工事、通讯设施、铁路和车站均遭到严重破坏，日军遭到大杀伤，立即进入预备阵地和地下工事，凭借要塞进行顽抗。

当日6时许，对岸苏军再次进行炮击和飞机轰炸。日军集中各种火力拦阻射击，企图阻止苏军渡江。但苏军于当天从伊曼、上尼柯里斯阔耶、克尼热夫阔耶三个方向强渡。从乌苏里江、阿布沁河、临江台与下水涝之间和偏脸子山、黄泥河子四处登岸，消灭了日军守敌。之后，苏军二六四师和一〇九筑垒守备部队，联合向后山地下要塞的顽敌发起猛攻。日军组织多次反冲击，双方进行白刃格斗，战斗相当激烈。经过连日战斗，在苏军优势兵力的攻势下，日军主阵地被分割，外围阵地大部丢失，主阵地地面工事体系均遭破坏，制高点丧失，兵器特别是火炮损失严重，人员损失过半。

8月26日，要塞守敌被全部消灭。苏军共歼敌1348人。曾被关东军吹嘘为可坚持6个月，不怕围困的永久要塞仅18天就被摧毁。虎头要塞的地上工事、设施全部被炸毁，地下设施、隧洞也被炸得四分五裂。据考证这些爆炸的原因来自两方面，一是日军成为瓮中之鳖时引爆自毁，二是战斗结束后，苏军为了彻底破坏要塞工事，实施引爆堵塞。

在和平年代，虎头要塞已成为历史的遗迹，并成为爱国主义教育基地。随着时间的流逝，战争的痕迹已被历史掩埋，很多事情也可能永远成为谜团。但历史将永远昭示人们：侵略战争给中国人民带来了巨大的伤害，我们要牢记历史，永祈和平。

（鸡西市抗战损失课题调研组）

（十二）日军孙吴"胜山要塞"

1931年9月18日夜，日本关东军制造事端，自己炸毁沈阳北郊柳条湖附近南满铁路的一段路基，诬称中国军队故意"破坏"，并以此为借口侵占沈阳，这就是震惊中外的九一八事变。九一八事变后，日军很快侵占了东北地区。1932年8月，日本关东军的铁蹄踏进孙吴。随后，日本侵略者为了发动全面侵华战争，并伺机进攻苏联远东地区，在东北屯聚了几十万日本关东军，仅在孙吴一地就驻扎几万人。同时通过从关内外征招、骗招、抓捕战俘等手段，共征用10万多劳工，来修筑孙吴胜山要塞及所属军用设施。从1934年6月到1945年8月，先后有3万—5万中国劳工，在修筑胜山要塞中饿死、病死、累死、冻死。日军为保守秘密，有时在某一单项工程结束后，将所有参加该工程的中国劳工全部杀掉，不留一个活口。劳工进入修筑要塞之地，就是进入魔鬼之窟，很少有人从这里侥幸活着出去。

60多年后，孙吴县日军胜山要塞的遗址，作为历史的真实见证，2001年11月被国家林业局批准为国家级森林公园；2006年4月被列为全国爱国主义教育基地。它每年都吸引了大批中外友好团体、知名学者旅游和访查，其中包括部分日本在孙吴当年的老兵、反战友好人士。

1. 胜山要塞基本情况

日军孙吴胜山要塞遗址，位于黑龙江右岸，坐落在孙吴县沿江满达乡西霍尔漠津村南20里处，有海拔400多米高的数百座山峦，沿黑龙江走向构筑。东西长38公里，南北纵深50公里，境内山峰多是坚固的岩石，且林木茂密，是构筑要塞屯兵、进攻和防御的理想之地。其主峰名曰胜山，隔江与苏联康斯坦丁·诺夫卡区相望。上游不到100里就是俄罗斯远东第三大城市布拉戈维申斯克（海兰泡）。在满蒙、满苏5000多公里国境线上修筑的14个要塞群，都是沿苏联的山脉走向构筑的。日军孙吴胜山要塞，是日军构筑北满14个要塞其中的一个。

日本关东军构筑的满蒙满苏沿边军事要塞，从勘测、设计、施工都是在绝对保密的状态下进行的，梅桑榆在其著作《日军铁蹄下的中国战俘与劳工》对此是这样叙述的："战后发现的有关修筑军事防线的日伪资料，无不标注着'绝密'、'机密'等字样，而原文也无一不反复强调'秘密保持'的重要性。1936 年 1 月 16 日，关东军司令部签发了'关作命第 749 号'命令，作出关于修筑军事防线要彻底秘密保持的十几条规定。该命令发布后的第四天，关东军参谋长西尾中将仍觉得这一命令不够全面，又下达了同号命令的补充'军机保护'命令，为防止苏军间谍机构和谍报人员以及内部防范等方面，进一步作出了若干强制性规定。整道军事防线的勘测工作，是在绝对保密下进行。1933 年初，日本陆军参谋本部作战课课长铃木率道大佐，奉命组成了以工兵专家为主的考察队伍，赶往满蒙边境进行所谓'国境筑城'的秘密实地勘察，搜集地理资料，选择战略要地，为下一步设计具有针对性攻防性质的筑垒阵地做准备。铃木率道一伙人，乘飞机先到牡丹江，从最南端的珲春开始，一路向北，经东宁、绥芬河、密山、虎头等地，转而向西，经佳木斯、富锦、奇克、孙吴、黑河等地，最后到达海拉尔。他们沿与苏联接壤的边境展开实地侦察、标注、论证活动，每到一地，白天便像幽灵一样翻山岭，穿峡谷，晚上则躲在各地国境预备部队的营房里研讨、绘画、计算。当地百姓和伪政权官员，谁也不知这伙人是干什么的。铃木率道一伙的勘察结果令陆军参谋本部头目十分满意，而铃木本人也获得了'战争幽灵'的赞誉。日本关东军在施工之前所进行的勘测，也是秘密进行的，在勘测队进行勘测之前，由关东军派出部队，令要塞施工区域的伪镇长、村长，勒令居民限期迁出，之后人畜不得进入这一区域，违者一律开枪打死。随后勘测队不要当地保甲长陪同，单独深入山地林区进行勘测。"①

日军构筑的孙吴胜山要塞，由 4 部分组成，主体胜山要塞，前后左右由数百座峰峦和沟壑组成，面积约 7 平方公里，分地上工程和地下工程。地上工程包括永久性交通壕、坦克壕、350 多个工事和掩体、高炮阵地、兵营等设施；地下设施包括居兵室、卫兵室、指挥室、地下通道、地下瞭望孔和射击孔、地下弹药库、地下物质仓库、地下医院等。日本关东军在修筑要塞中，所用劳工都是从关内外抓捕和骗招来的，也有部分是战场上俘虏的中国军人。要塞工程是"死亡工程"，从要塞活着出去的劳工，是极少的。不是累死病死和饿死，就是完工后被日军集体屠杀，知道内情和亲身经历的当年劳工很少能查找到。

2006 年 3 月，在对抗日战争时期中国人口伤亡和财产损失的课题调研中，

① 梅桑榆：《日军铁蹄下的中国战俘与劳工》，中共党史出版社 2005 年版，第 144—146 页。

有关工作人员实地查找了当年尚在的劳工，并给这些劳工拍摄了照片，但没有查找到一个修筑胜山要塞的劳工。据东北地方史有关专家学者考证和资料显示，从1934年到1942年，到孙吴胜山要塞修筑的劳工有5万多人，绝大部分劳工在其完工后，被日军集体残酷屠杀。

2. 胜山要塞的构筑

军事要塞是在一地构筑永久工事长期坚守的国防战略要地，通常配备较强火力，战斗力强的守备部队，形成独立防御体系。从军事要塞的外延看，要塞的构筑完全是为了防御。

日军在中蒙和中苏5000多公里国境线上修筑的14个要塞群，比起法国的马其诺防线，不但规模大，而且功能齐备，既具有防御的一面，也有进攻的一面，都是面对苏联的山脉走向构成的。

走进日军孙吴胜山要塞遗址，首先看到的是日军胜山要塞第五守备队的一座营房。房舍长100多米，宽为18米，面积1800多平方米，分为十几个房间，每个房间约60平方米，上下吊铺可住日军200多人，能容纳日军一个守备中队。墙体都是钢筋水泥浇铸而成，厚度80多厘米，步机枪子弹无法穿过这样厚的墙体。营房周围是纵横交错的战壕，战壕的两壁用水泥浇铸而成。壕壕相连相通，战时便于隐蔽和运动，地下坑道和掩体相通，如遇飞机轰炸或炮击，可以沿着地上战壕快速撤到地下。

离日军第五守备队地上营房往东南方向500多米处，是胜山要塞的主峰。主峰上有一棵大柞树，站在柞树下，可以清楚地看到滔滔东去的黑龙江。当年日军第五守备队在胜山主峰上架设的高倍望远镜，可以探视到苏联境内纵深30多里。胜山要塞主峰兀面就是当年日军第五守备队的地下指挥室。从入口进去，用水泥修筑的各条通道两侧，有粮食和弹药储存库、地下医院、军用物质仓库、发电室、居兵室和卫兵室。从卫兵室往上蹬20多个水泥台阶就到了胜山要塞地下指挥室，从指挥室往各居兵室的地下坑道都是相通的。

从胜山要塞往左前方4里处，在孙吴县通往沿江满达乡四季屯村的道北，即是胜山要塞的辅助要塞神武屯（今红色边疆农场三分场所在地）。神武屯是日军孙吴胜山要塞的辅助军事基地，是胜山要塞的日军第五守备队地上指挥部所在地。从方位上，和胜山要塞构成交叉火力支撑点，紧紧扼住孙吴县城到沿江满达乡四季屯公路，扼制胜山要塞至西山之间沼泽地的开阔地带。神武屯日军辅助军事要塞，也是日军孙吴胜山要塞后勤保障和休闲场所。两平方公里的方圆内，战壕和交通壕纵横交错，军事掩体和碉堡分布在附近山坳里。外围有防坦克壕，壕上面是数道铁丝网，铁丝网内岗哨林立，当年游动哨牵着狼狗日夜巡逻，架着机枪的摩托车队不时往返于胜山要塞和西山防御阵地之间。这里驻扎着日军第五守备队村上大队本部，有备用弹药库、军需物质仓库、日军军官宿舍、给水塔、军械修理部、汽车库、电影院、慰安所等，并有军用公路通往西山的防御阵地，它取名为"金光大道"，用以掩盖其军事行动。

在胜山要塞右侧的东南方，距日军胜山要塞3里左右，是日本关东军第五守备队茅兰屯重机枪野战阵地。这里是山与山之间的平缓地带，在十几个山头和山腰的斜坡上，日军修筑了200多个永久性的机枪掩体，密集的机枪火力可以封锁住各山口，封锁住山与山之间的开阔地和草原，从其右翼保证胜山要塞主峰的安全。阵地内各火力点之间都有永久性的交通壕相连接，遍布在茅兰屯野战阵地的各个山头，并有地下秘密通道连接胜山要塞。机枪掩体和以班为单位的地堡，分布在茅兰屯野战阵地的各个山头和山坡前。阵地四周铁丝网密布，以轻重机枪辅之火炮组成的火力交叉网十分密集，战时将给以对方造成重大杀伤。

日军胜山要塞的后部，即胜山要塞的南面约20里处，是日本关东军第五守备队四不漏子野战阵地（今属逊克县管辖），其方圆面积约有4平方公里。日军从这里构筑野战阵地，主要是从后部保证胜山要塞的安全，其军事要道——龙逊官道就横亘在这里。战时如苏军从黑龙江登岸，日军胜山要塞就要背部受敌。处于守势和防御的日本关东军，为避免正面和背面遭苏军的前后夹击，开始构筑四不漏子永久性的防御阵地。

日军四不漏子野战阵地，位于龙逊公路孙吴和逊克的交界处、将近10里的龙逊官道两侧的山坳里。为防范苏联从逊克出兵，通过龙逊官道背后威胁日军胜山要塞，日军在四不漏子龙逊官道的两侧，构成了200多个交叉火力点，密集的火力点，死死扼守住龙逊官道。地堡和掩体、交通壕和防坦克壕遍布各个山头，其防御体系的构成，都是永久性的钢筋水泥结构，形成网络性的交叉火力点，均有永久性的地下秘密通道和要塞相连接。据已故去的劳工吕玉海生前证实，从四不漏子野战阵地通往胜山要塞的地下坑道，高4米多，宽8米多，在通道内，能并排行两辆日军军用卡车，往返运用兵员和物资，通道内灯光24小时不停，可见工程之浩大。

3. 日军构筑胜山要塞的目的

日本帝国主义在吞噬中国东北后，建立了傀儡的伪满洲国政权，自 1934 年 6 月开始，到 1945 年 8 月战败，日本关东军耗资 4500 亿满洲币，役使上百万的中国劳工，在东起吉林珲春，西至内蒙古海拉尔长达 5000 多公里的国境线上，修筑 14 个永久性军事要塞，其中包括日军孙吴胜山要塞。这些要塞的长度加起来有 1.7 万多公里。日本帝国主义不惜花费中国的大量民力和物力，上百万中国劳工死于修筑要塞过程中。各个要塞旁的山野和沼泽地里，堆积着中国劳工的白骨，浸透着中国劳工的血液。

防御是日军构筑北满军事要塞的一个方面，其另一方面的目的就是进攻。日本关东军在北满边境构筑的 14 个要塞，既有防御苏联进攻的功能，又有进攻苏联远东地区的功能，构筑要塞具有双重作用。进攻和防御的双重作用，主导方面是因客观军事形势的变化而变化，1941 年日军发动太平洋战争前，胜山要塞作为日军进攻苏联的前沿阵地，进攻是其主导。太平洋战争开始后，驻守北满各要塞的日军精锐部队，纷纷调往南太平洋各战场，北满各要塞兵力空虚，已经无力北进，这时的要塞则完全是为了防御。

日军修筑孙吴胜山要塞初时，主要是为进攻苏联的远东地区，从它所构筑的二线军事设施、辅助军事工程、驻军人数等，是北满日军 14 个要塞群中最为庞大的。

胜山要塞后方军事基地孙吴，驻扎着日本关东军一个师团，太平洋战争爆发前的 1940 年，从进攻苏联远东地区的军事需要，在孙吴的日本关东军达到 9.8 万人，占当时日本关东军总数 1/7。从北孙吴到腰屯乡曾家堡村一带，北山连绵 20 多里，其陆军大营就有 5 处，营房 20 万栋、50 万间。

日军胜山要塞为进攻苏联远东地区，在孙吴县城的东郊、西郊和南郊修建 3 个飞机场，即东郊的曾家堡飞机场、南郊的辰清飞机场、西郊的平顶树飞机场，以便战时配合胜山要塞前沿阵地，对苏联进行军事作战。

为保证胜山要塞的物质和军事补给需要，在孙吴西郊南面的群山底下，日军建立庞大物质军事储藏仓库（内称日本关东军第四军十八野战货物场）。从 1937 年 10 月开始到 1941 年底结束，日军将方圆 5 里地域内数百座山峦底部挖空，分门别类地储藏大量军用物质和弹药。据健在的腰屯乡曾家堡村劳工马永春证实，他当年和其他十几个劳工，给日本关东军北大营拉汽油桶，进去的时候头上扣着黑布袋子，到了仓库里面，才将黑布袋子摘下来。他亲眼看到里面有小火车的行驶路轨，并偶尔听到从洞内远处传来小火车的鸣叫声。他和其他劳工在日本兵的威逼下，往日军的卡车上装盛满汽油的油桶，随后又重新扣上黑布袋子，随车离开了。对此老人现在还记忆犹新。

在孙吴日本关东军第十八野战仓库里，储存了大量的军需物质，并单独存放，有军装、被服、日用品、酒类、粮食、饼干、罐头等，光粮食储存就足够关东军3万人用一年。仓库内存有各类型的武器弹药，炮弹及毒气弹、三八式步枪、歪把子机枪、迫击炮、手榴弹、地雷、炸药、雷管等，这就是孙吴日军胜山要塞后方物质和军事物质补给基地。

日军参谋本部于1934年6月在北满边境确定构筑各要塞的位置后，为确保北部正面孙吴日军胜山要塞和瑷珲西岗子要塞供给，几乎在策划勘察要塞的同时，开始修筑北黑铁路。北安至黑河段中的孙吴车站到潮水站之间，是孙吴日军胜山要塞的直接军事物质补给线。

日军在构筑孙吴胜山要塞后，在其二线孙吴城郊建立庞大军事服务设施。这里不但驻扎着大量的日军部队，还有4个陆军医院、营房取暖的木炭厂、兵器修造厂、发电厂、火锯厂、采木场、被服厂、4处日军"慰安所"、一处军官会馆。从孙吴日军胜山要塞到孙吴城郊的这块土地上，成了地地道道的日本关东军北部军事基地。

为沟通胜山要塞至逊克、胜山要塞至瑷珲、胜山要塞至嫩江、胜山要塞至孙吴，胜山要塞至各要塞群，日军在山旁和沟壑中修筑了数百条军用公路，共1200多公里，并在这些公路的山坡旁和两侧的山坡里，修筑了上千个地堡和掩体，使胜山要塞和日军各军事据点联结起来，互为犄角，成为互体的军事进攻和防御体系。

4. 劳工的遭遇

孙吴日军胜山要塞，是日本陆军参谋本部于1934年初设计完毕，由日本关东军宪兵司令部直接组织实施的。在日军参谋本部所设计的北满14个要塞中，胜山要塞属于首批实施的要塞。1934年6月日军开始修筑胜山要塞，并修筑要塞后方辅助军事设施等工程，如修铁路、公路、飞机场、军用品工厂等。在孙吴修筑要塞和这些附属军事工程，工程量巨大，需要大量的物力财力，特别需要大量的中国劳工。

1934 年的孙吴区域，总人口只有 8000 多人，其中中青年男性只有 2000 人左右，假设这 2000 中青年人都给日军当劳工，也远远满足不了修筑要塞和军事工程的需要，只能是杯水车薪。同时日军在此地修筑要塞和辅助的军事工程还包含着侵略者的政治目的，是为了在北满边境正部建立永久性的军事基地。因此，日军在长期占领的区域，要伪装出"友好和善"的姿态，不能在本地抓或摊派过多的劳工，只好采取各种手段从外地招来或抓来劳工修筑要塞。

来到孙吴修筑要塞和辅助军事工程的中国劳工，分为内围劳工和外围劳工。内围劳工主要修筑胜山要塞等秘密军事工程，劳工大多是从河北、山东等地骗招来的。1937 年 7 月 7 日，全民族抗战爆发后，在华北战场上和华东战场上，被日军俘获的中国战俘，被羁押在北平集中营、石家庄集中营、太原集中营、济南集中营、塘沽集中营。后来，这些战俘以"特殊工人"的身份，被分期分批押解到北满。由于他们的身份特殊，日军对他们的看管十分严格，食住条件差，劳动强度大，生还的可能性少，不是累死、病死、饿死，就是完工后被日军集体杀害。从事外围的劳工，主要是修铁路、公路，建日军营房，修大坝和水闸等。这些劳工有一部分是来自关内河北、山东等地，大多数是来自北安、海伦、绥化、拜泉、庆安、依安等县，是日本关东军宪兵队司令部通过"满洲国"各级伪政权，以"勤劳奉公队""勤劳奉仕队"征招而来的。他们的生存劳动条件，比起内围劳工稍好一些，但劳动强度并不比内围劳工小，累死、病死、饿死者不计其数。无论是内围劳工，还是外围劳工，都是在日军强制下，没有任何人身自由和生命保障，只不过是劳动场所和修筑的物体不同。

修筑孙吴日军胜山要塞的中国劳工，从 1934 年 6 月开始构筑至 1945 年 8 月日本投降，11 年时间里，陆陆续续从来没有间断过，相继被押送到孙吴胜山要塞有 5 万多中国劳工。一个当年驻守要塞的日本关东军士兵中道圆一郎写道："这些劳工坐着闷罐车从全国各地被抓来，运送到工地后不让休息直接劳动，一天干活十几个小时。一些被强制到秘密地点修筑要塞的劳工成了'死劳工'，工程完工以后没有生还的希望，被就地屠杀处理掉。"

据侥幸逃脱出来的劳工讲述和有关资料披露，从关内各省押解到孙吴修筑日军胜山要塞的劳工，生存条件是十分恶劣的，多住在深山的大沟里，或在杂草丛生的草塘里。一排排的大席棚子内，两边搭着铺，上面铺着小杆和杂草，棚子里面阴暗潮湿。周围不是大山，就是荒漠的草原，草塘沟里都是污水，野草茂密，四面都用铁丝网围着，山旁的岗楼里站着领着狼狗、荷枪实弹的日本兵。劳工们不熟悉这里的一切，很少有人能逃脱。有的逃脱未成，被抓回来，死得极为可悲。尽管这样，出于求生的欲望，还是有少数劳工冒险逃脱，但他们侥幸逃脱的机率太低了。

修筑孙吴日军胜山要塞的劳工，在修筑要塞的过程中，劳动强度超出了人的生理承受能力。在关内被押解来的时候，大多是在山海关站坐闷罐车，经过几天几夜的折腾。押解的日本宪兵，很少给劳工吃的、喝的，有的劳工还没有到孙吴，就在闷罐车里渴死、饿死、病死了。闷罐车到了孙吴车站后，站台上站满了荷枪的日本兵，死的劳工被车拉走，扔到山沟里喂野狼去了；活着的劳工在枪托推打和一片喝斥声中，头上套上黑布袋子，上了帆布车棚的卡车，卡车不分昼夜地在崎岖不平的山路上行驶着。劳工们坐在车上，四面有帆布遮着，加上头上还套着黑布袋子，什么都看不见，辨别不了去的方向，去什么地方就更不知道了。到达地点后，劳工也不知道是哪里，直到死，也不知道他们在什么地方。

看管劳工的日军将整个要塞工程分为几个工区，全部劳工按区、棚、班管辖，内围劳工分4个区，每区下设若干棚，每个棚入住劳工100人左右。每个工棚的周围都拉着铁丝网，工棚之间的劳工严禁接触，日军岗哨在高处，日夜监视劳工的行动。每个棚里的劳工，有一个日军小队看护，并配有3~5条狼狗，日军白天牵着狼狗巡逻，夜里就把狼狗放出来，让其自由活动。劳工要想逃跑，侥幸能躲过岗哨的视线，却很难逃过狼狗的嗅觉。

每个劳工区有一个大狼狗圈，里面养着30多条毛光体肥的大狼狗，劳工犯了错或逃跑时被抓回来，大多成了这些狼狗的食品。为了掩人耳目，日本关东军宪兵队在劳工的工地附近住所设有医务所，名义是治疗伤病的劳工，而劳工真正得了伤病，日军的医护人员不给打针吃药，不用医疗器具检查，而是观看得病劳工的颜色。如说面黄肌瘦的劳工得了传染病，就被拖进劳工传染病者的工棚里，进行隔离。隔离期间，日军不给饭吃，不给水喝，直至劳工死去。得了病的劳工，很少有活着出去的，有的甚至还有气，还能说话，就被日军用花轱辘车拉到山野埋掉了。

修筑孙吴日军胜山要塞等一线军事工程的中国战俘，遭遇是非常悲惨的。这些"特殊工人"的劳工，在构筑要塞和一线工程中，不是病死、累死、饿死，就是工程完毕后，被日军集体杀害。日军在中蒙边境、中苏边境修筑要塞期间，秘密杀害劳工的暴行，由于没有档案史料记载，没有幸存劳工的证言，战后很长时间，一直流于传说。时隔 10 多年，直到 20 世纪 60 年代初，一位名叫冈崎哲夫的日本关东军老兵，才将自己的亲身经历或亲闻付诸文字。

冈崎哲夫于昭和十八年（1943 年）入伍参加侵华战争。他在《秘录·北满永久要塞》一书中披露了日军集体屠杀劳工的罪行："当要塞设施修筑大体完工，这些'特殊工人'的劳工，被集中在要塞附近的山坳或洼地里，举行完工宴会，用酒菜酬劳他们……突然重机枪喷出了火舌，刹那间，宴会场化为血腥的屠场，到处都是刺鼻的血腥味和堆积如山的尸体。……日军守备队立刻将山坳和洼地填平了……这样一来，要塞被蒙上了一层神秘的面纱。"

胜山要塞的工程是在高度保密下修筑的，日军一旦发现有劳工逃走，皆出动大批部队进行追捕，企图将逃跑者抓回。在内围作业场干活的劳工如有人逃走，日军就将其要塞单项工程停止进行，将参加该工程施工的人员全部杀害。

日军修筑的孙吴胜山要塞及其他的北满要塞群，其财力和物力都来自于中国，人力更是来自于中国。为在北满边境构筑庞大军事要塞，以战时防御和进攻苏联的需要，也为全面侵占全中国的需要，日军在修筑北满边境的要塞中，不惜牺牲中国的人力，抓了数以百万计的中国劳工和战俘，其劳动强度和生存条件，已超出人的生理和自然的承受能力，是人类社会发展史上最黑暗和悲惨的一页，是对人性本身最大的背叛。

5. 残忍的集体大屠杀

日军参谋本部和关东军从 1934 年 6 月开始修筑北满边境军事要塞，迫使数以百万计的中国战俘和劳工成为日军的奴隶。他们在日本侵略者的奴役下，受尽迫害与摧残，过着人间地狱般的悲惨生活，数百万人在被日军强迫服苦役期间丧生或致残，或在某一军事要塞工程完结后遭日军集体屠杀。

近年来致力于中华民族沦陷苦难史研究的中共辽宁省委党校地方党史研究所所长李秉刚教授，在接受新华社记者采访时指出："光是在 1931 年到 1945 年日本侵华期间，为了掠夺中国东北的资源，日方就在中国强征了 1400 万劳工，其中关内的劳工有 800 万名，关外的劳工有 600 万名。"

美国日本侵华研究会秘书长吴天威教授，在综合利用中国大陆与台湾、日本、美国方面的史料后指出："日本从 1931 年到 1945 年的 14 年的侵华战争期间，在东北和华北为修筑众多的军事工程和办厂开矿，大量奴役中国劳工，其总数达到3700万人。在这些军事工程和厂矿中，中国劳工惨遭虐待，被迫害致死者近千万人。"

据东北烈士纪念馆副研究员程鹏汉介绍，仅日军在北满修筑军事要塞期间，被残害致死或集体屠杀的战俘劳工至少有120万人，是南京大屠杀人数的几倍。1937年至1940年，相继被押送到孙吴日军胜山要塞的劳工有5万余人，大部分在地下军事工程完工后，被日军集体屠杀。采取极其残忍手段，集体枪杀、集体活埋、集体服毒，是日军杀害劳工的主要手段。

孙吴日军胜山要塞和黑河日军西岗子要塞，两地相距不到100里，日军在构筑孙吴日军胜山要塞时，就将其和黑河日军西岗子要塞，作为日本关东军北部一体来考虑的，两处要塞，即是防御苏联军事基地，又是进攻苏联远东地区的前沿军事基地。日本关东军计划在构筑胜山要塞和西岗子要塞时，除在地上和地下建立大量的军事设施外，还要通过地下坑道，从滔滔的黑龙江江底，将通道构筑到苏联境内的地下。打通的地下通道能容纳日军一个旅团，时机成熟，日军成建制的旅团、师团，通过地下通道，在苏联的边境，突然发动大规模的军事攻击，使对方措手不及，防不胜防。这一计划败露后，日军关东军宪兵队司令部决定取消这一地下工程，并将实施这一工程中国3000多名劳工全部杀掉，以防泄密。

日军构筑的孙吴胜山要塞，是孙吴日军诸军事工程最庞大的一项，所用的劳工也是最多的。日本无条件投降后，尽管史学工作者的多方努力，但从20世纪60年代至今，没能有一个从事胜山要塞的劳工来证实这一切，也没有一个幸存的胜山要塞的劳工说明这一切。日军修筑胜山要塞这样庞大的工程，动用了那么多的劳工，竟没有一个直接见证人来证实。日军是怎样屠杀中国劳工，用何种手段来杀害这些劳工，一直是个谜团。

孙吴县腰屯乡腰屯村84岁的幸存劳工关应华老人，间接地提供了当时劳工被集体杀害的真实情况："日本投降后不久，我听从胜山要塞逃出来的劳工吕玉海、刘海山说，'我们这些修筑胜山要塞的劳工，能活着出来的人，真是太少了，是老天保佑的。当时我们这一拨修筑胜山要塞的劳工，大约有460人，其他地方有多少劳工就不知道了。从这个山上，就能听到别的山头有凿石声。当我们这个工程快要结束时，时间大约是1940年秋季，一天，日军不让我们这一拨人上工了，被驱赶到离胜山不远的日军第五守备队指挥部神武屯（现在的红色边疆农场三分场场部）。在神武屯西边的一个开阔地里，四周都是持枪的日本宪兵，我们这一拨劳工心里想，这下完了，日军可能要杀害我们了。这时，一个跨着指挥刀的日军军官讲话了，是用日语说的，说些什么我们听不明白，是一个中国的翻译官将那个日军指挥官的话翻译给我们听。大概意思是，你们是大大的良民，你们已经在这里勤劳奉仕到期了，今晚皇军在你们的工区住处好好的招待你们，好酒好菜大大的有，然后发放工饷和路费，从此以后，你们就可以回家了。到了傍晚，460多人分在十几处简易劳工住的席棚里，饭菜比平常好了很多，每人都发给一个大瓷碗，用以盛酒。酒是装在大罐子里的，因我们俩（吕玉海和刘海山）年纪小，不会喝酒，拿起馍来吃。其他的劳工都争先恐后的抢着喝酒，我们俩还没吃完，就看满工棚子里的劳工，肩并着肩，腿挨着腿，成堆交叉着，僵直地躺在地上死了，脸色铁青，有的嘴角还流着血。这是日本人在酒中下毒了，工棚子外面站着日军监视跑不出去，我们两个互相使个眼色，钻进已死的劳工堆里，面朝下面装死。当天晚上日军没有收尸，后半夜，外面黑得很，我们俩互相摸摸，又从死了劳工同伴堆里钻了出来，躲躲闪闪来到工棚外面。不远处就是树林子，我俩从铁丝网下爬了出去，慌忙地钻进山林中。也许是那天晚上看守的日军，误以为劳工全部毒死了，放松了警戒，使我们俩侥幸地逃脱，算是保住了命。白天我们在山上不敢走，怕被日军发现，就在山上待着，准备晚上贪黑走。第二天早上10点钟左右，我俩躲在山上，看见神武屯方向劳工棚子附近浓烟四起，原来是日军将毒死的劳工码到一起，浇上汽油给炼了。'"①

修筑孙吴日军胜山要塞的劳工，从他们来到这里的那天起，就已经进入劳工的死亡簿里。生存的欲望，使他们天真地想象到，不管条件怎么艰苦，施工的活计怎样累，幻想着有那么一天，工程完毕后，会回到家乡的，会和亲人团聚的。这样的想法，对他们来说，只能是无法实现的梦呓。他们每天都在日军宪兵队看管下，抬钢筋水泥、抬石挖砂，与外界完全隔绝，不许离开施工现场一步。随着一处处地上地下永久性固体工事的完成，死亡就已经靠近了他们。

日军在修筑胜山要塞军事工程中，在某一单项工程完结后，为防止泄密将劳工一批一批地杀害，劳工死了一批，日军又押来一批，工区一直保持3000人左右，用日本的话说："中国的苦力大大的有！"

1945年8月15日，日本天皇向日本民众宣布无条件投降后，通过对滞留孙吴的劳工和对外地劳工的调查，这些幸存的劳工都是外围的劳工，而修筑胜山要塞的内围劳工，到现今为止，几乎一个也没有查到。据有关资料记载，修筑

---

① 孙吴县腰屯乡腰屯村关英华关于日军在修筑胜山要塞毒死中国劳工460多人犯罪事实的证言。

孙吴胜山要塞的劳工有5万人左右,战后竟查找不到一个幸存者。苏联红军打进胜山要塞时,在胜山要塞的工区内,还有没有大批劳工的存在,答案肯定是有的,但并没有发现。战后虎头要塞等资料证实,修筑要塞的劳工,在苏军进攻前,几乎都被日军采取各种手段处决了。

1945年8月11日凌晨,在孙吴和黑河方面,苏联远东第二方面军红旗第二集团军所属的步兵第三师和步兵第十二师,在苏联阿穆尔洲康斯坦丁·诺夫卡区地域强渡黑龙江,向胜山要塞日军第五守备队和孙吴一二三师团迎面扑来,几十架飞机飞临胜山要塞群的上空,对日军的地面阵地反复进行地毯式轰炸。随后,苏军在猛烈的炮火和坦克群的掩护下,向日军发起攻击,双方展开激战。负隅顽抗的日军,已清楚败局已定,但还是进行垂死的顽抗。这时日军又接到命令,将修筑胜山要塞剩余的劳工全部杀掉,不留一个活口。驻守在胜山要塞的日军守备部队和从孙吴县城来支援的一二三师团部队,一面抵抗苏军的进攻,一面采取欺骗的手段屠杀劳工。

日军通过翻译对劳工说:"红毛的军队打过来了,皇军为了保护你们,以免遭到敌人的炮弹炸伤,战事结束后,送你们回家,现在为保护你们的生命及安全,都到地下坑道里隐蔽起来。"这样,几千名劳工,都被武装的日军驱赶到地下坑道里。待劳工全部进入坑道后,阴险毒辣的日军立即用砂石泥土将坑道分段堵隔死。有的劳工发现了日军险恶用心,要冲出洞去,日军则欺骗他们说,堵上入口,是为了防止毒气进入。有的劳工不相信日军的鬼话,强行要出来,则被日军开枪打死。随后日军分段封死各个出入口。几千名劳工直到窒息昏厥时,才知道受了日军的欺骗,但此时已经无能为力了,直到完全窒息死去,这就是战后未能查找到胜山要塞劳工的原因。

"多行不义必自毙。"穷凶极恶的日本帝国主义在第二次世界大战中,最终遭到彻底失败。从1931年的九一八事变,到1945年8月日本投降,日本帝国主义发动的侵华战争长达14年,这场侵略战争给中国人民带来了深重的灾难。孙吴日军胜山要塞只不过是当年侵略者所犯罪行的一角,它从一个侧面反映出当年日军修筑北满军事要塞的过程。这段历史已经过去60多年,孙吴日军胜山要塞的遗址依然存在。

60多年前,日本帝国主义发动了九一八事变,进而发动全面侵华战争。日本侵略者先后践踏了中国大片土地,侵占了中国大部分重要城市,并沿中蒙中苏边境修筑了14个永久性的军事要塞,企图把中国变为日本的殖民地。进而吞并亚洲,称霸世界。

日本帝国主义的野蛮侵略，使中国陷入了前所未有的民族灾难。这场战争虽然已经过去 60 多年，给人们造成的精神创伤依然存在，胜山要塞和大量二战遗址遗迹，是永远也抹不去的历史见证，将永远铭刻在所有爱好和平与正义的人民心中。我们强调牢记历史，不忘过去，是为了现在和将来，更加珍爱和平、开创人类美好的未来，更好地推进全面建设小康社会，实现中华民族伟大复兴的光辉事业，更好地促进人类和平与发展。

（孙吴县抗战损失课题调研组）

（十三）侵华日军在亚洲最大的军事要塞——"东宁要塞"

在黑龙江省东部边陲的东宁县境内，有一片饱经战争炮火洗礼的土地。在那里，触目惊心的军事堡垒残骸漫山遍野，神秘莫测的地下要塞遗址隐藏在山坳深处，还有那荒草丛中掩埋着无数中国劳工的坟冢，这就是曾喧嚣一时的日军东宁要塞遗址。

侵华日军东宁要塞，是伪满国境内 14 处要塞群中唯一以进攻目的为主设计修筑的庞大而坚固的永久性阵地群，被关东军认定为"一级阵地"，并自誉为"北满永久要塞"。在东部国境正面主攻战场是掩护主攻部队发起侵苏战争最前沿的火力支撑点和梯次进攻的策源地。其遗址位于黑龙江省东宁县东南部，分布在中俄边境正面 170 多公里，纵深 50 多公里。东宁中俄边境与俄罗斯滨海边疆区陆路接壤，其中陆界 80 公里，水界 90 多公里，是通往俄罗斯远东的重要通道。

东宁要塞范围南起大肚川的干河子沟，北至绥芬河接壤的十八盘山，东起三岔口镇麻达山，西至老黑山的炮弹沟，正面宽 100 公里，纵深 50 多公里，主要工事分布在距边境 3 公里—5 公里①。1945 年苏军出兵中国东北，以迅雷不及掩耳之势越过边境，东宁日本关东军主力仓皇逃窜，只留下少数日军在地下要塞里负隅顽抗，直到 8 月末，他们才走出山洞，缴械投降，成为日本宣布投降后仍然负隅顽抗的最后一批投降者。至此日军所谓的"东方马其诺防线"彻底覆灭，东宁成为"第二次世界大战的最后终结地"。

---

① 宋吉庆、毕玉芬、孙芹：《东宁要塞阵地群》，黑龙江人民出版社 2005 年版，第 44 页。

1. 庞大的军事要塞群

1933 年 1 月 10 日，日本关东军在石田荣雄少佐的带领下，侵占了东宁。1934 年 5 月 12 日，日本关东军第三任司令官菱刈大将发布了"关作命第 589 号"《关东军关于在国境地带东宁、绥芬河、平阳镇、海拉尔附近修筑阵地》的命令①。1935 年秋，日本关东军第四任司令官南次郎乘飞机亲赴东宁视察。随后，日军便开始沿边境大量增兵，大规模修筑东宁军事要塞。

（1）勋山（夕阳ゲ丘）要塞

勋山要塞依山势呈东北——西南走向，北坡平缓，东南坡陡峭，占地面积 6.8 万平方米。在面向前苏联边境一带的山高三分之二处，有 4 个"洞口"为隐藏的炮位。北坡有 3 个洞口与上面的碉堡贯通。地面西侧有 3 条 160 米长的并列战壕，与西北侧的长 276 米、宽 6 米、深 3 米的防坦克壕相互连通。西南角道北有 1 条 5 米宽的简易军用道路，通往山下的南山村和太阳升村。军用路沿南侧山崖边缘通往山下，修筑了与之平行的 236 米长的战壕 1 条。公路往东北延伸是当年修筑的一处狼狗圈，宽 5 米、长 38 米、高 4 米左右。地下甬道、房间保存基本完好无损，1998 年末已清理出通道 1163 延长米，大小房间 21 处，共 446 平方米，有指挥所、兵室、发电室、弹药库、水池、炊事房、泵房等，分上、中、下 3 层，四通八达，并安装了照明设备。1999 年 6 月 18 日，东宁要塞管理委员会在其中一个较大的房间内建立了"侵华日军东宁要塞陈列馆"，在此展出日军遗留下来的罪证遗物 400 余件、照片 216 幅、资料 22 份。

（2）胜哄山要塞

胜哄山要塞位于勋山要塞东侧，与勋山要塞隔沟相望，分东西两部分，占地面积约 7.7 万平方米。通往东胜哄山有一条 5 米宽的简易军用道路。东侧有 6 处碉堡遗址，北侧有 3 处碉堡遗址，南侧有一条南北向战壕。战壕以东 20 米处有一条长 16 米、宽 8 米的地面工事。战壕的北侧 8 米以外有一处 20 米长、8 米宽的地面工事。工事以北 6 米有 2 处碉堡遗址。瞭望塔西 180 米处有一口 15 米深的竖井，竖井西 80 米以外有长 40 米、宽 12 米的棚盖式地下弹药库，其中弹药库与棚盖式通道相连通，一直延伸到西胜哄山阵地。西胜哄山现能进入的地

---

① 宋吉庆、毕玉芬、孙芹：《东宁要塞阵地群》，黑龙江人民出版社 2005 年版，第 305—307 页。

下甬道只有 40 米，有一间长 12 米、宽 4 米的大房间，其他部位全部塌陷，无法观察实际情况。地面现存的碉堡遗址、炮台遗址多处，战壕绕山头一圈，约 200 米。东胜哄山要塞地下甬道房间有战地指挥所、监视所、包带所、发电室、航空无线电室、炊事房等。该要塞破坏十分严重，多数地段被炸毁，只有两个洞口能进入洞内。东西胜哄山没有堵塞的洞口甬道长 1946 延长米，房间总面积 1007 平方米。据资料显示，此要塞当为东宁地区最大的一个。

（3）朝日山要塞

朝日山要塞位于胜哄山的东北侧，占地面积约 1.08 万平方米。现只有一处竖井能进入要塞内 100 米，甬道顶部全部为钢筋水泥结构，但均已破坏。紧挨竖井地面以东有一条 15 米长、5 米宽的地面工事，工事往北至东南有一条 2 米宽的战壕。竖井以西 35 米处有一处 12 米长、12 米宽的地面工事。工事东南角 13 米处有一个 10 米直径的大碉堡。碉堡往西延伸一直到胜哄山有一条 300 米长的防坦克壕。碉堡东部 2 米有一个 7 米长、3 米宽的小型地面工事和碉堡，全部被炸毁，只有残址可见。

（4）麻达山（勾玉山）要塞

麻达山要塞位于绥芬河左岸庙沟村以北处，占地面积约 67.5 万平方米。当地老百姓因此洞结构复杂，进入容易使人迷失方向，称之为"八卦洞"。其地面工事依山脉走向设计。要塞的所有洞口全部被炸毁堵死，人只能从一个排风孔的竖井进入。竖井深 16 米，直径 1.5 米。竖井以南 110 米处有堵塞的洞口。竖井西侧 140 米有碉堡址一处，碉堡址以西是两处堵塞的洞口。竖井西北角 340 米处有重炮阵地一处。重炮阵地以北有 3 处碉堡，竖井东侧 340 米处有 2 处重炮阵地，重炮阵地东北 220 米有碉堡址 2 处。整个山脉的南部、西部有纵横交错的战壕、防坦克壕、棚盖隐蔽部等多处。永备水泥工事多数被炸毁，只有残址可见。

该要塞地下甬道能进入的有 3 个水泥被覆的房间，20 平方米的炊事房，3 个炉灶，大房间有 70 平方米左右都是水泥被覆的。在主巷道墙设有安装暖气片用的凹槽。巷道全部用水泥被覆。主巷道南端已被堵死，究竟有多长，目前尚不知。据《东宁文史资料》记载："该工事依山脉走向设计，长约 10 余里。1945 年 8 月，日本关东军投降前，曾将几千名劳工骗入洞内，然后用砂石将洞一段段堵死。从此这些劳工就永久被埋葬在里面。"在下山沟口处，有一花岗岩石"忠节碑"，落款为"第三师团东宁支部"，还有一处自来水泵房遗址。

(5) 三角山要塞

三角山要塞位于麻达山要塞西部的一座高山上，占地面积42万平方米，是边境沿线第一制高点。从三角山的中部至山顶峰，布满了各种工事，1—2米厚的水泥块随处可见，交通壕、防坦克壕在山腹上纵横交错。整个要塞工事从山的中部至顶峰约有1平方公里范围。工事全部是钢筋水泥结构，厚度2—3米，可以抗御30毫米以上大口径炮弹和一吨重的炸弹的轰击。山下有一条盘山道直达山顶，非常陡峭，吉普车需间歇向上行进。山的西北部100米处有一口水井至今还有水。在山的南坡中部有一个未挖完的山洞，宽约3米，高2.5米，深度有50米。三角山要塞现找到3个洞口，在山顶峰有一个洞口，洞口东侧100米处，有5个碉堡、1个重炮阵地，洞口以西190米处还有一个碉堡遗址、1个重炮阵地。交通壕、防坦克壕还清晰可见，其他工事全部被炸毁。

(6) 409高地（武勇）要塞

409高地位于庙沟东山，山上有一个洞口已被利用，山上的碉堡、炮台有四五十处均被炸毁，至于有多大还有待于进一步勘查。

在东宁要塞除了上述大的要塞外还有：北天山、南天山、大石砬子、鸟青山等要塞群。

2. 军事指挥系统与兵力部署[①]

九一八事变后，日本侵略者为了达到侵占东北继而实现进攻苏联的目的，在中苏边境地带秘密地修筑军事要塞的同时，还不断向边境地带大量增派军事力量。据《东宁县志》记载，东宁、绥阳驻扎有3个师团与1个国境守备队。驻东宁地区的关东军不仅数量多，而且兵种齐全，有步兵、骑兵、坦克兵、装甲兵、通讯兵、航空兵、各种炮兵、工程兵、舟桥兵、汽车兵、卫生兵等。兵力部署主要分布在三岔口、东宁等地。

(1) 三岔口前沿阵地的日本驻军

驻扎在该区域的是日军关东军第一国境守备队，即独立混成一三二旅团。其中，7703部队驻庙沟，是步、骑、炮兵混合部队，约2000人，部队长是大佐；777部队驻庙沟口；4906部队驻矿山村（原反修二）、高安村、三岔口，

① 东宁县地方志编纂委员会编：《东宁县志》，黑龙江人民出版社1990年版，第161—163页。

1000 余人，部队长是大佐，有坦克 20 余辆；5409 部队驻东缸窑沟、东绥、泡子沿、佛爷沟（今胜利村），约 1000 人。

（2）东宁一带日本驻军

驻扎在该区域的是日本关东军第三师团，前线防卫司令部设在这里，驻马家大营，即万鹿沟。其中，谷地沟驻炮兵、工程兵约 500 人；麦地沟驻步兵约 300 人；穷棒子沟驻步兵约 300 人；929 部队驻东宁镇，部队长是大佐，步、炮兵 1000 多人；葫萝卜葳驻坦克部队，拥有坦克 100 辆，部队长是大佐，约 1000 人；川胜部队驻大城子南沟上屯，骑兵约 500 人；胜野部队驻大城子南沟下屯，炮兵约 500 人。

（3）大肚川一带日本驻军

驻扎该地带的是日本关东军第十二师团，司令部设在新城子沟。2638 部队驻大肚川村西，是汽车运输部队；2600 和 2601 部队驻大肚川村北，步兵约1000 人；499 和 763 部队驻大肚川村南和村东，骑兵约 1000 人；369 部队驻石门子村南，辖拌子房高地，步兵约 500 人；108 部队驻石门子河东，辖母鹿山高地，步兵约 500 人；2643 部队驻老城子沟、新城子沟一带，步兵约 1000 人；7773 部队驻草帽顶子、胯子沟、四人班、马营等地；从佛爷沟到白刀子山，驻有日军两个混合联队，1000 余人。

（4）绥阳、绥芬河一带日本驻军

日本关东军第八师团驻防原绥阳县城。师直属机关，约 300 人。师团直属龟本部队，有凤凰山电台和无线电中继所。师团下辖 3 个旅团，驻扎在绥芬河、绥西、二道岗子。

绥芬河旅团辖步、炮兵 5 个联队（团）、2 个大队，约 1.2 万人。绥芬河独立守备队，驻绥芬河市内，辖 581.1 高地，有步、炮兵约 500 人；299 部队，驻天长山，辖 719.1 高地，有 4 门 1 尺多口径的大炮，约 6000 人；313 部队驻万鹿沟岭西 887.9 和 883.1 高地，步、炮兵约 1000 人；868 部队驻鸟青山 641.7 高地，步、炮兵约 1000 人；×××部队驻五花山 647.1 高地西坡，步兵 500 人；894 部队，驻十八盘岭西，辖南天山、北天山，步、炮兵约 2000 人。

绥西旅团，辖 9 个联队，1 个大队，约 1.7 万人。其中：小林部队驻绥阳柞木台子，步兵 3000 人；青木部队驻柞木台子，炮兵约 1500 人；自动车部队驻柞木台子，约 500 人；6233 部队驻柞木台子，步兵约 1500 人；琢田部队、岗岛部队、白银部队同驻绥阳北山，每个部队步兵 1500 人；凤早部队驻东大荒，工程兵约 1500 人；八里坪守卫仓库部队，步兵约 1500 人。

二道岗子旅团，下辖 2 个联队，2 个大队，约 1 万人。其中：2633 部队驻南天山河西，陆军仓库约 300 人；848 部队驻二道岗子岭西，炮兵约 2000 人；343 部队，驻二道岗子岭西，骑兵约 500 人；152 部队，驻二道岗子岭上，运输兵，有汽车 50 辆，约 500 人；装甲部队驻二道岗子岭东，有坦克 30 辆，约 500 人；220 部队，驻二道岗子岭西，卫生兵，有医务人员 200 人，士兵 100 人。

（5）老黑山一带日本驻军

1933 年，日本占领东宁后，陆续在老黑山、南村、万宝湾等地设置日军守备队。1936 年后，陆续增加日本驻军。西老黑山驻有 121 部队，步兵约 500 人，小煤矿附近驻炮兵、步兵约 500 人。黑营、山洞一带驻步兵约 1000 人。

（6）道河一带日本驻军

道河常驻守备队，分驻碱场沟（今和平）、通沟等地，约 500 人。

3. 完备的军事与军用设施[①]

（1）永备工事

据 1945 年《苏军远东战役资料汇编》第 103 页记载："东宁筑垒主要工事有永备火力发射点 402 处，土木质火力发射点 511 处，战斗指观所 111 处，钢筋水泥掩蔽部 100 处，钢筋水泥顶盖和钢帽堡 4 处，火炮和迫击炮发射阵地 79 处"。另据东宁要塞考查组证实，日军在构筑东宁要塞的同时，还在境内修筑了大量的碉堡、暗堡、炮台，苏军对日作战时大部分被炸毁，已发现完好的有：在东宁镇西石门子有暗堡一处，约 100 平方米，三面有射击孔，后面有交通壕，内设值班、休息、指挥等房间。正前方 500 米处有两个明堡。绥阳柞木台子北山暗堡、老黑山和光明村暗堡、绥阳镇二道岗子暗堡、庙沟与东大川中间（三角山附近）明堡，神洞还有一个碉堡，均为钢筋水泥结构。考查组还发现了其他类型的碉堡 10 余处。

（2）军用仓库

侵华日军为了长期占领东北和准备进攻苏联，在东宁地区纵深处建立了庞大的后方基地。大肚川老城子沟村是火车中转站，运来的军用物资在这里集结，发往各军事要地。在车站附近的仓库就有上百个，仅装卸火车的劳工就有 6000 多人。据当时在日军仓库当劳工的贾满顺回忆：开始是到万鹿沟的军用仓库，

[①] 宋吉庆、毕玉芬、孙芹：《东宁要塞阵地群》，黑龙江人民出版社 2005 年版，第 104—119 页。

即万鹿沟的马大营，后调到大肚川仓库，每天在仓库里装卸东西，主要是炮弹和武器等军用物资。2732 部队是管弹药库，763 部队是管汽油库，203 部队是管粮食库，山下有个大榆树的地方是粮库。南边有机械仓库，存的都是制造枪炮等武器的原材料，每天进来的货车有 100 多辆，仓库里有 1000 多人，粮食库有上万人，整个大肚川仓库有劳工 1.5 万来人。

现能够查实的日军遗留下来的永备仓库和地下仓库有：大肚川军用仓库、赵风仁沟仓库、对头山仓库、老城子沟军用仓库、万鹿沟军用仓库、八里坪仓库共 142 个，和光村炮弹沟军用存货场一个，其中有军火库 79 个。

（3）兵工厂

日军在大肚川村西建立了一座兵工厂，能制造步枪、手枪、手榴弹、炮弹，有近千名工人。

（4）发电厂、给水站

1）发电厂：驻东宁日军于 1940 年在神洞建发电厂一座，装有 2500 千瓦的发电机组 2 台，1944 年发电，主要供兵营及铁路各站、煤矿用电。

2）供水站：日军在东宁设有 6 个供水站。其中：葫萝卜崴供水站供新城子沟、老城子沟兵营；泡子沿供水站供西缸窑 132 旅团；麻沟供水站供麻达山要塞；太阳升供水站供勋山要塞；矿山供水站供胜哄山要塞；绥阳供水站供柞木台子兵营。

（5）野战医院

日军在东宁区域内共建筑 5 处野战医院，即位于东宁镇南山下今橡胶厂所在地的"东宁第一陆军医院"（代号 467 部队）；位于狼洞沟西南的"东宁第二陆军医院"（代号 137 部队）；位于新城沟西，今水库附近东宁第三陆军医院（代号 332 部队）；位于老黑山东北处的老黑山陆军医院（代号 862 部队）；位于绥西以北绥西陆军医院。这五处医院，其中前三处陆军医院规模比较大。据日文书籍《满洲第 137 部队志》（东宁第二陆军病院）（第三集）"东宁第二陆军病院配置图"和"东宁第二陆军病院平面图"记叙，全院共设有：内科、外科、传染科、动物实验室、病理实验室、手术室、炊事房、兵舍、娱乐室、被服仓库、危险药品库等，有大病室 13 个、小病室 14 个。根据此图（东宁要塞阵地群第 119 页图）和见证人回忆，其他两所医院与此同时建成。第一陆军医院和第三陆军医院的概要情形与第二陆军医院基本相同。

（6）病马院

东宁区域内日军部队配备的马匹数量多，新城子沟的第十二师团驻地、缸窑沟的一三二旅团司令部、绥西的第八师团驻地、东宁镇西大营929部队等都驻有骑兵部队。全县共有病马院4处：绥西病马院、东宁病马院、老黑山病马院、丰顺病马院（马魂碑附近）。此处病马院位于丰顺村以东马魂碑以北处，占地2万平方米，有4栋砖瓦结构房屋。

(7) 要塞交通

日本关东军为了将东北变成其进一步扩大侵略战争的基地，加大推进国境地带军事化建设的"北边振兴计划"，以强化关东军在东北北部地区的军事设施和为军事设施服务的产业，将其重点放在军事交通、通信、航空等设施机能的整备和强化。日军将铁路按军事战争需要进行改建，新增军用国防公路7000公里，改建8000公里，由国境第一线的军用公路、国境地带第二线的特殊道路和第三线的移民道路，构筑沿边境地带纵横交错的军用公路网，同时，加强边境地区的航空设施，特别是军用飞机场的建设。据资料记载：所知道的飞机场有420多处，各种大型军用仓库500多个，足见其规模之大。

东宁所在地东部地区是关东军对苏作战的重点地区，所以在"北边振兴计划"的实施中得到了特别的加强。伴随着东宁军事要塞建筑工程的进行，日军又在东宁7000多平方公里的土地上建造机场、铺筑铁路、公路、架设电力、通讯线路，疯狂地筹划侵苏备战，向国境大量集结部队，建设庞大的军事基地。

1）公路[①]

日伪政权建立后，出于军事扩张和掠夺的需要，从1933年开始，日军在东宁修筑了多条军用沙石公路，并在三岔口设国道局，加速进行了军用公路建设，到1936年，县内通往各军事驻地和相邻县城公路就有10多条，主要有：

① 东宁至宁安，全长240公里。

② 三岔口至穆棱，全长170公里。

③ 三岔口至老黑山，全长50公里，汽车只能在封冻后行驶，牛马车可四季通行。

④ 三岔口至汪清，全长90公里。

⑤ 三岔口至王八脖子，全长90公里。

⑥ 三岔口至道河，全长50公里。

⑦ 东宁至金厂线：从东宁开始路经大碱厂沟、沙河子、金厂，全长65公里，路宽4—7米。

---

① 宋吉庆、毕玉芬、孙芹：《东宁要塞阵地群》，黑龙江人民出版社2005年版，第125—129页。

⑧ 南天山至金厂线：从南天山开始路经南天门、通沟岭、金厂、全长 50 公里。

⑨ 绥阳至光风台线：从绥阳开始路经纪元岭——光风台。全长 32 公里。

⑩ 绥阳至观月台线，全长 40 公里，路面宽 5—7 米。

⑪ 东宁至郭亮船口山线，全长 19 公里，路面宽 6 米。

⑫ 绥宁街的"极乐谷"（东万鹿沟）至东大川线，全长 15 公里，路面宽 6 米。

⑬ 绥阳至三岔口线，全长 85 公里，路面宽 4—7 米。

⑭ 绥阳至鹿鸣台线，绥阳至马架子全长 35 公里，路面宽 7 米。马架子至鹿鸣台全长 10 公里，路面宽 3 米。平房至白木台、南天山全长 8 公里，路面宽 7 米，全长共计 53 公里。

除以上 14 条主干线外，在边境万山丛中军用公路密如蛛网，总长 800 多公里。还有勋山要塞山顶的简易军用道路，宽 5 米，通往山下的南山村和太阳升村。军用公路沿南侧山崖边缘通往山下。

矿山村通往胜哄山有一条 5 米宽的简易军用道路。

南山村通往朝日山、胜哄山的简易军用道路。

庙沟沟口至麻达山山顶军用公路。此地与俄罗斯陆路接壤是边境的新立村至东宁公路的咽喉要道。

庙沟至 409 高地军用公路直至山顶，非常陡峭。成之字形，曲折延伸。

庙沟至三角山要塞，山下一条盘山警备路直至山顶，非常陡峭，吉普车需间歇攀登。

2）铁路①

铁路是配合军事要塞建设的重要组成部分。伴随着要塞的修建需要和驻军部队增多，加紧对铁路运输建设，日军首先在 1934 年修筑了绥芬河至三岔口的轻便铁路。1939 年修筑了绥阳河西至东宁的绥宁铁路。1940 年修筑了汪清新兴至东宁的兴宁铁路。

① 三岔口至绥芬河的轻便铁路

该路由驻哈尔滨的日军铁道第三连队进行施工，从 1934 年 4 月 10 日开始到 6 月 11 日修建完成，全长 93 公里。这条绥东线所经之地尽为人迹罕见的密林和层叠的山丘，在通过太平岭时不得不采取三个较大的"之"字形线路设

---

① 东宁县地方志编纂委员会编：《东宁县志》，黑龙江人民出版社 1990 年版，第 431—433 页。

计。它的开辟，解决了急需要向东宁地区运送大量的建筑材料，部队的调配，军需的供应等问题。

线路是从绥芬河起，经北寒、南寒、南天门、西万鹿沟、北河沿（穿越绥芬河开始是临时架桥，1937 年大同桥竣工后改成在大同桥上东侧通过）小城子、大城子到三岔口（东宁县城），从三岔口又越过绥芬河通至郭亮船口阵地，全长 93 公里。路轨距宽 0.762 米，由 28 吨型机车牵引，可带四五节车皮。该路只供军用。主要是运送修筑要塞的建筑材料和武器装备等物资。绥宁线开通后将次线拆除。

② 绥宁铁路

绥宁线是一条纯粹的军事线路，当时在该线行驶经过要塞地带时"百叶窗"必须放下来，日军不许乘客向外面观看，因为一到城子沟一带周围全是军事据点。从城子沟到东宁之间 9.1 公里之间的山丘上也有混凝土碉堡布置。

这条铁路以距滨绥线以东 515 公里的绥阳车站为起点，沿小绥芬河南下，到达中苏国境要地东宁，全长 91.1 公里。由于该线通车，在"满洲国"内满铁经营的铁路营业里程突破 1 万公里。全线设车站 6 个，信号场 10 个。其中有给水所 3 处，机车库 1 个（东宁车站）。有大型桥梁 11 座，隧道 1 处。路基宽 5.5 米，轨距 1.435 米，其动用土方 276.8 万立方米，年货运量约 3 万吨。

③ 兴宁铁路

这条铁路是以图佳线上的新兴为起点，向东北伸进间岛省连绵不断的山岭地带，而以绥宁线上的城子沟为终点。另有老黑山、东宁两煤矿的专用线。全长 216.1 公里。该线的最早勘察是 1935 年 12 月到 1936 年 2 月 3 日间进行的，1936 年 11 月末起，测量第二班完成从汪清穿过大森林到火烧岭附近，约 100 公里的实测工作。1937 年 9 月 20 日从汪清开始铺轨，1938 年 3 月 30 日铺设到 80 公里处，同年 7 月 31 日又从 80 公里处动工，10 月 20 日抵达北荒岭，这部分路轨全是用满铁式铺轨机械铺设的。1938 年 6 月 1 日，汪清至雪岭的铁路开始临时营业，其后又继续修筑北荒岭以远线路，而且把新兴方面变更起点工程也完成了。1940 年 11 月 1 日，兴宁线全线开始正式营业。年客运量 9 万人次，年货运量约 23 万吨。

兴宁铁路沿线当时是原始森林区，藤蔓缠绕，古木参天。据《兴宁建设概要》中记叙："本线是木材的宝库，满山都是原始森林，实为满洲所罕见，牡丹江的所需木材的 90% 可以从这里砍伐，满洲的林产开放将大有希望，这对满洲的开发将有重要作用"。这就是日军兴建兴宁铁路的主要目标之一。所以

1938 年 6 月汪清至雪岭的铁路通车试运，即开始砍伐木材。据伪满资料统计，1940 年 4 月，汪老线（汪清至老黑山）各站发送木材 8466 立方米。经过通车后的几年掠夺性采伐，森林资源遭到严重破坏，到 1945 年日军投降，铁路沿线森林已被砍伐殆尽，80% 的木材被运往日本。同时该铁路又是加强东宁地区军事统治，建设在远东军事要塞的重要工具。

3）航空①

1934 年以后，为了对苏作战的需要，日军在东宁修筑军事要塞同时，也开始修建军用飞机场、降落场，主要用于侵苏作战时的空中作战。这主要有：

① 老黑山南村西军用飞机场，北面是军用仓库。

② 老黑山东南"七三"军用飞机场，属定期航班，直达珲春。占地 3.5 平方公里，有钢筋混凝土结构碉堡 4 个。另有其他类型碉堡 10 多座。

③ 绥阳二中队飞机场，占地 8 万平方米。有土木结构飞机隐蔽部 6 处，驻有守备队常用飞机 4 架。

④ 阜宁（建设村）河北飞机场。每星期三、四、六有定期班机直达新京（今长春）。

⑤ 太岭军用机场，绥西旅团所属。

⑥ 二道岗子岭上军用机场，二道岗子旅团所属。

⑦ 北河沿军用机场，定期航班直达罗子沟。

⑧ 东宁军用机场，定期航班直达穆棱。

⑨ 泡子沿村南军用机场。

⑩ 马营村西军用机场。

4. "功绩碑"是日本帝国主义侵略的罪证记录②

关东军遗留在中国大地上的碑刻是日本侵略者自己建筑的侵略罪证的记录。近几年人们调查东宁境内发现近 20 块日军石碑，主要有：

1）马魂碑：位于大肚川镇，新城子沟村与凤顺村之间的铁路高架桥北 200 米处山坡上，占地面积 36 平方米。上部碑体为一块 2.5 米高自然形花岗岩石，

---

① 宋吉庆、毕玉芬、孙芹：《东宁要塞阵地群》，黑龙江人民出版社 2005 年版，第 137 页。

② 宋吉庆、毕玉芬、孙芹：《东宁要塞阵地群》，黑龙江人民出版社 2005 年版，第 149—157 页。

正面中部刻着"马魂碑"3个大字，左下方刻款为"陆军中将沼田多稼藏①书"，后侧刻着"昭和於十八年九月建之"的字样（1943年）。下半部为水泥石头砌筑的2.4米高，5×5正方形碑座。碑座部分已经破损，只留下中间部分。在马魂碑北侧50米处较平坦的地方，是关东军的一个病马医院遗址。据说第十二师团长的战马经医治无效死后葬在了此处，日军为纪念战马修筑了这个马魂碑。

2）忠魂碑：目前东宁区域内发现的忠魂碑一共5块。

①位于大肚川镇民主村东山坡上"忠魂碑"，占地面积40平方米。②位于绥阳林业局二道岗子林场北100米的山坡上的"忠魂碑"。占地面积30平方米。③位于绥阳林业局的二道岗子林场东南1.5公里处山林中的"忠魂碑"，占地面积25平方米。④位于东宁镇南原橡胶厂附近山坡上的"忠魂碑"，占地面积60平方米。⑤位于东宁镇万鹿沟村西山顶上的"忠魂碑"，占地面积200平方米。

3）轻便铁道纪念碑：位于东宁镇万鹿沟村北部太平岭上，占地面积为4平方米。上部碑体部分是用水泥浇筑成四棱锥形，高度为2.55米，正面中间刻着"轻便铁道纪念碑"，下面有镶嵌金属板的凹槽，金属板上可能刻有修建的年款，但金属板已不存在了；下部碑座也是水泥浇筑而成，2×2米正方形，高度为1.2米，并刻划有长方形石块图案。

4）忠节碑：位于三岔口镇庙沟村北山脚下，占地4平方米，整个碑体是由一块巨大自然形花岗岩石构成。高度为1.9米，宽为0.8米。用水泥固定在地面。正面是用手工錾刻的平面，"忠节碑"3个大字刻在一个长方形框内。左侧刻款为"己亥夏岩越中将书画"背面中间錾刻的平面内部刻有"皇纪二千五百九十五年六月建之，第三师团东宁支部"（1935年6月）。该碑保存完整。

5）必胜碑：位于三岔口镇庙沟村北，麻达山要塞山脚下，碑座已无存，只留下一块自然形的花岗岩石碑体部分，高为1.6米，宽为0.8米，正面中间刻着"必胜"二字，右侧面刻着"纪元二千六百年纪念（1940年），杉莆中将兵一同"。

6）慰灵碑：位于绥阳镇署春村东山脚下。碑座已无存，只留下一块自然形的花岗岩石碑体部分。高为1.2米，宽为0.9米。正面刻着"慰灵碑"3个大字。左侧面刻着"昭和拾八年拾月建之，（1943年）工□□□夫"，背面刻有"建立发起者，第九八军，少尉四春五郎"。

---

① 沼田多稼藏，时为日本关东军第三军参谋长，中将。

7）战车魂碑：位于绥阳林业局二道岗子林场东段西南 1 公里。碑体由一块巨大的自然形花岗岩石构成，用水泥固定于地面，高度 2.3 米，宽为 2.0 米，厚 0.35 米，正面刻着"战车魂" 3 个字，无刻款，该碑现存完整，无人为破坏。

8）马头观世音菩萨碑：位于大肚川镇民主村东小河边的耕地中，占地面积 6 平方米。上部碑体为一块人工打制的不规则的花岗岩石，长为 1.5 米，宽为 0.4 米。正面刻着"马头观世音菩萨"，下部碑座为水泥石头砌筑，3×2 米，高度为 1.2 米。碑体部分已经倾倒于碑座旁。

9）六棱锥形碑：该碑于 1967 年移置到东宁镇第一粮库大门口，原址不详。碑体为一块花岗岩石打制成六棱锥形，下底每边棱长为 0.33 米，高约 1.85 米。现有 1 米被倒置埋于地下，地面只有 0.84 米，碑文大部埋在地下。在六棱体的一侧面刻着"中将沼田多稼藏书"，另一侧面刻着碑文下半部分，只有"完逐祈庙碑建设委员会"可识，其他字迹不清无法辨认。全部文字需挖掘清理得知。

10）纳奉石：位于东宁镇西山上。是一块 2×1×1 米的花岗岩石，前侧面刻着"纳奉"二字，中间有一圆形阴阳鱼图案，另一侧刻着"纪元二千六百年十一月（1940 年），片岗部队纳"，顶面是刻制的一个能存放水的凹槽。此石位于当时的一神社附近，应是神社之用物。

11）马魂之碑，位于大肚川镇、新城子沟村东 400 米，去煤矿的路东 100 米处，只残留一块碑体。根据 78 岁的肖云秀讲，后来人们耕种时将碑座移至现在碑体东侧 50 米的耕地里，遗迹无存。碑体为一长条形不很规则的花岗岩石。高 1.4 米，宽 0.55 米，厚 0.35 米。正面阴刻着"马魂之碑" 4 个字，背面为"昭和十七年一月，满洲第三零六部队建立。"

除上述有规模的碑刻以外，调查时人们还发现一些小型碑石：绥阳镇新民村有一块"故陆军兵长下斗米德太郎阵亡地"碑；东宁镇胡萝卜崴村有一块"中川茂"碑；三岔口镇庙沟村的 409 高地上有一块"军鸠乃墓"；绥阳镇有一块"鸠魂碑"等。

碑的祭祀对象不仅有阵亡的将士，还有竣工纪念，战马、战车、信鸽等，真可谓五花八门。凡是对侵华战争做过"贡献者"，统统都作功臣修建碑碣以祭之，为其侵略者的后代进行功绩教育的实物，与我们死难中国劳工形成鲜明的对照。半个世纪之后，刚刚从战争的废墟上苏醒之后日本其右翼分子，为了树立日本的所谓形象，掩盖其罪恶的侵略历史，通过修改教科书等篡改历史，美化战争，以达到重塑日本形象的目的。然而当年自己留在中国和亚洲其他受害国大地上的"忠魂碑""慰灵塔"等却清楚、真实地记载了他们的侵略罪行，永远地把侵略的事实刻在了历史的耻辱柱上。

5. 要塞劳工

人们调查发现，修筑东宁要塞的劳工分很多组，有王景荣组、田中组、飞岛组、大岭组、西松组、义和祥组、松浦组等。根据东宁要塞的工程规模，工事的密集程度等，专家们分析，修筑这样庞大的工事需用劳工17万—20万人左右。东宁要塞的规模、强度、类型、设施及基础工程，可分为保密工程、重点工程、一般工程和附属工程。而每项工程多为重体力劳动，劳工每天不仅从事繁重的体力劳动，而且劳动环境恶劣，十分危险，事故伤亡经常发生。

（1）劳工来源

1931年九一八事变后，日本侵略者为了实现其永久占领东北的野心，积极准备与苏联作战，在边境地区修筑庞大军事工程，随着战争的不断扩大和长期化，各种军用物资的需求也在急剧增加。在实施伪满产业开发五年计划、北边振兴计划中，日军倍感劳动力不足，仅靠东北当地劳动力无法完成既定侵略计划，因而开始从华北地区掠夺劳工。华北成了伪满掠夺劳动力重要基地。

日本侵略者掠夺的手段也是多种多样，主要有：1）利用虚假广告、花言巧语、小恩小惠诱骗。2）以华北劳工协会名义，伙同军、警、宪、特等法西斯分子组成强制性劳工统治机构，与当地基层伪政权联合，把招工的任务摊派到村镇。有钱的人可以花钱雇人顶替，没钱只能自己出劳工。3）颁布法令，强行征用。1942年11月颁布《国民勤劳奉公法》，同年12月颁布《学生勤劳奉工令》，规定适龄青年、大学生（后来扩大到中学生），都要尽勤劳奉公之义务。不服气者要处2年以下之徒刑或2000元以下罚金。4）抓俘浪，随意在城市、乡村抓捕所谓俘浪。许多人在家人不知道的情况下，无辜被抓走，不知去向。5）强迫战俘充当劳工。七七事变爆发后，日本侵略者大举向关内进犯，在关内战场俘获中国军队官兵和抗日民众。关东军将这些劳工称之为"特殊工人"。"特殊工人"由日本军队直接管理，主要用于从事边境军事工程或各大厂矿企业的重体力劳动。

1933年3月至5月，关东军从东北各地招（骗）来劳工1.3万人，这些劳工大部分从事道路施工。5月10日"满洲国"交通部下令对三岔口—绥芬河道路由 3 米扩宽至 7 米。为尽快在边境构筑工事，加快军用道路修建，9 月 17 日"满洲国"三岔口国道局成立，9 月 29 日至 10 月 17 日，又招来劳工 2.3 万人①。

1934 年 6 月，日军开始实施要塞的第一期第一阶段的修筑工程。同月 3 日，细谷刚三郎少佐将刚刚完成三岔口至穆棱、汪清两条铁路工程的 2.1 万多劳工调往边境修筑要塞工程，其中 12000 人被调往郭亮船口以北的庙沟、咯谷六、三角山、一贯山等地，约 9000 人被调往三岔口南面的胜哄山、高丽营（高安村）狼洞沟等地。当日日军收到侦察班长山田荣三中佐电报得知，丹东征发 4230 名劳工 6 日到达"386"（孖襟裃）施工点。另舒兰县征发约 8700 人，8 日至 9 日到达第 2 地区队（狼洞沟和小乌蛇沟）施工点②。1935 年 10 月，三岔口"国道局"按伪满国务院指令，在北河沿渡口修建公路大桥，动用劳工 650 人，于 1937 年 11 月完工③。

（2）劳工劳动

根据考察东宁要塞的规模、强度、类型、设施及基础工程，要塞工程可分为保密工程、重点工程、一般工程和附属工程。而每项工程多为重体力劳动，劳工每天不仅从事繁重的体力劳动，而且劳动环境恶劣，十分危险，事故伤亡经常发生。

吕良玉老人回忆："我们在老菜营那儿挖山洞子，把山都挖透了，同煤矿的活一样，两人一组，一个把钎子，一个人打锤，在石头上打炮眼，炮眼打好了，装上炸药，再用炸药炸。有一次一个工人太累了，人累了以后打起锤来就没准了，一锤下去打漏了，打在了把钎子人的头上，幸亏没有打在要害部位，真危险。我们每天两班倒，吃饭都在洞子里吃，一干就 12 小时。我们都带着嘎斯灯（煤气灯）。打一天的炮眼，临退出来时放炮，下一班开始清理，再打炮眼，放炮。"梁德云老人回忆："我们来到这一看，干活没有工具，用的是日军军用的小铁锹。铁锹没开刃，不尖、不滑、把又短，挖战壕根本挖不动，就得挨打，说我们笨得像牛，干活磨蹭，挖到三至五米以后，就有了大铁锹，挖出来的土还得自己背出来。每天早上天一亮就得起来干活，一直干到天黑，一天要干十三四个小时的活，把人累得要命。"

幸存"外围劳工"的回忆和知情者的讲述，足以揭示要塞劳工当时每天除

① 王宗仁：《从旅顺到东宁》，中国文史出版社 2005 年版，第 171—178 页。

② 王宗仁：《从旅顺到东宁》，中国文史出版社 2005 年版，第 181 页。

③ 王宗仁：《从旅顺到东宁》，中国文史出版社 2005 年版，第 212 页。

了干活还是干活，体力消耗很大，劳动时间长，遭受非人的待遇，生命无任何保障，并且"内围劳工"能死里逃生者寥寥无几，因为他们修筑的是保密性极强的秘密工程。在工程将要结束时，他们被关东军秘密屠杀，这就是劳工劳动所得的"回报"。

（3）劳工生活

要塞劳工的生活极其艰苦，他们吃的是猪狗食，干的是牛马活，穿的是破衣烂衫、麻袋片、水泥袋子纸，衣不遮体，住的是四处漏风、夏不遮雨、冬不御寒的席棚子。劳工就生活在修筑要塞工程这座人间地狱里。

贾满顺老人回忆："我们到罗圈后，就自己动手在野外一个水沟旁安营扎寨，当天就把席棚子搭起来，一个席棚子住100多人，晚间就睡在刚用鲜木小杆搭起的大铺上，上面就铺了一层草帘子。我们每天吃的是苞米面掺橡子面的窝头，又苦又涩，咸盐水泡黄豆就是菜，从来也不发衣服，我从家穿来的衣服不长时间就穿坏了，也没有什么穿的，就把洋灰袋子，用手揉吧揉吧，绑在腿上、胳膊上，缠在身上当衣服穿。天冷时，身上都冻得青一块、紫一块的大包。"

（4）劳工命运

东北沦陷后，1932年建立伪满洲国，中国人不能称是中国人，只能称满洲人。出入要凭证明书，3人不许聚堆谈话，就是工人走错了路也被当成苏联密探处死。日军发现谁吃大米、白面，谁就是经济犯，就得挨打。在日本人眼里中国人就是劣等公民，中国劳工是日本关东军奴役下的劳动工具，是要塞筑垒工程的殉葬品。

据幸存劳工萧秀云自述：（1936年至1937年）我看见一些日本人用汽车拉来了9个人，手脚都绑着，像绑猪似的。那时是三九天，日本人在河上开了本窟窿，用大洋刀砍人，砍一个扔下冰窟窿一个，一共砍了8个，他们把剩下的一个人的铁丝解开，让他跑，跑过50米远的时候用轻机枪把他打死了。我亲眼见过给日本人干活的劳工，死的一堆一堆的，在万鹿沟修2公里公路就死了800劳工。我在北大桥干活的时候是十八九岁，在那死了一大片的劳工，有1000人[1]。

根据幸存劳工贾满顺回忆：在从东宁到老黑山的道台子，有个修路的组叫松浦组，康德五年（1938年）涨水，把松浦组的2万人全都冲跑了。之后我们

---

[1] 宿伟东：《侵华日军东宁要塞揭秘》，中国文史出版社2005年版，第167—169页。

还修过大桥，我们修筑大桥的 5000 人，干了两年多的时间，最后桥修完时就只剩下 1500 人①。

1941 年，东宁县大肚川的刘永财，随父亲来到东宁，他亲眼看见修路的劳工在冬天身穿麻袋片子和洋灰袋子，死了 500 人，被埋到大肚川河北的乱尸岗子②。

1943 年 4 月，哈尔滨亚麻厂退休工人王春昌，被强行摊派劳工从营口来到东宁，同行劳工约 1200 人，在日军 39 部队干活。王春昌亲眼看到和他一起干活的 3 名劳工被拉砖的汽车砸死③。

同年，日伪当局决定修建"满炭通神洞"铁路，同兴宁铁路（东宁至吉林汪清新兴）联结，分段承包给 3 个"柜头"，大肚川王吧脖子大桥至"满炭"之间承包给"西松"组，铁路桥由"竹建"组保修。3 个组共有中国劳工 1100 人，至 1945 年 5 月竣工，生还者寥寥无几④。

1938 年至 1944 年，日军在大肚川老城子沟村设火车中转站，各种物资运达这里，经过编配发往各阵地。中转站附近有百余座仓库，中国劳工 6000 人，从事装卸劳役，在草帽山下有 34 个用水泥浇筑的山洞，西面是兵工厂，东面是粮仓，有中国劳工 1000 人在此从事劳役⑤。

1945 年 8 月中旬的一个下午，在苏军进攻东宁日军阵地时，日军为"防枪弹"，让在庙沟修要塞全部劳工进入各自工区，每隔一段填上 3 米多厚的砂石，在各自入口炸塌 5 米多厚乱石，3000 名劳工被活活埋葬了，最后的 30 人合力扒开乱石后才侥幸逃生。这就是"庙沟惨案"⑥。

（5）"劳工坟"⑦

老城子沟，当时是绥宁铁路（绥阳—东宁）、兴宁铁路（汪清新兴—东宁镇）的汇合点，是重要的铁路中转站，也是日军在东宁一带的军事物资储备基地，各种军事物资源源不断地输进送出。大批劳工在这里修筑各种工事、铁路、公路、仓库等军事设施，还有一批劳工长年累月地在几十个仓库里搬运物资，装卸火车。

① 宋吉庆、毕玉芬、孙芹：《东宁要塞阵地群》，黑龙江人民出版社 2005 年版，第 161—162、170 页。
② 宿伟东：《侵华日军东宁要塞揭秘》，中国文史出版社 2005 年版，第 196—199 页。
③ 张凤鸣、王敬荣主编：《残害劳工》，黑龙江人民出版社 2000 年版，第 61—63 页。
④ 中共牡丹江市委党史研究室编：《牡丹江抗日十四年》，黑龙江朝鲜民族出版社 1999 年版，第 84 页。
⑤ 田志和：《对日寇的最后一战》，长春出版社 2005 年版，第 12 页。
⑥ 东宁县政协文史资料研究委员会编：《东宁文史资料》第 2 辑，1989 年，第 83—87 页。
⑦ 宋吉庆、毕玉芬、孙芹著：《东宁要塞阵地群》，黑龙江人民出版社 2005 年版，第 181—185 页。

东宁"劳工坟"就位于老城子沟村东北 1.5 公里的山岗上,占地约 2 万平方米。其东侧是一片耕地,西侧是一条日伪时期修筑的宽约两米的南北走向战壕。南北两侧是人造林。

李有才、李宏山等知情人讲:"在老城子沟的劳工分几伙,有修铁路的,有盖房、修工事的,还有车站仓库的搬运工人。修铁路的劳工就有 2 万多人,听口音都是从河北、山东方向来的,在铁路沿线两旁随处都可以看到惨死劳工尸体。他们都是饿死、病死、冻死、累死或被打死的。夏天死的人直接被拉走,冬天死的人被垛成垛,开春地化冻后在一起拉走埋掉。"老城子沟村民王希珍回忆:"那时我们村这有火车站,山根处建有一排排的大仓库。一年四季有三四千名劳工在这里修建仓库、装卸火车、在仓库里搬东西、倒货。这些劳工从哪儿来的都有,住在村东头一大片阴暗潮湿的工棚子里。刚开始时他们吃玉米面窝窝头、高粱米饭,后来困难时就吃橡子面,橡子面非常苦涩,干脆不是人吃的东西,劳工们吃不饱天天挨饿。记得有两个劳工饿得受不了了就偷吃仓库里的饼干,被发现后,日本人和把头就把他们俩活活打死啦。起初劳工有病时还给简单治一治,病重的还往回遣送,后来劳工连累带饿病的多了,不但不给治病也不给往回送,死了就扔到'劳工坟'里"。

曾经参与《东宁县志》编写工作的宋宪章老人也介绍说,解放初期他带领学生到过老城子沟的"劳工坟",那时"劳工坟"还没有遭到破坏,坟区的面积比现在大,坟包上插着小木牌,木牌上写着死者的姓名和籍贯,这些死者大都是河北、山东等地的人。此外他们在调查走访其他知情人时,得知老城子沟本地的村民死亡后从来不往"劳工坟"葬,因为那里都是惨死劳工的冤躯孤魂,村民们觉得把自己的亲人埋葬在那里不吉利。

"劳工坟"坟区呈南北走向,有近千个坟包,埋葬劳工至少千人以上。坟间距 1 米左右,排列有序。经过半个多世纪的风吹雨淋,有些坟包渐渐被削平,轮廓模糊,坟区的边缘已被不明真相的外地人开垦成田地(现已停止耕种)。东宁县文物管理所会同有关部门对整个坟区的规模、坟冢的分布状况等进行了详细勘测,绘制了"劳工坟"平面分布图,划定了保护范围。根据有关专家考证,此"劳工坟"是黑龙江省内目前规模最大、保存最完整的一处集中埋葬劳工的场所。

1998 年 6 月东宁县人民政府将"劳工坟"列为县级文物保护单位。1999 年1 月黑龙江省人民政府又将其列为省级文物保护单位,同时公布其为省级爱国主义教育基地,1999 年 9 月在"劳工坟"设立了标志说明碑。1994 年 11 月

18—19 日，黑龙江省东北烈士纪念馆、黑龙江省考古研究所和东宁县文物管理所联合对"劳工坟"进行首次正规、科学的发掘和考察。发掘面积为 120 平方米，清理单墓葬 18 个，考察完毕后，东北烈士馆采集两具遗骸运回馆内进行展览，其余 16 具遗骸回填复原。1999 年 5 月 11 日，中央电视台"新闻调查"节目组、牡丹江市文物管理站和东宁文物管理所再次对"劳工坟"进行发掘、调查，发掘面积为 15 平方米，清理 3 个劳工墓，东宁县文物管理所采集 2 具遗骸陈列在"侵华日军东宁要塞陈列馆"，其余回填复原。2000 年 5 月 18—20 日，黑龙江省东北烈士馆、牡丹江市文物管理站和东宁文物管理所第三次对"劳工坟"进行发掘、调查。此次发掘面积为 10 平方米，清理劳工坟墓两座，全部工作完成后，又将墓葬回填复原。通过对"劳工坟"3 次发掘可以看出，多数墓葬中没有任何遗物和棺木，墓葬的封土非常浅，对死者埋葬得非常简单、潦草，出土的遗骸姿势各异，有仰直、仰曲、卧直、侧曲，甚至有的死者头在坑下，脚在坑上，另有 4 具遗骸双下肢被齐刷截断。3 次发掘的随葬品也只有几枚白色衣扣、1 枚顶针、1 个皮带卡、1 个烟袋嘴、3 枚伪满洲壹角硬币。

东宁"劳工坟"是日本侵略者奴役残害中国劳工的缩影，而这里埋葬的只是修筑老城子沟一带外围性军用设施和为日军提供后方军需的劳工，那些在深山密林中修筑秘密军事工事，后被血腥屠杀的大批劳工葬身何处？至今还是萦绕在人们心头的一个谜。

劳工在日伪的皮鞭和刺刀下，过着牛马不如的生活，终日衣不掩体、食不果腹。数不清的劳工或因不堪奴役而死，或工程完工后，日军为保其工程机密，将劳工公卅或秘密处死。人们在东宁要塞区发现的"劳工坟"、万人坑就多达六七处。秘密屠杀劳工的地点谁也不知道到底有多少。

调查足以揭示日本关东军为达到侵略的目的，对中国劳工的凶狠、刻薄和残暴，他们用中国劳工的生命筑起了一道所谓的"东方马其诺防线"。

（东宁县抗战损失课题调研组）

（十四）日本关东军第731部队罪行

日本侵占东北时期，在哈尔滨市平房地区建立了一支专门研制试验细菌武器的秘密部队。这就是罪恶累累、臭名昭著的日本关东军第 731 部队。

1936 年春，日本关东军在哈尔滨市平房火车站以北 4 公里处，强占民田

700 垧，强迁村屯 5 个、居民 600 多户，拆毁民房 1700 多间，建立特别军事区，设立了 731 部队。731 部队公然违反国际公约，进行了惨无人道的细菌生产和实验[①]。

1. 日军细菌战罪恶活动的由来

日军进行细菌战活动是从第一次世界大战时期开始的，至 1945 年战败为止，历经 30 年，其时间之长、规模之大、罪恶之重，是包括法西斯德国在内的世界上任何一个国家都不能与之相比的。在此期间，它在中国的东北及华北、华中和华南等地的细菌战活动由小到大，不断升级，恶性发展；由以动物为实验材料到使用活人进行实验；由室内实验到野外实验，直至投入实战；由培养、繁殖、传播细菌到制造多种类型的细菌武器；由训练细菌战人员到研究、确定细菌战的作战方式；由建立细菌战基地到在各地大规模地扩充细菌战特种部队、完成战略部署、形成具有一定作战能力的完整的进行细菌战的体系与指挥系统。日本进行细菌战的罪恶活动经历了初期准备、大规模实验和实战 3 个阶段。从 1916 年至 1933 年，主要是石井四郎等军国主义分子对细菌战进行狂热鼓吹，在日本设立了研究机构，进行多种细菌的培养、使用方法及防疫的研究。

1918 年，日军逮捕了在瑞典红十字会任职的俄国密探亚历山大，并"在审讯中知道他正在搞细菌研究并拥有大量细菌。于是，日本军部决定进行细菌战研究。初由陆军省医务局开始研究"。后曾将任务交给东京科学研究局，要求它"研究出一种或多种为人力所无法抗拒的秘密杀人武器"，然而，东京科学研究局限期内没有完成，致使日军的细菌战研究活动一度中断。1927 年，日本召开"东方会议"，制定了以武力侵占中国的方针和国策。随着其对外侵略、扩张政策的推行和实施，它的细菌战活动又恢复了发展速度。当时，这一活动首先是从日本陆军省军医课长隆二推荐军医大尉石井四郎研制"秘密杀人武器"开始的。石井四郎，1892 年 6 月 25 日生于千叶县山武郡千代田村大里街（今芝山街）的一个有名的地主家庭。读完高中后，1915 年作为陆军委托生考入京都帝国大学医学部。大学毕业后，以军官候补生的身份参加了陆军。1921 年为二等军医（相当于中尉），1924 年为一等军医（相当于大尉）。不久在其岳父东京帝

---

① 哈尔滨市地方志编纂委员会：《哈尔滨市志》35，黑龙江人民出版社 1994 年版，第 43 页。

国大学校长、日本著名生物化学专家荒木寅太郎帮助下，进入了京都帝国大学研究生院。1927年完成关于防疫学的学术论文，获医学博士学位，并任陆军军医学校教官。1928年至1930年，受军部派遣，石井赴欧洲进行考察，到了苏联。在此期间，他了解到许多有关细菌战的情况，认为正合他意。从此，石井开始了细菌战研究的罪恶历史。回国后，石井一边担任传染病学的教师，一边利用教学实验室秘密进行细菌武器研究，并得到了一批日本军国主义分子的赏识。于是，他开始青云直上，飞黄腾达。九一八事变后，石井四郎研制细菌武器的主张也更得到日本政府、军部及一批军国主义分子的大力支持。他们丧心病狂，置国际公法、人道主义于不顾，提出了进行细菌战活动的计划，并上报日本天皇。日本天皇批准了这个计划。1932年8月，日本军部根据天皇的敕令，晋升正在东京若松町的陆军军医学校担任"军阵防疫"教官的石井四郎为军医正（少佐），并配备5名助手，组建了"细菌研究班"，对外称"防疫研究室"。从此，石井四郎便在"防疫"之名掩护下，正式开始从事细菌战的罪恶活动，并亲自参与和指挥了日本进行的每一个重大行动，犯下了累累罪行。

1933年，日本陆军参谋本部批准，耗资20万日元，将"防疫研究室"扩建为"防疫研究所"。这个研究所在石井四郎的主持下，按照他的"军事医学不仅仅是医疗和预防，真正的军事医学其目的在于进攻"的反动理论，从事霍乱菌、伤寒菌、鼻疽菌、瓦斯坏疽菌的培养、使用和防疫方法的研究，石井四郎还将其称为日本"制造军火工厂的楷模"。

2. 731部队的建立及其机构

1933年8月，日本开始在中国东北建立大规模的细菌战基地，加紧研制多种细菌武器，使用活人进行室内和野外的实验，从而使日军的细菌战活动发展到了大规模实验的阶段。

随着日军侵略战争的不断扩大，石井四郎的细菌战活动也更加疯狂。他向陆军大臣荒木贞夫递交了一份报告，说"由于军部不断指导和鼓舞，使得以石井中佐为首的细菌研究班，对于细菌武器的研究，迅速地得到了一定的成绩。现在，我们感到，对细菌武器的研究，是必须加以实验的时候了。我们要求军部，把我们全体调到满洲，使我们用来维护皇军的细菌武器得以高度的发展。"军部批准了这个报告，决定在中国东北建立细菌战基地。因此，1933年8月，一个新的细菌战基地在哈尔滨市的南岗宣化街和文庙街的中间地带秘密设立，即"石井部队"，其化名为"加茂部队"，对外也称为"关东军防疫给水部"。与此同时，日军还在距哈尔滨 70 多公里以外的五常县背荫河附设了一个细菌实验场。它由日军大尉中马管辖，因此被称为"中马城"。其四周筑有高墙、电网、炮楼、护城壕，并有重兵把守，警戒森严，与世隔绝，极端秘密，像一座关押要犯的监狱，所以，人们又叫它"东满大狱"。在这里，石井部队曾用活人进行惨无人道的实验，残害中国军民。1933 年中秋节夜晚，被关押在中马城中的 30 多名囚犯暴动越狱，因此，石井部队在背荫河中马城进行细菌战实验的秘密暴露了[①]。于是，日本关东军便在平房火车站以北 4 公里的地方，即三家子、黄家窝堡、刘家窝堡、正黄旗五屯、正黄旗头屯、正黄旗三屯 6 个村屯中间地带圈定了 6 平方公里的军事用地，重新建立了细菌试验基地。据调查，以上村屯被强迁 546 户，日军拆除和占用民房 1638 间，霸占良田 610 坰。

1938 年 6 月，石井部队本部及大部分人员、设备迁至平房地区。这里成了世界上规模最大、设施最完备的细菌战基地。731 部队拥有庞大的研究、生产、实验机构和 3000 多名人员，年经费 1000 万日元以上，具有大量的先进设备和设施。其中，孵育器 4500 具，几天内就可生产 3 万亿细菌及传染媒介物。其规模和能力远远超过了法西斯德国秘密设立的"波兹南细菌学研究院"。所以，连日本关东军司令官山田乙三视察该地之后都说："那里制造细菌武器的研究工作与生产活动之巨大规模，竟使我极端惊异。"1941 年，石井部队启用"满洲第 731 部队"番号。1945 年 5 月，其番号又改为"满洲第 25202 部队"（为了便于叙述，以下均使用"731 部队"这一简称）。由于 731 部队是日本最大的一支进行细菌战的特种部队，有着不可告人的特殊职能和重要的战略作用，所以，日本关东军对它采取了极为严格的保护措施。1938 年 6 月 30 日，日本关东军司令部发布了第 1539 号命令，将 731 部队营区周围大约 40 个村屯、120 多平方公里的地域划定为"特别军事区"。"特别军事区"内的"甲号地段"为特别控制的"无人区"，不准中国人居住；在它的周边设立了界牌，上面写着"非特别军事区域内的人，未经批准不得入内，如有违者，依法论处"。拉滨线上的火车通过这个区段时，必须在前站放下窗帘，严禁旅客向车外张望。包括日本空军在内的任何飞机都不得飞越其上空，如发现违航者，可强迫着陆，否则予以击落。不仅如此，731 部队在日本侵略军中还占有特殊的地位。军部对其实行双

---

① 韩晓、辛培林：《日军 731 部队罪恶史》，黑龙江人民出版社 1991 年版，第 11 页。

重领导。它在序列上属于关东军，关于细菌武器的生产、使用等有关问题都由关东军司令官负责。在司令部内设有专门委员会，主席由参谋长担任，全面协调731部队的各种活动，行政指导部门是关东军司令部第1部（作战），业务主管部门是关东军军医处。1939年至1945年，军医处长一直由细菌战的积极鼓吹者和支持者梶塚隆二担任。同时，731部队的最终决策权属于日本参谋本部。其所需科研人员、设备、原料等都由参谋本部直接掌管，细菌战的研究、生产及其成果等，均由关东军上报给参谋本部（或大本营）最后裁定。它的配备也与其他部队不同，人员级别高、机构庞大、设施先进。其中，有中将1名，少将4名、校官（佐级军官）80余名、判任官（委任官）和技师300余名。731部队堪称日军中开支最大、待遇最优厚、学者最多、技术力量最强的部队，除部队自身的专家外，满洲医科大学等科研机构的许多学者、专家也被收罗其中。

731部队的部队长，1936年至1942年7月为石井四郎少将（后晋升为中将）；1942年8月至1945年2月为北野政次少将；1945年3月至8月为石井四郎中将。731部队本部下设8个部，还管辖设在孙吴、海拉尔、牡丹江、林口等地的4个支队和设在大连的1个研究所。8个部如下：第一部为细菌研究部，北川大佐、菊地少将等曾任部长。第一部的主要任务是研究细菌战所需各种细菌的特性和培养、制造、使用等方法以及实验（包括对人体实验）。第二部为细菌实验部，由太田澄大佐任部长。第二部的主要任务是，在野外条件和战斗环境下，实际检验由第一部研制出的细菌的使用效能，并制造相应的细菌战等细菌武器。第三部为防疫给水部，江口中佐任部长。这个部设在哈尔滨市内的原"加茂部队"的旧址"南栋"。731部队本部迁往平房地区后，它改为第三部。其任务是负责关东军所属各部队的用水检查和消毒事项。它辖有滤水器制造厂和在哈尔滨西郊杨马架子的秘密生产土陶瓷的"石井式"细菌弹壳制造厂以及在平房地区的各类细菌武器的研制场所。第四部为细菌生产部，川岛清少将任部长。第四部是名副其实的细菌生产工厂，研制出来的细菌都在这里培养和生产。第五部为总务部，部长初期由中留中佐担任，后期由太田澄大佐担任。该部是731部队的中枢部门，权力很大，不仅负责整个部队的文秘、人事、财务、计划、后勤和劳工管理等工作，还负责与宪兵队联系和接收供细菌战实验使用的因犯。第六部为训练教育部，部长初期由园田大佐担任，后期由西俊英中佐接任。它是专门培训从事细菌研究、实验生产和使用细菌武器人员的部门。第七部为器材供应部，部长由大谷少将担任。它除了负责生产细菌武器和各种器材、设备的储存与供应，还担负着实验动物的运输及各类菌苗的储存任务。

第八部为诊疗部，部长由永山大佐担任。它负责日本人的疾病预防和治疗。另外，还有一个与各部平行的管理监狱"特别班"，由石井四郎的二哥石井刚男掌管。

3. 各种惨无人道的细菌战实验

731 部队进行的细菌战实验，从实验对象上可以分为利用动植物进行的细菌战实验和以活人为对象的细菌战实验；从实验场所上可以分为实验室实验和野外实验。

1）利用动植物进行的细菌战实验活动。

731 部队设有石井特别饲养班。这个班有数十栋动物舍，分别饲养着牛、马、羊、猪、狗、鸡、骆驼、猴、江猪和各种鼠。还有田中昆虫研究班，专门研究和培殖跳蚤、虱子、臭虫、苍蝇、蚊子等。这里饲养的红眼老鼠的特殊用途就是通过它繁殖跳蚤。为了保密，日本人把跳蚤叫"粟子"，把虱子叫"穗子"，把老鼠叫"饼子"。

2）以活人为"材料"进行的细菌战实验活动。

日军在准备细菌战的过程中，在大量生产鼠疫、伤寒、霍乱、炭疽等细菌的同时，还进行以活人为材料的细菌及细菌武器效能的实验。这种实验是惨无人道、灭绝人性的。日军细菌部队在侵华期间，通过这种实验杀害的中国军民数量之多是十分惊人的。据日本细菌战犯供称："第 731 部队内每年因受烈性传染病实验而死去的囚犯，大约不下 600 人。""本部驻扎在平房站附近的 5 年之内，即从 1940—1945 年间，通过这个杀人工厂，因染致命细菌而被消灭的，至少有 3000 人"①。另外，据当时在平房基地负责印发机密文件的园尾估计，3000 人死于这种试验。731 部队问题专家、日本共产党《赤旗报》记者下里估计，"受害者达 1 万人"②。上面的两个数字，仅仅是 731 部队这个"杀人工厂"5 年间的估计，而不是所有日军细菌部队在整个侵华期间杀害中国军民人数的统计。显然，日本侵华期间，日军细菌部队杀害中国军民的实际人数远不止 3000 人或 1 万人，其准确数字不知要比这种估计多出多少倍。用活人作为"实

① 史丁：《日本关东军侵华罪恶史》，社会科学文献出版社 2005 年版，第 403—404 页。
② 史丁：《日本关东军侵华罪恶史》，社会科学文献出版社 2005 年版，第 403—404 页。

验材料"，早在 731 部队初创时的背荫河实验场所就开始了。他们把这些人称为"丸太"（日语读"马路大"，是"原木"的意思）。石井四郎使用的第一批"实验材料"是 3 名中国抗日志士。他们从中苏边境的鼠疫传染区捕捉来 40 只疫鼠，并在其身上取下染有鼠疫的跳蚤 203 只，然后将从这些跳蚤体内提取的液汁注入 3 名中国抗日志士身体里。结果，第一个人 19 天后发烧达 39.4℃；第二个人 12 天后发烧达 40℃。最后，他们都在昏迷状态被解剖了。对此，石井四郎还亲自写了检验报告。据原 731 部队队员证实，用活人进行实验方法五花八门、数以百计，手段更是惨不忍睹。主要有以下几种。

第一，各种细菌传染的实验。1943 年 5 月，由关东军司令部军医部调至 731 部队担任实验分队长的山下升在供述他所犯下的罪行时说："我在 731 部队是专门负责对活人进行细菌实验的，特别是搞灌菌实验。强行灌菌的对象有中国人，还有俄国人，同时还有女的。在我担任细菌实验分队长的一年多时间里，仅灌菌实验就使用了 100 多抗日分子，他们多数死亡了，没死的又通过另外一种方法实验把他们都杀害了。"

第二，三种细菌传染方法的对比实验。1942 年 1—2 月间，731 部队的三谷班用 45 名"马路大"作为鼠疫菌的注射、埋入和内服 3 种方法对比实验的对象。1943 年 1 月中旬，在第四部第一课课长铃木启之少佐的指挥下，由宇野诚技师负责，田村良雄为助手，以检测鼠疫菌毒力为目的，对监禁在特设监狱中的两名中国人进行了菌液注射实验。这两名中国人顽强反抗并怒骂他们是"白衣野兽"。特别班和田雇员等把他们强行捆绑起来，宇诚野技师将含量 0.03 克的鼠疫菌 1cc 液体注射到他们身体里。3 天后，这两个人感染了鼠疫病，不久便死去了。

第三，两种疫苗的对比实验。1942 年 5 月中旬，731 部队第四部细菌班成立了一个"A"号人体实验队，实验内容是对渡边和山内使用超声波制造的疫苗与中黑大尉和细井雇员使用日本陆军军医学校方法制造的疫苗进行对比实验。实验材料是活人，实验地点在"特别班"的 7 号、8 号牢房内。实验对象被做了各种细菌实验之后和临死之前的痛苦、挣扎、惨状令人毛骨悚然，十分可怕；日本细菌战犯刽子手们的狰狞面目也更加令人憎恨。对此，一名原 731 部队的队员做了比较真实、详细的自述，他说："我走进了研究室。占有二三层的研究室，全都迷于疯狂杀人的实验，研究室里充满了动物的尸臭和血腥气。我进入研究室内巡视了一下，几天前注射的老鼠和土拨鼠，被脏东西污染的毛倒竖着，筋疲力尽的动物在蠕动。人死了，动物死了，对于人来说应该是可悲的事情，但作为细菌战爪牙的我，却很高兴。这些现象意味着细菌毒性强烈，这和自己的飞黄腾达联系起来了。我把这一带的动物一直看完。毒性都不错嘛！我一边微笑着，一边把死了的老鼠肚子撕开，取出脾脏、肝脏，开始培养。7点钟是量取中国人体温的时间。我想动物到这种程度就会死去，有这样的毒性，'丸太'也一定死了，像昨天那样的反抗也许不会有了。跑进消毒室，取来器械，打开特别班进口的铁大门，递过出入许可证。我来到监禁中国人的两栋楼房中的一栋——7号楼。抬着担架、穿着防菌衣的两个男人跑到面前来了。在担架上放着被切开肚子、敲破头、砍掉脚而成为肉块的中国人，他的血在滴落着。我看到这个被惨杀的身体，暗自想道：'得快干了，是哪个班的?'我用军官惯用的那种举动，把头低下，往当中凝视，快步走进3天前被注射鼠疫的中国人住着的12号房间，战战兢兢地偷看里边。中国人由于被我注射了鼠疫，难受得浑身乱动，趴倒在床上吐血……'见鬼去吧！这可好了。'过不大会儿，我开锁进入里面。知道我走进来的那个中国人，在口角滴着血当中抬起头，脸上满染血污，目不转睛地盯着我。我知道他们没有任何抵抗力。'畜生！死去吧！'我用脚上橡胶长靴的尖子突然踢去，咕嘟咕嘟从中国人口中吐出的鲜红的血洒满了床席。'鬼子！一定报仇！'中国人满身滴答着血，想要站起来，没有力气，突然倒了下去。'过一会儿分成八半。把这个浇上。'我用带来的水泄消毒药水把中国人的全身浇遍，留下他憎恨的话后就走了出去。"

第四，冻伤实验。日军占领东北后，为了适应严寒地区的气候，镇压、"讨伐"中国抗日军民和准备北进苏联，在731部队第一部专门设立了冻伤研究班，班长为吉村寿人。吉村班研究的主要内容是人在什么样的气候下能冻伤和不同程度的冻伤会带来什么后果以及怎样治愈冻伤等。

第五，毒气实验。这是731部队以活人为材料的实验方式中最残酷的一种。石井四郎的司机越贞亲眼看到731部队的队员每天将被关押的中国人推进密封的玻璃柜内，分别注入不同浓度（1度、2度、3度）、不同种类的毒气进行实验，直至将他们被毒死为止。

第六，解剖观察。731部队对人体细菌传染实验，要经过临床观察、解剖观察和病理观察3个阶段。解剖观察，一般是作尸体解剖，但根据其需要，也进行活体解剖。活体解剖既有对病体的解剖，也有对健康人的解剖，以便作对比观察。解剖取出的脏器都作为标本陈列保存，供病理研究。对尸体的解剖，731部队的刽子手们常常采取乱刀解剖法，即将尸体大卸八块，在脏器里取出菌液，然后把空壳尸体投进焚尸炉。1943年，731部队计划用一个男性少年作为"实验材料",进行一次对比性病理研究。但是,特设监狱里没有这种"实验材料"。于是他们按照北野政次的决定,在长春街头发现了一个中国流浪儿,并以政治嫌疑犯的罪名把他抓起来,押送到平房基地,然后杀害了。原 731 部队的一名队员说:把抓来的一名年仅 12 岁的少年进行活体解剖,肠、胰腺、肝、肾、胃等各种内脏从睡眠状态中的少年体内顺次取出,经一一分理,砰砰地扔进铁桶里,再立刻把铁桶里的脏器放入装有福尔马林液的玻璃容器内盖好。取出的内脏,有的还在福尔马林液里不停地抽动。除上述实验外,731 部队以活人为材料的细菌战实验还有:人血注入马体内,观察人、马及其血液的变化。真空环境实验,即将人塞进密封的实验室内,用真空泵将实验室内的空气抽净,然后观察人窒息直至死亡的变化过程。人体倒挂实验,即将人头在下、脚在上地倒挂着吊起来,观察人受折磨而死的过程。移植手术实验,即将人的手、脚互换接肢,或将直肠直接连在胃上,或将肝、脾、胃摘除,进行观察。梅毒实验,多在女"实验材料"身上进行。细菌武器性能实验,即将被实验的人押入坦克内,用火焰喷射器对着坦克喷射,观察在什么情况下人能被烧死;或用步枪、手枪对着纵向排列的被实验的人发射带细菌的子弹,观察子弹穿透人体的程度;或使用"手枪式"、"手杖式"的小型细菌武器向被实验的活人射击,观察这种武器的效能。731 部队往往把这些实验拍摄成纪录影片或绘制成画面存档,同时采集各类标本作为"科研"的成果进行陈列。对于各种实验结果也都有记录,例如:往人的静脉里注入 5cc 空气就是致命量,人就会死亡;马血注入人体的反应是,超过 100 克,人感觉到痛苦,而到 500 克左右,人就会死亡;低压真空环境中,空气压降到 0.5 以下时,人的血管就开始破裂,眼睛鼓出来,1 分钟时间就会窒息而死;人体倒挂致死需几个小时;等等。

3)以活人为靶子的野外实战演习。731 部队在准备细菌战、毒气战的过程中,还不断地进行野外实验,检验它生产的各种细菌、病毒、毒药以及毒气武器的效能。它把这种实验称为"实战演习"。为了进行野外实验,它根据实验的内容、目的的需要及地理位置、气候条件等,在一些地方设立了实验场。这些实验场分为两种,一种是固定的,如 731 部队附近的城子沟和安达、佳木斯、陶赖昭等地的实验场,较为常用的是安达实验场;另一种是临时性的,如在肇东县的满沟(今肇东镇)、呼伦贝尔草原和牡丹江一带山区等地。在这些实验场,731 部队既进行对各种动物的实验,又进行对活人的细菌武器的攻击、传染实验;有时进行细菌武器或毒气武器单品种的实验,有时还实行细菌武器和毒气的混合实验。据证实,在城子沟实验场,有一次进行炭疽菌的传染实验,

731 部队将马、牛、羊、猴、兔、鼠等实验动物运到实验场，然后，用飞机在200—300 米的上空投掷炸弹，炸弹爆炸后，穿着白色防护服的 731 部队队员蜂拥而上，检查实验的效果，记录着有关的数据，他们走后，往往留下尚未烧尽的木炭和被烧焦了的各种动物的尸体。在这里，731 部队还进行毒气实验。他们把被毒死的动物就地解剖，把其内脏取走，剩下的尸体浇上汽油就地烧掉。对活人进行毒气实验时，是把实验的人用特别囚车从 731 部队运到实验场，然后，将其转移到台车上，台车有手推车的一半大，上面装有一根柱子，被实验者被绑在这根柱子上。台车可以在铺好的轨道上直接进入实验室，同时，731部队将狗、鸡、鼠等动物也一起放进去，然后关上大门，开始实验。在安达实验场，1944 年冬，731 部队队员曾把五六名戴着手铐、脚镣的被实验人从卡车上拖下来，倒背双手绑在间隔 20 米左右的木桩上，飞机从低空将炭疽弹投向目标，炭疽弹爆炸后，使被实验者感染上肺炭疽或皮肤炭疽。然后，队员们将他们运回实验室检查感染情况，并使其在"治疗"过程中死亡。这种炭疽弹扩散面大、传染力强。据原 731 部队队员说，参加实验的汽车上的尘土都沾有细菌，把这些尘土抹在培养基上又会生出菌来。

除上述实验外，731 部队还在哈尔滨附近松花江的一个荒凉小岛上进行用迫击炮向几十名被实验者发射硅藻土制造的炭疽炮弹的实验和电流引爆细菌的实验等。

4. 日本关东军 731 部队的溃灭和细菌战的遗害

1945 年春夏，日本法西斯败局已定，但又不甘心失败，遂决定实施细菌战，以进行垂死挣扎。此前，在 1944 年 7 月小矶内阁成立后，军部中央就决定了代号为"保号"的细菌战攻击作战计划。到 1945 年春，日军进行细菌战的各项准备基本就绪，开始大量生产细菌武器，"以便一旦奉到帝国大本营命令时，就能在任何方面实际运用这种武器"。3 月，军部中央正式向关东军下达了扩大细菌武器生产的命令，同时将石井四郎重新调回第 731 部队任部队长。根据军部中央的指令，石井命令第 731 部队迅速动员起来，加快扩大细菌武器的生产。为保证作为主要细菌武器的鼠疫细菌武器的生产，第 731 部队一方面迅速增强部队内养的鼠和跳蚤的孵育能力，一方面动员一切力量大力开展"捕鼠运动"，甚至驱使中小学生去捕鼠，以满足大量繁殖跳蚤的需要。仅林口支队在4—7月间就向本部送交老鼠2.6万余只。虽然关东军已经做好了进行大规模细菌战的准备，但由于对苏军进攻判断失误，所以当苏军于8月9日突然发起进攻时，关东军显得手忙脚乱，作战计划无法全面实施，细菌战计划也成为泡影。但关东军仍在毁灭细菌战罪证仓皇溃败之际，部分实施了细菌战。如在王爷庙等地有计划地投掷了细菌武器，以阻止苏军前进。加上关东军在溃败时一片混乱，许多细菌武器处于无管理状态，大量散失，带有细菌的老鼠四处乱窜，从而造成了战后东北地区大面积长时间的鼠疫流行。

在第731部队本部所在地的哈尔滨平房地区，从1946年夏开始，出现了由本地疫源引发的鼠疫，其主要集中地在后二道沟村、东井子、义发源屯等地，都在第731部队旧址周围。这说明鼠疫的出现完全是关东军进行细菌战的结果。据记载，731部队在逃跑前夕，曾下令将装有鼠疫苗的投掷器分别投到了正黄三屯、正黄四屯和义发源屯。初步研究表明，在1946年至1954年的9年间，平房地区发生了6次由本地疫源引发的鼠疫，患者200多人，100余人惨死。[1]内蒙王爷庙（今乌兰浩特）地区是关东军进行细菌战造成鼠疫流行的又一重要地区。从1945年8月开始，王爷庙突然爆发鼠疫，直到1955年才最终消灭。其间共发现鼠疫患者1363名，死亡1257名。而且，疫患迅速向周围地区扩散，使王爷庙附近科右前旗所属的22个村屯，不同程度出现鼠疫，共发现疫患者2144名，死亡1922名。不仅如此，王爷庙鼠疫还扩散到了白城县、泰来县、突泉县、洮南县和哈尔滨等地。研究表明，1945年至1947年的王爷庙鼠疫，直接或间接导致东北地区10个县旗市流行鼠疫，致使4363人染疫发病，3709人死亡，给中国人民造成巨大灾难。王爷庙鼠疫流行，可以肯定是关东军进行细菌战造成的恶果。据档案材料记载，在关东军败亡前，伪兴安总省参议官白滨、警务厅长福地和特务机关的金川等日伪头目，分别或共同策划细菌战谋略。他们将兴安医院试验用的鼠疫撒播出去，从而造成了王爷庙鼠疫流行。此外，在1946年和1947年两年中，通辽、扶余、乾安、热河等地也同时发生了源发性鼠疫。据报道，在1947年东北鼠疫患者有3万多人，仅通辽一地就死亡1.2万余人，热河、扶余、乾安等地各死亡千余人。这种大面积同时发生的鼠疫，当时东北人民政府卫生防疫队长张杰藩认为，是"日本细菌战犯大量散放带菌鼠蚤"造成的[2]。

---

①　孟宪章主编：《日军731部队罪恶史》，黑龙江人民出版社1991年版，第300页。

②　孟宪章主编：《日军731部队罪恶史》，黑龙江人民出版社1991年版，第302页。

上述事实表明，在中国东北光复后 1946 年至 1948 年发生的大规模鼠疫流行绝非偶然，显然与关东军的细菌战谋略有着密切的关系。关东军在战败之际，根据其既定的细菌战计划，由所属各细菌部队或机构在东北各地实施了细菌战，给中国人民造成了极大的灾难，日本关东军 731 部队在东北进行细菌战试验的罪恶是不容抹杀的。

（哈尔滨市抗战损失课题调研组）

（十五）沦陷时期日军在黑龙江地区的化学战

日本从第一次世界大战后期开始进行化学战准备，到第二次世界大战前，日军在化学毒剂研究上、化学武器制造上都达到了一定的水平。九一八事变后，日本为了扩大侵略战争，将黑龙江地区作为日军进行化学战实验的场所；1939 年在齐齐哈尔建立化学武器研究和实验机构——关东军化学部（516 毒气部队），为在中国战场上使用化学武器提供技术支持和人员培训。同时，为维护在中国东北的殖民统治，在镇压东北抗日力量中也使用过化学武器。

1. 化学战实验

东北沦陷后，日军开始把化学战实验的地点从日本本土迁到中国东北，首先选择了黑龙江地区作为进行化学武器试验的场地。这里面有政治方面、技术方面的多种考虑，在许多日本军人的回忆中均有所涉及，分析归纳起来主要有以下 3 方面原因：

第一，从技术上看，日本军队需要化学武器能够适应各种气候条件，特别是寒冷的环境，因为如果同苏联发生战争，作战的环境肯定是在寒冷的条件下。虽然在日本的北海道地区也可以遇到寒冷的天气，但中国黑龙江地区的气候更加寒冷，同苏联的气候条件更加相似。

第二，从政治上看，与中国黑龙江地区毗邻的苏联是日本的战略进攻的目标，同苏联这样的军事大国一旦发生战争，使用化学武器是势所必然。在中国东北进行化学武器的实验，不仅同苏联的气候条件相似，而且随时可以投入战争，收到双重效果。

第三，日本区域狭窄、人口密集，在日本国内建立的化学武器实验场与驻地居民有诸多冲突。黑龙江地区的情况就大不一样。一方面，土地辽阔，人口相对稀少，更重要的是作为殖民地，这里的人民已经失去了主权和自由，任日本统治者随意宰割，不能对化学武器的实验提出抗议或反对，日本军队可以为所欲为。同时，日本军队也可以在这里方便地找到进行人体实验的对象，这是在日本国内无法实现的。从这一点看，在东北进行化学武器试验同建立"七三一细菌部队"的意图是相同的，也决定了日本专门的化学战学校同占领中国东北的日本关东军之间的必然的联系。

（1）最初的化学战实验

最初进行化学战实验的地点选择在黑龙江省的北安一带。

1934 年 11 月，日本陆军习志野学校制定了在中国的东北北部地区进行化学武器演习的计划。实验地点定于黑龙江省克山县东北 50 公里的北安镇，提出演习预算是 29500 日元。目的是："冬季在北满主要进行野战毒气队的应用研究，以检验瓦斯队在极寒地带的作战能力。"①

演习的内容有 6 项：

①毒瓦斯的发射；

②毒烟的施放和使用；

③撒毒队的运用；

④消毒队的运用；

⑤强行通过有毒地带；

⑥检查各种防护器材的性能。

日本陆军首脑很快就批准了演习的计划，参加演习的部队一共有 135 人，其中军官 13 人、准士官 2 人、士兵 120 人。这些人在集合后于 12 月 4 日离开日本的下关，乘船前往中国，28 日到达演习地点，住在当地驻屯军提供的兵营中，演习从 1935 年 1 月 4 日起，到 10 日结束。

1935 年末，关东军在黑龙江省孙吴进行了一次"赤筒"实验，规模是在宽300 米的正面，每隔一米放置红筒（喷嚏性毒气筒）一只，点燃后，有毒的浓烟腾空而起，遮天蔽日，效果十分明显。但没有想到，滚滚的浓烟竟冲出"国界"，直扑向黑龙江对岸的苏联城市海兰泡（布拉戈维申斯克），致使许多人受到伤害，引起了苏联方面的严重抗议。

日本关东军的陆军医院也在配合部队进行化学毒剂实验。1936 年冬，"牡丹江省掖河牡丹江陆军医院，院长兵头周吉大佐为了试验毒瓦斯（腐烂性毒

① ［日］陆军习志野学校校史编纂委员会：《陆军习志野学校校史》，1987 年，第 235 页。

剂）的效力，将三名农民监禁在外科的小屋内，倒背手绑着，将瓦斯涂在被害者身体的每个部位，然后观察其变化情况，第二天，三人均死亡"①。

1937年8月，即卢沟桥事变刚刚发生一个月后，在关东军中建立了技术部。该技术部建在齐齐哈尔市的东侧，其骨干成员是由日本陆军技术本部派来的。在技术部中设化学班，负责化学武器的研制和训练等。到1939年8月，技术部迁往长春，化学班扩大为独立的化学部，接管了技术部的全部地方和建筑，对外称为"五一六部队"。

日军516部队原队员高桥和若生的回忆里，多次谈到在东北的毒气实验："实验所使用的炮弹装有芥子气的迫击炮弹，向一定的范围内射击，以实验毒气的效果。清晨和傍晚的气压和湿度最适宜。

"射击完毕后不久就听到了'出发'的命令，从各地来的军官们穿着橡胶制雨衣一样的防毒衣，乘敞篷汽车开往现场。记得那时清晨，是在夏季，麦苗和草都很茂盛。毒气沾染的地方变成了茶褐色，那种样子难看得无法形容，而未被毒气沾染的地方还是青青的一片。（因为毒气比重大，从高的地方向低的地方流）究竟是在哪一次实验时的事我记不清了，当时低处有人家，就被毒气伤害了。

"曾经有中国人'苦力'受到毒气的伤害，那是在全满的军官们集中观摩毒气实弹演习时的事。事情发生在拂晓，那是以鸡和马为对象的演习，但毒气流向了村落的方向，三天后到了村子里，一个人的面部一侧像被烧伤了一样，被带到部队的医务室来了。"②

（2）大规模化学战实战演习

随着关东军的化学部队的建立和扩大，日本军队对化学战的研究开始转向大规模的实战阶段。1938年，日本大本营陆军部的作战课长稻田正纯被派到习志野学校，1940年3月又奉命前往东北，负责同关东军化学部协调，落实陆军部首脑关于实施化学战的意图。而主要的题目是：一旦发生同苏联的战争，如何在突破国境线时利用化学武器。

稻田到东北后，立即赶赴同苏联交界的重要的军事地点东宁。在这里，他会同陆军部的参谋人员以及关东军化学部的主要首脑在实地研究在突破国境时实施化学战的战术问题和使用化学武器的种类。因为日本关东军在准备同苏联

---

① 中央档案馆、中国第二历史档案馆、吉林省社会科学院合编：《日本帝国主义侵华档案资料选编·细菌战与毒气战》，中华书局1989年版，第440页。

② ［日］槽川良谷：访问关东军五一六部队队员的记录，1993年4月，现存黑龙江省社会科学院历史所。

作战时，最担心的就是对方在边境线上建筑的一大批坚固无比的混凝土工事。日本关东军也在苏满边境线上建筑了大量军事要塞，很清楚一旦向这种工事发动强攻，伤亡是相当大，而且也很难奏效。在没有有效的常规武器的情况下，日本陆军考虑了使用毒气武器问题。随后，进行了大规模芥子气的实验，以前都是采用撒布的方法，而这次采用的是利用野战炮射击的方法，炮弹爆炸后，把芥子气的毒剂以飞沫的状态释放出来，效力十分显著。

关东军对此实验非常重视，调第三军的野战山炮的两个大队和 15 厘米榴弹炮一个大队作为练习队，由炮兵司令官亲自担任演习的指挥，将整个炮兵部队的队长都集中起来观摩演习，关东军司令官率领各部的首脑以及来自日本各方面的军官都亲临现场。在这次实验中，一共发射了 9800 枚黄弹，其收获由习志野学校进行了总结，即："1. 被雾状或气态芥子气伤害后，其症状随时间的迁延有不同的情况：几小时后，眼睑肿胀，见光亮，不自主地闭上；过一段时间后，分泌物增多，难以张开；继而完全失去活动功能；2. 吸入较多雾状或气态芥子气后，反应强烈以至死亡；3. 主要的伤害是引起皮肤的溃烂，破坏战斗力以至完全丧失抵抗能力；4. 发现被伤害需要一段时间。"①

关于在实验中对中国人民的伤害，许多原日本军人在战犯审判时提供了详细的实施化学战演习的口供：

1940 年 4 月，日本陆军技术本部习志野学校来中国东北试验瓦斯炮弹，齐藤美夫担任警务部长，命令将已逮捕的 30 名中国人送给他们作为试验品而杀害了。"当时我得到白滨大尉的报告说，效果很好，三十名中仅有一名未死"②。

1940 年 7 月中旬，"于黑龙江省富拉尔基东四公里草地，在特殊汽车第一联队材料厂进行新兵放毒训练时，我是材料厂新兵训练助教伍长，奉教官中尉小笹胜次之命，直接指挥命令十名新兵，在通向中国人村庄（西方七百米处十户，西难南一公里处三十户，东北一公里半处三十户）的道上及早地上，散布了面积二千平方米，毒量一百公斤，杀伤力一千名，毒气有效时间一星期的糜烂性持久瓦斯。结果有中国农民男子五名通过该散毒地区时，中毒后身体腐蚀而被惨杀，另有中国男女农民二十五名的手脚被瓦斯腐蚀伤害"③。

① 步平、高晓燕：《阳光下的罪恶——侵华日军毒气战实录》，黑龙江人民出版社 1999 年版，第 123—124 页。

② 《齐藤美夫口供》(1954 年 12 月 1 日)，载中央档案馆、中国第二历史档案馆、吉林省社会科学院合编：《日本帝国主义侵华档案资料选编·细菌战与毒气战》，中华书局 1989 年版，第 442 页。

③ 《渡边国义笔供》(1954 年 8 月 8 日)，载中央档案馆、中国第二历史档案馆、吉林省社会科学院合编：《日本帝国主义侵华档案资料选编·细菌战与毒气战》，中华书局 1989 年版，第 443 页。

1942 年 6 月中旬，"伪三棵树警护队队长吉川忠一用监押在三棵树拘留所的中国人六七名做催泪瓦斯试验。结果，被害者眼睛流泪，咳嗽难受，眼睛红仲两天。当我是外勤巡监，曾指挥部下关闭窗户，防止瓦斯冒出，使被害者备受其害"①。

1942 年 5 月下旬至 6 月上旬，约两个星期，于兴安西省扎兰屯西南六公里山地，关东军化学部练习队 300 名士兵为实验瓦斯效力，对中国人散布糜烂性持久瓦斯。这次实验毒死了中国农民 3 名，使 70 名男女农民的手脚受瓦斯腐蚀伤害②。

1942 年 7 月下旬至 7 月上旬，约两个星期，于兴安西省扎兰屯东南 6 公里山地，关东军化学部练习队 300 名士兵进行瓦斯效力实验，向中国人散布糜烂性持久瓦斯。此次实验毒死了中国男性农民 4 名，使 30 名中国男女农民的手脚受了腐蚀伤害③。

1943 革 1 月中旬，于东北兴安西省扎兰屯东南 8 公里山地，关东军化学部练习队进行山谷瓦斯发射训练，发射大型"赤筒"（喷嚏性瓦斯）50 个，大型发烟筒 50 个，迫击赤弹 30 发。被害情况不明④。

1943 年 7 月下旬至 8 月上旬，约两个星期，于兴安西省碾子山东 3 公里山地，关东军化学部练习队进行瓦斯效力实验，对中国人进行糜烂性持久瓦斯放毒。这次实验毒死了 3 名中国农民，使得约 50 名男女农民的手脚受了腐蚀⑤。

1943 年 9 月中旬，约两个星期，于兴安西省扎兰屯东南 6 公里山地，关东军化学部训练队进行散毒、放毒实验，对中国人进行糜烂性瓦斯及"赤筒"放毒时，我又以部队炊事系军曹的身份参加，对 200 名士兵供给了一切给养，支援了该项实验。此次实验毒死 3 名中国男性农民，并使约 30 名男女农民的手脚

① 《冲野一行口供》（1954 年 9 月 16 日），载中央档案馆、中国第二历史档案馆、吉林省社会科学院合编：《日本帝国主义侵华档案资料选编·细菌战与毒气战》，中华书局 1989 年版，第 444 页。
② 《渡边国义笔供》（1954 年 8 月 8 日），载中央档案馆、中国第二历史档案馆、吉林省社会科学院合编：《日本帝国主义侵华档案资料选编·细菌战与毒气战》，中华书局 1989 年版，第 444 页。
③ 《渡边国义笔供》（1954 年 8 月 8 日），载中央档案馆、中国第二历史档案馆、吉林省社会科学院合编：《日本帝国主义侵华档案资料选编·细菌战与毒气战》，中华书局 1989 年版，第 444 页。
④ 《渡边国义笔供》（1954 年 8 月 8 日），载中央档案馆、中国第二历史档案馆、吉林省社会科学院合编：《日本帝国主义侵华档案资料选编·细菌战与毒气战》，中华书局 1989 年版，第 445 页。
⑤ 《渡边国义笔供》（1954 年 8 月 8 日），载中央档案馆、中国第二历史档案馆、吉林省社会科学院合编：《日本帝国主义侵华档案资料选编·细菌战与毒气战》，中华书局 1989 年版，第 445 页。

受了瓦斯腐蚀伤，或者由于气体瓦斯"赤筒"的毒害而使呼吸器官受了刺激伤①。

1944 年 8 月中旬，为在黑龙江省富拉尔基东四公里，关东军化学部练习队材料厂进行散毒实验，我（材料厂军曹）以协助散毒的身份，监督散毒班长伍长以下 10 名，在通向中国人村庄（该地西南一公里及东北一公里半各有一个 30 户，约 100 人的村庄）的道路上及草地上秘密散布了面积 2000 平方米，毒量 100 公斤，杀伤力 1000 名，毒气有效时间一星期的糜烂性持久瓦斯。结果通过该散毒地的中国男子 4 名中毒，由于身体受腐蚀而被惨杀，还有男女农民约 20 名的手脚受了瓦斯腐蚀伤②。

1945 年 6 月上旬，于黑龙江省富拉尔基部队演习场，当时我是关东军化学部练习队第一大队第一中队曹长，在训练队训练放毒时，我在炮的旁边，监督发射赤筒 30 发，对中国人放毒，瓦斯六向距该地 300 米的富拉尔基及齐齐哈尔的道上，使过路的及耕地的 10 名中国人的呼吸器官受了损伤③。

日军在黑龙江与苏联边境地区的守备部队中，都配备了化学毒剂和防毒设备。1945 年 8 月，苏军开始进攻后，在东宁要塞的胜哄山阵地里的劳工与日军一道被困在地下要塞里。日军为了防止他们逃跑，严密监视，不让走出要塞一步。大约在临近战斗结束的 26 日，司令部下命，用毒气将他们全部杀死。结果用存放在特殊弹药库里的催泪毒气弹，把劳工活活闷死在里面④。

（3）与 731 部队勾结的人体实验

日本军队在研究和制造出化学武器以后，一方面需要检查其在战争中的实际效果，另一方面也要研究自己的军队防护方法。实现这两个目的，需要用人作为实验对象。而这种人体实验对象恰恰在 731 部队中大量存在。齐齐哈尔的 516 部队就这样与哈尔滨的 731 部队密切地配合起来。

在 731 部队毒气实验室里有一种设备叫做气体发生器，实际上就是一套产生毒气并用于人体实验的装置。它由两部分组成：一部分是由 5 毫米厚的铁板围成方形，每边长 3.6 米，里面安装着产生毒气的设备，在它的顶部有风扇，

① 《渡边国义笔供》（1954 年 8 月 8 日），载中央档案馆、中国第二历史档案馆、吉林省社会科学院合编：《日本帝国主义侵华档案资料选编·细菌战与毒气战》，中华书局 1989 年版，第 445 页。

② 《渡边国义笔供》（1954 年 8 月 8 日），载中央档案馆、中国第二历史档案馆、吉林省社会科学院合编：《日本帝国主义侵华档案资料选编·细菌战与毒气战》，中华书局 1989 年版，第 445—446 页。

③ 《渡边国义笔供》（1954 年 8 月 8 日），载中央档案馆、中国第二历史档案馆、吉林省社会科学院合编：《日本帝国主义侵华档案资料选编·细菌战与毒气战》，中华书局 1989 年版，第 446 页。

④ 高晓燕主编：《东宁要塞》，黑龙江人民出版社 2002 年版，第 148 页。

把毒气同空气混合起来；另一部分稍小，是每边长1.8米的方形，但除了上下两面外，其余的四面都是特殊的防弹玻璃，从外面可以清楚地看到内部情况，是观察实验用的。这两部分之间用管道相联，在第一部分中产生的毒气，沿管道进入第二部分，作用于里面的实验对象——动物或人，实验人员过玻璃外罩观察实验情况。经过这一实验的任何生物是不可能活着出来的，因此这个设备被称为"死亡之箱"。

原516部队的队员若生重作是专门负责装配这种装置的，他回忆说："从1943年6月起，我时常出差到哈尔滨平房的731部队，任务是装配气体发生器。我只管装配，但不知道做什么用。操纵气体发生器的人都戴着防毒面具。"据另一名原516部队的队员高桥正治回忆："516部队内也有气体发生器，不过我们平时是看不到的，因为在第一科的里面，是不允许我们进去的。"①

这两支部队共同的目的——使用毒气进行人体实验就通过这一设备得以实施。在这个装置里使用人做过许多种实验，根据不同的实验，被实验的人或者戴上面具，或者穿普通的衣服，或者裸体。通常"使用的毒气有芥子气、氢氰酸、一氧化碳等、把'马路大'送进去，毒气就喷出来。毒气进入玻璃罩时，被绑在柱子上的'马路大'发出声嘶力竭的叫喊，身体拼命地挣扎蠕动，接着就见眼睛向上一翻，口中吐出白沫，四肢僵直，头忽地垂下去，生命就此结束"。被氢氰酸毒死的"马路大"，脸上呈现格外鲜红的颜色；而被芥子气毒死的，则全身都是水泡，像被烧伤的一样，惨不忍睹。外面十多个人有的端着德国造的照相机、摄影机拍照，有的记时，有的记录。"马路大"的表情时刻在变化，一会儿喷出泡沫，一会儿吐出血，而观察的人却毫不动色地各自做各自的事②。

日本战败撤退时，对731部队来说，如何掩盖其细菌战基地的罪恶性质，如何处理牢房里关押着的"马路大"，是一个重要问题。有资料证实，在731部队撤退之前进行的大屠杀中，有516毒气部队的参与，而且使用了致命的化学武器。到731部队撤退时，这里的"马路大"全部被杀害了，大部分是被毒气杀死的。

1945年8月10日早上，一辆从731部队的专用机场开出的绿色汽车来到731部队的本部，直接开到被称为"一栋"的总务部和医疗部的建筑物门前。

---

① ［日］糟川良谷：《関東軍516部隊の員聞き取り記録》，1993年转引自步平等：《日本侵华战争时期的化学战》，社会科学文献出版社2004年版，第420页。

② ［日］森村诚一：《魔鬼的乐园》第二部，关成和等译，黑龙江人民出版社1985年版，第58—62页。

从车上下来两个军人进入"儘"号栋。在这栋楼的平台一角堆放着装氢氰酸的钢制气瓶。"儘"号栋所包围的院子里，有左右对称的两栋房子，小窗上安装着铁格子，这是731部队的特设监狱，被称为"马路大小屋"。

"青酸"是日本军队在化学战中十分重视的一种毒剂——氢氰酸。在731部队中储藏着"青酸"这种毒剂，本身就意味着进行细菌实验的731部队同化学武器有着密切关系。

这两人是来自516毒气部队，他们的任务就是配合731部队在撤退前使用氢氰酸（"茶"剂）屠杀被监禁在731部队所属监狱中的"犯人"——"马路大"。他们装备着防毒衣和防毒面具，从平台的钢瓶中谨慎地把液体的氢氰酸倒入一个个锥形的玻璃瓶中。然后走到关押"马路大"的小屋，从开启的小窗中迅速把锥形的玻璃瓶扔进去，玻璃瓶掉在地上破碎了，青氰酸迅速气化。两名516部队的队员从一间牢房奔向另一间牢房，把一个个毒剂瓶投入每个小窗。因为是夏季，关在狭小屋子里的人上半身几乎是裸露着的。看到气瓶被投进来，寂静的牢房突然骚动起来。"马路大"们很快窒息了，口中吐出白沫。不久便遽然死去。① 整座建筑变成了人间地狱。

不难看出，从事化学武器研究的五一六部队和从事细菌武器研究的731部队是不折不扣的恶魔兄弟，为了达到全面侵华的目的，他们密切合作，进行人体实验，使大批中国同胞惨遭杀害。以牺牲中国人民的生命为代价，积累了化学毒剂对人体产生作用的大量病理学上的"科学"数据，七七事变后，日军在全面侵华战争中大规模使用化学武器，与其在东北的毒气实验取得的"经验"有密切关系。

大量的资料证明了日本军队在中国进行的化学武器实验。据不完全统计日军在中国东北地区的化学战演习就有数十次，地点集中在齐齐哈尔、孙吴、海拉尔等边境地带，以研究、试验各种化学毒剂在冬季高寒地区的实战效果为主要目的。日军在中国黑龙江地区进行惨无人道的毒气试验，为日军在侵华战争中进行化学战提供了实战经验，也使广大黑龙江地区人民生灵涂炭，生态环境遭到严重破坏。

2. 关东军化学部（516部队）

关于日军731细菌部队在哈尔滨设立细菌工厂，进行残暴的活体实验的罪行，近些年多有揭露。但很少有人知道，在日本的关东军中存在过一支以化学

---

① ［日］森村诚一：《魔鬼的乐园》（第二部），关成和等译，黑龙江人民出版社1985年版，第10、35页。

战的研究、实验为目的专门的化学部队，这支部队与 731 部队的性质相同，而且与 731 部队协作进行人体实验，这就是驻地在齐齐哈尔市的日本关东车化学部——516 部队。

（1）原 516 队员的证言

1937 年日本扩大侵华战争后，日本陆军在中国的东北齐齐哈尔建立了兵器研究和实验的机构——关东军技术部，在技术部中设有化学兵器班。关东军的重要职能是对苏作战，所以使用化学武器问题一直在关东军中受到重视。1939 年 5 月 11 日，根据日本陆军部的命令，关东军技术部的化学兵器班改编为关东军化学部而独立出来，代号"516 部队"。在这个部队里进行化学战方面的应用研究，也进行关于化学、医学、兽医学方面的基础性研究，还有化学战方面的气象研究等。该研究部利用了原来技术部的所有的设施，与之相邻的迫击第二联队也被改编为化学部的练习队（526 部队），后转移到距这里有 40 公里的富拉尔基。

设在齐齐哈尔的 516 部队在某种意义上可以说是日本陆军科学研究所和习志野学校在中国东北的分支机构，在日本军队的化学战系统中占有举足轻重的地位。它把在日本的化学武器的生产与在中国战场上化学武器的使用联系了起来，而且与日军遗弃在东北的大量化学武器有密切的关系。

因为没有关于该部队的详细资料，516 部队的真相一直未能揭开。人们寄希望于当年曾经在齐齐哈尔的日军老兵。然而在日本，关于日军细菌、毒气部队的罪行，尤其是进行惨无人道的人体实验，虽然经有披露，但是由于仍有右翼势力猖狂否认侵略罪行和战争责任的活动，许多旧 516 部队队员仍缄口不言，站出来揭露这一罪行是需要勇气的。

直到 1988 年，曾在 516 部队服过役的高桥正治和若生重作两人重返齐齐哈尔，对部队原驻扎地进行踏查。1991 年，日本仙台的地方报纸——《河北新报》——在报纸上报道了他们的情况，日军 516 部队的真相才昭然天下，同时也披露了 516 部队与 731 部队的关系。

1994 年日本学者糟川良谷对曾在 516 部队服过役的高桥正治和若生重作进行了调查访问，据他们回忆：关东军化学部位于齐齐哈尔市东部，离火车站不远，周围是迫击炮部队（526 部队）和通信部队，迫击炮部队是附属于化学部，专门进行化学炮弹实验的。516 部队不仅对外严格保密，而且在内部各部门之间也是严守秘密，不允许互相往来。他们只知道那些穿白大褂的研究人员在部队中的地位很高，而且也很神秘。他们从事的是用化学毒剂进行的各种动物实验。他们两人都忘不了每个加入这支部队时都必须接受的法西斯式的特殊训练：不仅通过教材了解各种毒气的外形特点、化学性质以及气味或味道，还要亲身体验毒气。第一次在讲堂上讲催泪毒气，军曹藤川及助手表情严肃地走了进来，回手把门锁上，接着就释放起毒气来，队员们谁也不许动。十多分钟后，门被打开了，讲堂里的人已经被毒气呛得拼命咳嗽，头晕脑胀，眼泪、鼻涕一起流下来。好容易喘过气来，就听见军曹的助手大声叫喊："这就是毒气！好好记住！"

高桥和若生还回忆起在部队服役时几次去哈尔滨的 731 部队出差的情况，任务是给 731 部队运去玻璃器皿，并在那里组装毒气实验装置，就是一种被称为"死亡之箱"的毒气发生和实验装置。这种装置是专门用来做人体实验的，它由两部分组成，一部分是用铁板围成的正方形，每边长 3.6 米，里面有产生毒气的装置；另一部分是每边长 1.8 米的正方形，除上下两面外，其余四面是特殊的防弹玻璃，其中的一面是门，打开门可以把载实验对象的人或动物的小车沿轨道推入。这两部分之间用管道相连，第一部分产生的毒气，沿管道进入第二部分，作用于这里的实验对象，实验人员通过玻璃外罩观察实验情况。因为进入这里的生物不可能活着出来，所以这套装置被称为"死亡之箱"。

关于实验的情景，在森村诚一的书里有这样的描写：

"被关在玻璃罩里的'马路大'瞪着愤怒的双眼，想挣扎着冲出来，但身体被牢牢地绑住而无能为力。516 部队的队员们接通电源，打开旋钮，……毒气进入玻璃罩时，'马路大'发出声嘶力竭的叫喊，身体拼命地挣扎蠕动，接着就见眼睛向上一翻，口中吐出白沫，四肢僵硬，头忽地垂下去，生命就此结束"。

设在哈尔滨市 731 部队的大部分"马路大"在日军战败时是被 516 部队的毒气杀害的。从此不难看出，从事化学武器研究的 516 部队和从事细菌武器研究的 731 部队是一对杀人的恶魔兄弟。

此前，研究者曾多次到齐齐哈尔实地调查，并且对当年日本军队集中驻扎的地点"东大营"一带进行寻访。由于年代久远，当地的人，包括上了年纪的人也都不大了解当时日本军队的具体情况。516 毒气部队是极为秘密的部队，当然更不可能被人们广泛地知道。在"东大营"看过许多旧的建筑，虽然有的已经是断壁颓垣，但从那特别的形状和特殊的颜色上，就能判断出属于日本军队的建筑风格。但是 516 部队究竟在哪里？

1994年，黑龙江省社会科学院的研究者从日本朋友那里得到了高桥先生提供的珍贵资料——516部队当时的照片、1988年重返齐齐哈尔的记录以及关于516部队遗址的草图。带着这些证据，研究者到齐齐哈尔进行了实地考察。

按照两名老兵的记载，从齐齐哈尔火车站驱车向东，经过立交桥再想北，大约15分钟来到了"东大营"。从地图上看，这条路线正好绕过了火车站东北方的一片沼泽地。高桥先生曾回忆说：当年从火车站到516部队，若是冬天可以从一片沼泽地上直接穿过，半个小时即到；但夏天就要绕路，大约走一个小时的时间。

根据他们两人的记录判断，今齐齐哈尔第二玻璃厂一带就是原来的516部队的所在地。在工厂的院墙外，还保留着一段水泥砌成的类似碉堡的建筑的残骸，上面的钢筋虽被凿去，但枪洞已然保留着。与高桥先生画的草图比较辨认，这里似乎是原来部队卫兵室的位置。工厂里面完全是近20年来建起的厂房，但是工人们说原来这里的确有许多日本军队的营房，有些新厂房就是利用原来建筑的地基。工人们的回忆起原来的建筑位置，居然与高桥草图的位置大体吻合，只是原来的部队范围还要大，一直伸展到玻璃厂周围的地区。高桥先生1988年拍摄的这一地区的照片，恰恰就是在玻璃厂内，当时还有一些旧的建筑，当然现在重要的遗迹已经荡然无存了，在距这里向南约1公里的地方，还有一座钢筋水泥结构的二层指挥塔，大约是526部队的位置。

在高桥和若生的回忆中，还谈到了化学武器被遗弃的问题。若生重作是这样回忆的：

516部队因为是秘密部队，所以在终战前要撤出齐齐哈尔。（我们）是13日晚上撤出的，撤到哈尔滨用了两昼夜……

我们是先遣队，从13日早上开始就把毒气罐等都丢到叫做嫩江的那条大河里，那是命令……我的任务是把书籍等捆上堆到汽车里，丢弃毒气只去了一次。从桥上丢下去的。

高桥正治回忆：

8月13日上午9时来了命令，到离516部队开车10分钟左右的建筑班，那里有弹药库。把瓦斯弹装到车上运到江桥上丢了下去。

是用516部队建筑班的汽车和工人把毒气弹堆到车上，丢到江里去的。

都是毒瓦斯弹，据说有芥子气和路易氏气等三种类型……

嫩江，是黑龙江省内一条重要的河流，它发源于大兴安岭，沿途造就了一系列重要的城市，从齐齐哈尔市郊缓缓流过，汇入松花江，形成了著名的松嫩平原。齐齐哈尔的嫩江桥1935年建成，是一座钢梁构架的大桥，长度超过1000米。按照资料的线索在桥上找到了当年日军丢弃毒气武器的地方。嫩江水在桥下缓缓流过，两岸是辽阔的原野，草木茂盛。谁会想到在这安宁优美的环境里、在这平静碧澈的江水下竟蕴藏着杀机！

调查证明：高桥和若生提供的516部队在投降前夕对化学武器的处置方法实际上是当时日本军队普遍采取的一种办法，其目的就是要掩盖研制使用化学武器、违背国际公约的罪行。这种掩盖罪行的方法，在以后的调查中进一步得到了印证。

（2）日本老兵的悔过

1994年，在神奈川大学的学术活动中，金子时二听了中国研究者关于日军化学战的学术报告，得知日军遗弃在中国的化学武器至今仍在产生伤害，感到万分不安。因为侵华战争中他曾是原齐齐哈尔516毒气部队练习队526部队的队员。在部队即将撤退前，他奉命参加了掩埋化学武器的行动，把200多个毒剂罐埋到地下。虽然当时金子已年过七旬，但他决心亲自到齐齐哈尔去，把埋毒气罐的地点找出来，不要让中国人民再受害了。

1995年7月23日，在日本投降50周年前夕，金子在朋友的陪同下风尘仆仆地来到哈尔滨。这是战后金子第一次踏上中国的领土，他明显的感受到与50年前相比，中国发生了巨大的变化。但是，中国人民怎样看日本人？中国人怎样对待像他这样的原来的日本军人？金子的心中充满了疑惑，也有不少的担心。

在黑龙江省社会科学院，金子时二与历史研究者进行了对话。关于当时的情况有如下记载[1]：

"……我在办公室等着，过了一会儿，中国中央电视台和黑龙江省电视台的陪同人员先到了，接着本田弘史和日本电视台的记者也到了，大家都忙着打招呼、寒暄，只有一位老人默默地站在旁边。他一定是金子了，就主动上前打招呼，但是看起来老人紧张得很，只是一个劲地鞠躬行礼，就是不肯坐下。后来我才知道，金子认为自己是来谢罪的，而不是客人，当然没有坦然坐在沙发上的资格。

"好不容易劝说金子老人坐下，老人拿出手帕，不断地擦去头上的汗水。为了使他稍稍放松，我翻开关于日本关东军化学部的日文资料，同金子谈起来。金子看到这些资料，仿佛想起了当年的往事，慢慢地讲起自己当兵从日本到中

---

[1] 步平：《关于接待日本老兵的记录》，时间：1995年7月23日，地点：黑龙江省社会科学院。原件现存黑龙江省社会科学院历史所。

国的过程，语调也渐渐平稳了。

"原来，他是化学部练习队的队员，驻地在齐齐哈尔市的富拉尔基区。他还能记得大略的方位，边说边画了一个示意图，在图上标出了自己所在的部队的位置，并且说自己的部队是 526 部队。谈到投降前的情况，他加重了语气，一板一眼地说：'我接到了命令，和士兵们一起在地上挖一个大坑，那个坑大约有 7—8 米深，费了好大的劲。坑挖好后，我们把装毒瓦斯的罐子一个一个地推到坑里。我不知道一共有多少，估计有二百个左右吧。全部推下去以后，把土一层一层地盖到上面，我们就撤走了。'

"经过一番对话，金子好像平静了许多，开始说到自己的感情：'战后回到日本，我逐渐把那些事情忘了，也不愿提到那些事。周围的人告诉过我，日本从事化学战是违背国际公约的，还是不要说的好。可是，我听先生讲日本军队遗弃在中国有许多化学武器，而且这些化学武器使许多中国平民受了伤，就开始担心起来，觉得自己以前的那些事不应该再隐瞒下去了，应该告诉中国人，不要让他们再受伤害。'金子一边说，一边从文件中取出一张纸，这是在出发前他特地请人写的一份悔过书，要送给中国方面有关的人。上面写道：

齐齐哈尔市富拉尔基区的诸位：

我在日本并不是名人，也不是学者，只是一个普通的老人。

我在 1939 年入伍，在齐齐哈尔的军队中，1940 年 1 月开始在富拉尔基区驻扎，一直到 1945 年战败。这 6 年间我是当地的士兵，我的部队是化学部队。

战争结束的时候，为了掩盖使用化学武器对苏作战的行为，我们把毒剂罐埋藏在部队附近的地下。战争结束已经 50 年了，我对这件事感到不安。

我今年 77 岁，在世已经没有很长的时间，如果再不说出那一事实，我会感到后悔的。所以在 TBS 的帮助下，我来到这里。

我当年是在上级的命令下不得已执行了命令，但毕竟是犯罪的行为。我希望以公开事实的行动表示我的悔改，以得到诸位的谅解。作为日本人，我对日本军队在中国的侵略行为感到深深的歉意。

日本与中国是一衣带水的邻邦，亚洲的和平关系到世界的和平。我衷心祝愿世界与亚洲的和平，祝愿日本与中国的永恒的友谊。

"当金子老人了解到齐齐哈尔的受害人的情况，又开始紧张起来，不断地擦汗。他说：'我知道作为日本兵，在中国犯的罪是很大的。战后的几十年，我虽然没有忘记战争中在中国的经历，但是对埋毒气罐这样的事却一直没有讲，想起来心里很难过。''我觉得这些人受害我是有责任的。如果我们都主动地把丢弃、埋藏化学毒剂的地点告诉中国人，就不会发生那样的伤害了。想到这些，我觉得无论怎样做也无法挽回那么严重的损失……'他是声音渐渐哽咽，最终哭了出来。"

此后，金子时二到齐齐哈尔原关东军化学部（526部队）的遗址以及埋藏毒气罐的地点进行了调查。

日军526部队所在地——小北屯。这是一个小村庄，从表面上看，同东北各地的农村没有什么两样，地面都被大片的绿油油的农作物覆盖着，显露出勃勃的生机。一条土路把村庄同齐富公路连接起来，偶尔有汽车从路上经过，扬起一阵尘土。路边隐隐地露出了一些水泥制的建筑的残骸告诉人们，这就是526部队的遗址。金子来这里亲自辨认了原来部队的大门。以前当地的农民在种地时已经发现了这一带的水泥残骸和房屋的遗迹，并听说是日本军队留下来的，但是并不清楚具体情况。沿着田间小路，地面上不断有残墙断垣的痕迹，表明这一部队当年占地的规模和范围。在一道壕沟前，金子从这里向前面的公路来回走了两趟，用步子测量距离，判断出这是原来部队营房的边界，虽然因岁月长久，深壕已被基本填平，但是界限还比较清晰。现在壕沟的内外都被开垦成了农田，壕沟里也长满了花草，已经丝毫看不出有军事遗址的存在。但是，战争并没有远离人们，金子来这里的目的是为了寻找埋在地下的毒气罐！

沿壕沟向前，越过一片玉米地，来到一片菜地上。金子回忆起的毒气罐埋藏地大概就是这里。因为当时埋毒剂时上面覆盖了约3米厚的土，又经过了50年多的风雨冲刷，今天从表面上根本看不出这与其他地方的不同。正在地里干活的当地农民说：这里原来叫"大营"，是日本军队驻扎的地方，还有日本人的仓库，以前这儿还有铁丝网呢。小时候曾在地里挖出过像氧气瓶一样的东西。没有听说在地下埋有武器，更没听说过毒气罐的事。

善良的和平居民当然无法理解和想象战争的残酷和非人道，也不会想到日本军队在即将投降时，还会把战争的危害永久地留给了中国人民。

3. 对抗日武装实施化学战

(1) 对抗日联军使用毒气

日本关东军一直积极主张使用毒气作为在中国东北的进行殖民统治的工具。早在1931年，日本在国内进行化学战教育时，教育总监部考虑到当时满洲正处于事变前的紧张状态，没有要求处于第一线的关东军派专修员。但是关东军教育部主任石原莞尔强烈要求派员参加，派遣关东军参谋石崎申之作为专修员前去参加，并对他说："关东军必须进行化学战普及教育，必需的演习费用和其它条件可向上面提出来。要尽量多带些实物回来。请向陆军部和参谋总部转达我的意见：一定要加强化学战的训练"①。

九一八事变后，日本的侵略行径受到了世界各国的谴责，日本政府为国际关系考虑，不得不在中国东北的军事行动上暂时有所收敛。东北沦陷初期，日本陆军省参谋次长致关东军参谋长电："……在历来的军缩准备委员会上，我帝国代表一直主张催泪瓦斯当属毒瓦斯范畴。但（关东）军在满铁作战行为是否属于国内警察行为，从他国看来，存有若干评论之余地。为此，此时使用瓦斯弹将招来世界舆论之激化，难以从根本上解决满洲问题……"（1932 年 9 月 21日）。"关于使用瓦斯弹并非没有法理上的解释，但应该考察其效果。另，如同前电，第三国当然会产生种种异论，在目前困难的联盟关系上，预想到将对帝国不利，特暂望自重，并请谅解此意"（1932 年 9 月 26 日）。指示关东军谨慎使用化学武器。后来，关东军一再为使用毒瓦斯一事请示日本陆军省："为保护满铁经营之铁路旅客列车，计划对匪贼使用催泪瓦斯。此行为属于警察行为，固然无碍。但去年 9 月 21 日次长第 392 号电以及（考虑到）警乘共乘车之诸关系，一体须听从中央之意见"。1933 年（昭和八年 5 月 19 日）日本陆军省再次就毒瓦斯的使用问题给关东军参谋长发电报："关参—第 445 号文件，警察之行为无碍法理。但获得支那方面购入毒瓦斯的情报，如在满铁使用催泪瓦斯，有给予支那方面在战斗中使用毒瓦斯的口实之虞，为此，待北支形势略安定后再使用之。"②

这一组电文表面上是不同意关东军使用催泪瓦斯和喷嚏性瓦斯，但从字里行间可以看出，日本关东军早已把使用化学毒气提到维护在东北的统治、镇压东北人民反抗的日程上，只是因为日本陆军省考虑国际舆论的强烈反对，对日本政府的国际关系产生影响，才指示"暂缓使用"毒气，这并不排除在解决了对国际舆论压力的担心后使用化学武器的可能。而下面的化学战实例就证明了日军已把这种可能变成了现实。

东北各地的广大爱国志士从最初揭竿而起的义勇军、救国军到有组织的东

---

① ［日］陆军习志野学校校史编纂委员会：《陆军习志野学校校史》，1987 年，第 506 页。

② ［日］吉见义明等：《毒气战关系资料》、《在满铁使用催泪瓦斯之件》，日本不二出版社 1989 版，第 7页。

北人民革命军，坚持开展抗日游击战争。1936 年在中国共产党东北各地组织的领导下，将东北各抗日力量相继改编为东北抗日联军，扩大了抗日队伍，推动了东北抗战的发展，沉重打击了日伪军的有生力量。对于东北抗日武装的发展壮大，日本关东军视为心头大患，急欲彻底消灭而后快。他们借口以东北地区的"治安""肃正"为名，与伪满军警特宪等互相配合，反复对抗日联军进行"围剿"。正如著名抗日将领周保忠所述：不断壮大的东北抗日联军，给日伪军以沉重打击……因此，日军自 1935 年开始，逐渐增调军队，充实关东军的"讨伐"实力……1937 年日军继续增兵……同时，日军使用飞机、快速部队及毒气对东北抗日联军实行大"扫荡"①。

1936 年 2 月，东北抗日联军第五军根据中共吉东特委和五军军部的指示，按照新的军事行动计划，第一师全部要从额穆县向镜泊湖一带转移。"二月二十七日，驻东京城日军和伪军二十七团第三营乘夜间出动向莲花泡前进……二十八日拂晓，敌先头部队进至莲花泡东石港子屯我第三团警戒哨前面立即展开攻击。一师师长李荆璞命令第三团团长王汝起全团进入阵地迎击……激战至下午二时，我第一、第三团大半面被包围，第二团反击屡告挫折，战斗陷于不利情况下。此时突然发现敌人射出炮弹爆炸后，烟雾弥漫，看不见人，战士均感头脑昏胀，神经麻痹，敌人则都戴上防毒面具向我军步步逼近。我军估计敌人使用化学毒气，战斗不能持久，师长乃下令第二团第二、四连掩护，各团用火力猛烈冲击后迅速分路撤退。"② 待我军撤出战场后，负责掩护部队撤退的第二团第四连马连长带领的 19 名战士陷于敌人包围中，并都处于半昏迷状态。

档案文献中亦详细记载了这一战役："五军第一师损失严重……最可惨可哭的是，一团三连全部——内有两名逃出——士兵完全死在日匪惨无人道的毒瓦斯中矣——真叫人大哭不已——此役战争，牺牲了四十一名干部和队员，枪支损失三十支（内有匣枪二支）……总括言之，在敌人严重'讨伐'下，我第五军受到了空前未有之打击……"③

辽宁民众自卫军第十九路军是九一八事变后东北抗日队伍中的一支劲旅，

---

① 周保忠：《东北抗日游击运动和东北抗日联军》，载东北抗日联军史料编写组：《东北抗日联军史料》（下），中共党史资料出版社 1987 年版，第 435 页。

② 刘文新：《东北抗日联军第五军》，黑龙江人民出版社 1985 年版，第 78 页。

③ 《老宋给代表团的信》（1936 年 4 月 26 日），载中央档案馆、辽宁省档案馆、吉林省档案馆、黑龙江省档案馆编：《东北地区革命历史文件汇集》甲 46，1988 年，第 71—72 页。

王凤阁将军是这支队伍的领导人，后任辽宁民众抗日自卫军第三方面军中将司令，所部 3 万余人。从 1933 年夏到 1936 年秋，王凤阁凭借有利地形，采取灵活机动战术，打退了敌人一次次进攻。1936 年秋冬之际，日军调集大量兵力，从鸭绿江沿岸到长白山一带，对王凤阁部进行残酷的大"讨伐"。王凤阁临危不惧，率领部队在茫茫林海中巧妙地与敌军周旋。由于叛徒供出他的行踪，1937 年初他被重重包围在老虎顶子山寨。1937 年 1 月，"日伪军将王凤阁果松川十三道沟主要山寨攻破。山寨里的工厂和储藏的军用物资都落入日伪手中。王凤阁率部转移到临江、辑安、通化三县毗邻的老虎顶子山寨，日伪军也追逐赶到。该山寨建筑三道防御工事，上下都有地道通行，粮食充足。日伪军攻打三昼夜也未攻破山寨。最后，日伪军陆空联合进攻，飞机投了很多烧夷弹，山林变成焦土，日军又施放催泪瓦斯，官兵受伤很多，王凤阁不得不率部突围，行至另一沟谷时又与敌遭遇，激战后转移到六道沟大南岔地方，被日伪军堵截部队包围，敌人越聚越多，激战一昼夜，王凤阁部队损失大半，王凤阁率部数次突围均未冲出。最后，王凤阁宁死不屈，自杀未遂（因一粒子弹也没有了），又与敌军拳打相击，力尽被俘"①，惨遭杀害。

1938 年 2 月，日军在黑龙江省"向桦川县七星砬子抗联兵工厂发动大规模地进攻。兵工厂 50 多名工人、战士，在共产党员胡志刚率领下，面对敌人的炮火和毒气毫不畏惧，勇敢战斗，最后全部牺牲，兵工厂惨遭破坏。"②

东北抗日武装对化学武器很少了解，面对日军在战场上使用毒气，确是猝不及防，因此损失重大。鉴于抗联队伍屡次受毒，损失严重的情况，为了掌握敌人化学战的有关知识，抗联各军紧急向上级领导汇报，要求提供有关资料。1937 年 7 月，东北临时省委在给中共代表团的信中写道："目前日贼枪支口径划一，新的武器不断实施。我们在敌人封锁，物质方面缺乏到万分，特别是军事用品，更一点也弄不到，我们要求的文件类如下：军官学校的书籍，宣传品类，党文件类，都须不断供给我们，军用爆炸药品，防毒具或说明书……"③

1938 年 4 月，东北抗联第二路军总指挥部印发了《抗战中防毒常识》，让

① 毕文翰口述、宫宪斌整理：《威震敌胆，浩气长存——忆王凤阁抗日殉国的英雄事迹》，载中国人民政治协商会议吉林省委员会文史资料研究委员会编：吉林文史资料第五辑《抗日救国风云录》，1985 年，第 23 页。

② 东北抗日联军史料编写组，《东北抗日联军史料》（上），中共党史资料出版社 1987 年版，第 317 页。

③ 《百松给祥的信》（1937 年 7 月 17 日），载中央档案馆、辽宁省档案馆、吉林省档案馆、黑龙江省档案馆编：《东北地区革命历史文件汇集》甲 23，1989 年，第 137 页。

官兵学习，以增强防毒知识，减少损失。其中例举几种处理毒气的办法：

（1）"白十字"毒气组，刺激眼部，又名催泪气。

［救急法］将中毒者移在新鲜空气中，先使用冷掩法，即用在冷水中浸润过的棉花或布块敷中毒者眼部，再轻微地以硼砂水洗眼。

（2）"蓝十字"毒气组，刺激呼吸器官。

［救急法］将中毒者速移入新鲜空气中，须绝对令其安静躺睡，并以较淡盐水溶液令其漱口。

（3）"绿十字"毒气组，为臭味毒害肺部。

［救急法］将中毒者移至新鲜空气中，任何工作皆有害于中毒者，连谈话、吸烟皆须禁止；应给中毒者多盖被褥以求保暖，最忌着凉；不可使用人工呼吸，而宜给中毒者输入氧；中毒者口渴可使饮热茶或黑咖啡，并使饮牛奶以充实营养，从速送医院就治。

（4）"黄十字"毒气组，为腐蚀性毒气，可使皮肤溃烂。

［救急法］用漂白粉软膏涂中毒者伤处（不可揉擦）；沾毒衣鞋须完全脱掉；对于已破裂水泡应特加注意，务使其所含液体不侵及健全皮肤上，用凡士林治伤处，治眼伤应用百分之二硼砂水轻微洗眼[①]。

同时在各类文件中多次强调防毒的重要性。1937年10月中共吉东省委宋一夫、周保中给陈翰章、侯国忠的信——《关于七七事变后的形势及对敌作战战略问题的指示》中谈到：为保障斗争的顺利进行，要"时刻注意让避日贼大兵力，集中今冬的'诱敌'手段，预防毒气和空军与大批骑兵的追逐和袭击"[②]。1942年在野营中还进行"手榴弹投掷，防毒面具的使用，及反坦克的斗争等"的训练。在1934年的军事教育大纲中规定："……各种兵教练：分基本教练和应用教练、技术教练三种。技术教练，指射击技艺、轻重机关枪操法及射击技术……防毒害，救急及简单治疗。"

这一时期，日军在东北从化学武器实验到对抗日武装实施毒气战，进行了违背国际公约的战争犯罪行为，为全面侵华战争中的大规模的化学战提供经验；日军在黑龙江进行化学战，对军事设备十分简陋的东北抗日武装使用化学武器，

---

① 《东北抗联第二路军总指挥部印发抗战中防毒常识》，载中央档案馆、辽宁省档案馆、吉林省档案馆、黑龙江省档案馆编：《东北地区革命历史文件汇集》甲51，1990年，第249页。

② 《中共吉东省委宋一夫、周保中给陈翰章、侯国忠的信》（1937年10月10日），载中央档案馆、辽宁省档案馆、吉林省档案馆、黑龙江省档案馆编：《东北地区革命历史文件汇集》甲23，1989年，第174页。

取得了军事上的暂时成效。保证其殖民主义统治的稳固，保障满铁在中国东北的经济利益。

日军战败之际秘密掩埋和遗弃的化学武器，战后使黑龙江地区许多中国人受到伤害，同时也造成环境的污染。根据《禁止化学武器条约》的规定，日本有责任尽早彻底销毁这些遗弃的化学武器，让战争的灾难远离人类。

（黑龙江省社会科学院课题组，执笔人：高晓燕）

三、资　　料

（一）档案资料

1. 义勇军关耀周部被伪军打散

1932 年 2 月 4 日，双城堡沦陷，关耀周部率队向西北一带转移，到双城正白旗二屯，被地主徐长喜告密。伪军得到消息后，派 100 骑兵和 200 步兵追杀，在这次战斗中关耀周 400 人队伍被打散，关耀周战死，徐长喜将关的尸体交于伪军桑团，桑团将关耀周的头颅砍下悬于双城东城门旁示众。

（双城市档案局保存档案，全宗号 1，目录号 52，案卷号 14）

2. 省政府关于饬属填报九·一八事变损失调查表卷
中华民国二十一年三月

黑龙江省财政厅代理厅长宋汝祁

损失或伤亡项目		税收	印花	田赋	契税	烟酒	卷烟	总计（元①）
原有数目								
直接损失								
间接损失	数目							
	估价（元）	3800000	50000	430000	150000	150000	80000	4660000
备考								

① 币种不详。

（黑龙江省档案馆馆藏档案，全宗号72，目标号1，卷号3490）

3. 日军炮轰通河县城事件

1932 年 5 月 5 日，侵华日军在五团和焦旅以及地方爱国群众的奋勇冲杀下，扔下了百余具尸体连滚带爬弃城逃跑，退到江心战舰上，利用舰上重炮向城内狂轰滥炸，炮火将沿江的房屋炸燃，熊熊大火一直烧到 5 月 7 日早 7 时还没熄灭。一条东西长三华里的繁华的沿江商业区被炸成废墟，许多货栈、粮找、绸缎庄、杂货店和聚增恒、寿延泰、福兴东、福德庆等著名大商号以及邮电局都在这场战火中化为灰烬，县街被焚三分之二，沿江千余间民房被焚毁。三百多百姓丧生。

（通河县档案馆馆藏伪满档案，第 55—12 号）

4. 征收保甲经费报告单

黑龙江省甘南设治局财政局大同元年①九月份征收保民甲经费报告单

上月份结存数　亏大洋三百三十七元三角八分五厘

本月份征收数　收二十年份地四千九百六十一晌九亩五分七厘，每晌征洋三角，共收大洋一千四百八十八元五角八分七厘

开除　除设治局与财政局分别提支一五三五经费大洋七十四元四角二分九厘

实存　存大洋一千零七十六元七角七分三厘

以上所有数目理合开单呈请

署理甘南设治局设治员　傅豫廷（印）

甘南设治局财政局长　张春荣（印）

黑龙江省保甲总办公处

大同元年十月十五日

甘南设治局财政局造送

----

① 即 1932 年。

（黑龙江省档案馆馆藏档案，全宗号 62，目录号 10，案卷号 35）

5. 日军在阿城掠夺粮食①

日本侵略者，为供应日军和移居日人口粮及开设油酒粉厂原料，大量掠夺我县粮食。仅大同元年（1932）一年，就从我县掠走外运粮食四百四十万零一百二十市斤，其中，大豆三百七十四万九千五百六十斤，小麦三十一万零四百斤，小米一万七千二百八十斤，大米一万五千二百四十斤，高粱（粱）三十九万七千六百四十斤，豆油十九万一千八百六十担，豆并（饼）一万四千六百八十担。

（《阿城县志》初稿第 4 册，哈尔滨市阿城区档案馆藏，档案号 E125）

6. 驻穆棱日军修建八面通飞机场②

1933 年 7 月 21 日，驻穆棱日军要员真崎六郎等在现场召开"八面通修建飞行场"开工仪式。每天参加修筑这一军事设施的有 1345 人（后增加到 1458 人），有 1000 匹马从穆棱河、四平山搬运砂石土方等，每天总耗费 1500 元伪国币。9 月末，八面通飞行场初期设计（不含后期面积扩大及修筑地堡等）施工完成。工期 72 天，总耗资是 108000 元伪国币。

（吉林省档案馆馆藏日伪档案《八面通飞行场文件》第 334—2 号 41 卷，第 68 – 74 页）

7. 通河第一次"肃正"血案

1933 年 8 月 27 日，日本关东军驻通河步兵第五十联队所属宪兵队纠集县警察大队，联合依兰的日伪军二百余人在叛徒李遇元和张熙振的带领下，在河西屯家逮捕了共产党员金永俊和他的父亲金朝明、弟弟金永禄和金永善一家四口。

---

① 此件标题为编者所拟。

② 此件标题为编者所拟。

在于贵林屯，枪杀了这个屯的党支部书记崔日，逮捕了李山（汉族）、李昌奎和金宽永等五名朝鲜族共产党员和抗日群众。在新村，用刺刀挑死了站岗放哨的十三岁的儿童团员金永福，枪杀了李先沫，打昏了崔长俊，逮捕了崔昌俊、金仲国、李官花、李成根的弟弟小李子、齐明接、崔仲三（女）、洪石俊（妇女干部）、徐俊、金永斌的弟弟金疯子。敌人在大古洞村把人抓走后，放火将村里房子全部烧光。两路敌人带走了金仲国等三十一人。到通河县城后，敌人又放了金朝明、金京和、老张头、杨大楞四人。其他被捕的二十七名共产党员和抗日爱国群众被敌人押解到位于通河县小白楼的日本宪兵队惨遭折磨毒打。当年冬天，党员金永俊、团员金永禄、少先队员金运善兄弟三人被敌人用铁丝捆绑后活活地塞进松花江冰眼里。洪石俊等二十名朝鲜族、汉族党员和抗日爱国志士被日寇杀害在县城小西门外。

（通河县档案馆馆藏档案，通河县档案局全宗 1 号，第 470 卷，第 69—94 页）

8. 电业局中共地下支部成员被伪警察逮捕[①]

1934 年 2 月 26 日，伪南岗警察署于夜间在马家沟电工宿舍和发电厂宿舍开始对电业局支部人员进行逮捕，3 月 10 日夜再次进行逮捕。先后被逮捕者约 30 余人，死 2 人。

（东北局组织部、纪律检查委员会联合调查组 1953 年 6 月调查报告，哈尔滨市档案馆藏，档案号 XZ2—1 综合哈 1—8—118 卷）

9. 牡丹江宪兵队罪行统计表

时间	地点	财产损失	杀害人数	逮捕（伤害）人数	出处（第 页）
1934. 4. 10	宁安		42		232
1934. 11. 1—1935. 11. 30	宁安		60		232

---

① 此件标题为编者所拟。

时间	地点	财产损失	杀害人数	逮捕（伤害）人数	出处（第　　页）
1935.6	牡丹江掖河		1	30	236
1935.8	牡丹江掖河		1		234
1935.9	牡丹江掖河		1		237
1935.9	牡丹江掖河		1		237
1935.10	牡丹江掖河		1		237
1934.1—11	宁安		4		232
1936.1	宁安		1		237
1936.1	宁安		1		232
1936.2	宁安		2		237
1936.2	宁安		2		232
1936.2—4	宁安		5		233
1936.2—4	宁安		5		239
1936.4.21—11.30	安宁		11	30	239
1937.8	虎林		4		240
1940.10	代马沟村		3		244
1941.3	穆棱		3		216
1936.21—11.30	安宁		11		233
时间不详	安宁		30		233
时间不详	穆棱		11		239

（黑龙江省公安厅保存档案，永久5，第135卷，第232页）

10. 孙万芝控诉书

日寇为了摧毁我抗日根据地，于一九三五年春起至一九三七年为止，在帽儿山附近实行烧光、杀光、抢光的毒辣政策，将帽儿山周围几十里地区的所有民房烧毁，如蜜蜂村附近有一千多户民房全被其烧毁，使我和平军民无所居住，百姓忍饥挨饿，啼饥号寒。我军大部也随即撤出帽儿山，仅留有一个游击连和张连科师（第三师）及我吴盛才县长所率领的部队，后因日寇更为猖狂地残害我军民，故在一九三六年张连科师也撤离了帽儿山地区。同年九月间，我县长吴盛才被五县联合办事处特务打死在帽儿山附近，因此，我帽儿山地区的红色政权全被摧毁。

一九三六年十月，我抗日军人孙大嘞嘞在帽儿山街里，被办事处警察特务逮捕，杀害在帽儿山后山坑里。

一九三六年八月间，在蜜蜂村住的许喜顺（共产党员，村农民委员会委员长）、王作舟（共产党员）和朱凤宪等人被办事处特务逮捕，同年十月被杀害在帽儿山附近。

（一）119—2, 41, 2 第 14 号

口述人：孙万芝，当年 55 岁，职员，现住尚志县城区明礼街。

（中央档案馆、中国第二历史档案馆、吉林省社会科学院合编：《日本帝国主义侵华档案资料选编·东北"大讨伐"》，中华书局 1991 年版，第 162 页）

11. 凤山 200 多名无辜群众被杀害[①]

1936 年 2 月 13 日，在凤山沟，日伪军将山里的伐木工人、套子户集中起来，赶进凤山县大楞场（现凤山镇），要人们交代谁是抗联队伍的人，不说就用机枪向手无寸铁的人们扫射，200 多名无辜的群众成排倒下，鲜血染红了大楞场。

（通河县档案馆馆藏档案，全宗 1 号，第 468 卷，第 92 页）

12. 狼窝战斗[②]

1936 年 5 月的一天，抗联三军通河县警备旅三团三营长辛德贵和副营长张明新带领一百五十余名指战员夜宿二区三站镇北狼窝屯。第二天凌晨三时许，

---

① 此件标题为编者所拟。

② 此件标题为编者所拟。

通河日军守备队和伪满国军李清部二百多人偷偷地包围了狼窝屯。战斗进行了近四个小时，歼敌六十余人，缴获了大量武器弹药，我军副官吴国林、连长阚万才和战士褚凤林、刘贵、王永真等二十七名同志壮烈牺牲，二十几人光荣负伤。

（《四六矫正事件》，通河县公安局卷宗，1952年卷，第163页）

13. 民报事件

1936年6月13日，根据日本关东军宪兵司令官东条英机以宪兵司令部《全面逮捕北满共产党的命令》，日伪当局以全面整顿社会治安为借口，各逮捕班倾巢出动，突然同时包围了黑龙江民报社和教育界的有关学校，对以《黑龙江民报》为阵地，以笔作刀枪的新闻、教育界的爱国志士进行大逮捕。在哈尔滨、齐齐哈尔、牡丹江、海拉尔等地逮捕100多人，后期判处王甄海、金剑啸、麻秉钧、阎达生、王柱华、吴宝丰、许乃仁等人死刑，其他均被判无期等徒刑。此乃"六一三事件"，亦称"民报事件"。

（东北局组织部、纪律检查委员会联合调查组1953年6月调查报告，哈尔滨市档案馆藏，档案号 XZ2—l 综合哈 1—8—118 卷）

14. 孙朝翰事件

1936年6月，通河县商务会长孙朝翰，伪县长王知津，一区区长、巡官杨振武，"永恩博"商号掌柜的、税捐局长陈永林（满族人），"惠兴源"商号掌柜的李惠川等二十一人暗中联络商界、政界人士为抗联筹集运送军需物资，由于特务告密，被日军守备队逮捕。8月13日，孙朝翰、杨振武、陈永林、芦寿臣等十五名抗日爱国志士被押回通河，强行塞进麻袋，残忍地扔进松花江中，活活地淹死。一同遇害的还有为抗联运送物资的士绅田德山、长工老纪，外号叫纪傻子。

（通河县档案馆馆藏档案，全宗1号，第468卷，第1页）

15. 日伪警察镇压抗日武装[①]

据日本战犯土屋登交待：1936 年 9 月—1937 年 5 月，滨江省直属警察运动队（队长浅海××）在五常、阿城、珠河、苇河、宁安一带镇压抗日武装部队。当时发放子弹三万发。此次战斗被杀密山抗日武装部队约二百名，掠夺武器约三百件。

（中央档案馆馆藏档案，编号 1287，军事第 757 号案卷二）

16. 刘四爷大院歼战

1936 年 10 月 12 日，通河警备旅二团团长张义鹏，率领六百多名抗联战士分四路向祥顺南老龙岗运动。通河日军探清情况后，命令驻祥顺日军小队及祥顺警察署孙署长，带领全署警察到北六方屯（今四方泡村）刘四爷大院，抓老百姓抢修临时工事，日军大部队马上赶到。敌人的行动被抗联发现后，张团长率领一部分兵力从红水泡北边围了上去，打死两个伪警察。当抗日联军快要攻进刘四爷大院的时候，通河县和清河镇的日寇增援部队赶来接管了阵地，敌我双方展开了激烈战斗，一直打到天黑。抗联部队击毙了两名日军少佐、四个士兵。我军杨书记官和在西六方参军的张学凤等三十名指战员壮烈牺牲。同月，通河警备旅原抗日义勇军"东来队"首领高小个子，率队在北六方屯刘四爷大院与日寇讨伐队展开激烈战斗，打死日伪军二十一人。

祥顺镇政府王旭、孙安平、高合新调查魏玺村王宝太笔录；王宝太讲：当时的张五屯（今魏玺村）南刘汉江房框子发生一场战斗，抗联牺牲三十六人。

（通河县档案馆馆藏档案，全宗 1 号，第 468 卷，第 47、56 页）

---

① 此件标题为编者所拟。

17. 日军宪兵在勃利县逮捕救国军70人①

1936年12月—1938年7月，在勃利县，佳木斯宪兵勃利分队逮捕救国军战士70人。

（黑龙江省公安厅保存档案，永久5，第139卷，第1册，第50页）

18. 日军宪兵在勃利县逮捕抗日爱国者②

1936年12月—1938年7月，在勃利县，佳木斯宪兵勃利分队逮捕反满抗日爱国者130名。

（黑龙江省公安厅保存档案，永久5，第139卷，第1册，第48页）

19. 齐齐哈尔伪陆军监狱越狱事件③

1936年12月31日，齐齐哈尔伪陆军监狱发生越狱事件。在伪齐齐哈尔陆军监狱，被关押的爱国者访贤等120余人越狱，除12人逃脱外，其余108人于次年相继被杀害。其中，20人于1937年1月5日在伪龙江县卧牛吐村及土尔池哈村附近被伪龙江县警察及昂昂溪独立守备队枪杀，88人被逮捕。1月9日，在伪齐齐哈尔市北方墓地，被逮捕的88人被第三宪兵团渡边少校及部下枪杀，指挥者齐齐哈尔宪兵队长中田敏雄、三户森作造、曹长西山勇一、米特铁男、铃木义夫等人。

（《战犯土屋芳雄交待》，黑龙江省公安厅保存档案，永久5，第157卷，第109页；永久5，第182卷，第128—132页）

---

① 此件标题为编者所拟。
② 此件标题为编者所拟。
③ 此件标题为编者所拟。

20. 日伪在二道河子采伐木材①

1936 年，日伪在二道河子流域采伐木材 500000 石，头道河子采伐 250000 石。

（宁安县档案局保存档案，全宗号 16，案卷号 125，第 40 页）

21. 1936 年伪满洲国在黑龙江省汤原县二区太平川地区实施"集家并屯"所造成的损失统计表

距太平川里程	村名	户数	房屋		并屯情况		破毁房屋		备考
			座	间	并入太平川户数	流入他处户数	座数	间数	
	太平川	500	1000	3000	130	370	1000	3000	
3	刘盛金屯	15	20	70	10	5	20	70	
6	于家油房	50	60	200	30	20	60	200	
12	杨风礼屯	8	8	20	6	2	8	20	
17	庆余屯	10	30	100	10		30	100	全部烧毁或拔掉
12	藤家沟	30	40	90	10	20	40	90	
8	温家屯	20	40	60	20		40	60	
5	黄有屯	80	140	400	50	30	140	400	
15	姜家屯	90	140	270	2	88	140	270	
12	齐家屯	30	90	180	1	29	90	180	
8	蔡家屯 荣家屯 郭家屯	20	40	100	10	10	40	100	
合计	13 个屯	853	1608	4490	279	574	1608	4490	

---

① 此件标题为编者所拟。

（一）119—2，1110，7，第 3 号

（中央档案馆、中国第二历史档案馆、吉林省社会科学院合编：《日本帝国主义侵华档案资料选编·东北"大讨伐"》，中华书局 1991 年版，第 199 页）

22. 响水河密营突围战斗①

1937 年正月，三百余名日伪军在叛徒朴德胜的引导下攻破了通河警备旅三团密营。殷成祥团长带领五弟殷成江和侄子殷树芳和部分警卫战士掩护主力部队撤退时，壮烈牺牲，时年四十一岁。

晚上，日军在叛徒老瓢（朴）带领下在三星砬子后坡上去后，掐死了岗哨，进入了窖内（营房），战士们正在睡觉，日本人轻松地控制了局面。殷成祥用双枪打开了一条血路，掩护部队撤退，牺牲后被日本人把头砍了下来，挂在通河大门上。这次场战斗抗联死了一百多人。

（《四六矫正事件》，通河县公安局卷宗，1952 年卷，第 194 页）

23. 抗联与日、伪军在通河北山战斗

1937 年 4 月，三军哈东司令李福林和六军、八军的几位领导率队去通河县省委驻地鹰窝开会途径清河镇被四百余名日伪军包围。李福林主动率领少年连、警卫连、通河警备旅在北大窑和二站阻击敌人掩护六军、八军同志向北山里撤退。通河警备旅教导队指战员在清河北大窑同敌人援军拼死冲杀，打死打伤无数敌人，自己伤亡三十余人，旅长雷平误认为阻击任务已经完成带领部队撤离了阵地，致使清河、依兰方面的敌人拥上了二站北山，架起小钢炮向山上猛烈轰击，十多挺轻、重机枪向山上疯狂扫射。在二站屯北两个大山包阻击敌人的指战员在李福林率领下，在山上小窝棚架起机枪向敌人迎头还击，消灭了数十名日伪军。战斗中，李福林和齐副官、李绷哥替共三十一名指战员英勇牺牲。

---

① 此件标题为编者所拟。

清河镇政府乔磊、迟文武调查见证人清河村八十岁老人杨光笔录：

战斗就发生在我们二站屯。当时我十二岁，至今印象十分深刻。战斗中战士们一边唱着军歌一边冲锋。通河警备旅教因牺牲一百二十人而失守阵地，提前撤退。在二站作战的李福林以下三十一人牺牲。

（通河县公安局保存档案，全宗 1 号，第 468 卷，第 90 页）

24. 洪水泡战斗

1937 年夏季，抗联三军警备旅二团团长张义鹏率领四百多名指战员，在祥顺乡洪水泡北岸张文庆大院和敌人展开了激烈的战斗。击毙日军二十多人，还打死三十一名伪军。激战中，张义鹏的哥哥和冯雨秀等三名战士光荣牺牲。高铭三听说其中有叛逃的冯雨秀，令人残忍地割下冯雨秀等人的头颅，回通河向其日本主子邀功。在大林子屯负责打援的十几名指战员为了挡住增援的敌人，全部战死沙场。这一仗，敌我双方损失都比较大，我方歼灭日伪军五十余人，打伤伪治安队二连刘汉等多人。我抗联指战员五十余人英勇牺牲，六十多匹战马被抢走。

（通河县档案馆馆藏档案，全宗 1 号，第 468 卷，第 90 页）

25. 日军斩杀两名抗日爱国战士[①]

1937 年 8 月，勃利宪兵分队长宪兵少尉稻见定一命令高木贞次郎斩杀两名抗日爱国战士。

（黑龙江省公安厅保存档案，永久 5，第 140 卷，第 19 页）

---

① 此件标题为编者所拟。

26. 蜚克图伪满归并村屯情况调查表

公社	归并时间	集中地点	扒、烧房间数	所并村（屯）名称	弃耕地（亩）	备考
蜚克图	1937 年	鲁家店	280 间	秋皮沟、冯家窑、姜家沟、秋皮南沟、关二老爷屯、白家屯等 15 村屯，共计 140 户。	2987 亩	动员自扒 168 间烧毁 112 间

（哈尔滨市阿城档案馆馆藏档案，全宗 28，永久，卷号 118，第 81 页）

27. 日军杀害 70 人、 逮捕 130 人①

1937 年至 1938 年 7 月 30 日，勃利宪兵分队长油谷大尉、稻见少尉、吉屋少尉依密侦反映，抓捕抗日救国战士约 70 人，被军曹荻原、伍长高木、上等兵浦田、小林、吉本、长田、石川、木村、八谷等斩杀。此间，逮捕爱国中国人民约 130 人，约百人被投狱。

（黑龙江省公安厅保存档案，永久 5，第 140 卷，第 20 页）

28. 120 人被逮捕， 3 人被虐杀， 96 人处以死刑虐杀②

1938 年 3 月 15 日，勃利宪兵分队长吉屋次郎吉少尉、佳木斯宪兵队长儿岛正范指挥部下，逮捕 120 名中国人民，其中 3 人被虐杀，96 人被佳木斯法院处以死刑虐杀。

（黑龙江省公安厅保存档案，永久 5，第 140 卷，第 20 页）

---

① 此件标题为编者所拟。

② 此件标题为编者所拟。

29. 抗联某部队参谋长 1 人、 战士 30 人被射杀①

1938 年 5 月 11 日，勃利宪兵分队长吉屋次郎吉部下与抗日第八军谢文东部门约 200 名战士交战，爱国者参谋长 1 人、爱国战士 30 人被射杀。

（黑龙江省公安厅保存档案，永久 5，第 140 卷，第 20 页）

30. 24 名抗日战士被勃利宪兵队枪杀②

1938 年 5 月 30 日，勃利宪兵分队长吉屋次郎吉部下与抗日第八军救国会交战，24 名爱国战士被捕，被枪杀。

（黑龙江省公安厅保存档案，永久 5，第 140 卷，第 21 页）

31. 40 名抗日战士被射杀③

1938 年 8 月至 1938 年 12 月，勃利宪兵分队长吉屋次吉部下与丼上部队，与抗日第二路军交战，40 名爱国战士被射杀。

（黑龙江省公安厅保存档案，永久 5，第 140 卷，第 21 页）

32. 12 人被虐杀、 7 人被烧死④

1938 年 8 月至 1940 年 11 月间，勃利县杏树宪兵分遣队长腾又勇准尉带领高木贞次郎军曹等人强制奴使中国人修筑侵略工事，12 人被虐杀，后发生火

---

① 此件标题为编者所拟。
② 此件标题为编者所拟。
③ 此件标题为编者所拟。
④ 此件标题为编者所拟。

灾，7人被烧死。

（黑龙江省公安厅保存档案，永久5，第140卷，第122页）

33. 日军宪兵射杀3名抗日战士[①]

1938年9月，勃利宪兵分队长吉屋次郎吉部下射杀3名抗日爱国战士。

（黑龙江省公安厅保存档案，永久5，第140卷，第21页）

34. 日军宪兵射杀2名抗日战士[②]

1938年10月，勃利宪兵分队长吉屋次郎吉部下射杀2名抗日爱国战士。

（黑龙江省公安厅保存档案，永久5，第140卷，第22页）

35. 抗日战士3人被斩首[③]

1938年11月，勃利宪兵分队长吉屋次郎吉命令木村虎男、匹鞍马义美等人将抗日爱国战士3人斩首。

（黑龙江省公安厅保存档案，永久5，第140卷，第22页）

[①] 此件标题为编者所拟。

[②] 此件标题为编者所拟。

[③] 此件标题为编者所拟。

36. 1938 年日寇"讨伐"情况

姓名	性别	职业	年龄	最高学历	伤或亡（人）	费用（元）		证件
						医药	葬埋	
抗联	男	公务	—	—	亡 1280			
		公务	—	—	伤 775			
小计					2055			
伪军	男	公务	—	—	亡 110			
	男	公务	—	—	伤 146			
小计					256			
居民	男	农业	—	—	亡 59			
	男	农业	—	—	伤 108			
小计					167			
合计					亡 1449 伤 1029			
总计					伤亡 2478		49.56 万①	

[《伪满档案 1938 年—1939 年调查》，通河县档案馆藏，档案号 75

（7）之 7 号]

---

① 币种不详。

37. 伪北安省警务厅罪行①

1939年4月中旬，在凤凰山战斗中击毙抗联战士3名。

（黑龙江省公安厅保存档案，永久5，第156卷，第75页）

38. 1939年日军射杀10人②

1939年5月下旬，日军在方正县射杀10人。

（黑龙江省公安厅保存档案，永久5，第184卷，第48页）

39. 伪三江省警务厅特务警察罪行

1939年5月，方正县境内方正县警察讨伐队，围堵抗日联军，捕杀20名抗日爱国者。指挥者警务厅长岛崎。

（黑龙江省公安厅保存档案，永久5，第183卷，第47页）

40. 日本掠夺爱辉煤炭资源

1939年6月，日本侵略者在爱辉投资兴建了满洲炭矿株式会社爱辉煤矿，所产煤炭全部用于当地日军采暖和发电。1939年，爱辉煤矿产煤7720吨，1940年33150吨，1941年81193吨，1942年55797吨。1944年，爱辉煤矿产值30267元③，1945年产值36460元。从以上资料中可以得知：日伪时期，日本帝国主义在爱辉县掠夺煤炭至少是311255吨，造成直接经济损失

---

① 此件标题为编者所拟。
② 此件标题为编者所拟。
③ 币种不详，下同。

5602590 元。

（黑龙江省档案馆馆藏档案，全宗号 3，目录号 288）

41. 中共地下工作者 17 人被逮捕，其中 10 人被判死刑[①]

1939 年 7 月，勃利县、依兰县、桦川县，中共地下工作者 17 人被逮捕拷问，其中 10 人被判死刑，其余投监。

（黑龙江省公安厅保存档案，永久 5，第 183 卷，第 45 页）

42. 15 名中国人被虐杀[②]

1939 年 8 月，勃利宪兵分队长岛本义助少尉命令部下上野正治、高木贞次郎军曹等人逮捕中国人民爱国者 15 名，被佳木斯法院死刑虐杀。

（黑龙江省公安厅保存档案，永久 5，第 140 卷，第 22 页）

43. 1939—1941 年黑河宪兵队罪行

1939 年 8 月，队长和田昌雄下令在北安杀害一名地下工作者，10 月在北里线列车逮捕 6 人，杀害 3 人，1 人判死刑，2 人长期徒刑。1940 年 8 月在北安逮捕中共地下工作者刘相徽送石井细菌部队致其死亡，12 月伪北安省警务厅逮捕中国共产党北满省委讷河县委人员 42 名，将他们或判刑或投狱，12 月在逊克县抗日地下工作者乔玉山被捕杀，1941 年 3 月中国情报人员赵殿卿被逮捕送往石井细菌部队杀害，4 月情报人员聂冠军被石井细菌部队杀害。

（黑龙江省公安厅保存档案，永久 5，第 123 卷，第 104 页）

---

① 此件标题为编者所拟。

② 此件标题为编者所拟。

44. 1939 年日寇处置抗日人员

姓名	性别	职业	年龄	最高学历	伤或亡	费用（元①）		证件
						医药	葬埋	
思想犯	男	无业	—	——	亡 13		2600	
抗联	男	无业	—	——	亡 3		600	
抗日会	男	农业	—	——	亡 3		600	
支援抗联	男	农业	—	——	亡 1		200	
其他	男	无业	—	——	亡 3		600	
合计					亡 23 人		4600	

[通河县档案馆馆藏，伪满档案，75（7）之 9 号（1939 年）]

---

① 币种不详。

45. 1939 年日寇"讨伐"情况

| 姓名 | 性别 | 职业 | 年龄 | 最高学历 | 伤或亡 | 费用（元①） | | 证件 |
						医药	葬埋	
抗联	男	公务	—	——	亡 203		4.06 万	
		公务	—	——	伤 128	2.56 万		
小计					331			
伪军	男	公务	—	——	亡 19		3800	
		公务	—	——	伤 27	5400		
小计					46			
居民	男	农业	—	——	亡 4		800	
	男	农业	—	——	伤 38	7600		
小计					42			
合计					伤 226 伤 193			
总计					伤亡 419		8.38 万	

[《伪档案 1938 年—1939 年调查》，通河县档案馆藏，档案号 75 （7）
之 7 号]

---

① 币种不详。

46. 满洲粮谷会社哈尔滨分店在爱辉和孙吴低价掠夺粮食①

1939 年，日本人开办的"满洲粮谷会社哈尔滨分店"在爱辉和孙吴以低于农民生产成本的公定价格，强行在农民手中收购了 1000 吨粮谷。

……

1940 年，日本人开办的"满洲粮谷会社哈尔滨分店"在爱辉和孙吴以低于农民生产成本的公定价格，强行在农民手中收购了 15000 吨粮谷。

（中井久二笔供，日本侵华战犯笔供，第六卷，第 255 页，中央档案馆藏）

47. 穆棱 "开拓团" 低价征地②

1939—1941 年，日本侵略者向穆棱境内移民 8 个"开拓团"460 户，计 1090 人，先后在县境内强行以每垧 45 元共征得土地 2100 多垧（2100 公顷），合 3.15 万亩，其差价每垧为 255 元伪国币，再乘以 5 年等于 2677500 元。

（吉林省档案馆馆藏日伪档案，全宗 334—2 号，第 39 卷，第 76 页）

48. 八虎里伪警察队起义事件③

1940 年 1 月中旬，桦川县八虎里警察队 70 人，在队长率领下起义抗日。警务厅长岛崎、桦川警务科长命"讨伐"队追击，并动用日军飞机侦察，将起义军包围在山中，35 人被射杀，36 人被抓捕，其中 5 人死刑，32 人投狱。

（黑龙江省公安厅保存档案，永久 5，第 183 卷，第 49、50 页；第 184 卷，第 49、52 页）

---

① 此件标题为编者所拟。

② 此件标题为编者所拟。

③ 此件标题为编者所拟。

49. 1941 年嫩江宪兵队杀害地下工作者[①]

1941 年 8 月，嫩江县某宾馆内宪兵队长齐藤命令杀害中国地下工作者一名。

（黑龙江省公安厅保存档案，永久5，第 123 卷，第 3 页）

50. 伪满开拓团破坏土地

康德八年（1941 年）开始，日本侵略者为了掠夺中国财富，又采取另一手段，实行开拓方法，强行侵占大片良田和廉价劳动力。本祉小城子（今双城一、二、四、八队）开拓团侵占良田 3000 亩，东兰旗开拓团（今城建 2、3、4、5、6 队）侵占水田 6500 亩，其产品全部为日本侵略者占有。

疯狂掠夺天然资源，破坏大量土地

本社的建筑用细砂，河流石是得天独厚的天然资源，在日本帝国主义统治的十四年间，修筑两条火车砂石专用线（阿城—小城子、阿城—东兰旗）每年被掠夺走几十万立方米砂石，并把沿河的良田约两千余亩，挖出砂石，破坏土地甚是可惜，至今残存凹凸地面，未得平整，未能复耕。

（哈尔滨市阿城区档案馆馆藏档案，全宗28，永久，卷号123，第 245 页）

51. 阿城劳工情况

①据利新、杨树、小岭、平山、新乡、交界、舍利七个公社的不完全统计，从 1941 年起至 1945 年止共出劳工四千三百五十九人，先后到本县褶子沟、兰旗岭、双丰、巨源、永源，省内东宁、牡丹江、黑河、木兰、哈尔滨、双鸭山、宁安、尚志、鹤岗、海林、穆林、林口、密山、北安、虎林、背阴河，辽宁北

---

① 此件标题为编者所拟。

票，吉林的和龙等地，进行军事工程设施的修筑、挖煤，铁路的铺设，木材的砍伐，及筛沙子、打草、修渠等。每次三个月、六个月不等，劳工住在临时搭的窝堡里，冬不避寒，夏不避雨，吃带砂子的高粱米粥和用苞米面、橡子面混合的窝窝头，有时连咸菜也吃不上，一日三餐，几乎天天如此。每天在日本人的监视下劳动十几个小时，稍不留心，就挨打受骂。1941年春现利新公社先锋大队孙连成，全家五口人，没吃，没烧，本人连衣服都没有，却不得不将自己十一岁的女儿卖掉，换回几斗米，买件衣，含泪离家出劳工。康德十一年（1944）七月，原嘎哈村农民林贵被指派出劳工，当时全家都患伤寒，要求在家照料几天，不（许），只好离家去密山县古城镇出劳工，由于挂念病人，活计又累，吃不饱，不久便染病身亡，死后日本人不予掩埋，暴尸荒郊上，后被同乡偷葬在草甸上。劳工生病不给医治，拉出去照样干活，现杨村公社腰杨树屯付荣去东宁县出劳工，因患病不能出工，被日本人拽到山上活活被摔死。现利新公社五星大队社员石胜瑞于康德九年（1942）去阿城小红旗修仓库，因"偷"穿了一双白×（原文缺失）子，被鬼子知道，打得皮开肉绽，后又扔到狗圈，衣服被狗咬破，险些丧命。逃出来后，鬼子又派人一次又一次去石家搜抓，没有抓到才免去一死。据七个公社不完全调查，死于劳工现场的六十一人，因工程事故致残的多人。

康德十年（1943）伪副县长岸要五郎（日本人）与吉林和龙炭矿签订了长期性劳工合同，令阿城县征集的部分劳工携眷到吉林和龙煤矿"安家落户"，在和龙成立了"阿城乡"，第一批三十户，第二批五十户。强迫每户至少有一名矿工，现阿什河公社东环三队社员王汉春当年只有十四岁，也（被）逼迫下井挖煤。

康德九年（1942）实行了勤劳奉仕法，凡检查不合格的"国兵"，都要服三年的勤劳奉仕，由康德十年（1943）开始至康德十二年（1945）光复为止，阿城共组织不合格之"国兵"勤劳奉公队三期，第一期康德十年（1943）四月间组织两个大队，两个独立中队，一千三百八十人。第一大队五百四十人；第二队三百六十人；第一独立中队二百四十人；第二中队二百四十人，去巨源昶、天理村修水渠，时间为四个月。同年十一月，又派一百二十人去巨源洋灰窑，安装蓄水和抽水工程，康德十一年（1944）三月份结束。

康德十一年（1944）组成五百四十一人的勤劳奉仕队到五常县马鞍山修干渠引水到双河村日本开拓团，同年秋，组织阿城、呼兰、双城三县七百二十人。其中阿城二百四十人。去平阳镇国境线修飞机场，另外派四百八十人去哈尔滨市郊王岗修路。

②康德十二年（1945）四月，将三年"国兵"不合格者组成一千三百八十人的奉公队，由日本人副县长岸要五郎亲自组织，分三个大队，第一大队五百四十人，第二大队四百八十人，第三大队三百六十人，分别去巨源昶、白渣泡、小窝铺屯和洋灰窑修筑水利工程。

前后三年共组织四千一百四十人（次）参加"义务"勤劳奉仕。每次多是在春、秋、冬三季施工，天气寒冷，吃不饱，穿不暖，劳动强度又大，病倒累倒不计其数。康德十二年（1945）冬去五常县马鞍山修干渠五百四十人，曾七天不眠不休，多数人昏倒在地，病倒百余人，不但不给医治，并强迫排队跑步出汗，作为医病之良方。康德十年（1943），康德十二年（1945）春，修巨源昶水渠，劳工冒着零下十几度的严寒，在雪水没膝的情况下，一泡就是十几个小时，土筏的雪水顺着人的脊梁往下流，棉衣尽湿，奉仕结束后，各个面黄肌瘦。当时流传"熬过三年国兵漏，不死也要掉块肉"。

（哈尔滨市阿城区档案馆藏阿城县志档案，全宗28，永久，卷号197，第30页）

52. 谷川岩吉杀害抗日工作者[①]

1942年10月，谷川岩吉破坏北安省庆城县抗日救国会，逮捕17人，将12人投狱。1944年4月在黑河抓捕3名抗日工作者。6月捕杀抗日工作者朱国海。

（黑龙江省公安厅保存档案，永久5，第123卷，第105页）

53. 约十名中国人被虐杀[②]

1943年2月至1943年11月，小野武次伍长奴役酷使中国人民约十名修筑工事，后被虐杀。

（黑龙江省公安厅保存档案，永久5，第140卷，第25页）

---

① 此件标题为编者所拟。

② 此件标题为编者所拟。

54. "巴木东"大逮捕

1943 年，伪满滨江省警务厅获得了巴彦、木兰、东兴三县抗日地下组织名单及活动计划，遂调集哈尔滨、宾县、双城等地军警，配合上述三县警察、特务，于 3 月 7 日和 5 月 25 日进行两次大逮捕。破坏三县抗日救国会 14 处，青年义勇队和农民武装 13 支，逮捕爱国群众 1000 余人，刑讯致死 60 人，拘留死亡 21 人。被捕者中三分之一以上被判死刑或无期徒刑。

(哈尔滨市档案馆馆藏档案，档案号 XZ2—1，综合哈 1—8—118 卷)

55. 景星县耶尔河筑堤工程事件

1943 年，景星县耶尔河筑堤工程事件。大赉、开通、洮南县强制提供 200 名劳工、景星县 800 劳工，强制劳役，其中 4 名过度劳累而遭虐杀。

(黑龙江省公安厅保存档案，永久 5，第 180 卷，第 27—28 页)

56. 日军掠夺宁安县木材[1]

1943 年，宁安县被日军直接掠夺国有未耕地共 1590141 公顷，占当时全县耕地总面积的 91.4%，夺占的开拓地 12488 公顷，满拓地 178902 公顷，自警村夺占地面积 655 公顷。以上共计 1782186 公顷。

(《宁安县农村购买力吸收对策调查报告书》，宁安县档案局保存档案，全宗号 16，案卷号 134，第 37 页)

---

[1] 此件标题为编者所拟。

57. 日军在黑河罪行

(1) 1944 年 4 月，日军在黑河逮捕（伤害）3 人；6 月，杀害 1 人；9 月黑河宪兵队杀害 1 人。

1944 年 9 月，松永亲弘在黑河宪兵队捕杀抗日地下工作者王福山。

1945 年 7 月，黑河宪兵队杀害 3 人。

（黑龙江省公安厅保存档案，永久 5，第 123 卷，第 105、106 页）

(2) 1942 年，瑷珲县神武屯宪兵分队杀害 8 人，逮捕（伤害）14 人。

1943 年 7 月，神武屯日军杀害 1 名抗日情报人员。

1945 年 6 月，纳金口子宪兵队杀害 1 人。

（黑龙江省公安厅保存档案，永久 5，第 124 卷，第 51、49 页）

(3) 1934 年 3 月，在黑河下流小黑河附近，被日军杀害 1 人。

1937 年 3 月，在黑河街被日军杀害 6 名抗日人员。

1945 年 5 月上旬，伪黑河省境内，有 12 人被日军杀害，62 人被送至鹤岗炭矿强制劳动。

1945 年 8 月，在黑河街某建筑物内，4 名抗日地下工作者被日军烧死。

（黑龙江省公安厅保存档案，永久 5，第 159 卷，第 63、97、97—100、80 页）

(4) 1944 年 4 月，在黑河抓捕 3 名抗日工作者；6 月，捕杀 1 名抗日工作者；9 月，日本宪兵松永亲弘在黑河宪兵队杀害 1 名抗日地下工作者。

（黑龙江省公安厅保存档案，永久 5，第 123 卷，第 105 页）

(5) 1945 年 7 月，日本宪兵寿林道夫在黑河宪兵队屠杀 3 名抗日地下工作者。

（黑龙江省公安厅保存档案，永久 5，第 123 卷，第 106 页）

58. 通河"思想矫正"事件①

1945 年 2 月 14 日和 3 月 20 日，日本侵略者在通河的凤山、浓河、蚂螂河三个乡镇九个村屯两次疯狂地逮捕了二百九十二名抗日群众，实行了惨无人道的思想矫正。抗日爱国群众惨死日本宪兵特务手中。

从审讯开始到四六通河武装起义，前后计有万柳屯的孙国栋、王喜才，凤阳屯的高洪太、尹维恒，凤阳屯的高洪太、尹维恒，宝兴屯的屯长王郡丰，清茶的老黄头，魏家屯的老王头等二十五人被活活打死，因受刑过重而死在狱中的有二十多人。在不到两个月的时间，就有一百八十八名（含四六事件死亡人数、九·三前在佳木斯枪杀的人员）惨遭杀害，造成了重大的流血惨案。

（《四六矫正事件》，通河县公安局卷宗，1952 年卷，第 163 页）

59. 日军宪兵屠杀地下工作者②

1945 年 7 月，寿林道夫在黑河宪兵队屠杀 3 名地下工作者。

（黑龙江省公安厅保存档案，永久 5，第 123 卷，第 106 页）

60. 日军逃跑前炸毁密山至穆棱铁桥③

1945 年 8 月，日军望月政吉命令东安宪兵队炸掉密山至穆棱长 105 米铁桥，烧毁西东安关东军货物场、官房、电台、银行等，损失百亿元物资。

（黑龙江省公安厅保存档案，永久 5，第 128 卷，第 23 页）

---

① 此件标题为编者所拟。
② 此件标题为编者所拟。
③ 此件标题为编者所拟。

（二）文献资料

1. 日军掠夺木材资源

　　1932 年，日本侵略者占领通河县后，设立通河营林署，并下设木兰县、方正县、依兰县营林分署，在县内设浓浓河、蚂螂河、清河驻在所、强化林业采伐管理机构，网罗地方大小封建把头组成东帮、柳赖、天合永等伐木组织，按各主要河流划分采伐区域、雇佣本地或外地工人入山采伐，每年都有大量优质木材被日本侵略者征用或转运到日本国内。

　　伪满康德六年（1939 年），清河驻在所大满林业、林相林业公司、公藤组合在小古洞、大古洞设采伐作业所。伪满康德七年（1940 年），大把头刘国江、把头王延世、许茂气、李兰会、周义臣等人在西北河进行伐木作业。1947 年到 1948 年，红林公司在西北河采伐木材，同年哈林公司在大古洞采伐木材。

　　冰道运材　从民国到伪满时期，由伐木场到松花江边楞场，木材主要靠冰道运输。浓浓河、岔林河、富拉浑河、西北河、冰道总长 300 余公里。

　　水路运材　清末，浓浓河、岔林河、西北河、大古洞河、小古洞河均为流送河道。

　　民国初期，流送量增大。伪满时期，日本侵略者占领本县后，仅在西北河、大古洞河、小古洞河流送下山的木材每年 30 万立方米左右，大量优质木材被日本侵略者运回日本国内。

　　（通河县志编纂委员会编：《通河县志》，中国展望出版社 1990 年版，第 131—132 页）

2. 日伪侵占密山医疗资源

　　1932 年至 1941 年，伪东安省民生厅先后组织"汉医会""汉药组合"，建立公医诊所（禧民诊所）和省立医院。伪东安省立医院建立后，服务对象是日本人、伪官吏以及豪绅、富商。广大群众依然靠中医和私立医院治病。中医仍延续传统行医方式分散在城乡各地，西医则集中在县城内，开设私人小医院或诊所。到 1945 年，全县共有 29 家中西药店（铺），212 名医生，其中：中医 56 名，西医 156 名。

（密山县志编纂委员会编：《密山县志》，中国标准出版社 1993 年版，第 821 页）

3. 伪满时期依兰商业处于崩溃边缘， 日伪趁机掠夺大豆、 小麦及土特产品

铁路兴建之前，水路是主要交通动脉。松花江水阔平缓，流经依兰，故依兰得旅运之利，可上溯吉林，下达黑龙江，在清代就成为东北的重要商埠及物资集散地，尤以民国时期"江岸舟楫蚁聚，商贾云集"，属东北路之冠，素有"三姓京"之称。伪满时期由于日本帝国主义对中国东北经济采取"杀牛挤奶、杀鸡取卵"的掠夺政策，为其侵略战争服务，所以依兰商业始终未能得到继续发展，达到民国二十年（1931 年）前的繁荣景象，而一落千丈。

依兰历史上的工商业基本上没有严格的划分，多数是前店后厂（家庭作坊），工商合一。即使是较大型的制粉厂也是亦工亦商，所以依兰历史上的商业也就自然包括工业部分。

民国十年（1921 年）依兰城乡大小商号已达 700 余家，行业有 40 多种。民国十八年（1929 年）由马希圣建立的同大第二制粉厂，拥有独立资本 20 万元（以伪满康德五年国币折算），使用英德进口机器，24 小时可加工小麦 125 石，职工近百人，转用俄国人任技师。同大制粉厂的建立对依兰经济起了刺激作用。

民国十九年（1930 年）商号发展到 900 余家。但此时已是九一八事变前夕，日本军国主义即将侵入中国，依兰县的商业将陷入极端困难的境地。

伪满时期的依兰商业状况远不及民国时期发达。日本军国主义视东北为其殖民地，为实现鲸吞中国、霸占亚洲东部的目的，东北成为其提供经济支援及廉价劳动的基地。日本军国主义对东北经济采取垄断政策，给东北人民造成异常的痛苦。依兰县商业在伪满 14 年里几次波动、升迭交替，但总的趋势是江河日下，走向崩溃的边缘。

伪满初期商业状况（1932—1935年）。1932年初时局动荡不安，民心慌慌，日本飞机狂轰滥炸，东北军宫饶旅撤退前造成一度混乱。因此商民忧恐不安。当年5月13日日军侵入依兰城，8月2日洪水淹没县城。兵祸水灾接踵降临，两次浩劫无论商民均遭受巨大损失。依兰人民多年来苦心经营积累的财富付诸东流。据水灾后统计，死于瘟疫病者达500余人，房屋、粮食、货物、牲畜、家具等项损失4000余万元。灾后物价飞涨，米贵如珠，人民背井离乡，以求灾后余生。其凄惨景象目不忍睹。此情此景令人不寒而栗。水灾后城乡土匪出没无常，城南保安桥、城西北的北花园（今烈士陵园）一带经常发现（土匪）。道台桥、刁翎（今属林口）、湖南营（今属桦南）各区亦出现大股土匪。因此商民交困已达极点。水灾过后亦不能迅速恢复元气，况灾后粮谷昂贵，房租上涨，租屋一间要6—7元（当时一般店员月工资30元左右）。

至伪满大同二年（1933年），停业、迁走的商号已有33家，较大商号如德发源、公和兴、厚记粮栈、同昌德、大来新，有的是被迫倒闭，有的是不得已而迁走。最大的杂货商店一天只能卖六七十元，而最好时期则可卖六七百元，相差10倍之多。1935年，由于豆价暴跌，粮商又遭巨大损失。各种商号由民国二十年（1931年）的900处，下降至270处。

在此期间，日商乘机而入。1933年在县城开设"三胜贸易馆"，用低廉日货换取依兰土特产品和贵重物资。仅在1933年即收去人参120两、鹿茸56件、灰鼠皮1.1万张、木耳4000斤，每年都运走4万—5万吨大豆、小麦。而日商在同年通过三姓贸易馆输入大量日货，总价值185万元之多。其进货商品详细数量可见下表：

品　名	数　量	品　名	数　量
毛织品	200疋	化妆品	12000打
棉　布	131000疋	苏　达	150000斤
棉　线	4000捆	方　糖	800斤
麻　袋	100件	火　柴	200箱
灰线毯	25件	石　油	6000箱
茶　叶	17000斤	磁　器	80000件
罐　头	400箱	食　盐	360000斤
纸　张	6000	卷　烟	600箱

另一日商大信号，于伪满大同二年（1933年）8月开业，地址在今县供销联社旧楼。经营百货日用杂品，投资约一万元，由日本人岛奇任经理。大信号

有它的一定政治目的，但对依兰商业有重要影响，在某些程度上起着左右市场的作用。因为它有日本军政方面作为后台，运物方便，货源充足，免纳课税，造成经济方面的有利条件，其剥削程度也就更深。除日商之外，尚有朝鲜、俄国商人。

由于外患、兵燹、匪祸、灾害，生产受阻，人民生活困难，致使这一阶段商业不振。

伪满中期（1936年—1940年）依兰商业呈现回升现象。1936年有77家新商号开业；1937年有106家开业；1938年开业71家，1939年开业63家；1940年开业56家。总计这一时期共新开业373家，发展较快。但1939年—1940年显然下降，当时关停倒闭商户未加统计。此期虽然出现一些复苏现象，但市场已失去繁荣景象。1937年七七事变爆发后，日军加紧对我国内地进行侵略，所需军资自不待言，因此货物日渐缺乏，商业日趋萧条。

1942年12月8日，日本军国主义发动了太平洋战争，由于日本兵源不足，战略军需物资奇缺，只好严苛地压缩民需供应。在经济上全面实行封锁，对粮、油、棉布及食品实行配给制，在农村实行"粮谷出荷"。依兰商业受到强大压力，濒临倒闭的厄运。这一时期（伪满后期1941年—1945年）开业商户极少，而关闭户较多，对商业征收的苛捐杂税有增无减。

当时较大的百货商店，只剩德发魁、协和昌、洪泰祥几家，并且作为配给店。呢绒绸缎布匹则不见，货架空空，只好用更生布之类货物充填铺面。杂货业无货可卖，日本筷子、低级日本手纸、日本木屐、草麻刷子摆满拦柜，粗糙的"阴间币钱""灶王爷"、线香等迷信品充斥市场。药品商店西药奇缺，中药断档，一张方子须要去几家药店，但也未必全，而日本的人丹、胃活之类药品则到处皆是。由于对酒、肉实行专卖，大米饭更是禁品，又有军警宪特常去饭店白吃以及伪军扰乱，因此饭店业营业也不景气。而处于殖民地地位的社会另一侧面，某些特殊行业却得到畸形发展。大烟（鸦片）馆业在民国时期一律禁止，而伪满时期公开允许吸食，它既可毒害中国人民又能获得高额的经济利益。伪满初期，准许私人申请开烟馆，吸食者皆"合法"化。县城内当时有人口2万，但烟馆有庆余号、正大号、天雨鑫、芙蓉香、复兴号、东升号、晚来香7家。各烟馆的设置也不同，但大致分两等：一等是设备简陋，仅有火炕；另一等较好，烟具、烟枕等较洁净，同时设有女招待员以招揽烟客。

（依兰县政协编：《依兰文史资料》第2辑，1985年，第113、120—123页）

4. 东城政雄笔供

（1954 年 5 月 20 日）

一九三八年五六月间，在柳树河子山麓参加了市川指挥的特搜班（班员十七名，轻机枪一挺，各持步枪或手枪），根据《宝清县治安肃正要领》剥夺和平人民的自由，断绝抗日爱国战士的食粮，使之孤立，强迫人民迁居，组成集团村庄，压制人民武装斗争。我亲自放火把五家住房烧毁（其中三户烧掉一半家具）强迫人民十三名迁居到指定地点。我是实行者。用这种残酷手段在县内共建立了十余处集团部落，强迫约九百户、六千名居民搬入。同时为了建筑土墙和深沟，几乎奴役了全县人民。放火烧毁的房屋约有五十户以上，加上以抗日罪名而被烧毁的共约有三百五十户以上，我是实际参加者。

一九三八年五月起三个月，在宝清县内，为分离、区别抗日联军战士和当地村民，逮捕抗日联军战士，对满十八岁的男女村民强迫发给居住证。

（一）119—2，861，1，第 4 号

编者注：东城政雄当时任伪三江省宝清县警务科特务股员，警尉补。

（中央档案馆、中国第二历史档案馆、吉林省社会科学院合编：《日本帝国主义侵华档案资料选篇·东北"大讨伐"》，中华书局 1991 年版，第 401—402 页）

5. 平阳镇惨案

1932 年 7 月，中东路护路军总司令丁超派兵骗救国军第二补充团去平阳镇开会，并将苏怀田、田宝贵（共产党员）、轰海山、张德功、刘昌等 36 名抗日官兵包围在密山平阳镇杀害，制造了"平阳镇惨案"。杨泰和、冷寿山率三营救国军战士没去开会，后来突围，脱险。

（密山县志编纂委员会编：《密山县志》，中国标准出版社 1993 年版，第 15 页）

6. 王治林见证书

(1954年7月20日)

一九三七年十一月下旬至十二月中旬，伪满警察协助日本军焚毁依兰县九区土城于屯迤北至舒格图屯民房见证书。

焚毁民房原因：主要原因则因抗日联军之第八、第九两军根据地系在土城子迤南夫顶子山至三道随一带，由土城子迤北各屯居民不断向抗日联军方面供应物资及食粮，而道台桥警察署则将供给情况反映给日本军，引起日本军对居民的反应，遂用警察作领导，由土城子屯起在依兰九区境内展开大焚烧暴行（因我系九区生人，在九区长发屯有房子及土地，房亦被烧，我之亲友多在九区，每天与九区居民均有来往，故对此情况特别知道清楚）。

被烧情况：于十一月下旬首由土城子开始，延至由家沟屯、马家沟屯、小烧锅屯接连向北，经过二十天以上的时间，始行终止。仅土城子一个屯即烧毁民房一百所左右，四百余人失去住所。全区共计烧毁民房六百二十余所，计二千五百余间，使六千多居民在严寒季节没有住所（一九四三年我任该区村长时调查过）。

当时被烧居民情况：因限令迁出日期太短，仅给一两天日期，多数居民因无处投奔，就在原地硬挺，结果衣物、食粮、家具及工具全部被焚，还有少数居民所饲养之牛、马、猪、鸡、鸭等被焚。焚烧之后，多数居民无处投奔，仍在被烧的破房匡〔框〕子里用草搭窝避寒。又经警察协同日本军搜查，当时有被刺死的，有被警察打伤的。发生这样事故惨重地方由土城子迤东最甚（据该地保长范德维于一九三七年十二月末在依兰新亚书局向我谈的）。

一九三八年二月至三月末，由警察及警察队迫令居民赴大顶山里给日本军江见部队砍伐木料，在土城子及永发屯建筑日本兵营；又征用居民大车拉运木料，接着开始动工建筑。并掘建警备道路（纵横共计六十余公里，内建设有桥梁四处，洼地铺石头十一公里），每天平均需周民工五百余人，经过五个月始行结束。每天需用大车二十辆以上，经过四个月。每天平均需六辆大车运给养及烧材，经过二年。每天需用担水劈柴、修补兵营墙垣民工二十人，经过二年。冬令掘除警备道路积雪，亦需要大批民工。警察署、分所和保甲挤征用民工拉运烧柴、担水劈柴、修建等，不论是多远出来作工的，都得在家食宿，最远有三十五里路的，不给工资和车辆运费，亦不供伙食及草料。由一九三八年起，十分之八居民都是在指定集家地点建一猪圈式的小窝铺临时居住，由女人多少种点苞米为食粮，直到一九四〇年永发屯与土城子两处兵营撤退，居民们才有工夫开始建筑小马架式房子。可是到这时候大部居民全是无力耕种，少吃无穿，赤身露体，买食盐、洋火钱都没有了（据九区自卫团长后任村长王万清于一九四〇年年末来街办事住我处详细谈的）。

一九四三年我任九区村长时，多数居民还是少吃无穿，家家都是没被褥的情况。问起原因都是说叫警察协同日本军烧的，以后老叫出工，不叫种地才造成这样的结果。以上是被警察及日本军焚害居民简要情况。

（一）119—2，141，1，第 12 号

编者注　王治林提供此材料时在依兰县公安局达连河农场劳动改造。

（中央档案馆、中国第二历史档案馆、吉林省社会科学院合编：《日本帝国主义侵华档案资料选编·东北"大讨伐"》，中华书局 1991 年版，第 436—438 页）

7. 义勇军与日军激战十道河子

（哈尔滨二十四日路透电）据日方消息，是日在十道河子地方曾击败中国义勇军，但由负责方面闻悉，义勇军刻殆将一面坡以东中东路全部重行占领，日本军队驻扎唯一地点，即横道河子……该日军殆已陷入孤立与外界隔绝云。十道河子地方日军与义勇军苦战终日，据日方消息，最后日军始实行一侧面攻击，而迫义勇军退却，义勇军伤亡八十名云。

又电：刻反满洲国军队五百人……闻一面坡已被反满洲国军队包围，实行攻击只在自顾间耳。近因地面泥泞，致使飞机不能起飞云。

又，哈尔滨二十五日电通电称：日军奥村支队，于前二十三日在日头河子与自卫军千二百名激战之结果，自卫军方面，伤亡四百五十名，日军方面亦阵亡四百五十名，负伤二十二名。

《京报》1932 年 7 月 26 日第 2 版

（尚志市政协文史资料研究室编：《尚志文史资料》第 8 辑，1991 年，第 158 页）

8. 日军侵占密山土地

1933 年日军侵占密山后，实行土地"国有化"，以商租形式低价（不足实价一半）强行收买；又以开拓地、军用地等名义霸占耕地。从 1933 年至 1939 年 10 月共移来开拓民 2753 户，4652 人，侵占耕地 60 余万亩，占全县耕地 58.3%。1935（伪康德二年）全县有耕地 835352 亩，农户有 22905 户，其中地主（包括小地主）525 户，占总户数的 2.3%；富农 793 户，占总户数 3.5%，地、富合计占总户数的 5.8%，但占有耕地却高达总耕地面积的 60%。

（密山县志编纂委员会编：《密山县志》，中国标准出版社 1993 年版，第 219 页）

9. 移入开拓民

1933 年日军侵占密山后，从关内各地抓来劳工开矿山，建东安市，仅煤矿劳工就有 8211 人。1936 年人口增到 25088 户，150483 人。东安建省后，日本帝国主义者为了长期侵占密山，从日本国内一批又一批地移入日本青年开拓民，到 1938 年共移入开拓民 2753 户，4652 人。

（密山县志编纂委员会编：《密山县志》，中国标准出版社 1993 年版，第 866 页）

10. 关于海村园次郎在三江省"特别治安肃正"中罪行的调查材料

在康德三、四年时，汤原县是我抗联活动之老区，因此大部群众的抗日情绪非常高涨，都参加了交通部、通讯班、邮信处，以及青年队的抗联工作。当时海村为伪满三江省警务厅长，他为了瓦解我抗联队伍和镇压群众的反抗，于康德四年亲自指令（伪满汤原县警察署长王秀峰及伪三江省警察大队长孔亮供认）以佐藤内田为首的国境警察队与几百名日本守备队配合，由特务头子李广吉（特务，现押于汤原县公安局）、伊佐根（特务，已执行）、张士英（三江省警务科长，于辽西省逮捕）等，组成工作班、收降班，专门以"归顺""收降"手段，捕杀我抗联或与抗联有联系的人员。与此同时，还强制实行归屯并户政策。当时，该地人民在我东北党和抗联的组织领导下，起来抗击，于同年七月，在火烧桥地方一仗，打死日本鬼子十六名，故此日军更加采取野蛮血腥的三光政策，大肆讨伐逮捕。据调查，仅在七月二十九日晚，日军和警察特务等七八十人，在嘉兴村抓我抗联地下工作者张凤材、张凤鸣、胡德升、战庆禄、程傻子（外号）、王林氏、唐××、赵××八名，均送鹤立宪兵队处理，其中除了张凤鸣、王林氏被押五十一天释放外，余者六名都于该年八月十七号晚被日军拉出砍死，（张凤材弟张凤鸣控诉）。还于同年十月间，在黑通地区逮捕我抗联一百余名，大部分被杀死，知其名者就有汤原县委高长腿、各区委员小郭、金奎林，战士王德福、高永泉、张文忠、王库、姜维生，以及救国会长任富有等（汤原企业公司供销、处主任高显文谈）。此外，汤原警察队、治安队等，受警务厅长海村之命，于同年九月间，又在二保屯一带，除烧毁三十多间民房，并逮捕居民四十多名，都被押送日本兵营（现粮食公司地址）秘密处死。

其次，该县二保屯、尚家街（现裕德区），于康德四年十一月十一、二日，被烧杀一百多人的事件，据调查是，鹤立宪兵队、守备队等于当年十一月十日，在裕德区嘉兴村西尚家街附近讨伐，与我抗联第六军（夏云阶）相遇，一场激战，当时击毙鬼子五名，打伤两名，海村就于第二天（十一月十一日）指令所属汤原警察队以及特务胡殿臣、唐德祥、宋广金等百余名，乘两辆汽车到尚家街地区，以所谓通匪为名，对套子里二十几个小部落进行大逮捕，我三百多居民均被铁丝草绳捆绑，解到尚家街强制站队，除将年老或年幼者释放外，共分三处执行处理。据调查，第一地区就有七十多人，均被用刺刀赶入韩福林之马架中，与杨某之两间房子和乔三亮之三间房子内，将门窗闭紧后，放火全部烧杀。在烧的当时，有一青年从窗户往外逃，结果又被惨无人道的日寇捕回，将脚绑上，推到火堆烧死。其予以查清的被害者，在套子里有二十多名。内有抗联同志王宪荣被烧死在马架中（王之弟王宪明控诉）；于嘉兴村捕去二十多名均被烧死马架中，知名者有于振江、于振东、曲小豆、赵景春，以及张家哥俩（赵之子赵新民控诉）；于高店元屯捕去八名，均被刺烧于房子内；知名者有抗联同志高王氏、王某（嘉兴村干部王金山控诉）。另外一处有五十余名，均被捆绑押解二保屯（现裕德村）南门外日本兵营内（群众称为阎王殿），在外冻饿一夜，于次日（十一月十二日）下午五时，拉到屯外五里地处，均用刺刀推到车家粉房多年不用的十七、八丈深之枯井里。往井里推时，有我抗联同志沈德山起来夺枪反抗，结果连枪带人一起落井。日寇为了要枪，就以"捞枪不杀"之手段欺骗小孩下井，结果将枪取出后，小孩亦被杀害。其中仅知名者就有尚家街韩福林、乔海、乔延、王盘池、和尚家三口，以及刘垮屯的苗庆福、苗福仁等（苗之弟苗福林控诉）。第三处有四十多名，均用汽车解送伪鹤立宪兵队执行处理（不知下落，生死不明）。

海村在执行这次烧杀事件的同时，还将套子里、高店元屯、尚家街第二十几个部落的房屋全部烧毁，并以警察强制四个区一千多户的居民并在裕德屯，逼得居民流离失所，无家可归。死于枪弹饥饿中的农民，更不可数计，例如当时二保屯有一个五十多岁的老太太，不愿集屯搬家，躲在房顶，结果就被警察一枪毙死。

（一）119—2，1088，第 2 号

编者注：原件无署名，只盖有"收文 1407 号，东北分署"，盖为审判时，最高人民检察署东北分署所做之调查。

（中央档案馆、中国第二历史档案馆、吉林省社会科学院合编：《日本帝国主义侵华档案资料选编·东北"大讨伐"》，中华书局 1991 年版，第 396—398 页）

11. 龙门山惨案

1933 年 8 月，双龙泉屯贾姓大地主家长工刘揎匠在汉奸"黄监督"唆使下，到克山县日本宪兵队告发：王鸿图于 1932 年 11 月援助了江桥抗战失利后退入德都境内的著名抗日将领马占山一事，并向宪兵队递送了为马占山运送物资的长工名单。克山县日本宪兵队出动了 200 多名日本兵，包围了王鸿图家的大院，只许进不许出。日本宪兵先把王鸿图捆绑起来，然后按刘揎匠提供的为马占山运送物资的长工名单，将孙盛福、石岱、王占芳、李长春、刘德、王老四、徐打头和周铁匠哥俩绑起来，用车拉到药泉山下的北庙屯关起来。王鸿图在县城当税务局长的弟弟王鸿儒，听说哥哥被日本宪兵抓走，急忙从德都县城赶到北庙屯与日本宪兵说理，到了北庙屯不容分说也被绑起来。

日本宪兵把被抓来的人挨个进行严刑拷打审问后，第二天晚上，送到龙门山东北一个叫"福利公司"的废弃开荒点。日本宪兵将抓来的 12 人，推到这里的一个大院套中的大空房里，接着便开始进行大屠杀。屠杀后，由于天黑看不清楚，日本宪兵还怕有活着的人，又摸黑在这些倒下的人身上用刺刀乱捅了一阵，把这些尸体堆在一起浇上汽油，准备进行焚尸。然后，日本宪兵才放心地到旁边的马架房里吃东西。

在被枪杀的人中有个叫汪有的长工没有死，被浓烈的汽油味熏醒了，他推开压在自己身上的难友，忍着剧烈的疼痛从院墙西北角的一处缺口处爬出院外。当他爬出院墙不远，看见还有个人也爬出来，但没爬多远就被日本宪兵发现，拉了回去，紧接着听到两声枪响。汪有躲在院墙外的树丛中，看见了日本宪兵点燃了尸体堆上的汽油，残忍地烧着了难友的尸体。日本宪兵撤走后，汪有连走带爬地摸黑向南走了一夜，第二天早晨才走到欢心岭（双龙泉屯北面的一个高岗），遇见了屯里下地干活的人，他向乡亲们诉说了昨天发生的悲惨事件。乡亲们听说日本鬼子没走，就把他藏在麦垛里，以后又转移到野外几个地方，一个月后汪有才死里逃生回到家，成为"龙门山惨案"的唯一幸存者和见证人。

（德都县地方志办公室编：《德都县志》，黄山书社 1994 年版，第 1066—1067 页）

12. 日本侵略军血洗张景芳屯

张景芳屯伪满时期归拜泉县管辖。当时这个屯子只有 30 来户人家，一百七八十口人。除张景芳外，还有两户地主、其余都是扛活作月的榜青户，都是些安分守己的庄稼人。

伪大同二年（1933 年）农历十月十六日上午，从拜泉县开来 8 辆大卡车，满载着日本侵略军，他们到石泉镇（现在石泉公社所在地）后，每过一个屯子就抓在外面的人，连走道的人共抓了 20 多人，有卖豆腐的，有做小买卖的，有串亲戚的，还有赶集的。汽车直奔张景芳屯（现在北安县石华公社永胜大队）而来，停在离屯子 2 里远处。

日本兵一下车，都端着三八大盖枪，上着明晃晃的刺刀，冲进屯子。日本兵进屯子以后，挨门挨户抓人，见着男人就抓，无一漏掉。用他们的裤腰带反绑着两臂，全圈进张景芳的院套里，叫跪在东厢房前面，对着人群架起两挺机枪。日本队长黑田挂着皮鞘大战刀，凶神恶煞一般吼叫着。白翻译（朝鲜人）逐个点人数，每点一个往脑袋上打一棒子。随后他又来到人群中，把七八个须发皆白的老头挑出来，赶到东厢房后院去。

接着白翻译就问："谁是当家的？"

因为当家的张景芳外出办事去了，堂弟张老七给管事，就说："我是当家的"。

白翻译就问张老七说："谁是凤好？""谁是六合？"（凤好、六合，两个都是胡子头）

张老七说："这些都是好人，没有一个'马胡子'。"

日本队长一挥手，出来两个日本兵，操起木棒子猛打张老七。他挺刑不过就胡说了，把韩打头的说成"凤好"，把丁老疙瘩说成"六合"。

白翻译又问这两个人："谁是马胡子？"

开始他俩说没有"马胡子"。越说没有就越猛打，把两个人打懵了，日本人指谁，他俩就说是"马胡子"了。结果把100多人都说成是"马胡子"了。日本兵用棒子把张老七、韩打头的、丁老疙瘩打得脑浆迸裂，死于非命。

日本人兽性大作，又把张老疙瘩和高老二从跪着的人群中拽出来，黑田抽出战刀，手起刀落，两个人便身首异地了。日本人还感到不解渴，开始更残忍的大屠杀，十几个日本兵端着雪亮的刺刀，向跪在地上的人群猛刺起来，这些人无一人幸免，均倒在血泊中。但是任打头的和时焕等人没被扎到致命的地方，还活着。人都整死了，日本兵还不放过，就用豆秸、麻籽秸盖在尸体上，从东北角点起火来。火乘风势，越烧越旺，眼看着就烧到任打头和时焕身上。任打头的就起来奔东北方向跑去，被日本人发现，一枪就打死了。日本兵见活着跑的就用机枪向死尸里扫射，最后只剩下时焕一人。他也往东北跑，被日本兵一枪打倒了，又一连戳了4刺刀，伤了两根肋条，前后共挨了8刀。正在他生命垂危的时候，院外响起了集合号声，日本兵坐卡车走了。至此，只有时焕一人活了下来。

屠杀过后，计算一下遭难的人数，本屯被杀害的是75人，从石泉镇到张景芳屯，日本兵一路上抓的三十几名过路人，都惨遭杀害。这次大屠杀死在敌人枪弹和刺刀下的共108人。

（北安市县志办公室：《北安县志》，1994年，第824—825页）

13. 密山日伪剥削农民、 移民造地

1934年（伪康德元年）到1936年，日伪在全县建立"集团部落村"146

个，强迫零散农户与边境居民迁往"集团部落村"居住，毁掉农民房屋一万多间，废弃耕地 20 多万亩。农民失掉土地，另要高价买地，开生荒地每垧交 7 元，开熟荒每垧交 16 元。到 1942 年，共开生荒 10 万多亩，日伪称此为"移民造地"。

（密山县志编纂委员会编：《密山县志》，中国标准出版社 1993 年版，第 216 页）

14. 鸡西滴道矿"河北万人坑"

黑龙江省鸡西矿区的滴道煤矿，是日本军国主义侵华期间由日伪政权开采的矿区。滴道河北万人坑，是鸡西矿区保留完整的万人坑之一，也是日本军国主义侵略我国、实行经济掠夺的罪证。

这座万人坑在海拔 315 米的无名山沟中，它东枕山头，西向蛇牛河谷。

经过发掘，万人坑东西方向排列的尸坑已见 12 排，每排长 40—70 米，宽 3 米，整个占地面积 3840 平方米。现在仅揭露出 3 排死难矿工的尸骨就有 350 余具。

日本军国主义血腥统治滴道煤矿期间犯下了"以人换煤"的种种野蛮罪行。从 1934 年至 1945 年日本投降，日伪反动政权采取骗招、抓捕和摊派手段，获得了大量无偿劳力和廉价劳力，对储量丰富的滴道煤田进行疯狂掠夺。先后开出 26 个坑口，其中有 24 个坑口日产煤 2000 吨左右。11 年间，抢走我国煤炭几百万吨。日本法西斯在滴道矿设立各种统治机构，利用警、宪、特和汉奸把头，对矿工进行层层盘剥和血腥统治。由于日伪反动政权采取"以人换煤"的野蛮手段，井下事故频出，瘟疫流行，矿工及家属大批死亡。死难矿工被丢弃于荒山野岭之中，任凭鸟兽啄食。由于尸骨遍野，矿工见而生畏，纷纷逃跑。日本人采取了销尸灭迹、掩人耳目的手段，开始把乱葬的河北北山沟作为集中掩埋尸骨的地点。这就是万人坑的由来。

1937 年老二井第一次瓦斯爆炸，死亡 180 人[1]。1943 年，在老二坑的又一次瓦斯大爆炸之前，副坑长徐成山曾向日本坑长颜川报告说："我到下边去了，坑内瓦斯量大，煤尘很多，要停产处理，否则就要发生瓦斯爆炸事故！"颜川听

---

[1] 黑龙江省地方志编纂委员会：《黑龙江省志·大事记》第 2 卷，黑龙江人民出版社 1992 年版，第 545 页。

了摇头说："工人死了关系的没有，大出炭的要紧，你的停产说话不要。"徐成山惹不起日本人，只好自己逃命去了。没过 3 天的中午 12 点半左右瓦斯爆炸了，死亡矿工 146 人①。其中浮浪工人 110 多名。矿工吕敬邦和吕敬伦哥俩以及吕敬邦的儿子吕顺和等，都一起惨死在这场事故之中。

平时矿上没有大型恶性事故发生，一天也要伤亡二三十人。

政治上受奴役欺压，经济上受敲榨盘剥的矿工，每班都干十五六个小时以上的话，再加上矿区流行瘟疫（伤寒病），工人大批死亡。1938 年至 1940 年 3 月间，滴道矿闹过两次"窝子病"，最多一天死去 40 多人。

那时，日伪统治者在现在河北小市场附近，现河北浴池旧址，以及各工人大房子，都设了病号房，名曰"杂役班"。凡得病的工人都被赶到病号房去；得不到医治，人死得很快。杂役班长就叫人把他们的衣服扒掉，然后扔到外面。病号房每天都死人，工人得了病凡能强打精神上班的，谁也不敢去病号房等死。滴道矿工人姜维和的父亲，就是来矿上不久得病被赶到病号房的。他们就是这样，企图把"传染病号"隔离起来，妄想保住更多劳力"大出炭"。

病号房死人的事连续发生，日伪统治者在现在河北的小市场下边，设了一所死人仓库。人死了先扔进那里。据矿工王凤贤目睹，1934 年 3 月，死人仓库里就有 500 多具尸体，都待集中掩埋处理。

"无底棺"是一种反复运输尸体的工具，当运尸体的时候，用它掩盖活着矿工的耳目，到了被集中埋葬的河北北山沟，一拉抽底，把尸体打进坑里，接着再抬回无底棺。

随着日本侵略者"大出炭支援大东亚圣战"的叫嚷，不断加强对工人的奴化宣传教育和统治，死亡矿工与日俱增。日军再也顾不得用装门面的棺材，以至不用无底棺了，而是把成马车的尸体运走，实行集中焚烧和修建炼人炉，弄得矿区臭气熏天，瘟疫流行。

首先是在万人坑附近把大批尸体码成马莲垛，浇上汽油焚烧——这便是万人坑旁的"烧尸场"。

炼人炉建成后，炼不过来尸体，日军又同时恢复了万人坑的薄土掩埋办法，也就是日伪政权在滴道矿采取的沟埋、坑埋、浅埋及乱葬大批矿工尸体的措施。

日本人见河北山上棺材太多，用汽油烧了棺材，又叫兴把头派人在烧出的空场地挖了个宽两米半、深一米的坑，凡以后死的人，就把尸体并排埋在坑里。

---

① 鸡西市地方志编纂委员会：《鸡西市志》下卷，方志出版社 1996 年版，第 1357 页。

就是这样也还是埋不过来。于是，日伪当局又采取把死人集中起来，扔进偏僻的河北北山沟的乱葬办法，这就形成了河北万人坑。据不完全统计，这个万人坑，先后埋掉死难矿工的尸骨一万余具。

在对万人坑的发掘中，通过对坑里有棺、无棺等埋葬方式和万人坑里骨骸各种形态残迹的考证以及深入老矿工中调查，我们了解到万人坑的由来，也看到了矿工的死难情景：一是井下事故频繁致死；二是瘟疫流行致死；三是随时被残害而死。

初期的一棺一尸和第二阶段的一棺两具掩埋，大多是井下伤亡事故发生后的集中掩埋。如骨骸中的小腿部位骨折等现象，可证明死者是因当时伤残过重致死。

无底棺的分排掩埋以及烧尸场的情形，可证明井下大型恶性事故中劳工的大批死亡和瘟疫流行期间的大批死亡。

第三种因素的残害致死，可见：骨折、太阳穴被利器击穿，软骨上遗留着刺刀类明显击穿的缝隙，还有：头骨被击穿的痕迹、颅骨中钉着铁钉、躯体被铁丝捆绑、戴镣铐或脖套，等等。

日伪统治者，用十大刑法残害矿工，即：镐把打、皮鞭抽、坐老虎凳、上大挂、捧凳子、烙铁烙、冻冰棍、灌凉水、送狼狗圈（滴道矿3处）、过电。许多矿工受过跪铁道、灌辣椒水、装麻袋摔、吊打等刑法。汉奸把头还常用榔头打人。王凤贤口述说，一个小伙子在井下歇着，脑袋被榔头刨七八个眼，当场死亡。就这样被残害致死的矿工不计其数。

日伪时期，不仅矿工随时会被残害致死，就是得了病或是积劳成疾，还有一口气的，也常常被轻易扔进万人坑。滴道矿工人姜维和父亲，就是被赶进病号房当天，又被活活扔进万人坑的。

鸡西矿区何止滴道矿的河北北山一处万人坑，从地面到井下，还有吞食苦难矿工的万人坑。至今人们仍然称呼的八坑"死人沟"，也曾经扔了死人不埋，垛成马莲垛浇上汽油烧掉。

1935年现暖泉豆腐坊附近，当时日本大资本家沈谷组已在滴道开矿，老二坑着火，惨死92名矿工，全部埋在那里。

通往大通沟的山坡口，也是日伪时期的"万人坑"。1943年，老二坑瓦斯爆炸死亡的人，就是在那里埋掉的。

1943年至1944年间，老二坑爆炸死亡200多人，一车拉6具尸体，都是扔进老四坑西山底下，一丈多深、5尺多宽的大沟里销尸灭迹的。

1941 年前，矿工吃污水中毒，死亡的人都被扔进大甸子里，有二三千人。与李金榜（原三井工人）一同被姜把头骗招来矿的 26 人，第二年春只剩下 8 人。

日本军国主义掠夺成性，劳力增加，死亡率也剧增。集中掩埋人数及乱葬地点，无法统计。

除地面的万人坑外，日本人还曾将发生事故的坑口门堵死，使死难矿工的尸骨全部葬于矿井下之事也屡见不鲜。1945 年老五坑瓦斯爆炸后，日本人把坑口门崩塌，堵死了活人的通路，90 名矿工惨死在井下。

1943 年 5 月，老一坑后东道跑车，把五路的电缸撞爆炸起火，烧着了顶子。日本人为灭火保住井口，也是采取惨无人道的"关门"，把 10 多个矿工闷死在井里。

（中国政协黑龙江省委员会文史资料研究会编：《不能忘记的历史》，黑龙江人民出版社 1985 年版，第 255—259 页）

15. 日伪时期呼兰工业减少了 38%

东北沦陷时期，呼兰民族工业备受打击。1934 年城内工商业仅 550 家。同年 6 月，满日亚麻纺织股份有限公司呼兰分厂建立（亦称满日亚麻株式会社）。初有工人 122 人，后增至 350 人。主要产品有亚麻纤维制品，全部销往日本。同年王振玉以资金 8700 元续办双和盛木材加工厂，开办新华公铁工厂等。1935 年徐魁合资 4000 元开办同兴泰机房染房，合资 3500 元开办益增泉机房（织白棉布，月产 150 疋）。1936 年呼兰有火柴、制酒、制油、五金、铁业、木器、纺织、印染、皮革、鞋帽等 28 类，707 家。1940 年日伪统治者实行物资配给制，糖、油、面粉、布料等需持户口本及配给票到配给组去领取，使 126 个机房，33 个染物工厂全部破产，15 家烧锅（城内 7 家）多数停业，城内仅剩 2 家供给官方配给之用。原有靴鞋制造 64 家，仅剩 5 家。其他工商业也多数关门倒闭。至 1945 年 8 月，日本侵略者投降之前，呼兰仅存有制粉、烧锅、油坊、木器、铁业、蜡烛、银器、服装、制毯、皮革，染房、鞋帽等 19 类，268 家，比日本侵占呼兰前，减少了 38%。

（呼兰县志编纂委员会编：《呼兰县志》，中华书局 1994 年版，第 246 页）

16. 日军烧光民房

1934 年（伪康德元年）2 月，日军烧光了二保杨荻镇的民房。1936 年（伪康德三年）全县 25088 户，有民房 18900 多栋，占总户数的 75.6%。这一年，日本开始向密山移植开拓民，建开拓民房。1940 年（伪康德七年）日本开拓民在永安、朝阳、黑台、信浓、五道岗、东二道岗建立开拓民房。1941 年（伪康德八年）日本关东军强制本地居民归大屯，将当壁镇烧光，将二人班、三梭通民房也烧光。

（密山县志编纂委员会编：《密山县志》，中国标准出版社 1993 年版，第 490 页）

17. 占用居民耕地修建飞机场

据伪满康德二年（1935 年）《奇克县事情》记载，奇克机场位于奇克南部，距奇克 5 里，面积东西长 540 米，南北宽 440 米。跑道是砂石构成，解放后已全部垦为农田。群众回忆该机场建成后，只降落过三四次飞机。

（逊克县地方志编纂委员会编：《逊克县志》，黑龙江人民出版社 1991 年版，第 255 页）

18. 密山民族商业遭排挤

日本帝国主义入侵后，地方民族商业又遭到排挤打击。1935 年，日伪政权取缔 693 家民族商业。1940 年，日本集团商业和私人商业拥入东安，在其排挤打击下，民族商业长期低于民国时期的最好水平。

（密山县志编纂委员会编：《密山县志》，中国标准出版社 1993 年版，第 507 页）

19. 日伪摧残密山民族工商业

1939 年，伪东安省成立。原密山县城内较大的民族商业和牡丹江、哈尔滨等地的商人，也相继进入东安竞相设立商号。东安民族商业发展到 62 家：其中大型布匹杂货商 6 家，中型布匹、杂货、五金、西药商 17 家，文具店 4 家，糕点果铺 9 家，饭店 17 家，理发店 9 家，与此同时日本商人也拥入密山（东安街）。日本官方垄断商业 6 家（其中包括东安生活必需品株式会社、东安生活必需品小卖联盟、东安消费组合、东安水产株式会社、东安水产兼林业株式会社、东安批发商店）；日本私人资本家开设大中型商业 13 家（其中包括高岗号、松田洋行、繁荣洋行、太阳公司、三太公司、振兴公司、煤炭公司、掘茂商店、西山商店、永和商店、高田商店、松田商店、光武商店）。日本官营私营商业控制了市场，垄断了经济，排挤打击了民族商业。同年，日本帝国主义进一步扩大侵华战争，发动侵略东南亚战争，造成通货膨胀，物资奇缺，商品匮乏，财政紧张。为缓和这种矛盾，日伪当局发布"7·25"《价格禁止令》，又强行关闭一批濒临倒闭边缘的民族商业。1940 年 11 月，社会生活必需品中的煤油、火柴、棉布等商品被列为专卖品，凭农产物"出荷"证"配给"销售。1941 年 8 月，社会生活必需品一律凭票配给。日伪对当壁镇实行烧光政策，将居民赶光，把那里变成无人区。公路沿线集镇商业衰落。铁路沿线商业委靡不振。东安和密山县城的民族商业，处于萧条。

（密山县志编纂委员会编：《密山县志》，中国标准出版社 1993 年版，第 511 页）

20. 700 余名群众被日军屠杀

敌人自 21 号起，以日军及警察队为主力，保护着治安工作班，并雇用大批群众，首先以十站为兵站，继则以蜜蜂站为兵站，来游击区普遍焚烧。现在路南游击区三分之二以上已成一片焦土，仅离铁道线 10 余里地之地方未被焚烧，并申言发散布告毁灭赵尚志根据地，禁止住户，否则一律讨伐屠杀。敌人这一政策极端毒辣和残酷，南山里德林地盘洙淇川一带，在今春即被焚毁 200 余里，屠杀民众 700 余名。

（中央档案馆、辽宁省档案馆、吉林省档案馆、黑龙江省档案馆编：《东北地区革命历史文件汇集》甲 38，1990 年，第 201 页）

21. 日伪掠夺密山渔产品

1936 年，日伪推行"东安省产业开发计划"，把兴凯湖列为开发重点。在日本关东军的授意下以援军名义，于兴凯湖畔设立"东蒙水产株式会社""岛根开拓团渔涝部""朝鲜宗渊纺织会社水产部"3 家渔业企业。名为开发渔业，实为掠夺资源。较大的渔业企业"东蒙水产株式会社"，有渔工 70—80 人，经营四趟大拉网，年产鱼 84 万多斤。从 1940 年至 1944 年 5 月间，共捕捞鱼 420 万斤。日伪为了强化对水产业的统治，自 1936 年在省、县增设水产行政机构，在小湖渔区强迫渔民成立所谓"渔民组合"，不准渔民到大湖生产。把原在大湖沿岸生产的渔民赶到小湖北沿作业。以保障日本渔业企业独占大湖资源。并以低价收购渔民的水产品，盘剥渔民。到 1945 年日本投降时，渔民生活极端困苦，渔需物资奇缺，船破网烂，既不能更新，也没有物资修补，很多船网已无法下水生产，多半渔民，弃渔为农，以求生路。

（密山县志编纂委员会编：《密山县志》，中国标准出版社 1993 年版，第 355 页）

22. 张连发等 8 人控诉书

我们都是久居黑龙江省珠河县（现改为尚志县）蜜蜂、张家店、喜家店、老道店、西北岔、老爷岭、东西五甲、半截河等地的农民。帽儿山联合治安肃正办事处是 1936 年二三月间（5 月 1 日——编者注）成立的。他们为了隔绝抗日联军于人民群众的联系，强行归屯并户，建立集团部落、制造无人区和大肆修筑警备道路，犯下了许多罪行。我们不仅是目睹者，而且也是受害者。据我们所知道的是：

被日军帽儿山联合治安肃正办事处毁灭的村屯有蜜蜂、张家店、喜家店、老道店、西北岔、老爷岭、东西五甲、半截河等地区辖的 56 个自然屯，相距约

50 公里。被烧毁的村屯即有：张家店、老道沟、毕家沟、夏家沟、张学岭沟、喜家店、霍家店、大猪圈、老佛堂、扈家沟、白家沟、棒锤碴子、凉水泉子、罗圈厂子、三姓沟、老道店、大荒顶子、二荒顶子、刘焕沟、红旗杆庙、十三保、板子房、老九区、东五甲、套子李、半截河、老母猪屯、双马架、五甲东沟、老龙沟、将杆岭、东蜜蜂园子、东红石碴子、西五甲、杨家街、西红石碴子、滚蛋岭、西蜜蜂园子、红庙沟、扒火岭、三分所、土山头、三九天、一撮毛、赵货郎沟、西北岔、石头河子、东老爷岭、彭老奋沟、王福亭沟、金麻子沟、北石场、迷魂阵沟、胡家沟、献县屯、方家屯 56 个自然屯，计 3000 余户 1.5 万余人，被荒芜的耕地面积达 1.2 万余垧，其中水田 1000 余垧，被烧毁的房屋 6000 多间。这种暴行使我们处于饥寒交迫、流离失所的悲惨境地。同时，在 1936 年 5 月至 11 月间，日军为了进一步消灭抗日联军，又以抓捕、摊派等方法迫使我们每天修筑蜜蜂至仁和村、老龙头、老爷岭、喜家店、帽儿山 5 条警备道路。仅蜜蜂一村每天即出工 300 余人，修这 5 条道路的人，在武装警察的监视下干活，每天都有人受到他们的打骂。魏凤珩当时被他们强迫去修警备道路，就遭受到警察监工的毒打，结果 50 余天不能起床，绝大多数群众都挨过他们的毒打。

在警备道路修筑即将结束时，即开始建立集团部落，仅在蜜蜂、张家店、喜家店、老道沟、六里地、庆丰、庆喜、庆业、杨家街、双马架等处建立了 10 余处集团部落，强迫群众搬进去，以便于他们统治。除被迫搬进集团部落的 1000 户左右外，其余 2000 多户则四处逃亡。

帽儿山联合治安肃正办事处的武装警察就这样惨无人道地毁灭了我们世代居住的可爱的家乡 56 个村庄，并把它变成了无人居住的废墟。不仅烧了所有的房屋，而且粮食和生活用具也遭到重大损失。

帽儿山联合治安肃正办事处的警察、特务和自卫团经常以反满抗日为名，大肆捕杀抗日爱国志士与和平居民。据我们记住的，在同年春季和秋季被抓捕的人有：王孝芝、许喜顺、许兰臣、孙大嘞嘞、吴凤宽、王作洲、朱凤先、杨振林、杨宝林 9 人，其中除王作洲、朱凤先、许喜顺迄今下落不明外，其余 6 人均被杀害。还逮捕了杜忠臣、杜李氏、张连发、老薛头等数十名无辜群众。

蜜蜂乡被毁灭村庄情况统计

村屯名	户数	人口	房屋	土地	村屯名	户数	人口	房屋	土地
张家店	80	300 人	155 间	350 垧	老母猪屯	50 户	200 人	100 间	200 垧
喜家店	105	420	200	500	三分所	27	90	50	108

村屯名	户数	人口	房屋	土地	村屯名	户数	人口	房屋	土地
霍家店	70	250	140	280	献县屯	26	95	50	110
老道店	140	500	280	540	五甲东沟	90	360	180	360
三姓沟	30	120	60	120	老爷岭	80	320	160	320
刘焕沟	25	100	50	100	彭老祖沟	36	140	70	140
红旗杆庙	30	120	60	120	金麻子沟	25	100	50	100
罗圈场子	23	90	46	96	胡家沟	20	80	40	80
棒锤砬子	27	120	54	103	玉福亭沟	30	120	60	120
大猪圈屯	40	160	80	160	方家屯	26	100	50	104
套子房	36	140	70	140	迷魂阵沟	30	120	60	120
东红石砬子	20	80	40	80	老佛堂沟	50	200	100	200
东五甲	20	80	40	80	十三保	135	530	270	545
将杆岭	30	120	60	120	杨家街	50	200	100	200
西蜜蜂园	40 户	150 人	80 间	160 垧	夏家沟	60 户	240 人	120 间	240 垧
东蜜蜂园	65	260	130	260	老道沟	80	320	160	320
西五甲	70	280	140	280	毕家沟	70	280	140	280
板子房	35	120	70	120	凉水泉子	80	320	160	320
土山头	55	220	110	220	老龙头	110	440	220	440
赵货郎沟	85	320	170	340	三股流	200	800	440	800
双马架	40	160	80	160	张家菜园	30	120	60	120
三九天	23	90	46	92	扈家沟	30	120	60	120
半截河	120	450	240	480	大荒顶子	120	480	240	480
土豆甸子	120	450	240	480	二荒顶子	100	400	200	400
西红石垃	40	130	80	160	扒火岭	80	320	160	320
红庙沟	20	80	40	80	张相跃岭	85	340	170	340
北石场	30	120	60	120	计 54 屯	3219	12585	4101	12948
两撮毛	80	320	160	320					

（一）119—2，41，2，第 3 号

编者注：提供此材料者，除张连发外，还有杨春轩、朱玉良、魏凤珩、陈凤阁、孙树恩、崔永凌、仲喜亭。材料中所反映的罪行，系 1936 年 5 月至 1937

年12月，治安肃正办事处存在期间，该办事处及五县警务科所为。

（中央档案馆、中国第二历史档案馆、吉林省社会科学院合编：《日本帝国主义侵华档案资料选编·东北"大讨伐"》，中华书局1991年版，第162—165页）

23. 残酷杀害"仁义队"

仁义队共有200多人，后被日本侵略者欺骗；在乌吉密火车站，让日本侵略者用铁丝串在身上，全部塞进蚂蜒河冰下。

（延寿县党史办编：《延寿县革命老区史》，2003年，第14页）

24. "六一三"事件

齐藤美夫笔供
(1954年8月20日)

一九三六年一月，我命令各宪兵队积极侦察、破获共产党地下组织。同年春季，海拉尔宪兵队逮捕了北满特委任福路等十数名，在拘押中任福路逃走了，此事给其它各宪兵队对共产党的侦察与破获工作带来了很大影响。哈尔滨宪兵队提出"任福路逃走后必将与当地共产党组织联系，故应考虑逮捕时机"的报告。在伪中央干事会审议之后，我做为治安课长，于六月十三日以警务部长（干事长）名义指示各队一齐逮捕。结果，各队逮捕了如下的共产党员：

哈尔滨五十二名，齐齐哈尔三十八名，牡丹江二十九名，新京一十三名，海拉尔一十二名，计一百四十四名。

这一数字只是逮捕期间的报告，尚不确实。六月十八日，中央干事会上接到了数字确实的报告，即得知全数为一百七十二名，其中约百分之四十为知识分子（教职员）。因此，我通过干事会指示各伪机关，对共产党工作员的知识分子——教职员要充分注意。其后（同年十一月）又得知，此次逮捕包括哈尔滨国际交通局组织的成员。这是对东北共产党第一次有组织的逮捕。因此，不仅给共产党的抗日工作带来了很大影响，而且使许多人民离开了共产党，给抗日战线带来了很大损害。在此次逮捕工作中，我是一开始就参加了，并亲自主谋、策划、指挥。

（一）119—2，20，1，第5号

编者注：齐藤美夫，1890年生，日本国东京都人，陆军士官学校毕业。1929年4月起长期侵驻中国，同年4月任长春日本宪兵分队长，少佐。1934年10月任关东宪兵司令部部员、高级部员，中佐。1937年11月调任新京宪兵队长。1938年晋升大佐。翌年3月任关东宪兵队司令部警务部长。1940年任华南派遣宪兵队长，驻广东。1942年离职，编入预备役。1942年9月任中国派遣军总司令部军事顾问，操纵汪伪集团之警察、宪兵、保安队、特务等机构。1945年2月任伪满宪兵训练处少将处长，直到日本战败。

宇津木孟雄口供
（1954年9月10日）

问：你是前关东宪兵司令部附宪兵中佐宇津木孟雄吗？

答：是。我是宇津木孟雄。

问：你以日本帝国主义军官的身份侵入中国，犯下了侵略中国，破坏和平的罪行，你承认吗？

答：我完全承认。我是犯了侵略中国，破坏和平的罪行。我自一九三四年十月至一九四一年十月之七年间，以日本帝国主义侵略军宪兵军官身份侵入中国，给中国人民带来莫大的灾难，我自己犯下了滔天罪行。

问：你一九四一年以后干什么呢？

答：一九四一年十月调任关东宪兵队司令部附后，即退职回日本。

问：你将一九三四年十月入侵中国后任关东宪兵队司令部"思想对策"主任将校及警务部第三课长的活动和所犯的罪行讲一讲。

答：一九三五年十一月前后，关东军司令官命令关东宪兵队司令官，以六个月时间将全东北的中国共产党地下组织情况侦察完结。当时我以"思想对策"的主任将校身份，受关东宪兵队司令官的命令，起草侦察中国共产党地下组织的计划和命令方案，并由我向全东北各宪兵队做了传达。一九三六年六月前后，各宪兵队向司令部报告了对中国共产党地下组织的侦察结果。根据各宪兵队的报告情况，我又综合向关东军司令官做了书面报告。关东军司令官根据此书面报告，又命令关东宪兵队司令官，计划对全东北中国共产党进行第一次大逮捕工作。因此，我又以第三课长身份起草逮捕命令方案，经上司批准后用电报发送各宪兵队。我记得当时计划在六月底某日清晨为期，全东北各宪兵队一齐进行逮捕。但后来因发生逃走事件，便把原计划提前在六月中旬的某日实施。结果，在新京、哈尔滨、齐齐哈尔、海拉尔、牡丹江、吉林、奉天、锦州等地区共逮捕了二百余名中国共产党员及其有关者。

问：当时关东宪兵队司令官是东条英机吗？

答：是的。

问：所谓全满第一次大逮捕中国共产党员事件以后，东条英机向关东军司令官做书面报告了吗？

答：报告了。这个报告也是我起草的。

（一）119—2，29，1，第4号

土屋芳雄口供

（1954年9月5日）

问：你把阴谋破坏齐齐哈尔中国共产党抗日地下组织和逮捕、镇压抗日地下工作人员的罪恶事实，具体供述一下。

答：在一九三六年六月十三日，首先破获了以黑龙江《民报》社、教员、学生为中心的共产党组织。当时我是齐齐哈尔宪兵分队上等兵，为逮捕班员，我参加了对王甄海等十名的逮捕。逮捕后即进行审讯，我参加了拷问刘松山，亲自对他灌了四桶水。乔子良是江原伍长拷问的，我帮助他进行上大挂的拷问。对刘大川，我记不清是哪个下士官拷问的，但我也帮助他灌四五桶水，进行了拷问。还有一个是刘大川的亲戚，齐齐哈尔铁路职工，二十八岁的男子（姓名忘记），由中田伍长及马居武雄翻译进行拷问，我参加灌凉水，灌了四桶半，约有一个半钟头，因为我是值日就离开了，他们仍继续地灌，结果该被害人因灌水太多致死。我应负参加杀人罪行的责任。此外，还有一个三十多岁的教员（姓名忘记），因受拷问，精神失常，用大便往自己头上抹。这时，我和其它五名宪兵，把他像扔猫一样地投入澡塘后边的脏水槽里，用木棒打他的头和身体，约进行了二十多分钟的拷打。还有，铃木、佐藤军曹，江原、中田伍长等，对约七八个人的拷问，我也去帮助。

经过对上述人员的拷问，整理了由拷问所得知的中国共产党工作人员材料，拟出了大逮捕的计划。进行大逮捕的结果，共逮捕九十名，审讯二个月结束。有四十二名被送到第三军法会审。当时我担任外部的警戒。被处死刑的有王甄海、金巴来、阎传成、王柱华四名。其它都处以十年到无期徒刑，其中有刘大

· 248 ·

川、厉通维、王宸章等人。还有二名，已在宪兵分队拷问致死。这次大逮捕后大约有十天，就逮捕了教育厅长王宾章，把他软禁在齐齐哈尔宪兵分队的宿舍内，当天我负责值日，命令藤村敬三上等兵监视他。藤村把手枪放在桌内拿脸盆去洗脸，王厅长便拿手枪自杀。过二十分钟后，我听到紧急电铃响时，看到王厅长已死在便所路口。宪兵队长为逃避处分，向宪兵队司令官作了假报告，说王厅长是因逃跑而被枪杀。我奉队长命令做了假证人。王厅长的死虽然是自杀，但他是因为被关押在宪兵分队内，被逼自杀的。

我还看到惨无人道的拷问，即对王甄海进行严刑毒打。同样的情形在警察署、日本领事馆都有，我也参加了这种拷问。

这一事件开始时，齐齐哈尔地方警务统制委员会决定，由宪兵队、警务厅、警察厅、龙江县警务科、警务处、警务股、领事馆警察组成特搜班。领事馆警察冈本得到线索后，特搜班又进行了约一个月的侦察，遂破获了这个组织。我积极参加了逮捕、拷问和处刑时的警戒。因此我应负参与镇压共产党组织和杀害抗日地下工作人员的责任。

（一）119—2，421，1，第 4 号

王光寅口供
（1954 年 7 月 14 日）

问：你详细讲一讲处理反满抗日的事件吧。

答：一九三六年六月，齐齐哈尔日本宪兵队，在队长中田敏雄的策划下，破坏了齐齐哈尔中共支部，逮捕了伪满龙江省教育厅长王宾章、黑龙江《民报》社社长王甄海、社员阎达生、《大北新报》社社员金健硕、省立日语专修学校教师麻秉钧、省立师范学校教师王柱华、龙江省教育厅体育股长姜赓年、黑龙江《民报》社记者刘大川、齐齐哈尔市立慰东小学校校长张永、省立齐齐哈尔师范学校附属小学校校长李保全等，共三十二人，押至日本宪兵队。大约过了一个多月，日本宪兵队即先下毒手，谋杀了王宾章。为此，社会一时人心惶惶，于是，日本宪兵队和伪满军政部最高顾问佐佐木到一、法务顾问池田武雄、伪第三军管区主任顾问那须弓雄商议决定：将该案交由伪满军政部，命令伪第三军管区军法会审裁判。八月初，日本宪兵队把本案文卷移交给那须弓雄，同时伪军政部派内山光雄来齐齐哈尔，我命令军法官菅野利会同内山光雄进行预审。八月中旬预审结束。伪满第三军管区司令官张文铸、主任顾向那须弓雄命令我组织军法会审，我为审判长、内山光雄、菅

野利、高山彦九郎、今村上尉为审判官，将案由定名秘密结社、反满抗日、意图组织第三国际、颠覆伪满的所谓叛徒罪。公判开始后，由我讯问每个被告人的姓名、年龄、籍贯、住所和出身、职业后，再由审判官菅野利和内山光雄讯问各被告之"犯罪"事实。在讯问中王甄海承认自己是共产党员，但在伪满未作任何活动；姜赓年等都不承认有秘密结社、反满抗日、组织第三国际、颠覆伪满等活动。公判讯问完了后，由我与那须弓雄、池田武雄、内山光雄、菅野利、高山彦九郎等在顾问部会议室研究决定，判处王甄海、金健硕、麻秉钧、王柱华、阎达生等死刑；姜赓年、刘天川二人无期徒刑；张永、李保全、王宸章、厉通维、郑炳环、崔士〔世〕奎、王文彬、程道恭八名十年有期徒刑；丁慎兹、果端勋、刘松山、徐鸿飞四名十三年有期徒刑；黄润森等十一人五年、十年有期徒刑。甚至将未成年的齐齐哈尔女子师范学校女学生王文兰（仅十六岁），也判处有期徒刑三年。并电请伪满军政部批准后，由我宣读判决书，宣告王甄海、金健硕、麻秉钧、王柱华、阎达生五名死刑，在齐齐哈尔北部执行枪决，判处徒刑的都送交齐齐哈尔陆军监狱执行。

（一）119—2，1176，1，第 4 号

崔世奎控诉书

（1954 年 6 月 7 日）

一　被捕及刑讯

一九三六年六月十三日上午十一时三十分，我正在齐齐哈尔师范学校上课，来了很多日本便衣特务、宪兵、警察。当时将我从教室到办公室，立即逮捕，拉我上汽车。同时还有一位体育教员王柱华和四个学生刘珍、张纯贵、李泗东、关钟琦，共六人。送到日本领事馆，押在留置场监房，和其它被捕人在一起，共三十七天。日本人每天昼夜将拘押的十几个人轮流提出刑讯，用各种酷刑拷打得死去活来。

我曾受了二十多次的刑讯，都用木棒、竹剑、麻绳沾水鞭打身体，遍体鳞伤，青紫红肿、皮破血流，白衣染成血衣。并灌了三次凉水，每次都是好几个日本人先将我捆在木架上，手足不能动，用水桶的水向鼻口浇灌，并将手巾盖在鼻口上浇水，使我呼吸不能，以致晕死过去，又被用凉水浇醒过来。我在严刑之下，痛不欲生，曾向暖气片上撞头，以致头破，几乎死去，又被弄活。这样刑讯二十多天，取供落案，然后转交军管区的军法处。

二 判刑入狱

七月二十日，将我从日本领事馆送到军管区军法处，临时在南大营羁押，共三十一人。又每人复审一次。在复审时我反供，否定刑讯供词，却不予理睬。经过会审一次，至八月十五日，举行宣判，定罪名是反满抗日、图谋颠覆满洲国，是满洲国的叛徒，按暂行惩治叛徒法条例，判处我有期徒刑十五年，当时入狱。在陆军监狱囚禁半年，因破狱事件发生后，一九三七年一月二十五日移回陆军监狱半年，至十二月二十五日假释出狱。

三 监外执行

出狱后，一九四一年一月八日被送到齐齐哈尔电业局当佣员、办事员，从事管账开票等营业工作，受日本人监视行动，并派特务经常到家调查言语行动，以致使我与亲友不往来，同事人不接谈，行动不自由。如有移动，随时报告。有时叫我去谈问思想，及所作事项等。

四 身家损失

我虽未判死刑，幸免于死，但因受刑造成的身体损失，头晕脑胀，精神失常，耳目失灵，在狱中睡凉炕，冰的腰疼。因我年龄渐老，受刑时的残疾逐渐发现，以至最近半年，神经衰弱，头痛脑胀，事事善忘，记忆不强，睡眠失常，言语不伦，影响工作，现正休养中。家庭的离散，更为凄惨，知者无不同情痛惜。我在遇难时，有一妻、二子，生活无着，所以与妻离婚，二子年幼，送族中寄养二三年，出狱后接回。次子因受生活之苦，不得饱食，中病，心脏衰弱，十岁死去。所谓国破家亡，妻离子散，都是日本造成的。

(一) 119—2，1176，3，第 2 号

编者注：本文的崔世奎和其他件的崔士奎，均为同一人。

贺子祥控诉书

(1956 年 10 月 13 日)

我叫贺子祥（曾用名贺紫翔），男，现年五十三岁，住齐齐哈尔市卜奎街五十九组春福胡同五号，在齐齐哈尔服装厂当保管员。控诉伪满第三军管区军法处组织军法会审，判处徒刑和杀害反满抗日爱国志士三十一人的罪行。

我于一九三四年到黑龙江《民报》社当会计。目睹日寇侵占齐齐哈尔市后，胡作非为，伪满汉奸卖国求荣，使我痛恨入骨，激起了我的爱国热情。于是，不顾个人的牺牲，参加了由社长王甄海、编辑金健硕（又名金巴来，系中共党员）、阎达生等主编的出版利物及文艺工作，进行反满抗日的宣传活

动。为了进一步开展工作，我们组织了一个"白光社"剧团，进行演剧宣传。一九三五年末，借《民报》社出刊二千号的纪念日，公演了富人剥削穷人的——《钱》和《母与子》等剧目（这些剧目都是金巴来同志编写的），颇受各界人们的欢迎和赞赏，但却被伪满汉奸、特务们识别了剧的含义，认为"白光社"演出的剧目完全是反满抗日，企图颠覆伪满政权的活动。为此，伪满汉奸勾结日本宪兵队，暗中布置了很多警察、特务，侦察、监视我们的行动。一九三六年六月十三日，伪满齐市警察、特务和日本宪兵，成群结伙地在齐齐哈尔市实行了大逮捕，将黑龙江《民报》社包围，大肆搜查，并将社长王甄海、编辑阎达生、翻译刘大川、记者乔志良、刘乃风、校对黄润森、营业部长阎传成、会计贺紫翔等逮捕。编辑金健硕是由哈尔滨捕回的。共逮捕了《民报》社九人。我和刘乃风、乔志良、金健硕四人押在齐市铁路局监房，由伪满汉奸和日本宪兵来拷讯我们，说我们是反满抗日的"叛徒"分子。在刑讯中，对我们采用了极其残暴的各种手段，如灌凉水、压杠子、上大挂、夹手指、跪木桦、绊摔、皮刺、打头等惨刑，使我昏死数次，又用凉水喷活，再次进行皮鞭抽打，打得我皮开肉绽，全身发青，我的头发根和眼睛角都被打的流出血来。这样的严刑拷讯，进行了一个多月，于一九三六年七月二十日送交伪满第三军管区军法处，组织军法会审，进行复审，当时参加受军审者有三十一人，于同年八月十五日正式宣判。判处死刑执行枪决的有《民报》社王甄海、金健硕（别名金巴来）、阎达生、师范学校王柱华、日语专修学校麻秉钧五人；判处无期徒刑的有《民报》社刘大州、教育厅姜赓年二人；判处十五年以下十年以上徒刑的有《民报》社阎传成、黄润森、教育厅郑炳寰、厉通维；师范学校崔士奎、刘珍、杨洁华、市公署刘松山、中学校王宸章、王文彬、师范附小李保全、华北中学徐鸿飞、蔚东小学张永、齐鲁小学果端勋、邮政局程道恭、三育小学丁慎兹十六人；判处七年以下三年以上徒刑的有教育厅吴松桢、师范学校关钟琦，女子师范胡超凡、王文兰，工业学校刘古学五人。我和《民报》社刘乃风、乔志良三人判处五年徒刑，罪名为"反满抗日，图谋颠覆满洲国"的活动，当天释放出狱，在监外执行刑期，让我们三人仍回《民报》社服务。不到半个月，又将我们三个人分别驱出齐市。将乔志良押送到洮南县；刘乃风押送到泰来县；我被押送到讷河县协和会。迫令我卖报纸。名义上协助推销报纸，实际暗里监视我的行动，不准我给亲朋写信和新闻稿，不许我离开此城。虽然得到释放，但却没有一点自由。幸于一九四五年八月十五日苏联军队解放了东北，才将我从水深火热之中拯救出来，重见天日，得到了真正的自由，脱掉了十几年的枷锁。

（一）119—2，1176，1，第 14 号

乔鸣远控诉书

（1956 年 1 月 28 日）

我叫乔鸣远，原名乔志良，原籍吉林省洮南县二区仁义屯，现住沈阳市皇姑区文化路东北财经学院，现职东北财经学院总务处干部。我控诉日本帝国主义关东军、齐齐哈尔宪兵队的罪行。

日本帝国主义侵略中国，中国人民理所当然地要起来反抗，这是中国人民天经地义的正当行动。一九三六年我在齐齐哈尔市黑龙江《民报》社工作时，报社许多工作人员对日本帝国主义的血腥统治都进行了强烈的反抗，曾利用报社这个阵地，以报纸为武器，进行反满抗日的宣传活动。我就曾说过："满洲国旗黄的多，日本话不用学，再过二年用不着。"报社还揭露伪满贪官污吏的腐败现象等。因此，于一九三六年六月十三日日寇宪兵特务小仓（上士）、加藤（中士）等人闯进《民报》社，将民报社社长及其工作人员王甄海、刘大川、阎传成、阎达生、刘迪峰、卞子庄、黄润森、贺紫翔和我一同抓捕，分别押解到日本宪兵队、伪警察厅、伪铁路警护队监狱关押。这次除抓捕《民报》社的人以外，还抓捕了齐齐哈尔市伪机关学校的职员、教员、学生多人，我现在还能记起名字的有姜赓年、厉通维、吴松桢、张永、李保全、果端勋、刘松山、王仁卿、王柱华、刘珍、关钟琦、王文娟、金巴来、马文娟、马文兰、麻秉钧、刘古学等共约八十名左右。从六月十三日开始审讯，完全用法西斯的手段进行残酷刑讯。用扁担和钢丝绳打、灌凉水、上大挂、跪板凳、火烧等，打得遍体是伤，不能行动。灌凉水和上大挂昏死过多次，手指被夹的肿有一寸来粗。我被酷讯拷问了六十四天，同年八月十五日宣判，有判处死刑的，有判处徒刑的，我被判处五年徒刑。宣判后将我释放，五年徒刑监外执行，还加上一个甲种"思想要视察人"的罪名来限制我的自由。

（一）119—2，20，10，第 5 号

全面逮捕北满共产党的命令

（1936 年 6 月 10 日　关东宪兵队司令部）

一、鉴于在满共产党的现状，在主要地区实行一齐逮捕。

二、以下各地委员长对管内实行严密统制，于六月十三日午后三时（按地区情况无妨前后稍差一些）同时进行逮捕。

· 253 ·

计开：

哈尔滨、齐齐哈尔、海拉尔、牡丹江

三、逮捕目标，应按原来密探活动的成果，各地都限定在以领导人物为中心的范围内，切忌漫无目标地进行搜查搜索。

四、六月十三日前提出部分逮捕计划，逮捕结果随时报告。与有关委员加强联系，期无疏漏。

五、关于对民众会的逮捕，延吉地方委员长与牡丹江地方委员长密切联系后，适当进行。

六、奉天、延吉、承德各地方委员长配合上开地点之逮捕，进行必要的警备，采取相应的措施。

（一）119—1，467

编者注：文中"地方委员长"系各地区警务统制委员会委员长，均为宪兵队长。

伪中央警务统制委员会关于全面逮捕北满共产党的命令
（1936 年 6 月 10 日 中警委第 143 号）

一、方针

根据培养工作的结果，将中国共产党满洲省委组织内以指导人物为中心的嫌疑者，于六月十三日午后三时进行一起逮捕。

二、要领

（1）由各地区警务统制委员会委员长指挥所管辖各警务机关进行逮捕。由地方委员长统辖各地区委员长的逮捕行动。各地区委员会的逮捕目标、方法、捕后处理等有关问题，如另附表〔略〕。

（2）六月十二日各地方警务统制委员会召开会议，讨论实行逮捕问题。

（3）齐齐哈尔地方警务统制委员会为统辖管下各地区委员会有关逮捕共产党工作起见，在齐齐哈尔宪兵队本部设立搜查本部。

（4）龙江省警务厅、齐齐哈尔铁路局警务处、齐齐哈尔领事馆警察署委员各一名，在搜查期间驻搜查本部，受委员长统辖，协助委员长的业务。

（5）六月十一日地方委员长对齐齐哈尔、昂昂溪地区下达逮捕命令。

（6）有关各地区应尽速进行逮捕，及时报告情况，并总括起来向宪兵队司令部报告。

（一）119—2，565，2，第 5 号

伪中央警务统制委员会第二次会议纪要

(1936 年 7 月 6 日　中警委第 186 号)

召开时间：一九三六年七月二日

出席者：东条英机等三十四人

议事要项

一、中央委员长东条英机：注意事项

（1）我认为最近日满警务机关是不是对共产党团稍微有些放松，三江省、东边道、牡丹江地方尤其如此。作为一个警务机关，应该积极行动，无论如何要在最短期间灭绝共产党团。要作好准备，将来即使发生任何事态时，也应该很好地勇敢进行。

（2）关于和共产党有关的教育工作者，由于六月十三日的一齐逮捕和吉林、奉天、锦州等地的一齐逮捕的结果证明，很明显，共产党将赤化工作的主力指向教育机关，而且对满洲国青少年的影响是十分明显的。因此，现在要在萌芽时期铲除干净。为此，须彻底进行逮捕。教育工作受到影响在所难免。

（3）共产党员的工作极其巧妙，不留证据，所以给逮捕审讯工作增加了困难。但是，各机关必须注意，使目前的培养、侦察更加周密和有组织有系统，逮捕前的准备工作做的周到，以便确实地收到逮捕的成果。

（4）任福路的逃走是由于一贯麻痹大意所致。作为一个警务机关，不要在这方面破坏名声，切望警务各员更加紧张工作，不再发生诸如此类的事件。

二、干事长荻根讲话要点：

（1）关于在北满的一齐逮捕

今年三月在海拉尔所逮捕的海拉尔支部负责人任福路，根据逐次讯问的结果判明，此人在赤化北满教育界方面起着很重要的作用。因而考虑其供述及各种概况，决定在六月末进行一齐逮捕，在此计划之下进行密查。但是，上述任福路却突然逃跑了（六月六日在由海拉尔向哈尔滨押送途中的富拉尔基车站跗近）。结果，便决定于六月十三日下午三时施行一齐逮捕，并下命令给新京、哈尔滨、齐齐哈尔、海拉尔、牡丹江及其它地方。

逮捕对象是根据过去培养侦察的结果，限定范围，以各地的领导人物为中心，注意不要陷入泛泛的盘查主义之中。此外，与逮捕直接关系不大的奉天、承德、延吉各委员长，应与上述逮捕联系，充分警戒，准备响应，以期完善。延吉及牡丹江地区正在密查中的"民众会"，还不是逮捕的时机，因此，置于这次一齐逮捕之外；其逮捕时间，将专门同该两地区委员长协议决定。

根据上述命令，各地方委员长都各自根据计划进行了一齐逮捕，其结果如另表第一，合计逮捕一百七十二名，眼下正在各地审讯中。如果加上前此所逮捕的共产党有关者，总人数达二百一十三名，其中有关教育工作者八十七名（40%）。此事在维持治安上自然需要相当注意。即在培养下一代国民的教育机关内有共产党这样的侵蚀，实在是令人心寒的重大问题。

特别是，多次事实已经证明，国际共产党及中国共产党中央委员会，在反满抗日统一战线的旗帜之下，在对农民策谋赤化的同时，企图赤化搞乱满洲国教育机构，将赤化有关教育的官吏、教师、学生作为唯一的重点。然而，满洲国的教育当事者，动辄错误地认识了共产党，认为共产党就是匪贼，在这种意识支配下，缺乏对教师、学生的注意和警戒，甚至还有日籍官吏从事释放共产党嫌疑者的活动。我认为，教育当局将来需要更加深刻地认识共产党。

警务机关要和各教育机关保持紧密联系，严格地检查学校教师、学生的思想动向，对不良分子要采取坚决措施，努力工作，以期绝灭。（关于本件希望参照六月二十三日关东宪兵司令官的通报）。

［下略］

（一）119—2，29，1，第 13 号

伪中央警务统治委员会通报

（1936 年 8 月 22 日　中警委第 278 号）

第三军管区普通军法会审，于八月十五日，对上述党员作了如下判决，特此通报。

1. 黑龙江《民报》社社长王甄海，现年四十岁

原籍　贵州省遵义县

住所　齐齐哈尔市商会街黑龙江《民报》社

判决　死刑

2. 大北新报社社员金健硕，现年二十七岁

原籍　哈尔滨市道外桃花巷

住所　哈尔滨市道里商铺街四十三号

判决　死刑

3. 省立日语专修学校教师麻秉均，现年二十九岁

原籍　滨江省宁安县城关

住所　齐齐哈尔市大桥西省立日语专修学校

判决　死刑

4. 省立师范学校教师王柱华，现年三十岁

原籍　吉林省德惠县岫岩窝

住所　齐齐哈尔市中区万源胡同十三号

判决　死刑

5. 黑龙江《民报》社社员阎达生，现年二十五岁

原籍　奉天省沈阳县大西关

住所　齐齐哈尔市南区普桓胡同十六号

判决　死刑

6. 黑龙江省教育厅体育股长姜赓年，现年三十七岁

原籍　新京［长春］城北四棵树

住所　齐齐哈尔市北斗胡同五号

判决　无期徒刑，褫夺公权无期

7. 齐齐哈尔市市立慰东小学校长张永，现年四十一岁

原籍　滨江省郭尔罗斯后旗二台站

住所　齐齐哈尔市良民胡同七号

批决　有期徒刑十五年，褫夺公权十年

8. 省立齐齐哈尔师范学校附属小学校长李保全，现年三十六岁

原籍　齐齐哈尔市十二道街十二号

住所　齐齐哈尔市十二道街十二号

判决　有期徒刑十五年，褫夺公权十年

9. 黑龙江《民报》社记者刘大川，现年三十一岁

原籍　关东州旅顺营城会双台沟屯

住所　齐齐哈尔市中学胡同四号

判决　无期徒刑，褫夺公权无期

10. 齐齐哈尔市两级中学校长王宸章，现年四十二岁

原籍　龙江省泰康县多耐站

住所　齐齐哈尔两级中学校

判决　有期徒刑十五年，褫夺公权十年

11. 龙江省教育厅督学官厉通维，现年三十七岁

原籍　滨江省呼兰县

住所　齐齐哈尔市顺发胡同二号

判决　有期徒刑十五年，褫夺公权十年

12. 龙江省教育厅官员郑炳环，现年二十七岁

原籍　龙江省拜泉县

住所　齐齐哈尔市赵家胡同五号

判决　有期徒刑十五年，褫夺公权十年

13. 省立师范学校教师崔士奎，现年三十一岁

原籍　龙江省嫩江县城关

住所　齐齐哈尔市全福胡同十二号

判决　有期徒刑十五年，褫夺公权十年

14. 省立齐齐哈尔市两级中学校教师王文彬，现年二十九岁

原籍　吉林省永吉县吉林市西关

住所　齐齐哈尔市西菜园胡同中学校

判决　有期徒刑十五年，褫夺公权十年

15. 齐齐哈市邮政局事务员程道恭，现年二十七岁

原籍　安徽省绩溪县

住所　齐齐哈尔市邮政局

判决　有期徒刑十五年，褫夺公权十年

16. 市立三育小学校事务员丁慎兹，现年二十六岁

原籍　奉天省海城县

住所　齐齐哈尔市平民村惠字门牌四十四号

判决　有期徒刑十三年六个月，褫夺公权八年

17. 齐鲁小学校教员果端勋，现年二十八岁

原籍　齐齐哈尔市

住所　齐齐哈尔市永安街五十四号

判决　有期徒刑十三年六个月，褫夺公权八年

18. 齐齐哈尔市政公署官员刘松山，现年三十八岁

原籍　关东州旅顺营城子

住所　齐齐哈尔市中区金鱼胡同一号

判决　有期徒刑十三年六个月，褫夺公权八年

19. 私立龙江中学校教师徐鸿飞，现年三十岁

原籍　吉林省永吉县

住所　齐齐哈尔市袁家胡同五号

判决　有期徒刑十三年六个月，褫夺公权八年

20. 黑龙江《民报》社社员黄润森，现年四十二岁

原籍　江苏省吴县

住所　齐齐哈尔市晋恒胡同十六号

判决　有期徒刑十年，褫夺公权六年

21. 黑龙江《民报》社营业部长阎传成，现年二十九岁

原籍　关东州金州马家屯

住所　齐齐哈尔市新化路三号

判决　有期徒刑十年，褫夺公权六年

22. 省立师范学校学生刘珍，现年二十一岁

原籍　吉林省扶余县

住所　龙江省立师范学校

判决　有期徒刑十年，褫夺公权六年

23. 省立师范学校学生杨洁华，现年二十三岁

原籍　滨江省呼兰县

住所　齐齐哈尔市同庆胡同八号

判决　有期徒刑十年，褫夺公权六年

24. 省立师范学校学生关钟琦，现年二十三岁

原籍　龙江省龙江县

住所　齐齐哈尔市东四道街笤家胡同三号

判决　有期徒刑七年，褫夺公权四年，缓刑三年

25. 齐齐哈尔女子师范学校教师胡超凡，现年三十四岁

原籍　滨江省巴彦县

住所　齐齐哈尔市顺利胡同九号

判决　有期徒刑七年，褫夺公权四年，缓期三年

26. 龙江省教育厅雇员吴松桢，现年二十九岁

原籍　龙江省龙江县

住所　齐齐哈尔市东二道街超家胡同四号

判决　有期徒刑七年，褫夺公权四年，缓期三年

27. 齐齐哈尔工业学校教师刘古学，现年二十六岁

原籍　滨江省肇州县

住所　齐齐哈尔市西菜园子胡同四号

判决　有期徒刑七年，褫夺公权四年，缓期三年

28. 黑龙江《民报》社记者乔志良，现年二十八岁

原籍　龙江省洮南县

住所　齐齐哈尔市商会街《民报》社

判决　有期徒刑五年，褫夺公权三年，缓期二年

29. 黑龙江《民报》社记者刘乃风，现年三十一岁

原籍　滨江省安达县

住所　齐齐哈尔市晋恒胡同十六号

判决　有期徒刑五年，褫夺公权三年，缓期二年

30. 黑龙江《民报》社社员贺紫翔，现年二十九岁

原籍　齐齐哈尔市

住所　齐齐哈尔市安寿胡同二十一号

判决　有期徒刑五年，褫夺公权三年，缓期二年

31. 女子师范学校学生王文兰，现年十六岁

原籍　锦州省锦州县

住所　齐齐哈尔女子师范学校

判决　有期徒刑三年，褫夺公权二年，缓期二年

（一）119—2，1176，1，第9号

关于逮捕北满共产党概况

　　一九三五年十二月至一九三六年三月末，关东宪兵队根据关东军《冬季治安肃正要纲》，将治安工作重点指向思想工作。各队研究对策，并对管内嫌疑分子和嫌疑团体进行侦察。哈尔滨宪兵队（队长田中收大佐）侦知，在哈有由学校教师、学生、报社有关人员和普通官吏组织的中国共产党满洲省委。齐齐哈尔宪兵队（队长中田敏雄少佐）探知，在省立师范学校内，有表面上以时事研究会为标榜的嫌疑集会，曾召开数次被认为是关于党的工作会议。经侦察，初步了解到该师范学校由教师和学生所奔走的共产主义运动。海拉尔宪兵队（队长板尾秀一中佐）由对哈尔滨嫌疑者调查得到线索，经逮捕嫌疑者，调查后判明，在满洲里、博克图、扎兰屯、昂昂溪、齐齐哈尔、牡丹江等北满地区，潜伏有共产党人员。因此，关东宪兵队司令官（东条英机陆

军中将）决定全面逮捕北满地区的共产党。但因各地区警务机关在管区内准备逮捕过程中，发生了被逮捕审讯的有力党员任福路逃走事件，齐齐哈尔又拘留一部分嫌疑者，这在以后的思想对策上，影响甚大。所以，在六月十三日下令全面逮捕过去所侦知的北满地区的共产党人员。结果，在哈尔滨逮捕五十二名，齐齐哈尔三十八名，海拉尔二十五名，牡丹江一百四十五名。在中央警务统制委员会（委员长关东宪兵队司令官）主持下，在各地区由警务机关审讯，结果判明，在哈尔滨，以日语学院教师丁立足为中心，由在哈学校教员、学生、报社人员和其他一般官吏组成的中国共产党满洲省委，在浦盐〔海参崴〕共产党中国代表部浦盐分部领导下，于齐齐哈尔、海拉尔地区以教育界人员和报社人员为党员分别建立支部；于哈尔滨附近组织区委，以领导这些组织，并试图扩大、强化党的组织，奔走从事赤化工作。随着各地区的审讯调查，陆续将有关者进行处理。十月十三日，将哈尔滨有关者丁立足等做最后的判决，死刑十五名，无期五名，有期二十五名，其他缓判，而结束此案。

（一）119—1，467

编者注：此段资料系摘自关东宪兵队编《在满宪兵史》。

（中央档案馆、中国第二历史档案馆、吉林省社会科学院合编：《日本帝国主义侵华档案资料选编·东北历次大惨案》，中华书局1991年版，第31—51页）

25. 黑龙江"集团部落"建设及对民众和抗联的危害

伪民政部发出训令后，伪满各省有关部门都制订了相应的"集团部落"建设计划，并加速实施。1936年前，黑龙江地区"集团部落"建设主要在伪滨江省重点实施。同年4月，随着日伪统治者制定所谓"三年治安肃正计划大纲"，将重点放在抗联较为活跃的伪三江、滨江、吉林、间岛等省，对战斗在松花江下游的抗联8个军实行重点军事"讨伐"，即"三江特别大讨伐"，其"治本"工作的"集团部落"的修筑亦随之移向三江地区，并在抗日游击区短时间内迅速完成了制定"集团部落"建设的计划。1937—1939年的"集团部落三年计划"，使伪三江省的"集团部落"数量达578个。据1938年的统计，日伪当局在黑龙江地区的伪三江、滨江、龙江、牡丹江、黑河省的"集团部落"数量

5000 余个。

"集团部落"之建设，参考了日本陆军《野战筑城教范》，其规模在关东军第二独立守备队《关于集团部落建设》（1936 年 7 月 1 日）的资料上规定，部落的形式，"避免多角形，原则上以正方形为准，作为防卫设施修筑炮台、壕沟、土墙、铁丝网"。"壕的标准是上宽 14 尺，底宽 3 尺，深 10 尺，壕内设有排水沟。土墙的标准是高 10 尺、底宽 6 尺、上宽 2.5 尺"，出入部落设有 4 门。"集团部落"以 100—200 户为二部落，其面积以"建成周围 400 米的正方形或长方形为宜"。

散居东北各地的农民在原居住地靠自己的血汗开荒种地，从事农耕，维持着生活上的温饱。"集团部落"建设强迫他们放弃原有的家园，迁入新的陌生地域，是每个中国农民所不愿接受的。在牡丹江宪兵队长中井传给关东宪兵队司令官东条英机的报告中（1936 年 6 月 3 日牡宪高第 91 号）有如下记载："东宁县当局为确立治安，计划在县内 23 个地方建设集团部落，指令偏僻地区居民于本年 4 月末前迁移到集团部落。但山区偏僻地区一部分居民认为如果到集团部落，对农民生活有威胁，故皆不愿迁移，或请求延期。"

报告中列举了数名农民反对迁入"集团部落"的动因，并附有民众请愿书一份，全文如下：

愚民等全体现在居住之葫芦白戴一带，为愚民等世居之地带，有四五百垧熟地，靠此土地以养活父母妻子，以至今日。但因时局关系，不得不迁移至集家部落暖泉子沟。愚民等事前不知，皆在梦中。无奈十五日前，代理副乡长吴昌清突然传来迁移命令，愚民等始知，故全村民皆痛哭流涕，有如乳儿失乳。

俗话说："一年之计在于春"，当此播种时期，来建设房屋，开垦荒地，实无以养活父母妻子，故请体察愚民等之可怜，可否将迁移时间延迟至本年八月，届时一定移至指定地方不误。特此陈请，准许为荷。

滨江省东宁县暖泉子沟葫芦白崴全体愚民

从读请愿书上我们看到"集团部落"之建设影响了民众的正常生活，引起了群众的强烈不满。

"集团部落"建设不仅给人民群众生活带来不便，造成巨大损失，同时也给抗日武装活动造成不利影响。其结果隔离了抗日武装与人民群众的血肉联系。断绝了抗日武装对人民的保护和群众对抗日武装的支援，使抗联在给养、宿营、兵员补充、情报等方面均遭受到极大的困难，尤其是在冰天雪地、密营被烧、储粮被毁的情况下，饥饿和寒冷严重威胁着抗联的生存，使他们不得不离开游击区另辟新区。

日本侵略者为彻底切断抗日武装的经济来源，将抗日武装驱进饥饿圈内，采取毒辣的措施，实行经济封锁。对居住在部落内的农户，耕种土地限制在部落周围，4公里以外禁止种植粮食，4公里以内也不得种植可以直接食用的农作物，如土豆、玉米等。秋收时必须查实地田，颗粒归仓，严防农民藏匿送给抗日武装。秋季庄稼尚未成熟就强迫农民早割，唯恐抗日武装获得地里的粮食，由此造成粮食严重减产。收割后的庄稼也由伪警察统一看管。

（郭素美、车霁虹主编：《日军暴行录》，中国大百科全书出版社1995年版，第237—239页）

26. 血腥镇压黄有屯的反"归屯"

在日本侵略者推行"集团部落"建设过程中，东北抗日武装及地下反日组织、救国会积极抵抗"归屯并户"，采取多种形式的斗争。中共汤原县委委员康正发等人在汤原县黄有屯秘密联络群众，进行反对将黄有屯归并到太平川"集团部落"的斗争。1936年12月，日军驻太平川守备队严密包围黄有屯，敲门砸户，挨家搜查，除女人和孩子外，全屯男人都被驱赶到一家大场院，一顿打骂后，逮捕了抗联地下工作者康正发、丛凤林、王长富等10人，除一人被释放外，其余9人均被押送汤原县日军守备队秘密杀害。

据被害人康正发之弟康雨亭控诉："康正发系中共汤原县委委员，在日寇强制并屯时，其在太平川所辖的黄有屯一带活动，坚持对敌斗争。因此，日军驻太平川守备队，于伪康德三年（1936年）十二月间在黄有屯将康正发逮捕。据我所知，同时被捕的有与抗联有关系的刘海龙、刘海清和刘海富等弟兄三人。在太平川关押数日后，送汤原县日军守备队，康正发被活活拷打致死，刘海龙等弟兄三人被秘密杀害。"

（郭素美、车霁虹主编：《日军暴行录》，中国大百科全书出版社1995年版，第255—256页）

27. 日本侵略者对鄂伦春族实行毒化政策

东北沦陷时期，日伪对鄂伦春族采取了多种残暴的统治手段。据县档案资料记载：伪满康德四年（1937年），日本侵略者在逊河以莫须有的私通抗联罪，一次就枪杀鄂伦春猎民14人。同年，住在蒲拉口子的鄂伦春人，被强制注射"防疫"药针，死了50多人，其中儿童28人。派驻山林队的日本指导官奸污鄂伦春妇女，并配合日本特务机关杀害鄂伦春人。伪满康德八年（1941年），有两名日本特工人员，在逊河山里被鄂伦春猎民打死，指导官同日本特务机关合谋逮捕40名鄂伦春族男女老少，刑讯一个多月，最后除几名少年获释外，其余全遭杀害。

日本侵略者对鄂伦春族实行毒化政策，怂恿鄂伦春人吸食鸦片和酗酒。从伪满康德二年（1935年）开始，凡年满20岁，不论男女，普遍配售给鸦片，少者每人每天1份（每份约15克），多者3份。据解放后调查，在逊克县新鄂村42户鄂伦春人中，有133人吸食鸦片成瘾，体质受到摧残，精神萎靡不振，影响了民族的生存与发展。

（逊克县地方志编纂委员会编：《逊克县志》，黑龙江人民出版社1991年版，第131页）

28. 浸透血和火的桦南县各村屯

1937—1938年，日伪当局在伪三江省桦南县建立了170个"集团部落"，在"归屯并户"中，日军烧毁村屯120余个；烧毁或拆掉民房2.4万余间；被杀害、冻饿而死的群众1.3万多人；荒芜耕地2100多垧；伤害牲畜4800多头。该县土龙山地区是抗日武装的重要游击区，这里曾举行过规模浩大的农民暴动，在归屯中，日伪当局对该地区的民众恨之入骨，实施疯狂报复。

按照日伪当局的规划，桦南县河北黑嘴子山屯将并到湖南营。一天，从湖南营来的日本人通告河北黑嘴子山屯：限明日全屯人必须搬到湖南营去，如果不搬，房子统统烧掉。据农民柳春满控诉："当时正是数九天，全村人心惶惶，有的拴车备马准备逃跑，有的烧香念佛祈天保佑。第二天，太阳刚偏西，一辆满载日本兵的汽车开进屯子，他们端着上了刺刀的大枪，拿着沾了汽油的火把挨家烧房子。全屯 27 户 32 间房子被点着了，火苗被风一吹，窜起一丈多高，越烧越旺，不断发出噼里啪啦的响声，人们站在村外眼巴巴瞅着，谁也不敢去救，大火直烧到日头下山。日军撤离后，人们才跑回屯里救火，哭喊着从火堆里扒衣物粮食，有人又在屯里搭起小草棚暂时安身，在冻饿恐惧中熬过了漫长的黑夜。可是，次日下午又来了一汽车日本兵，日军看农民又回来住下，更加恼怒，再次把没有烧完的房屋和柴草垛全部点燃。至此，全屯 79 间房屋、270 多石粮食全部烧毁，此外还有马牛等牲畜。"

1937 年冬，日军到桦南县冷家沟进行"归屯并户"，人们不愿搬迁，拖延不走。这一天，满载日本兵的 5 辆大汽车凶神恶煞地开进冷家沟，日军立即用随车带来的汽油浇在民房上，然后点燃，大火逐片烧起，冷家沟变成了火海。数九寒天，北风怒号，火借风势，越烧越旺，接连殃及附近的西沟和东冷屯。人们面对辛辛苦苦盖起的家园被火海吞没，流下悲愤的眼泪，攥紧了手中的拳头。据孟宪卓等 5 位老人回忆："日本兵火烧冷家沟时，有两名青年不忍心眼瞅着家宅被焚，闯进屋里抢夺生活用品，被日军发现后当即用刺刀挑死在窗下。曲万祥的母亲刚生孩子仅两天，日军硬把她从炕上拉出门，她拼死才把孩子抢出来。"这场大火整整燃烧了 7 天 7 夜，几十个村屯化为灰烬，此次圈屯因无处安身活活冻死者达 30 余人。

同年冬，日军强迫桦南县南大甸子、碱草沟、东达连泡等星散居户限期迁往九里六屯，这些星散住户认为冬季搬迁受到饥饿和寒冷的威胁，都想往后拖延。事隔三日，日军见农民丝毫没动，便驱车逐屯逐户烧房子，共烧五六百户人家。日军火烧九里六后岗和东达连泡时，两位老人哭天喊地向日军请求别烧房子时，被日军用刺刀把他们活活挑死在房前。被烧掉房屋的农民流离失所，在迁往九里六屯的途中，有的冻死在荒郊野外；有的冻死在柴草堆里。据许庆祥、梁秀文回忆："腊月廿五，天特别冷，我去九里六的途中看见 6 个人冻死在一个大木柜中。迁到九里六的农民因没有房屋居住，或搭起小草棚安身；或露宿柴草堆旁，这年因冻饿而死的足有百余人。"

（郭素美、车霁虹主编：《日军暴行录》，中国大百科全书出版社 1995 年版，第 247—249 页）

29. 伪三江部落建设年度计划

(1937—1939)

县别	第一年度		第二年度		第三年度		集团部落总数
	建设部落数	收容户数	建设部落数	收容户数	建设部落数	收容户数	
桦川	11	1100	25	2500	26	2560	62
富锦	8	800	50	3000	50	5000	108
宝清	5	500	11	1071	10	1000	26
勃利	12	1200	20	2021	20	2000	52
依兰	34	3400	50	5000	50	5000	134
方正	16	1600	15	1500	15	1441	45
通河	20	2000	5	500	5	513	30
凤山	5	534	1	80			4
汤原	20	2000	16	1600	15	1500	51
萝北	4	400					4
绥滨	4	400	6	581	5	500	15
同江	2	200	12	1200	12	1175	26
抚远	8		4	411	3	300	7
饶河	6	600	4	421	4	400	14
合计	147	14734	219	19885	215	21389	581

（中央档案馆、中国第二历史档案馆、吉林省社会科学院合编：《日本帝国主义侵华档案资料选编·东北"大讨伐"》，中华书局 1991 年版，第 427 页）

30. "四一五"大逮捕

筑谷章造笔供

（1954 年 8 月 18 日）

我任滨江省警务厅司法科司法股长约六个月，所犯罪行如下：

逮捕哈东特委工作人员

（一）逮捕的起因：

一九三七年二月上旬，哈尔滨宪兵队本部特高课命令，将苇河县警务科警察官和伪满洲国军队中的共产党地下工作人员逮捕送来。所以，我在二月七日前后，同一名部下到了苇河县，得到该县警务科的协助，逮捕了由宪兵队提名的三名警察官。经过严刑审讯，了解到其中一名有共产党嫌疑；另二名无嫌疑事实，与同来的哈尔滨宪兵队本部特高课小田村曹长商议后释放。

将有共产党嫌疑的一人送交哈尔滨宪兵队本部特高课。同时，伪满宪兵也将被提名的军人逮捕审讯，判明五人有共产党嫌疑，也一同送交哈尔滨宪兵队。

哈尔滨宪兵队本部特高课，接受由宪兵及警察送来的军人及警察官后，经过严厉审讯，判明了哈东特委的组织及有关人员情况，而制定了逮捕计划。

（二）哈尔滨宪兵队的逮捕计划及其准备：

哈东特委是以伪满军人、警察官、公务员、公司职员等组织构成的。对于伪满军人，由伪满宪兵负责逮捕，其余则由伪满警察负责逮捕。宪兵统一指导，在同一时间实行一齐大逮捕。

滨江省地区的逮捕总指挥，由一面坡宪兵分队长中头上尉担任，我和哈尔滨宪兵队本部特高课小田村曹长被命令为辅佐官。三月初，在哈尔滨宪兵队本部特高课，召开关于逮捕的协商会议。出席会议的有，哈尔滨宪兵队本部特高课长、特高课宪兵三名、一面坡宪兵分队长中头上尉及伪满宪兵军官一名和我。

会议由哈尔滨宪兵队本部特高课主持。课长将哈东特委的组织及该组织在滨江省人员的姓名、职业、住址，作了介绍。要求本地区的逮捕在中头上尉的统一指挥下，以期万无一失。接着，中头上尉指示：

（1）逮捕日期定为四月十五日；

（2）要绝对保守秘密，以期从始至终勿走漏一点消息；

（3）要努力搜集证据；

（4）将逮捕的人员送交哈尔滨警察厅；

（5）未能逮捕到的，要迅速通知哈尔滨宪兵队本部特高课。

我之所以被召去参加会议，因为我是滨江省警务厅特搜班主任，负责有关抓捕共产党业务。在会议上，命令我逮捕滨江省非军人的嫌疑分子。

（三）警务厅对逮捕计划的实施情况：

我及时将有关情况报告警务厅长，同时召集哈尔滨市警察厅、特搜班及有关县、旗警务科特搜班主任会议，传达了在宪兵队会议上中头上尉所作的指示，并宣读了有关嫌疑分子的姓名、职业、住址等，并嘱咐大家记住要求事项，在四月十五日早晨一齐动手将他们逮捕。按宪兵队的布置，有关人员都逮捕到了，苇河县最多，其中多数是警察官，也有医生。逮捕总数是二百零七名，全部羁押在哈尔滨警察厅及警察署拘留所。

（四）审讯情况：

审讯是由哈尔滨警察厅、特务科、司法科、部分县的特搜班主任及警察署的特务主任承担；警务厅特搜班及我的部下一名和宪兵队小田村军曹也参加了审讯。我当时因对付滨江省抗日军的活动和忙于司法股长治安维持的业务，未能参加审讯，只为指导督促到哈尔滨警察厅去过二次。对正在进行的审讯作过如下指示：

（1）要弄清是否是共产党员，若是共产党员还要弄清其职务、地位；

（2）过去在党的活动上作过什么工作；

（3）与共产党有关系者，要弄清其姓名、职业、住址。

审讯情况及时向一面坡宪兵分队长中头上尉及哈尔滨宪兵队本部特高课作了报告。审讯判明为共产党员者八十二名，以案件送哈尔滨地方法院检察厅。审讯中都进行了严刑拷问。

对于以案件上报者，同检察厅重行审讯后，在地方法院判决，将其中四十三名判处死刑，四十名处有期或无期徒刑。

（五）滨江省以外地区的逮捕情况：

关于逮捕大连、柳河、磐石等地的嫌疑分子，依据哈尔滨宪兵队的部署，由该地的宪兵队指挥伪满宪兵及警察进行逮捕，共逮捕约三百人，判处死刑的一百余人。

我是本案的辅佐官，犯有直接指挥、命令及参与的罪责，深刻认识到罪该万死，在中国人民面前认罪。

（一）119—2，34，1，第 5 号

大美贺好一检举书

（1954 年 9 月 14 日）

一九三七年四月，筑谷章造任伪满滨江省警务厅司法科附时，犯有破坏中国共产党哈东特委组织，逮捕爱国群众的罪行。检举如下：

时间：一九三七年四月十五日

地点：伪满滨江省苇河县

破坏爱国团体名称：中国共产党哈东特委

逮捕爱国者的姓名：张霭如、张宝林〔玲〕、武金山、杨福林等。

侦察工作：主要是哈尔滨日本宪兵队本部进行的，而逮捕却是与伪满警察共同实施的。

逮捕班的组成：

总指挥官，一面坡日本宪兵分队长中头大尉。

警察指挥官，滨江省警务厅司法科附筑谷警正。

队员：哈尔滨宪兵队本部小田村曹长等七名、苇河县警务科森山警佐、苇河县警务科附甲斐寅藏警佐、苇河县警务科特务股长前川信光巡官、苇河县警务科司法股员植田与次巡官、苇河县警务科长山警士等。

逮捕情况：一九三七年四月十四日，根据总指挥中头大尉的命令，伪满警察官由筑谷警正指挥，作好了一切准备。第二天，天未明时开始了行动，在苇河县苇沙河、石头河子、牙不力、青云、亮珠河各处，一齐逮捕爱国者。

逮捕结果：破坏了中国共产党所控制的苇河县警务科、警察署及其他爱国组织。将被捕者以《暂行惩治叛徒法》判决，其中死刑十三名，其余处以长期徒刑。

筑谷章造所起的作用：筑谷是伪满警察官负责人，和日本宪兵一道制订逮捕计划，在逮捕中，亲自穿便衣去苇河县，对爱国者实行逮捕，犯下严重罪行。

其他：一九三七年四月十日左右，我奉滨江省警务厅长的命令，穿便衣，带手枪，于四月十三日到警务厅。筑谷警正命令我，翌日乘由哈尔滨去牡丹江的火车去苇河县。当天夜里到达，受宪兵的指挥行动。奉穿便衣的日本宪兵中头大尉的命令，要我于十五日天未明时和苇河县日本人长山警士一道，逮捕居住在苇沙河街的伐木工人武金山，翌日实行逮捕，把武金山捕到后押解到苇河县警务科，送交给中头大尉。当天在苇沙河共捕十三人，我记得有苇河县警务科特务股的警长张霭如、苇沙河警察署警长张宝林〔玲〕等。上述两名和我所逮捕的武金山，都被判处死刑。

（一）119—2，34，2，第 11 号

钟德春控诉书
（1956 年 3 月 8 日）

我叫钟德春，今年四十五岁，现住黑龙江省尚志县尚志镇尚义街第七组。

一九三五年三月，我在苇河县参加了抗日组织。在此以前，我弟弟钟德明也在苇河县参加了抗日组织。一九三七年四月十五日早晨，我在苇河县店内，我弟弟在伪治安队，都被伪滨江省警务厅的便衣逮捕。当时关押在苇河县警察署后院当天夜里把我们送到一面坡。在一面坡关押了二天一夜后，又把我押送到哈尔滨伪滨江省警务厅刑事室关押。第二天就开始过堂，过有三十多堂。每次过堂都遭到严刑审讯逼供。我被上过的刑，有上大挂、过电、烟火烧、灌凉水、用狗咬、竹片打、皮鞭抽。打的混身出血，如今我全身还伤痕累累。万恶的日本鬼子还判我十年徒刑，杀害了我的弟弟。

（一）119—2，34，2，第 11 号

刘云汉控诉书
（1956 年 2 月 5 日）

我叫刘云汉，又名刘忠孝，今年四十三岁，现住黑龙江省尚志县苇河森林工业局老茂沟林场。

一九三五年六月，我在一面坡参加了抗日组织。一九三六年五月，投考日伪警察后，转到苇河警察署。一九三七年四月十五日早晨，我还没有起床，就被哈尔滨伪滨江省警务厅穿便衣的日本人逮捕。同时被逮捕的还有张霭如、张宝玲、钟德明、钟德春、王连儒、彭修志、黄日仁、王春贵等。当时被关押在苇河警察署拘留所，押了二天，到第三天上午就被押送到伪满哈尔滨警察厅刑事科，押了四十多天才过堂，过了三堂。过堂时，用上大桂等刑罚逼供。当我昏过去，就用凉水浇醒过来再问。后来我被判十五年徒刑。判刑后，转到道外监狱强迫劳动。由于繁重的劳役，我累得爬不起来，就把我送到病监，但也不给治病。我被抓去后受了长期的折磨，摧残了我的身体健康，得了肺病，现在

· 270 ·

还未恢复，造成我终生痛苦。

（一）119—2，34，2，第 11 号

查问控诉人王连儒笔录

（1956 年 3 月 21 日）

时间：一九五六年三月二十一日。

地点：黑龙江省尚志县苇河镇。

问：你叫什么名字？今年多大岁数？

答：我叫王连儒，今年四十一岁。

问：家住什么地方？

答：我家住尚志县苇河镇胜利乡八组。

问：请你谈一谈你被日伪警察抓捕的情况。

答：我参加苇河县抗日组织以后，于一九三七年四月十五日在石头河子被伪滨江省特务搜查班逮捕。先在伪苇河县警察署拘留所关押了一夜，第二天将我押送到伪滨江省警务厅刑事科监狱关押。过了五天就开始过堂，并用上大挂、灌辣椒水等酷刑逼供。

问：和你一起被捕的其他人的情况你知道吗？

答：知道，他们也都受尽了各种刑罚。杨树森的胳膊被打坏了，杨树惠的眼睛被打冒了，武金山被上大挂，挂了一天两夜，把胳膊挂的不能拿东西。

问：以后被怎样处理了？

答：经过四十天的过堂之后，都被送到第四军管区军法会审判决，杨树森、杨树惠、武金山、钟德明、张子林、张宝玲、张霭如、赵玉章等被判处死刑；刘云汉被判处十五年徒刑；钟德春、王贵春、秦玉载、刘玉新、邓凤贤等被判处十年徒刑；我被判处十三年零六个月徒刑；李华东被判处六年徒刑；还有彭修志、王鸿云等也被分别判处了徒刑。

问：你以上所讲的情况都真实吗？如有伪造，你是要负法律责任的。

答：我讲的完全是事实。如有伪造，愿负法律责任。

笔录已向我宣读，记录无误。

被查问人　王连儒

最高人民检察院调查员　陈式琴、牛世民

（一）119—2，34，3，第 3 号

杨马氏控诉书

（1956 年 3 月 14 日）

　　我叫杨马氏，今年七十一岁，原籍河北省交河县，现住黑龙江省尚志县苇河镇兆麟街八组。我的大儿子杨树森（系中共苇河县委书记）与三儿子杨树惠（中共党员），于一九三七年四月十五日（农历三月初五）早晨，被伪滨江省警务厅警察以反满抗日罪抓去。当时被押在伪苇河县警察署拘留所，关押了三天。在这三天中，不但不给饭吃，还用铁丝将手指绑上吊起来。之后，于四月十七日又被押送到伪滨江省警务厅监狱。在关押期间，日寇曾进行多次审讯。在审讯中，日寇曾用上大挂、针刺指甲、灌辣椒水、不给饭吃等各种残暴的刑罚来刑讯逼供。虽然他们被酷刑弄得皮开肉绽，伤痕累累，但由于他们都是中华民族有骨气的儿子，所以使敌人的阴谋遭到失败。最后于一九三七年六月九日（农历五月初一）在哈尔滨被日寇杀害。

（一）119—2，34，2，第 11 号

查问控诉人李云亭笔录

（1956 年 3 月 14 日）

　　时间：一九五六年三月十四日。

　　地点：黑龙江省尚志县苇河镇。

　　问：你叫什么名字？今年多大岁数？

　　答：我叫李云亭，今年六十三岁。

　　问：家住什么地方？

　　答：我家住在尚志县苇河镇解放街一组。

　　问：你儿子叫什么名字？

　　答：李华东。

　　问：请你谈一谈你儿子是因为什么事被日伪警察逮捕的？那是什么时间？

　　答：我儿子李华东被强征去伪苇河县治安队当随从兵，因他参加了抗日组织，在一九三七年四月十五日被伪滨江省警务厅警察抓去。

　　问：被抓去关押在什么地方？以后被怎样处理的？

　　答：当时押车伪苇河县警察署拘留所，关了三天之后，被押送到伪滨江省警务厅刑事科。经过数次过堂，每次过堂都受上大挂、灌凉水、灌辣椒水等刑讯逼供，由于遭受各种刑罚，使他精神和肉体都受到极大摧残，结果死在伪滨

江省第三模范监狱。

问：他被刑讯的情况你是怎么知道的？

答：在他被捕后，我花了很多钱去哈尔滨，到监狱探望过几次。那时，我儿子告诉我，他受尽了各种刑罚，并叫我看他受刑后的伤痕。由于受刑严重，当时已是有气无力，不久即死去了。

问：你以上所讲的情况真实吗？如有伪造，你是要负法律责任的。

答：我所讲的完全是事实。如有伪造，愿负法律责任。

笔录已向我宣读，记录无误。

被查问人　李云亭

最高人民检察院调查员　陈式琴、牛世民

（一）119—2，34，3，第3号

查问控诉人武海春笔录

（1956 年 3 月 15 日）

时间：一九五六年三月十五日。

地点：黑龙江省尚志县苇河镇。

问：你叫什么名字？今年多大岁数？

答：我叫武海春，今年七十岁。

问：家住什么地方？

答：家住黑龙江省尚志县苇河区新民乡联合村。

问：请你谈一谈你儿子武金山是在什么时候被日伪警察抓去杀害的？

答：我儿子武金山，因为参加了抗日组织，于一九三七年四月十五日被日伪警察抓去的。当时关押在伪苇河县警察署后院押了三天，以后被送到哈尔滨南岗宪兵队处死了。

问：你怎么知道你儿子被杀害的？

答：我儿子被哈尔滨南岗宪兵队杀害的事，是我听同案被害人张宝玲的叔父说的。因为他去哈尔滨看到张宝玲的尸体，同时也看到了我儿子武金山的尸体。

问：你以上讲的情况都真实吗？如有伪造，你是要负法律责任的。

答：我所讲的完全是事实。如有伪造，愿负法律责任。

笔录已向我宣读，记录无误。

被查问人　武海春

最高人民检察院调查员　陈式琴、牛世民

（一）119—2，34，3，第3号

伪哈尔滨地方警务统制委员会关于将哈东特委人员
送军法会审的报告

（1937年5月22日　哈警委第231号）

四月十五日对北满共产党的大逮捕，逮捕了哈东特委有关人员共三十五名。其中与事件无关的三名及犯罪轻微的五名，已予释放，其余二十七名，于五月二十一日送交第四军管区军法会审。特此报告。

（一）119—2，705，1，第8号

伪中央警务统制委员会关于哈特委有关人员的判决公告

（1937年8月19日　中警委第410号）

四月十五日，哈尔滨地方警务统制委员会逮捕并经审讯的哈尔滨特委有关人员，于六月十三日将其四十二名，又于七月十三日将哈特委书记韩守魁等十七名，解送第四军管区军法会审，经审理，于七月二十四、五两日判决，宣判如下，对判处死刑者，于二十七日执刑。特此公告。

计开

死刑	三十名
有期徒刑十五年	二名
有期徒刑十年	六名
有期徒刑五年	一名
五年缓期执刑	十九名
不起诉	一名
计	五十九名

另对未处理的四十余名，现正继续审讯中。

（一）119—2，20，3，第2号

伪中央警务统制委员会关于"四·一五"事件的通报

（1937年8月27日　中警委第432号）

关于对中共哈尔滨特委及其以哈尔滨为中心之共产党地下组织人员逮捕的事件，已告一段，现通报如下。

进行情况：

1. 哈尔滨特委及哈尔滨市

逮捕一百一十名。六月三十日将苏丕承等四十二名，七月十三日将韩守魁等十七名，计五十九名，已送第四军管区军法会审。七月二十六日定案，分别予以处刑。之外，有关大连市委人员移送关东州地方警务统制委员会二名；继续审讯中四十三名；审讯中死亡六名。

2. 安达地区

逮捕六名。

3. 双城地区

逮捕二十三名。

4. 阿城地区

逮捕二十名，全部于七月十二日送陆军临时军法会审，现正审讯中。

5. 满洲里

逮捕二名，其中杨永和送第四军管区军法会审判决。

意见：

在满共产党的首脑人物韩守魁［即韩孝先］被逮捕，不但弄清了哈尔滨特委的全貌，而且还掌握了全满共产党组织的概况，这对于将来思想对策是最大收获。

然而，奉天市委还未进行逮捕，大连市委的调查尚未了结，南满及北满临时省委并未侦察到情况，将来应以加倍的努力和巧妙的策略远行工作，扑灭共产党，绝不能放松。

（十二）14—1，15

《满洲日日新闻》关于日伪破坏哈东特委等我党地下组织的报道

满洲国治安基本稳定，正向第二期建设迈进。但共产党的活动仍在继续。国家总动员加强防共阵线，哈尔滨宪兵队、滨江省公署警务厅、哈尔滨警察厅等各警务机关一致行动，于康德四年四月十五日拂晓，在哈尔滨市及滨绥线、滨北线各铁路沿线同时进行搜捕。但搜捕一事禁止登报。在大连、奉天、抚顺等以及全满各地，搜捕工作亦迅速展开。各地宪兵与警察协同，同时对共产党地下工作人员进行逮捕。由于事先审讯嫌疑分子，掌握了在满共产党组织全貌，探明了"人民战线运动"、"共产党领导机关"、"共产党基层组织"等赤色团体及间谍团的潜伏情况，故能一网打尽在满共产党及国际共产党的联络机关。大部分被捕者都是满人，其干部的大多数在苏联受过赤化教育或在原北满铁路局工作。他们扩大人民战线运动，阴谋反对日满在各地的统治。本事件决定按《惩治叛徒法》处理，大部分业已判决。事件已告一段，二月十二日解除了登报禁令。

本事件被捕者的处分及主要人物情况如下：

逮捕总人数四百八十二名。

判处死刑八十五名；

判处有期徒刑六十四名；

缓刑三十一名；

不起诉二十六名；

正在起诉中的一百三十五名；

释放一百五十六名。

［下略］

（一）119—2，20，5，第6号

编者注：此件原载1938年2月12日《满洲日日新闻》。

（中央档案馆、中国第二历史档案馆、吉林省社会科学院合编：《日本帝国主义侵华档案资料选编：东北历次大惨案》，中华书局1991年版，第106—119页）

31. 刘洪泰亲戚6人被日军杀害

刘洪泰是桦川县西火龙沟屯的农民。九一八事变以后，国难当头，他参加了李杜将军的抗日自卫军。1933年1月，李杜部队退入苏联后，他与20名自卫军战士留在家乡坚持抗日斗争，并一起参加汤原游击队。当年，他与6位战士组成的突击队到依兰东部山区进行抗日活动，又与丁世贤（老于）、宋直正（老铁）共同在依兰东部山区西湖景一带开辟抗日游击区。他先后担任过抗联六军一师师长马德山的副官、中共依兰农村地下组织的支部书记、区委书记、县委巡视员、县委书记等重要职务。

在东北抗日游击战争时期，刘洪泰化名姜魁武在依兰东部山区大力开辟抗日游击区，工作很活跃。他通过亲戚、朋友、结拜兄弟等关系广泛联系群众，废寝忘食、走家串户开展工作。在对敌斗争中，他机智勇敢，出生入死，不顾个人安危。至1937年，在中共依兰农村县委的领导下，各区、村屯都有较健全的抗日救国会组织，到处燃起了熊熊的抗日烽火。

1937年秋，地下党依兰农村县委书记宋直正转移，刘洪泰接任了县委书记职务。同年冬，日伪军对伪三江省进行了大"扫荡"，在西湖景山区进行了大搜捕。在这次大搜捕中，青年书记李奎兴等人被捕变节，供出了依兰农村地下党组织和刘洪泰的身份。于是，依兰宪兵队调动金沙河守备队，由熟悉当地情况的特务田凤山和警察谷子阳带路去抓刘洪泰。敌人来到农村县委活动的中心景区下甸子屯，却扑了个空。因为这里的地下党员和抗日救国会骨干事先已有所警觉，都疏散隐蔽了，只有刘洪泰在群众掩护下，凭着自己的机智灵活，还在这里坚持活动，所以敌人没抓到刘洪泰等人，只抓走了与地下党有联系的嫌疑群众7人。其中一人是妇女，是抗联交通员的媳妇。敌人没抓到她丈夫，就把她抓走了。这些人被押到肖正屯守备队，敌人天天过堂，严刑逼供追问刘洪泰等人隐蔽的地方。有的还被扒下衣服，推到屋子外面冻，边冻边往身上浇水。这些人被扣押了两个多月，也没审出个头绪。

宫云庭是刘洪泰的妹夫，敌人想通过他抓到刘洪泰。1938年2月，特务田凤山领着肖正屯守备队和大排队，去下甸子抓宫云庭，宫云庭早躲起来了，敌人又扑了个空。疯狂的敌人就把宫云庭媳妇刘洪霞当场吊了起来，逼她说出哥哥和丈夫藏在什么地方。刘洪霞不说，就给她灌凉水，用对头鞭子抽打。刘洪霞喊叫，敌人就往她嘴里扬小灰，并且把刘洪霞的手指用子弹夹上，外面缠上片带，使劲攥，直攥得露出骨头为止。刘洪霞被打得死去活来。乡亲们请出村中头面人王德向守备队说情也无济于事。后来，刘洪霞的公公宫大先生请出了中医高跃武作保人，人也快要被打死了，日本人才罢手。刘洪霞离开魔掌后，重病咯血，不到半年含恨而死。

西湖景区冯家屯农民冯显，搬到太平镇居住。1938年2月末，太平镇守备队探听到冯显是刘洪泰的"堡垒户"和磕头兄弟，以为抓到冯显，就可以抓到刘洪泰了，就马上派特务、警察四处搜查。冯显被捕了，敌人把冯显押到太平镇守备队后，用酷刑折磨他，叫他供出刘洪泰隐藏的地方。冯显在酷刑中答应带路去找刘洪泰。大队人马走到太平镇道德会门前的水井旁，冯显突然一纵身跳入水井中。特务爪牙把冯显从井中捞上来，看人没死，就地毒打，将其活活打死。尸体扔在水井旁，敌人扬长而去，留下几名警察看着，不叫亲人收尸。到了晚间，冯显的姐夫马功，托人把看尸体的警察请到饭馆喝酒，他借机把冯显的遗体从墙豁子背到城外。没有棺木，没有衣服，马功解下拧在冯显双手上的铁丝，匆匆地挖坑埋上。

1938年三一五事件爆发后，前几天没抓到刘洪泰，特务们逮捕了杨树林子屯救国会交通员王德录、暖泉子屯互济部长王洪举和抗日群众王景儒、孙占文夫妇等一些人。农村县委秘书肖仁和交通员曲宏年二人被捕后当了叛徒。3月13日夜间，他俩给敌人带路去桦川县西火龙沟搜查刘洪泰。这两个叛徒领着暖泉子守备队和警察，还抓了农民杨珍，赶着马爬犁，由警长姜金指挥，首先到了西火龙沟刘洪泰哥哥家里搜查，逮捕了刘洪章。然后，又领敌人去西火龙沟遛对的"南岔子"，把刘洪泰的住地围住，被围的还有林景昌、张福等人。他们仅有六粒子弹，射击突圈，子弹打光，全部被捕。

刘洪泰等人被押到暖泉子守备队，与原来被捕的人关在一起。敌人昼夜不停地对他们审讯、拷打，当着刘洪泰的面把他的哥哥刘洪章活活打死，同遭杀害的还有赵喜贵和游击队战士杜景山等人。20多天后，暖泉子守备队奉命把刘洪泰押送依兰县城。

（依兰县政协：《依兰文史资料》第3辑，1988年，第23—25页）

32. 双鸭山"归屯并户"

根据伪民政部1934年发布的《集团部落建设》文告，1937年，伪饶河县公署下达了归并集团部落的命令，加紧实行"匪民分离"政策，限令在一年内，将山里散居的农民归到指定的集团部落里，企图割断人民群众同抗联的联系。这年冬季，日伪调集全县所有武装警察，协同日、伪军开始"清乡"，归并集团部落。凶狠残忍的警察和日、伪军见到房子就烧，将西风沟、十八垧地、大叶子沟、暖泉子、七里沁、暴马顶子、关门嘴子、大代河等沟3000多户一万余人的居民赶出家门。老百姓携老带幼，四处奔逃。有的人死在警察和日、伪军的枪口和刺刀下，有的被烧死在大火中，有的在走投无路的情况下自缢身亡。据关门嘴子老户翟明恭、赵殿文等人回忆，关门嘴子及岭西一带清沟时，日、伪军一次就杀害了200余人。大代村老户薛连山、王福进说，日本鬼子清沟归屯子时，农民卢洪祥的妻子生孩子刚满月，没有搬迁，全家4口人，妻子被鬼子刺死，两个孩子冻死在雪地里。大叶子沟50多户人家200多口人，逃出活命的没有几个人。有一次，日本守备队和三义警察署长辛华山带着警察队，在关门嘴子后堵抓了10多个农民，说他们是抗日军的探子，命令警察把他们绑起来，赶进一栋房子里，然后点燃了房子。当时，有两个人从窗户跳出来，被鬼子开枪打死，其余的几名农民被活活烧死在房子里。1937 年冬至 1938 年春，仅 5 个月的时间，全县约有三分之二的山区变成了无人区。

（安林海：《饶河文史资料》，1985 年，第 106—108 页）

33. 林甸"开拓团"强占土地

日本侵略军驻进林甸县后，首先血腥镇压一切反抗力量，没收一切枪支、弹药。继之，伪满洲帝国实行一系列法西斯高压政策：抓思想犯、抓劳工、要国兵、要出荷粮、要军用物资，对粮食施行配给，对物资物价施行统制，等等。并强行征用 6.7 万垧土地（其中有近 6000 垧耕地）为开拓地，大批进驻开拓团，使本县农工商业受到严重摧残，人民挣扎在水火之中。

（林甸县史志办公室编：《林甸县志》，1988 年，第 6 页）

34. 火烧尚家街

西路日本兵从西二堡屯一出来就把正在场院打场的农民李德山抓住，西二堡日本守备队秘书李教一对李德山说："老李，你给日本军带路吧。"全副武装的日本军队，在宪兵队长、翻译、特务头子李鼎轩、特务李广镐、汉奸裴生、宋广全的带领下，向南直扑高殿元屯，回头向北，经过套子里和尚家街，一路上烧杀抢掠，无恶不作。日本兵进屯了，尚家街的百姓从睡梦中惊醒，男女老少的呼喊声，日本兵的吼叫声使宁静的尚家街变得一片混乱。日军闯入尚家街东头的于振海家，用刺刀挑开门帘，妇女和孩子都吓得躲在墙角。于振海、于振东、杨广大 3 人站在炕沿跟前惊呆了。"统统的出来，搜查的有！"日本兵怒吼着，日军用刺刀把妇女逼到一边，把孩子逼到另一边，把他们 3 人押到了乔三矮子那儿，圈进房子里。

在被抓的人中，有的被日军用布蒙上眼睛，绑住了双手；有的被打得鲜血直流。他们中 70 多人分别集中到乔三矮子、白桐林、老丁家的房子里。房门用木杠顶住，院内只留下妇女、孩子和从各处抓来的十几个男人。日本兵在这 3 座房子的周围，对着门窗架上机枪，特务裴生、宋广全穿日本军装，戴着大口

· 279 ·

罩，在院内人群中窜来窜去。妇女和孩子们哭叫着，向押着他们亲人的房子冲去。日本兵团团围住她们，用刺刀把她们逼回院中。日本兵用枪逼着李德山和高真把柴草堆在房子四周。

日本军守备队秘书李敦一号叫着，"交出马胡子!"但是没有人理睬，过了一会儿，一个日本军官怒吼起来，端着大枪，对着院中人群。特务裴大嘴煽动群众说："太君叫你们交出'马胡子'，屋里那些人就都放了，不然的话，就放火统统地烧死!"这时，在院中被绑着的救国会长王宝坤大吼一声，"姓裴的，我就是马胡子，他们都不是!"突然，不知是谁高喊："我们不能这样等死呀!"人们被提醒了，屋内外大乱。封锁3座房子的机枪响了，房子点着了。"打倒日本帝国主义! 打倒汉奸走狗!"的口号声，人被焚烧的惨叫声，妇女孩子们的哭喊声，噼啪的烈火声混成片。被围在屋子里的孟广义抠开炕墙和烟筒桥子，从里面钻出来，没有被发现，剩下的70多人全部被害。

日本兵驱散了悲痛欲绝的妇女和儿童，牵着牛马，押着王宝坤等10人，逼李德山套上马车，拉着4麻袋小鸡回了西二堡守备队。

尚家街的火熄灭了，被烧死的人有的在炕洞子里，有的在锅腔子里，有的把头插在水缸里，有的抱在一起，横躺竖卧，都看不出什么模样了。一群狗跑到这里，撕扯着这些尸体，真是惨不忍睹。

惨遭洗劫的这天夜里，妇女、儿童和老人顶着风雪，相互照顾着向鹤立走去，妇女的头发冻成了冰块，人们的脸上鼻涕和泪水结成了霜冰，赶到鹤立西卢四屯天已放亮。卢老四全家的人在院中点燃了好几堆火，让逃难的人烤火，还给煮了小米粥。火堆旁，失去了父亲的孩子扑在妈妈的怀里哭个不停。妇女们也都在不住地抽泣。孩子要爸爸，妻子喊丈夫，老人坐在地上呼唤着儿子。仅卢家一个院子里就有12个妻子的丈夫被烧死。

（政协黑龙江省委员会文史资料研究委员会编：《不能忘记的历史》，黑龙江人民出版社1985年版，第153—155页）

35. "三·一五"大逮捕

藤原广之进口供

（1954年8月24日）

问：你叫什么名字？

答：藤原广之进。

问：讲一讲你任汤原宪兵分队长时的罪行。

答：一九三七年八月下旬，熊谷旅团仓石联队所属部队在某地逮捕的四十名和平居民中，发现尹洪明等与共产党有关的人员。以后，为了弄清与处理这个问题，部队将尹等交给我们，我以汤原宪兵分队长和汤原地区警务统制委员会委员长的身份，命令、指挥宪兵、警察共同协力，对尹洪明进行刑讯。结果，证实尹洪明就是中国共产党北满临时省委下江特委特派员兼汤原县委宣传部负责人，并获悉中共北满临时省委系统部分组织情况。由此，我进一步布置密探进行侦察。在侦察中，继续诱捕和逮捕了汤原县委组织部负责人周兴武与汤原县委书记高雨春等人。经审讯，获得了中国共产党汤原、依兰、富锦、桦川等县北满临时省委、吉东省委地下组织概况。我将此情况上报，经佳木斯宪兵队本部通报各地进行侦察。一九三八年三月三日，佳木斯宪兵队本部召开了宪兵分队长、分遣队长会议，讨论关于"三·一五"一齐对中共地下工作人员进行逮捕的问题。我亦出席了这个会议。讨论决定于一九三八年三月十五日一齐进行逮捕。三月十五日一齐逮捕时，我任汤原宪兵分队长，亦是汤原地区警务统制委员会委员长，统一指挥汤原警务机关和当地驻屯日军共同进行大逮捕工作。在这个事件中，直接由我命令、指挥的汤原宪兵分队，逮捕了中国共产党北满临时省委所属的汤原县委书记高雨春、组织部负责人周兴武等共产党员及抗日救国会人员六十八名，以案件上送了三十六名。依兰宪兵分遣队逮捕了依兰县委书记刘洪泰等九十一名，以案件上送了二十名。另外，还逮捕了依兰街特别支部十五名，以案件上送了党员四名。逮捕了中国共产党吉东省委下属的依兰县委及两个区委的三十名，以案件上送了党员八名，释放二十二名。在"三·一五"事件中，在汤原、依兰共逮捕共产党员及抗日救国会人员二百零四名，以案件上送了六十八名。处理的结果是：判死刑七名，无期徒刑四名，二十年徒刑的两名，十五年徒刑的五名，十三年徒刑的二名，十二年徒刑的四名，十年徒刑的十七名，八年徒刑的九名，七年徒刑的十名，六年徒刑的五名，五年徒刑的二名，不起诉的一名。

问：除你刚才所讲之外，还逮捕过其它什么人？

答：根据"三·一五"逮捕人员的供述，我继续派密探进行侦察，五月二十日至七月八日先后又逮捕了中国共产党北满临时省委下江特委组织部负责人赵明九、桦川县妇女部负责人小林等十三人。

问：赵明九等十三人是怎样处理的呢？

答：都送哈尔滨高等检察厅处理了，处理结果是，赵明九判处死刑，其余均判徒刑。

问：这次在你管辖下的地区破坏了多少共产党地下组织和抗日救国会组织？

答：汤原宪兵分队破坏了中国共产党北满临时省委领导的汤原县委及四个区委（汤区委、洼区委、格区委、龙区委）。依兰宪兵分遣队破坏了北满临时省委领导的依兰县委及四个区委（金区委、景区委、力区委、龙区委）和依兰街一个特别支部及吉东省委领导的依兰县委及两个区委（二道河子、刁翎区委）。另外，中国共产党的外围团体被破坏的，有汤原的四个抗日救国分会和三十二个抗日救国会；在依兰有四个抗日救国分会和三十三个抗日救国会。这些组织在大逮捕以后全部被破坏了。

问：你对"三·一五"事件应负什么责任呢？

答：我负直接指挥、命令破坏中国共产党北满临时省委所领导的汤原、依兰两个县委及其领导下的区委、支部、小组、抗日救国会等组织、团体，逮捕中国共产党员和抗日救国会人员的罪责；对整个"三·一五"事件，因由于我积极培养侦谍，逮捕审讯尹洪明、周兴武、高雨春等人，将所获悉的中国共产党北满临时省委、吉东省委所属地下组织及抗日救国会等组织团体的情况上报佳木斯宪兵队，并通报有关宪兵分队、分遣队进行侦察，逐步扩大线索，故引起"三·一五"事件的发生。因此，我应负发起"三·一五"大逮捕事件的罪责。

(一) 119—2，37，1，第 4 号

吉屋治郎吉笔供

(1954 年 8 月 12 日)

一九三八年二月下旬，佳木斯宪兵队长儿岛正范中佐命令各宪兵队长，于三月十五日对中国共产党地下工作人员及外围团体人员进行一齐逮捕，这即是所谓"三·一五"事件。

三月一日，佳木斯宪兵队长召集所属各宪兵分队长到佳木斯宪兵队本部，召开有关一齐逮捕会议。我参加了这次会议。会上决定了一齐逮捕的计划及实施办法。三月二日，我命令熊田军曹马上搜集有关情报。三月十日前后，熊田军曹向我报告说：在依兰县城西边的附近村庄，有与共产党关系密切的人。我便命令熊田军曹前去逮捕，当即逮捕了爱国者王某，二十多岁，并立即进行了审讯。审讯中，以供述中国共产党的组织关系保证不加刑罚为条件，进行逼供。

审讯结果判明，其本人为中国共产党员，和其他人还有联系。因此，便进一步对他进行胁迫，以后表示愿做向导而加以利用。三月十五日，我命令班长大须贺曹长等八人，在前记被捕者王某的带领下，对中国共产党地下工作人员进行了一齐逮捕。在大须贺班长的指挥下，在依兰勃利街西边的村庄逮捕五人。熊田军曹等对被捕者进行拷问，审讯结果判明，五名都是中国共产党员。四月上旬向佳木斯宪兵队长作了报告。四月下旬，根据宪兵队长的命令，押送哈尔滨高等检察厅审理法办。哈尔滨高等检察厅对五名爱国者的审判结果已记不清了。但无论检察厅如何处理，这个罪责都应由我承担。

三月十五日一齐逮捕中国爱国者一事，依兰宪兵分队长武下中尉、汤原宪兵队长藤原广之进也都参加了。被逮捕的爱国者人数很多，除释放一部分外，其余都送哈尔滨高等检察厅处理了，但具体人数记不清了。

（一）119—2，237，1，第 20 号

成井升口供

（1954 年 10 月 4 日）

问：你在富锦宪兵分队任职期间都犯有哪些罪行？

答：一九三七年十二月至一九四〇年三月，我在佳木斯宪兵队富锦宪兵分队任庶务系助手和庶务主任期间，所犯罪行如下：

一九三八年二月下旬，富锦宪兵分队野口军曹，于富锦街逮捕了一名抗日武装人员，押于分队，刑讯中脱逃。经搜查，被同江伪警察队逮捕，并送来宪兵分队。以后根据分队长松田秀雄处以死刑的命令，我和实森伍长将被害者带到松花江岸，由我用日本军刀将他砍死。

一九三八年三月十五日，佳木斯宪兵队于汤原一带对中国共产党吉东省委、北满省委进行了大规模的镇压和逮捕，共逮捕投狱约三百名中国共产党员与抗日工作人员。当时，在富锦县为逮捕中共富锦县委的共产党员，我受分队长之命，在野口军曹的指挥下，与另外三名宪兵，于富锦县集贤镇，在三月十五日的黎明，将中共富锦县委书记冯玉祥、宣传部负责人及三名委员逮捕拘押于宪兵分队，由野口军曹、山崎军曹进行了约二十天数十次的刑讯。我除监视拘留所外，并协助刑讯。枸押刑讯四个半月以后，根据佳木斯宪兵队长儿岛正范的命令，我和山崎军曹将上述五名中国共产党员送往哈尔滨高等法院治安庭，法办处理了。

（一）119—2，224，1，第 4 号

倪权控诉书

（1956 年 3 月 8 日）

我叫倪权，今年七十五岁，农民，现住黑龙江省汤原县胜利区复隆村。一九三八年旧历二月初四，我在汤原太平川区二甲住，担任该区抗日救国会第七分会会长时，被汤原县日本宪兵队分队长藤原广之进逮捕。捕后就押在汤原日本宪兵营。共过了七次堂，我受到了难以忍受的酷刑，如木棒打、铁棍打、上大挂、红铁条烧、鬼子拳打脚踢。这一系列的酷刑弄得我昏迷两次，死过去两次，被鬼子用凉水浇才苏醒过来。特别是后几次的过堂，打得我皮开肉裂。不等上次伤好又来一次。夜晚睡在地板上，血肉都贴在上面，第二天起来我浑身像刀子刮的血人一样。在这样的惨刑下我没有招供，鬼子无法，于同年旧历五月初四将我放回。回家后养了好长时间，现在有时我浑身还是发疼。因此，我提出控诉，请中华人民共和国最高人民检察院严惩该犯。

（一）119—2，37，2，第 3 号

关恨波控诉书

（1956 年 3 月 5 日）

我原名关雅生，改名关恨波，今年三十九岁，革命职员，现住佳木斯市二区十六委员会第五组。

我原是黑龙江省汤原县二区田家村人，一九三四年我参加东北抗日联军第六军工作。一九三七年六月，被组织分配到汤原县莲江口工作，联络伪警察署署长，名义上当警士，实际上我是秘密作抗日工作，收集情报、秘密宣传、组织士兵哗变等。一九三八年一月十日前后，被汤原日本宪兵分队长藤原广之进和他的部下逮捕，临时押在莲江口守备队。宪兵在审问时问我："是不是共产党？"我说："不知道。"这时，藤原广之进打我两个耳光，我晕倒在地。

当天，日本宪兵用汽车把我载到汤原日本宪兵分队（地址是同茂德房子），押进黑屋子。我进黑屋时，里边已经押有四十多人，第二天夜里一点多钟就被日本宪兵叫出去，不知往哪儿去了。

审问我的时候，是他的部下一个朝鲜人叫宫山，是宪兵中士，叫我承认抗日的事。我不承认，就用火钩子烫我，用棒子打我，痛苦难忍。逮捕我的同时，在莲江口还捕了高青林，第三天又逮捕中共汤原县委书记高雨春以及杨守田、侯国柱、小秦、叶子臣、杨明、赵钩、刘德任、何文海、何友三（何秉文）、刘庆福、尹洪明等人。

在汤原宪兵队押了我五个月，受过很多次刑，棒打、上大挂等。一九三八年六月中旬，将我们送到哈尔滨高等法院，审问一次，就关押在道里监狱。中间又审问两次（日子记不清）。当年八月二十四日宣判，高雨春被判死刑，我和侯国柱判十年徒刑，刘庆福、尹洪明、杨××判无期徒刑，赵钧、叶子臣、杨守田判八年徒刑，高青林判七年徒刑，何文海判六年徒刑，杨明判十五年徒刑，何友三判十二年徒刑，小秦下落不明。

（一）119—2，37，2，第 3 号

时作洲控诉书
（1956 年 3 月 2 日）

我叫时作洲，令年四十二岁，农民，现住黑龙江省汤原县胜利区复隆村。一九三八年旧历二月十四日，我在汤原县太平川区三甲住，担当抗日联军第六军地方游击连三班战士时，被汤原日本宪兵队分队长藤原广之进命令部下把我逮捕。捕后即押在日本宪兵营，到第三天头上，日本宪兵宫山野奇与温翻译官将我提出痛打一顿，这次过堂约计四小时，打得我混身青肿，硬逼我认供。四天头上又把我提出，当堂用铁棍打我，打得我皮肤开裂，全身冒血，口吐血沫子，看我气不多了才住了打。

每天只给两碗饭吃，连打带饿使我行动困难。共押了二十九天。因我死不承认，鬼子无法，才允许我找保，后被保出去。回家养了好多日子，伤口才长好。但现在遇有大风天，我的骨头仍阵阵发疼。另外与我同时被抓去的还有刘钧、范景阳、姜有、刘顺、赵喜林、梁升、杨福亭、关雅生、高雨春、尹洪明、何秉文等人。这些人大部分和我关在一个监号，少部分关在邻监号里。其中高雨春判了死刑；杨福亭、尹洪明、何秉文判了无期徒刑，被折磨死于监中。我不知道姓名的还有很多人，也惨遭日本鬼子迫害。

（一）119—2，37，2，第 3 号

查问控诉人葛延宗笔录
（1954 年 7 月 8 日）

为查清前日本陆军佳木斯宪兵队汤原宪兵分队长藤原广之进，指挥、命令其部下，在汤原、依兰等地破坏我抗日地下组织，逮捕、刑讯、杀害我抗日地下工作人员的罪行，依兰县人民政府邱忠英同志，于一九五四年七月八日查问了控诉人葛延宗。葛延宗自称，今年三十七岁，职业为依兰森林工业局职员，现住黑龙江省依兰县城一街十六组。

问：我们在一九五四年七月二日接到你的控诉书，为了查清这一事实，请你讲一讲你被汤原宪兵分队所属依兰宪兵分遣队逮捕的情况。

答：一九三八年，我在依兰农民训练所读书时，参加了依兰中学的抗日地下组织。当年三月，依兰宪兵分遣队在汤原宪兵分队长藤原广之进的指挥下，在依兰县各地一齐动手，逮捕共产党员及抗日救国会会员，被捕的有青年学生、职员、农民等。我是四月九日被捕的，我被捕后，首先被拘押在伪警察搜查班拘留所，后又转到宪兵分遣队的拘留所。从被捕到释放，被敌人非法拘押了我一百零五天。在这些日子里，我遭受了敌人的残酷刑讯。

问：请你讲一讲你被捕后所遭到的非法刑讯情况。

答：我被捕后，敌人为了弄清楚我们抗日组织的活动情况，曾对我进行诱供，但是，我什么都不讲，于是敌人便采用刑讯逼供。敌人的刑讯办法是非常毒辣的，殴打是最普通的，另外还有灌凉水、老虎凳、跪砖头、举木棍、过电等等。被刑讯的人，每次都得被刑讯昏死过去。至于我遭受了多少次毒打，实在是太多了，难以一一记数。我也受过灌凉水、筷子夹等毒刑，曾被刑讯昏死数次。和我一同被捕的刘正经同志，遭受刑讯后，不能行走，每天爬来爬去，令人惨不忍睹。

问：据你所知，有多少人被捕？

答：被敌人捕的人太多了，确数我不清楚。我只知和我拘押在一起的有刘正经、张荣等二十多人。

问：你讲的都是事实吗？如有伪造，你是要负法律责任的。

答：我讲的完全是事实。如有伪造，我愿负法律责任。

笔录已向我宣读，记录无误。

被查问人　葛延宗

查问人　邱忠英

记录人　梁忠源

一九五四年七月八日于依兰

（一）119—2，37，1，第13号

查问控诉人杨成明笔录

（1956 年 3 月 13 日）

时间：一九五六年三月十三日。

地点：黑龙江省鹤立区四合乡景阳村。

问：你叫什么名字？

答：我叫杨成明。

问：你今年多大岁数？

答：我今年六十四岁。

问：杨青是你什么人？

答：是我侄子。

问：杨青是怎样被捕的？

答：因杨青当时任四合村抗日救国会会长而被捕的。

问：是哪年？在什么地方被捕的？

答：是一九三八年三月十五日，在四合村后面的包包山被逮捕的。

问：是被谁捕去的？

答：是被汤原日本宪兵队长藤原广之进指挥的队伍捕去的。

问：杨青被捕去的事，你是怎么知道的？

答：在杨青捕去后二十多天，我也遭到了逮捕，我们俩同时被关种在鹤立岗同一监狱里，因此详细了解以上情况。

问：你是被什么人抓捕的？

答：也是汤原日本宪兵队长藤原广之进指挥的队伍抓捕的。

问：你被关押了多长时间？

答：我被关押了一个月零七天放出来的。

问：你被抓捕后受过什么刑罚呢？

答：打的次数记不清了，只记得被辣椒水灌，昏死过三次，我的牙被打的都活动了。

问：你当时在村里做什么工作呢？

答：我当时在村里给抗日联军做联络工作。

问：被抓后你是怎样出来的？

答：一方面我死不承认是抗日联军的联络员，另一方面我认识的一个朝鲜人，给我说了几句好话，才将我放出来的。

问：杨青在监狱里受过什么刑罚呢？

答：给上过大挂，用火钩子烧红了烙肉等。

问：杨青以后被放出来了吗？

答：没有。

问：杨青是怎么死的，你知道吗？

答：怎死的不知道，就只知从佳木斯被送到哈尔滨后就没信了，不知怎么给害死了。

问：你以上所讲的情况都真实吗？如有伪造，你是要负法律责任的。

答：我所讲的完全是事实。如有伪造，愿负法律责任。

被查问人　杨成明

最高人民检察院调查员　王剑、林玉书

（一）119—2，37，2，第 3 号

查问控诉人杨守田笔录

（1956 年 3 月 30 日）

时间：一九五六年三月三十日。

地点：齐齐哈尔市省农业合作干校。

问：我们接到你控诉汤原县日本宪兵队长藤原广之进捕杀中国人民的控诉书，请你把事实经过讲一下。

答：一九三八年一月，我在桦川一带参加了反满抗日活动，于当年旧历十二月十二日，被汤原日本宪兵队长藤原广之进率领的部下，在桦川大马库屯将我们五人一起逮捕，其中有高雨春、两个小孩、一名妇女和我。

问：抓去以后又怎样呢？

答：把我们带到汤原宪兵队进行关押审讯，用灌凉水、烙铁烙等刑罚审讯逼供，日寇宪兵常说"打死了没关系"。

问：最后怎么处理的呢？

答：后来把我们押送到哈尔滨，到哈尔滨后，藤原广之进还亲自审讯过我和高雨春。高雨春当时是中共汤原县委书记。结果将高雨春判处死刑，我被判七年徒刑。那个妇女和两个小孩怎么处理的，我就不知道了。

问：就以上这些情况吗？

答：还有，我在哈尔滨道里监狱时也看到好些人由监狱提出处死的，不过好些都不知姓名，只认识杨明——桦川火龙沟救国会会长和崔□□。

问：你以上讲的情况都真实吗？如有伪造，你是要负法律责任的。

答：我讲的完全是事实。如有伪造，愿负法律责任。

笔录已向我宣读，记录无误。

被查问人　杨守田

段景云控诉书

（1956 年 1 月 15 日）

我叫段景云，今四十八岁，现住黑龙江省依兰县依兰镇第一居民委员会。

一九三八年旧历二月初八日（一九三八年三月九日），我丈夫刘振中（当时共产党地下组织负责人），在二道河子被依兰宪兵队抓捕。这一天的早晨，我丈夫乘伪依兰县公署汽车去二道河子办事，他刚走，宪兵队就派人来我家证实刘振中是否真去二道河子了。在当天晚间我丈夫就在二道河子被抓起来过堂审讯。在我丈夫被捕后几天，宪兵队又一次将杨继懋、郎德颐、陈策、李彦、白文海、白文会、王发、姜明烈等许多人也抓来一同押进了监牢。宪兵队将他们抓起来后，就在依兰监狱连续使用棒子打、灌辣椒水、过电、锥子扎、火烧等惨无人道的各种刑罚进行了过堂审讯。一直到当年六月八日，又将这些人一同押到哈尔滨高等法院继续过堂审讯。十月二十三日，将我丈夫无理地判处了十二年徒刑。在这四个多月的时间里，敌人每天都将我丈夫提出过堂审讯，而每次过堂审讯，敌人都用尽了各种极端残忍的刑罚逼供，但我丈夫在敌人严刑拷打面前始终坚贞不屈，表现了一个中国共产党员的坚强意志。判决以后，就将我丈夫押送到吉林监狱。由于日寇的残酷刑讯，百般摧残，致使精神和肉体受到严重损害，精神极度错乱，于一九四〇年一月二十日惨死于吉林监狱。

赵明山控诉书

（1956 年 1 月 15 日）

我叫赵明山，今年六十七岁，住黑龙江省汤原县福隆区胜利乡。控诉前汤原县日本宪兵队捕杀我弟弟的血腥罪行。

我小弟叫赵明久，他曾参加抗联地下活动。在一九三八年春，我村特务分子王仁，向汤原宪兵队报告我小弟是抗联地下工作者。因此，汤原日本宪兵队来我们村先抓去我姐夫——当时的抗日地下工作者刘忠民，不到一个月还抓去了我的两个弟弟赵明荣和赵明林，以后才把我小弟赵明久抓住。我小弟赵明久被抓去后，在狱中受到各种严刑拷打和灌凉水，被活活的折磨死在监狱里。赵明荣虽然被释放，但由于监狱里严刑拷打，回家不久即死去了。赵明林被释放后，健康受到摧残，长期不能劳动。我姐夫刘忠民一直坐牢到"九·三"解放后才回到了家。

（一）119—2，37，2，第 4 号

佳木斯宪兵队关于"三·一五"进行大逮捕的报告

（1938 年 3 月 5 日　佳宪警第 124 号）

位于本队管区内的北满省委和吉东省委，现已查明其全部情况，为此，准备进行全面逮捕，望下达指令。

第一，方针

对于本管区内的北满省委和吉东省委的领导机关、党员及其外围团体，预定以三月十五日为期，进行全面逮捕，一举消灭之，以确保管区内的治安。

第二、实施要领

1. 参酌各分队及分遣队侦察培养工作的进展情况确定逮捕范围。第一批仅限于真正有可能逮捕的地区。目前进行全面逮捕的时机尚未成熟的分队或分遣队，延至第二批进行。

2. 逮捕时间基本上确定以三月十五日为第一天，以后尽可能在短时间内结束逮捕。

3. 全面逮捕时，以宪兵为主体。治安安定地区可以利用满洲国警察官；治安不良地区，请求日军及满警给予配合和支援，将省委领导机关、党员及某外围团体一举逮捕、歼灭之。

4. 在实施此次大逮捕中，将同日满警密切配合，事前充分作好准备工作，尤其对我方的行动将严守秘密。

5. 大逮捕所需宪兵兵力，原则上由各分队或分遣队自行解决。在不得已的情况下，认为有必要给予支援时，由队内调动部分兵力，以达到预期之目的。

第三，逮捕计划

1. 管区内的北满省委和吉东省委，以及上述两省委的外围组织系统，见附表一、二。［略］各地区预定的逮捕目标，见附表三至九。

［略］

2. 逮捕班之所需经费及拘留所的准备等情况，见附表十。

［略］

第四，逮捕后的对策

1. 被捕者由以各分队和分遣队为首，结合当地满警、监狱、铁道警护队收容拘留。仍然不足时，可以委托日军，借用其禁闭室。分别组成审讯班，做好准备，以便立即可以审讯。

2. 此次逮捕涉及的范围广，而且数量大。因此，在一般民众中有可能产生相当大的反响和震动。除宪兵应密切注视外，还将同县公署和协和会取得联系，做好事后的宣传安抚工作。

3. 逮捕后，当审讯告一段落时，在必要的情况下，进一步会同有关的分队长和分遣队长，就相互联系和事件的处理等问题统一部署。

第五，其他参考事项

1. 三月三日会同有关分队长和分遣队长，就实施逮捕问题，由本职指示具体注意事项，并提出有关制定逮捕计划的指示事项。

见附件一、二。

附件一：

队长就全面逮捕问题提出的指示和注意事项

今天召集诸位队长到这里举行会议，目的是分析目前侦察培养工作情况，详细研究此次全面逮捕的实施方法，以便使大逮捕作到万无一失。下面仅就诸位提出的逮捕计划和侦察手段及方法等提出注意事项。

一、关于保密问题

关于此次全面逮捕，应特别注意保密，绝对不能在开始逮捕前暴露意图，或使被逮捕者有所察觉。为此，希望诸位能始终对满警保守秘密；对于日本人和军队也只能在最小范围内透露。同时，关于逮捕前研究工作的场所也应充分考虑，可在宪兵队、警察署或警护队等处集会。逮捕当天的集合问题，事先也只通知干部，采取紧急集合的方法，这也是对行动意图实行保密的一种手段。此外，对于向导和到达目的地村落的路线等也必须加以认真的注意和研究。

二、在此次逮捕中勿使大鱼漏网

在此次逮捕中，应以北满省委和吉东省委、下江特委、县委为主；以抗日会、反日会等外围团体为辅。因此，不要只拘泥于外围团体等细枝末节，注意捕捉主要人物。对于抗日会等可以只限于会长、副会长等主要干部。

司令部对于此次逮捕也寄予厚望。希望诸位能发挥一切智慧和才能，竭尽全力，收到最大效果，以不辜负司令官的希望。

根据历次此类逮捕的经验，往往出现命令下达不彻底，相互间的联系协调不充分等现象，以致影响搜查工作的进展。此次逮捕将在各警务机关的配合和军队的支援下进行，因此必须充分地全面地贯彻宪兵的意图，实行最大限度的强制。

三、关于逮捕问题

三江省的共产党与城市的共产党不同，它拥有武装匪团为其后盾。因此同意事前注意作好准备，请求军队支援。而在逮捕过程中，既要发挥勇敢精神，又要充分估计到意外的危险。并须细心防止被捕者逃跑、自杀，或被匪贼劫持等现象发生。同时，在逮捕时所进行的住宅搜查中，更要求细致而且彻底。共产党员往往将各种文件等藏在秘密器皿中，或室内外、土中和柴草粮食中。此外，还须有记载存在目标物的村庄略图、房屋位置、逮捕对象姓名、年龄和体貌特征等。更为重要的是，逮捕班的负责人对上述情况必须充分了解和牢记。

在逮捕时，不仅与逮捕对象同居的人，包括非本村居民的外来人员，也要进行调查逮捕，切记勿忘。

密探的服装等，可以进行伪装。当目标人物不在时，必须彻底弄清是完全去向不明，还是外出旅行，或是逃走，去向如何等情况，以利于以后的逮捕。

在侵入目标住宅时，还必须细心研究，是装作因事拜访，还是立即闯入。还应注意，曾经有不少通过事后守候、搜查而逮捕到党的重要人物的先例。

此外，还必须事前制定有关被捕者的拘留、分类和审讯要领的方案，以备继续进行逮捕。

在逮捕时，由于宪兵彼此为了争功而使大鱼漏网的事例也时有发生。诸位必须从大局出发，应有将功劳让予他人的雅量，更不能同满警争功，对于细微问题都不可稍有疏忽。

四、关于对被捕者的审讯

有关共产党员及其有关人员的审讯要领，过去领导机关曾多次下达书面指示，对此应熟读和研究，尤其对下列诸项更须特殊注意。

1. 对被捕者审讯工作之困难是不难想象的。但是必须绝对防止只限于拷打、诱供，或仅利用以往党的文件等老一套的知识，必须设法采取向拘留犯人中派入密探，了解犯人言行等措施。

2. 对于嫌疑分子的供述，应弄清究竟是嫌疑分子的亲身经历，还是从第三者听说的，或者是嫌疑分子本身的想象。

3. 共产党及其有关人员，只要没有证据，他们对自己的罪行就矢口否认，因此，审讯人员必须针对每个被告的具体情况，研究审讯的方法。有时可以采取强硬的手段，有时也可以采取温情的态度。总之要因人而异，必须有充分的思想准备，耐心地进行审讯。

4. 审讯人员平时必须充分研究满洲共产党的运动形势。换言之，如果审讯人员对于满洲的共产党没有深刻了解，则嫌疑分子往往进行假的供述。

5. 共产党案件同处理一般的刑事案件不同，需要有高超的审讯技巧，尤其是党的核心人物，他们都具有较高的理论水平，精通一切社会象，很快就会察觉审讯人员提问的意图，从而巧妙地进行隐瞒或逃避。

6. 在嫌疑分子中，尤其是党员，应具体地审讯其分工负责的任务，以作为旁证资料。

7. 对被捕者进行审讯时，应先审讯上级组织的成员，后审讯下级组织的成员。因为，下级组织的成员，在党内，原则上组织联系少，很难从审讯中获得继续逮捕的线索；而上级组织的成员，纵横都有联系，可以更多地发现继续逮捕的线索。

8. 根据以往的情报，由北满省委、下江特委所领导的县委和吉东省委所领导的县委，在组织领导方面存在重复交叉的现象。因此，在对被捕者进行审讯时，必须弄清该人所属组织及其领导机关，并追究其上级和横的组织关系。通过北满省委领导下的组织追究吉东省委之类的作法，不仅徒劳无益，而且会被对方看穿，认为我等对共产党组织毫无常识，而对我进行嘲弄，这是需要注意的。

9、必须特别注意发现在苏联受过教育和培养的人。这些人通常都是党的核心领导人物，共产党在满洲的活动都是由他们所领导的。而且，他们在同苏联的谍报关系中，也有人负有重要任务。

除上述注意事项外，关于此次全面逮捕，从着手进行直到案件移交，从始至终，每个环节的具体处理，都应熟读和研究昭和十三年一月二十六日下达的关宪高第 51 号和同时下达的关宪高第 53 号等参考文件，彻底贯彻文件精神，加以妥善处理。

六、对满洲国警察当局的希望（警务厅长及特务科科长出席）

在此次全面逮捕中，迫切要求满洲国警察给予热忱而彻底的配合与支援。不仅在逮捕后的审讯、翻译的配备、拘留所、监狱和卡车等的借用等方面给予支援，同时，还希望协助监视拘留人犯，并彻底做好逮捕后当地的宣传和宣抚工作。此外，在全面逮捕中或事后，警察当局自身所需经费，从治安维持会费的思想对策费中支出，使部下警察官便于开展活动，彻底实现预期之目的。

七、其他磋商事项

1. 从各分队和分遣队提出的逮捕计划来看，其逮捕目标的姓名存在错误。

例如，甲分队提出的县委负责人是张九，而乙分遣队则是李三，究竟哪一个是真的，难以作出判断。

因此，对上述情况，务必通过此次会议，各分队和分遣队长共同研究，进一步澄清。今后的侦察工作须深入进行，以便使全面逮捕能顺利进行。

2. 有些分队和分遣队的逮捕目标同邻接地区的分队和分遣队的侦察目标出现重复的现象，经磋商，按下述协定执行。

（1）正在由富锦分队侦察的荣区抗日救国分会（桦川县第五区投子房）会长康学洲，由佳木斯分队以张玉珠为向导予以逮捕。

（2）勃利分队正在侦察的勃利县委二道河子区委（在双河镇）和刁翎区委（在兴隆镇），由双河镇分驻所逮捕。

（3）依兰分遣队正侦察的吉东反日会（会长姜国臣，在勃利县公署内），由勃利分队逮捕。

（4）汤原分队正侦察的桦川县委及其下属组织（城子甲）、岗区委（第四区）、通区委（马家沟）、交通站有关人员（佳木斯市内、佳木斯西门外），由佳木斯分队逮捕。

（5）林口分遣队正侦察的穆棱县委及其所属组织中居住在管区以外者和白石砬子区委，经林口分遣队长同穆棱分队协商，决定由林口分遣队逮捕。

（6）汤原分队正侦察的格区委及其外围组织，以及在兴山镇从事士兵工作的有关人员，由鹤立镇分遣队逮捕。

附件二：

预定逮捕人员一览表

分类	人员	摘要
已逮捕人员	12	
可能逮捕人员	199	
稍有可能逮捕人员	129	
不可能逮捕人员	65	
合计（以上为侦察培养总人数）	305	
备注	所谓不可能逮捕是指去向不明或已投身匪团者。	

（十二）14—1，34

关东宪兵队司令部警务部《三江省地区"三·一五"逮捕经过与实绩》摘录

(1938 年 11 月)

第二节　佳木斯宪兵队的侦察培养情况

关于三江省地区赤色游击区的治安肃正，对共产党及其外围团体的救国会进行镇压是极为重要的。我宪兵队根据关东军治安肃正工作计划，将工作重点放在思想对策业务上。担负前线任务的三江省佳木斯宪兵队所管辖分队及分遣队，由昭和十二年七月开始领导协和会特别工作班和满警待别搜查班，首先开始对党和外围团体的组织情况和有关人员进行侦察。

汤原县委组织部负责人周兴武，原有坚强的抗日意志，思想认识相当彻底，颇得上级党的信任，工作也很活跃。汤原宪兵分队首先对其父、兄进行说服、怀柔，并通过其父对他进行秘密引诱，向他说明满洲国的建国精神和日本的实力，促使其转变。他将县委的组织情况及有关人员的所在和相貌等详细供出，这些成了以后一齐逮捕的基础材料。后经宪兵、协和会特别工作班和满警特务搜查班的积极努力，截至二月末，侦察判明了如下情况：

（一）汤原地区。汤原地区在昭和十二年六月曾发生县城被匪团袭击事件。同年九月，又因"九·一八"纪念日，群众进行了暴动，和东北抗日联军对这一地区的占据，党及外围团体也相当广泛地扩大了组织，成为满洲第一赤色地区。这是自逮捕、审讯尹洪明后，逐渐判明的情况。之后，由于汤原宪兵分队巧妙地培养侦察，在昭和十二年十二月到昭和十三年一月末，不仅诱捕了汤原县委的主要干部，而且从其供述中，得到了依兰、桦川、富锦各县北满临时省委系统的组织情况。因此，汤原宪兵分队对消灭北满临时省委作出了重大贡献。至二月底，宪兵分队判明，在该县西部四块石山之北，有北满临时省委交通总站、第三军司令部稽查处等指挥机关的根据地，在县里有汤原县委及洼区、汤区、龙区、格区等四个区委以及支部、小组、救国会等组织，和其组织成员六十二名的姓名和住址。

（二）佳木斯地区。在佳木斯宪兵分队管区内，有以松花江岸为根据地的北满临时省委系统的桦川县委，其所属有岗区、龙区、通区等三个区委及支部、小组和泡子沿、草帽顶子、西火龙沟、城子甲各救国会，以及西火龙沟青年救国会等组织。还判明，以火龙沟、城子甲一带为根据地的北满临时省委系统的下江特委的成员七十五名，出入于管区。

（三）勃利地区。勃利宪兵分队的管区内，因全部属于吉东省委系统，故未利用北满临时省委系统的侦察材料。经单独侦察判明，勃利县委、县委交通站及青龙山、勃利二区委的组织，和各组织的十七名成员。

（四）富锦地区。此地区共产党的活动比汤原、依兰、勃利、桦川等县开始较晚。最初轻视了这个地区的情况。由于富锦宪兵分队精心侦察的结果，已判明北满临时省委系统的富锦县委，其所属有安区、集区二区委及富锦抗日救国会支会、荣区、安区、集区救国会等组织，和其各组织成员三十八名。

第三节 "三·一五" 一齐逮捕计划

我宪兵队根据侦察情况，于昭和十三年三月三日在佳木斯宪兵队本部召开了关东宪兵队司令部有关军官、有关各队代表和满警方面代表参加的会议，讨论了逮捕赤色地区共产党及外围团体的计划，并决定了如下主要事项：

一、方针：

为确保管辖区内的治安，实施对北满临时省委、吉东省委首脑机关党员和外围团体干部的一齐逮捕。

二、实施要领：

（一）逮捕范围，根据各宪兵分队或分遣队培养侦察的进展情况，只限于有可能逮捕的地区。至于一齐逮捕尚未达到成熟的地区，如饶河、宝清、抚远、绥滨等地，暂不逮捕。

（二）一齐逮捕的主要目标是共产党上级组织和外围团体的负责人，即共产党区委以上干部，外围团体相当于区委组织的会长、副会长以上干部，对妇女只限于特殊情况，其他不予逮捕。

（一）119—2，37，1，第6号

伪司法部刑事司思想科关于 "三·一五" 事件情况通报
（1939年9月8日　秘第364号）

今春，佳木斯宪兵队本部以三月十五日为期，开始对三江省内的党及其外围组织进行全面逮捕。这一叛徒事件，哈尔滨高等检察厅已审讯完毕，并逐步由哈尔滨高等法院进行宣判，大部已经结束。现参照有关报告和文件，将该事件的逮捕、处理情况和该事件概要，通报如下：

一、逮捕情况

1. 逮捕经过

三江省的中共满洲党的运动是在吉东省委和北满临时省委领导下进行的。

吉东省委是在一九三六年四月吉东特委撤销，成立道南、道北两特委，进而于一九三七年二月以道北特委为中心，根据共产国际中共代表的指示成立的。其活动区域是从松花江南岸经牡丹江省直至吉林省东部京图线的东部满苏国境一带的广大地区。它领导其下属的特委、县委和外围团体，同时，以东北抗日联军第四、第五、第七和第八军作为其武装团体，通过抗日全体军民的统一战线，顽强地开展赤化工作。

此外，一九三六年九月，在三江省汤原县，由珠河、汤原中心县委及第三和第六军的干部出席，召开省委成立筹备委员会，九月十八日省委成立，由珠河中心县委委员担任省委干部。但该省委的成立，并无共产国际中共代表的指示，考虑到日后必将改组，故称临时省委。其活动范围从满洲国行政统治最为薄弱的三江省松花江下游北岸直到黑龙江的边境地区。领导其所属特委、县委、区委，以及作为其外围团体的救国会。同时，还以东北抗日联军第三和第六军以及独立师作为武装机关，公开地开展赤化工作。在党的领导下，动员游击队和救国会，发动民众暴动。其运动不仅过激，而且十分露骨，毫不隐蔽，因此，被吉东特委指责为"左"派幼稚病。

上述处于三江省内的吉东省委和北满临时省委的活动，自省委成立以来，同哈尔滨特委取得联系，并接受其领导。一九三七年四月十五日哈尔滨特委被破获，联系中断。因此，各省委开始独立工作。吉东省委过去工作一向十分活跃，但由于其领导下的干部去苏联以及其他原因，工作逐渐消极。而与此相反，北满临时省委，尽管上江特委被破坏，仍通过以汤原县为中心的下江特委的活动，不断地扩大组织，桦川、汤原、依兰、富锦各县县委、区委及其所属救国会的活动十分活跃。

佳木斯宪兵队本部根据关东军治安肃正计划，自一九三七年八月以来，为了强化三江省的治安肃正，完全以贯彻思想对策为重点，分别由所辖宪兵队于一九三七年十月破获北满临时省委，逮捕了汤原县委宣传部长尹洪明；同年十一月逮捕了吉东省委所属勃利县委组织部长易恩波；同年十二月逮捕了汤原县委组织部长周兴武；一九三八年一月逮捕了汤原县委书记高雨春等主要干部。根据他们的供述进一步侦察的结果，终于查明了上述吉东省委和北满临时省委的组织。三月十五日，佳木斯、汤原、勃利、富锦各宪兵分队及依兰、鹤立镇各宪兵分遣队，在日满军警的配合下，坚决实行全面逮捕，破获了以县委为首的党及其外围团体的组织网。并进一步追查在此次大逮捕后为挽回颓势而暗中活动的上层干部。到七月八日为止，又逮捕了下江特委组织部长兼桦川县委书记赵明九等十三人。在这一基础上，继续进行细致的侦察，以期彻底歼灭目前成为国内治安最大障碍的三江省内的吉东省委和北满临时省委。

2. 逮捕的实施

参加此次逮捕的有佳木斯宪兵队本部所辖的佳木斯宪兵分队、汤原宪兵分队、勃利宪兵分队、富锦宪兵分队、依兰宪兵分遣队、鹤立镇宪兵各遣队、林口宪兵分遣队。

此次全面逮捕，逮捕地区基本上是处于山间僻地的匪区，解冰期比预想的提前到来，因而行动极为困难。但是由于驻在当地的日军和满警的大力支援和配合，基本上实现了预期目的。从三月十五日拂晓到三月十七日为止，逮捕了党及其外围团体的目标人物和潜伏匪徒共二百五十名；没收文件二十二份；枪支九十三支；弹药一百四十三发。根据上述被捕者的供述，又继续逮捕党的有关人员六十五名，总逮捕人数达三百一十五名。

此外，还进一步追捕在此次大逮捕中漏网的省委和特委干部。汤原宪兵分队从五月二十日到七月八日期间，又逮捕了下江特委组织部长赵明九等十三人。

通过上述逮捕，北满临时省委所属的汤原县委，在此次大逮捕前，其县委书记高雨春、组织部长周兴武、宣传部长尹洪明，以及其他干部已经被捕，该县委组织已处于毁灭状态。通过此次逮捕，其漏网干部也全部被捕。该县委领导洼区委、汤区委、格区委、龙区委和鹤区委，各区委领导支部、小组，以及作为外围团体的区抗日救国分会和抗日救国会。目前，除鹤区委外，多数组织已被破坏。依兰县委，县委书记刘洪泰被捕，其所属景区委、力区委、金区委和龙区委等各区委及其基层组织大部被摧毁。桦川县委，有下江特委组织部长兼桦川县委书记赵明九、青年工作负责人安财、妇女工作负责人吴雅头和秘书杨守田被捕，其所属岗区委、通区委和平区委中，除平区委外，其他各区委及其基层组织基本被摧毁。富锦县委，县委书记刘善一被捕，其所属安区委、集区委、荣区委（又称龙区委），除荣区委外，其他各区委及其基层组织基本被摧毁。桦川县特别支部，因书记兼组织部长马长寿被捕，其领导下的抗日会被摧毁。依兰街特别支部，被派往该地建立支部的北满临时省委巡视员黄耀臣被捕，其所属学校支部、电话小组、工人小组、气球小组和牡丹江岸小组中，学校支部和电话小组被摧毁。下江特委组织部长赵明九和妇女工作负责人李刘氏被捕。

吉东省委系统的依兰县委，该县委所属依兰县城支部宣传委员郎德颐和反日青年团的刘振中、杨继懋、张炳振被捕，该支部及其基层组织均被破坏。勃利县委所属勃利县支部宣传委员李述被捕，县委所属其他支部及交通团均被破坏。

在上述逮捕中漏网的残余分子多数似乎已逃入匪团。同时，省委和特委的干部都在匪团的掩护下到处流动，开始采取党军一体化，以武装斗争为中心的斗争形式。

通过此次逮捕，了解到北满临时省委系统各县委的组织情况。其中以高雨春为负责人的汤原县委的组织最为健全，下设五个区委和三十六个抗日救国会，其活动也极为过激。其次是依兰县委、桦川县委和富锦县委。下江特委领导上述各县委，公开地开展赤化工作，与抗日联军一起横行无忌。但自从肃正工作开始以来，改变了过去的方针，转入秘密的地下活动。在上述大逮捕之后，开始在没有建立组织的宝清、同江、萝北县一带重新开辟工作。此外，在佳木斯和依兰市街成立与县委同级的特别支部，主要在官公吏、教员、学生等知识分子中发展组织，并获得成功。这是值得重视的事。

属于吉东省委系统的勃利县委，过去在教员、学生等知识分子和青年阶层中，拥有牢固的基础，积极开展活动。但是，自从开展肃正工作以来，其主要干部或去苏联，或投身匪团，逮捕时，勃利县只不过领导两三个支部而已。同样，依兰县委过去也是以教员和学生为对象，积极开展赤化运动，自从吉东省委的领导力量被削弱之后，活动陷于消极。其后，北满临时省委开始与之联系，该县委处于由两省委共同领导的状态。此次被捕的上述两个县委的基层组织员都是知识分子，这也是值得注意的。

二、事件处理概况

（一）宪兵队的审讯

佳木斯宪兵队本部鉴于事件重大，在哈尔滨高等检察厅的指挥下，督励所属各宪兵分队和各宪兵分遣队，加强审讯工作。五月二十九日移交了汤原县委有关人员高雨春等十三人的案件。从这时起直到七月二日止，将三月十七日以前逮捕的共九十九人全部移交完毕。罪行轻微或有改恶从善可能的共二百一十六人予以释放。其后，又于八月五日将从五月二十日至七月八日期间逮捕的赵明九等十三人，作为案件移交完毕。

（二）检察厅的处理

哈尔滨高等检察厅自五月三十一日开始，陆续接受了由各宪兵队移交来的案件总人数多达一百一十二人。上述人犯均涉及破坏国家宪法、危害国家基础的重大案件，必须迅速公正地加以处理。为此，在全满各地检察官的支援下，积极查明事件真相。于是，审讯工作得以顺利进行。六月二十日首次对刘庆福等四人起诉，到目前为止已对一百〇三人进行起诉，三人给予不起诉处分。共计对一百〇六人处理完毕，截至十月二十日有六人尚未处理。

到 3 月 17 日为止的逮捕人员处理表

		逮捕人数	移交月日	移交人员			释放
				党员	外围	计	
北满临时省委	汤原县委	68	5 月 29 日	13	4	36	32
			6 月 17 日	6	13		
	桦川县委	40	6 月 11 日	7	3	17	30
	富绵县委	6	6 月 23 日	1	4	5	1
	依兰县委	91	6 月 27 日	5	15	20	71
	依兰街特支	15	7 月 2 日	4		4	11
	桦川县特支	37	6 月 23 日	8		8	29
吉东省委	勃利县委	28	6 月 4 日	8		8	20
	依兰县委	30	6 月 27 日	8		8	22
计		315		60	39	99	216

到 7 月 8 日为止的逮捕人员处理表

		逮捕人数	移交月日	移交人员			释放
				党员	外围	计	
北满临时省委	下江特委	2		2		2	
	桦川县委	8		4	4	8	
	汤原县委	3		2	1	3	
计		13		8	5	13	

即：

受理人员	112 人
起诉人员	103 人
不起诉人员	3 人（其中 1 人死亡）
未处理人员	6 人

上述受理人员一百一十二人中，就其原籍、职业、年龄和性别而言，原籍是满洲国内奉天省的为最多，共三十四人，其次是吉林省，为二十人；三江省和滨江省各十五人。以下的顺序是锦州省、安东省、热河省、新京市。除此之外，还有十二名中国人和一名朝鲜人。

受理人员原籍调查

满洲国新京市	1 名
满洲国吉林省	20 名
满洲国奉天省	34 名
满洲国安东省	5 名
满洲国滨江省	15 名
满洲国三江省	15 名
满洲国锦州省	6 名
满洲国热河省	3 名
朝鲜庆尚北道	1 名
中华民国河北省	3 名
中华民国山东省	7 名
中华民国河南省	1 名
中华民国（省份不详）	1 名
计	112 名

从职业情况而言，农民最多，有五十人。其次是没有职业者，有二十四名。值得注意的是，被捕人员中有市公署文书股长、县公署雇员，以及国民高等学校校长、小学校长和教员、甲长、村长和警士等相当多的知识分子和公职人员。其具体情况如下：

受理人员职业调查

县公署雇员	2 名
县公署教育馆馆员	1 名
市公署文书股长	1 名
保甲所拿务员	3 名
屠宰场文书	1 名
话务员	2 名
小学校长	2 名

小学教员	5 名
小学校校工	1 名
国民高等学校校长	1 名
国民高等学校教员	4 名
村长	1 名
甲长	3 名
警士	1 名
矿山警察队副队长	1 名
农民	50 名
中药材商人	1 名
杂货商	1 名
木工	1 名
裁缝	1 名
石匠	1 名
学生	1 名
旅店主	1 名
苦力	2 名
无业	24 名
计	112 名

就年龄和性别而言，男性为一百〇八名，女性为四名。壮年，即三十岁以上、四十岁以下者为四十名。青年，即二十岁以上、三十岁以下者为三十五名。老年，即四十岁以上者为三十二名。少年，即二十岁以下者为五名。壮年和老年占多数，这是值得注意的。具体情况如下：

受理人员年龄、性别调查

18 岁以上 20 岁以下	男 4 名　女 1 名
20 岁以上 25 岁以下	男 13 名
25 岁以上 30 岁以下	男 20 名　女 2 名
30 岁以上 35 岁以下	男 21 名
35 岁以上 40 岁以下	男 19 名
40 岁以上 45 岁以下	男 12 名

45 岁以上 50 岁以下	男 9 名
50 岁以上 55 岁以下	男 7 名
55 岁以上 60 岁以下	男 1 名　女 1 名
60 岁以上 65 岁以下	男 1 名
65 岁以上 70 岁以下	男 1 名
计	男 108 名　女 4 名

（三）法院审理

哈尔滨高等法院自六月二十日以来，陆续受理了哈尔滨检察厅对一百〇三人的起诉，分别由该法院治安庭进行审判。上述审理工作进行得慎重而迅速。七月十六日对何庆才等七人进行宣判，截至十月末共对九十名审判完毕。尚未结束审判者十三名。在已审判完毕的九十人中，有八十九人被判有罪，一名因已死亡而驳回公诉。具体情况如下：

起诉人员	103 名
判决有罪人员	89 名
驳回公诉人员	1 名（死亡）
尚未判决人员	13 名

其次，对上述八十九名判决有罪人员的科刑情况为有期徒刑十年者二十四名，七年者十五名。以上两种情况占多数。死刑八名，无期徒刑五名，这都是从事结社的领导工作或有杀人等不法行为者。对判决不服，由被告人进行上诉者，除被判处死刑的八名外，还有三名，共十一名。其他由于超过规定的上诉时间，大多数因被告人放弃上诉权而予以确定。

此外，对上述判决人员进行裁决所依据的处罚条例分别是，因参加党和救国会等结社，按《暂行惩治叛徒法》第一条第三款判刑者为六十四名，占最多数；其次是因以同一目的有杀人等不法行为，按该法第二条第一款判刑者为十七名；再次是因担任结社领导人职务，按该法第一条第二款判刑者为三名。具体情况如下：

被判决有罪人员的科刑情况

被判决有罪人员	89 名
死刑	8 名（全部上诉）
无期徒刑	5 名（全部一审确定）

有期徒刑 20 年	2 名（同上）
有期徒刑 15 年	6 名（同上）
有期徒刑 13 年	2 名（同上）
有期徒刑 12 年	6 名（同上）
有期徒刑 10 年	24 名（上诉 1 名，其他一审确定）
有期徒刑 8 年	8 名（上诉 1 名，其他一审确定）
有期徒刑 7 年	15 名（全部一审确定）
有期徒刑 6 年	10 名（上诉 1 名，其他一审确定）
有期徒刑 5 年	3 名（全部一审确定）
计	89 名（上诉 11 名，一审确定 78 名）

判决有罪人员所依据的处罚条例

第一条第二款	领导人　3 名
第一条第三款	参加结社　64 名
第二条	不法行为　17 名
第五条	煽动军警　2 名
第七条	帮助犯罪　3 名
计	89 名

（十二）14—1，48

（中央档案馆、中国第二历史档案馆、吉林省社会科学院合编：《日本帝国主义侵华档案资料选编·东北历次大惨案》，中华书局 1991 年版，第 159—191 页）

36. "三一五"惨案在依兰

（1）"三一五"惨案经过

1937 年末，依兰宪兵分遣队掌握了属于吉东省委的依兰城县委及所属的二道河子、刁翎区委组织和一部分外围组织与抗联第二路军的部分关系人，并掌握了北满临时省委领导下的依兰农村县委及所属各区组织及关系人，一共 165 人。

依兰三区太平镇守备队特务刘德和金大巴掌是西湖景山区的人。刘德的表兄田凤阁住在农村县委和西湖景区委活动的中心屯下甸子。小特务田凤阁把他所知道的地下党和群众的抗日活动情况都告诉了刘德。1937 年 11 月 12 日，刘德、金大巴掌和密探长杜宝昌等带领太平镇守备队 300 多人，来到西湖景山区进行搜查，从南起松木河沿北至刘家屯有十五六里长和东西有 8 里多的地区"拉上大网"，把所有的男人有 200 多都圈到下甸子孙俊家的院子里。刘德和金大巴掌逐个辨认，他俩说是"良民"的站在一边，他俩不认识或不说是"良民"的，就用铁丝把双手拧上，站到另一边。这样，混在群众中的地下县委组织部长赵玉洲和他的叔父、弟弟，县委青年书记李奎兴（小陈）、交通部长邵国栋（小苏）、保管宫云廷，力区书记王志（小项），金区书记王发（小白），景区第二支部书记孙贵、秘书梁宏志、交通站站技吕连贵，还有抗联战士、地下工作人员、群众中的抗日积极分子整整 20 人遭到逮捕，被押送到依兰。

县委书记刘洪泰闻讯后，通过各种关系营救被捕的人员。终于由地下县委和被捕者家属共同凑上 3500 元钱，经陈家烧锅掌柜的陈振铎出头，通过依兰城双合成大车店经理乔级三，通融了宪兵队的宋翻译，结果除抗联战士阎小子被折磨死在狱里外，其余被捕的人都被放了出来。但是县委青年书记李奎兴在这次被捕刑讯时，向敌人投降，泄露了组织秘密，农村地下党组织更加暴露了。

1938 年 2 月，日本侵略军对依兰境内二区山嘴子、阿木达及五区兴隆镇进行"讨伐"，搜缴到一些抗日联军与地下党的宣传品、文件、信件。敌人利用从信件中发现的线索，逮捕了依兰城市县委个别成员。被捕者由依兰宪兵分遣队久富曹长直接审讯，通过威逼利诱，从中获取了依兰城市县委组织系统的一些具体情况。

驻佳木斯的日本关东军汤原宪兵分队长藤原广之进，对这次事件非常重视，亲自来依兰坐镇，并调来宪兵大久保田、佐佐木曹长、宪补郑基隆（武下）、一等宪兵李毅。

这次大逮捕，由依兰宪兵分遣队长斋藤统一指挥，以依兰宪兵分遣队为主力，依兰警务科、警察署配合行动。

3 月 15 日凌晨，依兰的宪兵、警察、自卫团、大小特务爪牙倾巢出动，四处捕人，制造了一场骇人听闻的惨案。

当天，依兰城里的朗德颐、杨继茂、陈策、李延等二十几人被捕，土龙山、双河、刁翎、道台桥等地郭庆江、张炳震、姜振声等 24 人被捕，东部山区有一百六七十人被捕。

现从敌伪档案中查到，在这次大逮捕中，有 85 名中共地下党员被捕，他们中有中共地下党县委书记、县委委员、区委书记、区委委员等党的重要干部，还有在依兰做地下工作的北满临时省委特派员和北满临时省委下江特委交通员两人。被捕的地下党员中 23 人被送哈尔滨高等检察厅、哈尔滨高等法院判处徒刑，其中一人判死刑，4 人惨死在狱中。这次大逮捕，还有地下党的外围组织救国会和反日会的会长、交通部长、肃反部长和救国会员 224 人被捕。其中被捕当时即遭杀害的和被刑讯惨死在狱中的就有几十人，被送哈尔滨高等检察厅、高等法院判处徒刑者 17 人，判死刑者两人。在这次事件中，属于北满临时省委领导的农村县委及其领导的 7 个区委所属的地下党组织和依兰城市县委、依兰街特别支部与其领导的支部、党小组都被破坏，属于吉东省委领导的依兰城市县委及它所领导的区委、支部、小组等地下党组织也均遭破坏。两个县委领导下的救国分会、救国会组织也全部遭到破坏。

这次逮捕事件，从 1938 年 3 月 15 日开始，延续到这年秋天，直到 1941 年余波未息。

血腥的"三一五"事件，不仅许多地下党员、救国会员、抗联战士被捕入狱，也使无数普通群众遇难。

据伪依兰警察署×署长供认，在"三一五"事件中，依兰仅在兴隆镇、宏克利、太平镇、双何镇就有王祥、李振犁等 256 人被捕。宪兵队和"搜查班"在西湖景、山嘴子、湖南营、杏树、大八浪、小八浪、头道河子、黑背、三道岗等地共逮捕 500 余人。太平镇×成兴经理栾喜纯回忆说："太平镇救国会长马景全叛变，很多人被捕，成汽车往依兰送'犯人'。"日伪当局从四乡抓的人送到城里，有的押在宪兵队和警察署，多数押在依兰监狱。依兰监狱每个监号（牢房）定员押 8 个人，可"三一五"事件时，每间牢房押 16 人。后来依兰监狱实在无法收容，就送往牡丹江。依兰监狱设备不好，又冷又脏，一次流行传染病，就死了几十个在押人。

3 月中旬，后寡拉守备队和暖泉子守备队一同去大砬子屯搜查。这伙敌人到屯子后，就把张君的大哥张老大绑上了，张老大是救国会的交通员，又把一个叫王老九、一个外号叫一马黑的给绑上，就地枪杀，陈尸在村头上，只把张老大押走。

也是这一年 3 月 15 日前后，特务陆大爪子领着暖泉子守备队来搜查。他们逮捕了西湖景区第一支部书记张金等 7 人，其中有救国会的交通员，青年救国会长和普通群众。被捕的人在暖泉子守备队关几天以后，除了张金，其余 6 个人与同牢的难友共13人被汽车拉着上了去太平镇的路。汽车走到顾家岗子，遇见了一个给跳大神送鼓的人在路上走。疯狂的敌人，把这个送鼓的人也扔上汽车。汽车没有到太平镇，14人都被杀害在半路上。小小的西湖景山区，在"三一五"事件中就有181人被捕，其中50余人被杀害。暖泉子屯一次被杀害了8名青年，这个小屯家家有被抓、被杀的。当地的老年人声泪俱下地说："他们把青年人给杀净了。"

（2）残酷刑讯

日伪统治者在"三一五"事件中，对手无寸铁的被捕者使用了空前残酷的刑法，进行精神上的折磨和肉体上的摧残。有关这个事件被逮捕的人，在依兰期间，由依兰宪兵分遣队长斋藤、警务科长中野、宪兵汤浅、李毅进行审讯，帮凶还有崔翻译、金翻译和汉奸郑培麟等人。他们对被捕的人威逼利诱、严刑逼供。审讯中，残暴的敌人使用的刑法五花八门，用木棒打、皮鞭抽、上大挂、坐老虎凳；用粗木棒或铁棍拧被捕人的脚镣，直到把人的脚脖"筋"拧断为止；把被捕人的手用粗锥子扎上，用力往桌子上按，或者用钢笔等东西把被害人的手指夹上用力揉搓；他们给人灌凉水、灌辣椒水、灌混合煤油的水，把被害人的肚子灌大，再用脚把水踩出来，弄得被害者从鼻子、嘴往外冒血水；把人折磨到昏死过去后，放在一边，往头上泼凉水，等人苏醒后再继续折磨；更厉害的是把烙铁烧红，在前胸、后背烙，甚至把女人的裤子扒下来，用烙铁烙阴毛，往阴户里倒煤油。地下党员、抗日群众被捕后，很多人牺牲在敌人的酷刑之下。依兰街里的地下党员刘振中去双河区工作时，被捕送到依兰监狱。因为他是依兰组地下党城市县委的组织部长，敌人想从他身上得到重要线索，对其反复审讯、严刑拷打。刘振中坚贞不屈，被打得遍体鳞伤。刘振中因受刑过重，终于死在狱中。

1938年3月，西湖景区松木河沿的农民张万昌，因为是农村县委书记丁世贤的堡垒户，被太平镇的特务工作部逮捕。敌人说他窝藏了丁世贤，严刑逼他交出丁世贤，并且把和张万昌一起因避难搬到土龙山住的亲家吴魁生也抓去一起审讯。因为丁世贤1937年就调到北满临时省委下江特委去工作，张万昌和吴轰魁生也真不知道丁世贤的下落。张万昌和吴魁生二人说："不知道丁世贤在哪里"，敌人就轮番毒打，用成扎的香火烧烤他俩人的小腹，他们两个人小腹终于被烤"崩"而惨死在刑讯室中。

（3）所谓的"要事视察人"

给农村县委当保管和跑外交的孙俊，是西湖景区下旬子屯的农民。他哥8

个都为抗日做过工作。弟弟孙贵是景区第二支部书记。"三一五"事件发生后，孙家除留下老二孙禄夫妇看家外，其余哥几个都带着妻子、儿女出外隐蔽。直到1939年，哥几个以为没事了，就陆续地搬回西湖景刘家屯。但是，当日本侵略者在西湖景山区为了推行"治安肃正"，给新归并到部落的农民发放户口时，发现孙家因为是"三一五"事件中已经查出的跟地下党有联系、给抗日联军办过事的人家，在新发的户口簿上用红笔注上"要事视察人"的字样。这样，孙俊兄弟就被敌伪严密地控制起来。1941年2月，孙俊被桦川县警务科的特务逮捕，罪名是"窝藏过地下党县委组织负责人"。过堂时日宪严刑拷打逼供，孙俊只承认自己的公开身份是"杨树林子甲长"。他在桦川县警务科被刑讯一个多月，最后被打昏，敌人以为他已被打死，就把他扔到荒郊野外，孙俊苏醒后，爬到亲属刘殿吉家，人已经不行了，头上、身上的烫伤已经化脓，右侧肋骨折断，不能吃饭，不能说话，躺不住、坐不住，整天双手扶炕沿站着呻吟。弟弟和儿子把他接回家中，不到四天就死了。

"三一五"事件中，敌人以各种借口捕人，对被捕的人，过"过明炉"（因某种嫌疑被捕，宪兵队注册后释放）、交"保证书"、户口上注"要事视察人"等名堂实行控制。属于"要事视察"的人，整日提心吊胆，受尽了日本人及其爪牙的气。"要事视察"的人，没有"良民证"，不能自由行动。地下党城市党委宣传委员郎德颐刑满释放后，户口注明"要事视察"。因没有"良民证"，他不能在城里居住，只得全家都搬到了乡下。

"三一五"惨案中被判刑人员名单

黄跃臣（黄吟秋）	北满临时省委巡视员	判死刑
刘庆福	北满临时省委下江特委交通员	判七年
刘洪泰（姜魁武）	县委书记	判十五年
林景昌	景区书记	判十三年
张福	景区书记	判十年
王文秀（老马）	景区第一支部宣传委员	判十二年
王发（小白）	金区青年部长	判八年
王景全（王金山）	金区宣传委员	判十年
唐凤云（小蔡）	力区宣传委员	判八年
陈策	地下党员	判五年
李延	地下党员	判六年
葛志祥	愚公救国会	判十年

仲连山	西湖景救国会长	判十年
郑长秀	西湖景救国会交通部长	判十年
鲁喜荣	兴巨号救国会交通员	判六年
张国山	愚公救国会交通部长	判七年
陆平	榆木桥子救国会副会长	判七年
王景祥	四合屯救国会长	判七年
孙财	四合屯救国会交通部长	判六年
马福超	四合屯救国会副会长	判十年
田凤山	三区太平屯交通负责人	判六年
张汉臣	聚宝屯救国会副会长	判七年
邸凤舞	长青屯救国会会长	判十年
卢尚云	阿木达救国会长	判十年
于昌	杨树林救国会长	判七年
孟宪金	小砬子救国会肃反队长	判死刑
张宝玉	奎子里反日会员	判死刑
韩延堂	阿木达青年救国会长	判七年
何文海	小洼丹救国会长	判十年
朗德颐	依兰城市县委宣传委员	判七年
杨继茂	依兰城市县委反日青年小组长	判十年
郭庆江	兴隆镇宣传委员	判七年
姜振声	兴隆小组书记	判十一年
王庆（王兆民）	兴隆镇小组宣传委员	判十三年
回景财	兴隆镇小组组织委员	判十年
张秉震（张达烈）	城市县委反日青年小组组织委员	判十五年
何庆财	二道河子区委书记	判六年
崔永发	二道河子支部书记	判六年
姜明烈	二道河子交通站负责人	判八年
曹进智	二道河子交通员	判五年
傅学纯	湖南营区委书记	判十年
张俊有	水曲柳沟青年救国会长	判五年
刘振中	城市县委组织委员	判十二年

（政协黑龙江省委员会文史资料研究委员会编：《不能忘记的历史》，黑龙江人民出版社 1985 年版，第 229—235 页）

37. 《新京日日新闻》 关于"三江省讨伐"的报道
（1938 年 7 月 14 日）

在三江省地区的讨匪工作，由于日、满军警不断地努力，逐步发展，去年秋季的大讨伐进行以来以至今日，约毙匪贼五千名，俘虏一千五百名。此外，由于认识到对日、满军抵抗于己不利，要求投降的人已达一千二百名之多。最近，随着集团部落建设的进展，匪团活动日益困难，粮食弹药极度缺乏，资金来源断绝，匪团间相互火并，与日俱增，极为激烈，起了破坏作用，已处于自灭的命运中。在过去一年间，三江省地区内日、满军警合作讨伐的成果如下：

出动次数：3304 次，交战次数：1242 次。遭遇匪数（累计）：123742 名。击毙匪数：5470 名。毙马：1481 匹。摧毁山寨：1143 个。缴获品：步枪 1680 支，步枪子弹 61285 发，轻机枪 11 挺，手枪 535 支，手枪子弹 11829 发，马匹 1582 匹。投降：1131 名。收回武器：步枪 957 支，子弹 44491 发，手枪 301 支，子弹 1679 发，掷弹筒 1 个，轻机 8 挺，重机 1 挺。

（一）119—2，1110，5，第 46 号

（中央档案馆、中国第二历史档案馆、吉林省社会科学院合编：《日本帝国主义侵华档案资料选编·东北"大讨伐"》，中华书局 1991 年版，第 386 页）

38. 鹤岗 "东山万人坑"

黑龙江省鹤岗市有个"东山万人坑"，坑内累累白骨，是当年日本帝国主义侵占我国领土、掠夺我资源、蹂躏我同胞的如山铁证。1981 年 1 月，"东山万人坑"被列为黑龙江省重点文物保护单位。

"东山万人坑"是鹤岗两个最大的万人坑之一。1968 年 10 月，为了使子孙后代了解过去，不忘日本帝国主义的侵略罪行和前辈的苦难，人们掘开了"东山万人坑"的一角，仅这长 10 米、宽 8 米、深 2 米多的小小坑内，就堆积着死

难矿工的尸骨千余具。据多次调查，这些尸骨主要来自以下 4 个方面：

（1）在日本人残酷统治压迫下劳累致死的矿工、外包工

据老工人廉成山回忆："一九四一年，我大哥在兴山二坑干活时得了病，劳务系的把头到家来催班，看到他躺在炕上，便抡起皮鞭没头没脑地打了一顿，硬是逼着他上了班。我大哥有病又遭毒打、劳累再挨水淋（当时在水场子干活），没过三天就离开了人世。一九四二年，兴山二坑从关内招来一千多名十八至三十岁的工人，因干活时间太长（早三点到晚九点），又缺乏营养——尽吃橡子面和发霉的包米面，喝臭水沟里的水，到后来，这些人只剩下九十多人，其余的人都被活活累死、饿死。这些死者，大多被扔在了乱尸岗上。"南山矿退休老工人许延岭回忆说："康德六年（一九三九年），为了修南—东线（现洋灰洞子东侧的那条）铁路，从天津招来了外包工六百多人。日本人为加速对我煤炭的掠夺，不顾工人的死活，强迫加快施工进度。工人们在吃不饱、穿不暖的情况下，披星戴月干着繁重的体力活。铁路尚未修完，人已累死五百多，全都扔到了东面的荒山坡上"。

（2）日本侵略者无视工人的生命安全，施行野蛮的掠夺式开采，导致井下事故不断发生，矿工大量伤亡

据老工人高广红回忆：1940 年 3 月，他妹夫吴长才、妹夫之兄吴长松和外甥龚长生等一起，由老家山东平阴县被把头王金才招来鹤岗当工人，在南岗"天"井口（后来的南山二坑）干活。5 月初，妹夫在井下头被砸碎，当即身亡。不到 10 天，妹夫的哥哥也被砸死。老工人姜长旺说："那时我在兴山二坑干活，有一段时间我们送下山（下坡的坑道），连续送了四十多米。日本人为了加快进度，不让棚棚子。当时我们七个人在那里干活，我到下边去取钎子，等我从下边回到场子时，才知道出了事故，四十米无棚区全部塌方，那六人全被埋里了。待我爬出来后，日本人硬说我偷懒没在井下干活，不容分辩就毒打我一顿。"新一矿退休工人齐华民回忆：1943 年 1 月 6 日下午 1 点，由于日本人只顾要煤，强令工人在瓦斯积聚区干活，导致南山三坑发生了瓦斯爆炸事件。爆炸后日本人为了保住井口，竟在工人没出来的情况下硬将井口门给堵死，一直堵到晚上 9 时左右才扒开，扒开一看，好些工人都死在井口门附近。这次事故共死亡矿工 96 人[1]。据老工人芦本忠说：在 1945 年 6 月西山槽作业场，一次就冒顶 18 架棚子，除了在场子面上干活的 5 人外，其他 30 多人全被砸死。类

---

① 鹤岗市志编纂委员会编：《鹤岗市志》，黑龙江人民出版社 1994 年版，第 14 页。

似情况，不胜枚举。开始时凡工伤死亡的工人都给口简易棺材，埋起来。后来，死者太多，不但不给棺材，而且不埋了，就将尸体往荒山坡上一扔，日久腐烂，累累尸骨漫山遍野。

（3）因食物发霉糜烂、水源污染严重和医疗、卫生条件极差，以致瘟疫盛行，工人、家属们频频因病死亡

据老工人杰寿秋回忆：那时吃水很困难，工人只得吃水沟里的水。水沟里经常漂着绿苔和马粪，有时还漂着死尸，这样的水喝了，哪能不得病呢！1939年"霍乱"病流行，日本人怕传染，哪一趟房有人得病，就用铁丝网将房子全围上，不许里面的人出来，等人死了，再抬出来扔到荒山坡上。我们的工棚就在现在"万人坑"的边上，工棚死了人，就扔进大坑里。我曾见到过4个"浮浪"抬着两个用铁丝捆着、还在喊叫的人往坑里扔。据1938年就随父亲来到鹤岗的王守珍老人在1985年1月7日回忆说："1940年大约夏末，我家和许多邻居一起由老街基搬到新街基，住了三四个月，就出现了一场大瘟疫，当时称为'黄病'。症状是浑身发黄，连眼睛都黄。由于无钱医治，人们就采取吃活泥鳅、用黄纸卷黄蜡点燃后熏等土法来治，根本不见效。得病者一般至多能活一个月。当时我家也染上了病，弟弟得病三四天就死去了，姐姐被传染，也在一个月后离开了人世。这次瘟疫流行很广。给日本人建南大营的外包工，有五十多人是我的老乡，1940年春天被招来鹤岗，这时也染上了病。多时一天就死好几个，最后只剩下八个人，一看瘟疫太厉害就都跑了。当时这些老乡常来我家串门，情况是他们亲口说的。"据老工人张东方回忆：1942年一天上午10点多钟，有一个工人因得了伤寒病，被日伪把头用牛车拉到东山一坑马机头跟前火化了。当时这个工人还叫着："我没死，我还能活！"老工人孙家山说："康德十年（一九四三年）伤寒病流行，我们工棚里的工人李连义得了病。夜里，把头来抬他，他还能说话就被扔到工棚后边野狼出没的荒山坡上。第二天早上我去找他，看到的只是一只带血的鞋了。"据老工人魏文元1984年12月24日回忆：1942年从黄河边招来400多人，来后天天吃橡子面，吃了就拉稀、生病，病倒就往外拽。那些人就在现在发电厂那地方，围着炉灰焦炭取暖，以垃圾堆里的烂菜叶充饥，又病又饿又冻，每天都有死的，最后400多人只剩下30多人。

尤其是在"矫正辅导院"里，连日本侵略者自己也不得不承认当时卫生、医疗条件十分低劣。据《伪满洲国史》"伪满第十二次司法官会议录"载："因卫生设备之不完全及防疫措施不足，以致罹恶疫而引起之死亡不幸事件甚多。"

鹤岗煤矿成立于 1917 年。日本帝国主义自 1932 年到 1945 年侵占鹤岗矿山整整 14 年。这 14 年的法西斯统治，其残酷、罪恶都是历史上罕见的，"万人坑"里中国受难者的累累白骨就是铁证！"东山万人坑"是对日本帝国主义侵略罪行的有力控诉，是对子孙后代进行爱国主义教育的好教材。

（政协黑龙江省委员会文史资料研究委员会编：《不能忘记的历史》，黑龙江人民出版社 1985 年版，第 251—254 页）

39. 日本 "开拓团" 在勃利占地、开荒

1940 年（伪康德七年）又在沙鱼、新风、马鞍、中鲜、控令鳌、前后八道岗、茄子河、富强、铁山包、万龙、龙湖、大东等地建立日本开拓团，占荒、熟地及山林 41 万垧，开荒 1900 垧。

（勃利县志编审委员会：《勃利县志》，中国社会科学出版社 1992 年版，第 86 页）

40. 伪满时期的 "依兰亚麻株式会社"

日本帝国主义侵占我国东北后，为了扩大经济实力，为其侵略战争服务，大肆掠夺我国资源，通过其本国财团与我国天津市的大财阀张荆山合资在哈尔滨市东大直街设立了"哈尔滨满日亚麻有限株式会社总店"，在黑龙江省的海林、拜泉、海伦、延寿、兰西、巴彦、依安、克山、勃利，以及吉林省的永吉等县建立亚麻场。依兰亚麻场也是隶属于这个总店。依兰亚麻场筹建于 1940 年 3 月，第二年的 7 月竣工投产，到 1945 年"九三"光复，随着日本军国主义的垮台而停产。该场的全称是"满日亚麻有限株式会社依兰亚麻场"，人们简称为"亚麻会社"。场址设在依兰城东倭肯河西岸，即现在亚麻厂原址，占地面积 355 亩。

该场开始筹建时，在伪县公署的指派下，被征调的大批城镇职工、居民、木瓦工和农村的车马人工，在日伪人员的监督下进行施工劳动。人们干活时，日伪随意打骂，一天给很少的钱，仅够人吃马喂用。一旦出现工伤事故，该场一概不管，全由自己负责。施工前，日伪赶走了在这里居住和耕种的周君、卢××等几家农户，无代价地强占了 355 亩土地。被赶走的农户住房等问题一律不管，自己去找出路。

依兰亚麻场的组织机构比较简单。全场只有一个日本人场长叫大浪荣四郎，是在职的日本大尉军官。大浪为人专横跋扈、一手遮天。场长下设4个系，即耕种系、浸水系、制麻系、总务系，还有一个带卫班。每个系的系长都是日本人。其中职员全是中国人。在中国职员中还有一名负责系的具体工作。各系都是日本人说了算，中国人只能受日本人支配，唯有两名日语翻译，整天尾随日本人左右，十分惹人厌恶。耕种系的系长叫田中，这个系有7名中国人任耕种指导员，还有两名日语翻译。耕种系负责亚麻原料的生产、收购的技术指导。具体说，就是负责亚麻种植面积的分配、地块选择、种子发放，指导适时播种、田间管理、适时收获、打包交送；原料到场时，负责收购、验等、检斤、上垛、保管等，还负责亚麻籽的收购、保管、筛选、出库等。浸水系的系长叫川村，浸水负责人、现场员、捆小麻的3个都是中国人，此外还有一个叫申类的日本人任浸水助手。浸水系负责亚麻原料的沤制，包括捆小麻、装池、浸水、换水、出池、晾晒、捆干麻、上垛保管、干麻出库等道工序。制麻系的系长叫藤田，制麻负责人是两名中国人。制麻系负责把亚麻制成纤维，整个工作过程有压珠、打成麻、筛粗麻、梳麻、打包、入库。总务系系长宫野，财务、工资计算员和翻译是中国人。总务系负责工资计算、发放，原材料采购、入库、保管、现金支付、记账、财务、设备管理、房产管理等。警卫班有4个人，负责人和警员都是中国人。警卫班负责防火、防盗、防"间谍"、行人检查、出入门登记等。

依兰亚麻场的设备极为简陋，仅有旧式原动机一台、12块的手打轮60台、手摇式打包机一台、沤麻池24个、锅炉两台、打麻房一栋。另有家属房6栋（一等房日本人住，二等房中国人住）。场子没有医疗设施和劳保待遇，更没有任何安全设备。工人在恶劣的条件下劳动，安全毫无保障，经常发生人身事故。40多岁的压麻工人刘××的一只胳膊被压麻机绞进去之后，骨头虽然没折，但血肉模糊，场子一不管二没药，只好自己到街里上点红汞水了事；有个姓王的掏洞子工人，一时不慎被打麻轴杠绞进去随轮转一圈，幸亏他的衣服破旧不结实，轮子把衣服绞断了，人掉了下来，不然就有生命危险。有百分之八十的打麻工人被打伤过手，有的人手上至今尚有伤痕。打麻场房无除尘设备。打麻工人整天灰尘满面，衣裤里都进去灰了，但场子不给口罩，工人只好用亚麻纤维捋成绺，绑在嘴上或脖子上防尘。那时的打麻工人都是面黄肌瘦，绝大多数有矽肺病。

全场共有200多人（年均），其中日本人不到10人，占百分之五，其余除日语翻译和几名带工者外，全是雇用的临时工。打麻工和锅炉工为基本工，其他多数是职工家属。临时工用你就来，不用就辞退。基本工也可以随时解雇。

该场人员分等分级,凡是日本人都是社员(会社的成员),中国人的职员中有少数人是准社员(预备社员),多数是雇员,生产工人都是从业员。工资最高的是社员,每月挣 70 多元,最低的是从业员,每月只能挣 30 多元(打麻工计件,有时能多挣点儿)。工人每天劳动 8 至 10 小时,一个月只休一个大礼拜(一天),年节假日概不休息。工人劳动时间长,工作繁重,工资低,没有生活保障,煎熬在水深火热之中。

亚麻场当时以道台桥、三道岗、团山子、太平镇(现桦南县土龙镇)、永发(今长岗)、太平(今江湾)、演武基等乡为原料基地,年均种亚麻 3 万亩,产亚麻 3000 吨左右。每年由耕种系的指导员下到村屯进行技术指导。他们有的手持木棍(一头带小锤),腰带丈绳,选好地,随时丈量麻地面积是否够数,否则非打即骂,或用各种手段迫种迫收,敲诈勒索。在收麻时,麻农为不被压等压级、少受刁难,早早从麻车上拿下来青包米、瓜果等送礼,用农民的话来说,"早纳贡少勒索,不纳贡受折磨,各个关口真难过"。所以麻农对亚麻场非常憎恨。耕种系指导员张××,人们背地里叫他张磕巴,会几句日本话,能唬人,依仗日本人势力经常欺压农民,3 句话不来就打人骂人,收麻时谁不进贡,就给谁压等压级。因此,在祖国光复时,张××和他老母路过太平镇某地,被麻农用木棒打翻在地,爹一声,妈一声求饶,他母亲见事不好,给麻农下跪磕头,求留一条命,不然麻农非打死他不可。

该场每年制出的亚麻纤维 300 多吨,全部运往日本国的北海道等地,加工制造成枪衣、炮衣、子弹带、水囊、行李袋、行军床、军用帐笼、飞机冀布、防雨器材、防毒面具等军用品以及工业用品。依兰亚麻场每年从运往日本的亚麻纤维中获得大批利润。

日本人除在经济上进行掠夺之外,对中国人民的欺压也是残酷的。日本场长大浪荣四郎自己单有一个密室带厨房,吃小灶。他选一名青年女工专门给他做饭、洗脚。这个女工经常被大浪戏弄,最后被奸污,赶回家去,不准再进场,该女工遭到这样悲惨下场,回家后敢怒不敢言。

一次有位姓杨的工人,说是犯了场规,被大浪叫到办公室,大浪让杨跪在地上自己打嘴巴,然后还让杨在四合发摆了两桌酒席请客,回场后把他放到繁重的劳动岗位上去。

日本人把 7 月 14 日作为该场的开工纪念日。每年一到这天,大浪就组织全场的职员、工人进行一次大会餐。这时的日本人都非常高兴,带头唱歌、跳舞。凡是在这个场子做工的人都得参加,不参加就是对场长不尊重,不爱"国",

违犯了"日满一心一德"。轻者挨打骂，重者被解雇。参加会餐的餐费还得由自己负责。

（依兰县政协：《依兰文史资料》第2辑，1986年，第56—60页）

41. 在依兰的日本桦太"开拓团"

移民政策是日本帝国主义侵略政策的重要组成部分。九一八事变后，日本帝国主义为了对中国进行殖民掠夺，采取了法西斯的高压统治，不仅在东北各地建立了日伪政权和军、警、宪、特一整套统治中国人民的机构，同时还掀起了武装移民的巨大浪潮。1936年，日本关东军的"百万移民计划"出笼，根据这个"计划"，他们筹集经费，选拔大批武装移民陆续来到东北。到1945年，日本军国主义者向我东北移民即达10万户，30万人左右。日本军国主义者的移民政策给东北人民带来了巨大的灾难。一支命名为"依兰桦太"的开拓团，就是日本侵略者这一罪恶历史的见证。

日本"桦太开拓团"，原名"依兰桦太"。这里的开拓民都是1940年4月从日本桦太岛迁来中国的农民。他们被迫离开自己的祖国，离开了自己的家乡和土地，携家带眷，走上了苦难的"开拓民"之路。桦太开拓团团部设在依兰镇城隍庙西北角。团部占有正房3间，一半为团长住宅，一半为办公室，另有厢房3间，筹建罐头厂未成。团部的成员共5人，除团长中岛三郎外，还有主管事务一人，办事员一人，会计一人，翻译一人。桦太开拓团下设两个部落，即倭肯部落和舒乐部落。

倭肯部落，在现在依兰城东北角的祥龙屯对过、倭肯河东岸、倭肯哈达山脚下。这个地方原来做过于大头（于琛澄）的花园。部落长的名字叫佐藤三郎，他主要负责生产管理，兼做机船司机。这个人在1944年因克扣渔户口粮被撤职。部落中有日本移民16户，50多口人。他们以捕鱼为主，兼养奶牛。部落生产资料和设备有：10多垧饲料地、两匹马、大小奶牛10多头、草泥结构的牛棚9间、花轱辘车一台、马拉除草机一台、两只木制机动船、两只木拖船、20多片拉网。每户渔民都有园田地一块。部落成员常年在白玉通到江北舒乐一带捕鱼。每年秋季，他们还出动大批劳力到抚远县海青渔场捕大马哈鱼，年捕鱼两万斤左右，产牛奶两万斤左右。每人平均收入120元（伪币）左右。吃粮自给，生活维持在一般水平以上。

舒乐部落，在南舒乐镇（现珠山乡舒乐村）。部落长是倭肯部落佐藤三郎的大哥佐藤太郎。该部落规模亦较小，仅有日本移民二十几户，五六十口人，以农业生产为主，除种植水田 40 余垧外，还开部分荒地，种植大豆、玉米，作饲料地，每户负担两垧多水田和一块园田地。部落的生产工具有花轱辘车一台、马一匹、农具一套。这个部落还设有一所小学，20 多名学生。

日本帝国主义开拓移民的侵略政策，对中国人民的最大危害是剥夺了农民赖以养家糊口的重要生产资料——土地。虽然日本移民获得的土地多是收买的，但是"收买"只是一种名义，给的钱很少，实际是强制剥夺。当时，依兰的地价，每垧熟地，上等的为伪币 121.4 元，中等的为 82.8 元，下等的为 58.4 元。可是，在日本关东军第十师的主持下，直接由东亚劝业公司出面，收买土地，并规定，不论熟地荒地，一律每垧一元。群众怎能接受这样低的价格呢？实在不愿交出地契，"收买者"便使用高压手段，甚至动用关东军翻箱倒柜，找出藏在里面的地契。在被划为移民区内居住的中国人民，交出地契后，全家被赶走，扶老携幼，流离失所。

依兰桦太开拓团的移民，虽然不多，但霸占了大量的肥沃土地。西起倭肯河桥至松花江南岸，东到江南舒乐一带。1938 年，日本关东军把这一带划为危险区，以"维持治安"为名，把这里的中国居民强迫归并到大屯去住，先使此地变成无人区，为日本桦太移民来此居住做好了准备。当时，这里住着冯久昌、孙富贵、何福山、卢树林、白凤山、周福山和一葛姓，共 7 户，他们世代以种地打鱼为生。1938 年春天，日伪政权令他们 3 天之内搬到大屯去住，否则，烧毁所有的房屋。当时，孙富贵的一个七八岁的小孩正在病中，也只得赶快扒掉房子，拆下房木，带着病孩子搬了家。出于无奈，孙富贵沦为桦太开拓团的雇佣工人。冯久昌的 10 多垧地被全部没收，一分钱没得着，全家 8 口人失去了生活依靠。这块地，后来变成桦太开拓团倭肯部落的饲料地了。冯久昌等 7 户人家被撵出家园后，流落到依兰镇祥龙屯落脚，没有土地，两手空空，生活极端困难。桦太开拓团倭肯部落每年都雇佣中国破产的农民，赶车的刘宝、放牛的老郭头、挤奶工李金玉等人都长年在开拓团劳动。每到秋季，还要雇佣 30 多中国人到抚远去捕鱼，桦太开拓团舒乐部落，每到农忙季节也雇佣几十名中国劳动力（短工）从事农业生产。由于抗日战争的蓬勃发展，日本侵略者在战争的泥潭中越陷越深，造成兵员短缺，征尽所有的在乡军人。日军还把开拓团的中壮年男人也征召上了前线，只剩下妇女老幼在部落里劳动。因此，开拓团便大量地雇佣中国廉价劳动力维持生产，剥削和奴役中国人民。

1945 年 8 月上旬，由于日本帝国主义战败的消息不断传来，日本投降已成定局，桦太开拓团辞退了部落中的中国工人，埋葬了他们的衣服，放弃了所有的奶牛，乘坐两只机船慌里慌张地离开了依兰，奔向哈尔滨去集中。他们的后果也是凄惨的，有家难奔，有国难投。日本帝国主义的开拓移民政策，不仅给中国人民带来极大的灾难，也把日本开拓民推向了苦难的深渊。

（依兰县政协：《依兰文史资料》第 1 辑，1985 年，第 39—42 页）

42. 老道窝棚事件

1940 年 5 月，东北抗日联军第三路军第三、九支队在德都地区进行抗日活动期间，在老窝棚屯（现太平乡长庚村附近）建立了秘密的抗日救国会组织，抗日救国会积极从事秘密抗日活动，为抗日联军筹集资金、粮食和其他军用物资，有力地支援了抗日联军的抗日游击战争。

对老道窝棚屯抗日救国会的抗日活动，德都县日伪当局早有察觉，但几次调查都没有抓住真凭实据。1941 年正月间（旧历），原老道窝棚屯"大神"吕洪生因与尹长山（抗日救国会会员）的女儿搞不正当的男女关系，被尹发现后，将吕洪生赶出老道窝棚屯，吕搬到王永春屯（现太平乡平安村）后向德都县西和警察署署长宋国山告密。

1941 年 4 月 13 日，西和警察署长宋国山派特务到老道窝棚屯以"反满抗日""政治犯""国事犯"的罪名，将抗日救国会会员尹长山、张殿甲、张清和、矫立忠、姜宝生 5 人逮捕。4 月 16 日又将抗日救国会会员尹振甲、张文宝、姜振华、姜嬴洲、高荣、高会五、黄中礼、赵凤奎、苗祯、隋金弼、周占发、史风和村民冷福江、冷秉文、王占和、李老头抓到西和警察署。第二天将被抓的 21 人押送到德都县警务科。经审讯，冷福江、冷秉文、王占和、李老头 4 人没有参加抗日救国会，也没从事过抗日活动，几天后被释放回家。警察署对 17 名抗日救国会会员，则施以酷刑，在严刑拷打下他们先后承认了参加抗日救国联合会和支援抗日联军等抗日活动。同年 6 月 24 日，伪满洲国哈尔滨高级法院治安厅将 17 人分别判处 10—13 年徒刑。尹振甲惨死在被送往哈尔滨的途中，其余 16 人都惨死在哈尔滨监狱中。

（德都县地方志办公室编：《德都县志》，黄山书社 1994 年版，第 1067—1068 页）

43. 讷河事件

吉屋治郎吉笔供

(1954 年 9 月 10 日)

一九三九年十二月中旬前后，齐齐哈尔宪兵队长星实敏中佐，命令我在讷河县和平居民中，调查与在该县进行活动的抗日军有联络者，即所谓通匪者，并着乎进行镇压。

我当即派田泽军曹、李宪补两人去讷河县讷河街进行调查。尔后，他两人以讷河街为中心从事调查工作，我每月一次赴讷河街听取汇报和指导，同时与盘踞在当地的日军独立守备队中队长、伪副县长、伪县警务科附联系，要求他们搜集情报，提供镇压资料。根据田泽军曹的调查，与抗日军有联络关系的和平居民达五十名。同时，伪龙江省警务厅特务科也对此进行了调查。

一九四一年九月，齐齐哈尔宪兵队长命令我与伪龙江省警务厅特务科，共同逮捕讷河地区和平居民中与抗日军有联络关系者。我根据此命令，与伪警务厅特务科长协议，规定了一齐逮捕日期，逮捕人员及方法等。九月中旬，我命令白柳曹长等二十名赴讷河。到达讷河后，在讷河街日本军独立守备队附近之大房子，召开了有关一齐逮捕的会议。出席者，齐齐哈尔宪兵分队方面有我、白柳曹长、田泽军曹、川户军曹；伪龙江省警务厅方面有井上特务科长和其他干部，以及伪讷河县警务科附等。协议事项是，对照齐齐哈尔宪兵分队及伪警务厅特务科的调查名单，决定了逮捕名单，人数为九十名。宪兵分队与警察按村庄分布区域编成逮捕班，二十二名宪兵编成两个班，警察编几个班已记不清了，参加人员共为八十名。

宪兵方面由我，警察方面由伪警务厅特务科井上科长，指挥一齐逮捕。逮捕时间已记不清了。逮捕人数总计约八十名。在一天之内就逮捕完毕。被捕的爱国者被移交给为处理此事件而由伪齐齐哈尔地方检察厅来讷河的检察官。当被捕的爱国者由齐齐哈尔地方检察厅进行审讯时，我于一九四一年四月调任公主岭宪兵分队长，以后的处理情况就不知道了。但是，对讷河爱国者的大逮捕，我是负有主要责任的。

（一）119—2，237，1，第 20 号

土屋芳雄笔供

（1954 年 6 月 23 日）

逮捕、镇压讷河县抗日地下组织时，我身为齐齐哈尔宪兵队本部思想对策系军曹，起草了星队长的逮捕、镇压命令，归纳两次逮捕镇压的有关档案材料，并向上级呈报，负责通报事务及传达等，帮助了阴谋计划的实施。现将详细经过情况供述如下。

1. 事件的发生：抗日联军第三路军第十支队，于一九三九年九月十八日，袭击了黑龙江省讷河县城及讷河监狱等，并以讷河县为中心，展开了游击战。对此，宪兵、警察、铁警及侵华日军独立守备队，共同把兵力集中于讷河县施行了镇压。齐齐哈尔宪兵队长星实敏，与警察、铁警谋议，准备共同逮捕、镇压讷河县参与抗日的中国人民。

为此，利用了许多密探。齐齐哈尔宪兵分队从一九三九年九月末到同年十二月，派遣了宪兵准尉松江初一和上等兵牛岛礼次郎，一九四一年一月又派遣了田泽勇军曹及宪补李德钧到讷河县城，利用荆福生兄弟等六七名密探；另外，警察、铁警也都利用密探，侦察支援抗日军人员情况。

2. 镇压的情况：根据侦察的材料，齐齐哈尔宪兵分队长吉屋大尉，归纳了警察、铁警、宪兵所搜集的抗日人员名单，向队长星实敏作了报告。星队长又向关东宪兵司令官城仓义卫中将作了报告。一九四一年九月，由司令官发布了共同镇压的命令。齐齐哈尔宪兵队长星实敏，将龙江省警务厅长渡边兰治、齐齐哈尔警护队长召集到宪兵队，协议了共同镇压的组织计划。

齐齐哈尔宪兵分队长吉屋治郎吉，根据队长的命令，担当了此次镇压的直接指挥。

一九四一年九月中旬，在吉屋治郎吉的指挥下，由下列机关参加，实施了第一次大逮捕。由齐齐哈尔宪兵分队、龙江省警务厅、齐齐哈尔警察厅、讷河县警务科、齐齐哈尔警护队、第三宪兵团、独立守备队一个中队，以讷河县龙河村、九井村、讷南村为重点，逮捕了抗日人员九十六名。

同年十二月，对第一次大逮捕遗漏的以及新侦察发现的，又进行了第二次大逮捕，又捕了三十六人。

3. 被逮捕者的情况：

第一次逮捕：一九四一年九月中旬被逮捕九十六名，被关押者约三十名，其余释放。

第二次逮捕：一九四一年十二月被逮捕者三十六名，被关押者约二十名，其余释放。

4. 审讯情况：

第一次和第二次的被捕者，分别关押在齐齐哈尔宪兵分队、齐齐哈尔警察厅、齐齐哈尔警护队、讷河县警务科。这些机关审讯后，将案件送交齐齐哈尔高等检察厅。

5. 被害情况：

（1）被害者多数是讷河县龙河村、九井村、讷南村的中国农民。

（2）第一次和第二次共逮捕一百三十二名，其中第一次约三十名、第二次约二十名，被判处十年以上有期徒刑，关押在龙江监狱。另外，我听田泽勇军曹说：在讷河县警务科严刑拷问致死三人。

（3）逮捕的目的是镇压支援抗日联军的中国人民及其地下工作人员，以断绝抗日联军的粮道，瓦解抗日武装。

（一）119—2，691，3，第 14 号

佐川深笔供

（1954 年 7 月 31 日）

一九四一年，我任齐齐哈尔铁路警护队警备巡查主任时，参与了对讷河县反满抗日爱国农民的逮捕、迫害。供述如下：

一九四一年九月及十二月，日满军警，前后两次，对讷河地区支援抗日联军第三路军王明贵支队的爱国农民进行了大逮捕。大逮捕是在宪兵队长吉屋治郎吉的统一部署、指挥下，以消灭农民的爱国组织，切断抗日联军的粮道为目的。

参加镇压的机关有齐齐哈尔宪兵队、齐齐哈尔警务处、齐齐哈尔铁路警护队、伪满军宪兵团等。

两次大逮捕，共捕中国爱国农民约二百名，经上述机关审讯后，约八十名被送哈尔滨高等检察厅，判处有期徒刑。

（一）119—2，421，2，第 14 号

小林芳郎关于铃木介寿罪行检举书

（1954 年 4 月 18 日）

镇压伪龙江省讷河县抗日救国会

时间：一九四四年三月五日至一九四四年七月。

地点：伪龙江省讷河县九井、保安、龙河各村及龙江、景星县。

起因：一九四一年九月及十二月两次对讷河、甘南地区抗日救国会的镇压不彻底，一九四三年三月因受到邻省处理所谓"巴木东事件"中逮捕抗日救国会员四百余名的刺激，估计此次事件中的漏网人员可能与讷河地区的抗日救国会互相联系，为了彻底切断抗日联军与和平居民的联系，准备进行第三次的彻底逮捕镇压。

经过及处理情况：

铃木介寿当时系齐齐哈尔警察局特务科长，他与省警务厅特务科长齐藤润吉阴谋策划这次镇压，并指使齐藤润吉利用滨江省特搜班所诱扣利用中的原抗日联军连络员姚某，进行秘密活动。铃木介寿自一九四三年十一月至第二年三月，潜入讷河，指挥、领导派往龙江省朱家坎利用姚某共同进行侦察的里子外二，及在龙江、景星地区侦察抗日救国会的安本正吉、小林芳郎等。此外，对一九四四年三月五日大逮捕时被捕的三十五人，亲自办理了监禁手续。一九四四年四月，铃木调任警务厅特务科科附后，立即指导对这些被捕者进行审讯。一九四四年五月上旬，奥山十一郎残酷拷问致死王增福时，他与思想检察官岛田善次合谋，作为"心藏麻痹症"死亡处理。

此外，还直接指导对被捕者的追诉，被逮捕的三十八人当中，十八人被送齐齐哈尔高等检察厅，判处十年、八年的长期徒刑。

被害者：高凤山、王增福等三十八人。

被惨杀者：王增福。

被投狱者：高凤山等十八人。

命令镇压者：伪龙江省警务厅特务科长齐藤润吉。

执行者：伪龙江省警务厅特务科附铃木介寿警正，伪龙江省警务厅特务科特搜班监督警尉小林芳郎、奥山十一郎，伪齐齐哈尔警察局特务科监督警尉里子外二以及其他数十人。

材料来源：本罪行是我在铃木介寿的指挥领导下共同进行的。

（一）119—2，955，1，第 12 号

中井义雄口供

（1954 年 6 月 24 日）

问：你叫什么名字？

答：中井义雄。

问：你曾检举过铃木介寿的罪行吗？

答：是的，检举过。

问：你过去与铃木介寿是什么关系？

答：一九四四年，铃木在伪满龙江省警务厅特务科任科附（警正），我是特务科的监督警尉。

问：你讲一下铃木介寿的罪行。

答：一九四四年三月五日，逮捕抗日救国会的组织，称为"讷河事件"，当时铃木介寿在龙江省警务厅特务科任科附。一九三九年九月十八日，讷河县公署遭到抗日联军冯治刚指挥的八十多名游击队袭击，当时龙江省警务厅组织了讨伐队进行追击，参加的还有北安省宪兵队、警务厅，以后听说逮捕了几十人。后于一九四一年十一月，警务厅特务科长齐藤润吉和厅长今吉均共同协议，决定对讷河县进行第二次大逮捕。齐藤特务科长派警尉里子外二、宫川光国（朝鲜人）到讷河县使用密探，在龙河村、保安村等地进行调查，了解到替抗日联军当向导，烧水做饭时居民三十多人。那时里子每月两次回到省里向特务科汇报工作情况，因为我在特务科，亲眼看见过。

以后，在一九四四年二月末，齐藤特务科长到新京警务总局特务科和齐齐哈尔高等检察厅进行联系和协商此事，回来后和今吉均研究决定在三月五日进行逮捕。为了做好逮捕的准备工作，我到北安省警务厅特务科向特高股永井传达了齐藤科长的指示，当天回齐齐哈尔，当时看到奥山十一郎制定的逮捕计划，在计划上写明铃木介寿在齐齐哈尔指挥。三月三日上午召集警备队五十人，齐藤特务科长向我们说："从现在起进行警备演习。第一班班长奥山十一郎担负龙和村地区；第二班班长小林芳郎担负保安村；第三班班长是我，担负九井村地区，细节应听从班长的指示。"当天下午四时，我带这个班的警备队员十名到九井村。三月五日上午五时，我集合全体队员说，演戏是名义，实际不是演习，现在开始逮捕，同时宣布逮捕名单，共五名。后分成两路进行，逮捕了农民王福山等三名。我记得，这个事件共逮捕了龙河村村长高凤山、王增福等三十多名抗日农民。由里子、奥山、小林、中井负责审问，铃木介寿指导审问。在审讯时，全都施以皮条打、竹刀打腰背、烟火烧腹部、电刑等酷刑。其中，被害者王增福被奥山十一郎刑讯致死。对死者的处理，由检察官岛田、特务科长和铃木介寿商量后，叫达生医院院长写个死亡诊断书，将刑讯致死的王增福写为因"心脏麻痹"而死。经市公署卫生科办完手续，我亲自送到火葬场并眼看火化了。在这个事件中，铃木介寿指挥部下并同高等检察厅联系，应负全部责任。

其他被捕的抗日农民都被送法院判了刑。

（一）119—2，955，2，第 13 号

横山光彦口供

（1954 年 8 月 15 日）

问：一九四一年七月至一九四三年五月，你任齐齐哈尔高等法院次长期间，犯有哪些罪行？

答：我是一九四一年七月到齐齐哈尔的。在我到职之前，一九三九年十一月〔九月〕，由于张寿篯领导的抗日联军第三路军袭击了讷河县（龙江省管辖）公署、银行和守备队，当地居民也协助三路军，并提供食宿、情报，因此，就把该区当作匪区，由驻防于龙江省之满军、日军、宪兵队及该省警务厅特务、司法警察，对讷河地区之爱国人民进行逮捕，至年底共逮捕约八十余名。逮捕后，送交齐齐哈尔高等检察厅。我一九四一年七月就职前，已由前任次长处理了其中的一部分，我就职后，至十月处理了其中的二十余名。当时治安庭由我作审判长，里坂一男、本田一作审判官，将这二十余人都判了有期徒刑。由于这次的逮捕，又发现了中共北满省委领导的讷河县委及抗日救国会的组织。因此，于一九四一年九月及十一月，又由驻防于龙江省之日满军和宪兵、特务、司法警察，对该地下组织进行逮捕。先后共逮捕了该县委会和救国会有关人员及爱国群众一百一十七名。逮捕后，将讷河县委书记尹子魁等五十二名起诉到高等法院。由我作审判长，黑坂一男、本田一作审判官，于一九四一年六、七、八月及十二月，分别判处该县委会书记尹子魁等二人死刑，该县委领导下的区委书记迟万钧等六名无期徒刑，另外判处十年以上有期徒刑的三十三名，十年以下徒刑的十一名。案件内容是，北满省委领导的讷河县委书记尹子魁及其部下区委书记王恩荣，领导进行反满抗日活动，组织抗日救国会，并通过该会协助三路军，供给三路军食宿、情报等。

在逮捕讷河县委有关人员的同时，各讨伐队继续对抗联三路军进行讨伐，所以在同一时期由讨伐队逮捕了许多抗联三路军的干部战士，并将其中约四十名送高等检察厅，由高等检察厅起诉到高等法院。当年十二月至一九四二年春，由我作审判长，黑坂一男、本田一作审判官，判处三路军干部孙长林等四人及政治工作员一人，共五人死刑，战士约二十人判处十年以上有期徒刑，十五人判处十年以下有期徒刑。

（一）119—2，23，1，第 9 号

魏荣久控诉书

(1954 年 5 月 1 日)

我叫魏荣久，现住讷河县城西街红生旅馆，控诉日伪宪兵，警察抓捕和迫害我的罪行。

伪满康德六年（一九三九年）五月，那时我住在龙河北大德堂屯，有一位姓段的抗联副官和我接头而取得联系。之后，担当搜集敌伪情报，为抗联送饭、送信等工作。同年六月，我又与抗联冯参谋长（冯治刚）、王主任（王钧）取得联系，还是让我搜集地方情况，做通讯工作等。同年八月，抗联冯参谋长、刘连长计划攻打讷河，因人力单薄，又动员三名青年李才、李忠武、张老疙瘩参加。当天晚上由大德堂屯出发，当晚到达李金屯。第二天上午，我和刘连长去李金屯张牌长家，经说明情况，宣传抗日政策后，张牌长表示愿意协助我们，同意给部队做饭。我和刘连长继续向西前进，又到达谢振邦屯，途中情况很好，于是返回部队联络。集队后，直奔讷河县城。午间到达讷河城外埋伏，我和刘连长二人趁东门门卫不在时溜进城里。进城后，因我认识县里的安秘书，从他那里了解到一切情况后，我俩当即回到部队中去。之后，于九月十八日（即"九·一八"纪念日）打进讷河，参加攻打的人数为六十四人，分三个分队。我带领的一个分队从城东北二道街进城，负责攻打守备队。打下讷河城后，部队增加到三百多人，在城里占领了四个小时（十点至下午二点），缴获枪枝一百一十多支。下午二时，部队开始撤出城，临走时还抓走了孙强部队长的哥哥孙某。当日部队撤到龙河。到龙河后，刘连长叫我回家看看，把家里安排一下以后好跟部队走，因此我就回家去了。在家住有一月左右，部队也远去了。此时在南阳屯住的一个特务叫常戈臣，还有五区的孙介臣，他们把我的情况了解到，因此我就被逮捕了。当时被带到南营岗子（此时约在半夜十二时），抓我的人共九名，内有一名宪兵，八名警察。被捕后，将我送到临时拘留所，我见到被捕的还有霍殿云、梁家兄弟（南营岗子人）、李老六（前屯人）、蔡万章（后屯人）、李金山（南营岗子人）等十二人。第二天早上，由一少尉级日本人过堂，用木棒打了我一顿，叫我到第二间屋子，又是一个日本人，是中尉，先用鞭子抽，又用扛子压，又给上大挂，在这中间我曾昏倒过三次。问我谁参加过抗联，谁在地方干地下工作，等等。因我始终未招供，他们竟用铡刀要铡我。我躺到铡刀下，就被吓得昏死过去了。当醒过来时，我不知怎的又回到了先前那个屋子躺着。过了不大工夫，又被叫出去过堂。这次是举棍子，如果举不动就用鞭子抽，鞭子抽还不能叫，如一张口叫，便是连灰带火的扬进嘴里。直到晚上十来点钟才结束审讯，这时我已是动一动、说一句话的力气都没有了。以后又将我押到县监狱关押。五六天后又被提到县司法科由赵警尉过了几次堂。过堂中除用各种刑具拷打外，还用火筷子烫。在县监狱被关押、审讯二十多天后，由齐齐哈尔来了一个叫大岛的日本人，由监狱中提出三四十人（其中有我）到北门外执行枪决，这次枪杀了十三人，未被枪杀的是去陪绑的。被枪杀的十三人有河南的尚久禄、南营岗子前屯的杜久福、三马架子张英的弟弟等。第二天又在西门外枪杀了九名，其中有周甲家（南营岗子）李老六、蔡文章、梁家兄弟二人、赵老八、张宝林等。以后，我又被关押了一个多月，到年底才将我释放。康德七年（一九四一年），又将我第二次逮捕，又被关押二个多月。

这就是旧伪宪兵、警察抓捕和迫害我的罪行。

（一）119—2，955，3，第2号

田喜生控诉书

（1954 年 4 月 28 日）

我叫田喜生，住讷河县河东村和平屯。一九三九年农历八月二十三日和九月十五日，红军〔抗日联军〕在我家吃了两次饭。以后被日寇知道了，十月十一日来了两个警察，将我捕到伪讷河县警务科。过了二三天，我在监狱见到，又将丁振清、丁常富、张喜财三人逮捕。被捕后在警务科所受的惨无人道的酷刑真无法形容。我能记忆起的有上大挂、用烟卷头烧耳朵、用铁棍别嘴、灌凉水、用镐把打、用竹皮抽等。当时被打得皮肉开花，被打昏过去数次。在这种种严刑逼供下，我终未招认与红军有关系。其他被逼招认与红军有关系的人，在农历十月二十八日和二十九日，均被日寇枪杀于讷河县城北门外。在二十八日枪杀十三人时，日寇还让我去陪绑。同日陪绑的还有二十多人，因我被摧残的神经系统不好使，已记不清他们的名字了。我被关押一个半月，无任何口供，日寇无法，只得将我释放。回家休养了数年，终未恢复健康。现在尚不能参加劳动。

（一）119—2，95，3 第2号

孙长山控诉书

（1954 年 4 月 27 日）

我叫孙长山，住讷河县龙东村，控诉日寇抓捕、迫害我父亲和我的罪行。

一九三九年九月十八日，李兆麟将军领导的抗日联军，为了解放中国人民，推翻日本帝国主义在中国的统治，在冯志〔治〕刚同志的指挥下，袭击伪讷河县公署和守备队，消灭了日寇的行政官吏和守备队。抗日联军撤走时路过我村，村中老百姓为了慰劳抗日联军，曾自动为抗日军做饭、送物、领路。抗日军走后，日寇龙江省警务处、讷河县警务科派出大批日伪特务逮捕支援过抗日军的老百姓。一九四〇年旧历十月间，日寇特务到我家逮捕我，我闻讯后逃跑了，但日特并不甘休，却将我父亲孙洪江捕去关押三个多月才放回。我逃至拜泉后，日特到处搜捕我。一九四四年农历二月十四日，龙江省警务处派来日特将我捕至龙江省警务处。和我同时被捕的还有王恩荣、张宝芝、张金柱、张连和、胡维周、胡维扬、周友、赵连才、赵连发、高凤山、王增福、狄成、纪凤楼、韩殿卿、韩国维、王可选等共计三十四名。被捕后，受尽了惨无人道的酷刑：用胶皮带抽、用烟卷头烧、上大挂，并用脚踢、灌辣椒水、用镐把打、过电等。当时被摧残的皮开肉烂，已成残废，现在有时则不能行动。在严刑逼供下，我被迫招认曾参加过抗日联军。日寇龙江省高等法院仅根据我的伪供，判了我十年有期徒刑。其他被捕者也都被分别判处无期徒刑和五年至十五年有期徒刑。其中张宝芝、张金柱在日寇投降前夕——一九四五年六月，被日寇枪杀于泰康监狱。王恩荣、张连和、周友在科刑后因受刑过重，得病而死于齐市监狱。

以上是我被捕受摧残的经过和目睹的事实。

（一）119—2，955，3，第2号

国富春控诉书

（1956 年 3 月 13 日）

我叫国富春，今年五十六岁，农民，现住黑龙江省讷河县讷河镇东南二道街十组。一九三九年，我家住在讷河县孔国村忠孝屯。同年九月，抗日联军第三路军解放了讷河县。当时，我为了从物资上支援抗日联军抗日救国的正义斗争，就给抗日联军第三路军做了棉衣、棉帽。因此，于一九四一年十月，伪满齐齐哈尔警务厅的日本鬼子将我逮捕。当时与我一起被捕的还有张柏祥、吴国和、邹玉升、叶福亭、李相海、单凤祥等。被捕后，日寇将我们送到伪满齐齐哈尔第一监狱关押，多次受到日本鬼子的木棒、皮鞭毒打、灌凉水、上大挂等残酷刑讯。一九四一年八月十六日，我和张柏祥、吴国和、邹玉升、叶永盛、李相海、单凤祥等，被伪满齐齐哈尔高等法院，以反满抗日为罪名，判处有期徒刑十年。判刑后，被囚禁在监狱里，吃不饱、穿不暖，还服各种劳役，在精神上、肉体上受到严重的摧残。在这种情况下不断发生疾病，又得不到治疗。因此，王景和、王悔、叶永盛等人，先后死于监狱和服劳役的现场。由于我被日本鬼子逮捕，又判处我十年徒刑，不仅造成我家在生活上的极端贫困，而且使我的双亲因此而气极身亡，以致家破人亡。这是伪满齐齐哈尔警务厅、齐齐哈尔高等法院镇压和迫害的直接结果。

（一）119—2，23，4，第 1 号

李元清控诉书

（1956 年 3 月 15 日）

我叫李元清，今年七十五岁，现住黑龙江省讷河县孔国乡隆昌村。我控诉日本鬼子害死我爱人和儿子的罪行。

一九三九年，抗日联军第三路军来到讷河县时，我爱人叶福亭和大儿子叶永盛，在本村参加了抗日地下组织，进行了反满抗日的革命斗争。为此，日本鬼子派了大批日本宪兵、警察、特务，对我讷河地区大讨伐、逮捕、屠杀，迫害反满抗日的广大群众。一九四一年九月二十日，我爱人叶福亭在本村被伪满齐齐哈尔警务厅的日本鬼子抓去，关押在伪满齐齐哈尔第一监狱。我爱人从被捕的那一天起，就受到日本鬼子的灌凉水、灌辣椒水、上大挂、皮鞭毒打等毒辣的残酷刑讯，使我爱人不仅身心遭到严重摧残，而且在人事不省将要绝命的情况下，于一九四一年四月七日，日本鬼子又把我大儿子叶永盛抓去，才把我爱人放出来。由于日本鬼子对我爱人的残酷刑讯，造成严重吐血，回家后，于同年五月五日死去。这是日本鬼子直接刑讯致死的。我大儿子被抓去后，也同样遭到日本鬼子的残酷刑讯，于一九四一年八月十六日，被伪满齐齐哈尔高等法院判处有期徒刑十年，在狱中长期得不到饱饭吃，还被迫做各种劳役，受尽各种折磨虐待，于一九四四年七月二十八日惨死于狱中。我得到我大儿子叶永盛惨死于狱中的消息、去取尸体时，看见他体瘦如柴，全身都是受残酷刑讯的伤痕。日本鬼子不仅害死我爱人和大儿子，而且时常派特务、警察对我家严格监视和盘查。他们常来我家，说我们隐藏有红军，向我们要红军。全家人受尽了各种折磨，以致我三儿子叶永惠患了神经病，四儿子叶永芳患惊恐症，都先后死去了，我爱人和大儿子惨遭日本鬼子杀害，另两个儿子受日本鬼子折磨以致死去，我眼泪都哭干了。

（一）119—2，23，4，第 2 号

贾景福等控诉书

（1956 年 3 月 15 日）

我们十七人是抗日老根据地、黑龙江省孔国乡隆昌村进步屯的农民。一九三九年，中国人民最优秀的儿女——抗日联军第三路军解放讷河县时，我们全屯人民为了抗日救国，为了不做亡国奴，有的积极地从事抗日地下活动，有的积极地在物资上以衣物、粮食等供给抗日联军第三路军，全屯人民向日本鬼子进行了艰苦的革命斗争。日本帝国主义为了长期侵略我国，巩固其在中国的殖民统治，曾数次派来大批鬼子兵、宪兵、警察、特务等向我全屯人民大肆进行逮捕、屠杀和迫害。一九四一年十月，我们屯被日本鬼子全部烧掉，还将我屯李珍、石永铭、张安、周振贤、王树山、李光举等人抓去。张安被抓去后，被日本鬼子用灌辣椒水的毒辣手段被刑讯致死；李光举由于受日本鬼子的残酷刑讯被逼上吊而死。叶福亭被伪满齐齐哈尔警务厅的日本鬼子于一九四一年九月抓去，押在伪满齐齐哈尔第一监狱后，被日本鬼子用灌辣椒水、上大挂、毒打等恶毒手段，连续进行残酷刑讯达一百三十天，致使叶福亭遭到严重的摧残，人事不省，最后在将要绝命的情况下，于一九四一年一月七日，又把其长子叶永盛抓去，而将叶福亭放出来，但叶福亭回家后，已严重吐血，于一九四一年五月五日含恨死去。叶永盛被抓去后，也同样遭到日本鬼子的残酷刑讯，于一九四一年八月十六日，被伪满齐齐哈尔高等法院判处有期徒刑十年，由于在狱中长期得不到饱食，还被迫做各种劳役和受到各种残酷的迫害，以致造成膀胱炎的严重疾病，又得不到治疗，于一九四四年七月二十八日惨死于狱中。

由于伪满齐齐哈尔高等法院迫害致死叶福亭及其大儿子叶永盛，加之日本鬼子又经常到叶福亭家去进行严格的监视和盘查，因而致使叶福亭的三儿子叶永惠患神经病，四儿子叶永芳患病死去，造成家破人亡。

我们都是中国的公民，过去为了不做亡国奴，为了祖国的和平统一，我们进行了抗日救国的正义斗争；今天我们要为抗日救国死难的烈士报仇，控诉日本鬼子残酷镇压、迫害抗日爱国人民的滔天罪行，这都是我们每个公民的神圣职责。

控诉人　贾景福、包庆文、李珍、张喜山、何子荣、王富、贾明有、崔丙才、魏福、韩国荣、陈吉富、阎洪有、李殿和、张明岐、叶福臣、王金仓、王金海

（一）119—2，23，4，第 3 号

蔡江控诉书

(1956 年 3 月 10 日)

我叫蔡江，今年六十五岁，农民，现住黑龙江省讷河县龙河乡龙河村龙河屯二组。一九三九年九月住伪满讷河县龙河村时，为支援抗日救国而给进行正义斗争的抗日联军第三路军供给了一些衣物、粮食。此事被伪满讷河县警务科侦知后，于一九四一年五月三日将我和战国才、杨丽春、李迎禄等四人逮捕，押解到伪满齐齐哈尔警务厅。同年八月二十二日，被伪满齐齐哈尔高等法院（审判长、审判员都是日本人）将我们四人，以反满抗日为罪名判八年徒刑。判刑后，由伪满齐齐哈尔高等法院将我们四人转送到伪满齐齐哈尔第一监狱，在被囚禁期间，我们不仅不得饱食，他们还强迫我们作各种劳役，并经常打骂凌辱，因此，我们在精神上、肉体上遭到严重摧残。在中国共产党的领导下，中国人民打败了日本帝国主义，我们才被解救出来，幸免于死。

（一）119—2，23，4，第 1 号

战国才控诉书

(1956 年 3 月 12 日)

我叫战国才，今年七十七岁，农民，现住黑龙江省讷河县龙河乡南营村新华屯。一九三九年九月，我在讷河县龙河镇街做买卖时，抗日联军解放了讷河。为了支援抗日联军的抗日救国行动，我曾买了衣服鞋帽等物品送给抗日联军。因为此事，我于一九四一年五月三日被伪满讷河县警务科逮捕。同年七月四日，由伪满讷河县警务科将我送至伪满齐齐哈尔高等法院。此后，由该院的日本人将我审讯五次后，于一九四一年八月二十二日，以反满抗日为罪名，判处八年有期徒刑。后来，我被判刑囚禁期间，由于每日不得饱食，还要作各种劳役，因而身体衰弱，不断生病，但得不到治疗，不得不把全部家产卖掉治病，以致家庭生活陷入极端穷困的境地。我在死亡线上挣扎多年，幸亏中国共产党领导中国人民终于打败了日本帝国主义，才被从死亡线上解救出来。

（一）119—2，23，4，第 1 号

韩殿卿控诉书

(1954 年 4 月 28 日)

我叫韩殿卿，住讷河县五区龙河村龙胜屯。

一九三九年，冯志〔治〕刚领导的抗日联军袭击了讷河县城后，部队到我们区，我用船将他们摆渡过河。次年夏天，日本特务赵振国将我父亲韩国维和狄成、张校、李金、张宝芝抓去，当时因我生病放回，其他人都被关押在县警务科。我父亲受尽各种酷刑，被押三个月才放回。一九四一年，我们为援助抗日联军，自动给抗联送粮送物资。以后被日寇知道了，于一九四四年农历三月，警务处的日寇特务小林带很多人，将我和我父亲逮捕。和我同时被捕的，仅据能记起姓名的有赵连发、周友、王民、胡景礼、胡维周、胡维扬、王可选、狄成、纪凤楼、张连和、张金柱、张宝芝、赵连才、王增福、陈振东、李金、史振举、张俊凤等，共计三十一名（或三十三名，我记不清了）。被捕后，我们都受尽了惨无人道的酷刑。仅就我能记忆起的刑罚有用报纸捲成卷烧周身；用夹板夹太阳穴，夹板上还有两个木头疙瘩正夹在太阳穴上，当时把眼球夹冒出来（后经医治好的）；灌辣椒水、凉水；用开水烫；用烟卷头烧；用木棒打。我被酷刑摧残的当时，饮食都要其他被捕的人来喂，现在周身都不好使，不能劳动，背脊骨下部被打凹进去（现还有很严重的伤痕）。当时迫害我的，是警务处的小林（日本人）和另外四五个日本人。其他受过这种惨刑的人还很多。我们这次被捕的人都受了刑。在龙江省警务处押了三个多月，除将我父亲韩国维及陈振东、王民、李金等少数人择放外，其他被捕的人都转送高等法院。到法院后，便以国事犯通红军［抗日联军］的罪名，判我十年有期徒刑。其他被送法院的人也都各判三年至十年的徒刑。其中胡景礼、张宝芝、张金柱在日寇投降前夕，于一九四五年六七月被杀害于泰康监狱；王恩荣、周友等则在科刑后因受惨刑过重，死于齐市监狱。

（一）119—2，1149，6，第 11 号

赵连发控诉书

（1954 年 4 月 29 日）

我叫赵连发，住讷河县五区友好村维新屯。伪满时，我兄赵连贵与抗日联军有联系，经常给抗日联军送粮、送物资。这事被日寇警察特务知道后，于一九四四年农历二月十四日来了许多日伪警察特务抓我兄赵连贵，他当时不在家，日特便将我和我弟赵连才抓到警务处。同时和我一同被抓的有三十余人，能记住姓名的有胡景礼、史振举、王增福、胡维周、胡维扬、潘洪雨、李金、韩殿卿、韩国维等。我在被捕后，是日本人小林过我堂。过堂时遭受的刑罚有过电、用木棒打、灌凉水、用烟烧。过电将我过的昏死过去两次。就这样反复的审讯

三个多月才被释放。和我一同被放回的只有七人。王增福被残酷的毒刑整死于狱中，胡景礼在泰康被日本鬼子枪杀了。

（一）119—2，955，3，第 2 号

伪齐齐哈尔高等法院对尹子魁等七人的判决书

〔1941 年 8 月 16 日　齐高法（刑）第 18 号〕

姓名：尹子魁，男，现年三十二岁。

别名：李俊峰。

职业：杂货商。

原籍：安东省大东沟石桥村。

住址：龙江省讷河县任家粉房屯十四牌四十一号。

姓名：高木林，男，现年十八岁。

职业：农。

原籍：三江省汤原县。

住址：北安省克山县北兴赵贵屯。

姓名：魏铭臣，男，现年四十四岁。

职业：农。

原籍：河北省抚宁县。

住址：北安省克山县北兴村东南区四牌三号。

姓名：刘世忠，男，现年三十五岁。

职业：密探。

原籍：奉天省开原县。

住址：北安省克山县北兴村。

姓名：杨景山，男，现年三十七岁。

职业：农。

原籍：奉天省开原县。

住址：北安省克山县北兴村王会屯四牌一号。

姓名：丁子刚，男，现年四十三岁。

职业：农。

原籍：吉林省榆树县。

住址：北安省克山县孙家村平安屯五号。

姓名：梁显廷，男，现年三十一岁。

职业：农。

原籍：吉林省公主岭。

住址：北安省克山县路北杏村三五六号。

以上七人，系违反《暂行惩治叛徒法》之案，经本院检察官福田源一郎审理完毕，兹判决如下：

判处被告人尹子魁死刑；

判处被告人魏铭臣徒刑十二年；

判处被告人高木林、刘世忠、杨景山徒刑十年；

判处被告人丁子刚、梁显廷徒刑八年；

被告人高木林、魏铭臣、刘世忠、杨景山、丁子刚、梁显廷在判决前羁押之日数一百二十天，均算作本刑内。

扣押国币一百六十元，按康德七年《扣押第五十七号》之规定，全部没收。

诉讼费均由尹子魁负担。

理由：

中国共产党在苏维埃社会主义共和国联盟的首都莫斯科，有国际共产党本部的中国支部，其最终目的是为建设共产主义社会。为达此目的，在我满洲内设有省委员会、特别委员会、县委员会、市委员会，并扩大、加强这些组织，企图自我帝国内驱逐日本帝国之势力，是打败我帝国之秘密结社。东北抗日联军（所谓红军），是在上记中国共产党领导之下，以武力驱逐日本帝国势力，打倒我帝国为目的的武装结社。反日会则与抗日联军有同样的目的，其任务为援助抗日联军活动，供给粮食，亦为一秘密结社，康德三年二月改称为抗日救国会。

第一，被告人尹子魁，已充分认识到中国共产党、东北抗日联军、反日会为有上述目的之结社，但竟有：

（一）康德二年旧历二月，于三江省汤原县尹家大院，受该县汤区委韩干事之影响，参加三甲反日会。同年六月，任该会主任，与抗日军进行连络，从事为抗日军筹划粮食等工作。

（二）康德三年旧历十一月，于桦川县达采冈，任桦川县委执行委员，并在该县组织抗日救国会。

（三）康德四年旧历四月，于富锦县第五区加入东北抗日联军第六军匪团（军长戴洪宾），任该司令部组织科长，在富锦、依兰、桦川、汤原、宝清等地打游击。

（四）同年九月，于富锦县由第六军军委宣传部长徐立贵介绍，加入中国共产党。

（五）康德五年五月，于该县调任第六军第一师第三团（第六军长改为张寿篯，第一师长马德山，第三团长冷其）政治部主任，于富锦、宝清、饶河、汤原等县进行游击活动。

（六）康德五年十二月，于龙江省通化县调任第六军第二师（师长冯治刚）之政治部主任，于讷河、嫩江、通北、德都等县进行游击战。

（七）康德六年旧历十月，于讷河县亲仁村任讷河县委书记，在该县做争取民众与发展会员的工作。

第二，被告人高木林，明知抗日联军为有前记目的之结社，但竟：

（一）康德五年七月，于该县老等山附近参加东北抗日联军第六军第二师第十二团（军长张寿篯）。

（二）康德七年旧历八月，于龙江省讷河县进化村马家窝堡，转入东北抗日联军西北临时指挥部王明贵匪团。

第三，被告人魏铭臣，已认识到抗日救国会为有上记目的之结社，但竟：

（一）康德七年旧历八月，受东北抗日联军西北临时指挥部第九支队长边凤祥之宣传，应允参加抗日救国会。同年旧历九月十日，于北安省克山县北兴村赵贵屯王凤起家中，组织了该地区之抗日救国会。

（二）同年旧历九月下旬，于该县北兴村东南屯四牌三号自己家中，说服刘世忠，使其加入抗日救国会。

（三）同时在北兴村王会屯四牌一号杨景山家中，与讷河县委宣传部长方某，又名姜桂和，共同说服杨参加抗日救国会。

第四，被告人刘世忠，已认识到抗日救国会为有前记目的之结社，但竟于如前记第三之（二）之时间、地点，受魏铭臣之劝说而参加抗日救国会。

第五，被告人杨景山，已认识到抗日救国会为有前记目的之结社，但于如前记第三之（三）之时间、地点，受魏铭臣及方某又名姜桂和之劝说而参加抗日救国会。

第六，被告丁子刚已认识到东北抗日联军为有前记目的之结社，但竟于康德七年，于北安省克山县孙家村平安屯五号自己家中，应允抗日联军西北临时指挥部第三支队长王明贵等人休息，并供给食宿。

第七，被告人梁显廷，已认识到东北抗日联军为有前记目的之结社，但竟于康德七年八月十七日，在北安省克山县北兴村二十七里赵贵屯，受该军西北临时指挥部第九支队边凤祥拜托，代为制作麻绳并为之搬运，之后又在该县及德都县随军游击。

因此，被告人尹子魁系以紊乱我国法，破坏我国家存在之基础为目的之结社负责人，是为达此目的而尽心尽力之罪犯。被告人高木林、魏铭臣、刘世忠、杨景山为参加该结社，且为完成其任务而尽力之罪犯。被告人丁子刚、梁显廷为帮助该结社活动之罪犯。

按此，据：

判词开头部份所述之事实，在本院已为公认之事实。

判词第一之事实，为被告人尹子魁在庭供认不讳。

判词第二之事实，为被告人高木林在本庭供认不讳。

判词第三之事实，已经警察官核对无误，被告人魏铭臣之第一、二次审讯笔录中均有与判词相同之供述记载。

判词第四之事实，在司法警察官义仓正一对被告人刘世忠之讯问笔录中，有同判词所述之相同供述。

判词第五之事实，为司法警察官时义浩卫在审问被告人杨景山之笔录中，有同判词所述相同之供述。

判词第六之事实，为被告人丁子刚于本庭供认不讳。

判词第七之事实，为被告人梁显廷于本庭供认不讳。

按法律：

尹子魁之所为，符合《暂行惩治叛徒法》第一条第二款；高木林、魏铭臣之所为，符合同法第一条第三款；被告人刘世忠、杨景山之所为，符合同法第一条第三款；被告人丁子刚、梁显廷之所为，符合同法第七条。故对被告人尹子魁应选择死刑，此外均选择有期徒刑。但被告人丁子刚、梁显廷其情可悯，按刑法第五十八条、第六十一条予以减刑。故应判处高木林、刘世忠、杨景山十年有期徒刑；魏铭臣十二年徒刑；丁子刚、梁显廷各处八年徒刑。按同法第六条之规定，对被告人高木林、魏铭臣、刘世忠、杨景山、丁子刚、梁显廷未判决前被押日数均算在刑期内。

扣押之国币一百六十元，为尹子魁犯罪用之物品，不属他人所有，按康德七年《扣押五十七号之一》第四十条第一款第二项之规定，予以没收。

诉讼费，根据《刑费诉讼法》第二百九十条第一项，全部由尹子魁负担。

齐齐哈尔高等法院治安庭

审判长：横山光彦

审判官：黑板一男　本田一

康德八年八月十六日

张华等关于讷河事件的调查报告

（1954 年 5 月 6 日）

一九三九年，讷河县龙河村（现五区）的部分村屯，在共产党的号召和领导下，群众组织了抗日救国会（会员即敌人所称联络员），领导当地群众进行抗日救国活动。当地群众在救国会的领导和组织下，积极地支援了抗日联军（群众称为红军）供给抗联粮食和物资。抗联路过村屯时，群众给煮饭，救国会员为抗联搜集敌情等。一九三九年，李兆麟（张寿篯）同志领导的抗日联军一个支队，在冯志〔治〕刚同志的指挥下，在群众的支援下，于九月十八日袭击了伪讷河县公署、银行、守备队，取得胜利后，为了保全实力，于当日主动撤至山林地带。在路过各村屯时，群众夹道欢迎，龙河村小商并组织慰问了军队。因此，日寇划该区为"匪区"。为了镇压群众的抗日救国活动，割断群众与抗联的联系，断绝抗联的给养供应，日寇便采取了恶毒的"治本"、"治标"手段，除归屯并村、围剿抗联等外，龙江省并派出以堀入为首的特搜班，讷河县警务科组织了刑事特高股，在大岛守备队的配合下，对抗日救国会员和当地群众，施行有计划的搜捕、屠杀。

第一次大规模有计划的逮捕屠杀

一九三九年农历九十月间，对龙河村抗日救国会员和群众施行有计划的逮捕、摧残、屠杀。被逮捕者四十余名，能查到姓名的有王友、谷连山、梁永和、梁永升、周景春、张宝财、姚从江、田喜生、丁振清、丁常富、张喜财、张明义、张国、蔡万章、霍殿云、李万贞、李金山、杜久福、尚九禄、赵老八、魏荣久、张希尧等二十二名。被捕者在讷河县警务科受尽了各种刑罚，如：上大挂、用烟卷头烧耳朵、用铁棍别嘴、举棍、灌凉水和辣椒水、过电、用镐把及竹片打、用火筷子烙、以铡刀按在脖子上铡来恐吓等惨无人道的酷刑。使被捕者遭到极度的肉体摧残，当时有的皮开肉烂，有的被打昏过去。如被害人田喜生在控诉时说："被打得皮肉开花，被打昏过去数次"，"我被摧残的神经系统不好使了"，"回家休养了数年终未恢复健康"，"现在尚不能参加劳动"。在极残酷的肉体摧残之后，有二十二名以"私通红军"罪名判处死刑。在农历十月二十八、二十九两天，分批枪杀在北门外和西门外。枪杀后还不准家属领尸。被枪杀能查到姓名者有王友、谷连山、梁永和、梁永升、周景春、张宝财、姚从江、丁常富、张国、蔡万章、杜久福、尚九禄、赵老八等十三名。二十八日枪毙十三名时，曾有二十余名"陪绑"，其中有魏荣久、田喜生、张喜财。

第二次大规模的有计划的大逮捕

一九四一年农历八月、十月和十一月，分三批搜捕抗日救国会员和曾支援过抗联的群众周明禄、于顺江、周明义、丁占富、张英、张宝芝、夏喜财、狄成、夏明启、韩国维、史振举、安庆秀、路环亚、路太、路荣、张校、李金、周老五、孙洪江、杨立春、李迎禄、战国才、蔡江、郝子轩、马寿廷、朱子秀及路环加的妻子等四十余名。被捕者在龙江省警务厅（群众称为警务处），历受各种惨无人道的酷刑：如用烟卷头烧、木棒打、过电、用管子往肚子灌凉水，灌满后，日寇站在肚子上踩等。如被害人周明义控诉说："打得我满身是血，衣服都脱不下来。"严刑逼供之后，周明禄、马寿廷、朱子秀、郝子轩等很多人被高等法院以"私通红军"罪名，分别判处周明禄有期徒刑十年、矫正三年、辅导二年半；郝子轩、马寿廷、朱子秀各判有期徒刑八年。其它被捕的无辜群众，虽在肉体摧残之下仍无供述之后，拘押数月释放。其中蔡江、战国才、李迎禄、杨立春又于一九四一年六月七月间捕回，经高等法院判有期徒刑八年。受肉体摧残者当时有的失去知觉，有的神经组织被损坏，终生不能恢复健康，成为残废。如被害人于顺江控诉说："我因受刑过重，现在双目失明，不能劳动。"

第三次有计划的大逮捕

一九四四年农历二月，是日寇在讷河县实行有计划的大逮捕的最后一次，也是最残酷的一次，此次共捕群众四十余名。现查到姓名者有韩殿卿、韩国维、胡景礼、胡维周、胡维扬、刘忠彦、纪凤楼、刘少武、陈振东、赵连发、赵连才、潘洪雨、李金、王臣、史振举、王增福、周友、狄成、王可选、张连和、王恩荣、孙长山、张俊凤、王振、杜长安、李景文等二十七名。被捕者在龙江省警务厅受尽了各种惨无人道的肉体摧残。仅被害人能记忆起的，即有木棒打、灌凉水、辣椒水和小米、火烧、过电、烟卷头烧、用纸卷搅肛门、用开水烫、上大挂、用胶皮带抽及用夹板夹太阳穴等酷刑十余种。被害人韩殿卿在控诉日寇罪行时说："夹板上还有两个木头疙瘩，正夹在太阳穴上，当时把眼珠都夹冒出来了。被摧残后饮食都要其它人来喂。"孙长山控诉说："当时被摧残得皮开肉烂，险成残废。"杜长福控诉说："用烟头烧得钻心疼。"有的被摧残当即死去。如王宝山控诉说："我父（王增福）被捕去十四天就被打死了，打死后为了不留痕迹，日寇将我父的尸体烧成灰了。"有的因受摧残过重，于判刑后死在狱中，如周友、张连和、王恩荣、史振举。有的被折磨得神经组织及四肢损伤，成了残废，如刘忠彦控诉说："惨无人道的酷刑把我的手打裂开，筋骨上的皮肤都掉了。因受刑过重，造成双目失明，耳也聋了，呼吸气很短，不能劳动生产了。"其它如韩殿卿脊背骨下部被打凹进去了，高凤山右手被打成残废。严刑逼供之后，除将杜长安、王臣、李金、韩国维、赵连才、赵连发等少数未供认与红军有关系者拘押数月释放外，其他被捕者如孙长山、韩殿卿、高凤山、王恩荣、张连和、史振举、周友及以前个别逮捕的张宝芝、张金柱等移交高等法院，以"私通红军"罪名判处有期徒刑和无期徒刑。其中张宝芝、张金柱、胡景礼等于日寇投降前夕——一九四五年六、七月间被枪杀于泰康监狱。据韩殿卿、赵连发二人控诉说：在警务厅特务科审讯我们的是日寇特务小林。据高洪滨控诉说：审他父亲高凤山的是日寇特务里子（留分头戴眼镜）。

以上是被害人亲身经历及目睹的事实。

张华　汪说汉

（一）119—2，448，1，第6号

编者注：张华、汪说汉系中华人民共和国最高人民检察署工作人员。

中央档案馆、中国第二历史档案馆、吉林省社会科学院合编：《日本帝国主义侵华档案资料选编·东北历次大惨案》，中华书局1991年版，第200—227页。

44. 三肇事件

岛村三郎口供

（1954年7月24日）

问：你在肇州县任副县长时犯了哪些罪行？

答：一九四一年二月，我由白城县调任肇州县副县长。在我到职前的一九四一年十一月，肇州县发生了三肇事件，徐泽民师长率领当地老百姓五百多人，进行反满抗日起义，袭击、焚烧该县托古村村公所及警察分驻所后，占领了丰乐街。哈尔滨日本侵略军防卫司令部司令官大迫中将指挥日本军、伪满军、伪满警察讨伐队进行了残酷的大镇压。在我到肇州县任职时，镇压还未结束，徐泽民师长被捕，正进入大批搜查、逮捕、屠杀阶段。因此，我以肇州县最高领导人副县长身份，命令肇州县全县警察出动，对肇州人民大肆进行逮捕、镇压，共逮捕抗日地下工作人员及爱国者二百名以上。严刑拷问后，将其中约一百名送临时最高审判庭，有三十名被判处死刑，于一九四一年二月下旬惨杀于肇州县南门外及哈尔滨两地。其余七十名判处徒刑。另外约一百名拷问、拘押后释放。同时，我亲自对已被捕的徐泽民师长进行怀柔，企图通过徐师长在肇州县的崇高威信，达到掠取民心的目的。此外，在日本帝国主义制造对中国人民大屠杀的"三肇事件"中，我积极协助，给予省特搜班临时审讯所、临时最高检察厅、临时最高审判庭及日本侵略军守备队等工作上的一切便利条件，如食宿、交通、通讯、守卫以及提押爱国者等。在此期间，我并亲自指挥部下进行所谓"宣抚教育工作"及举行"三肇地区追悼会"等，麻痹中国人民的爱国思想，使日本帝国主义在"三肇事件"中得以更残酷地进行大屠杀和大镇压。

一九四一年四月，我在哈尔滨参加了大迫中将领导的"三肇地区指挥部"会议，参加会议的有伪满治安部警备科长、滨江省秋吉警务厅长、杉原最高检察厅次长、哈尔滨军事顾问、日本侵略军哈尔滨宪兵队长、伪满宪兵团长等人；另外还有肇州、肇东、肇源、青冈、安达、双城、呼兰等县副县长及警务科附等人参加。会议决定要加强司法、行政对策，继续搜查、逮捕、镇压抗日爱国人士。会后，我在肇州县采取了以下措施：命令县警务科加强搜捕爱国者；做出加强行政对策预算；安装警备电话；强制回收民枪、民炮一千六百支；进行村政改革；强制和平居民负担"讨伐费"；补助各村预算等，来镇压扼杀中国人民的抗日爱国行动。

（一）119—2，32，1，第4号

木津海吉笔供

（1954 年 7 月 3 日）

一九四一年二月，我当时系伪龙江省直辖第三游击队警尉队副。我依据省警务厅长神子勇命令，为镇压活跃在三肇地区的抗日联军部队，组织了一个一百五十人的游击队，以阻止抗日联军由三肇地区向西进发，并对其采取包围攻击。一九四一年三月，在兰西县时，协助兰西县村岗警尉所指挥的八十名侵略军，杀害了徐泽民部下许多战士。

（一）119—2，448，2，第 16 号

杉原一策口供
（1954 年 5 月 12 日）

问：你任哈尔滨高等检察厅次长期间，处理过哪些大的惨案？

答：一九四一年二月，曾经处理了一个大的案件，当时叫做"三肇事件"。另外在一四三年二月也曾经处理过"巴彦、木兰、东兴事件"。

问：你首先将你处理的"三肇事件"情况讲一讲，并说清你应负的责任。

答：一九四一年末，抗日联军徐泽民领导的游击队，在滨江省肇州、肇源、肇东三个地方，发动了反对伪满洲国成立，反对日本侵略东北的活动。对此，日本军和伪满警察队联合进行了镇压，同时滨江省警察厅逮捕了游击队员及与游击队有关人员进行了审讯。哈尔滨高等检查厅受理了这个案件。为了进行调查和审讯，我担任搜查本部部长，指挥真田康平、横幕胤行、椙原定次、加藤政郎等检察官于肇州、肇源两地进行审讯，在这两个地方设立了法庭。我记得被起诉的约二百五十人，经调查和审讯的结果，判处死刑约七十人，判徒刑的约一百七十人。判处徒刑的都送到哈尔滨监狱关押起来。判处死刑的第一次是一九四一年三月在肇源执行的，执行死刑的地点在肇源城外山麓。第二次是在一九四一年三月末在肇州执行的，执行的地点也是在城外山麓。在执行死刑时，我还亲自到刑场看过。

对这个事件的处理上我的责任是：（一）对于犯罪事实我进行了审讯和处理。（二）我草拟了起诉书。（三）关于呈报要求死刑及其它徒刑的文件都经我审查过。对这个事件的处理，从审讯开始到执行死刑为止，都是在我的领导监督下进行的，这是我的罪责。

问：徐泽民被捕后，是否也经你手处理的？

答：是的。一九四一年五月前后，从滨江省警务厅接收了徐泽民，检察官真田康平在我领导、监督下进行了审讯以至起诉，结果要求死刑，后经哈尔滨高等法院判处了死刑。

（一）119—2，24，3，第 4 号

于镜涛笔供
（1954 年 5 月 5 日）

一九四一年秋，我任伪滨江省长职务时发生了三肇事件。这事件发生的原

因系日本人霸占肇源县沿江渔户财产，还把渔户治罪，引起了被压迫的农民和劳工及受害人民的反抗。在抗日领袖徐泽民的领导下发动抗日运动，救了渔户，触怒了伪满首恶武部六藏。

据伪滨江省次长源田告诉我，肇源事件由总务厅命令伪司法部刑事司长太田主持。太田奉命以后，就带同伪治安部警务司刑事科长到哈尔滨组织司法机构，由哈尔滨高等检察厅和高等法院抽调检察官和审判官多人，命令伪滨江省警务厅长秋吉由哈尔滨市警察局调伪警二十人，并在滨江省各县抽调伪警一百多人。

一九四一年，我到肇州县听慈善会贾会长说，太田到肇源组成临时法庭多所，由秋吉率领伪警在肇源大肆搜捕无辜人民；又听伪县长董某说，临时法庭对被捕的人严刑拷讯，就地执行死刑，处置后报告最高检察厅、最高法院和伪司法部。

又据伪县长董某说，仅在肇源一县被投在江里淹死的就有七八十人。这事件逐渐扩大到肇州和肇东两县。肇州临时法庭设在一个大车店内，肇东临时法庭设在天丰东油房和昌武街道德会旁的一家大商号。肇东被杀害者有四五十人。我在第二年春到肇东县所在地的满沟站街上，看见电线杆上还挂着去年被杀的人头。肇州被害人有三四十名。徐泽民被捕就带到哈尔滨，由高等检察厅讯问后，经高等法院判处死刑。在哈尔滨执行判处徒刑的都押在哈尔滨监狱。这是我帮助日寇大批屠杀人民的罪行。

（一）119—2，1151，4，第 14 号

傅春廷笔供

（1954 年 6 月 19 日）

伪满第四宪兵团派遣宪兵参加三肇地区治安肃正工作的经过情况

一、伪宪兵参加治安肃正工作所属指挥系统的概况

在伪康德七年（一九四一年）十一月，抗日联军徐泽民支队到三肇地区活动。首先袭击了肇源警察署，并在肇州以西及北部地区游击活动。当时，日本军滨江地区防卫司令官大迫少将，为维持三肇地区的治安，纠合伪满滨江省公署、警务厅、协和会及日本宪兵等机关和伪满军，共同到三肇地区参加治安肃正工作，对徐泽民支队进行讨伐。在肇州县设立指挥部，并有两名伪军事部日本人参事官作指导。伪协和会、省公署、警务厅主要担负地方肃正，防止抗日支队在当地进行地下活动和对当地居民作宣抚工作等。伪满军对抗日军徐泽民支队进行追击讨伐，将这部分抗日武装驱逐出三肇地区。伪满军的总指挥是伪第四军管区主任顾问皆藤大佐。他将伪满军步兵第二十五团第二营派到三肇讨

伐以后，随之又命令伪第四宪兵团派遣一部随伪军参加讨伐，也去参加治安肃正工作。这时，参加三肇地区治安肃正工作的伪宪兵团的指挥系统仍属于伪军，归伪军指挥部指导。

二、派遣伪宪兵的主要任务

这时的伪宪兵已脱离自身的组织，而变为受伪军管区顾问的指挥。但业务仍然不变，其主要任务如下：

（一）维护讨伐中的伪满军的安全，防止一切政治宣传工作侵入军内，在驻军中进行侦察活动，监视伪军动态。

（二）密侦、搜集徐泽民支队的组织及活动情报，提供伪军派遣参谋，作为对徐泽民支队追击讨伐的依据。

（三）在肇州县街上，维持伪满军的军风纪，取缔伪军对地方骚乱的一切不正当行为。

（四）协助当地警察机关，维持当地的地方治安，白天上街巡查，夜间查店及巡视各岗哨警备状况。

三、派遣伪宪兵的人员编组

被派遣的宪兵，最初没有正式名称，到当地工作后叫朱宪兵班，人员如下：

班长，伪宪兵少校朱干臣。

军官有伪宪兵上尉曾根原实、伪宪兵中尉傅春廷。

军士兵有伪宪兵上士王定宇、于春祥，伪宪兵中士訾肇田、戚宝春，伪宪兵少士费文山、刘文彬、萧度棠，伪宪兵上等兵李铭蹊。

另外还有五六名，姓名已忘了。

四、到达三肇地区的情况

一九四一年十一月，徐泽民支队袭击肇源警察署以后，伪军顾问皆藤大佐，首先派遣朱干臣到肇州、肇源及大同镇、丰乐镇等地调查情况。约经五六天后返回，并向皆藤报告，随之即派遣伪满军前往。当时，朱干臣也随同去调查情况。约在十二月初，皆藤顾问率领伪军指挥人员，参谋佐武少校、副官马恒及伪宪兵曾根原实等十余名前往当地参加讨伐工作。同时，也有伪军事部参事官等前去，当晚到肇州丰乐镇和伪满军会合后，由皆藤向伪满军部署以后的行动。第二天，由皆藤率领这些人由丰乐镇去肇州县。第三天，由滨江地区防卫司令部召集各机关会议，宪兵团军官、军士也有部分参加，由皆藤指示部署治安肃正工作及兵力配置。这个会，就作为治安肃正工作指挥部的正式成立。当时将伪县公署西院作为办公地点，各有关单位都派人去联络，有什么情况都由这些人研究处理。

派遣宪兵的业务分工是这样的，虽说总的是朱干臣负责，但是监督指导大权仍掌握在曾根原手里。他经常住在指挥部担任一切事务联系，而后再往下分配任务。朱干臣除负全部责任外，还经常穿便衣去指导便衣宪兵完成前记任务中的第（一）、（二）项工作。傅春廷负责指导前记任务中的第（三）、（四）项工作。

（一）119—2，934，2，第4号

王蕴璞笔供

（1954 年 7 月 15 日）

一九四一年十一月上旬，东北抗日联军第三路军第十二支队支队长徐泽民，率队袭击肇源县后，日寇伪滨江省警务厅长便命令哈尔滨市警察厅长王贤沛，派特务科警尉王蕴璞、属官金丽洙和司法科警佐叶永年，率所部搜查人员共二十余人，到肇源县城、肇州县徐家围子、大同镇、肇东县昌五街、洪和村等地，担任情报和特别搜查任务，逮捕爱国群众。

逮捕时间、地点及经过

一九四一年十一月中旬，特别搜查班叶永年等到达肇源县城，逮捕爱国群众及同情抗日的基本群众约二百人（其中有警察及县署职员等十余人）。

在这次逮捕以后，以肇州县为中心，在伪滨江省警务厅刑事科科长日寇影山八濑澍指挥下，开始对三肇地区（肇源、肇州、肇东）进行清查。对抗日联军在各地方组织的救国会及武装队全部破坏。依据各地方情报，逮捕了爱国人士约三百余名。抗日联军第十二支队长徐泽民于兰西县被捕。第十二支队参谋长李忠孝于肇州县托古村被捕。第三十六大队长杨永祥、第一小队长袁福林于哈市被捕。游击大队长杨宏杰于扶余县三岔河街被捕。于逮捕同时，组成伪军警宪联合工作班，并由各县警务科临时抽调日寇人员一部编成审讯班，采取种种惨刑对爱国人士进行逼供，常有被打死的情形。一九四一年三月初完成审讯工作。

事件处理情况和结果

在三肇地区被捕的救国会武装队、爱国人士约有三百余名，于一九四一年三月中旬，经伪哈市高等检察厅、高等法院在该地起诉，判处死刑的很多，其余判处无期或有期徒刑。其中一九四一年十一月中旬，仅在肇源县城经特搜班叶永年等逮捕的爱国群众即约有二百人。经毒打后，被迫承认曾响应抗日军的号召，同情抗日活动，在几天内，由日寇宪兵队和伪哈市高等检察厅、高等法院指挥，将全部爱国群众处死刑，塞入肇源县境松花江冰眼内。我记得在执行时，有一妇女过江，从刑场附近通过，为防止秘密泄露，也被填于冰眼内。第十二支队支队长徐泽民，在哈市经伪高等检察厅起诉，伪高等法院将其判处死刑。

（一）119—2，1151，3，第 24 号

刘殿文口供

（1956 年 4 月 15 日）

问：你谈一谈你的姓名、年龄、职业及住址。

答：我叫刘殿文，今年四十三岁，职业农人，现住黑龙江省兰西县平山乡任家岗屯。

问：你知道兰西县警务科抓捕徐泽民的情况吗？

答：知道。因我过去在兰西县当过伪警察。

问：你谈一谈伪满兰西县警务科抓捕徐泽民的情况。

答：在伪满康德七年旧历九月二十四日，兰西县警务科特务股王明才警尉向太平警察署打电话，调郇喜臣、王海峰、王振荣和我去兰西县警务科参加该科组织的特搜班。这个班除有以上四人外，还有特务股长村冈宗明及王明才、乔凤鸣、张丕成、靳旭日、张俭、刘福贵、申国政、高明久等。于康德八年正月十八日，我们特搜班由县里坐汽车到北安分驻所，步行到双发屯住一宿，十九日下午又到临江分所。村冈住在分所，我们就组织出发到大城玉屯吃晚饭，吃完晚饭，天已很黑了，又去丁家油坊屯。到屯后，我们就散开，我在外边，谁进的屋我不知道，就把徐泽民抓住了。当时从他身上搜出一支橹子枪，同时还抓了三个或四个老百姓。这时，特务股长村冈宗明也来了，就把被抓的这些人用大汽车拉着送县里。到县里，将徐泽民安置在警务科长的屋子，把几个老百姓关押在拘留所里。据我所知，以后又抓了孔宪科、刘景。又过有十多天，村冈宗明派我和郇喜亭、王海峰、王振荣四人，将徐泽民用大汽车送到肇州县警务科。以后的情况我就不知道了。

问：你们怎么知道徐泽民在丁家油坊屯呢？

答：不知是谁报告的。

问：在抓到徐泽民后你们都得到什么奖励呢？

答：在抓到徐泽民的两三个月后，我们都得到了奖励。村冈宗明得了一把战刀、一张奖状、八百元钱，提升为警佐，调到哈尔滨去了。王明才、乔凤鸣、张丕成每个人各得奖状和四百元钱。郇喜亭得三百元钱。其余的，每人各得二百元钱。

问：被抓的徐泽民和那几个老百姓是怎么处理的？

答：一九四四年十月我听张丕成说，徐泽民死在哈尔滨了。那些老百姓的情况我都不知道。

问：你对这些问题还有什么补充没有？

答：在没有抓住徐泽民以前，我并不知道这个案件，在把徐泽民抓住后，我问王明才，他说是抗日军案。

（一）119—2，24，2，第16号

杨子华检举书
（1956年10月6日）

我叫杨子华，男，今年四十四岁，在肇源镇大众饭店当工人，住肇源镇二街十组，检举前伪满哈尔滨警务所警察特务逮捕、审判、杀害抗日工作人员及和平居民的罪行。我于康德六年（即一九三九年）六月一日到肇源监狱当看守。康德七年十月间，红军［抗日联军］打进了肇源城，消灭了日军，把监狱打开，把犯人都放出来。红军走后，从伪满哈尔滨警务所派来了三班特务，由叶警佐（即叶永年）带领，在肇源街上进行乱捕乱抓，前后逮捕押在监狱的有三百多人。经哈尔滨警察局叶警佐进行拷讯，给他们施行灌凉水、过电、棒子打、烟卷烧等刑罚，说他们与红军有联系。同年十一月十一日晚间，有伪警察从监狱内拉出十九个犯人，用汽车拉到三站岗房子，活活地塞入大江冰窟窿里；康德八年二月二十七日，警察又从监狱内拉出四十个犯人，用汽车拉到肇源西门外枪毙。送到哈尔滨判徒刑的有一百多人。我认识的，在十九人中有张占鳌、郭希模、李治亭、庞振武、陈国信、姚维新、齐雪堂、王瑞兴、王化清、褚四爷、刘国栋、冯润武、胡秀民、张有德等十四人；在四十人中有曹守诚、刘余山、李铁蛋、张之诚四人。其余的记不清了。

以上所说的是我当看守时亲眼看到的事实，千真万确。

（一）119—2，32，3，第1号

黄永洪控诉书
（1956年6月1日）

一九四一年农历正月初十，有鬼子、警察把我抓到肇源县，押我二十多天。我看那里头押着二百多人。以后由哈尔滨来的法官、检察官过堂。头一天提我过堂，问我当过红军没有，我说没当过。鬼子就拿一条板凳，一根绳子，把我绑在板凳上，一个茶壶装水，随后还捧一捧小米放在水里，拿条手巾把我眼睛蒙上，连嘴带鼻就往里灌。他一灌我就上不来气，不灌时我这口气才能缓上来，灌得我死去活来。就这样折腾我，到吃晚饭才放回监狱。第二天吃完早饭又提我过堂，问我当过红军没有，我说没当过。鬼子拿来一个小匣，那上边有两根铜丝，他们把铜丝拴在我耳朵上，他这一拴，我混身不知咋的了，心就觉着提起来了。上电刑我昏死过五回，我耳朵都给电聋了。第三天又提我过堂，鬼子说你当过红军你就说吧，你说了我也不打啦，就把你放啦。我说没当过。两个鬼子走到我跟前把我上衣扒去，就把我按到地上，拿一个棒子就打，疼得我连翻带滚，打得我身上又紫又青。打得我实在急了，就往起一拱，那个鬼子上来拿棒子一蹽就把我蹽倒了，我啥也不知道了。苏醒过来，我觉得嘴疼，用舌头一舔，门牙被打掉了，我就爬起坐在地上一看，地面上还有一摊血。嘴都张不开，刚欠一个小缝，只能喝水，三天也没吃饭。又押我二十多天，二月二十六吃完早饭，就从监狱往外提人，提出我们三十多人，到外边一看，又是铁镐又是铁锹，叫我们一人扛一件，鬼子带着我们就奔肇源县城西门外走去。出西门走三四里地，到一个小山边就站下来，叫我们刨坑，一气刨到点灯，刨了一个很大的坑，才把我们带回监狱，我们晚饭也没吃着。第二天，二月二十七日吃完早饭，又从监狱往外提人，先提出我们四名，到外边一看停着一辆大汽车，警察招呼我们到汽车前头站着。不大工夫，又从监狱提出一帮人，都戴着脚镣子，他们都上不去汽车，鬼子警察都把他们扔上去。然后就招呼我们也上汽车，就奔西门走，出西门外就奔那个大坑去啦。到大坑前汽车就停下了，鬼子就招呼我们四个人下来站在道南，他们也下来站在道北。鬼子就给剁脚镣子。我一数二十个人。把他们赶到坑沿上，都跪在那，那里头有我家邻居张国臣，他就招呼我，他说："大兄弟，今天鬼子把我杀了，杀我不在乎，我有儿有女，你回去千万可记着今天是二月二十七日，给我捎个信，别忘了！"我说："忘不了。"鬼子又把我好打。日本鬼子一顿枪都给打死了，打得东倒西歪。鬼子招呼我们四个往坑里抬。二十人中我认识三人：康振东、陈老三、张国臣。我们刚上来，又拉来一车人，又叫我们站在道南。车上人下来后，鬼子还给剁脚镣，又招呼我们往回拿。我一数还是二十个，这二十人中我一个也不认识。都叫跪在地上，鬼子拿枪，一顿枪又都给打死了。又招呼我们四个人往坑里抬。当还剩一个时，鬼子拿菜刀把脑袋拉下来，扔在汽车里头，又招呼我们把这一个也抬到坑里。鬼子拿一桶汽油，倒在死人坑里，他一点火冒一股黑烟。有一个人没被打死跑了出来，朝北就跑，鬼子跟着就追，一枪就给打死了，又叫我们四个去抬回来扔在坑里头。一人给一把铁锹，叫我们把死人全给埋上，这才招呼我们上汽车。车到西门口又停下，用铁丝把剁下的人头挂在城门上啦。

（一）119—1，317

孙卿控诉书

（1952 年 1 月 13 日）

一九四○年一月六日，我参加了东北抗联第三路军第十二支队，做抗日地下工作。一九四一年一月十四日，被日寇岛村率领的十几名特务将我和曹文钧逮捕。被送到肇州县警察署审讯，遭到严刑拷打、过电、铁钩子烙等等。每过一次堂，至少也得一两个小时，打的死去活来。在日寇的威胁和屠刀下，我始终没吐露一点真情。同年三月二日被释放。

一九四一年五月十一日，我又被逮捕。从这以后，特务经常到我家，非打即骂。我七十多岁的老父亲被特务从炕上拖到地上，活活的给摔死了，我六十多岁的老母亲和我弟弟被特务打的不敢在家。同时把我屯的男女老少都吓跑了，还把曹文尧、刘贵给打死了。

我第二次被捕后，于同年六月被送到哈尔滨高等法院，判处我无期徒刑。判刑后，我在监狱里被关押四年多，见到日寇残无人道的事实实在太多了。我在道里分监，每天只给两个半碗饭，饿的、渴的实在难受；在冰凉的水泥地上睡觉。差不多每天都绞杀中国人，真不知在日寇手里死了多少爱国志士啊。以后我又被转到上号总监，白天在那寒冷的工厂做工，夜晚回到冰凉的监房，在透风的地板上睡觉，真不是人过的生活。日本鬼子看谁不顺眼，他就借口说你要逃跑，就得狠狠的打你一顿。打的不能动了，就送到病监里去，重的不过几天就死了。这样死的人很多，在一九四二年，一年就死了九百多人。日寇还嫌中国人死的少，日寇黑田科长还经常说："死啦死啦的好。"

鬼子的严刑拷打，凶残的折磨，几次都几乎夺去我的生命，真是九死一生，侥幸的活了下来，赶上了一九四五年的"八·一五"，日本战败，苏联红军将我们从监狱解放出来，我才获得了解放，获得了新生。

（一）119—2，32，3，第 1 号

周广成控诉书

（1956 年 4 月 11 日）

我叫周广成，今年五十三岁，住黑龙江省兰西县临江乡大成玉屯，控诉伪满兰西县警务科的警察特务害死我父亲的罪行。

在伪满康德八年旧历正月十九日刚黑天的时候，县里来的大汽车，有警务科的特务乔凤鸣、王明才等，还有一个日本人警察，共十余人。下车就把全屯的人集中在孔宪科院里，他们就到大地主周广生家去了。特务警察从周广生家出来后，就坐汽车去大岗子王明义家，将王明义、王明珠二人逮捕。然后又开车去丁家油房屯马殿元家，将徐泽民和马殿元逮捕，还拉到我们屯，又逮捕了周广文。这才把周广文、王明义、王明珠、徐泽民、马殿元等五人拉到县里。第二天又来了大卡车，有十多个特务警察，把我父亲周凤义和张俊江、梁广林三人给抓去了。当卡车路过长岗时，又把张俊臣也抓去了。二月份又来过一次爬犁，将武钧、孔宪科、周凤武给抓去了。七月份还来抓过一次。这些被抓去的人，孔宪科、张俊江、周广文、张俊臣、武钧、梁广林、周广武、王明义、王明珠、徐泽民等都被日本鬼子给杀害了。我父亲也是因和徐泽民有联系而被抓的。他被捕后，被日本鬼子和汉奸特务严刑审问，被折腾的气息奄奄的情况下才释放回家，回家不久即死去了。我父亲的死，完全是兰西县警务科的警察特务给害死的。

（一）119—2，24，2，第 15 号

马殿元控诉书

（1956 年 4 月 3 日）

我叫马殿元，今年四十四岁，我家原住兰西县临江村丁家油坊屯。我控诉伪满兰西县警务科伪警察捕抓我的罪行。

伪满康德八年旧历正月十九日晚上，抗联徐泽民住在我家里。在睡觉的时候听见狗咬，我们都起来了，我出门一看，人都站满了，当时我就被绑上了。问我徐泽民在我家没有，我说没有叫徐泽民的，有个叫刘洪涛的（徐泽民的假名）。特务们随手就打我一个嘴巴。这时徐泽民从屋就出去了，还没来得及掏枪就被抓住了。翻出一支撸子抢。不大会来了大汽车把我们拉到兰西县警务科押起来。这次一同捕去的有我、徐泽民、王明义、王明珠、周广文五个人。在兰西县警务科，由崔秉武过我堂，还有一个日本人大个子。他们把我眼睛给蒙上，问我怎么认识的徐泽民，我说不认识，我就知道他叫刘洪涛。他们就用皮带把我肚子给勒上，给我灌了一壶凉水掺煤油，又问我，我还是说不知道，又灌我辣椒水，把我灌得啥也不知道了，又送回留置场。四月十八日我被送到哈尔滨模范监狱，到当年八月十二日才被释放。我们被抓去的十三人，死在哈尔滨模

范监狱的有梁万生、徐泽民、刘景、孔宪科、张俊江、周广文、武钧、王明义、王明珠、戴长江（河西的）共十人。死在肇州的有张俊臣。回来的有我和王俭、周凤义（回到家也死了）。万恶的日本鬼子把我们害的可苦啦！

（一）119—2，24，2，第15号

张淑清控诉书

（1956年10月5日）

我叫张淑清，女，现年四十四岁，市民，现住肇源县肇源镇一街二十组，控诉伪满警察特务抓捕、扣押我丈夫王化清的罪行。

伪满康德七年（一九四一年），我丈夫王化清在伪县公署当看电锅工人，与红军［抗日联军］有联系，做地下工作。于同年旧历十月九日晚上将红军引进城里，在伪县公署打死了日本鬼子，缴获了伪军的枪枝。红军走后，我丈夫仍在伪县公署看电锅。十一月二日早晨，三名伪警察特务到我家找我丈夫，因我丈夫不在家，便去伪县公署将我丈夫王化清抓走，扣押在肇源监狱。刑讯时给我丈夫灌凉水、过电、用棒子打，把头都给打破了，还将脚后跟的筋都给挑断了。硬说我丈夫与红军有联系，直到现在也不知他的下落。据传说，被伪满警察杀害了。

与我丈夫同时被捕的有本街姚维新、刘禄、胡秀民、刘国栋、郭希模、王瑞兴、李文堂、冯润武、张占鳌、齐雪堂、庞振武、张维康、褚四爷、刘鹏义、张有德、李国忠、陈国信、李绍亭等十八人，连我丈夫共十九人，这些人至今都不知其下落。

以上是伪警察特务逮捕、扣押我丈夫王化清的罪恶事实，要求人民政府惩办逮捕、扣押我丈夫的罪犯，追究我丈夫的下落。

（一）119—2，1151，3，第40号

韩秀珍控诉书

（1952年1月7日）

控诉人韩秀珍，女，现年三十六岁，农民。原住肇州县托古村李道德屯，现住肇州县十区民胜村后朝阳沟屯。

我控诉日本帝国主义及其走狗——汉奸特务孙德舟等杀害我丈夫李学明的罪行。我丈夫李学明是一个老实的庄稼人，我们家原来是住在肇州县托古村李道德屯。在伪满康德七年，抗联的徐泽民等人住在我们院里。在徐的领导下，

· 349 ·

由李明树、张白氏等人成立了抗日救国会。我丈夫李学明也参加了救国会。

康德七年七月，我丈夫和同院的李道学等共同合计，为了隐藏红军，就在我们住的那个屋子窗外西墙下挖了个地窖。我还记得那是八月时节，挖的人有隋大宝子、李道学、徐忠福、徐忠禄等，他们一连挖了好几天。地窖挖好后，上边又盖上一个装粮食的小仓库。外边的人谁也不知道这里有个地窖，连我也不知道是作啥用场。当年八月，红军［抗日联军］从东山里来啦，住在地窖里好几个人，这时我才知地窖是住红军用的。那时，我常给红军同志做饭、烧水往地窖里送，也给洗衣服、做衣服，还给做过旗，就这样和红军在一起忙乎。那时，我丈夫也经常协助红军买子弹，跑外联络，始终没离开过红军部队。红军在附近打仗，有时把伤员送到我家，然后送到地窖里，我们一个院里的男女老少都为红军忙乎。在那年的冬天，红军打完肇源县以后回山里去了，我丈夫没跟去，就留在当地活动。以后不知是哪个坏蛋给告发了，在康德八年的正月初一日，我丈夫就被日本帝国主义的走狗汉奸特务孙德舟等好几个人给抓去了；初四那天又把李明树也抓去，都被送到肇州监狱关押。在那年的二月二十八日，被日本鬼子和那些汉奸特务给弄到肇州南门外大沟给杀害啦，杀害后还把我丈夫的头给铡下挂在肇州中央炮台上。

我丈夫被杀害的这个事实，全村人都知道。当时我在哈尔滨五家子村侍奉我婆母没在家。当我听到我丈夫被日本鬼子杀害的消息后，心如刀绞般的难受，对日本帝国主义是切齿痛恨。

从我丈夫被害以后，我的家和我们的屯都被日本鬼子和特务汉奸给糟蹋得不成样子，我们是有家不敢归，我领着七岁的女儿和老婆母逃难在外，艰难度日。我婆母因日夜思念她被杀害的儿子，终日啼哭，很快就气死了。之后，我孤儿寡母过着极其恐惧的日子。这些都是日本鬼子给我们带来的苦难。我要求人民政府给我作主，和日本鬼子算清这笔血债，替中国人民报仇！替我丈夫报仇！

（一）119—2，32，3，第1号

查问证人郭俊清笔录

（1956年4月21日）

问：请你谈谈你的姓名、年龄、职业及现住地址。

答：我叫郭俊清，今年三十八岁，职业是农民，现住肇州县肇州镇三街七组。

问：你能够证明三肇事件中，日伪警察、伪高等检察厅、高等法院逮捕、判处、杀害肇州县人民的罪行吗？

答：能够证明一些。因为我是肇州生人，一直在本镇，同时在三肇事件发生时，我在肇州刑务分署当看守。我当看守的时间是从伪康德五年夏天到康德八年七月。以前这个刑务分署叫哈尔滨监狱肇州分监，康德八年改为肇州刑务分署。

问：你把能够证明的情况谈一谈。

答：在伪康德七年，抗日联军在三肇一带活动，曾攻进肇州县丰乐镇和肇源。这时，日伪军警开进了肇州，配合当地警察署、特务科在肇州各地进行大搜捕。随后，哈尔滨高等检察厅、高等法院、肇东地方法院、地方检察厅都组织了日本人到肇州办案。另外，还有军法会审。逮捕的人很多，总数目我不清楚，仅在我担任看守的肇州刑务分署就有八十四名。康德八年春天，由哈尔滨高等检察厅、高等法院判处了三十二人死刑，康德八年三月于肇州南门外执行枪杀。当时从刑务分署向外提这三十二人时，我是亲眼看到的。除上面三十二名被处死刑外，其余五十二名全被判处徒刑，其中有无期徒刑，送到了哈尔滨总监。

问：除了关押在刑务分署的八十四名外，其它被捕的人押在什么地方，有多少人，处理情况如何？

答：除了这八十四名之外，被捕的还有不少人，但具体人数不清楚。我只知道关押在肇州警察署留置场。详细情况也说不清楚。

问：上面情况你是怎样知道的？

答：因为我当时是刑务分署的看守，所以知道上面谈的情况。判刑被杀害的三十二名被捕者，是这一带的人都知道的事实。人们都称为"三十二烈士"，现在三十二烈士墓还在肇州南门外。

被查问人　郭俊清

最高人民检察院调查员　曾龙跃

（一）119—2，24，2，第 9 号

三肇地区讨伐计划

（1940 年 12 月 9 日　滨防作命第 47 号）

第一，方针

一、滨江省防卫地区利用结冰期间，对省西部地区之共匪及土匪彻底讨伐，展开积极的治本思想工作，藉以按期完成该地区的治安肃正工作。

第二，讨伐队的编制

二、三肇地区讨伐队之编制如下：

日本军　子安部队主力

满洲国军　刘兴讨伐队

警察队

宣抚工作委员会 ｛ 警察分所 / 街公所 / 协和分会

治安工作指导部：第四军管区将校一、满洲国治安部事务官

一、滨江省警务厅科长一、协和会指导科长一。

另配备满宪若干名。

编制概要：

1. 讨伐队本部内之治安工作指导部，为讨伐队长的治安肃正工作属员。

2. 宣抚工作委员会，委员长由讨伐队长兼任，委员以县长、副县长、协和会事务长、县警务科长，及县长指定之地方成员（包括主要自卫团队长）。委员会以下之机构沿用现在之行政机构，以警察署管区为一地区，由警察署长负责。

第三，指导要领

治标工作

三、将三肇地区讨伐队本部及主力设在肇州县城，在肇源、肇东、安达县之主要街村各设一部，划分地区，形成在各地区均能随时出动之态势。此为治安肃正及警备的基本配备。

四、基本力量配备后，滨江省长以讨伐队为后盾，并在其支持下，以警察对潜伏匪徒及共产党团分子实行一齐逮捕，以图刷新民心，同时消灭匪人横行之据点，实行彻底除根的治安肃正工作。此时，讨伐队对匪徒之蠢动，集中兵力进行征讨，以求根绝。

五、讨伐大体上按基本配备进行，主要目标为共匪。搜索住宅，及时出动，顽强进击，不使匪徒有存在余地。

六、于前项讨伐期间，警察主要担任县内主要地点之警备，同时搜集匪情，侦清匪路、粮道、通匪者，并以一部在讨伐队长指挥下从事游击讨伐。

治本及思想工作

七、与本期治标工作并行，由干部及宣抚工作委员会，展开认真的积极的治本及思想工作，以期根本消灭共匪一年多的民众工作，进行除根的治安肃正

工作。为此，重点应放在共匪开展地下工作之地区，及土匪之温床地区。

八、宣抚工作委员会，在三肇地区讨伐队长指挥之下，以县长为中心，不仅要使行政、警察两机关及协和会等，和衷协同地于一丝不乱的统辖下，按系统从事治本思想工作，而且委员等成员，要率先深入地方，接触民众，完成宣抚之目的，以期借此贯彻县政。

（一）二乙116

伪哈尔滨高等检察厅关于捕获第十二支队长徐泽民的通告

（1941 年 2 月 17 日　哈高检思密第 35 号）

西北临时指挥部第十二支队，自去年春以来，在三肇地区展开了激烈的地下工作及武装游击活动，十一月八日并袭击了肇源。其后，经日满军警的讨伐而被消灭。但队长徐泽民巧于化装，突破严密的警戒网，潜入哈尔滨市，于一月下旬，装扮卖菜商人，在滨江省兰西县、青冈县活动。二月十三日午后十一时三十分在兰西县临江村丁家油房屯马某家，被该县警务科特搜班特务股长村岗宗明警尉等十一人逮捕。特此通告。

（一）119—2，424，2，第 11 号

哈尔滨宪兵队关于三肇地区大逮捕成果的报告

（1941 年 4 月 4 日　哈宪高第 235 号）

一、在肇源县城被袭击后，对于通匪者的大逮捕和严重处分情况：

去年十一月八日，郭尔罗斯后旗旗公署遭受袭击，发生日人等被杀事件之后，滨江省警务厅特搜班当即前往，逮捕了认为是袭击时的通匪者，并于十一月九日在郭尔罗斯后旗南方松花江上做了严重处分［塞进冰窟窿中］。（见附表一）

二、以后逐次为三肇地区特别工作班所逮捕，并由哈尔滨高等法院派往肇州的治安庭及派往肇源的治安庭宣告判决的为一百七十五名。

处刑者县别统计。（见附表二）

处刑者年龄统计。（见附表三）

附表一：严重处分者人名表

编号	姓名	年龄	职业	住址
1	李国忠	23	协和会夫役	城内油房附近，陆咸惠家
2	刘国栋	56	分会长	肇源城内道德会
3	刘明义	37	无	城内东区十七牌

编号	姓名	年龄	职业	住址
4	冯润武	39	天发盛经理	城内北大街
5	胡秀民	23	义和永百货店	城内北大街
6	王化清	30	旗公署电工	肇源街西区十六牌
7	庞振武	34	警察官	郭后旗薄荷台
8	褚庆雷	49	《盛京时报》分社长	肇源城内东南隅
9	王瑞兴	40	旗公署司机	肇源城内东北隅
10	陈国信	25	旗警尉补	肇源城内西区
11	齐雪堂	29	旗警尉	肇源城小西门里二十四牌
12	姚维新	40	富荣客栈经理	城内西北隅 340 号
13	李文堂	33	商业	城内北大街路西
14	刘钟禄	20	印局刻字	吉林省扶余县振兴石印局
15	郭焕章	28	村公所雇员	肇源吉龙村德根屯
16	张有德	25	肇源协和会本部员	城内城东门外
17	马庆德	43	村长	郭后旗吉龙村道二保区
18	郭希模	26	警佐	肇源街东区
19	张占鳌	27	保安股长	城内本街西北

附表二：处刑者县别统计表

县（市）别	叛徒			盗匪			强盗	盗窃	偷运赃物	逃走	私藏枪炮火药	受贿	合计
	死刑	无期	有期	死刑	无期	有期							
不定				1						2			3
肇州县	17	16	11	8	4	11	2				2	1	72
郭后旗	33	12	9	6	5	4		2	1	3	10	2	87
兰西县	1			1									2
林甸县				1									1
哈尔滨市												1	1
龙江省来家顶子						2							2
泰兴县	1												1
瑷珲县	1												1

县（市）别	叛徒			盗匪			强盗	盗窃	偷运赃物	逃走	私藏枪炮火药	受贿	合计
	死刑	无期	有期	死刑	无期	有期							
扶余县	1												1
青冈县	1	3											4
合计	55	31	20	17	9	17	2	2	1	5	12	4	175

附表三：处刑者年龄统计表

区分 / 年龄别	叛徒			盗匪			强盗	盗窃	偷运赃物	逃走	私藏枪炮火药	受贿	合计
	死刑	无期	有期	死刑	无期	有期							
二十岁以下	4		1	1									6
三十岁以下	14	7	3	5	1	4		1		3	3	2	43
四十岁以下	20	11	6	8	5	7			1	2	6	2	68
五十岁以下	11	6	4	3	1	3	2	1			2		33
六十岁以下	5	5	3		2	3					1		19
七十岁以下	1	2	3										6
合计	55	31	20	17	9	17	2	2	1	5	12	4	175

（一）119—2，1151，1，第21号

伪司法部刑事司思想科关于三肇事件的情况报告

（1941 年 6 月）

（一）搜捕经过

抗日联军第十二支队在十一月八日有计划地对肇源进行了袭击，和袭击相呼应的是民众武装蜂起。因此，可以看出北满省委对民众工作的进展是显著的。因此，滨江省警务厅立即以郭尔罗斯后旗警务科组织特别搜查班对潜伏在城内的共匪及通匪者进行搜捕，同时警务厅又派遣特别搜查班，铲除以肇源为中心的抗日地下组织及通匪网。除特别搜查班之外，在肇东、肇州及邻近的安达、青冈、兰西等县，也分别编成了特别搜查班。特别搜查班本部设在肇州，以彻底弄清匪团的底细，并加以根除。同时，又依据三肇地区治安肃正计划与满军第四宪兵团共同对违法官吏加以逮捕。

（二）实施搜捕的部门

哈尔滨警察局；

肇东县警务科；

肇州县警务科；

郭尔罗斯后旗警务科；

安达县警务科；

青冈县警务科；

兰西县警务科。

满军第四宪兵团，并得到日满军的协助，十一月十一日至十三日，逮捕了为呼应第十二支队袭击肇源而蜂起侵入旗公署日系宿舍抢夺财物，或侵入日清栈掠夺粮谷的肇源城内居民单魁元等二十二名，从此至康德八年三月十五日共逮捕了十二支队长徐泽民、参谋长李忠孝、第三十四大队第一中队长艾青山、三肇地区工作员杨宏杰、肇州县大庙西屯抗日救国会分会长李明树，以及投匪者、救国分会会员、土匪、违法官吏等总数二百九十二名，缴获文件、武器弹药一大批。

（三）处理情况

警务厅的审讯状况

滨江省警务厅为配合管辖县旗特别搜查班的搜捕，审讯被逮捕者，编成两个审讯班，派遣到肇州、肇源对被逮捕者进行审讯，并接受负责本事件的哈尔滨高等检察厅的指挥。同月［即二月］二十二日肇州审讯班送交第十二支队第三十四大队第一中队长艾青山等四名。二月二十七日肇源审讯班送交三名。肇州审讯班截至三月二十日，共送交八十一名。肇源审讯班截至三月十八日共送交九十四名。

法院的审理情况

哈尔滨高等法院为掌握三肇地区治安肃正事件的真相，以小泉次长、牛丸、町田两审判官及哈尔滨地方法院米田次长、黑坂、三笠两审判官为检察官，在搜查进行中赴当地视察。由检察厅起诉的肇州有关者，三月六日于肇州法院；肇源有关者，三月十三日于郭尔罗斯后旗公署，分别开庭审判。肇州到同月二十二日，肇源到同月十九日为止，共审理一百七十五名，已完成判决的一切工作。

审判的一百七十五名都是有罪的，判决结果为：死刑七十二名、无期徒刑四十名、徒刑十五年三十八名、徒刑十年二名、徒刑七年三名、徒刑五年三名、徒刑三年五名、徒刑二年十二名。

（一）119—2，1151，1，第20号

伪哈尔滨高等检察厅关于三肇事件处理情况的报告

（1941 年 6 月 30 日　哈高检思密第 180 号）

哈尔滨高等检察厅根据司法部"三肇地区共匪事件逮捕处理要领"精神，对三肇地区共匪事件进行了处理。现将处理情况报告如下：

司法部鉴于处理三肇地区治安肃正事件的重要性，于康德八年二月十二日决定了如下处理本事件的对策要领，并明确规定处理方针。

三肇地区共匪事件逮捕处罚对策要领

第一，目标

所谓肇源事件，即：

（一）平原游击共匪活动的典型形态；

（二）以日人为目标的"恐怖"活动；

（三）进行完全自发性的积极的通匪行动。

鉴于上述三项事实，拟对该地区进行根本肃正，从司法方面采取严厉措施，彻底粉碎平原游击运动，用武力镇压排日的狂妄活动。

第二，方针

大量派遣有才能的检察官，到当地去极迅速地完成侦查工作，并实施果断的处置，以显示法律的威力。同时，与滨江省西部地区宣抚工作委员会的宣抚工作互相配合，以期维持该地区的治安。

第三，阵容

哈尔滨高等检察厅杉原次长任侦察本部长

该厅治安庭真田检察官

哈尔滨地方检察厅加藤检察官

原检察官

横幕检察官

椙原检察官

由以上五名检察官编成侦查班，主要到当地担任侦查审讯工作，必要时可以全满各地动员优秀的日系检察官充实之。

此外，还指挥当地警务厅所辖之警察官，并妥善安排与日本宪兵队及满洲国军法会审的联系，同滨江省防卫司令官保持紧密联系，以期圆满完成。

第四，时间安排

第一期　二月十七日至二月二十八日

第二期　三月一日至三月十五日左右

第五，处理

实行必罚、严罚主义，特别是对于对日人进行恐怖活动的有关分子，采取严厉的处置措施。

（一）在检察官进行侦查时，派遣哈尔滨高等法院治安庭审判官到当地观察检察官侦查的实际情况，以期充分掌握案件的真相，并考察当地的政治情况以及群众反映。必要时，拟考虑在当地设置特别治安庭进行审判。

使敏捷、灵活、果断的判决结果，能彻底反映到地方民众中去，以推动宣抚工作。

（二）哈尔滨高等检察厅根据上述对策要领，进一步制定具体处理方针。杉原次长及贞田、椙原两检察官于二月十九日，加藤、原、横幕及黑河地方检察厅木村检察官于二月二十四日都到了当地，在肇州检察厅设置侦查本部，将检察官分成肇州、肇源两个班，与当地日本军及滨江省西部地区宣抚工作委员会保持密切联系，并指挥警务厅所属的警察官。肇州班于二月二十二日开始侦查审理上送案件；肇源班于二月十七日开始侦查审理上送案件。肇州班到三月二十日为止合计侦查审理了八十一名上送被告；肇源班到三月十八日为止合计侦查审理了九十四名上送被告，其中，叛徒一百零六名，盗匪四十三名，强盗二名，窃盗二名，偷运赃物一名，逃犯五名，违反枪炮火药规定者十二名，收贿四名。

由于迅速究明事件真相，致使侦查审理工作得以顺利进行。三月五日将肇州的十八名，三月七日将肇源的二十四名开始起诉，到三月二十一日，肇州的八十一名，肇源的九十四名，合计一百七十五名完成了处理工作。

（三）检察厅在处理上述被告事件时，弄清了三肇地区治安紊乱的各种因素。为彻底肃正该地区的治安，采取正确妥当的检察方针，实行必罚、严罚主义，对于叛徒加入第十二支队进行袭击、掠夺、交战，或加入抗日救国会、武术团，或从事其各种活动，或担当其职员而违犯《惩治叛徒法》第二条的人等，处以极刑，其他的人则处以无期徒刑或最低十年的徒刑。盗匪加入匪团的杀人强盗等也处以极刑。其他有关案件，因与三肇地区治安紊乱有关，也严加处理。

附：法院审理情况

（一）哈尔滨高等法院为观察当地的真实情况，掌握三肇地区治安肃正的真相，由小泉次长、牛丸、町田审判官及哈尔滨地方法院米田次长、黑坂、三笠两审判官在检察官进行侦查时就亲临现场，由检察厅受理起诉案件后，当即在各地开庭审理公判。有关肇州事件者，是三月六日在肇州法院开庭审判的，有关肇源事件者，是同月十三日在郭尔罗斯后旗公署开庭审判的。到三月十九日，结束了合计一百七十五名的一切审理及判决工作。

（二）被审判的一百七十五名都是有罪的。依据判决的科刑，死刑七十二名、无期徒刑四十名、十五年徒刑三十八名、十年徒刑二名、七年徒刑三名、五年徒刑三名、三年徒刑五名、二年徒刑十二名。即如下表：

罪名	审判地点	科刑								
		死刑	无期	十五年	十年	七年	五年	三年	二年	合计
叛徒	肇州	21	18	9	1					49
	肇源	34	13	10						57
盗匪	肇州	11	2	10						23
	肇源	6	7	7						20
强盗	肇州			2						2
	肇源									
窃盗	肇州									
	肇源					1	1			2
偷运赃物	肇州									
	肇源						1			1
逃犯	肇州									
	肇源							5		5
违反枪炮火药规定者	肇州								5	5
	肇源								7	7
收贿	肇州				1	1				2
	肇源					1	1			2
小计	肇州	32	20	21	2	1			5	81
	肇源	40	20	17		2	3	5	7	94
合计		72	40	38	2	3	3	5	12	175

上表科刑与检察官求刑意见完全一致。

（三）上述判决人员中，以叛徒、盗匪而被判决的合计一百四十九名，其罪恶性质可见下表：

（1）叛徒（一百零六名）	
犯罪性质	人员
加入第十二支队者	52
加入抗日救国会者	34
为第十二支队提供粮食者	17
加入武术团者	1
加入红枪会者	2
（2）盗匪（四十三名）	
犯罪性质	人员
加入横行三肇地区之盗匪团者	33
为该匪团提供粮食者	10

（四）接受有罪判决之上述一百七十五名中，除盗匪外，在宣布判决之同时，放弃上诉权而服罪者有七十一名，内死刑二十三名，无期徒刑二十名，十五年徒刑十三名，十年徒刑一名，七年徒刑一名，五年徒刑二名，三年徒刑三名，二年徒刑八名；提出上诉理由者六十一名，即如下表：

科刑罪名别 上述确定别	死刑	无期	十五年		十年		七年		五年		三年	二年	合计
	叛徒	叛徒	叛徒	强盗	叛徒	收贿	窃盗	收贿	窃盗	偷运赃物	收贿	逃犯	违反枪炮火药规定者	
提出上诉	32	11	8			1		2	1				2	4	61
未提上诉	23	20	11	2	1		1			1	1	3	8	71
计	55	31	19	2	1	1	1	2	1	1	1	5	12	132

（五）对提出上诉者的审理

叛徒案件中被判死刑而提出上诉者，肇源有二十三名、肇州有九名。最高法院下林庭长，广濑、辻、小宫山、小石四审判官及检察厅野村检察官，为迅速处理上诉案件，都到哈尔滨高等法院负责审理上诉案件。结果肇源的上诉案件于三月二十二日，肇州的上诉案件于三月二十四日结束了审理工作。

审理结果全都驳回上诉，维持原判。同时，还对被判处死刑的十七名盗匪，在宣布判决后不久立即按照核准手续执行了死刑。

（六）刑的执行

接受判决的一百七十五名中，被判处无期或有期徒刑的一百零三名，在宣布判决之当日即移送哈尔滨监狱执刑；被判处死刑的七十二名，在确定判决之同时，即已完备执行死刑的手续。肇源的四十名于三月二十四日在肇源执刑，肇州的三十二名于三月二十五日在肇州执刑。到此，处理三肇地区治安肃正的工作已全部结束。

（一）119—2，1154，3，第 2 号

伪哈尔滨高等检察厅关于三肇事件起诉书

（1941 年 9 月 9 日　哈高检思密第 752 号）

哈尔滨高等法院：

兹就下列被告事件提起公诉，请依贵院的公判手续予以审判为荷。

哈尔滨高等检察厅

检察官真　田康平

被告人　徐泽民

公诉事实

被告人肄业于奉天省辽中简易师范学校后，曾历任辽中县达中堡子丰泰长杂货店店员、龙江省独立团第八连第二排排长、北安省克山县税捐局主任。退职后，在滨江省肇州县经营杂货并行商卖药。一九三五年八月加入道德会肇州分会，任该会的交际主任、总务科长。

一、当时肇州县的警察局长、警察署长，压迫群众是非常厉害的。因此，被告人亦怕受到迫害。为要找到别的职业，便辞去了总务科长职务，到北安省绥棱县双泉镇拜会了旧友孙某，经孙某的劝诱加入了抗日军。被告人明知抗日军是从我满洲国内将日本帝国势力驱逐，颠覆我国政权为目的的武装结社，而加入了在东北部山中的抗日军——东北抗日联军第三路军第三军。历任第三军游击大队秘书、第三军参谋，一九四〇年十月，就任第三路军第十二支队代理支队长。

二、一九三九年六月，第三路军与被派遣到滨江省三肇地区做群众工作的高吉良、张文廉等，在肇州县朝阳村西土城子张白氏处，设立了一个工作机关"三肇地区工作委员会"。被告人分工担任武术团、红枪会、义勇军的组织和引诱工作。高吉良负责发展党组织和抗日救国会分会的组织工作，张文廉担任宣传工作，积极地展开了活动。到一九四一年十二月，作为北满省委的下属组织及省委和抗日军的外围团体，在肇州县组织了区委会两个、小组五个、肃反队一个、抗日救国分会六个、妇女部一个、武术团一个；在肇东县组织了区委会

一个；在郭尔罗斯后旗组织了区委会一个、抗日救国分会三个、红枪会一个、武术团一个。

三、（1）一九四一年八月，被告人参与策划第三路军第十二支队进攻三肇地区。同年九月十二日，以约一百名匪团袭击了肇州县丰乐镇，射杀自卫团员三名、警察官一名、日本人一名，自卫团员一人负伤、四十五人被解除武装，后又侵入警察署、中央银行分行，放火烧警察署及署长公馆，释放扣留中的犯人九名，掠夺枪支三十一支、子弹若干，由中央银行分行掠夺现款十六万八千元，由管烟所掠夺鸦片烟两千两。

（2）一九四一年十一月八日，被告人任抗日军第三路军第十二支队代理支队长，率领约七十名匪团袭击郭尔罗斯后旗肇源街，侵入旗公署，解除了警备员的武装，射杀日系警察官五名、旗公署职员二名，由弹药库、被服库掠夺轻机枪一挺、步枪二百九十六支、弹药被服若干，之后将两仓库全部烧毁，又侵入监狱释放囚犯二十九名，还放火烧毁监狱。由旗公署、日系职员宿舍及城内其他日系住宅掠夺了金银物品、射杀铁路警护队日系队员一名、兴农合作社员一名、负伤一名，放火烧毁法院、检察厅。翌日（九日），占据了城内。在此期间，在城内十字路口宣传反满抗日，使一部分群众武装蜂起。开放粮栈业日清栈，将粮食分配给群众。

（3）一九四一年十一月九日，被告人率领约一百二十名匪团侵入同旗头台村，袭击了警察分驻所、村公所。之后，放火烧毁了警察分驻所和村公所。解除了十四名分驻所自卫团员的武装，射杀一名日人，掠夺现款三千八百余元。开放了村义仓，将粮食分配给群众。

（1）一九四一年十一月十六日，被告人率领约六十名匪团袭击了肇州县托古村，将村公所、警察分驻所放火烧毁。掠夺步枪三支、马四十匹。

（2）同年十一月二十一日，以约八十名匪团袭击了郭尔罗斯后旗古鲁站，放火烧村公所、警察分驻所，掠夺步枪三支，马八匹，现款一千四百元。

（3）同年十二月七日，以约二百名匪团袭击了肇州县启明村。放火烧毁公所、警察分驻所。

（4）同月十一日，以约一百八十名匪团袭击了郭尔罗斯后旗大官村，放火烧毁村公所、警察分驻所，掠夺马二匹，被服等若干。

（5）同月二十一日，以约二百名匪团袭击了安达县兴亚农场，放火烧毁农场建筑物、小学校、村公所。

从以上诸条，被告人参加了以扰乱我国法纪、危害和削弱我国家赖以存在的基础为目的的组织结社，任职员；并以同样的目的组织了结社，又进行袭击、杀人、放火等等的活动。

（一）119—2，24，2，第 12 号

伪满最高检察厅关于三肇事件判决结果月报

（1941 年 12 月 13 日　最高检察厅密字第 1506 号）

叛徒事件判决结果月报（十一月份）					
番号	处理厅	求刑	判决	被告人	犯罪事实概要
1	哈尔滨高等检察厅	徒刑十三年	康德八年九月十五日徒刑十三年	赵凤鸣	康德七年旧历十月，为抗日联军带路、隐藏和保管武器弹药。
1	哈尔滨高等检察厅	徒刑十三年	康德八年九月十五日徒刑十三年	赵凤生	康德七年旧历十月，为抗日联军带路、隐藏和保管武器弹药。
2	哈尔滨高等检察厅	死刑	康德八年九月二十四日死刑	郑显荣	康德七年旧历七月加入抗日军，抵抗日满军警，或进行警备和侦察。
3	哈尔滨高等检察厅	死刑	康德八年九月二十四日死刑	王廷玉	康德六年旧历五月加入抗日军，抵抗日满军警，或袭击、警备、侦察。
4	哈尔滨高等检察厅	死刑	康德八年九月二十四日死刑	崔海峰	康德七年旧历十月加入抗日军，抵抗日满军警。
4	哈尔滨高等检察厅	无期徒刑	康德八年九月二十四日无期徒刑	毛伍氏	被上者引诱，同时加入抗日军，救护、医治抗日军伤员。
5	哈尔滨高等检察厅	无期徒刑	康德八年九月十五日无期徒刑	高福	康德七年旧历十一月，本欲加入抗日军，但因该军拒绝而未成功。
6	哈尔滨高等检察厅	徒刑十五年	康德八年九月二十四日徒刑十三年	毛万发	康德七年旧历十二月，抗日军求他卖四匹马，卖了七百元给抗日军。
7	哈尔滨高等检察厅	徒刑十三年	康德八年九月十五日徒刑十年	吴宝山	康德七年旧历九月，供给抗日军粮食，并带路。

番号	处理厅	求刑	判决	被告人	犯罪事实概要
			叛徒事件判决结果月报（十一月份）		
8	哈尔滨高等检察厅	死刑	康德八年十月一日死刑	徐泽民	康德五年五月加入抗日军，任支队长，积极组织该军的外围团体。康德七年八月以后，在三肇地区前后数次袭击或杀人、放火、掠夺。
9	哈尔滨高等检察厅	死刑	康德八年九月二十九日死刑	李玉华	康德七年旧历十月加入抗日军，与日满军警作战。
10	哈尔滨高等检察厅	徒刑十年	康德八年九月二十九日徒刑十年	吴焕章	康德七年旧历十二月，给予抗日军队种种方便和支援。
11	哈尔滨高等检察厅	死刑	康德八年九月二十九日死刑	刘春喜	康德六年八月加入抗日军，曾两次与日满军警作战。
12	哈尔滨高等检察厅	无期徒刑	康德八年十月十日徒刑十五年	梁万升	康德七年旧历五月加入抗日军，担任联络员。
12	哈尔滨高等检察厅	无期徒刑	康德八年十月十日无期徒刑	孔宪科	康德七年旧历五月加入抗日军，任联络员。
12	哈尔滨高等检察厅	无期徒刑	康德八年十月十日无期徒刑	武钧	康德七年旧历五月加入抗日军，任联络员。
12	哈尔滨高等检察厅	无期徒刑	康德八年十月十日无期徒刑	刘景	康德七年旧历五月加入抗日军，任联络员。
12	哈尔滨高等检察厅	徒刑十年	康德八年十月十日徒刑十年	周广文	康德八年旧历一月，留住抗日军支队长徐泽民。
12	哈尔滨高等检察厅	徒刑十年	康德八年十月十日徒刑十年	王明义	康德八年旧历一月，留住抗日军支队长徐泽民。
12	哈尔滨高等检察厅	徒刑十年	康德八年十月十日徒刑十年	王明珠	康德八年旧历一月，留住抗日军支队长徐泽民。

番号	处理厅	求刑	判决	被告人	犯罪事实概要
			叛徒事件判决结果月报（十一月份）		
12	哈尔滨高等检察厅	徒刑十年	康德八年十月十日徒刑十年	张俊江	康德八年旧历一月，留住抗日军支队长徐泽民。
13	哈尔滨高等检察厅	徒刑十年	康德八年十月十日徒刑十年	武德文	康德七年旧历八月，为约一百名抗日军提供粮食。
13	哈尔滨高等检察厅	徒刑十年	康德八年十月十日徒刑十年	杨万财	康德七年旧历八月，为约一百名抗日军提供粮食。
13	哈尔滨高等检察厅	徒刑十年	康德八年十月十日徒刑十年	王友	康德七年旧历八月，为约一百名抗日军提供粮食。
13	哈尔滨高等检察厅	徒刑十年	康德八年十月十日徒刑十年	葛永生	康德七年旧历八月，为约一百名抗日军提供粮食。
13	哈尔滨高等检察厅	徒刑十年	康德八年九月十五日徒刑十年	李云峰	康德七年旧历八月，为约一百名抗日军提供粮食。
13	哈尔滨高等检察厅	徒刑十年	康德八年九月十五日徒刑十年	张生	康德七年旧历八月，为约一百名抗日军提供粮食。
13	哈尔滨高等检察厅	徒刑十年	康德八年九月十五日徒刑十年	李殿福	康德七年旧历八月，为约一百名抗日军提供粮食。
13	哈尔滨高等检察厅	徒刑十年	康德八年九月十五日徒刑十年	李成贵	康德七年旧历八月，为约一百名抗日军提供粮食。
13	哈尔滨高等检察厅	徒刑十年	康德八年九月十五日徒刑十年	孙殿祥	康德七年旧历八月，为约一百名抗日军提供粮食。
14	哈尔滨高等检察厅	徒刑十年	康德八年十月二十四日徒刑十年	刘云祥	康德七年旧历九月，受抗日军委托，为其购买衣服、纸张。

叛徒事件判决结果月报（十一月份）					
番号	处理厅	求刑	判决	被告人	犯罪事实概要
14	哈尔滨高等检察厅	徒刑十年	康德八年十月二十四日徒刑十年	张德乾	贩卖物品给抗日军。
15	哈尔滨高等检察厅	死刑	康德八年九月二十四日死刑	高凤文	康德七年十一月加入抗日军，随徐泽民进行袭击。
16	哈尔滨高等检察厅	死刑	康德八年十月十五日无期徒刑	侯振邦	康德三年旧历六月，任抗日政权下属村干部。康德七年旧历四月，前后四十次征收现金和粮食提供抗日军。

（一）119—2，24，2，第 13 号

（中央档案馆、中国第二历史档案馆、吉林省社会科学院合编：《日本帝国主义侵华档案资料选编·东北历次大惨案》，中华书局 1991 年版，第 317—355 页。）

45. 林口七星泡屯窝子瘟 30 人丧生

1940 年 12 月 2 日，侵华日本关东军驻哈尔滨平房区的七三一细菌部队，在林口、海林、孙吴和海拉尔设 4 个支部。林口支部为一六二支队，驻在林口与古城镇中间公路东山梁上，在去马鹿沟（今马路）村路旁，占地万余平方米，用铁蒺藜网和电网圈围，警戒森严。

院内主要建筑有：1）砖墙铁瓦盖的饲养车间，宽 5 米，长 200 米；主要用于饲养、繁殖作为细菌载体的鼠、兔等动物。2）实验室，是宽 15 米、长 24 米的平房，内设地下室。主要是取动物血液来培殖鼠疫、霍乱、坏疽、炭疽热、伤寒、副伤寒等多种烈性传染病菌和养育跳蚤等，用以生产细菌武器。3）锅炉房，面积 150 余平方米，内装两台"兰克夏"大号锅炉。其余还有办公室、车库、仓库和神社等建筑。这里有公路与外界相通，其北 1.5 公里处有日军飞机场。

一六二细菌支队在林口期间曾制造骇人听闻的"七星泡屯窝子瘟"。当时日军放带有鼠疫的老鼠入村，传染鼠疫，使全村 30 余人丧生，大部分牲畜死亡。

1945 年，日本侵略者战败，一六二细菌支队焚毁了全部机密文件和贵重仪器。8 月日军撤离林口前，将一六二细菌支队的房舍烧毁，妄图以此销毁侵略罪证。为保护遗址，使侵略者发动灭绝人性的细菌战的罪证成为对人民群众进行爱国主义及反侵略战争教育的反面教材，1988 年林口县人民政府将一六二细菌支队遗址定为县级文物保护单位。现在，遗址残存有仓库、锅炉房、办公室和弹药库（细菌库）的房基座或地基，其中圆形弹药库（细菌库）保存较完整。

（林口县志编纂委员会编：《林口县志》，黑龙江人民出版社 1999 年版，第 1199 页）

46. 修筑铁路掠夺逊克森林资源

伪满康德八年（1941 年），日本侵略者为了掠夺逊克县森林资源，急于把逊克境内采伐的 18 万立方米原木运出，特在北黑线孙吴站——逊河境内的主家馆子渡口修筑铁路，全长 70 公里，1945 年夏路基完工，预计年底铺轨。但到"九三"日本侵略者投降，铺轨计划落空。至今路基依然保留，但所有桥涵已经破坏。

（逊克县地方志编纂委员会编：《逊克县志》，黑龙江人民出版社 1991 年版，第 254—255 页）

47. 日伪时期呼兰工商业损失情况

1930 年全县商工各业共有 81 个行业、1835 家，其中：县城 1540 家、康金井 61 家、松浦市 61 家、乐安镇 132 家、对青山 41 家。自呼海路通车后，呼兰南北商业中心地位下降，商业区域只限于县内市场，加之通货膨胀、物价暴涨，不少大商号被迫停业。

东北沦陷初期，商业店铺倒闭过半。1934 年以后，部分店铺逐渐恢复营业。在县城出现日本人开办的商铺 8 家，朝鲜人开办的商铺有商店、旅馆、饭店 3 家。1935 年全县有商工各业 903 家，其中县城 725 家。1941 年太平洋战争爆发后，伪满政府加紧经济掠夺，先后对棉花、棉纺织品、麻袋、水泥、煤炭、钢铁、非铁金属、碱、硫胺、木材、柞蚕、皮革、毛皮、大豆、粮食、面粉、盐、石油、火柴、酒精等实行统制，对粮、油、盐、米、面、布、棉、烟、酒、胶鞋、白糖、糕点等实行按人定量配给，并成立各种消费组合，控制各种消费品，大多数商户难以维持营业。到 1945 年东北光复时，县城商工各业仅剩 699 家，大商号已寥寥无几。商品奇缺，市场凋敝，物价上涨，通货膨胀严重，商业极度萧条。

（呼兰县志编纂委员会编：《呼兰县志》，中华书局 1994 年版，第 248 页）

48. 日伪统治对北安县民族工业的影响

伪满时期北安的工业，由 3 部分组成，一部分是日伪官办的，其余是中、日资本家经营的。伪康德八年（1941 年），伪满政府颁布"七二五"价格停止令，对民族工业是个极大的打击，北安县有 40% 的民族工业相继破产停业。到 1945 年初，支撑门面的手工业只有铁匠炉、木铺、服装、修表刻字等少数店铺了。从业人不足 300 人，比 1942 年减少 2/3。

（北安市县志办公室：《北安县志》，1994 年，第 178 页）

49. "田白工作"事件

对吉房虎雄庭审记录
（1956 年 7 月 6 日）

审判长：提被告人吉房虎雄到庭。

审判员杨显之：吉房虎雄，你任日本关东宪兵队司令部部员和第三课长是在什么时间？

答：我任关东宪兵队司令部部员和第三课长是从一九四一年八月到一九四二年三月。

问：根据昭和十六年十二月九日齐齐哈尔日本宪兵队齐宪高第七四五号文件记载，在一九四一年十一月至十二月期间，齐齐哈尔宪兵队在齐齐哈尔、郑家屯等地抓捕了我国抗日救国人员一百三十五人，这件事是你参与策划并且亲自指导齐齐哈尔宪兵队干的吗？

答：这个事件是我策划并指使部下执行的。

问：你把你当时在这个事件中的活动情况讲一下。

答：一九四一年十一月九日抓捕了王耀钧、毛殿武等一百三十五人。结果王耀钧、史履升、周善恩等由高等检察厅杀害，毛殿武等三十三人被判处徒刑。为这个事件，我曾经做了一个多月的侦察工作。在犯这个罪行时，我曾下过如下的指示："尽可能多地逮捕中国的爱国者，对他们进行刑讯、屠杀。"我当时的想法是多多制造日本帝国的所谓重大事件，作为自己的功劳。为了这个目的，在侦察时，我指示要查明这个抗日救国组织的全貌，彻底查明与其它组织的关系，查明该组织的领导关系，尽早结束侦察。并且在这以前我作为第三课课长阴谋策划时，曾指示过以下各项：1. 对搜集日本帝国军事、经济情报的人进行镇压，对破坏和烧毁日本帝国的军事设施和军事资源的行为进行镇压；2. 对妨碍铁路运输的行为进行镇压；3. 对与苏联通情报的行为进行镇压。并且指示，为了这个目的，要部下密切注意铁路员工的活动，要他们在各机关、团体里建立情报据点。齐齐哈尔宪兵队就是根据我这个长时期的指示而犯下了上述罪行的。

问：刚才你谈到把这些人送伪检察厅杀害了，这是怎么回事？

答：中国爱国者为了正义进行斗争，可是我毫无理由地把他们押送交伪满洲国检察厅，并且依照伪法律，这个法律就是日本帝国所拿着的刺刀的变形，就是用这个刺刀法律来加以杀害的。我所以犯下以上违反人道的罪行，是由于我曾经是帝国主义者，我是对这些爱国组织进行破坏和对这些爱国者进行迫害的成员之一。我说他们组织了共产党地下组织，说他们用无线电和苏联通情报，这完全是因为我曾经是帝国主义者，所以犯下了以上罪行。

问：根据齐齐哈尔日本宪兵队军秩系长土屋芳雄的证词证明，在同一时期，齐齐哈尔日本宪兵队在齐齐哈尔、昂昂溪等地抓捕中国抗日救国人员及和平居民王文宣、金佐治等一百五十余人，这也是你亲自部署和领导部下干的吗？

答：是在我的部署和指挥之下所犯的罪行。在一九四一年十二月十七日抓捕了王文宣、金佐治先生等一百五十多人。结果，把王文宣、伊作衡先生押到伪满洲国高等检察厅杀害了，金佐治等四十二位被判处徒刑了。这项罪行，也像前面所讲的那样，是齐齐哈尔宪兵队根据我的长期的指示犯下的。侦察工作是从九月初开始的，经过长期的侦察才抓捕的。至于我在这次犯罪时所下达关于具体执行方法的指示，和刚才说的是一样的，也就是尽可能多地抓捕、屠杀、拷打中国爱国者来为自己立功的根本思想而出发的。命令抓捕后，为了竭力镇压全东北的抗日组织，我曾让部下查明这个组织的情况。其结果，正如我刚才所说，在齐齐哈尔镇压了爱国者，同时查明在哈尔滨、沈阳、锦州等地也有这抗日组织，因此把他们一起镇压了。由于这样作了，至少抓捕、拷打中国爱国者有七百余人，送伪满洲国检察厅至少有二百余人，这就是根据我的部署而犯的罪行。我镇压了很多抗日救国的爱国者，其结果是这样。对他们屠杀和判他们徒刑的情况我就不记得了，这点我应深深谢罪。在镇压两个抗日救国组织时，我曾竭力向各地宪兵队指示，要尽可能广泛地进行镇压。在侦察期间也是这样做了，在侦察完了后，我把各地区宪兵队之间的关系及宪兵队和伪满警察系统的各机关之间的关系统一起来，来推进和扩大这个罪行。由于我这样做了，当时宪兵司令原守对我说："这次事件有相当大的收获。"我听了他的话很高兴，因为我能在他面前买好。我就是这样的一个穷凶极恶的笨蛋。因为那个事件是以齐齐哈尔宪兵队为中心的，所以对齐齐哈尔宪兵队下指示的时候，我特别努力，并派了很多人下去，又亲自随同原守司令官到齐齐哈尔去领导这个犯罪行为。在这里我一定要讲，在齐齐哈尔我残杀一个爱国者时，这个爱国者和日本宪兵说："日本帝国主义摧残中国人民到什么时候为止呢？这是我们绝不能容忍的！"这句话是代表我曾经镇压过的全部爱国者的话，六亿中国人民的话，六亿中国人民对我愤怒地抗议。我也把这个爱国者押送伪满洲国高等检察厅残杀了。我是这样一个极其凶恶的人。

问：关于这一事实，有昭和十六年十二月齐齐哈尔日本宪兵队齐宪高七四五号《关于以齐齐哈尔铁道局满人从业人员为中心的共产党事件处理文件》，有伪满康德十年六月伪齐齐哈尔高等检察厅思想科《本厅最近处理的重要思想案件概要》档案及证人土屋芳雄的证词文件可为证明。这些档案、证词都存侦查卷中，你看到过没有？

答：我全都看过了。

审判长让书记员拿案卷给被告人过目。

审判员：你看看这是不是你的签字？

答：这是我签的字。

问：在事实调查部分，你还有什么话要说？

答：请允许我在这里发言。从两个很大的罪行来看，我这个人有几条命也是不够抵偿的，可是我却被允许很好地活下来。关于事实调查部分，我以关东宪兵队司令部第三课课长身份，阴谋策划并指示各宪兵队实行计划，我是这个罪恶行为的中心人物，这点我已明确认识了。虽然这两个事件一切都是我的罪行，但是我对自己的罪行只能作很不充分的陈述，我深深谢罪。关于这点，我的旧部伊东恒会写过证词，证词里会这样说，我作为课长时各地区宪兵队队长，没有权利去指示。但这只是从形式上看的，正是因为我作阴谋策划，通过宪兵司令部的通报、司令部的命令等形式下达到各个地区的宪兵队去。我所做的事情，都是本质上的事情。如果我这个课长不做这些事情，这些罪行也就不能成立了，所以伊东恒会的证词只是从形式上看问题。还有一点，犯这种罪行时，关于宪兵和伪满各警察机关关系，我讲一讲，宪兵有权统一指挥伪满洲国各警察机关，利用这个职权去把全东北的宪兵和伪满警察结合起来，这就是我担负的工作。在齐齐哈尔的两个事件，也都是把伪满警察、伪满铁警结合在一起所犯的罪行，我当时任务就是统一指挥他们扩大罪恶活动。

［中略］

审判长：公诉人、辩护人方面还有什么问题要问的？

辩护人孙朴：审判长，辩护人有个问题要问被告人吉房虎雄。

问：吉房虎雄，有个问题希望你做简要答复。你担任关东宪兵队司令部第三课长期间，提出的所谓侦察计划和逮捕命令，是要经过谁的同意和批准才能下达执行呢？

答：形式上要经过警务部长和司令官的批准，在发出时要经他们两人的批准。

辩护人孙朴：审判长，辩护人要问的问题问完了。

审判长：关于吉房虎雄的事实调查部分宣告结束。被告人吉房虎雄还押。

（一）119—1，319

永野登口供

（1954 年 8 月 12 日）

问：把你任伪满齐齐哈尔铁路警护队队长时期，逮捕中国人民的罪行讲述一下。

答：我于一九四一年七月三十一日至一九四三年七月，任齐齐哈尔铁路警护队队长。我的警护队设有一个能关押二十余人的拘留所，在我任职期间，拘留所关押的人每天都在十名以上。在审讯时，对被捕者都施加严刑。我在任职期间，命令和指挥部下逮捕各种所谓违反伪满《治安维持法》的人五百余名，大部分送齐齐哈尔检察厅起诉到法院判了刑。其中相当多的是反对日本帝国主义侵略，争取民族独立的中国共产党员和抗日爱国者。主要的有如下几件：

（一）一九四一年十一月，我参加镇压抗日地下组织——齐齐哈尔执委部。指挥部下逮捕其成员二十四名，并派警察系主任参加审讯，后来将被捕者送齐齐哈尔高等检察厅处理。经过情况如下：

一九四一年十一月初，齐齐哈尔宪兵队长星实敏，用电话把我召去他的办公室。当时齐齐哈尔宪兵分队长齐藤也在场。星队长对我说："昂昂溪田中部队和白丸讨伐队在讷河附近战斗中搜查到一个文件，文件中说，齐齐哈尔有抗日地下组织，该组织是以铁路局为中心，在哈尔滨、新京还有大学生参加，领导人是史履升。最近对这个地下组织人员要进行大逮捕。"并说："这个事件是由于田中部队和白丸讨伐队获得文件而引起的，便称为'田白工作'。铁警要负责逮捕由郑家屯至北安间各站站长助役级的人员二十余名。这个事件极秘密，至于什么时间进行大逮捕，以后再通知。"

大约在一周后，星队长用电话通知我到齐藤分队长办公室。我到时，星队长和齐藤分队长已等着我。星队长对我说："地下组织领导者史履升已逃跑，现在对其他人员要进行大逮捕。"这时齐藤分队长即从信封中拿出已写好的名单。星队长说："这就是由你负责逮捕的名单。"我看名单上有郑家屯、白城子、齐齐哈尔等各站站长和助役级的二十四人。之后，星队长又对我说："今晚即要进行大逮捕，这个事件极秘密，你先不要向部下说明这个内容。"我领到逮捕名单回队时已是中午十二时，我即用电话把铁路管理所所长（日本人）叫到我的办公室，当时我首先警告他："我现在要讲的事情极秘密，不能向外公开，如你泄露秘密的话，要给严厉的处分。"然后，我拿出逮捕名单给他看，并叫他挑选二十四人代理被捕人员的工作。并说："今天晚饭后要把补充人员挑选好，集中在齐齐哈尔车站站长室隔壁的会客室，在我们去逮捕时，随同去各站进行安插。"以后，我挑选护监等四十八名部下（日本人、中国人各二十四名），编成二十四个小组，当日傍晚，我把写好的被捕者姓名、住址的名单交给各组组长，命令他们去逮捕。第二天早晨，我所指定要逮捕的二十四人全部被捕获，我即用电话通知星队长。当时星队长说："宪兵队的监狱已满员，你们捕的都押在警护队。"于是，我即把这二十四名被捕者，关押在我的警护队监狱，后来陆续送交宪兵队。几天后，星队长又要我派人去审讯，所以我又派警察主任仙田政夫和任翻译去宪兵队参加审讯。以后，仙田政夫又向我提出，要求从特搜班派三四人协助审讯，我也同意派去了。

在这个事件中，我曾先后以口头和书面向星队长作过多次报告，被我逮捕的那些人都送去检察厅，但判决结果我已记不清了。

（一）119—2，827，1，第 4 号

土屋芳雄口供

（1954 年 9 月 5 日）

问：你将阴谋破坏齐齐哈尔共产党执委部的罪恶活动及所犯罪行作如实的供述。

答：一九四一年九月底，在兴安东省莫力达瓦旗多西浅，抗联三路军九支队郭铁坚等十八人，由于日本军田中、白丸两部队急袭而战死。当时有冈野等二名宪兵参加，他们从死者郭铁坚身上搜查出共产党文件和两份密码文件，便将这两份密码文件转交给齐齐哈尔宪兵队。

根据得到的密码文件，齐齐哈尔宪兵队长便命令成立搜查班，命名为"田白工作"。班长是准尉滨瑞原三郎，班员有土屋芳雄、田泽勇、冈野敏夫、木户一郎、张家栋、崔荣华、张国栋、荆福生等。搜查班霸占了史履升家对面的一所房子作侦察所，对出入史家者进行侦察，基本上把出入者的名字和密码都对起来了。之后，在十一月七日，我又在火车上跟踪史履升，结果被其发觉。因而，我回去就建议要尽早实行大逮捕。于是就组成了六个逮捕班，我是第二班班长。

十一月九日大逮捕开始时，我指挥宪兵、铁警约十名，逮捕了万先琦、董孝舒、夏惠民、王文元等十二名组织成员。其后，我又组织冢本曹长、张宪补到哈尔滨去逮捕了八名，其中有王鸿恩、唐允武、巴世忠、刘长青、李德先及史履升的妻子等。在逮捕史履升的妻子时，强迫她把吃奶的孩子抛弃。将这八人全部带回齐齐哈尔。上述第一次大逮捕共捕九十三人。第二次是八人。第三次是由田泽曹长逮捕聂鸿图等二人。第四次因史履升逃到济南去了，便根据他的照片给济南宪兵队通缉，因而将史履升、阎瑞麟在济南逮捕。在此次大逮捕中，我直接逮捕的，有齐齐哈尔十二名，哈尔滨八名，在济南逮捕二名是我组织的，共计二十二名。我命令拷问了在哈尔滨逮捕的七名，我亲自拷问了高候文、夏惠民、刘长青，还帮助拷问了其他六七名。

这次大逮捕，根据我的记忆是共捕了一百零五名，五十五名送狱，其余释取。送封检察厅后，第二年八月判决。王耀钧、史履升等三人被处死刑，除唐允武五年、巴世忠八年的徒刑外，其他都是被处十年以上或无期徒刑。另外，在宪兵队被拷问的万先琦死于狱中，这是由于严刑拷问而造成的。拷问的手段是极其残酷的，因而由于拷问而致死是完全可能的。

在这个事件中，我担任侦察班员，积极地做了大逮捕的准备。在逮捕过程中，我任第二逮捕班班长，在齐齐哈尔逮捕了十二名，在哈尔滨破坏的组织中，造成逮捕其负责人史履升的原因，我是起了积极的重大作用。我还与滨瑞对史履升进行拷问，强迫其写出供述书，报告给队长后，又作为资料报告给宪兵队司令官，司令官又命令印发给各宪兵分队，做为镇压抗日人民的教育资料。这资料又作为判处史履升死刑的证据。在此事件中，我积极侦察，建议提前逮捕和严刑拷问的罪行是严重的。我犯有参与共谋、策划，逮捕其负责人史履升，使共产党地下组织被破坏的罪行。

（一）119—2，421，1，第4号

横山光彦笔供

（1954 年 8 月 15 日）

破坏中国共产党北满省委第一执委部事件（"田白工作"事件）罪行。

此案件系一九四一年秋，驻防于龙江省昂昂溪之日本军田中、白丸两部队在讷河附近和抗联三路军战斗时，在被打死的三路军参谋长［政委］郭铁坚的衣服中发现了中国共产党地下组织名单，而据此破坏了以满洲铁路局为中心的抗日地下组织第一执委部案件。

此案由齐齐哈尔日本宪兵队协助龙江省警务厅特务科，根据得到的名单，经过约一个月的侦察后，在齐齐哈尔、洮南、白城子等地进行逮捕。并有逃至济南者，被济南宪兵队逮捕。被逮捕的人有革命志士王耀钧等四十余名。齐齐哈尔宪兵队，于同年十二月，将此＜等＞革命志士送齐齐哈尔高等检察厅。该检察厅于一九四二年七月，将其中三十八名起诉到齐齐哈尔高等法院。该法院治安庭，于同年十二月在公审庭分数次进行审判。

治安庭的组成：审判长我，审判官黑坂一男、本田一。

案件内容：革命志士王耀钧等三十八人，以满铁齐齐哈尔铁路局为中心，组织满洲铁路抗日地下组织第一执委部。依据其组织，在齐齐哈尔、洮南、白城子等地，进行反满抗日活动。

判决结果：

负责人王耀钧、史履升、周善恩三人，死刑。

组织者兼书记佟允文、毛殿武、阎瑞麟等四人，无期徒刑。

侯康文等十七人，十五年徒刑。

其余十二人，五年至八年徒刑。

· 374 ·

其中有二人在公审前于齐齐哈尔监狱死亡。

以上判刑均未上诉而确定。其后不久，在齐齐哈尔高等检察厅的指挥下，在齐齐哈尔监狱执刑。

（一）119—2，23，1，第 9 号

赵恕控诉书
（1954 年 6 月 7 日）

控诉人赵恕，现年三十七岁，住齐齐哈尔市瑞和胡同一号。控诉伪满齐齐哈尔铁路警护队，于一九四一年逮捕无辜职工，残酷刑讯，长期监押的罪行。

一九四一年八月，我参加了东北抗日联军地下组织——北满执委部八十三小组，担任小组书记。接受工作后，即开展了反抗日帝侵略的救国活动。工作刚三个月，于一九四一年十一月九日晨五时许，即遭到敌人的破坏，组织成员几乎尽数遭到逮捕。警护队的日特可真是吃人的魔王，凶狠残暴达到极点。

十一月九日三时左右，我从泰安乘务归来，即将入睡，从门外拥进一群着青棉衣裤的日伪特务，将我从炕上拖下来背手绑上，当我被带到大门口时，那里早有被抓的一串人，我也被串上后，立即被送到齐齐哈尔宪兵队。

当我到宪兵队时，看到那里有百余人坐在"武道场"里，每个人戴一纸帽子，我也被纸帽子扣上，手脚上了锁，一天没能吃到一粒米，喝到一滴水。夜里九点钟，我被提出去审讯，将我拖至楼上。知道不会有什么幸运，早有准备，虽万般逼问，我终没承认。他们见我死不应承，又把我送回监房。这时我看见我们同一组织的成员好些人都在这里。从此，我们在这里过着极端难以忍受的痛苦生活。在日本宪兵队一月零八天的时间里，我记不清挨过多少打，受过多少刑。每天夜里是我们的生死关。在我到宪兵队的第二天夜里，他们把我叫出去，到一个小屋里，那里坐着个日本特务，一个鬼子翻译。我一进门，他们张口就问："你是哪个组织的？"我推说不知，接着他们就将我暴打起来，我的头部到处是包，不一会就昏过去了。他们又用冷水把我浇醒过来，送到监房后我两天不能动。一次去小便竟昏倒在便池里。第二次把我叫到楼上，有日本特务宫本、汉奸张国栋两人追问我口供，仍因我没能按他们的要求回答，触怒了他们的兽性，两个人用烟头烧我的脸；不解恨，灌我凉水，用木材桩砸我的两脚，我几乎死过去。当他们把我送回监房时，又命令看守宪兵，不准我睡觉，不给我饭吃。总之，我差不多每天夜里都是这样生活。长期的拆磨，使我身心受到严重的损害。

宪兵队这人间地狱，受苦难的不是我一个人，许多人或更甚于我。毛殿武、佟允文等等都被摧残的体无完肤，灌的死去活来，张阶平的门牙被打掉三个，手骨被折断。终日里打骂之声从无间断。

死里逃生，一月零八天漫长的日子真难熬。一九四一年十二月十八日，我们被送到齐齐哈尔第一监狱长期监禁起来。在狱中，我们每人都给戴上了大的铁镣子，足有一年。监狱看守非常厉害，真是寸步难行。一九四二年十二月二十六日，我们被伪齐齐哈尔高等法院以违反《治安维持法》定"罪"，被判三十六人。我们的好同志王耀钧、史履升、周善恩被判处死刑，其他被判无期和有期徒刑。一九四三年三月三日午后三时，王耀钧等三同志被绞杀了。没死的同志即于狱中做了敌人的奴隶，给以超强度的劳动。林国俊活活的给累死了，毛殿武被折磨成残废人。其余同志幸得祖国光复，一九四五年八月十七日从狱中被解放出来。

（一）119—2，827，2，第 8 号

李大受控诉书

（1954 年 6 月 1 日）

我叫李大受，在伪满受过日本宪兵队的严重迫害。从一九四一年到一九四五年八月十八日，将近四年中，被拘留，被关押，每时每刻都在受迫害受摧残。一回忆起当时的情景，使我怒目切齿的痛恨。埋在我心头十九年的痛恨，现在才得诉诉苦水，控诉日本帝国主义的血腥罪行。

一、被逮捕的原因和经过：

我是哈市的教员。一九四一年十一月十三日十二时左右，从学校门进来三个人，一个是中等身材，穿黄色洋服的日本人，一个是穿灰色洋服的日本人，一个是大高个、赤红的圆脸穿黄色协和服的翻译。当时，我认为是来了客人，便迎了出去。一看情况不对，就被人看上了，一开口就打听我的姓名，我刚回答完，就给我戴上了手铐，拳打脚踢的来了一阵下马威。一人拿手枪顶着，叫我不许动，不许说话，两人就到屋里屋外、屋前屋后，搜查我活动的证据。当到我屋里时，正好遇到他们想抓还未抓到的工大学生刘丹华，也被捆绑起来。这时把整个学校的老师和学生都吓坏了，不知咋回事。

为什么被捕呢？因我是抗联第九支队郭铁坚领导的北满省委执委部领导下的哈尔滨执委支部（即八十五小组）的干事长，是坚决反满抗日分子。

怎样被发现的呢？因为抗联第九支队郭铁坚等人在多西浅同日寇作战牺牲，从死者身上搜到我们用代号写的组织系统表。

怎样发现哈尔滨执委支部呢？因齐齐哈尔交通员李汉〔翰〕卿被捕受刑不过，带齐市宪兵队到哈市连络点逮捕了执委支部书记唐允武，才找到了我，将我逮捕。当时弄在小汽车里，一直拉到道外宪兵队，手戴着手铐，时刻在被拳打脚踢，头发蓬乱已不像人样，就送进拘留所。在哈尔滨审讯了四五天，又送到齐齐哈尔宪兵队。在哈尔滨逮捕我们六个人，用六个人押送我们。从此，我就当了伪满的犯人，囚禁了多年。

二、残酷审讯：

在审讯室桌子前坐着在哈市逮捕我的日本人，桌旁坐着翻译，我在桌子对面站着、跪着，他有时高兴了也可叫你坐着。他问不出啥来，就拳打脚踢一阵，这是家常便饭，时常打得你头哨地，在地上滚，你要叫，就打得更厉害，只得咬着牙关挺着，身上脸上是经常的肿着。在齐齐哈尔审讯我的日本人是个军曹，中等身材，圆脸。送我到监狱后，为了一本《与列宁相处的日子》的书，又审讯了我三次，险些被带回宪兵队。这次是日本人土屋审讯的，小个子、班长、小圆脸，这个最毒辣，摧残的最厉害。至于宪补（翻译），我知道最坏的有媾仁敏、张国栋，都好打人。这些家伙弄得我右眼看不清，牙也被打得活动，在监狱掉了两个，现在掉了五六个，这对我还只算一般的摧残，像这样摧残迫害的方法，不计其数。对我最残酷的摧残有两种：

1. 在哈尔滨宪兵队时，将我仰卧在长凳子上，双手倒背戴手铐，绑得一动也不能动，头在凳头倒空，一个人骑在我身上，用手巾堵住我的嘴，接二连三的向鼻子灌水，一会儿就被灌昏过去。在齐齐哈尔宪兵队用水管子灌，灌凉水是他们的惯技，一问不出啥来，他们一高兴，就来一次。每天都在阴森拘留中，哪能一次次的记忆，总之次数是不少，弄得我脑子受伤，鼻子也肿，经常流清鼻涕，尤其是冬天更厉害。

2. 有时绑我两手两脚脖，或者是两手两脚大拇指，有时背向上吊起，有时背向下吊起，不停的来回悠我，这就是所谓的上大挂，弄得汗珠多大，一叫唤就打，一打晃荡就更难受，更痛苦。弄得我现在右脚走道不对劲，活动困难，得一步一步慢慢向前挪，还得时刻提防摔跤。

在宪兵队拘留一个多月，即是审讯受刑的一个多月，这个惨无人道的人间地狱，不管你死活，有病也得审讯，打死就拉出去。见到的听到的酷刑就更多了。主要是日本鬼子想方设法来摧残中国人，什么过电、削肋骨、刺指甲、跪砖头、冬天蹲水缸、向身上泼凉水、在拘留所站立几天、不让睡觉、不给饭吃等等。现在回想一下，好像还在眼前似的，不由得我怒目切齿，这痛恨，永远刻在我的脑海里，永远不会忘掉。不但我亲临其境是这样，我想是个中国人，听到将这种惨无人道的非刑加在爱国的反满抗日份子身上，也是不能容忍的。我痛恨，恨不得立刻将这些日本宪兵和狗腿子都抓来处死，以解心头之恨。

四、判处情况：

敌人共逮捕执委部成员三十多人。我记得在齐齐哈尔有史履升、王耀钧、佟允文、毛殿武、周善恩、万先琦、赵庆福、董孝舒、关国选、聂鸿图、夏惠民、李世〔士〕翘、赵恕、王文元、张永权、方振纲、李德〔得〕春、宋惠卿、林国俊、徐润身；在哈尔滨有张德林、唐允武、刘丹华、胡振武、巴世忠和我；以及吉林的王鸿恩等。

一九四一年十一月十三日被逮捕，关押一年多，于一九四二年十二月二十六日，在龙江省高等法院被宣判。宣判人是日本人。史履升、王耀钧是领导人，周善恩刺杀宪兵未遂，又自杀也未遂，这三人被判死刑。一九四三年三月三日，早饭后在监狱里被绞刑杀害。当听到提他们受刑时，我们都很难受，大家眼泪汪汪的向肚里咽，在想，在恨，准备将来怎样报仇雪恨。其余则是判无期或有期徒刑，我是被判十年徒刑。

（一）119—2，421，2，第 25 号

编者注　李大受即李德先。

齐齐哈尔宪兵队长致关东宪兵队司令官电

（1941 年 11 月 8 日　齐宪高第 116 号）

由于"田白工作"的侦察中，部分被侦察者已察觉而外逃，故拟提前于十一月九日四点一齐进行逮捕。希批准。

（十二）14—1—85

编者注　关东宪兵队司令官当即电复："'田白工作'之件同意进行。"

齐齐哈尔宪兵队关于以齐齐哈尔铁路局满人
从业人员为中心的共产党事件处理情况的报告

（1941 年 12 月 9 日　齐宪高第 745 号）

内容提要：

自十一月九日以来，本队指导满方机关，对以齐齐哈尔铁路局满人从业人员为中心的共产党地下组织第一执委部被捕者的审问，已顺利结束。到十二月四日为止，已将嫌疑者三十六名、参考人员三名及哈尔滨江上军军法会审一名，

共计四十名，一并送交齐齐哈尔高等检察厅法办。

其余新京建国大学、吉林高师学生各一名，拟由本队派遣人员，前去审问。

正文

一、犯罪日期及地点

日期：自昭和十六年七月二十五日至同年十一月九日

地点：齐齐哈尔市、哈尔滨市

二、逮捕机关及参加逮捕人员

宪兵　三十人

铁警　三十五人

满警　三十人

共计　九十五人

三、被捕者处理情况

被捕人员数	送法办数		释放
	嫌疑者	参考人	
112	36 *	3	72
注：＊号指王炳寰，审问结果虽与本案无关，但判明有通匪事实，十二月二日已送法办。			

四、被嫌疑者及参考人员见附表

五、犯罪动机

满洲建国后，以齐齐哈尔列车段行李员史履升为中心的反日组织，与抗日联军为开辟城市工作所派遣的王耀钧相配合，加之时局变化，在满人群众头脑中潜藏的抗日意识，经两人巧妙的宣传，则变为轻视日本实力，梦想在苏联和中国的支援下，"驱逐日寇"、"收复失地"、"建立中国政权"等，为将来自己的保身之策而开展此运动。

六、犯罪事实

自昭和十六年四月抗日联军第三路军第三支队秘书王耀钧被派遣作城市工作始，在他的领导下，以驱逐在满日本帝国之势力，解放被压迫民族和收复东北失地，颠覆满洲国为目的，组织第一执委部秘密团体。执委部首先对其成员灌输反日满思想，进而对党外群众进行宣传，开展救国运动。同时，响应苏联对日宣战，在谍报谋略企图下，执委部及八十一小组、八十三小组各召开会议四次，八十二小组、八十四小组，各召开会议二次，八十七小组召开会议一次，研究工作和对外活动等。

对外活动情况，主要有如下表现：

1. 对红军及代表赠与现款

由每个党员捐献三元至八元，于九月上旬通过王代表向郭铁坚提供自来水笔五支、铅笔三打、日记本三十本、药品若干。九月上旬及十月中旬，前后二次，因郭铁坚的请求，购买照相机、照相器材、胶鞋、齐齐哈尔市地图及三个戳子。前后六次，给王代表现款一百八十一元。

2. 根据目前工作十大纲领，进行各项调查，如：

在齐日人所有财产

农民工人情况

军事运输情况

在齐机关、公司的位置、名称

大商店的位置、名称

3. 派遣工作员去苏联

九月上旬，由郭铁坚选拔五名党内优秀者周善恩、徐润身、王贵、新京建大孙松龄、吉林高师王鸿恩去苏联。当其在齐齐哈尔集合等待时，九月二十日郭铁坚战死，才中止了派遣。

4. 领取经费

九月上旬王代表赴郭铁坚处联络之际，作为执委部的工作经费及王代表的生活费，领取一千元，其中三百元交史履升之手。

七、适用法规

《暂行惩治叛徒法》第一条。

八、参考事项

以新京建大孙松龄及吉林高师王鸿恩为中心的该校有关组织，预定由本队派审问官前去追查。

吉林有关者四名，于十二月六日由齐齐哈尔队下士官接收人犯，审问后，十二月九日押送齐齐哈尔队。

新京建大有关者一名已释放。

九、意见

审问表明，本执委部成立后，立即遭到哈尔滨铁道局满人工作员的检举，使其活动处于秘密状态，此时报纸又报导了郭铁坚匪被打死的消息，因而，有关该组织的情报几乎处于断绝状态。故今后对于侦察、镇压的有关报导，应加慎重，同时要与有关机关密切联系。

（一）119—2，35，1，第6号

编者注 附表因与下件之伪齐齐哈尔高等检察厅思想课《最近本厅处理的重要思想事件概要》所附之"田白工作"事件处理结果一览表内所列人名相同，故从略。

齐齐哈尔宪兵队关于"田白事件"处理情况的报告

（1941 年 12 月 21 日　齐宪高第 769 号）

一、新京、吉林地区有关者处理情况

新京建大学生孙松龄；吉林高师学生王鸿恩、傅肇棠、谭景椿、张钰。

对上述五名的审问中，判明王鸿恩参加组织，其他与本案无关，于十二月十三日将王送交法办，其余释放。

二、到现在为止，本案的处理情况

逮捕人数一百三十五名，送交法办四十一名，释放九十二名，审问中二名（史履升和另外一名）。

（一）119—2，35，1，第 6 号

齐齐哈尔宪兵队关于抓捕审讯史履升阎瑞麟的情况报告

（1942 年 1 月 9 日　齐宪高第 13 号）

一、要旨

十二月十九日，本队在山海关将济南宪兵队所逮捕之逃犯、共产党员、第一执委部执委史履升及八十三小组干事长阎瑞麟二人接收，进行审讯后，一月九日作为已处理案件，一并送交齐齐哈尔高等检察厅。

二、主文

（一）被捕者

1. 史履升，别名步云，三十二岁

原籍：辽西省义县

住址：齐齐哈尔市孟母庙街五号

2. 阎瑞麟，三十一岁

原籍：齐齐哈尔市

住址：齐齐哈尔市安达胡同六号

（二）处理状况

十二月九日，本队对以齐齐哈尔铁路局华人从业人员为中心之共产党第一执委部进行大逮捕之前，其中心人物史履升等二人，预先察觉而逃走。随之严密追查其行踪，很快判明，该二人潜伏于济南，乃部署济南队逮捕。十二月十二日，该队遂逮捕史履升及阎瑞麟二人。十二月十九日，本队在山海关将其接收，后经审讯，明确其犯罪事实。一月九日，作为已处理者案件，一并送交齐齐哈尔高等检察厅。

（三）审讯状况

1. 史履升

（1）经历

一九二九年秋，在齐齐哈尔市立第一中学毕业后，入铁路系统工作。历任电报员、剪票员、货物员。一九三六年六月以后，编入齐齐哈尔列车段。

（2）思想发展过程

自幼即于恶劣环境中成长，以至不知不觉之间对社会怀抱不满。青年时期对社会问题异常关心，适遇“九·一八”事变，为突然的社会变革所觉醒，感到受日本统治之重压，对大陆政策反感，反日思想意识逐渐高涨。

［中略］

2. 阎瑞麟

第八十三小组干事长，爱好中国左翼文学。一九四一年五月与史相识，经交谈之后，思想相投。之后经一致努力，共同建立执委部组织。

（十二）14—1—88

伪齐齐哈尔高等法院特别治安庭对史履升的判决书

（1942 年 12 月 26 日　康德九年第 2 号）

判决

史履升，男，现年三十三岁

籍贯　锦州省

住址　齐齐哈尔市孟母庙街五号

职业　齐齐哈尔铁路局列车段货物员

关于上者违反《治安维持法》之案件，在本法院检察官中村义夫参与之下，经审理，判决如下：

判处被告人史履升死刑

理由

被告人史履升，民国十八年在黑龙江省立第一中学初中三年肄业，同年入洮昂铁路局电报讲习所。毕业后，入齐齐哈尔列车段任司机、列车员。康德三年任该列车段货物员至今。被告早已认为满系下层人生活之所以穷苦，是由于对日满人员之不同待遇、统制经济、物资配给不周、物价暴涨而造成的，并且由现存社会制度之缺陷而加剧的。因此，抱着不满，企图重新恢复旧政权而与同僚一同研究三民主义。自康德八年旧历四月，与称为东北抗日联军（所谓红军）地下工作员王耀钧相认识。当时，于被告住宅，王怂恿被告说："因苏联参战，日本之败北是必然的。此时局，应在北满省委领导下，吸收同志，组织秘密结社，反满抗日。"于是，他下定决心，在该人之指导、协力与北满省委领导下，组织以从满洲国驱逐日本帝国之势力、收复国土、覆灭帝国为目的之团体——第一执委部。

被告人之活动如下：

第一，康德八年七月下旬左右，他将同僚侯康文、王文宣、赵庆福、万先琦等召集于齐齐哈尔市第二铁路局王贵之住宅，对这些人发表上述成立目的与名称之组织，劝诱同志参加，并使其承认组织，因而完成了上述第一执委部之组织工作，自任指挥统率者之执委；

第二，（一）自康德八年七月下旬至同年十月间止，于上述王贵之处及他处，劝诱上述侯康文等十数名，使其参加组织；

（二）自同年七月下旬至八月初，于上述王贵之处及他处，前后召开四次执委部会议，发表纪律大纲、目前工作十大纲领与建国大纲等，并协议和讨论将来之方针，以求该组织的扩大与加强；

（三）自同年七月下旬至十月十日左右，于齐齐哈尔市龙沙公园内省立图书馆及他处，成立八一组、八二组、八三组、八五组与八七组之执委支部（小组）。在此期间，多次参加八一组、八二组、八三组等之会议发表与说明上述纲领等，并指导其组织活动；

（四）同年八月下旬，于上述王贵之处，向北满省委要求装备电台之工作费及交付慰问品一事，委托王耀钧，使其于北安省马家子沟附近，将其交给红军匪首郭铁坚；

（五）通过王耀钧，接到红军关于将五名同志派遣到苏联之通知后，作了人选安排，又受嘱托制作北满抗日救国会齐齐哈尔分会等两个印鉴，并立即交金鱼担当制作。

如此组织以变革我国体为目的之团体，并且是指导与掌握其重要工作之份子。

上述事实，被告人经法院公审庭审理，已供认不讳。

依据法律，被告人之所为符合于《治安维持法》第一条第一项。

据此，定刑中选择与处理为死刑。

因之，判处被告人史履升死刑。

审判长　横山光彦

审判官　冲内　升

安倍　武

（一）119—2，21，2，第 15 号

伪齐齐哈尔高等检察厅思想课
《最近本厅处理的重要思想事件概要》

（1943 年 10 月）

第一，田白工作事件

一、事件开端：

康德八年九月二十日，在讷河西北嫩江河畔多西浅，昂昂溪田中部队和白丸讨伐队，奇袭抗联第三路军第九支队郭铁坚匪，打死政治部主任［政委］郭铁坚及大队长曹玉魁。根据从死者身上所没收的文件得知，在北满省委的领导下，有以齐齐哈尔铁路局满人工作人员为中心的抗日地下组织。

二、事件概况：

康德四年旧历三月，于三江省富锦县，受抗联第三路军政治部主任张寿篯的劝诱加入该军的王耀钧，在康德八年旧历二月抗联与讨伐队交战中受伤。王在齐齐哈尔养伤期间，偶然与对满洲国社会制度不满、希望组织起来进行三民主义研究的史履升、毛殿武相识；乘他们的不满，使其结成抗联第三路军的外围团体，于同年七月下旬，在该市第二铁路局宿舍王贵家中，以满铁满系工作人员为中心，成立第一执委部。

主要活动有：

（一）扩大组织，发展组织成员约四十名；

（二）在执委部会议上，多次进行当前工作十大纲领及将来方针等问题的讨论研究；

（三）通过王耀钧，将要求安装电台和活动经费的报告文件及慰问品，交给抗联第九支队政治部主任［政委］郭铁坚。

三、于康德八年十一月九日进行逮捕。

四、本事件的处理结果如附表。

五、特记事项：本事件所逮捕的周善恩，在拘留中企图逃走，宪兵用刺刀将他砍伤。在治疗伤口中，他大声喊叫："日本对我们的恶政如此，日本人对我们压迫到何时为止？我今天死去是为中国，无任何可留念、可惜的。"

[中略]

附表："田白工作"事件处理结果一览表

姓名	年龄	职业	审问官厅	起诉日期	求刑	判决	宣判日期	备考
史履升	34	列车行李员	齐齐哈尔宪兵队	康德九年七月六日	死刑	死刑	康德九年十二月二十六日	
王耀钧	30	杂货商	齐齐哈尔宪兵队	康德九年七月六日	死刑	死刑	康德九年十二月二十六日	
佟允文	34	信号所助役	齐齐哈尔宪兵队	康德九年七月六日	无期徒刑	无期徒刑	康德九年十二月二十六日	
毛殿武	29	列车行李员	齐齐哈尔宪兵队	康德九年七月六日	无期徒刑	无期徒刑	康德九年十二月二十六日	
周善恩	25	列车长	齐齐哈尔宪兵队	康德九年七月六日	死刑	死刑	康德九年十二月二十六日	
聂鸿图	25	车站电信员	齐齐哈尔宪兵队	康德九年七月六日	徒刑十五年	徒刑十五年	康德九年十二月二十六日	
段作新	30	邮政乘务员	齐齐哈尔宪兵队	康德九年七月六日	徒刑十年	徒刑十年	康德九年十二月二十六日	
万先琦	27	铁路局事务员	齐齐哈尔宪兵队	康德九年七月六日		驳回公诉	康德九年十二月二十六日	死亡
方振纲	25	图书馆事务员	齐齐哈尔宪兵队	康德九年七月六日	徒刑十五年	徒刑十五年	康德九年十二月二十六日	
赵庆福	33	列车长	齐齐哈尔宪兵队	康德九年七月六日	徒刑十五年	徒刑十五年	康德九年十二月二十六日	
冯庆源	23	列车员	齐齐哈尔宪兵队	康德九年七月六日	徒刑十年	徒刑十年	康德九年十二月二十六日	
徐润身	21	火车司机	齐齐哈尔宪兵队	康德九年七月六日	徒刑十五年	徒刑十五年	康德九年十二月二十六日	

姓名	年龄	职业	审问官厅	起诉日期	求刑	判决	宣判日期	备考
赵兴文	28	火车司机	齐齐哈尔宪兵队	康德九年七月六日	徒刑十五年	徒刑十五年	康德九年十二月二十六日	
侯康文	29	信号所助役	齐齐哈尔铁路警护队	康德九年七月六日	无期徒刑	无期徒刑	康德九年十二月二十六日	
张永权	27	列车长	海拉尔铁路警护队	康德九年七月六日	徒刑十五年	徒刑十五年	康德九年十二月二十六日	
李得春	31	信号所助役	齐齐哈尔铁路警护队	康德九年七月六日	徒刑十五年	徒刑十五年	康德九年十二月二十六日	
王贵	22	火车司机	海拉尔铁路警护队	康德九年七月六日	徒刑十五年	徒刑十五年	康德九年十二月二十六日	
李果藩	26	信号所助役	齐齐哈尔铁路警护队	康德九年七月六日	徒刑十五年	徒刑十五年	康德九年十二月二十六日	
王文元	33	列车长	齐齐哈尔宪兵队	康德九年七月六日	徒刑十五年	徒刑十五年	康德九年十二月二十六日	
赵恕	26	列车长	齐齐哈尔宪兵队	康德九年七月六日	徒刑十五年	徒刑十五年	康德九年十二月二十六日	
李士翘	27	列车长	齐齐哈尔宪兵队	康德九年七月六日	徒刑十五年	徒刑十五年	康德九年十二月二十六日	
马永彬	32	列车长	齐齐哈尔宪兵队	康德九年七月六日	徒刑十五年	徒刑十五年	康德九年十二月二十六日	
林国俊	25	专卖公司雇员	齐齐哈尔宪兵队	康德九年七月六日	徒刑十年	徒刑十年	康德九年十二月二十六日	
郑兴礼	26	兴农合作社雇员	齐齐哈尔宪兵队	康德九年七月六日	徒刑十年	徒刑十年	康德九年十二月二十六日	
宋惠卿	33	列车段技术员	齐齐哈尔宪兵队	康德九年七月六日	徒刑十年	徒刑十年	康德九年十二月二十六日	
阎瑞麟	31	列车长	齐齐哈尔宪兵队	康德九年七月六日	无期徒刑	无期徒刑	康德九年十二月二十六日	

姓名	年龄	职业	审问官厅	起诉日期	求刑	判决	宣判日期	备考
张德麟	22	学生	齐齐哈尔宪兵队	康德九年七月六日	徒刑十年	徒刑十年	康德九年十二月二十六日	
李德先	29	教员	齐齐哈尔宪兵队	康德九年七月六日	徒刑十年	徒刑十年	康德九年十二月二十六日	
巴世忠	22	学生	齐齐哈尔宪兵队	康德九年七月六日	徒刑七年	徒刑五年	康德九年十月十日	
胡振武	19	学生	齐齐哈尔宪兵队	康德九年七月六日	徒刑七年	徒刑五年	康德九年十月十日	
刘长青	26	无职	齐齐哈尔宪兵队	康德九年七月六日	徒刑十五年	徒刑十五年	康德九年十月十日	
董孝舒	30	车站站务员	齐齐哈尔铁路警护队	康德九年七月六日	徒刑十五年	徒刑十五年	康德九年十月十日	
关国选	29	列车行李员	齐齐哈尔铁路警护队	康德九年七月六日	徒刑十五年	徒刑十五年	康德九年十月十日	
李翰卿	31	列车员	齐齐哈尔铁路警护队	康德九年七月六日	徒刑十年	徒刑十年	康德九年十月十日	
金鱼	31	列车员	齐齐哈尔铁路警护队	康德九年七月六日	徒刑十五年	徒刑十五年	康德九年十月十日	
夏惠民	33	列车员	齐齐哈尔铁路警护队	康德九年七月六日	徒刑七年	徒刑十年	康德九年十月十日	
王鸿恩	21	学生	齐齐哈尔宪兵队	康德九年七月六日	徒刑十年	徒刑十年	康德九年十月十日	
张阶平	27	教员	齐齐哈尔警务处	康德九年六月一日不起诉				无犯罪嫌疑

（一）119—2，35，1，第 7 号

（中央档案馆、中国第二历史档案馆、吉林省社会科学院合编：《日本帝国主义侵华档案资料选编·东北历次大惨案》，中华书局 1991 年版，第 416—442 页）

50. "贞星工作"事件

吉房虎雄笔供

（1954 年 8 月 8 日）

"贞星工作"事件——逮捕与重庆国民党有关系的抗日爱国人士。

一、逮捕日期：一九四一年十二月三十日。

二、逮捕地点：齐齐哈尔、哈尔滨、新京、奉天、锦州等地。

三、逮捕机关：齐齐哈尔宪兵队，队长星实敏；哈尔滨宪兵队，队长春日馨；新京宪兵队，队长门田喜实；奉天宪兵队，队长矶高磨；锦州宪兵队，队长稻垣弘毅。

四、逮捕理由：以颠覆伪满洲国，夺回失地，结成全东北反满抗日组织，进行反满抗日活动，同时搜集有关日本帝国及伪满洲国的军事、经济、政治情报为理由而实行逮捕。

五、所破坏的抗日爱国组织：以王文宣、伊作衡两先生为领导的各地铁路系统及知识阶层和地方官员所组织的反满抗日爱国组织。

六、逮捕人数：共计逮捕七百余人，其中齐齐哈尔约一百六十人，哈尔滨约一百五十人，新京约一百三十人，奉天约一百五十人，锦州约一百一十人。刑讯后，送交各地高等检察厅法办者二百余人，其中齐齐哈尔约五十人，哈尔滨约四十人，新京约三十五人，奉天约四十五人，锦州约三十人。判决结果，有处死刑和徒刑的，详细情况记不清了。

七、我对各宪兵队长的指导情况：

（一）指导侦察：（1）对齐齐哈尔宪兵队长，要求搞清组织的全貌。（2）要求以齐齐哈尔为中心，密切有关各队的联系，要求经常互通情况。（3）一九四一年十二月中旬，召集各队长会议布置任务，并要求由宪兵统一指挥伪警察机关。（4）根据日美开战前后的形势，要求迅速结束侦察。

（二）下达命令：根据各宪兵队长的报告，判断侦察工作已大致告一段落，决定以一九四一年十二月三十日为期，进行一齐大逮捕。并向司令官陈述意见，起草下达命令。

（三）逮捕后的指导：我和原守司令官，于一九四二年一月上旬到齐齐哈尔、哈尔滨宪兵队视察、指导，要求对此事件继续进行搜查。

（一）119—2，35，1，第 5 号

编者注　吉房虎雄当时为关东宪兵队司令部第三课课长，宪兵中佐。笔供中提到的逮捕日期 1941 年 12 月 30 日，应为 1941 年 12 月中旬开始。

土屋芳雄笔供
（1956 年 5 月 31 日）

一、一九四一年十二月十七日，齐齐哈尔宪兵队本部用所谓"贞星工作"来镇压中国国民党的抗日爱国组织。我当时系齐齐哈尔宪兵队本部特高室内勤防谍对策系曹长，在此次镇压事件中充当侦察班员，为镇压事件阴谋策划并自参加，是罪大恶极的。

二、"贞星工作"内容

由来：一九四一年十一月九日，在"田白工作"的审讯中，宪兵为了进一步探明抗日地下组织，便采用了对被捕者进行行高压逼供的手段。吉川俊雄曹长对万先琦先生加以非刑拷问，逼迫他说出了齐齐哈尔的田维民、阎幼文等系抗日地下组织的负责人。这便是该事件的开端。

经过：一九四一年十二月四日，"田白工作"告一段落。十二月八日，齐齐哈尔宪兵队长星实敏根据上述线索，命令特高课长原田武中尉组织侦察班，着手进行侦察，于是便组织了以特高班长滨瑞源三郎准尉为首的侦察班。星实敏队长将自己的姓作为本次镇压事件的代号，起名"贞星工作"。并将该阴谋计划报告关东宪兵队司令官竹内宽。星队长还和齐齐哈尔铁路警护队本部队长安田联系，要求共同进行镇压。

星实敏队长向关东宪兵队司令官报告后接到镇压的指令，于十二月十七日午后开始了镇压行动。在齐齐哈尔及锦州拷问被捕者后了解到，抗日地下组织有：

（1）东北党务办事处：锦州、齐齐哈尔、哈尔滨。

（2）东北调查室：沈阳、营口。

（3）北宁铁路党部筹备处：锦州、沈阳、齐齐哈尔、哈尔滨。

（4）东北特派专员：全东北。

这些组织，由齐齐哈尔发展到哈尔滨、吉林、沈阳、锦州等地。

关东宪兵司令官竹内宽得到上述情况的报告后，于十二月二十三日对各有关宪兵队长下达了如下的电报命令："目前，齐齐哈尔宪兵队着手进行的'贞星工作'，已布满全满，各宪兵队长须协助该项工作，以策万全。"

"贞星工作"从十二月十七日开始逮捕以来，日益扩大其逮捕范围，其方法是根据被捕者的供述，立即进行逮捕。对被捕者都是采用严刑拷问，用最残酷的方法逼供出其他有关人员，立即进行逮捕。在此次镇压中，无论是在齐齐哈尔还是在锦州，都是宪兵指挥铁路警护队和警察统一进行镇压行动的。

三、"贞星工作"的逮捕情况

（1）在齐齐哈尔被捕者约一百六十名；

（2）在锦州被捕者约六十名；

（3）在沈阳被捕者约二十名。

四、判决结果

王文宣、阎幼文、伊作衡三人为死刑，其他为徒刑，具体情况记不清了。

五、"贞星工作"与"一二·三〇工作"的关系

"贞星工作"是从一九四一年十二月十七日开始其镇压工作，以此作为开端。伪满警察也对同一组织进行了镇压，由于是从同年十二月三十日开始的大逮捕、大镇压，所以称作"一二·三〇工作"。这是以长春为中心，对全满反满抗日组织的大镇压。

"贞星工作"大约是在一九四二年二月结束的，"一二·三〇工作"在之后还进行了二三个月的镇压。根据当时关东宪兵司令部发出的报告文件，由于"贞星工作"和"一二·三〇工作"被逮捕者约五百名，被关押者达一百八十名以上。

"贞星工作"是在关东宪兵司令官的命令下实行的，而"一二·三〇工作"是在"贞星工作"的基础上继续扩大的镇压行动。

六、我在本事件中的罪行

在本事件中我犯的罪行可以说是在我全部罪行中的很少一部分。对阎幼文先生进行了拷打审讯，并送交齐齐哈尔检察厅绞死了。将阎幼文先生的夫人逮捕至宪兵队，监禁和虐待了两个来月，释放后不久便死去了。还不仅如此，还给留下两个孩子，一个五岁、一个三岁，由她七十三岁的老母抚养。由于无经济来源，无法生活，后来听说这位老太太卧轨自杀了。不难想象，遗留下的两个孩子，如何能够活下来呢？我就是杀害他们一家的杀人魔鬼！我是一定要负这个责任的。

（一）119—2，35，2，第9号

西村哲夫笔供

（1954 年 11 月 25 日）

镇压国民党反满抗日地下组织——"贞星工作"事件。

时间：一九四一年十二月十五日至一九四二年三月五日。

地卓：锦州、大虎山、山海关、金岭寺、叶柏寿、彰武、通辽、皇姑屯各铁路机关。

命令者：伪锦州铁铬警护队本部队长佐古龙祐。

执行者：伪锦州铁路警护队本部警察科长蜂须贺重雄、护监宝川广美、巡监西村哲夫、伪锦州铁路警护队长池田清左卫门、警察系主任巡监日下部太郎，以及警护队员三十名。

伪大虎山、山海关、金岭寺、叶柏寿、彰武、通辽各警察系主任及警察系成员。

伪奉天警护队特务高桥善四郎。

经过与结果：一九四一年十二月中旬，由伪满铁路警护总队总监藤井贡一来电："在齐齐哈尔地区进行反满抗日地下工作人员的逮捕中，确证在锦州地区有反满抗日地下组织嫌疑。"伪锦州铁路警护队本部队长佐古龙祐，即命令伪锦州铁路警护队长池由清左卫门进行逮捕，并由此判明，在山海关、大虎山、金岭寺、叶柏寿、彰武、通辽、皇姑屯亦有其组织成员。各站进行大逮捕的结果，共捕三十九人，在锦州铁路警护队进行审讯后，将周振环等三十三人，送交伪锦州高等检察厅投狱，其余六名取保释放。判决结果不详。

横山光彦笔供
（1954 年 8 月 15 日）

一九四一年十二月，齐齐哈尔日本宪兵队侦破了齐齐哈尔铁路局从业人员中有国民党反满抗日的地下组织，于同年十二月先后进行了大逮捕。这次对国民党反满抗日地下组织的破坏，称之为"贞星工作"事件。

逮捕、审讯后，由高等检察厅于一九四二年七月将其中的四十七名起诉到高等法院。由我作审判长，町田健次、冲内升作审判官，于一九四三年二月，分别判处其负责人伊作衡、王文宣二人死刑，另外四人无期徒刑，三十八人十年至二十年徒刑，判处缓期执行者一人，判决前死亡而撤下者二人。

该案件的内容，是以伊作衡、王文宣为领导，在齐齐哈尔铁路局从业人员中组织了国民党反满抗日的地下组织。该四十七人在被捕之前曾在铁路局住宅召开会议，研究活动的方法，并侦察军运列车的情况，调查齐齐哈尔附近的地形、日满军情况等向上级领导机关报告。法院就以此事实判处的。

（一）119—2，23，1，第 9 号

陈锡昌控诉书

（1954 年 5 月 6 日）

一九四一年六月，经伊作衡介绍，我参加了抗日救国地下组织，在阎幼文领导的第十七督导区工作。一九四一年十一月九日，反满抗日组织北满执委部被齐齐哈尔日本宪兵队破坏。该组织被捕人员，在日本宪兵的严刑审讯中，受刑不过，供出了黑龙江铁路党部及十七督导区的组织线索而遭全面破坏。一九四二年一月四日晚，我被齐齐哈尔日本宪兵队和特务分子刘仁敏逮捕。当晚即押在日本宪兵队拘留所。次日晨七点多钟，由日本宪兵土屋将我提出，同特务分子侯玉民用灌凉水的惨刑审讯，曾几次出血，一直到夜间一点来钟才算结束。第三天，又由日本宪兵神户、河田和侯玉民、刘仁敏、张国栋、张家栋、田维民不时换着用上大挂、灌凉水、在雪地里冻、毒打等酷刑审讯。如此酷刑审讯一月有余。之后，又改用软刑，有举椅子、罚站、罚跪等两个多月。以后被转到齐齐哈尔铁路警护队拘押，十三个人就押在不满七平米的拘留所里，同时还有一堆大便，简直不是人呆的地方。每天给两碗高粱米粥，两条咸菜。经常不给水喝，简直把人干渴的连大便都不能解。我在警护队还受过一次打嘴巴的审讯，是日本人打的。在这里押了十三天，又将我提回日本宪兵队，经高等检察厅二名日本检察官，按照严刑审讯的供词，仍以严刑相威胁进行检察了二三天后，即送到齐齐哈尔监狱拘押，当即给戴上最重的脚镣子，直到一九四三年春被判处十五年徒刑以后才给取下。被判刑后，送到工厂强服劳役至一九四五年八月十五日光复，始在百般刁难的情况下于八月十七日放出齐齐哈尔监狱。

（一）119—2，827，4，第 2 号

李兰田控诉书

（1954 年 6 月 3 日）

控诉人李兰田，现年五十二岁，吉林省扶余县人，现住齐齐哈尔市四区永安街八十八号。

控诉日本帝国主义武装侵略中国，奴役中国人民，制订特别苛毒刑法《惩治叛徒法》和《治安维持法》等，摧残、迫害和屠杀中国人民与爱国人士的血腥罪行。

现将其血腥罪行的真实情况，分别用我体验身受和目睹的事实暴露出来，以做日本帝国主义者对中国人民所犯罪行的铁证。

一九四一年冬和翌年一月之间，以齐齐哈尔日本宪兵队为主，各警察机关配合，制造了"田白工作"、"贞星工作"两大血腥案件。在此两大案件中，总计死难同胞达一百一十余人之多，其被株连者及家属因此流离死亡者更无法数计。这是中国人民对于日本帝国主义者永世不忘的血海冤仇和必须讨还的血债。

我是第二个事件的被害者之一。于一九四二年一月十五日八时许，突然有日寇五人和宪补侯玉民持手枪闯入本人住宅，狰狞地笑着说："喂，你的事犯了，跟我们走一趟吧！"我知道这是我的死运光临了，也就无须置辩，就在全家老幼的哭泣声中戴上手铐，被他们逮进了人间地狱的日本宪兵队。

当我一进宪兵队的审讯室，就有一群恶兽般的日宪和汉奸，一拥而上，摔打捶踢十来分钟后，打的我头破血出，衣无完缕。坐在地板上略事定定神即将我推进了自来水室。当即剥去衣服，用手铐反铐两手，仰按在条凳上，用水管子开始灌水。为防止受刑者躲避，又在脸上蒙上一条毛巾。这种味道实在令人难以口述。约有二十分钟后，腹中水满如鼓，日寇即用脚猛力向肚子一踩，于是水就由口中和小便中排出，即行失去知觉。醒来后，却在审讯室地板上仰卧，四肢僵硬，半日方才稍能活动。此种刑罚共受了七次之多。除此以外，尚有过电、上大挂、压杠子、用雪埋、用火钩子烫、用烛火烧等种种非人道的刑罚。普遍尝了多次酷刑，终于承认了反满抗日、收复失地的杀身罪行。

日寇的审讯方式，一贯采用严刑拷打逼供，所有被审的人无一幸免。审讯室内呼号呻吟不绝于耳，夜间尤甚，闻之令人穿心刺肺，痛不忍闻。如此四十三天中，杨克新（泰康县完小校长）当即被打死，李振华（龙江县塔哈站完小教员）因刑归家致死，张伯兰被摔死在宪兵队，如此等等，不一而足。

刑讯终了，即由日伪龙江省高等检察厅派一名日本人检察官，为防止大家反供，所以就在日宪的审讯室对每个人的口供开始作形式上的检察，两天后就马马虎虎的宣告结束。复由日宪将所有的人解往刑务署，戴上加重脚镣投入监狱之中。

监狱是一所年久失修的牢房，时值严寒，不设炉火，内外又非常肮脏，臭气熏天。被关进这牢房，天冷，腹饥，刑伤发痛，加之刑具束身，对此铁窗长夜，直有大哭失声者。看守闻声，即行辱骂和鞭挞，无敢反抗者。一九四二年夏秋之间，由于长期吃些发霉高粱米和不断受着难以枚举的虐待，以致引起传染性的斑疹伤寒。监狱虽有医务设施，但不予治疗，造成在监的中国人民大量死亡。我和我们的难友均染是病，亦有因此而死亡者数人。这是日寇迫害中国人民的又一血债！

一九四二年底和一九四三年初，由日伪特别治安庭，在伪高等法院审判室，分别对"贞星工作"案件的七十二人和"田白工作"案件的三十余名在案人员，进行了宣判。现将所判结果，根据记忆，开列于后：

史履升、王耀钧、周善恩、阎幼文、伊作衡、王文宣等六人死刑。侯康文、佟允文、李兰田等判无期或有期徒刑。

家属因此而被害者也不少，这其中受害较严重者，了解较详细的有阎幼文的妻子、孩子和岳母。现将其被害情形略述如下。

当事件开始时，阎幼文闻风逃走，日寇即将其年老的岳母、病中的妻子和两个不满十岁的女孩捕到宪兵队，分别用严刑拷讯。其妻有病，连打带灌的毒刑下昏倒过几次，又逼她乘车去抓阎幼文，在旅途中竟惨死在列车厢中。两个孩子抚母尸体大哭，叫妈。全车旅客无不落泪。阎幼文被捕处死刑后，其全家老幼不知流落何方，如何生活！其他人的家属亦有流亡者，实难一一尽述。以上即是日寇虐杀中国人民的又一铁证。

我们被判决后，均被迫服劳役，终日着牛马不如的生活。二年多的时间，吃的苦，遭的罪，实在是难以尽述。但是，日本帝国主义毕竟在中国人民和苏联红军正义的铁拳下垮台了，投降了，我们的苦难也终于到了头。可是，就在日寇投降的时候，日寇驻齐齐哈尔城防司令官还要作垂死挣扎，妄想制造一次垂死前的大血案——把狱中所有的政治犯集体屠杀。因苏联红军进军迅速，卒使日寇顽敌阴谋未能得逞，而在红旗招展之下，我们得庆更生。

（一）119—2，827

李春波控诉书

（1954 年 8 月 18 日）

我以反满抗日、热爱祖国而被日寇非法逮捕的受害者的身份，对日本帝国主义者提出控诉。

一九四二年一月十五日早晨三点钟左右，一名日本宪兵、一名日本警察和特务分子侯玉民等三人将我逮捕。当日即被送到齐齐哈尔日本宪兵队。经日本宪兵土屋和汉奸侯玉民审讯五六次之后，又被日本宪兵小池和特务刘仁敏、田维民严刑审讯十多次。每次都受到酷刑。所用刑罚有灌凉水、摔跟斗、打嘴巴、跪板凳、夹铅笔、毒打等。摔跟斗，被摔的眼球突出，视觉模糊，夹铅笔夹的手指筋断骨酥，痛彻肺腑；打嘴巴遍数、个数那就无法计算了；用竹剑将门牙拓〔打〕掉二个，左后背被打的至今还麻木；灌凉水灌的屎尿并出，死去活来；经过三四次跪板凳，跪的两腿不能直立，还遗留下胸痛、咳嗽、头痛、大脑失常；已成半残废。在狱中，每日只给二次饭团，每次一个，还有点连泥带土如同泥汤样的白菜汤，有心不吃，怎奈饿火难忍，以致身患浮肿之病，肚皮膨胀，形同临产之妇。一日之间气候不一，热时热得要命，冷时冷得要死，又加之两腿戴十几斤重的大铁镣，一切行走坐卧十分艰难。戴铁镣在未决牢房十号监被关押一年有余，后经判决才将铁镣去掉。我被非法判处十年徒刑，其他有判死刑、无期徒刑和有期徒刑的。

我坐牢三年七个月，日夜盼望祖国光复，一日三秋，度日如年。迨"八·一五"东北解放，首先将反满抗日被难同胞解放出狱，方得脱离苦海，获得自由，获得新生。至今言之痛心，热泪在目。

在狱中三年七个月，家中生活极度困难。母老妻娇，子未成<年>，年逾古稀伯母处心积虑，日久年深，染病在床，不能动转，因此而亡。妻子终日为生活煎熬，忧思仰事，抚恤难以顾全。又听到判以十年徒刑，急上加急，染成肺病，于解放后一个来月而亡。妻死抛下三岁男孩，因母死，连同前作之病而亡。我在这种情境之下，触目惊心，寸肠百断，造成身体不能正常工作，记忆力减退，已成半残废之人。至于家中先前景况，虽不称富有，亦可叫小康之家，先辈在日之时留下家产尚多，亦因本人坐牢而卖空。以上这些损失，全是由于强盗行为的日本军国主义者给造成的，今决心向侵略者讨还。

在狱中亲眼见到被日寇屠杀的有史履升、周善恩、王文宣、伊作衡、阎幼文、王耀钧等六人。死的最惨的就数王耀钧，临死时还被打了两手枪。

因严刑审讯而被折磨死的有唐际云、万先琦、林国俊、果俊卿、胡靖等五人。

因严刑审讯而被折磨致残的有马杰、毛殿武、张阶平等三人。

同难被拘的有赵恕、李兰田、方振刚、丁广文等。

（一）119—2，421，2，第 27 号

周化祯控诉书

（1956 年 6 月 1 日）

我控诉伪锦州铁路警护队本部队长佐古龙祐所指挥的警察科长蜂须贺重雄及锦州铁路警护队残害我爱国志士的罪行。

一九四一年十二月十六日晚六时，锦州铁路警护队十余人把我家大门踢开，恶狼似的闯进我家中，首先打我几个嘴巴子，同时将刺刀安在我七岁儿子的脖

子上威吓我的孩子，问他爸爸上哪去了。这时，我那另两个孩子，一个五岁，一个三岁，看见这种场面吓的大哭起来，日寇就把两个孩子由被窝里拉出来，扔到炕里边去了。紧接着打我的打我，翻的翻，屋里屋外都翻个遍。就这样，这群强盗一直闹到十一点半，就给我戴上手铐押到警护队。

第二天早晨五点，就把我提到审讯室开始刑讯。日寇逮捕我有两个目的，第一是要我供出我丈夫周振环的去向，第二是要在我身上找到抓人线索。因为两个目的都没有达到，这时日寇开始下了毒手。那时我怀孕将近七个月，先用胶皮板子打嘴巴，用皮鞭抽，用竹签子刺指甲。我还是不说，这时一拥而上来了四个日本鬼子把我踢倒，按在地上，把我全身衣服完全扒掉，用毒辣手段用整束香烧，先烧头发、烧腋窝、烧大腿，现在还有伤疤。过电，电匣子上有两根铜丝，拴在两个大拇指上，日寇用手一摇，心好似蹦出来一样，实在难受。日寇又把电匣子的铜丝拴在我两个乳头上，用力一摇我就昏过去了。前后过电七次，昏过去七次。日寇把绳子拴着乳头牵着走，不走就打，前头牵着，后头赶着。日寇觉着还不解恨，又用惨无人道、没有人性的毒辣手段，把衣服扒去用竹片刺阴道，昏过去很长时间用凉水浇醒过来，把我押在拘留所里。以上这些刑罚，折磨的我死去活来。我在警护队被押了二十天。

从十二月十四日到十二月三十一日，共逮捕了四十余人。

十二月三十一日晚八点多钟，日寇将我丈夫周振环捕押到锦州铁路警护队，我在受刑后的昏迷中听到他们说，周振环到底抓来了。一九四二年一月三日，又把我提到审讯室里，强迫我跪在一边，叫我亲眼看着我丈夫受刑。严刑拷打，把铁钳子烧的通红，往他身上挟，钳子拿下来肉也掉不来，连烙几次，人就昏过去了。苏醒过来，又给过电，昏过去往身上浇凉水。坐老虎凳，把腿肚子都给压成两半了，鲜血直流。还有灭绝人性的刑罚，用猪鬃捅尿道，人马上疼昏过去，苏醒过来，将小便用绳子绑上吊起来，当时人就昏死过去。日寇把人放下来用凉水往脸上浇。比这更残酷的刑罚是滚钉笼子。钉笼形状是圆的，当中粗，两头细，三面有钉子，钉子有三寸左右长，把人放在中间，两个日本鬼子用脚蹬着来回滚，把人身上的肉全都刮去了，鲜血淋漓，遍体鳞伤。穿上衣服脱不下来。我亲眼看到三次，以后受什么刑罚我就不知道了。

一九四二年一月五日下午五点左右将我释放。

周振环在锦州铁路警护队押了八十多天，于一九四二年三月二十四日又押送到伪锦州监狱。

一九四三年四月七日中午十二点，在伪锦州监狱的执刑场用绳子把人活活的给绞死了。一同被绞死三人，周振环、杨景云、张化堂。

第二天早晨八点钟，我去领尸。尸体用纸盖着，把纸打开一看，凄惨万分。眼珠子冒出来了，舌头伸在唇外，鼻子、眼睛和嘴都是血。在我给他穿衣服时，看见身上一点好地方也没有，伤疤上加伤疤，腿肚子两半了，骨头露在外面，左边腰部有碗大一块伤还没有好，有很深一个黑窟窿，左手少了两个手指头，右脚缺了两个脚指头。

以我控诉的具体事实，不单独是我丈夫周振环一个被惨杀的事实，日寇侵占我国时期，用这种种惨杀手段不知使多少人失掉了他的子女，使多少妇女失掉了丈夫，使多少幼儿失去了父母，成了孤儿，流浪在街头。这都是日本帝国主义在中国所犯下的滔天罪行。我本身是受害者，我也是被残杀者的家属，我要求人民政府对这些杀人不眨眼的刽子手严加惩办。

（一）119—1，317

孙凤翔控诉书

（1954 年 7 月 26 日）

我是一九三七年六月参加抗日地下组织的，那时铁路系统锦州的领导人是王文宣，主要任务是搜集日寇铁路军运情报和宣传及扩充抗日力量。一九三八年王文宣因身份暴露而逃跑，后由周振环负责领导工作。不幸于一九四一年冬，因组织被破坏，本系统除洪宝宣一人逃跑幸免外，全部被逮捕。当时称为"一二·三〇"事件，被逮捕者共三十二人。

我们被捕后，铁路警护队用种种酷刑逼供，如灌凉水、过电、上大挂、毒打等，以致被捕的人都是遍体鳞伤，大受摧残。后因逼供失效，又实行强制判决，于一九四二年十月判处周振环、杨景云、张化堂死刑；张全良、冯国卿无期徒刑；季兴二十年徒刑；孙凤翔、李玉崑、徐某某十五年徒刑；张凤桐、郭世俊、从欲、袁溯川、张玉书、刘俊峰、魏恩涛、陈福恩、李会涛、叶树稼等被判十年徒刑；董绍宗、张凤山、萧沛铭、吴永春、刘忠义等被判七年徒刑。周振环等三人，于一九四三年四月七日在伪锦州监狱被执行绞刑。张凤山等三人被日寇的酷刑整死于狱中。

一九四四年，在横山光彦任哈尔滨高等法院次长期间，又将我抗日干部傅德禄等人审判，傅德禄被判处死刑，在伪锦州监狱后绞刑场执行的。

杀人主谋伪满司法部，不但策划组织杀害了我无数的抗日干部与无辜的和平居民，还不甘心，还用惨无人道的血腥手段，企图使全满法院于一九四五年八月十五日午后二时将所有政治犯执行杀害。锦州方面已于南山筹划妥当，幸而苏联红军解放了东北，日寇战败投降，我们才由监狱被解放出来，获得了自由，获得新生。

（一）119—2，1149，3，第 34 号

查问控诉人杜锡麟笔录

（1954 年 6 月 2 日）

为了查清前日本陆军军人伪满铁路警护队警护旅长佐古龙祐少将，在任伪满铁路警护队锦州警护队本部队长期间，于一九四一年十二月在锦州地区逮捕我爱国志士及和平居民的罪行，锦州市人民检察署派助理检察员李金章，于一九五四年六月二日询问了杜锡麟。

问：请你讲一讲，你的姓名、年龄、职业和现住址。

答：我叫杜锡麟，今年四十八岁，职业是水果摊贩，现住锦州市新安街一九八号。

问：请你谈谈伪满铁路警护队所逮捕的"一二·三〇工作"事件人员情况。

答：在伪满康德三年，国民党人士石墨堂（又名石坚），当时是伪锦州省政府文教股长。他从私人友谊关系入手，利用反满抗日爱国运动的名义，秘密吸引下层人士，分铁路系统与地方系统两方面，发展反满抗日组织。其中心任务就是宣传祖国观念，不受奴化教育的反满抗日思想，经常任务就是介绍可靠人加入反满抗日组织。上述活动一直继续到康德八年冬。因当时有一国民党干部在齐齐哈尔被捕，供出铁路党部干部季兴，季兴在锦古线金岭寺被捕后，又供出锦州铁路局国民党干部周振环、辽西地方干部杨景云（又名杨伯龙）及锦州市育贤学校教员张化堂，遂引起对该组织成员的大逮捕。日寇宪兵、铁警同时进行，锦州伪满宪兵队逮捕地方人员，锦州伪满铁路警护队逮捕铁路系统人员，至伪满康德八年十二月三十日一齐大逮捕后，大多数成员都被逮捕，定此案为"一二·三〇工作"事件。

问：由伪满锦州铁路警护队逮捕人员有多少？处理结果如何？

答：由伪满锦州铁路警护队逮捕人员，据我现在还能记起的有二十余人。这一案件的处理是以"颠覆满洲国"为罪名，由日本人审判长西尾宣布判决结果。

周振环、杨景云（又名杨伯龙）、张化堂三人被判处死刑；张全良原被判

·398·

处死刑，后改为无期徒刑。冯国卿被判处无期徒刑；孙凤翔被判处十五年徒刑；李会举被判处十四年徒刑。季兴被判处二十年徒刑；陈福恩、叶树稼、李玉崑三人被判十二年徒刑；马明德、司玉如、吴永春、郭世俊、魏连涛、张凤桐六人被判十年徒刑。王景儒因年幼被判五年徒刑。此外，董绍宗、张玉书、史元举因无犯罪事实，被释放。

问：请你谈一谈，以上被捕人员在警护队里都受过怎样的刑讯？

答：我当时是这一事件的被捕人之一，虽然当时不是被铁路警护队逮捕的，没有押在警护队，但是我以后到监狱里确实听到陈福恩和马明德说过，因为他们是被警护队逮捕的，在警护队里亲身受过刑的。当时凡是被警护队逮捕的，都受到警护队的酷刑，如灌凉水，用大壶装水掺上煤油，骑在人身上，将被灌的人手脚全绑上，脸上蒙一块布只能呼气不能吸气，大壶水强往嘴里灌，灌得死去活来，痛苦万分；上大挂，用绳绑手脚大拇指，全身悬空挂起，来回悠动，刑后数日手臂不能动或有的成残废；过电，专有电器设备，把人的手脚或头部连在电线上，然后上刑人一摇动就通电，受刑人全身酸痛，不一会即昏死过去；笔管夹手指等等。

（一）119—2，25，3，第 3 号

伪齐齐哈尔高等检察厅思想课
《最近本厅处理的重要思想事件概要》
（1943 年 10 月）

[前略]

第四　贞星工作事件

一、事件开端

康德八年五月，齐齐哈尔宪兵队使用的密探报告称，阎幼文系重庆派国民党密派工作员，齐齐哈尔地方负责人。因未得确证，遂审问前记"田白工作"事件被捕者万先琦。万曾受到阎幼文"提供铁路局内情报资料"的大力支持，因而进一步继续侦察，得到确认：阎幼文、田维民系齐齐哈尔活动的中心人物，于同年十二月中旬予以逮捕。

另一方面，新京首都警察厅于康德八年六月，在搜查新京税捐局有关渎职事件中，以发现违法文件为开端，继续侦察的结果，在十二月三十日进行了大逮捕。逮捕以刘荣久为中心的铁血同盟关系及有连带关系者：

1. 以陈树满为中心的读书会；

2. 以魏忠诚为领导的东北抗战机构及以贾桂林为首的留日学生团体，不仅互有牵联，而且判明与前记以齐齐哈尔为中心的阎幼文等的组织活动也有关联。"贞星工作"事件与在新京以大逮捕之日十二月三十日命名之"一二·三〇事件"，是同一的有牵联的事件。

二、事件概貌

本事件系在重庆派中国国民党的领导下，在满洲国内结成反满抗日的组织活动。其工作目标是搜集、提供我满洲国的军事、政治、经济等各方面的情报，宣传三民主义及发展组织等。其组织种类、名称多，其领导者亦多，同一人与各组织都有关系。

本厅所处理的主要人物的行动，以本事件为中心，概述如下：

1. 东北协会

康德四年三月，根据由重庆派中国国民党外围团体的天津东北协会负责人赵秉忱、赵在田的指示，在锦州以石墨堂为负责人所组成的在满东北协会的交通员王文宣，负责与上记赵在田的联络和领取经费。但在康德五年五月，根据赵在田的指示，脱离石墨堂的领导，自己为负责人，在奉山线铁路工作员中发展组织。以铁路系统组织该协会的下属组织，到同年八月止，发展组织成员多人。

2. 北宁铁路党部

另一方面，王文宣于康德六年一月，成为重庆派中国国民党基层组织、以常耀武为负责人的北宁铁路局党部的关外负责人，在山海关奉天之间，发展铁路工作人员，组成前记铁路党部的下属组织，从事于搜集、提供情报等工作。还拟进一步以全满铁路工作人员组织东北铁路党部，并先设立东北铁路党部筹备处，又设：

（1）哈尔滨铁路党部筹备处；

（2）吉林铁路党部筹备处；

（3）齐齐哈尔铁路党部筹备处。

各地负责人为：哈尔滨周芳、吉林宋涉云、齐齐哈尔田维民。

3. 东北调查室

康德六年十月中旬，在锦州设立以搜集各种情报为任务的东北调查室时，在奉天、哈尔滨、齐齐哈尔、吉林等城市各设分室。就任哈尔滨调查室分室主任的伊作衡，已于康德五年十二月加入国民党，作为该党的联络员，服务于新京、营口、齐齐哈尔、天津及其他各地，对党员传达、联络有关的工作指令等。在齐齐哈尔，阎幼文以齐齐哈尔分室主任进行活动。

4. 东北抗战机构

前记伊作衡，康德七年十一月留学日本，在留学中就任中国国民党下属组织东北抗战机构的干事。

5. 读书会

康德八年六月十日（旧历五月五日端午节），于新京召开了以税务监督署职员为中心所组成的以陈树满为首的读书会的成立大会。税务监督署属官徐连汉，作为该会的齐齐哈尔地方负责人，曾努力发展成员。

6. 铁血同盟团

以前记读书会会员刘荣久为中心，又组织共产主义的铁血同盟团。在哈尔滨全体会议上，前记徐连汉作为齐齐哈尔代表而出席。

三、参加本案件的审理机关及处理结果如附表。[略]

四、东北抗战机构、读书会、铁血同盟团等，其中心人物已于新京处理。东北抗战机构是在中国国民党的领导之下，亦很明了；可是读书会、铁血同盟团，因其首魁陈树满尚未捕到，故不明确其领导关系。即使是自发的组织，其反满抗日的意识亦极为炽烈。

[下略]

（一）119—2，35，1，第7号

（中央档案馆、中国第二历史档案馆、吉林省社会科学院合编：《日本帝国主义侵华档案资料选编·东北历次大惨案》，中华书局1991年版，第443—461页）

51. 孙永庆惨遭日军杀害

孙永庆，山东省掖县人，1904年生。青年时代，因家贫独身流浪关东谋生。东北沦陷时期，流落于乌云县下道干村（今逊克县车陆乡下道干村），以在黑龙江航道点灯照（航标灯）为业。

孙永庆身受日伪警特残酷蹂躏，目睹中国人民的悲惨遭遇，对日本侵略者怀有刻骨仇恨，秘密参与了抗日联军的反满抗日活动。每年夏秋，多次利用小船摆渡抗联干部渡江，与苏联取得联系并得到支持。

伪满康德九年（1942年）夏，在一次摆渡抗联干部渡江行动中，被坏人发现后告密，立即被伪上道干警察队逮捕。孙入狱后，由伪警察队特务头子高桥警尉（日本人）审讯，用灌辣椒水、香火烧、装麻袋摔、悬吊毒打等多种酷刑逼供。尤其残忍的是最后一次刑讯，竟驱使狼狗（警犬）咬掉孙的生殖器。孙永庆惨死后，高桥指使伪警察将孙的尸体装入麻袋，用铁线缚在巨石上，秘密沉入黑龙江中。

（逊克县地方志编纂委员会编：《逊克县志》，黑龙江人民出版社1991年版，第588页）

52. 抗日地下工作者张福祥惨遭日军杀害

张福祥，山东省费县徐家庄人，1903年生。因家贫，幼年随父母逃荒下关东，辗转流徙，最后在黑龙江省奇克县（今逊克县）张地营子（今边疆乡前进村）落户务农。

沦陷后期，张福祥已进入中年。他为人正直、勤奋，家境已属小康，但他对日伪统治极为愤懑。1942年初春某日，张福祥因事去奇克县城，路经东山日本侵略军设置的哨卡，突遭日本士兵寻衅毒打，更加激起他对日本侵略者的刻骨仇恨，从而萌发了抗日决心。

张福祥为寻求苏联的支援，并期望通过苏联取得与抗日联军的配合，乃于1942年冬，与其志同道合者矫岐山潜赴江北，与苏联的米海依洛夫区边防军取得联系。此后数月内，经几次往返协商，最后制定了以苏联边防站为后援基地，由张福祥秘密组织农民武装，配合抗联进行抗日活动的行动计划。

1943年冬，张福祥在执行计划活动中，因事机不密，被特务侦破告发，不幸被捕。同时被捕的还有追随张的盟友矫岐山等3人。约于1944年初，张福祥惨遭日本宪兵队秘密杀害，抛尸江中，时年47岁。

（逊克县地方志编纂委员会编：《逊克县志》，黑龙江人民出版社1991年版，第589页）

53. 佳木斯劳工窦桂和的经历

我叫窦桂和，1923年2月出生，辽宁省新民市新农村乡照星台村陈柴窝堡人。我22岁那年（1944年农历四月十七），被村（伪满时的乡政府）上强制派出义务工。当时不知道干什么，就来到了三江省富锦县。

新民县派出劳工是5个中队，每中队又分5个小队，每小队24人，共计600人。我们从新民出发，乘火车到哈尔滨三棵树，又从哈市乘船到富锦。由于当时松花江水浅，船行驶很慢，一共走了12天。到富锦后，我们就被汽车运到乌尔古力山。当年这山里驻的是日本兵，在山里我们负责搭设居住的工棚子、修盘山道、修地下军需物资库。

日本人不让我们穿自己的衣服，给我们每个劳工发一套黄色斜纹布衣服，上衣背后印有20厘米大小的白色"刑"字，穿这种衣服，大概是怕我们逃跑，跑出去也有记号。日军还发给每人一个俄国产的黄色毯子，其他被褥等全是自己从家带来的。我们吃的是高粱米与黄豆混合做的干饭，开始时吃的菜都是土豆，后来就有倭瓜、咸鱼等。开始我跟着修路、挖大坑，干了两个多月，后来日军让我做饭，每天中午挑着饭送到工地。借此机会，我看到的工程情况要多一些。在我的记忆中，修军需库与隐埋的过程如下：军需物资库是沿盘山道旁设立的，在一层路上有许多处。物资库里边净高2.2米左右，长大约5米，宽大约4米。先挖坑，后支模板，再浇筑混凝土，留有门洞口，无门扇。日军用军车运来了许多大木箱子，由劳工们一个个地搬运到库里。箱子是用1寸厚白槎板订成，约50厘米×50厘米×80厘米。每个箱子都有100多斤重，里面装的什么，我们不知道，要用两个人抬。库里的箱子装满后，就用块石垒砌门口，回填上，再移植青草与树木隐蔽洞口。

我清楚地记得，日军物资库的位置是乌尔古力山的东南方向的小东山，二层盘山道上，山下是总有流水的小河沟，沟里长满苔草，山体的周围有三道铁丝网，日本军人对我们说："网上有电，不要碰。"我们每天天亮吃饭，日头出来干活，日头落下收工，干活时谁也不准偷懒，上下午干活都有一次休息时间，我们这伙劳工编号为"英"不知是什么意思。

日本监工军人经常给我们训话，一次，一个叫三七次郎的少校用汉语说："你们好好干吧，以后你们就是太君了，我们不行了。"我们都不懂这话是什么意思，农历八月末九月初的时候，也就是我们要回家的前些日子，有20多名同乡来的劳工突然说脑袋痛，这些人很快就死了。日本军人让我们与死亡者有亲属或朋友关系的人收殓尸体用汽油进行火化，然后把骨灰装入水泥袋里带回家乡。

对于这20多人的死，我们都感到很蹊跷，但谁也不敢说什么，现在我还是觉得这事有点怪。

[富锦市政协编：《文史资料》第7辑（2004年），第66—68页]

54. 血染泥鳅河

石丕城、周人整理

在日本帝国主义宣布投降之际，杀人不眨眼的日本军国主义分子，在仓皇逃命途中，于黑龙江省宝清县和勃利县交界处的泥鳅河，又制造了一起骇人听闻的集体屠杀国兵的惨案。

（一）丧家犬竞相奔命，挟走狗以安贼心

八月五日，上午九时左右，一架苏联侦察机飞临宝清上空。十一时左右，又有两架轰炸机飞临宝清上空。一架直奔小西山变电所，投弹两枚，炸毁了变电装置，另一架飞抵万金山伪军二十八团大营，盘旋扫射多次后，向虎林、饶河方向飞去。

苏军轰炸后，宝清开始混乱。日伪统治者惊魂落魄，昼夜不安，开始准备逃命。

日本关东军驻宝清的三九三部队、八一七和五〇二五部队共计二百多人（原二千五百多人，早已被抽调去参加太平洋战争，只有二百多老弱残兵留守）及驻宝清日本宪兵队几十人，已于八月九日晚，偷偷撤离宝清。十一日，日本警察、官吏家属开始撤离。伪第十一军管区，命令所属伪军开赴林口、麻山阵地，狙击苏联红军。宝清县内的伪第二十八团所属各营、连的留守人员计七百余人（二十八团另一千余人，由团长刘国范率领在麻山修战备工事），在副团长刘长顺率领下打着二十八团军旗，取道勃利，向林口方向进发。第十一辎重队驻宝清的辎重三连，共一百二十人，连同辎重车辆，在连长张东书的率领下，也向勃利方向撤去。八月十二日，日本的在宝机构，包括各种株式会社、工商界、移民开拓团陆续从宝清撤往勃利。一时闹得宝清至勃利间三百多华里长的荒僻公路上满是军队、辎重、车辆、日本民团、日本官吏、警察、家属。其逃窜之相，真是狼狈至极。

伪宝清县参事官（副县长）笠原英杰，警务科长安田正太郎（警正），警务科指导官佐佐木（警正），特务股长木村勇（警佐），特高警察森泽建二（警佐），兵事系主任堤卯吉（警佐）等人为首的日本警察、官吏曾多次密谋策划，并纠集七十余名日本官吏、警察、移民开拓团部分成员，以保护县长安全撤退为名，挟持了日本军国主义者豢养起来的并为之效忠多年的汉奸走狗、伪宝清县长佟松寿及其老婆、女儿，于八月十三日，烧掉了全部敌伪文件、档案，临时抓了几辆马车，最后一批撤离了宝清，向勃利方面匆匆逃去。

（二）遇退兵六神无主，动杀机为绝后患

这帮匪徒非常狡猾，为了以防万一，每人佩有"康八式"步枪一支，大部分佩有短枪，一部分佩有战刀。全队共配备轻机枪两挺，携有大批粮、弹药，每日行军时，都派有二、三人先头小队，执行尖兵任务。每当休息和宿营时，也由警察们轮流警戒。

由于八月十三日晚开始，接连下了两天多的雨，道湿路滑，步行尚有困难，大车行进更为艰难。只好走走停停、停停走走地向前蠕动。就这样，这帮匪徒怀着惊恐不安的心，拖着两条疲惫不堪的腿，于八月十六日中午才走到大泥鳅河东岸。

由于连日阴雨，山水不断流入山涧、沟塘，造成各山涧大小河流水位急剧上涨。大泥鳅河，窄窄的河道早已出槽，河水漫过草甸子，向下游涌去。撤往勃利去的二十八团和十一辎重队三连，早于两天前通过这里。此时已很少有人路过此地了。

八月十五日上午，二十八团团部连同军旗，在桃山附近，遭到了苏联空军轰炸。军旗炸飞了，掌旗官和日本教官横尾少校、岸本上尉当场炸死了，士兵们逃散了。

第十一军管区司令部所属十一辎重队、通讯队、宪兵团、卫生队及医院、军法处连同司令部机关，共四千多人，经密山的北五道岗、勃利的桃山、茄子河，撤往勃利、林口。这些伪国兵于途中反正的、开小差回家的不计其数。有的扔掉武器、换上便衣，有的携带武器、身着武装。三个一帮，五个一伙，成群搭伴，各奔家乡。

十一辎重队三连，在张连长的率领下，没等到达桃山就遇见了二十八团退回来的官兵。连长张东书，听说二十八团被炸，苏军已进林口、勃利，当即停止前进，召集官兵训话，决定就地解散，自讨方便。当时有三十来人跟少士李班长去勃利。这些人大部分是家住在南部或西部县份，有的是吉林、榆树的。另七十多人跟连长、教官返回宝清，张连长率部于八月十六日中午，返至泥鳅河西岸的山岗脚下，已走得人困马乏，便在路边休息下来。士兵们将马拴在离公路一里半远的林子里乘凉，人都分散在路边或林荫下休息、造饭、吃东西。

笠原和安田这帮匪徒，得知二十八团于桃山被炸散，苏军已进军密山、林口的消息，又看到辎重三连从前方退了下来，心情更加惴惴不安。临退出宝清前两天，二十八团准尉司务长官星三在北门打死松本奉烈（朝鲜族姓名不详）警长调武装警察大队来县掩护撤退，他们迟迟不到；喻殿昌大队长在凉水泉子袭击由王福岗、杨荣围子开拓团撤退的武装开拓民团……面对着这一队全副武装满洲军退下来，他们更是胆战心惊，六神无主。安田等一伙匪徒几个主要头头便召开了紧急会议，研究应付眼前瞬息万变局面的对策。

（三）花言巧语施诡计，穷凶极恶亮屠刀

八月十六日下午一时左右。笠原参事官和安田警务科长，通过佟松寿县长，命令小岛兴光去召辎重三连长来报告前方军情。张东书得知佟县长一行在河东，便带两名见习教官随小岛来见县长。当张连长三人来到桥东之后，立即被日本警察们暗暗围住。参事官和县长简单地打听了一下前方情况，便叫张连长集合队伍，说县长要训话。于是张连长命令教官去集合队伍。辎重三连七十多人，除留两名士兵看马之外，全部由教官率至桥东公路上。然后命令架枪，后退五步，到北侧路边就地休息，听候县长训话。当三连全体士兵刚刚把枪放下，退到路边时，日本警察们迅速地把枪一撮撮抱了过去。就在这同时，两挺轻机枪架在对面路旁。七十多名日本警察、朝鲜警察、日本官吏、日本开拓团员全部弹上膛、刀出鞘，直刺失却武器的辎重连官兵；就在这同时，以小岛为首的九名警察，分别在桥西五百米地段内放上三道卡子。第一道四名，第二道三名，第三道两名，拦截从桃山方面退回来的散兵。这时从西岗上下来三三五五的，有二十八团各连的、十一军管区的、十一通讯队的、卫生连的，还有在滴道煤矿跑回来的劳工……一会儿一帮，奔向泥鳅河桥。其中有带枪的，有没枪的；有穿军装的，有已换上便衣的；有骑马的，也有步行的。当他们进入第一道卡子时，便被解除了武装；第二道卡子搜腰；第三道卡子脱衣服；然后赶至桥东。二十八团的教官于长跃等九人，三机连的冯吉武等五人，迫击炮连的周泽臣等四人，通讯队的张广荣六人，都是这样被截去的。当时张广荣等人已换上便衣，杂在劳工群中，但是，也被小岛、松本等赶了过去。就这样，前后不到两小时时间，共拦截十多伙，一百余人。

桥东头，笠原参事官，穷凶极恶地对着放下武器的国兵们嚎叫着："步兵操典上明文规定：'非常时刻（战时）携械逃亡，就地正法。'这，你们是知道的。今天本来可以就地枪毙你们，念你们家中都有妻儿老母，可以放你们回家。但是有一件，枪，是国家的；军服是国家的。请你们再把军衣全部脱下交上来，就可以放你们走。"随即强令国兵一个个脱下军衣。

（四）枪刀齐舞尸两岸，泥鳅河水血染红

原二十八团迫击炮连周泽臣，他是第三帮被日军拦截赶来桥东的。他回忆当时情形说：当我来到轿东时一看，啊！足足有一百五、六十人，都光着膀子一溜四排跪（日本式坐着）在公路北侧路边，两挺机枪支在路南沟帮。六、七十名日本兵都端着枪冲着大伙。我马上感到情况不妙。心想：这不是要枪毙我们吗？这时一个日本兵叫我快跪到前面。我跟跪在身边的一个会说日本话的国兵说："你倒说说呀！"他不敢吱声。我就左右传话说："咱们就这样眼睁睁地等死吗？一个传一个，大伙一齐上和鬼子拼吧！"一个日本兵看见我乱活动，上来一把揪住我的衣领，用力一推，把我推倒在人群中间。我看看谁也不动。我就趁势窜到最后排的壕沟边蹲下。我心想：你们不干，我可得跑。就在这时，随着笠原对准张连长一声枪响，安田挥舞着战刀嚎叫着："（へやげき）射击！"随之，机枪、步枪、手枪齐发。枪声象爆豆般响彻泥鳅河两岸山谷。一百八十多名国兵倒在路边、路沟、河里、甸子里。枪声伴随着日本兵嚎叫声、国兵的呼叫声、喊声、叫骂声、呻吟声持续了二十多分钟。据幸存者冯吉武回忆当时情形时讲：一个大个子国兵，已经跑出路北十五、六米远地方，背后被枪打了个鸡蛋大小的窟窿，站在那里，指着这帮日本兵高声骂道："你们这帮侵略成性、杀人不睁眼的东西，连国兵你们也不放过。你们完蛋啦！不得好死的。"这时我趴在他附近水沟子里，怕他暴露目标，喊他快趴下。就听他说："我左右也不能好啦！"话音刚落，一排子弹打过来，他晃晃荡荡地倒下去了。

当日军开枪时有十多人滚下水沟，有的跳进河里；有的窜进草甸子里。但是不管你跑到哪里，日本兵的子弹就追你到哪里。顿时，桥东北侧路面上，横七竖八，遍布尸体；路沟飘浮着尸体；河里流着尸体；草塘里躺着尸体。河本变红了，路沟水变红了。干净的泥鳅河，流的不是水，而是血！

太阳偏西了，枪声逐渐停了下来。这帮杀人恶魔，放起了一把火，烧掉军衣、被服、伪币、砸坏了缴下来的枪托，丢掉了枪栓，慌慌张张过桥向西逃命。

杀人余兴未尽的恶鬼，刚逃到西岗脚下，又遇见了从北兴过来的十三名国兵，当即又被他们杀死于路南道沟。其中一名趁日军未来得及开枪，一步跃过同伴尸体，向南未跑出五步，被日本兵从背后一刀刺于地下。同时也身中数弹死去了。赶到这群恶狼逃至西大岗时，又遇上二十八团士兵赵春芳等三人。赵当时手拎把刀锯，日本兵不由分说，将三人刺死于岗上（据七星泡任德本讲：死后五六天，刀锯仍在身边）。就这样，这帮亡命之徒，前后不到三个小时工夫，连续三次屠杀我中国年轻男儿即达二百余人。

（五）呼儿哭夫声声泪，血海深仇谕后人

惨案噩耗传出之后，人们无不深恶痛绝。特别是当时家有强征当兵在外暂时未归者，阖家老小真是个个提心吊胆，深恐自己亲人遭到不幸。那时候，有多少老母倚门望儿归；多少妻子扶栏盼夫还；多少父兄到处问讯；多少亲朋四下寻访；直至人归信准。噩耗降临遇难家属门庭。全家老少更是痛不欲生。真是：母呼儿，妻哭夫，呼儿哭夫声声泪；父喊子，弟唤兄，喊子唤兄句句血。其悲痛之状，不忍闻睹。

这场惨祸，给二百个无辜家庭带来了空前灾难。遇难者七星泡赵春芳家，听说赵惨死在泥鳅河，家里人不敢相信，母亲成天站在门前张望，父亲到处打听信息。直到同村任德本回来，告诉赵家，说他们原先是一起往回来的，赵已换了便衣，拣把刀锯拎在手中，以备防身。到桃山时，任怕途中危险，住下了。赵坚持非走不可，因此分手。待三天后，任才往回来。当任走到大泥鳅河西岗上，看见路旁有三具尸体。面目发胀的已看不清了，其中一具身旁有刀锯一把，衣着也象赵，证明赵被害无疑。这时赵家才相信春芳已死，其母其妻哭得死去活来，全家老小整日泡在泪水之中，其妻在公婆的劝说下，于第二年春，带着二岁女孩，改嫁到集贤县凤林屯朱家。遭害者宝清镇刘庆丰，家中只有六十多岁老爹和二十二岁媳妇过日子。媳妇在第二年改嫁了。老爹活活熬糟死了，刘家从此断了根。遇害者方盛村高畔富，其守寡多年的老母和妻子听说高死在泥鳅河，当时婆媳二人就哭得晕了过去，经邻人百般劝说，才算勉强止住悲痛，老母整日哭着闹着要去泥鳅河找儿子。后来去了，早已尸肉无存，只见一堆堆白骨。媳妇第二年改嫁。寡母成年累月啼突，竟哭瞎了双眼。高的老母，现还健在，已经八十七岁了。每当提及此事，总是泣不成声，痛恨杀人不睁眼的日本强盗。她告嘱后人永远不要忘记这个深仇大恨。

日本军国主义者十四年的侵华战争，据我河山，掠我资源，杀我同胞，奸我妇女，使我华夏大地，生灵涂炭，给我中华带来空前灾难，早已犯下滔天大罪，但当其日暮途穷、步向审判台的时候，还在龇皮獠牙，挥舞屠刀，制造了一起起触目惊心的大惨案。宝清县泥鳅河事件，就是千百万个惨案之一。我中华后人岂能忘记！

附记：本材料承蒙下列人员提供。谨致谢意！

泥鳅河事件幸存者冯吉武：原伪二十八团二营三连勤务，现宝清县粮食局退休干部，现住宝清镇。

泥鳅河事件幸存者于长跃：原伪二十八团军官候补者教官，现宝清县夹信子乡农民，现住宝清县夹信子乡三道河村。

泥鳅河事件幸存者孙忠仁：原伪二十八团三机连士兵，现宝清县青原乡农民，现住宝清县青原乡西六村。

泥鳅河事件幸存者周泽臣：原伪二十八团迫击炮连士兵，现吉林省舒兰县农业系统退休干部，现住吉林省舒兰县小城良种物。

泥鳅河事件幸存者王侦祥：原伪二十八团士兵，现宝清县夹信子乡农民，现住宝清县夹信子乡徐马架子村。

路过目击者高化夫：原十一辎重队驻宝三连少士勤文书，现宝清县农机站退休干部，现住宝清镇。

路过目击者李世才：原东安警察学校学生，现宝清三中离休干部，现住宝清镇。

路过目击者那成伍：原被抓劳工大车老板，现宝清县夹信子乡农民，现住宝清县夹信子乡徐马架子村。

路过目击者高忠札：原伪二十八团士兵，现宝清搬运队退休工人，现住宝清镇。

路过目击者石丕城：原第十一通信队电报兵，现宝清三中离休干部，现住宝清镇。

胁从参予者吴升默（朝鲜族）日本名古川博清：原伪宝清县警务科收发，执行警尉，现黑龙江省密山县朝鲜中学退休教师，现住密山镇铁路北。

黑龙江省宝清县政协文史办供稿

（政协黑龙江省委员会文史资料研究会编：《不能忘记的历史》，黑龙江人民出版社 1985 年版，第 160—167 页）

55. 青木好一供词
一九五四年九月十八日于抚顺市

讯问员：贾棣锷

书记员：杨毅侠

翻译员：王璐蠹

问：你是青木好一吗？

答：是，我是青木好一。

问：你讲一讲自己出生地点、时间、家庭成分及个人出身！

答：我于1912年1月24日生于日本群马县势多郡富士见村，家庭成分是中农，个人出身是工人。

问：你受过几年教育？从什么学校毕业？

答：我受过八年教育，从原籍高等小学校毕业。

问：你何时、为什么来中国？

答：我于1940年2月26日来中国，自愿当警察官。

问：你于何时何地被捕？当时的阶级职务是什么？

答：我于1945年8月21日在四平时被苏军逮捕。当时属于伪满洲第十九野战汽车厂，即满洲二一四六部队，阶级是陆军技术上等兵。

问：你讲一讲来中国前的经历。

答：（略）。

问：你把侵入中国后的经历讲一讲！

答：我于1940年3月1日入伪新京中央警察学校当普通科生，1940年5月19日从该校毕业。1940年5月19日配属于黑河省警务厅当警长。1940年6月1日配属于奇克国境警察队当警长，实习业务。1940年，7月1日配属于伪奇克国境警察队干岔子小队当警长。从1941年11月1日到1943年4月3日任伪奇克国境警察队何地营子小队副，于1941年12月任伪警尉补。从1942年6月15日到1942年8月30日是伪黑河地方警察学校补习科生，从1943年4月13日到同年9月25日是伪新京中央警察学校本科生。1943年9月1日升为警尉。从1943年10月1日到1944年1月30日当伪奇克国境警察小丁子小队副，从12月1日起当小队长，阶级是警尉。从1944年2月1日到1944年5月3日任伪奇克国境警察队车陆小队长、警尉。从1944年5月15日召入关东军当补充兵，入在海拉尔的前满洲第十九野战汽车厂即满洲二一四六部队，是陆军技术二等一兵，曾受三个月修理汽车的教育。1944年11月15日升为陆军技术一等兵，1945年6月1日升为陆军上等技术兵。于1945年8月21日在四平市由苏军俘虏。

问：从你所讲的经历看来，你在入伍前曾当过奇克国境警察队车陆小队长。阶级是警尉，是吗？

答：是的，在入伍前我曾当过伪奇克国境警察队小队长，阶级是警尉。

问：你曾受过什么奖赏吗？

答：我曾领到伪黑河省长发给的奖状和十五元赏金。

问：为什么呢？

答：因为在 1941 年 3 月初，我任伪奇克国境警察队干岔子小队警长时，根据东地营子甲长范某的情报，我指挥部下一名，在东地营子村逮捕了一个中国人爱国者，男，三十岁，刑讯半小时后，当作爱国抗日地下工作人员，送交本队特务股长兼分室属官西泽胜治，后来在黑河保安局分室被杀害。我因此罪行而受到伪黑河省长的警察赏。并且提供此情报的东地营子甲长范某也领到伪奇克国境警察队长的奖状和赏金。

问：你配属于奇克国境警察队干岔子小队任警长时还逮捕过人吗？

答：还逮捕过两名。1941 年 2 月上旬我指挥部下警察一名，与其一起搜索南地营子几村庄时，将居住于该村的一名中国人樵夫（男，四十二岁）当作抗日地下工作人员的有关者，在家中将他逮捕，在干岔子小队监禁两天，殴打拷问三次，还在队内奴役一周。后释放，六个月不准他到村外自由活动。1941 年 9 月上旬，我奉本队特务股长西泽的命令，将居住于干岔子村的中国和平居民钱贵海当作"抗日地下工作有关者"，在保甲所前路上逮捕，送交西泽，经拷问监禁一个月后，未判明事实就释放了，禁止他六个月到村外自由行动。

问：把你在奇克国境警察队当何地营子小队副、警尉补时的罪行讲一讲。

答：1942 年 2 月中旬，我命令部下两名警察在黑龙江上流江岸巡查时，根据居住于北地营子的中国农民李某之情报，在其家中逮捕了一名爱国者，男，约三十五岁。我将此爱国者殴打拷问半小时后，当作"抗日爱国地下工作人员"交送县分室属官西泽胜治，后来他在黑河省保安局分室被杀害了。1942 年 12 月初，根据自己所使用之密探的报告，我指挥部下警察一名逮捕了两名居住于何地营子的爱国抗日工作人员，男，朝鲜族，均三十岁左右。送交县分室属官西泽胜治，后来他在黑河省保安局分室被杀害了。1942 年 2 月到 6 月，为了达到自己的欲望，利用警察队副的地位，将居住于何地营子保安所东边第×家××之十八岁姑娘强奸了数次。1943 年 3 月初，以警察权力强奸了朝鲜族×××之妻李××数次。

问：你认为强奸是人道的吗？

答：我认为这是非人道的。

问：继续讲下去！

答：我当何地营子小队副警尉补时，从 1943 年 5 月到 10 月，奉伪奇克国境警察队本队长佐藤敬止的命令，和黑河省公署建设科小岛隆一等数名，为了建设何地营子地区警备道路，我指挥命令部下警察，以警察权力奴役虐待由北安省海伦县强迫征来的 250 名中国和平居民。因酷刑过重结果生病者约 25 名，并且未做任何治疗，后来死亡了 5 名。

问：你对此事应负什么责任？

答：当时的警察队长虽是中国人，但实际上是由我指挥，所以我对此事应负主要责任。

问：谈一谈你当伪奇克国境警察队小丁子小队长警尉时的罪行！

答：1943 年 10 月，我奉县分室属官西泽胜治的命令，逮捕了一名居住于小丁子村索地营子的爱国抗日地下工作人员，送交县分室属官，后来他在黑河保安局分室被杀害了。1943 年 12 月中旬，侦悉在小丁子村索地营子住有抗日爱国地下工作人员，因此使用前任者之密探侦察约一个月，根据侦察之结果，将居住于索地营子的两名抗日爱国地下工作人员（男，姓名不详，年龄二十八岁、三十岁左右）在其住宅逮捕，后送交县分室属官西泽胜治，后来他们在黑河省保安局分室被杀害了。1943 年 12 月末，我指挥部下警察官一名，把居住于小丁子村曹地营子的一名中国人当作抗日地下工作人员，在其家中逮捕，监禁四日殴打拷问三次，奴役十天后释放，禁止其六个月行动于村外。

问：当伪奇克国境警察队车陆小队长警尉时犯了哪些罪行？

答：从 1944 年 1 月到 4 月末，诱奸了小丁子小学教员×××，并欺骗利用她当密探。1944 年 4 月 20 日，松树沟中队长秦警佐发动大逮捕爱国者的事件时，我奉命指挥部下警察一名，将事前侦探好了的两名爱国者在家中逮捕（居住于车陆村，韩某五十岁，其堂兄约五十三岁），送交松树沟中队长秦警佐。被害者在松树沟中队由西谷特务主任刑讯一周，未判明事实释放。1944 年 4 月当任车陆小队长时，强制居住于车陆村的朝鲜族中国和平居民五户二十名，移住到北安方面，掠夺耕地八垧。

问：你在奇克国境警察队当小队长时向苏联派遣过间谍吗？

答：从 1941 年 2 月到 1944 年 4 月，我任伪奇克国境警察队小队员或小队长时，奉县分室属官西泽胜治的命令，援助由西泽亲自向苏联四次派遣四名间谍的工作，我曾侦察地点领路，给间谍准备所带之食物。

问：是你亲自将间谍送到国境附近的吗？结果怎样？

答：是的，是我亲自将间谍送往国境附近。至于结果，因间谍直接和西泽胜治联系，所以我不详。

问：你从 1940 年 7 月到 1944 年 5 月 3 日，在奇克国境警察队当小队副或小队长时一共逮捕杀害了多少人？

答：一共逮捕了十二名抗日爱国者及和平居民。将其中七名送交分室，听说他们被虐杀了。另外五名经刑讯后释放。

问：你应负什么责任？

答：我应负指挥命令和亲自逮捕的责任，对在分室被杀害的七名，也应负杀害的一定责任。

问：你任职伪奇克国境警察队小队员或小队长时，还犯有什么罪行？

答：我从 1940 年 7 月到 1944 年 5 月 3 日任伪奇克国境警察队小队员或小队长时，还犯了如下的罪行：

1）我根据伪满洲国之各种伪法令，共逮捕中国和平人民十四名，将其中一名送交本队保安股，其他十三名在小队监禁两三天进行拷问，并掠夺了所带之物资后释放。

2）曾将居住于县内的有势力者、俄侨、宗教团体领导者及在苏联住过的人共二十五名，列入"战时有害分子"之名单内，禁止其自由行动，进行密查监视。

3）为了阻止爱国地下工作者在国境附近进行抗日活动，我奉本队长的命令，根据伪满洲国的各种非法法令，曾严重地限制人民旅行的自由、农耕渔业的自由及禁止采伐山木，破坏了人民生活及剥夺了自由。

4）我还搜集中国和平居民或旅行者对"伪满洲国的政策"、"伪满洲国的伪法令"、"县公署警察队镇压中国人民"的反应及反满抗日的言论。我亲自搜集了约 30 件，命令部下警察搜集了约 150 件，作为特务情报报给了本队长，给伪满洲国政府推行侵略战争政策及县公署警察队本身镇压中国和平人民提供了资料。

5）奉队长的命令，为了镇压国境地带的爱国者，曾强制奴役车陆的中国和平农民三千三百人（次），征派马车马撬一千一百辆（次），辅助警察小队巡查、放哨等。

问：你入伍后有什么活动？

答：我入伍后曾受过三个月的修理汽车教育，1945 年 3 月受过二十天放毒瓦斯的训练，准备对苏作战。1945 年 7 月 20 日到 22 日在四平市西方为分散部队的燃料，践踏了小麦地五晌。

问：受放毒瓦斯的训练时用什么作过试验吗？

答：没有用什么作过试验，只是拿到山上去练习过数次。

问：你 1945 年 7 月 11 日所写的笔供是完全真实的吗？

答：是，完全真实。

问：你还有什么要补充的吗？

答：没有。

以上记录用日文给我读过，与我所供述无误。

被讯问人　青木好一

（逊克县地方志编纂委员会编：《逊克县志》，黑龙江人民出版社 1991 年版，第 609—612 页）

（三）口述资料

1. 张敬芳自述

伪满时期，学生都得学日语，做操、上下课时都用日语。那时候，卡伦山有个警察队，松树林里有个日本岗楼可观察苏联情况。日本人后来在那里设个宪兵小分队，盖了一幢房子。旧历五月十三日有一个中国人（有40多岁）被怀疑是通苏间谍，被日本人杀死，日本人将尸体照片带到学校、村屯进行游行。苏联红军过江打日本时，卡伦山着大火了，炮弹皮将我们屯的一位姓姚的妇女给炸伤了。苏联红军过江后，小日本撤到西山的地洞里，地洞是劳工挖的，劳工有病，日本人也不给治，这些劳工都是被抓来的。这个工事位于现在的202国道那边，大乌斯力前面。

自述时间：2006年9月6日

自述地点：黑龙江省黑河市爱辉区海兰街温馨社区

自述人：张敬芳，女，1932年1月14日出生，四嘉子乡供销社退休，抗战时期生活在爱辉镇四道沟村，现住黑河市爱辉区海兰街8委4组

整理人：齐峰

（原件存中共黑河市爱辉区委党史研究室）

2. 陈庆余自述

1943年我进入黑河国高学习时，由于长期受日本人的奴化教育，不知道自己是中国人。在1945年"8·15"解放时，我们班的黑板上不知是谁写了"我们是中国人"。从那以后我才明白什么是亡国奴。我于1946年参军。伪满时期，我家住爱辉，有一天我父亲的船被一苏联间谍偷划走，被日军发现并查知是我父亲的船，日军怀疑我父亲与苏联有关系，将我父亲抓了起来进行毒打，后经多方证明我父亲与苏联无关系才获释放。1945年黑河解放时，日伪特务将黑河

街里的日军宪兵队、警察署、特务机关、大商店等黑河街主要日伪机关、建筑和许多店铺都点着烧毁，当时黑河街里是一片火海。我记得日伪时期黑河的日本特务机关就在现在的市粮食局附近，日本放送局就在现在江边计生委附近，日本警察署就在现在的宏志商厦的位置。

自述时间：2006 年 9 月 8 日

自述地点：黑龙江省黑河市爱辉区海兰街鹿源春社区

自述人：陈庆余，男，1929 年 10 月 2 日出生，中共党员，已退休，现住黑河市海兰街鹿源春社区

整理人：齐峰

（原件存中共黑河市爱辉区委党史研究室）

3. 孔令申自述

抗战时期，我家住在山东，我有一个表哥，叫什么名想不起来了，但有一个外号叫“烧干巴”。他被日本人强行抓为劳工，送到了黑河，从此再无音信。

自述时间：2006 年 9 月 11 日

自述地点：黑龙江省黑河市爱辉区西兴街人保社区

自述人：孔令申，男，1929 年出生，退休在家，现住黑河市爱辉区西兴街人保社区

整理人：齐峰

（原件存中共黑河市爱辉区委党史研究室）

4. 刘金华自述

伪满时我父亲和哥哥在爱辉，我是 1942 年被父亲接到爱辉的。当时父亲靠养蜂为生。那时候关内的人到关外来，日本人就说是八路军。当时我的母亲带着我和两个姐姐在河北，日本人来“扫荡”，我们就跑。后来父亲就把我们接到东北来了，当时我 14 岁。大约 1942 年，我 15 岁时，日本鬼子挖战壕，父亲被摊“官工”（即日本人强行让中国人义务为其修工事）去晚了，被日本监工用镐把毒打了一顿。我父亲回家后就说，冷啊！冷啊！这才发现日本人将我父

亲的脑部打了一个洞。后来我父亲得破伤风死去。我父亲死后我们一家就在爱辉生活。黑河光复时，我 17 岁，没有父亲我家就没有劳动力了，后来解放了，生活就好了。过去在关里真受气，今天八路军来了，家家给八路烙饼。八路军走了，特务就去报告，日本就来"扫荡"了，看着女的就认为是女八路，看到男的就认为是男八路，全部打死。那时我小，我的姐姐参加了妇救会，站岗放哨，拿着红缨枪，有时我也替我的姐姐站岗。我们种地，种地出城时还得给日本人敬礼，回来也得敬礼。

自述时间：2006 年 9 月 11 日

自述地点：黑龙江省黑河市爱辉区西兴街人保社区

自述人：刘金华，1928 年阴历正月十五出生，河北保定人，已退休，现住黑河市西兴街人保社区

整理人：齐峰

（原件存中共黑河市爱辉区委党史研究室）

5. 吴良清自述

日伪时期，西岗子镇有个宪兵队。1943 年夏，有一天，我与一个山东老乡一起买菜，我的"身份证"被借走，恰逢日本宪兵来盘查，我被带到宪兵队，日本宪兵硬说我是"小八路"，拿竹板对我进行毒打，将竹板都打碎了。打到后来我的后背也不知道痛了，后来商店老板将"身份证"拿来，日本宪兵才将我放回来，我养伤养了很长时间。据说东花园有绞人机，被绞的人顺着江水就流走了。1945 年 8 月，日军与苏军在西岗子南山打了一仗，我那时正好在西岗子，双方死了很多人。那几天，苏联往这边打炮、派飞机，日军还将苏联的一架飞机给打落了。那时我在商店里当店员，后来我们还在西岗子建了个苏联红军烈士纪念碑。西岗子南山日本驻军最大的官是个少将。那时在南山修工事的劳工很多，劳工的生活很苦，吃饭只有橡子面，听说这些劳工后来都不见了。西岗子南边有一个叶集屯被日本人全部强行迁移走了，还有梁集屯也强行迁移走了。

自述时间：2006 年 9 月 11 日

自述地点：黑龙江省黑河市爱辉区西兴街人保社区

自述人：吴良清，男，1925 年阴历 8 月 19 日出生，1943 年从山东来到黑

河，投奔在西岗子开商店的亲戚，现住黑河市西兴街人保社区

整理人：齐峰

6. 张顺新自述

我是混血人，母亲是苏联人、父亲是河北人，伪满时期家住爱辉城。父亲从事中苏之间的酒生意，大约 1938 年我父亲被日军怀疑是苏联间谍，将其投入监狱。在监狱中，我父亲与狱中犯人集体越狱逃跑，逃至沈阳时被日军抓住并枪杀。"文化大革命"时期，在河北我有个叔叔去落实我父亲的坟头，才知道父亲是被日本人杀害的。

"满洲国"时，我上 3 年级。苏联红军解放东北时，我们正在学校上学。苏联飞机过来时，日本人就把重要据点点着了，爱辉城里的魁星阁也给烧了。爱辉城北有个大庙（在"文化大革命"时期给破坏了），后面有一片树林子，树林子里有个枯井，据说给日本人干活的（中国）人都给扔到井里弄死了。现在的爱辉粮库那个位置原来是个火磨，日本宪兵队在那里住，四角都有炮楼，我们小时候都偷偷从那里过。

自述时间：2006 年 9 月 11 日

自述地点：黑龙江省黑河市爱辉区西兴街人保社区

自述人：张顺新，男，1936 年出生，农机局退休干部，现住黑河市西兴街人保社区

整理人：齐峰

7. 张士杰自述

伪满时八车力河在西沟水库往团山子那边走，过了八车力河就是金矿。在团山子有开拓团，两边各有 7 个部落，大多是依兰来的。我家在车地营子种地，每年都向日本人交出荷粮。大家都恨日本人。我有亲属在西岗子住，被警察抓去了，直到光复也没音信，估计让警察给处死了，什么原因不知道。听说，黑

河东花园有地下室，有绞人机，审完了，一按电钮，犯人沉下去了就被绞死了。日新饭店，那儿是特务聚点，光复的时候，那里证明书有 3 麻袋，连苏联的谈判代表都给杀害了。当时从老家去西岗子需要经过锦河（地名），锦河有个大兵营，在山神府，西岗子南山，再就是锦河都有大兵营，当时我们都不知道，这事是以后才知道的。

自述时间：2006 年 9 月 12 日

自述地点：黑龙江省黑河市爱辉区西兴街兴粮社区

自述人：张士杰，男，1927 年 8 月 15 日出生，车地营子生人，1952 年来到黑河，1947 年在八车力河金矿参加非正规军，现住黑河市西兴街兴粮社区

整理人：李晓东

（原件存中共黑河市爱辉区委党史研究室）

8. 何富义自述

康德十一年九月，我家及邻居姓宁、安、白、赵、付、余、安、莫 9 户人家房屋被日军强行拆除，日军强迫我们迁入他们划定的"集团部落"里。"集团部落"四周设有围墙，围墙四周挖了深坑，四面还各设了一个出入口。

伪满时，我们村里的莫铁横、莫泽民的两套马车被日军强行征用，到现在的桦皮窖林场附近修飞机场，共干了 3 个月。

大约在康德十年或十一年，兰旗村有一个叫葛禄的，让日本人给害死的。兰旗有两个日本特务，一个是梁士和、一个是吴琼。梁士和在苏联红军过来时给抓起来的，吴琼是解放时查出来抓起来的。

伪满时，农村生活艰苦，交完"出荷粮"也就不剩什么了，自己家口粮都不够吃。交"出荷粮"后，日本人除了奖励点布外，只给很少很少的钱。交一斤粮比市面要低好几分钱。那时粮食才一毛多钱一斤，小麦也就一毛一二一斤。那时穿衣的布挺紧张，日本人给的布都让甲长梁士和给独吞了，后来土改时，人们在他家找出了成匹的布。伪满时，老百姓只能买到用废料做的更生布，这种布拿鞭子一打就全烂了。那时吃大米饭得特别注意，让人查到了就要受到严厉的惩罚。特别是日本宪兵队都是日本人，经常去农村查这事，他们对老百姓更是残酷，所以人们都躲着他们。

在黄旗营子江边有一个警察大队和一个守备队，还有宪兵队的一个小组。

日本的开拓团在团山子，爱辉没有开拓团。光复时我去过西岗子南山捡过洋落，在那里我们发现过死的劳工，是山洞修好后日本人将他们都留在洞里整死的。

苏联红军攻打西岗子用了一个多星期，当时我家正割小麦。

伪满时到一定年龄就得当国兵去，什么待遇也没有。我哥哥当时就被迫当了国兵，在齐齐哈尔昂昂溪区 28 工兵队，属工兵。

金水那边也修过机场，还没投入使用日本就投降了，那儿的飞机场连飞机窝都修好了。

自述时间：2006 年 9 月 19 日

自述地点：黑龙江省黑河市爱辉区海兰街长海社区

自述人：何富义，男，1928 年 10 月 14 日出生，伪满时期家住卡伦山，1942 年搬到了兰旗村，现住黑河市爱辉区海兰街长海社区

整理人：齐峰

（原件存中共黑河市爱辉区委党史研究室）

9. 曾德友自述

伪满时期，我家住在孙吴沿江乡西屯，原叫霍尔莫津屯。伪满时，我在学校上学，曾被小日本打了好几次：第一次，在小学时不会唱日本国歌，被打；第二次，背国民诏书，背差了一个字，被打；第三次，放假回家，被日本警察宪兵又打了一次。当时我家与伪满警察署相隔不到 200 米，警察时刻监视我们家。有一次我出去玩，捡了一个饭盒，里面有大米饭，到家刚要吃，警察就来了，找到了这个饭盒，发现里面有大米，将我父亲打昏。

1945 年五六月份的一天，我大嫂去外面上厕所，就再未回来。后来听人说让日本警察宪兵抓走了，直到现在也未找到，大哥为此气得一病不起，后来在又气又恨中去世了。伪满的时候，孙吴是日本的重要军事基地，有胜山要塞，附近有胜武屯。光复之后我们曾去捡过洋落。听老人说，孙吴还有一个西兴屯，伪满时日本人在那里修过细菌基地，当时在里面有实验室，还有地下室，里面有很多实验工具。

我有一个"干兄弟"董玉，他是从日军兵营里逃出来的劳工。他逃出来后，跑到我家就认我母亲为干妈。没过几个月他就让日本人抓走了，再未回来。

日军从北安、克山抓来的劳工，从车上下来一串人，一个绑一个，后来运到孙吴南山去了，据说这些人有去无回，修孙吴南山死了很多人。

自述时间：2006 年 9 月 20 日

自述地点：黑龙江省黑河市兴安街

自述人：曾德友，男，1926 年 11 月 11 日出生，1990 年来黑河，1947 年参加工作，先后在孙吴小学、中学上班、孙吴文教科任职，1984 年在孙吴县委党校离休，现住黑河市兴安街

整理人：齐峰

（原件存中共黑河市爱辉区委党史研究室）

10. 郭作云自述

1940 年前后，在我们东四嘉子村有两个姓徐的人和拉腰子两个姓徐的人被日军疑是"苏联间谍"抓走，再未回来。东四嘉子姓徐的是从江东六十四屯过来的后人，当地人称"小徐"。1943 年，四嘉子的关世禄的父亲及李老九、齐恩德、东四嘉子的姓徐的等 8 人被日军疑是"苏联特务"，抓入狱中，相继死去。1944 年，西四嘉子村有 20 余户房屋被日军强行拆除，什么补偿都没有，强迫其迁入"集团部落"，房子都得自己盖。

抗战时期黑河的抵抗力量基本没有，我记事时没见着过抗联，黑河全境已经全被小日本统治了。当时日本人到处张贴"莫论国事"标语，不允许老百姓谈论国家大事。大约在 1944 年以后，日本人觉得自己要完了，对中国人的统治放松了。伪满时，男的到 18 岁必须当国兵，当 3 年，当不上就得"勤劳奉仕"。有干一年活的也有半年活的，那时四嘉子好几个被强行"勤劳奉仕"的人都在西岗子挖煤，义务劳动，不给工钱，只给一点吃的。

日伪时期四嘉子有警察队和自卫团。长发屯和卡伦山有个日本的"江上军"，类似现在的船艇大队。

下二公有开拓团，有 10 多户，占的是四嘉子和下二公交界的地，黑河的开拓团人不多。榆树围子位于现卧牛湖水库淹没区，那里有开拓团，叫大额泥河开拓团训练所，再就是新华农场有开拓团。

当时，日本人搞奴化教育，1—4 年是小学，5—6 年是优级学校，7—10 年是国高，然后是大学，国高毕业后日语就相当不错了。

日军逃跑时，将黑河街里的主要建筑物全都烧了。警察吓得也都全跑了。黑河的警察大多是中国人，他们多是来自辽宁一带。当时，有个从长发屯跑到东四嘉子的警察，来到一户姓徐的人家，这个警察让其备马，要骑马逃跑，被姓徐的长工打死了。那时警察不敢露面，露面就让老百姓打死，老百姓非常恨他们。

日本驻军最多的是山神府和什锦河。日本军队进入黑河后，就不让中国人吃大米了。当时，日本人没修过黑河的基础设施，修的全是山里的公路和铁路。什锦河山上全是日本兵营，兵营是铁皮盖，铁皮盖底下一层樟松板子，外水泥砖，非常坚固，屋里有环形火坑。那些大营中国人拆了两三年才拆完，1942年至1943年日军在那里驻军最多。

日军到黑河后，不敢对黑河人太狠毒，比较克制，因为黑河是边境。那时，日本人给中国人发"证明书"，相当于现在的身份证，农民有"证明书"，工人有旅行证。日本人对待具有农民身份的人相对宽容。太平洋战争爆发后，日本人在1943年至1945年对中国人管理得就相对松了。

自述时间：2006年9月21日

自述地点：黑龙江省黑河市爱辉区海兰街建行家属楼

自述人：郭作云，男，1931年阴历十一月二十二日出生，伪满时期家住西四嘉子村，现住黑河市海兰街

整理人：齐峰

（原件存中共黑河市爱辉区委党史研究室）

11. 孙永贵自述

我是1940年来到黑河，老家是山东掖县，一路要饭投奔哥哥（20世纪30年代来的黑河）。当时哥哥是开压道机的，给伪交通部黑河土木工程处干活。来黑河后，我在西岗子"复兴"照相馆当学徒，当时老板将照相的活全交给我了，中国人照不起相，全都是日本人照相，有时警察也让我去给被打死的劳工和八路照相。那时一年也就挣个衣服和鞋钱，学徒不花钱，就住在店里，吃的还可以。伪满后期日本人不行了，他们吃的都是高粱米了。中国人吃大米、鸡蛋就是经济犯。

1945年8月，苏联红军进入黑河后，维持会找我为苏军照相。当时是在江边的特务机关分室，有9具尸体被拖了出来，里屋地上到处都是"证明书"，如

果用麻袋装能装好几麻袋。还有刑具（火车头过电的等），底下有设备，但已被炸毁，还有地道。当时照的照片都给苏军了，没敢留。

我还随苏军去过山神府照相，那里全是阵地，还有山洞，苏军将洞里的枪支全部装车拉走了。当时山神府的日军进行了抵抗，苏军也发给我一支转盘枪，那时打得挺乱套，到近处才能分辨出是否是自己人。

给日本战犯照相也是我照的，在现东花园附近有个学校（旁边有个监狱），省长等人都给照了。每个人照正面、侧面，每人照两三回。那时我很害怕，不敢留底片，将底片都塞到板缝里了。

黑河的克山监狱在海兰泡对面。银行在官渡路东、王肃街南拐角处。特务分室是两层楼。二楼是日新饭店，都是西餐，一楼是特务分室，还有一个院，东边是公安局，西边是东洲饭店，海兰泡就在现区政府院内。

1945年8月9日晚，日本人撤退时，烧了很多房子，整个黑河像火海一样，伪警察领着到处点火，有受伤的也不声张，谁也不管谁……

日伪时期，黑河有好几家大烟馆，宝局（赌场）好几家，还有戏园子。"阳春里""老牛圈"那时都是妓院，王肃电影院对面，南面是"八杂市"（市场）。伪满时的电影院就位于现在的王肃电影院，电影院北面过道就是"德聚园"饭店。"德聚园"在二楼，皮革厂、茶庄和照相馆（友光）在其楼下。"德聚园"东面是消防队。消防队东边就是克山监狱。

自述时间：2006年9月21日

自述地点：黑龙江省黑河市黑河日报社东楼131室

自述人：孙永贵，男，1924年阴历七月十九日出生，日伪时期，曾在西岗子"复兴"照相馆负责照相，后到黑河的"友光"照相馆照相，光复时曾为苏联红军照过相，解放后为党工作，现住黑河市海兰街

整理人：齐峰

（原件存中共黑河市爱辉区委党史研究室）

12. 吴良琦、 姚玉春自述

事变前，我在爱辉老车家给车小德扛活，解放后回到西岗子。我记得1943年前后，西岗子杨树屯的车吉顺、姚永光、吴良碧、徐双屯、车学顺、张真禄6人未当上"国兵"，被强行"勤劳奉仕"。有3人被送至西岗子煤矿挖煤，有

3 人被送至五大连池修道，直至 1945 年黑河光复才相继逃回来。1945 年 8 月，爱辉城的车小德被日军抓"官车"，赶车到东岗子，两匹马被炮弹炸死，人吓得跑回来了。1945 年 8 月光复前，姚玉森被派"官车"（赶马车），给日本南山部队拉给养，被炮声吓出精神病，后病死。

南山上有司令部，山脚下有大营。西岗子老卫生队的位置就是大营。大约 1936 年，日本人开着大汽车来抓宋玉林，结果没抓到，后来宋玉林音信全无。这个人是被其他人检举了，说是"苏联间谍"才被日本瞄上。

那时日本人在杨树屯搞的"集团部落"，就是现在杨树屯的规模，将当时的屯两头归入中间。1944 年，杨树屯有 40 余户房屋大约 100 间（每户得 100 平方米）被强行拆除，强迫其迁入"集团部落"。四周都是沟，是老百姓自己挖的。牡丹江的移民在新华，新华有几户移民迁到了杨树屯，如关宝贵等。新华过去叫团山子，法别拉也有几户搬过来的，如徐立横。

那时一个房两间合 1000 多元钱，两个门头就是两个屋，两个窗户也叫两间。交出荷粮，日本人给布、火柴等作为奖励。出一天工，两马一车，挣 10 多元钱，干活打头的一天 3 元多，一般的一元多。我就是一天一元多，干一年活还欠人家钱。那时都穿更生布。

那时，小麦 8 分钱 1 斤，黄豆拉到黑河才 6 分钱 1 斤，小麦产量最高是坰产 3000 斤，大豆 2000 斤，全是轮作，耕地全都有"照"（证），草甸子也有"照"（证）。我那时扛活扛了 5 年，我父亲扛活扛了 19 年。我们烧火用的都是毛柴，打洋草。一"嘎布纳"是 50 捆，一车是 100 捆。

历史有爱辉县没有黑河，南山脚下的叫南大营，西岗子里的叫北大营。光复时，日军与苏军打了有一个多星期，日本在西岗子有个少将。

南山那地方有苏联坟，有 1000 多人，我们捡洋落时，看到道边都是苏联红军尸体。

南山最大的官是少将。日本开拓团有个老师，教我们日语，叫斋滕庄山，每个星期都来。黄旗营子警察分队中只有一个日本人，是警长，其他人都是中国人，队长得听他的。队长叫王永安，光复后都被老百姓打死了。那时，吃大米饭是经济犯，捡洋落时都挑豆油大米白面拣，枪不敢拣。

二粮有开拓移民 100 余人，地就是现二粮那些地。

自述时间：2006 年 9 月 25 日

自述地点：黑龙江省黑河市爱辉区西岗子镇杨树屯

自述人：吴良琦，男，1929 年 7 月 18 日出生，农民，现住黑河市爱辉区西

岗子镇杨树屯村；姚玉春，男，1934年9月18日出生，农民，现住黑河市爱辉区西岗子镇杨树屯村

整理人：齐峰

（原件存中共黑河市爱辉区委党史研究室）

13. 徐荣魁自述

日本刚来时，我家是大地主。我家使的都是苏联的大型机械，马都是与苏联的混种，因此日本人将我的叔叔徐长锁、大爷徐长福以"通苏特务"罪名抓走，再未回来。我是1953年来到梁集屯的。1943年，我的大哥徐荣金和曾之信、陈进明未当上"国兵"，被日军强行"勤劳奉仕"，被送至西岗子煤矿挖煤，直至黑河光复才逃回来。"勤劳奉仕"不给钱，是义务的，只给点吃的。

自述时间：2006年9月25日

自述地点：黑龙江省黑河市爱辉区西岗子镇梁集屯

自述人：徐荣魁，男，1930年阴历六月二十四日出生，农民，日伪时期家住后拉腰子村，现住黑河市爱辉区西岗子镇梁集屯

整理人：齐峰

（原件存中共黑河市爱辉区委党史研究室）

14. 吴雅斌自述

我记得，康德六七年时，西岗子有宪兵队，日本宪兵队将东岗子叶小林等两人抓走，这两人再未回来。1945年8月，叶小德和叶德锁的父亲、国庆芳的父亲3人被日军打死。1934年，日军刚进入南山修筑国境阵地时，我家就住在南山脚下的叶集屯。日军出于保密需要，将我们这些住在南山脚下村民全部迁走了。当时，我家房屋正房6间、厢房4间全部被强行拆除。日本人强迫我们迁走，同时还占了我家耕地10余垧。当时我们叶集屯共有15户人家，房屋全部被强行拆除。

有一回我在锅台上捞大米饭呢，警察就来了，幸亏他们没发现，那时候日本人不让吃大米。西岗子有宪兵队、北大营和南大营。我记得，修要塞的人都

是从关内来的，来了很多人。下边来干活的，生活很苦，披着麻袋片，吃的也不行，就是干活，后来都没回来。

当时，修铁路的全是关内来的，一个都没回来。铁路通向南山，也通黑河。公路上的洋灰桥是日本炸毁的。光复那天，天上的苏联飞机就过来了，我和老头带点东西就走了。光复时，南山日军与苏军打了一周多，日本就投降了。

伪满时，日本将后拉腰子3个人抓走了，他们是徐长锁、徐长福和徐老八，3个人再未回来。

苏联人刚进来时，保长车景岳不知道被谁给枪毙了，还有叶福亮也死了。

哥哥家的孩子光复后捡洋落，脑袋被炮弹给打掉一半，死了，当时才十七八岁。

自述时间：2006年9月25日

自述地点：黑龙江省黑河市爱辉区西岗子镇

自述人：吴雅斌，1920年阴历一月二十四日出生，现住黑河市爱辉区西岗子镇东岗子村

整理人：齐峰

（原件存中共黑河市爱辉区委党史研究室）

15. 王文荣自述

1944年，我家住在现爱辉镇西关，当时日本人搞"并户"，将我家及房前屋后20余户房屋全部强行拆除。

自述时间：2006年9月8日

自述地点：黑龙江省黑河市爱辉区海兰街鹿源春社区

自述人：王文荣，男，1932年出生，现住黑河市海兰街鹿源春社区

整理人：齐峰

（原件存中共黑河市爱辉区委党史研究室）

16. 金光武自述

当时孙吴是整个黑河省最尖锐的地方，孙吴死了很多人，未当上国兵的人，

必须"勤劳奉仕"。当时罕达汽有地堡，罕达汽火车站死了很多人，堆起来一堆一堆的。在 1941 年或 1942 年，日军将我家唯一一头猪（重 100 余斤）抢走了。

自述时间：2006 年 9 月 8 日

自述地点：黑龙江省黑河市爱辉区海兰街鹿源春社区

自述人：金光武，男，1930 年出生，日伪时期住在孙吴腰屯，现住黑河市海兰街鹿源春社区

整理人：齐峰

（原件存中共黑河市爱辉区委党史研究室）

17. 王维自述

山神府的日本部队是 147 部队。1942 年我的哥哥王有松在黑河被日军抓至"山神府"当劳工，同行的有 20 余人（全部是黑河街里人），那一批劳工有 200 多人，都是被当时一个姓胡的回族把头招去的。这些劳工就在车轨边上挖地窖子住，夏天地窖子里一会儿就能渗出水来，但日本人管理很严，劳工干完活就只能待在地窖子里，生活条件非常苦。我们干活的地方有个兵站，有一个连 100 多人负责看劳工，那时劳工白尽义务，直至 1945 年黑河光复才逃回来。

山神府的劳工大约有 200 人，来自黑龙江明水、克山、克东等地，每半年轮换一次，一次一县。

劳工分为两类，一类是临时工，一类是长佣工。在黑河抓去的是长佣工，日本人直接对把头说话。日本人对沙金管得非常严，对沙金工人不给工资，只给相当于工资的实物。

自述时间：2006 年 9 月 11 日

自述地点：黑龙江省黑河市爱辉区西兴街人保社区

自述人：王维，男，1935 年正月初八出生，现住黑河市西兴街人保社区

整理人：齐峰

（原件存中共黑河市爱辉区委党史研究室）

18. 谢富满自述

日伪时期，西岗子有北大营。那时我还小，日本人打靶，经常路过我家，有时候去我家学汉语。1942年，全家及邻居10多户80余人被迫由西岗子迁至冷川（地名）为日本人放牛，一户就养八九头，共八九十头。那时我们是坐马车去的冷川，从西沟，奔盘肠沟，过新华向山里走。我们在冷川待了3年，直至1945年黑河光复时才逃回。

苏联红军过江前，小日本就沿着去嫩江的路没命地跑，紧接着苏联飞机就过来了。当时日本人都从嫩江坐火车，都从我们这儿路过，小孩跑不了的就被送人了，女人都找当地人结婚。那时人们给小日本出工小日本都不给钱。人们就在冷川搭窝棚，挖地窖子住，非常艰苦。西岗子南山，那些劳工修完工事，就进山洞里，据说山里有绞人机，进去的人就没见着出来过。光复后，我们都去南山捡洋落，有人在捡铜时，炸弹爆炸了，洪祥泽的大哥就被炸死了。那时南山上有很多大米、罐头等，没人管，随便捡。枪那时候不捡，大衣都不要，那时候警察一般都是中国人，宪兵都是日本人。

自述时间：2006年9月11日

自述地点：黑龙江省黑河市爱辉区西兴街人保社区

自述人：谢富满，男，1936年阴历五月二十八日出生，日伪时期家住西岗子铁路西，现住黑河市西兴街人保社区

整理人：齐峰

（原件存中共黑河市爱辉区委党史研究室）

19. 关振武自述

日伪时期，我二叔当过"国兵"，三叔是"国兵"漏子，被强迫去"勤劳奉仕"修马路了，到期就回来了。伪满时，围着屯子挖一圈战壕，所有村民都搬进来，搞集团部落，搞配给制，不让吃大米，不让杀猪，否则就是经济犯。我小时候来黑河，有一个人在旅店吐了，吐的东西里面有大米，警察发现了将其一顿毒打。在农村时杀猪也不行，老百姓最恨的就是警察。

自述时间：2006 年 9 月 11 日

自述地点：黑龙江省黑河市爱辉区西兴街人保社区

自述人：关振武，男，1934 年 12 月出生，日伪时期家住大五家子老星河屯子（下马厂人），1951 年参加工作，现住黑河市西兴街人保社区

整理人：齐峰

（原件存中共黑河市爱辉区委党史研究室）

20. 吴文斌自述

　　1944 年，我家住在爱辉，我哥哥吴文林未当上"国兵"，被强迫"勤劳奉仕"，直至 1945 年光复才逃回来。1945 年我在黑河江边玩时曾亲眼看到过"证明书"和东花园的"绞人机"。大约 1945 年，就在东花园那儿，我在江边看到过"证明书"是成袋装的，"证明书"很多，有成袋的，有半截的，好几个，"证明书"就是当地居民的身份证，绞一个人留一个"证明书"。在山里的劳工，他们干的活非常保密，等这些劳工将活干完，日本人都将他们全部杀了。我一个姨夫有个儿子，叫安士民，现在 60 岁了，当过生产队长，他就是劳工留下的孩子，被我姨夫收养，现在爱辉镇城关村，他那时候小，不记事。

　　日伪时期，我家是种地的，得交公粮，交到保长那里。除去交公粮剩下的一家人不够吃，就去挖野菜。我有个哥哥参加过"勤劳奉仕"，大约 1943 年至 1944 年，去了很长时间，也穿日本人那样的衣服，是布的。苏联过来后，日本就逃跑了，将炮楼点着了，像蜡烛似的。我还捡着一包饼干，可好吃了，这是日本人逃跑时掉的。有一次，苏联红军从爱辉对岸过来了 9 个人，苏联红军都穿大衣，一下船就开了一枪，是枪走火了，将一个苏联人打死了，抬到船后边去了。当时我们都拿着旗迎接他们，这些苏联人对老百姓说，不要害怕，岸上有没有日本人，有个叫李开元的，对苏联人说了几句话，他说有没有不敢保证，但你们得注意点。其实日本人都跑没了，就剩一个了。之后，苏联人就大批过江上岸了，上来约有一个连。后来，苏联的大车也过来了，往下卸面包，像枕头似的，卸了很多，卸完后兵就到了，来了很多。到了晚上，苏联红军向我们要牛奶喝，让我父亲和李开元张罗，并让全队跟着去西岗子，我父亲说不会开枪，就没去。李开元去了，连夜装面包和弹药。日本部队就在西岗子南山，南山工事听说通孙吴，苏联红军打西岗子时打了一个多星期也没打进去。苏联飞

机就进行轰炸。一次来 6 架，就炸日本人的水楼子，炸开了，日本兵就投降了。打西岗子南山要塞时，苏联红军伤亡也很大，我们去捡洋落时，曾进过南山工事，在第一道卡，有一个日本人和苏联人对刺而死，依着树站着，都臭了。可想而知那时苏联红军打南山是多么激烈。

伪满时，日本人只吃大米，不让中国人吃大米，吃大米就是经济犯。记得有一次，我从黄金子坐火车上黑河，有一个妇女晕车吐了，吐的东西里面有大米，差点没让火车乘警给打死。那时候，有头有脸的人才能吃大米。

那时日本的特务很多，"萨哈亮"饭店在江边黄楼，"萨哈亮"是俄语音译，市计生委那儿，在道北，我还曾进去过。饭店里哪国人都有，喝酒的、跳舞的，干什么的都有。小时候进去就让人赶出来，那里是特务头子待的地方。

自述时间：2006 年 9 月 12 日

自述地点：黑龙江省黑河市爱辉区西兴街兴粮社区

自述人：吴文斌，男，1930 年出生，伪满时期家住爱辉城，现住黑河市西兴街兴粮社区

整理人：齐峰

（原件存中共黑河市爱辉区委党史研究室）

21. 项富德自述

我到黑河时才 18 岁。在辽宁时，我家很穷，父亲一路要饭吃到的黑河。我那时通过考试到了克山监狱。1937 年至 1939 年我在克山监狱工作。1939 年至1942 年我在黑河监狱当过候补主任。那时监狱旁有株式会社，晚上我和别人把门打开偷了点东西，出来遇到高桥（日伪警察）了，就把我给抓到警察队去了。上级因为此事就将我撤职并降级，调到了拜泉。我不想去就直接去了沈阳，后来上级派人把我抓了回来，还让我在监狱工作，我说什么也不干。1945 年我还被迫在稗子沟为日本人种菜，干了 4 个多月的活。我们一同去的有 60 多人。那时，山神府是一个兵营，有旅馆，也有住家的，我们去什么也没修，就是去种地，种蔬菜种土豆，那是县公署整的，种的菜供给日本驻军，不往外拉，主要种菠菜，因为菠菜长得快，别的不赶趟（时间来不及）。我们在那里干活时日本人不让我们出来，上街也不行，就在院里待着，一天只给两个窝窝头。日本兵没有多少，都是空房子。那时候日本人就有些吃紧了，还拆除了铁路。在

那里我还干过拆枪的活儿。我们拆的枪都是济南造的。我们拆的时候也偷偷地将大栓扔到泡子里。

光复那天日本人半夜就开始逃跑，鬼叫狼嚎的。日本人撤走时不让我们出来，还让士兵看着我们，并将大营的房子都点着了。第二天我们去大营里捡洋落，找了个炮车，弄了一袋大米和白面推回家。往回走时，路上全是伪满警察，骑着马，都在逃跑。回来后，家里什么都没有了，街里的大房子全烧了，听说是有个叫张大忠的伪满警察带人用汽油烧的房子。回来的第二天苏联红军就过江到黑河了。

原渔政的办公楼是特务机关。我们曾去过那，在那里看到的就是居民证，还有苏联大衣。

自述时间：2006年9月19日

自述地点：黑龙江省黑河市爱辉区委老干部局

自述人：项富德，男，1920年十月十三日（阴历）出生，康德六年（1939年）从辽宁来到黑河，现住黑龙江省黑河市爱辉区花园街

整理人：齐峰

（原件存中共黑河市爱辉区委党史研究室）

22. 刘进才自述

我去过长春、沈阳、黑龙江、大连档案馆、图书馆等，搜集了一批有关黑河的资料。我曾经给爱辉区文史资料室写过土改时的情况和伪满时工商界的事。我父亲是赶马车的，给工商会赶马车。所以，我对伪满时的工商界的事比较熟悉。

"和盛永"是黑河的第一大买卖，老板叫孙玉藻。孙玉藻是黑河工商会会长，烈士纪念塔的字就是他写的。那时商会是管理买卖，发放配给的。黑河大约1938年开始实行配给制。

伪满时，特务机关就在现市粮食局。日本撤退时，1945年8月8日把黑河的机关、省政府（现西市场）、县政府等大的机关全部放火烧了，连他们的会馆（旅馆带妓女的大的叫会馆，小的叫料理屋，也有叫旅馆的）也烧了。伪满时，火车站到东牡丹江有铁路专线。现在南岗，日伪时期是日本大营（兵营）。

伪满时黑河最早的报纸是《黑河民报》，中文，字是魏体，4开4版。之后

《黑河新报》出了很多年，是张景惠题的报头，登的全是伪满的事，创刊号上有伪省长长野一雄提的字。《黑河新报》后期变为《康德新闻——黑河版》中文报，后来一半日文一半中文。

山神府地洞我去过，那是上中学时去的，一进地洞有陷阱，炮台都有伪装，现在还有，在那儿能看到五道豁洛（黑河郊区）。

1945年8月，日军逃跑时，将黑河街里的日伪主要建筑物全部烧毁。当时我家住在黑河的"东京会馆"附近。日军烧"东京会馆"时将其周围几十户人家全部烧毁，致使我们几十户人家无家可归。我家都住在大街上。同时，还将当时的"常盘旅馆"（4层楼）烧毁。

自述时间：2006年9月22日

自述地点：黑龙江省黑河市爱辉区委党史研究室

自述人：刘进才，男，1931年11月5日出生，黑河报社离休，现住黑河市海兰街鹿源春社区

整理人：齐峰

（原件存中共黑河市爱辉区委党史研究室）

23. 纪秀芳自述

我老家就是这个屯的，后移民到西沟村。伪满之前梁集屯挺好。伪满之前，这里还有海关税征所（英国设在此地，专为辛丑赔款而设），梁集屯的级别较大，相当于现在的乡一级。英国人在这里收"海关税"。1935年将这个村都迁走了，人大都迁到杨树屯和老清屯去了。现在的梁集屯是后建的。

1944年，日军搞"集团部落"，我的大爷纪保全家房子被强行拆除，一家被迫搬至"新民村"。之后又赶上新民村搞"集团部落"，其家房屋再次被强行拆除，纪家又被迫搬至曹集屯。房子全是自己盖的，没房子时就只能挖个地窖子将就。

我记着，西岗子有个合作社，专门负责"粮谷出荷"。吃大米饭不行，是经济犯，宪兵队非常厉害。

自述时间：2006年9月25日

自述地点：黑龙江省黑河市爱辉区西岗子镇梁集屯

自述人：纪秀芳，女，（徐荣魁爱人），1935年阴历四月一日出生，现住黑

河市爱辉区西岗子镇梁集屯

整理人：齐峰

（原件存中共黑河市爱辉区委党史研究室）

24. 羡玉芝自述

日本人进关时，在我老家实行"清乡并村""三光"政策。父亲在河北老家就死了，母亲改嫁，父亲叫羡宝奎，继父姓韩，母亲韩氏，哥哥叫羡一洲。1943年我全家被迫移民到新华关地营子。在新华生活非常苦，好几家住在一个大火房子里，有人是从乌云去的，一个屯子有六七十户。吃得不如日本人家的狗吃得好。1947年，在移民当中流行一种病叫"克山病"。我的继父、母亲、哥哥全死在那儿了。

关地营子里面有里三间房和外三间房。移民多是牡丹江来的。流行传染病时，一家一家地死，人死得很多，给死人挖坑的人挖着挖着就死了。从河北来的时候，我父亲还没出河北兴隆县就得伤寒死了，母亲和继父就带我们来到关地营子了，后来母亲与继父和哥哥都在关地营子死了，就剩我一个了。

自述时间：2006年9月25日

自述地点：黑龙江省黑河市爱辉区西岗子镇梁集屯

自述人：羡玉芝，女，1936年阴历六月十二日出生，原籍河北兴隆县兰旗营子乡人，是"开拓移民"，现住黑龙江省黑河市爱辉区西岗子镇梁集屯

整理人：齐峰

（原件存中共黑河市爱辉区委党史研究室）

25. 徐怀珍自述

我是康德七年（1940年）春天被日本"大陆公司"招工来到黑河的。招工的说得很好，说到东北沈阳做工吃得好，净吃精米白面，给开工钱，到秋天给送回来，还先给10块钱。那时10块钱挺管用，我就相信了。可一到天津我就知道上当了，因为到天津就给看起来了，不让随便动，知道上当也回不去了。在塘沽上的船，有经验的开船时就跳海了，这样就不让我们在船上面了，把我

们都赶到船舱里。船舱里面空气不好，人一个挨着一个，不用说晕船的吐，不晕船的人也哇哇吐，里面那个味还能好！连苦水都吐出来了。到营口下了船，上火车，是闷罐子车。车到沈阳也没站，到哈尔滨换了一次车，下面有带着胳膊箍的人看着我们，又上了一辆火车，一直把我们拉到黑河，在西岗子托力木附近下的火车。我们县一起被招到东北的共有 20 多人。

我记得是农历五月初二到的黑河，到东北后过的五月节。我们下车后就搭席棚子，接着就开始干活，修道（公路）。住的席棚子里面铺上树枝野草，我们就睡在地上。工人很多，每个席棚子住 30 多人。我们刚来那几天吃的东西还行，高粱米、苞米面，五月节后就越来越不行了，吃杂和面窝窝头，那时也不知道里面有橡子面，反正不好吃，又苦又涩，每顿两个，有时有稀粥，没有菜，吃不饱。每天天亮起来上工，夏天天长时，这里两点半多钟天就亮了，上工也就 3 点来钟吧，晚上八九点钟天还不黑，回来快 9 点钟了，那时说"三九点"，确实啊！真是三九点，吃完饭都十一二点了，你说能睡多少觉？中间在工地吃一顿饭。天冷时挑到工地的稀粥，上面都冻了一圈冰。

我们在西岗子修路的地方有个日军大营，门口有日本军站岗，看守得很严。他们修建筑雇的马车往大营送东西，车到山头那边，赶车的百姓要下来，由日本兵接过鞭子把车赶进去，不让中国百姓进去。日本人不拿中国人当回事，拿中国人搞试验。有一次我们正在干活，不知日本人放的什么炮，炮响后我们闻到一股味，好像绿豆汤的味。闻到后就流鼻涕淌眼泪，呛得人透不过气。有的人跑到工棚子里，跑到工棚子里也是一样，没有用。有经验的人就在地上扒个土坑，把脸贴近湿土吸气，这样就差一些。我琢磨是日本人搞的什么试验。

在西岗子干到六七月份，死了一些人。和我一起的有个老头，因为经常在水里站着干活，腿烂了，不久就死了。接着日本人又把我们送到纳金口子附近的双桥子，继续修路。招工时说是秋天就把我们送回去，可一直干到天很冷了，大概是 10 月份了，也不往回送。那时天气比现在冷，八月十六下的一场雪没膝盖深。我们带来的衣服都不保暖，就用洋灰袋子纸一层层缝在外面。住的工棚子只有两层席子，人冷得受不了，只好在席棚子地下挖一溜槽子，里面铺上草，晚上人就挤在槽子里睡，上面蒙上被子，才没被冻死。早上起来被子上一层白亮亮的霜。

在大脑山附近干活的一帮工人是从北京、天津招来的，冻得受不了，就暴动了。他们把管事的日本柜头、把头绑了起来，然后就打开仓库自己弄东西吃。大概是没绑好，半夜里日本柜头挣开绳子跑了，跑到村子里，那里有国道局的人，有枪，就拿着枪回到工地附近咣咣放了几枪。暴动的工人听到枪声，天黑，也不知道来了多少日本人，沉不住气，跑了。有经验成帮跑的还行，单个跑的不是冻死就是被抓回来。这时日本人拢不住了，天冷也没法干活了，把我们也放了。我们也跟着往黑河跑。有的暴动工人跑到我们这些工人里，那也不行，暴动的这帮人当初发的白色羊皮帽子，凡是戴白羊皮帽子逃跑的人都被抓了起来，我们还行，没有被抓。听说也有暴动的人跑到黑河劳工协会去告状，说日本柜头到期不放人回家。但告也白搭，那时人家掌权，日本柜头说他们赔了，在天津跑了多少多少人，在这边死了多少多少人，他赔了，不放人。

那时在边境地区没有身份证寸步难行，我们只有劳动票，证明你是工人，没有旅行证明，住店也不行，坐火车也不让上，想跑也跑不了。我们到黑河只好找活干，又被招到航务局挖船坞。第二年春天船坞挖完了，没地方去，我到这儿一年，对附近也熟悉了，就到纳金口子来。这里有交通部招工，给交通部的日本人打木桦子，这年是康德八年（1941年）的事。

当时这里铁道还没开始修，公路还没修完，第二年开始修铁道。修路没有机械，全靠人用土篮挑，你们看路基那么高，都是一土篮一土篮挑上去的。修路的人多得没法数，像蚂蚁似的。纳金口子当时有3个小屯子。人多了，日本人在这里设立了警察局、宪兵队，来了许多做买卖的，还有妓院。劳工多，死的人也多，"万人坑"就是这一年开始形成的。到了秋天已经很冷了，打上边撤下许多修路的工人，我在这里打桦子，在我们门口就来了3棚子工人。我们打桦子每天来回从工棚子前过，有时候和他们唠嗑，听他们说，也是打上边撤下来的，他们来时住了10个棚子，有三四百人，到这里就只剩下3个棚子了，死有三分之二。到这以后这些人还不断地减少，柜头看到有病的就给撵出棚子，若是摊上好大师傅还能给点吃的。我们上下工来回从工棚边上过，头一天看到有个小孩被撵到外边坐着，第二天就没有了。你说能死多少人，有个邱振东，全家来的，他小，才10来岁，那时大家都管他们那么大的叫工人崽子，家里人爹妈都死了，往回放人时天已经很冷了，他要是再走也得冻死，他哥哥就把他送给这个村上一个姓邱的人家，活下来了。当时留在村里共4个小孩，一个邱振东，一个王义臣，一个魏永全，还有一个姓罗的，现在就剩邱振东自个了，其余那几个也都死了。唉，那时工人真可怜。

"万人坑"就在村东南的山上，大小比我这院子差不多，没有一亩地大，附近劳工死了就往那里扔。也不埋，扔下后就叫张三（狼）野狗给捞跑吃了。前些年，有一次我们上南山打荒火（扑灭山火），回来时我和一个姓王的路过

"万人坑"，看到坑边上还有许多脑瓜骨，姓王的给摆成一溜，一数 17 个。看那些头骨上的牙齿，都很整齐的，没有像我这个岁数的。说是"万人坑"，究竟扔进去多少谁也说不清楚。还有许多工人死了都就近扔了，早被狼吃光了。人死得太多了，日本人就在西山上修了一座劳工碑，头一年没修好，第二年又找了两个石匠才修好的。我看他们是收买人心，若是死的人少，他们能给修碑吗？

到了光复前一年，日本人大概也意识到他们快不行了，把修好的铁路也拆了。到光复时，日本人差不多都跑光了，警察局只剩下一个日本人，劳工也跑了。光复后，我就留在村里住了下来，直到今天。我说的这些，都是亲身经历或亲眼看到的。

自述时间：2006 年 7 月 20 日

自述地点：黑龙江省黑河市爱辉区上马乡纳金口子村

自述人：徐怀珍，女，1919 年 9 月 4 日（农历八月十一日）出生，原籍山东省莘县城郊徐庙子村人，现住上马厂乡纳金口子村

整理人：李晓东

（原件存中共黑河市爱辉区委党史研究室）

26. 邱振东自述

日本鬼子侵占了我们家乡后，搞"三光"政策，抢光、杀光、烧光，家里好劳动力吓得东躲西藏，也不敢种地，要吃的没吃的，百姓逃荒的逃荒，要饭的要饭。在这种情况下，日本鬼子贴出海报，就是招工广告，上面写得很好，说招几万劳工，到东北干活，修铁路、公路、飞机场，吃白面馒头，管饱，一个人每月还给 15 元工钱，有病给治，衣服坏了免费发新的，4 月份去，9 月份就给送回来，等等，并说光要劳动力。大家看了，议论纷纷，但没有人报名。原因是如果劳动力都走了，家里老婆孩子怎么办？大家都不报名，日本人不知什么原因，有翻译给日本人说明原因。在这种情况下，日本鬼子就改招了，说带家属也行，家属的各种待遇都一样，也管吃管穿，就是不给那 15 块工钱。这样，大家都开始报名了。听说招工的大柜头是"昭和"，前后总共招有六七万人，大部分都是带家属的。当时我家里有父母、大哥、二哥、三哥，我是老四，下面还有一个弟弟。我父亲也报了名，领着全家 7 口人一起来到东北。这时是1942 年春天，我当时虚岁 11 岁。

我们从青岛上的海船，到大连后坐的闷罐子车，车直接把我们拉到黑河西北的纳金口子，又把我们拉到呼玛之间的工棚子修公路。那时日本人在纳金口子建立了根据地，修铁路、修公路、修飞机场、修工事，公路是一直通向呼玛的。修路分路段，我和父母、小弟在一个段，3个哥哥在一个段，他们被分到哪儿我们也不知道。我们住的是席棚子，地下铺点草、树枝子，就在地上睡觉，很多家都在一个席棚子里。一家住一块，另一家挨着住另一块。吃的是三合面，红高粱米面、苞米面、橡子面掺和在一起。橡子面涩啊，也得吃。干活也不发工资，衣服破了也不给发，和日本人广告上说的完全两样。每天父亲和其他劳工一起上工，因为吃不饱，我和妈妈到山上采些野菜，补充食物。劳工们在这儿干了两个月，衣服也破了，裤子也破了，只好用树皮连巴连巴绑上，裤子开裆的用麻袋片围着。有病的很多，在山上修路，没水，渴了就喝水洼子里的脏水，里面有许多小虫子，人喝了都得了痢疾、伤寒。有病轻的也得干活，重病的死了，就被抬到山上扔了。开始时还挖坑埋上，后来死的人多了，也不埋，就被扔在山坡上。埋也没有用，狼和狗给扒出来。那时人们没有表，天亮就上工，晚上收工时天已经黑得看不见，晌午在工地上吃一顿饭，就两窝头、咸盐粒。人们干活时间长，又吃不饱，干活慢了或喘喘气，日本鬼子拿镐把打你。几百人的一个路段上，严重时一天得死十个八个的。死的原因主要是吃不饱、得病，还有日本人打的。打人的有日本鬼子，也有中国汉奸，当场被打死的也不少。

　　在这种情况下，有一些劳工就罢工了，造反了，把日本人柜头和把头给打了，房子给点了，仓库也给烧了，还打死了几个把头。后来日本人把领头闹事的给抓了起来，把他们扒光衣服绑在树上，不给吃的。山里大蚊子多，让蚊子咬，还有的抓起来不知道送哪儿去了，肯定是整死了。这种事情到处都有。日本鬼子控制得严，劳工都跑不了，总得在这儿干活。日本人原来说到9月往回送，他也不给送。到11月末，气温达到零下40度，冷得要命。

　　还是在天暖和时，我父亲担心我那3个哥哥，不知道怎么样了，就出去找。找了两三天也没找到。回来后，日本鬼子见到我父亲，就说我父亲是八路军的密探，去串联了，把我父亲活活打死了。我小弟当时才5岁，吃得不足，因为挨饿有病，也死了。我母亲看我父亲、小弟死了，愁得生了病，到了秋天也死了。当时我父母才40多岁。住在同一个棚子里大人、小孩死得也很多。我父亲、母亲和弟弟都死了以后，我就靠同族哥哥邱家桦和棚子里的其他邻居照看着。

到了 11 月下旬,天气冷了,地也冻了,没法干活,各个路段的劳工都撤到纳金口子,被送到村子附近的各个工棚子里,准备用火车往回送。我就随着大家一起到了村子的工棚里。这时大哥、二哥也撤到村里,见到我才知道父母、小弟死了,并说我三哥邱江因冻、累、挨打也死了。全家来了 7 口人,死了 4 口。当时我又瘦又小,由于睡凉地,长了一身疥疮。哥哥怕我半路冻死,回不到老家,再说父母也死了,回家后谁照顾我?这样就在纳金口子村里给我找个主,送人了,我这才活下一条命。我原来姓邱,小名邱生,养父也姓邱,叫邱云凌,住在村东头。往回送劳工那天,我在院子里看,劳工拉着长长的队伍,有披着被子的,有披着褥子的,还有披草包、裹麻袋片的在大雪地里走,因为都没有棉鞋呀。我还到大河边上看了一会儿。有的劳工走不了,家里人就找块板抬着;有的小孩冻得受不了,家长就背着,还有身体虚弱走不稳搀着的。从纳金口子东屯走到老车站也就 3 里远,道边上就死了好多人,一家一家的亲人围在边上哭。整个队伍鬼哭狼嚎的,什么动静都有。日本鬼子拿着枪把子打,把头用镐把赶,这些人只好扔下死去的亲人,跟着队伍继续走。我大哥、二哥也随着这个队伍上了火车。就这样,我们全家来时 7 口人,到这后死了 4 口人,我被留在纳金口子,只回去了两口人。可以说来的时候欢天喜地,因为日本人说得好,以为能挣钱过上好日子,回去时死的死,亡的亡,叫苦连天。听说来时有六七万人,我二哥来信说活着送回去的也就三四万人。大哥邱家有回去后,被国民党抓了壮丁,直到现在也音信皆无。二哥邱家典回去后,土改时分了点地,就在家种地,现在还在家乡,已经 81 岁了。

我留在纳金口子给到老邱家后,开始时还叫小名邱生,长大后改成大名邱振东。因为住在村子里,看到许多劳工的情形。1943 年到 1945 年,同样还有很多劳工来修公路,还有修铁路的,修飞机场的,修工事的,也和我们来时一样。村里人种的苞米、土豆、黄豆,差不多都被劳工偷光了。我和养父就到地里看着,不然都被吃光了。劳工们饿得受不了,只好晚上到地里偷吃百姓的苞米、土豆。苞米掰下来就那么生着吃,土豆扒出来蹭蹭泥就那么吃,他饿得受不了。还有的劳工到山上找蘑菇吃,他们也不认识,有的蘑菇有毒,药人,劳工吃了就中毒死了。死的劳工太多了。冬天劳工不能干活从各路段往下撤时,日本人用 10 多台汽车拉了七八天,都拉到村头的工棚子里,工棚子也装不满。今天装满了,晚上有死的人抬出去,地方就倒出来了。日本人雇了 10 多张马爬犁,每天早上围着各工棚子走一圈,把死尸装上,顺着装,每个马爬犁能装 10 来个尸体,往南山上万人坑送,也拉了 10 多天。在各处干活的劳工死了都是哪死哪扔，只是每年撤到村里的劳工死了往"万人坑"扔。"万人坑"也装不满，这边装，那边就让狼叼走了。那时的狼满山都是，也不怕人，大白天也到"万人坑"吃死尸。"万人坑"到底扔了多少人，没法计算。"万人坑"边原来立着一个木牌，我在村上当书记时，准备在"万人坑"边上修个纪念碑，1979 年秋天没冷时拉的石头水泥，只修了个碑座，1980 年我调走了，碑就没有立起来，现在碑座还留在那里。

纳金口子村当时有五六十户人家，是日本的一个根据地，去嫩江、黑河、呼玛 3 个方向的主要路口都有岗哨。外来的人、出去的人都要盘查，如果没有旅行证明书，就被弄到宪兵队。村里有宪兵队、警察局，还有关东军大兵营。日本人要把纳金口子老百姓全部搬到南边的冷川，头一年已经搬了一部分，第二年没等搬日本就垮台了。

自述时间：2006 年 7 月 20 日

自述地点：黑龙江省黑河市爱辉区上马乡政府

自述人：邱振东，男，原籍在山东省即墨县鳌山镇南邱村，黑龙江省黑河市爱辉区上马乡政府退休，现住黑河市爱辉区上马乡上马厂村

整理人：李晓东

（原件存中共黑河市爱辉区委党史研究室）

27. 刘连兴自述

我是日本关东军驻孙吴 2645 部队的大营里跑出来的劳工健在者。1930 年 8 月 26 日（农历七月初三）出生，黑龙江省逊克县奇克镇（那时叫奇克特）人，祖籍河北省昌黎县，现住黑龙江省黑河市，黑河市农业局离休干部。

家里人口多，兄妹 10 人，我是老大。伪满时家里生活极端困难，我 8 岁在黑河惠永学校上学。上学不到两年就回到了原籍河北省昌黎县，13 岁又回到黑河，14 岁去逊克县继续读书，15 岁出劳工。那时年龄小的劳工叫幼年工，最小的只有 14 岁。当时，伪满在边境各县统治十分严格，找事做很困难，再说我当时只有十五六岁，能干什么呢？我的家乡当时是"奇克县"，后来与"逊河县"合并为现在的"逊克县"，"奇克特"即现在的奇克镇。这时，伪满逊克县公署动员股到我们学校来了两个人，都姓何，一个是何凤歧，一个是何宝昌，他俩奉日寇差遣，用欺骗的手法招收幼年工，为日寇效劳，他们召集了我们班的同

学开会，大讲"王道乐土""建设大东亚共荣圈"，动员我们报名去伪孙吴县"满铁株式会社"当学徒，并承诺包吃、管住、给工钱、发服装、又能学技术，等等。在他们欺骗引诱下，我的父母为了一张吃饭的嘴，含着眼泪为我报了名，当时报名的同学共8个人。

　　1944年11月中旬，我和同学共8人，一起从逊克县坐着马爬犁，冒着风雪，到了250里外的孙吴北大营。我们下车站队点名之后，被送到一个大工棚子里，屋里对面铺，能容下200多人，每人只能占据50多厘米的地方，棚内潮湿黑暗。当天每人发了一套粗更生布黑色衣裤，一双棉胶鞋，一顶狗皮帽子，两个碗，一双筷子。北大营是日本关东军在北满的重要基地，面积很大，离孙吴5公里左右，称作北孙吴，附近有仓库和腰屯机场，还有生产部门，加工木器、服装、食品，等等。我们一进到北大营里，马上头嗡地一下子，非常恐怖。门外有两个日本兵站岗，上着刺刀，周围是高压电网。我们进到里面，看到操场上日本兵正在练刺杀，还有许多年纪大的劳工，穿着洋灰袋子"衣服"，有的穿着更生布棉裤，露着棉花，有的披着麻袋片，腰间系着草绳，挂着一个吃饭用的罐头盒子。他们离我们有20多米，看着我们，有些老年的劳工看到我们这8个人进来就落泪了，大概是看到日本人把我们这样的小孩都整来当劳工，太残忍了。这时，从里面出来一个日本军官，挎战刀的，后来知道他叫花野四郎，是见习士官，带着5个日本兵，后来知道他们是监管我们的，名字分别叫伊藤、高桥、荒川等，他们把我们领到了大房子住下。距这里不足两里还有一座小黄楼，人称将校俱乐部，是专供日本中高级军官休息娱乐的地方。工棚子东侧就是他们的办公室，墙上贴着"武运长久"4个字。之后，日寇对我们新招来的幼年工进行了20多天的军训，要求极严格，出门大小便都要报告。每天天不亮我们就得起来，手巾、牙具等必须摆放整齐。看管我们的就是五个日本鬼子，都是老弱或受过伤腿脚不方便的，荒川有60多岁了。

　　工棚即大房子能住100多人，幼年工总共不到200人，比我们先来的都来自黑龙江省各地。大房子门口写着"幼年工"，以后我在登记簿上也见到这个词。现在我分析，称我们为幼年工，与那些劳工的区别在于：一个是我们年纪小，最大的不超过20岁，我当时15岁，我们8个人中最大的才16岁，体格好，而劳工多数年岁大，有的近60岁了；二是我们有一定的文化，便于管理，好进行奴化教育；三是待遇比其他劳工稍微好一点，给我们每人发了一套衣服、帽子和"水袜子"胶皮鞋，一床小黑被子，很薄，行李主要还是自己带的。

　　我们第一顿饭吃的是高粱米干饭，冻白菜汤，开饭的时候我们还必须跪在睡铺上，由日军值宿官下达开饭口令，然后叫我们喊"感谢天皇"，喊完后才能吃，以后的日子里，每天三餐除了高粱米就是发了霉的苞米掺棒子面做的小窝头，每人两个，一碗菜汤，根本吃不饱。日本人对我们实行的是半军事化管理，是把我们当日本炮灰来培养。早上起来是"朝会"，点名、训话，然后升日本的膏药旗，唱日本国歌。吃饭时要喊口令，用日语说"谢谢天皇"。日本鬼子还教我们日本歌，什么歌都教，有"满洲姑娘""支那之夜"等，强制我们学日语。我们平时吃的是玉米面和橡子面混合的窝头，每顿两个，菜是冻白菜汤，没有油，吃完后碗底便有一层泥。在我记忆中，在那8个多月时间里从未吃过白面馒头。最好的饮食是大年初一吃的高粱米干饭菜，一人一碗猪下水汤，就算过年了。记得年三十晚上那天谁也没心思吃饭，整整哭了一宿，大年初一还得照常上工，每天排着队由日本兵押送到工地，大小便都要请示报告，不准随便出屋，不准给家里写信，一句话就是失去了一切人身自由。平时都吃不饱，我们就想法偷日本人的东西，日本人装油的油桶底子，我们把油倒出来，攒一起后炸窝头吃。我们穿的是自己带的棉衣棉裤，外面套上日本人发的黑劳工服。后来我才知道，来这里的幼年工都是十四五岁到十八九岁的学生，来自海伦、克山、拜泉、齐齐哈尔等地，这些幼年工家都居住在城镇并有高小以上的文化程度。由此可见，日寇其用心第一步是让我们做幼年工，接受奴化教育，然后必要时给日军当炮灰，其用心狠毒。

军训过后，日本人开始分配干活。我们这些幼年工有的给日本人洗衣服，有的到被服厂做被服，有的烧锅炉，给衣服消毒，我被分到木工车间，专门钉用来装食品的木箱子。这里不仅有被抓来的全国各地的劳工，也有来自日本本土的日本老人和朝鲜人。他们和我们干一样的活，不过吃穿比我们这些人待遇好一些，自由一些。我第一天早上一进这个厂的大门，首先看到就是穿的像要饭花子一样，开花破棉袄，腰扎麻袋片或洋灰袋纸，屁股后挂着一个铁罐头盒子，满面污垢的劳工。这些老劳工为了保护我们，便把他们如何对付日本鬼子的招数传授给我们，教我们怎样"磨洋工"，怎么样对付鬼子打人。比如日本监工的看哪个人不顺眼时，就大打出手，这时挨打的人就满屋子乱跑，大喊大叫，而其他人也跟着喊叫，有的人拉下电闸，有的推倒工具箱，气得鬼子直乱叫，顾东顾不了西，大家都停下来不干活了，所以他不得不住手。如果继续下去则完不成当日的定额，他也要吃不消。有的人为了避免挨打，偷偷地用加工木箱子的桦木刻制成了烟嘴送给鬼子讨好他，迷惑他，这样即使偷点懒，鬼子也装看不见。和我一起干活的也有中国劳工和朝鲜的劳工。每天早上7点钟出去，晌午干到 12 点，晚上 8 点钟收工。上工下工要排队、跑步。

过了一个月，大概是由于日本战争失败，看管我们的日本兵开始拿我们出气，有时我们起床晚了点，或日本人不顺心时，就打我们。起初是日本人亲手打，一个嘴巴子一个跟头，还用腿打绊子，一勾一个跟头，起来还得立正。后来让我们自己互相打嘴巴，还起个名叫"协合嘴巴"。他们还用拖把杆子打我们。一同去的有个人叫陈德福，他母亲是苏联人，父亲是中国人，他长得身强力壮，一次被日本兵伊藤打急了，反把伊藤打了，我们大家都感到解恨。日本鬼子把战刀都拿出来了，陈德福也不害怕。大概因为是小孩子，日本兵没下毒手，把陈德福带到屋中不知说了些什么。3 天后，日本人便以"危险分子"的名义让陈德福回家了。日本鬼子打完了人，还问你打得对不对，叫你继续干活。

由于天冷活累又吃不饱，经常有人昏倒在车间，特别是所住的工棚卫生条件极差，日本军进屋都要戴上口罩或捂着鼻子。因为这里经常发生各种传染病，劳工得了病，丧心病狂的日本鬼子仍逼你上工，否则你就被送到所谓的隔离室，以致冻饿而死，然后日本鬼子用席子一卷用手推车拉走就算了事。我同屋来自克山的幼年工苏守文年仅 18 岁，因感冒发烧，而日本鬼子上等兵高桥向花野报告说"苏得了伤寒病"，当日午夜苏守文就被鬼子偷拉走了，一个尚喘着气的人被活埋了，真是灭绝人性。在这里的劳工几乎每天都听说有人不明不白地死去。

我在木工厂干了 4 个多月，这时可能由于日本帝国主义在东南亚各个战场上打了败仗，形势吃紧，这里的鬼子被调走很多。所以我们多少比以前自由点了。1945 年 5 月份，日本人开来 4 辆汽车，让我们一些人上了车，蒙上眼睛，汽车走了大半天，把我们拉到了胜山修要塞工事。我们干的活很简单，像挖菜窖一样，就是挖大坑，修地道。工地上的山边和路口都有日本兵架设机枪监视。那里沿（黑龙）江，在山顶上可以看到苏联，现在回想起来似乎应该是孙吴的胜山一带。在这里我们伙食有些改善，能吃到纯苞米面了。在这个地方干了一段时间，到 6 月份我们又被送回了北大营。我们接触的老劳工对我们说，你们能回来，是捡了条命。因为那些老劳工可能全被杀死。在胜山干活的中国劳工能有好几万人，外面围着电网，里面 100 多米开阔地全是工棚子。老劳工比我们惨，基本是有去无回。

我们回到大营后，没有正经的活了，有时装卸火车，搬运被服。到了 7 月，大营里的日本兵明显少了，一些日本军官也不见了踪影，估计是日军前方吃紧，对我们管得也松了一点。即使这样，我们这些小劳工也死了不少。想家的哭，小劳工得了病日本兵不给治。他们不但不给治，还给隔离，说小劳工是得了"霍痢拉"，就是霍乱病，因此我们有病也不敢说。我们屋有个小劳工，家是克山的，叫苏守儒，我们俩比较要好，他有病时我常给他送些热水。他病得厉害时又哭又喊，想家，说胡话。这时来了个戴口罩的日本人，硬说他得了传染病，把他用白布一蒙，命令我们四个小劳工把他抬出去，抬到哪儿也不说，后来才知道是带气活埋了，说是防止传染。逊克同来的有个叫田德海的，个子小，比我还小一岁，得了脱肛病，不能干活了。那个叫荒川的日本老兵，两个儿子都战死了，很同情我们，看到田德海的情形，不忍把他活埋，出面讲的情，把他放回家了。老劳工有病的就用席子卷上，用车推走。中国人推着车，日本人拿枪看着，每天得推出几车，没法看了，惨不忍睹。

到1945年8月初的时候，大院内忽然出现了前所未有的情景：日本人数一天比一天少了，而且个个都很紧张，预兆着要发生什么变化似的。有一天日军军士荒川突然在工棚里大哭起来，用不流利的中国话说"我和你们一样，通通的死了死了的有"，此后看管我们的3个日本兵，只剩下荒川和泽藤两人了，几乎也不太管我们了，也不上工了，那时我们谁也猜不透是咋回事。但门岗加岗了，设了双岗。大概是8月15号上午9点多钟，忽然，天空来了数架飞机，在2645部队的西北孙吴发电厂投下了大批炸弹，电厂被炸起火，随后飞机又奔向2645部队。此时，院内一片混乱，劳工们不顾生命危险纷纷聚集在工棚前，议论着逃跑的路线方向，这时日军岗哨仍坚守站岗，像红了眼的猛兽一样，手里拿着刺刀抢，向我们哇啦哇啦地大叫，不许劳工靠近大门。正在这时，我们听到炮声了，苏联军队进攻孙吴，飞机炸了电厂，还在北大营的将校俱乐部投下了炸弹。大营中的劳工乘机集体逃跑，向外冲。我们看到有几个人胳膊上缠着白毛巾，维持秩序，很有组织，每人带领二三十人，边跑边高喊："日本鬼子完蛋了，中国人民万岁！""快跑啊，是中国人打死一个够本，打死两个赚一个，冲啊！"于是人们就像决了堤的洪水一样涌向军营大门。日本鬼子拿刺刀也挡不住。据我现在回忆分析这是一次由我们地下党领导指挥的暴动。

我们同来的6个人，随着人流冲出门外，我们跑出五六里路，到了孙吴通向逊克的公路上，当聚集到一起时，讨论奔哪条路回家时，以我为首的3个人为了安全起见不走大路，走山路。以李德元为首的3人则主张走孙奇公路到孙吴县腰屯投奔李的未婚妻，在那里暂避几天再走，从此我们就分道而行。我和赵立祥、刘自臣3人每天钻山林往家走，顶着大雨，遇水过河，见到日本人就白天藏起来晚上走，路上就吃临行前从大营里偷的一些食品。我们走山道的几个人历经枪林弹雨走了 10 余天山路终于脱险，于 1945 年 8 月 25 日到达逊河，经过驻逊河的苏联红军的盘查，9 月 21 日回到了久别的家乡，全家团圆，回到家的第 3 天就听说李德元等 3 人到腰屯的当天就死于战乱之中。

　　自述时间：2007 年 4 月 4 日

　　自述地点：黑龙江省黑河市爱辉区黑河市财政宾馆对面

　　自述人：刘连兴，男，1930 年出生，地区农业局离休在家，现住黑河市财政宾馆对面

　　整理人：齐峰

（原件存中共黑河市爱辉区委党史研究室）

28. 杨大妈口述老伴杨佩兴在日伪时期的悲惨遭遇

　　我是 1935 年生人，张地营子乡达音山人，在我们村的山上有日本人修的工事。

　　我老伴名叫杨佩兴，原名叫刘梅远，1931 年生人。1943 年日本人在山东招劳工到关外修路，我老伴那时 12 岁，与父母和弟弟就从关里山东被日本人骗到上马厂乡纳金口子村当劳工。老伴家一家 4 口，有父母和两个孩子，一个是我老伴，一个的我老伴 5 岁的弟弟。黑河一起当劳工的还有邱振东，他家和我老伴一家一起来的，但没在一起干活，邱振东后来在上马厂乡上班。那时劳工生活很苦，都住在黑席子盖的棚子里，连饿带冻带累，劳工死了很多人。老伴一家到纳金口子之后，从关里老家捎来的行李给错发到桦皮窑了，老伴的父亲就去桦皮窑去取，到了桦皮窑一打听，老伴家的行李已经被人给卖了，老伴父亲一股急火，连累带冻，没多长时间得病就死在桦皮窑了。过了一两个月桦皮窑来人，告诉说老伴的父亲死了。后来，老伴母亲也连冻带有病也死了，老伴的父母都在到纳金口子的当年相继死了。这时家里就剩下我老伴和 5 岁的小弟弟。老伴 12 岁就当劳工，挑土篮，吃的是高粱米籽。家里还有个 5 岁的小弟弟需要照顾，生活非常苦。那时，有一个姓杨的老爷子，山里有窝棚，靠在屯子种点菜、上山采木耳为生。他负责给看管劳工的日本人送菜。当时，有一个劳工把头（是日本人），姓杨的老爷子认识那个把头。有一天，那个把头对杨老爷子说这有两个孩子，你带走吧，要不就得死了。老杨头说我总到山里，要把这两个孩子带走，我怎么干活啊。那时老杨头自己一人在山里，老杨头的老伴死了，

· 444 ·

只有一个姑娘，还在外边。后来老杨头一看他们兄弟俩也怪可怜的，大的 12 岁，小的才 5 岁，就把他们俩收留了。老爷子把他们带到山里的窝棚，下山从认识的人那里整了两套衣服给老伴兄弟俩穿，再整点吃的就生活在一起了。后来，老伴和老爷子出去干活，老伴弟弟老乱跑，老爷子怕老伴弟弟走丢或遇到野兽，就与我老伴商量，不如把老伴弟弟送给一户人家，比在山里强，老伴没同意。后来，山下村里有一个姓李的老两口，没有孩子，非常喜欢孩子，就这样他们将弟弟送给了那老两口，这老两口对老伴弟弟非常好，一直抚养到上中学。之后，老伴就跟着老杨头下屯子种地，上山采木耳，一起生活。他们种的菜和木耳都卖给当地人，日本人也买木耳，也给钱，那时一斤木耳挺贵。日本人在黑河光复时就走了。光复时，苏联过来时，日本人都跑了，咱们这边没发生战斗。那时不常来黑河，离黑河 100 多里地，冬天需要坐马爬犁，夏天坐马车。劳工就在山里修路，也不知道是什么路，好像是公路。日本人在山里建了很多住的大土包子，像是兵营，没有仓库，山里有个劳工碑大约是秋天修的，劳工死了很多，住的是席棚子，吃的也不行。

自述时间：2007 年 4 月

自述地点：杨大妈家

自述人：杨大妈，女，1935 年出生，黑龙江省黑河市爱辉区张地营子乡原达音山村人

整理人：齐峰

（原件存中共黑河市爱辉区委党史研究室）

29. 劳工苏茂群自述

我们村南的大坝和水闸，从吴家堡到曾家堡，又从曾家堡到北孙吴，30 里的大坝有 4000 多劳工挑着土篮子修筑，河岸上都是劳工住的席棚子，席棚子里面铺着杂草或席子，有病根本就不给治，饿死的、累死的可多了，仅曾家堡村南的河边旁，就埋了 500 多人，埋的时候一个挨着一个，总共 4 排，每天从工棚子抬出来的劳工按着顺序埋，有的用席子卷着，有的干脆连席子都没有，就那么埋了。

自述时间：2006 年 3 月 24 日

自述人：苏茂群，男，1930 年出生，现住黑龙江省黑河市孙吴县腰屯乡腰

屯村

　　调查人：张景文

30. 劳工张纪忠自述

　　我是在康德七年 6 月里被征招来孙吴的，我们一起来了 50 个人，到孙吴后就挖孙吴镇南边这条河，挖完后在农历八月十四日又到 2645 仓库挖东面和北面的大壕，共计有劳工 170 多人，因为天气冷，劳工没有棉衣，还得干活，得病的人很多，日本把头将每人一天 3 斤多粮食拿出一斤二两，这样劳工就更吃不饱了。被冻死的就有 70 多人，因为天气冷，有两个席棚子的劳工点火取暖，结果将席棚子烧着了，两个棚子烧死 30 多中国劳工，全部被埋在三甲屯道边，除死去的还剩下 70 来人都跑了，我们 17 个人一起跑的，由于对地形不熟，这些跑出去的劳工，有的又被抓回来了，日本人把他们绑起来用扁担打，打死一个 17 岁的年轻人叫常玉青。日本人问我们为什么跑，当时我们大家说："天冷没有棉衣。"日本工头说："你们冷好！用冷水浇"，把我们都浇得够呛，我们待了不两天，又都找机会跑了，有 7 个人被抓回来，不知道是死是活，这些都是我亲眼看到的。

　　自述时间：2006 年 3 月 24 日

　　自述人：张纪忠，男，现住黑龙江省黑河市孙吴县腰屯乡腰屯村

　　调查人：张景文

（原件存中共孙吴县委党史研究室）

31. 关英华口述胜山要塞劳工吕玉海、 刘海山死里逃生遭遇

　　日本投降后不久，我听修筑胜山要塞的劳工吕玉海、刘海山说起他们在胜山要塞死里逃生的经历："我们修筑胜山要塞劳工，当时我们这一拨有 460 人，不知道什么原因，有一天，日本军人不让我们戴着黑帽子，遮着眼睛上工了，被驱赶着到离胜山下的第五守备队指挥部驻地胜武屯，现在的红色边疆农场三分场场部，在胜武屯一个开阔地里，四周都是荷枪实弹，打开长矛枪刺的日本

兵，我们这些劳工心里想，这下完了，日本军人可能要枪杀我们了，这时，一个挎着指挥刀的日军军官讲话了，是用日语说的，说些什么我们听不明白，是个中国的翻译官将那个日军指挥官的话翻译给我们听，大概意思是，你们是大大的良民，你们已经在这里勤劳奉仕到期了，今晚皇军在你们的工区住处好好地招待你们，好酒好菜大大的有，然后发放工饷和路费，从此以后，你们就可以回家了。到了傍晚，460多人分在十几处简易劳工住的席棚里，饭菜比平时好了很多，每人都发一个大碗，用以盛酒。酒就装在大罐子里，我们因年纪小，不会喝酒，拿起馍来吃，其他的劳工都争先恐后地倒酒喝，我俩还没有吃完，就看满屋子里的劳工肩并着肩，脚挨着脚，成排地僵躺在地上死了，脸色铁青，有的嘴角还流着血，这是日本人在酒中下毒了，对面站着日本兵在把守，跑不出去，我们两个互相使个眼色，钻进死的劳工里面，当天晚上日本军人没有收尸，后半夜，外面黑得很，我们俩互相摸摸，从死了劳工同伴堆里钻了出来，不远就是山林，从铁丝网底下爬了出去，慌忙地钻进山林中，就这样我们俩算保住了一条命。白天我们在山上不敢走，怕被日军发现，就在山上待着，准备晚上贪黑走，第二天早上十点钟左右，我们俩站在山上，看见胜武屯方向，劳工棚子附近浓烟四起，原来是日军将毒死的劳工码到一起，浇上汽油给炼了，日本鬼子真是太狠毒了。"

吕玉海、刘海山后来跑到腰屯村的南山，在董玉林的地窝棚里暂住下来，怕被日本关东宪兵队发现，董玉林当时在南山种大烟。他俩就一直在窝棚里躲着，后来两人一直居住在腰屯乡，在腰屯乡敬老院居住，死于20世纪90年代初。

口述时间：2006年3月24日

口述人：关英华，男，1919年出生，现住黑龙江省黑河市孙吴县腰屯乡腰屯村

调查人：张景文　申会祥　王肇东

（原件存中共孙吴县委党史研究室）

32. 劳工马永春自述

在修逊别拉河大桥时，我亲自参加了，当时是支合子，我在修筑中认识两个人，一个叫徐凡太，一个叫刘金奎，两个都先后累死了，计划修筑3年，两

年多就完工了，被抓来的 3000 多劳工，由于劳动的强度大，每天要干 14 个多小时的活，真是太苦了。完工时有 700 多人死掉了，我是当时活下来的幸运者。

自述时间：2006 年 3 月 24 日

自述人：马永春，男，1919 年出生，现住黑龙江省黑河市孙吴县腰屯乡曾家堡村

调查人：张景文　申会祥

（原件存中共孙吴县委党史研究室）

33. 王立兴、刘月芬夫妇口述日本侵略者罪行

刘月芬口述：我老爹是买卖人，1945 年 8 月，我到东兴村时，听到侦察机和轰炸机的声音，还有坦克的声音，人们都说日本子快完蛋了。小日本子穿着中国老百姓的衣服，将通往孙吴的道路给挖断了并下了地雷，将日本军队的罪恶阴谋强加在老百姓头上。苏联红军过来时，日本人将其坦克和士兵炸翻炸死，苏联红军认为我们屯的老百姓其中的男性都是日本军人，就把女的都留下了，男性都带走了，带到东子桥处。我的 3 个哥哥和两个侄子都死了，连吴家堡和腰屯共有 460 人被害，后来苏联红军说："你们中国人和日本人分不清，日本人就在你们中间"，我丈夫王立兴全家人也被误杀，整个屯子里都变成了女儿国，因为青壮的男人都被误杀了。现在回想起来，这都是日本人搞的鬼，是日本人挑起的矛盾，致使我们这些村民都遭了殃，我娘家有 7 个亲人都先后遇害，他们都累死在日本人的手里，日本人真把我们害死了。

王立兴口述：我给日本人当劳工，给日军修地洞子，修河南的火车道，劳工是从四平抓来的，穿什么样的都有，那人可死多了，有的都垛起来。修飞机场的北头，劳工死的不计其数，一排挨一排地埋。

口述时间：2007 年 5 月 15 日

口述人：王立兴（男）、刘月芬（女），黑龙江省黑河市孙吴县腰屯乡腰屯村人

调查地点：孙吴县腰屯乡腰屯村王立兴、刘月芬家

调查人：张景文　刘春孝　申会祥

（原件存中共孙吴县委党史研究室）

34. 采访刘永才笔录

问：日本那时在这儿都有什么部队？

答：这块儿就是关东军 2642 部队，粮食仓库；南面是 2632 部队，军火兵工厂；西面是 2638 部队，汽车修配厂；东面是 763 部队，有步兵，也有骑兵（人数最多有 1000 来人），最大的官是大佐；一过河那边有个 49 部队，有坦克，也有汽车，好像是装甲后勤似的；河北（一过河往北）道西那大片地，那是 2600 部队，是步兵；河北道东，是 3752 部队，是后勤，都是小马车，两马拉一车；东面小部队是什么番号我不知道了，在粮库那还有个小部队；再有大肚川警察队和宪兵队。大肚川有 10 多个部队围着大肚川村。

问：你从老城子沟过来，那的情况知道吗？

答：那（老城子沟）是总库。那库长我知道，是上校（大佐），康德八年（1941 年）着火，这儿军火库着火。我是那时过来的，这里的人说，拉的一个多月的军火，全完了，可能让咱们的地工人员给炸了。全部摧毁了，哎呀，正在老城子沟干活时就看那边黑一阵白一阵的，结果着火了。主要就这几个部队，别的就不知道了。

问：老城子沟部队你知道吗？

答：除 2643 部队，我来时就一个库，以后有什么部队，我就不清楚了。

问：这些部队的总兵力能有多少人？

答：2600 部队就百八十人。住的都是地窖子，用板修的地窖子，这些人都是在这仓库当监工的，都是老兵，上等兵，三花。东面也不过 200 人，最大是 763 部队，有一个团（一个大队），这个 2632、2643 部队不大，都是工厂，763 部队有 1000 多人。后来，太平洋开战，都走了，兵大多数是晚上走的。比较大的营一个是老城子沟，一个是万鹿沟。老城子沟是个中将，师团长，万鹿沟也有个中将，一个少将，再就是石门子大，就这 3 个。

问：劳工都是什么情况？

答：劳工没有本地的，多数是安东（丹东）的，也有吉林榆树县的。那些人可没少死，冬天，雪有一米多深，一个大坑就埋百八十个，刚开始用板皮，装棺材，后来死的人太多了，不给整棺材了。剪头发，剪手指盖、脚指盖包上，到劳工期满（6 个月）带回去，榆树县人死得挺苦。

问：这劳工总共有多少？

答：这里仓库，最低有五六百，来来回回数不清了，仓库有大队长、中队长、小队长，一套组织。

问：劳工有病给不给治？

答：治啊，可治得稀松呀！他拿中国人还当回事儿！有不少截肢的，就在最北头，能有3间房子那么大的3个劳工棚子。室里就有3个小铁炉子，都睡板铺，那会天更冷，不够人呛。饭早晨是小米粥，中午不大点两个小窝头（死面的），晚上还是小米粥。吃不饱，菜就菜汤，能吃饱吗？小米子都是长毛的，劳工就是薄命吧。

问：发衣服不？

答：不发，都是自己带的。老工人给服装，就是青棉袄，青棉裤，再就是黑大坎肩，新工人没有。

问：有穿麻袋片的吗？

答：这个仓库没有，穿麻袋修火车道，那叫"意和祥"，那可苦。东宁所有火车道都是"意和祥"修的，不有这句话吗，"在家打爹骂娘，出门碰见'意和祥'吗"。为什么穿麻袋片？我说说，比如说，我是把头，你是日本大贵，我带钱跑了，你这些干活的，还得干。听说是"三、九"点，早三点出工，晚九点收工，好苦。麻袋片，还有洋灰袋子，我见过，一个麻袋挖三眼，像大坎肩，天津的多，十七八、十八九岁，没少死，都让把头害了。

问：劳工死你说埋了100多个？

答：那可不，好几层，一层一层地，像楼似的。

问：劳工死的有多少？

答：不得死几百呀。在北面叫乱尸岗子，都往那儿埋呀（大肚川、河北沿乱尸岗子）。乱尸岗子有一坰地，死了就往那儿埋，修铁路的、仓库里的劳工都往那儿埋。一张炕席，捆两道，不用说了，中国人没少让他们整。

采访时间：1999年2月20日

采访地点：黑龙江省牡丹江市东宁县大肚川镇大肚川村

采访对象：刘永才，男，72岁，黑龙江省牡丹江市东宁县大肚川镇大肚川村村民

整理人：韩茂才　王颜彬

（原件存东宁县档案馆资料库）

35. 关于日军抓劳工情况采访黄诗义笔录

问：你什么时候到老城子沟的，那时你多大岁数？

答：我是老城子沟生人，日本人来时我才 10 多岁。

问：日本在这儿你都干些什么？

答：那时日本人在老城子沟住有 3 个大营，还有 3 个大仓库，东仓库（粮食库）和西仓库（弹药库、燃料库），日本人常雇些车拉东西。我赶车，什么东西都拉，拉过炮弹、粮食（玉米、大米、高粱米、粮草、谷草）。

问：老城子沟驻军的最大官是什么？

答：日本军队 3 个大营中，最大官是满金二豆。他们修了许多工事，在村西 4 个洞，干两年才完成的，还有两个没干完。这些洞都是装炮弹用的，洞西还盖有许多砖房，也是装炮弹用的，经常看到往山里拉弹药，不知道拉哪里去了。炮弹都是箱装的，每箱有 40 多斤，一箱两个。

问：仓库劳工都是哪里人？

答：在东仓库的劳工都是吉林榆树县人，6 个月换一批。他们住大坯房子，室内没有火炕，铺板也非常少，什么都没有，有病也没有人管。由于劳工常吃不饱，穿不暖，连饿带冷又想家，经常有劳工死了，死的劳工大多数是东仓库的。夏天热，死的直接就被拉走了，冬天死的，就在外面垛起来，少的 10 多个，最多时有上百人，一起拉走。劳工有受不了的，晚上就有跑的。穿的衣服都是来时从家中带的，到冬天穿得很少，有的劳工衣服都磨废了。

采访时间：1999 年 2 月 20 日

采访地点：黑龙江省牡丹江市东宁县大肚川镇老城子沟村

采访对象：黄诗义，男，77 岁，黑龙江省牡丹江市东宁县大肚川镇老城子沟村村民

整理人：宋吉庆　孙芹

（原件存东宁县档案馆资料库）

36. 关于劳工及苏军进攻情况采访张凤友笔录

问：你从什么地方来？

答：我是石门子生人，日本人在时我赶车。

问：说一下那时日本人怎样欺负中国人。

答：那可不欺负怎的，那时，日本宪兵队把我抓去一年多才放出来。

问：因什么事把你抓到宪兵队的？

答：那时，我赶车拉沙子，大肚川仓库着火了吗，把赶车的都弄去了，我的证书（良民证）不是过期了吗，他们就拿这个不放我，我就在那待一年多。

问：那时多大年数？

答：20多岁吧。

问：一年多都在哪儿关你了？

答：开始，他们（宪兵）没关着我，晚上就上那办公室睡觉，白天就让我跟着去干活，给他们种菜呀。有个姓姜的，也是中国人，在这当小官，领着干活。

问：你挨过日本人打没有？

答：警察可打过我。唉呀，还烫过我一壶热开水呢。那个刘警长丢东西了，就把我也弄来了，好一顿打，把手都打肿了。

问：用什么打的？

答：用板子。

问：你在那待一年多，干活给不给工钱？

答：不给，什么也不给，白干活。

问：你看到别人挨过打吗（在宪兵队）？

答：唉呀，下黑打死的，你听那地板呀，一阵乱响。一会儿就给打死了，哪天下黑不打死几个。满洲国时，打死个人还算事，不跟杀小鸡似的。

问：老毛子①进来你看见了？

答：看见了。

问：看见几架飞机？

---

① 老毛子，是当地老百姓当年的一种习惯性称呼，指苏联红军。

答：哎呀，好几个，那飞机一出好几个。那时我在老黑山盘道那儿，飞机把那火车都炸翻了，一歪歪，都掉跑道下面去了。

问：在什么地方？

答：在老黑山大岭那块儿，咱们就都跑到河套那儿去猫（藏）起来。

问：在老黑山看到日本兵逃跑没有？

答：没有，他（日本）往上跑，咱往回跑，赶着车往大肚川来。

问：老毛子在老黑山打过仗没有（和日本）？

答：怎么没打过，在七十二顶子和日本打过，后来我过去看，那人死不少呢！

问：你知道在七十二道顶子光复是什么日子？

答：从开始打仗算啊，没几天。

问：能有10多天，还是一个来月？

答：一个多月，那时少年工被打死不少，都是在仓库干活挑来的。

问：是兵工厂里的少年工？

答：哎，他们往回走，光复时不奔家吗，都没给钱，那会儿，走着走，都给打死了。

问：那时兵工厂少年工有多少人？

答：有多少？反正不少，有百八十个，他们穿的那衣服不好，穿的是日本人发的黄衣服，就穿那衣服走的，走着走着就都给打死了。

采访时间：1999年2月20日

采访地点：黑龙江省牡丹江市东宁县大肚川镇大肚川村

采访对象：张凤友，男，85岁，黑龙江省牡丹江市东宁县大肚川镇大肚川村村民

整理人：陈学泉　张昭敬

（原件存东宁县档案馆资料库）

37. 采访刘连胜笔录

问：这儿劳工有多少？

答：说不清，来了走，走了来，有几百，都是从辽宁、吉林那个地方来的，3个月、6个月换一批。

问：小时候给日本人干活，打人、杀人这个情况看过没有？

答：杀人没看见，打人经常看见过。打人的净是那二毛子。

问：你那时修桥，有什么地方的劳工？

答：有300多人，都是外地的。都在靠河边上的那块地，住的都是工棚子，用席子、杆儿搭上的，冬天就住地窖（窨）。吃的都是大碴子，就是苞米，秃噜一下子就吃了，一天三顿，也吃不饱。生病人也没有卫生院，好了好，不好就死呗。

问：有死的吗？

答：有死的。

问：老毛子和日本人在这打过仗吗？

答：这没打过仗。人都退了，早没有了，跑散的跑散。有几个，也跑山上了，他们不敢在下边。仓库都点着了，粮食垛全都点着了，点完就上山了。大部队早没了，早走了，就剩下看大营的。

问：日本人走，向哪个方向走的？

答：往西，都坐火车，往吉林、延边，都上"金道省"去了。

问：听说老黑山那边打过仗没有？

答：老黑山？听他们说往吉林那边去，在七十二道顶子和老毛子干上了。

问：你是辽宁人？

答：丹东的。

问：你怎么到这来的？

答：招工来的。

问：你和谁一起来的？

答：全家来的，随我父母、哥哥。

问：你家人都叫什么名？

答：父亲叫刘义，哥哥叫刘永胜，哥哥也是出劳工，爷三个出劳工。

问：你哥哥现在在不？

答：没了，早病死了，1976年。

问：招工不是全男的，怎么来女的？

答：都是带家的，招工。

问：你是哪年招工来的？

答：12岁。我今年69岁，光复前一年来的。

问：在丹东招来多少工？

答：他们不是一个地方招的，各地方都有。

问：你们上火车有多少人？

答：都是统一的，不知道多少人，戴红膊匝的，就是招工来的，和普通旅客一起来的。

问：像你们修桥的都是一块来的？

答：早就有，我们来时，他们都把底下的座打起来了，那时候说是修到1937年，实际上到1945年还在修，没完。

问：你来时都有什么条件？

答：就是给点钱，铺底给二三十块钱，干一天活给一块来钱。

问：完工时给你们兑现没有？

答：兑什么现，没有，都拿跑了。

问：在这除吃饭，给发衣服不？

答：哪有衣服，还发呢！给坎甲子，破衣服就是，补补丁，哪发啥衣服。

问：他那衣服都哪儿整来的？

答：也不知道哪来的，一件件破烂。

问：有穿麻袋的吗？

答：有，穿麻袋的太多了！

问：冬天怎么办？

答：冬天就给发点衣服，夏天拿麻袋用绳一系，洋灰袋子和纸都穿。

采访时间：1999年2月20日

采访地点：黑龙江省牡丹江市东宁县大肚川镇大肚川村

采访对象：刘连胜，男，69岁，黑龙江省牡丹江市东宁县大肚川镇大肚川村村民

整理人：陈学泉　张昭敬

（原件存东宁县档案馆资料库）

38. 采访李吉贵笔录

问：你是什么时间到东北来的？

答：康德五年来的。

问：从什么地方来的？

答：山东泗水县，在这儿说的家口。

问：怎么到这儿来的？

答：招工来的。

问：来了多少人？

答：五六十人一起，在沈阳招工来的。

问：来是直接到这儿么？

答：不是，先上六站。

问：在六站干什么活？

答：通沟那有个大砬子，是咱们修的。

问：劳工有死的没有？

答：康德五年发大水，那天道上、沟里死老多人了。

问：死多少？

答：那不知道。

问：干活累不累？

答：能不累吗？吃橡子面，弄不着吃的，那橡子面捂得那个样，又苦又酸，就吃那个。

问：住什么房子？

答：哪有房子，就是席棚。

问：干活有多少人？

答：那咱不清楚，人可不少呀，有几百人。一个工棚一个铺，咱这一铺是42口子。

问：干活给钱了没有？

答：干完活也没开支呀，只干活不给开支，到八月节休工，一个人交5块钱，上东宁办节，把钱交给二把头（把头是中国人），让他上东宁办节货，他拿着跑了，也没有吃的了，干完活上东宁神仙洞了。

问：干什么活？

答：冬天干不了，上了神仙洞对过下面。

问：以后上哪去了？

答：上高丽庙子，也是招工去的，给日本人（日本570部队）拉卫生，赶车，拉沙子，乱七八糟的。

问：部队是干什么的，用炮还是用枪？

答：大炮，东山上，那都挖空了，那工人死老多了。

问：工人有多少？

答：不清楚。

问：劳工有多少，有上千吗？

答：千八百的有。

问：劳工吃得怎样，穿得怎样？

答：吃得不坏，就是米和面，其他什么也没有，菜就是黄豆加咸盐。

问：有没有病死的？

答：有，日本怕什么，就怕拉痢疾。有闹肚子、拉痢疾的，日本人就把窝棚改个小窝棚，把他们隔离起来，隔离的，给送点吃的，不等人死，日本人就给埋了。他就怕传染啊！

问：高丽庙有两个"万人坑"知道吗（乱尸岗子）？

答："万人坑"，过去那个山。拐个弯，下去南边就是"万人坑"，死老多人了，那地方，工人"万人坑"啊！

问：你上高丽庙是哪年？

答：康德七年。

问：你在高丽庙干了几年？

答：6年，七月十二，黑夜里，我就成家了，结了婚，在这屯子（太阳升，原叫小乌蛇沟），一直住到现在。

问：干了7年活看有劳工被杀的吗？

答：被杀的没有，庙沟有被杀的。庙沟不是有大洞子，这是一号阵地，庙沟是二号阵地。干完活，挖洞子的那些人，都给枪毙了。当监工的、安电灯的日本人也被枪毙了，他们自己的也给枪毙了，怕暴露消息。

问：你听说的这是？

答：听人说的，老人都知道。

问：苏联打进来，日本人投降，你看见了吗？

答：星期六我回的家，带家口的，星期六叫回家，我是星期六夜9点多钟，老毛子飞机就来了，炸水楼子。

问：这儿打了几天，打仗了吗？

答：打仗，都是黑里来打仗，咱们看不着啊，都在洞子那块。

问：打了多少天？

答：打了有7天，白天不来啊，白天飞机来投炸弹，就黑天里来。

问：打7天，从哪天开始打的？

答：想不起来，他不投降啊！沈阳的一个团副来劝降，都投降了。这里没投降，这里还抗争着，沈阳一个团副坐飞机来，叫投降才投降。他这是一团人呐，一团人，有1000多人，剩700人。从这里走的，打大榆树底下向西，从闹枝沟向西去了。

问：他们投降是几号？

答：不清楚，我想不是割麦子就是割稻子的时候。投降时是大量吃香瓜子的时候，在高丽庙子，向阳山就站下了不走了，第二天，他们到走的时候都12点才走的，日本人投降700来人，押的苏联人才3个，看着向下送。他们不走，从大河走到西边，住下，休息了很长时间才走的，他们不愿走。

问：从那你就住下了，没回去，星期六再没回去？

答：日本兵一个叫上野的，是个上等兵，他管这里种菜的（六户）在大榆树底下，还摆手，他在东北住了14年。

问：后来苏联撤了，你到洞里去过没有（高丽庙洞）？

答：老毛子都给炸了，洞口都给炸了，炮药一箱一箱放在洞都给炸坏了。

问：洞里你进去过没有？

答：半个月老毛子把着，咱中国人不让过去，不让进，烧的炉灰都拉走了，洋铁盖都拆走了。

问：听说山上有个狗圈对吗？

答：有个狗圈。

问：狗圈是干什么的？

答：是养的狗，狗是送信的，把信用松紧带绑在脚上，那狗可听说了，叫警犬，人不在这，放出去送信哪。

问：听说劳工死了，丢在狗圈里让狗吃了？

答：那没听说，死的人都甩在"万人坑"了。从这下去山，拐一个弯南边一个大坑，那就是"万人坑"，还立一个大柱子，写着牌子"万人坑"。刘德林偷部队一个布棚，送到老太太那儿做衣服，那衣服能敢穿吗？他能走出去吗？卡子一道一道的，他上红门大栅子下面，带铁盖的，上那里头去了，拿着饼干，乱七八糟。部队的人1000多人拉大网，拉好几天都没拉出刘德林。在那里，他能拉出来吗？后来把狗（警犬）调来，刘德林是烧锅炉的，到锅炉闻闻刘的东西，到那里就把刘德林拽出来。

问：这些劳工最后有枪毙的吗？

答：这里没有，高丽庙（庙沟）的都枪毙了。

采访时间：1999 年 2 月 21 日

采访地点：黑龙江省牡丹江市东宁县大肚川镇太阳升村

采访对象：李吉贵，男，88 岁，黑龙江省牡丹江市东宁县大肚川镇太阳升村村民

整理人：陈学泉　张昭敬

（原件存东宁县档案馆资料库）

39. 采访王永发笔录

问：光复的时候，你做什么来，苏联进来时？

答：在屯子吃劳役。

问：打仗没？

答：打了，东山一直炸了半个多月，日本子没退啊！老毛子飞机天天冒黑烟，天天炸，那老毛子炮弹打进屯了来好几个。日本投降，高安村那边来个日本官劝降。

问：高安村来了什么官？

答：谁知什么官，早抓着了，以后给说投降了。炸半个多月，炮打，飞机炸。

问：从哪天开始炸的？

答：光复（七月初二）第三天，我在石门子，日本的坦克车乱码七糟的，不少老毛子，有个会中国话的一个连长，我就告诉他，日本还没退，回去第二天，炮就响了。

问：当时怎么告诉的？

答：就说高丽庙日本兵没退呗。

问：谁领进的？

答：谁也没领，回去第三天就开始炸。

问：连长叫什么名？

答：那谁知道叫什么，会中国话。问那警察上哪去了，日本人都没了呢？大营的都跑了，就是高丽庙的没有跑。

问：庙沟的日本兵跑了没有？

答：庙沟大部分跑了，他那儿也打仗了，打的时间不长，日本给老毛子踢

· 459 ·

蹬不少，这里老毛子没踢蹬，全是飞机、大炮打的，那山打得通红，你说打多少时间？半个多月，白天炮打、飞机炸，晚上这边都是老毛子在堵着。

问：日本兵在这儿走的那天是哪一天，能记住不？

答：记不起，打完仗就走了。

问：押俘虏房是白天还是晚上？

答：白天。

问：押俘虏房那天你回来了？

答：我就在这屯子里，他们（日本人）不敢出来了，白天飞机炸、炮打，下晚黑偷着出来几个兵抬水。

采访时间：1999 年 2 月 21 日

采访地点：黑龙江省牡丹江市东宁县大肚川镇太阳升村

采访对象：王永发，男，78 岁，黑龙江省牡丹江市东宁县大肚川镇太阳升村村民

整理人：陈学泉　张昭敬

（原件存东宁县档案馆资料库）

40. 关于大肚川日军弹药库情况采访孙忠财笔录

问：大爷，向您了解一下要塞的情况，就是那几个洞子的事。

答：那边几个洞子是装军火的，装炮弹、子弹，供应全县的军需库，部队是 2632 部队。

问：部队有多少人？

答：咱也不知道，太平洋战争一起来他那儿的兵就不太多了，在外边看不见，多少数不清楚。

问：这个地方住过多少部队？

答：好几个，紧靠着这边的是做被服的 2643 部队，有吃、喝、草料等，还有河北（村子后河的北边）3752 部队是步兵，还有一个坦克 2673 部队，449 骑兵部队，河北沿一共两个，那里的番号我就记不清了，咱这个公路道东、道西是两个部队，都是步兵。

问：驻军最大的军衔是什么？

答：是二道杠，头都白了，上下班都骑马。南沟那地方是军人家属宿舍，

每天下班到家后，卫兵把马再牵回去，明早再来接。最大官听说是新城子沟那里有个将官，他最大。

问：你谈谈兵工厂的事吧。

答：兵工厂是2632部队，就是我说有洞子的那个部队，就是做迫击炮、修枪造枪什么的。

问：他们那里有多大面积？

答：一个大楼，五六层，大楼北边有火车道，日本人跑了，我们都到里面去捡过东西。

问：兵工厂的工人有多少？

答：那里有不少少年工，都是中国人，具体多少人也数不清楚，带着日本帽、穿服装，大约有二三百人，那边的被服厂能有四五百人，也穿日本衣服。

问：那些少年工是从哪来的？

答：都是从下边招来的，没有当地的，辽宁口音的多。光复逃跑时，在半道死了不少。临走时，日本人给他们穿上日本衣服，在半道让老毛子飞机炸死了不少。他们干活时穿着黑衣服、皮鞋和帽子，都就像日本兵穿的那样，还戴着五星，好像半个军人似的。如果现在日本人不走，这些小青年可能就变成日本人了。

问：他们是光复前走的还是光复后走的？

答：是光复一块撤走的，那些机器都让苏联人拉走了，有修枪、做炮弹用的机器等。后来我们进去看，都卸没了。

问：炮弹爆炸你再介绍一下。

答：那时，就听2632部队那边，轰一下，炸起来了，老百姓都跑了。听说是八路军干的，说是他们那些工人里头有被日军抓过来的八路军，抓来给他们干活。出事后日本人到处都查，那些宪兵、日本兵，一家一家地搜，也没搜到什么。当时咱们不知道怎么回事呀，听说那些人都跑苏联去了，没抓着，他们对那些人好像有点印象，抓了别人没啥用处。

问：你给日本人干过活吗？

答：我在大肚川南头一家日本人开的酒馆干活，给他们烧澡堂子。那时我才十多岁，在家养不起呀，就得出去找活干，一个月能挣30块钱。干了几年，后来又在饭馆干了几年。

问：你谈一下光复时的情况。

答：那时日本人都走了。那天一早晨，天不亮就来飞机了，就轰炸，那时好像是阴历七月、阳历 8 月，具体时间记不住了。神仙洞那里有个发电所，把我找去护路，我们到了以后，苏联飞机就轰炸了，我们就进了树林里，就看到铁路警察的家属，上了火车就跑了。

问：大肚川这里打过仗没有？

答：没有，飞机一来轰炸就都撤了，那时他们也没有多少人了，主要是太平洋战争一起来，把人都撤那边去了，那时日本人就不行了。

问：山洞修完了没有？

答：修完了，苏联人进来以后都给炸了。

问：满洲时期日本人欺压老百姓有印象吗？

答：印象最深的就是宪兵队看咱们老百姓不顺眼了，就把你抓进去，说你是苏联密探，你得认。咱们这个地方有个老李头，外号叫二装子，跑腿子一个人，他没啥事一早就拾破烂什么的，宪兵就把他抓了起来，说他是密探，听说那老头出来以后，胸上让火烧得一块一块的，没有一块好地方，他们说日本人把纸粘在胸上，点火烧。

采访时间：1999 年 2 月 21 日

采访地点：黑龙江省牡丹江市东宁县大肚川镇大肚川村

采访对象：孙忠财，男，71 岁，黑龙江省牡丹江市东宁县大肚川镇大肚川村村民

整理人：宋吉庆　孙芹

（原件存东宁县档案馆资料库）

41. 关于日军抓劳工情况采访谷全胜笔录

问：你当时在东宁什么地方住？

答：是从关里家招工来的，被大东公司招工到万鹿沟。在庙沟修汽车道，在那修了几个月，啥也没有，一分钱也没挣着，只干活不给钱。

问：修完道以后去哪里了？

答：8 月份到了三道沟，飞机场有一个姓刘的，把我们这些人都找了去，说一个月给 50 元钱，修大城子飞机场，在松树林那地方。我们干完了以后，50 块钱一分也没给，白干了那么长时间。到以后，日本人有个军旅部，就是烟厂那个地方，经营一些方子、板子什么的，就到那儿干活反正一个人到哪干都行。

问：你在飞机场干了多长时间？

答：干了一冬天。

问：飞机场修完了，来没来过飞机？

答：来过，有一里多长的跑道，上面是水泥面，是供小型客机用的，时常有飞机来。

问：是坐人的飞机吗？

答：坐人的飞机，好像都是当官坐的，从哈尔滨来的，从日本本国来的，不是打仗的飞机，好几天来一个。

问：你是山东哪里的，来时多大岁数？

答：我22岁，山东兖州府。

问：那时知道不知道到东宁这地方来？

答：说一天能挣两块钱，咱们村那里，就我一个，城西的有10多个，后来到了城里，旁的屯子里还有几个，再后来到了天津就多了。

问：你们到了天津有多少人？

答：有70多个。

问：你是怎么过来的？

答：坐火车，上车下车都被看着，一直到了绥芬河，下火车就到了三道沟。

问：三道沟修道时死过人没有？

答：在飞机场干活没有死过，在万鹿沟小火车站干了一个时期，在那里有死的，没有衣服穿，都穿麻袋片子，也不给发衣服，都冻死了。

问：在什么地方住？

答：在万鹿沟大榆树底下有一大间房，有火坑，吃大饼子，吃不饱，还吃过橡子面。

问：飞机场干完了又到哪去了？

答：上烟厂那个地方，有个军旅部，好像是给养部。在那儿，我有一个老乡啊，给我找了一个活。那时，我还小，大麻袋也背不动。平时吃人家剩下来的饭菜，一天能挣一块一毛钱，我在那里干了好几年。

问：在酒馆里干了几年？

答：干了一年来的，就上了缸窑沟了，就是东绥。又干了两年多，还是在酒保干活，打扫卫生，烧澡堂子，是日本人开的。

问：缸窑沟有部队吗？

答：有，是123部队。有几百人，最大的军官是三道杠3个豆。

问：部队住的是楼房还是平房？

答：住楼房，是 123 旅团司令部，当兵的住平房。有一个被抓来的八路军，背后我就问他是哪里的，日本人发现了我们说话，就训我，酒保的老板出来帮我说情，说是在他那里干活的，是好人，才给我解了围。

问：在缸窑沟干了一年多又上哪去了？

答：后来就上了东宁火车站，到 39 部队的酒保干活。39 部队在胡萝卜崴，我看 39 部队好像是步兵。还有个坦克部队是 533，那时我在火车站住，部队那边的情况不太清楚，在那里干了一年多。掌柜当兵走了，让我干，我干不了，我也不识字，到后来找一个姓魏的就是魏何的爸爸，东宁二街的，我就下来了。东宁有个王麻子，他帮我找了个活，到火车站食堂做饭，一直干到事变。

问：事变那时候的事你还记得吗？

答：事变头一天晚上，我到周大麻子那里玩。第二天我早晨起来，做好了饭也没人吃，日本兵来回跑，我也不知道怎么回事。食堂的掌柜老头要向牡丹江跑，老的老，少的少，让我送他们走。走到绥阳那地方，就是在河西火车一出头，4 个坦克车在那儿打，一直把火车打碎了，坦克车好像是事先在那儿埋伏好的。从那里，我就下车跑了，上山躲了好几天没出来，就是北山。上山以后，在一个大树上看到一个日本少将上吊死了。

采访时间：1999 年 2 月 23 日

采访地点：黑龙江省牡丹江市东宁县大肚川镇石门子村

采访对象：谷全胜，82 岁，黑龙江省牡丹江市东宁县大肚川镇石门子村村民

整理人：陈学泉　张昭敬

（原件存东宁县档案馆资料库）

42. 关于日军抓劳工情况采访贾顺满笔录

问：你是什么时候来出劳工的？

答：康德五年，在罗圈修桥，阳历年完工的。我们 30 多个人又到了绥芬河，在绥芬河修小铁道。康德六年东宁县修了小火车道，这时部队就转到大肚川，我就跟着部队转到大肚川来了。我来那会儿，大肚川没有几间房子，洞子还没修，我在这儿一住就是这么多年。

问：你在哪地方修铁道？

答：罗圈水库那地方，从三月份干到阳历年，后来就到了仓库，就是存枪、炮、火药的仓库。

问：你从石家庄怎么来的？从那儿开始讲。

答：我是从张家口招工来的，开始招工没说到这来，说是修飞机场。从张家口来到了天津，招了能有5000多人，住一个多月。等走时，就跑了不少，其中有不少是战俘。从天津上了火轮船到了营口，下了船，在营口又住20多天，就又上了火车，在营口又跑了一些。到了罗圈，我看也就剩下两千来人。

问：修路基有多少人？

答：松浦组有两万来人。那年从东宁到老黑山修道台子，康德五年涨大水，把松浦组都冲跑了，淹死了，一个也没剩下。那大水真大呀，河北电车道上都是水。

问：你谈一下仓库的情况。

答：主要有3个仓库，2632部队是子药库、763是汽油库、203就是山底下有个大榆树的那个仓库，南边的仓库是机械厂，存的都是造枪、炮的原料。技术兵有500多人，大肚川那时连咱们人、他们人能有20万人。当兵的都不让出来，每天进来的货车就100多辆，往里拉物资，拉的物资能看到的都是豆饼、粮草、高粱米。

问：这地方劳工有多少？

答：我在这个仓库里有1000多人，粮库有万数人、整个劳工在大肚川有一万五六千人。这里的劳工6个月换一换。我是长期工人，是从劳工留下后转成工人的，卸火车。劳工庄稼人少，当兵的多，阎老西部队的多，主要是战俘（山西人）。那时我当工头，领着劳工上工、下工，我挣2.5块，他们挣1.5块，还发一个大烟。我不管怎么地还能吃饱，劳工吃不饱，吃不饱也没法，都吃那萝卜皮什么的。

问：日本子打人吗？

答：那怎么不打，亡国奴能不挨打。我干活的那个部队，当官的是满金一个豆，东宁县他都管着，叫什么名不知道，60多岁，就在中学、南沟那地方住，他的车是小黄旗，仓库经费都是他批的。

问：弹药库、枪弹制造厂的情况你说一下。

答：那时日本准备打苏联，仓库车辆都存满了，康德八年头一次着火，太阳升的日本人来送炮，想修理，用布盖着，12个大仓库呀都装着子药。中午了有个老日本兵看样子官不小，他在门口抽烟，门口有箱硫黄让烟头点着了，仓库就着了，火苗好几丈高，就是 203 仓库，西边地里那个仓库，宪兵队就把那老头抓走了，他再也没回来。

问：现在那些洞子能找着吗？

答：能找着，在草帽顶子那儿，那个洞子不让咱们去，听说那里放着药。那里当时都是日本兵把着，前几年来两个日本人打听这边仓库（汽油）的情况，说是在这里当过兵、站过岗的，都七八十岁了。

采访时间：1999 年 2 月 24 日

采访地点：黑龙江省牡丹江市东宁县

采访对象：贾顺满，男，83 岁，黑龙江省牡丹江市东宁县大肚川镇大肚川村村民

整理人：宋吉庆　孙芹

（原件存东宁县档案馆资料库）

43. 关于日军抓劳工及抗日部队情况采访赵金宝笔录

问：日本人来时你多大？

答：日本人来那年，我 17 岁。日本人进来是冬天，那年雪下得大。日军进了三岔口，那时我小呀，我和我大哥说，我想跟你去三岔口看一看日本人什么样，他说："看什么看，你看了不害怕"。当年我父亲还活着，父亲就领着我到三岔口，赶着牛车走了一天，到了三岔口，我看小日本鬼子带着个帽子，捂着嘴包，夹着枪，进城时还搜身，那是我头一回看日本人。

问：当年老城子沟驻军是什么情况？

答：那时在老城子沟住着日本鬼子老多了，在南沟水库是大营，水库下边是河岛部队，这城子沟到处是部队，老城子沟有好几个大营。

问：你给日本人干过活吗？

答：那时候家里有一个辘轳的车，我赶马车上仓库干活，一天 4 块钱。仓库里劳工都是榆树县人，都是抓来的，劳工都是 20 多岁小伙子，就东仓库里榆树县人就有 2000 多人。老城子沟这一圈有好几千人，榆树县劳工死了不少，死的劳工都十字形垛着，够车就拉走。

问：劳工挨打情况。

答：当时，挨打是常事，你赶车坐车了，看见大肚子的日本人，要赶紧下来，让他看着，就会把你的鞭子夺过去，说"你坐什么车"，往你头上敲，打得你满头都是疤，有的劳工饿了偷着吃豆饼渣，让带盖子的看到了，大叫什么的"咪西，吧格牙路"，也不打你，把你的衣服都扒了，那是冬天，天那个冷呀，让你上豆饼垛顶上，扛一个6寸一丈多长的方子，拿着棍子看着你，你一动，就打你，把你冻得脸都发紫，那些劳工和咱这老板子，不敢做一件错事，要不就有你好受的。

问：劳工吃住得怎么样？

答：劳工平时都吃苞米面子，小窝窝头，和巴和巴就行了，吃饱吃不饱就一个。住的地方是劳工棚子，没有炕。劳工有好几伙，老城子沟劳工棚子有好几个把头，谁管哪儿，谁修什么，干什么的都有分工。那时，拉的东西有罐头、烧酒、面条子、白面，他们让你拉什么你拉什么，都是好东西，我什么都拉过。

问：老城子沟几个仓库？

答：粮食仓库、子弹、炮弹、汽油仓库，这一圈都是仓库，不让种地。

问：修工事时你去过没有？

答：去过，去干活，送东西，那时现点工，每天都给分配活。

问：老城子沟住的什么部队？

答：有步兵，向东是老河岛部队，上将军衔，都归他管。河边部队在那个山头，3个豆的是在新城子沟住。

问：修道劳工和仓库的是一伙吗？

答：不是一伙，好几伙呢。那工棚子吧，好几个工头，你一个工头，我一个工头，老城子沟好几个把头，谁管哪儿，谁修什么玩意儿，老干那个，就这样。

问：日本人和胡子打过仗没有？

答：胡子不敢照面，在沟里猫着，老百姓给胡子送粮，送吃的，没穿的送穿的，日本来了部队打胡子，打的没地方跑，没地方藏。

问：你见没见过胡子？

答：天天送吃的，怎么没见过？

问：他们打不打日本人？

答：胡子分好几帮，老多了，黄松甸子、老黑山的等，他们商量打三岔口，打了有四五次，也没打进去。有一次打进去了，晚上进去的，日本子一看不行了，就倒汽油烧三岔口，胡子一看烧了就退出来了，这些胡子不知道谁是头，听说最大的是老黑山的，叫王德林，他最大。

问：老城子沟没打过仗吗？

答：没有，日本人一来胡子就走了，跑山里去了。

问：苏联红军进来以后打了几天？

答：苏联人一来时日本人都跑了，一个也没有了，连我们也跑了，跑到黄松甸子，在那看到一个日本电车坏了，车上的日本兵都跑了。

采访时间：1999 年 2 月 24 日

采访地点：黑龙江省牡丹江市东宁县大肚川镇老城子沟村

采访对象：赵金宝，男，85 岁，黑龙江省牡丹江市东宁县大肚川镇老城子沟村村民

整理人：宋吉庆　孙芹

（原件存东宁县档案馆资料库）

44. 关于日军抓劳工情况采访李宏山笔录

问：日本在这时你给他们干过什么活？

答：给他们当过劳工。

问：在哪儿给他们当过劳工？

答：就在这儿，在东宁县那儿挖过大壕，还在沟里烧过松树油子（在杨木桥子）。

问：挖大壕是在什么地方？

答：在大城子那地方，有一丈来深，是防老毛子坦克车的。

问：你出劳工一共干了几年？

答：挖大壕干了半年多，烧松油子不到一个月。

问：修火车道的劳工是当地的吗？

答：不是当地的，是外地的，榆树县的劳工是在仓库干活。这些修铁路的好像是平原地来的，死了不少。在铁路两旁，不远就一堆一堆的死尸，不是饿死就是累死的，那时干活是三九点，睡不好觉，3 点起来干活，晚上 9 点多钟才收工，当时有那么一句话：要想吃日本饭，就拿命换。

问：修铁路的劳工有多少人？

答：两万多人，仓库四五千人也多，山顶是"万人坑"。

问：你对日本人印象最深的事是什么？

答：就是劳工的那些事，吃不饱，死了很多人，劳工死的一垛一垛的，他们住的都是木头搭的席棚子，别的事我就不知道了。

采访时间：1999 年 2 月 24 日

采访地点：黑龙江省牡丹江市东宁县大肚川镇老城子沟村

采访对象：李宏山，男，88 岁，黑龙江省牡丹江市东宁县大肚川镇老城子沟村村民

整理人：宋吉庆　孙芹

（原件存东宁县档案馆资料库）

45. 关于日军在中苏边境线驻军情况采访卢广仁笔录

问：谈谈当年日伪时期日本驻军情况。

答：我在这读书时，来了一个叫长尾的部队。部队来了之后，把学校当团部，那时他们叫联队，相当一个团兵。一开始他们当官的叫长尾，上校军衔。当时他们的营叫大队、连叫中队、排叫小队、班叫分队，在这里住了一年多。我在这儿小学毕业后，到三岔口读书时，这个屯子的部队就换了，他们就上马大营了，马大营就是北河沿北那地方。他们这个联队 3 个营，其中，两个步兵营，一个炮兵营。

问：修碉堡、挖战壕的情况知道吗？

答：挖战壕我知道，总共修了 3 道大壕，主要是防苏联坦克用的。三道壕在八家子东边，这边一共 4 个碉堡，其中有一个苏联人没找到。

问：这里还有别的部队吗？

答：在东缸窑沟驻有一个 396 部队，是一个师部。大城子南沟驻一个 123 部队，那也是一个师，东缸窑沟和西缸窑沟有山洞相通，洞子有房子那么高，有四五里地长，洞子两侧都有碉堡。

问：你了解劳工的情况吗？

答：在头道缸窑沟里有个劳工棚子，就在泡子沿三队和四队中间那地方，有 4 亩多地那么大，那些劳工都是战俘，干活时日本人在周围设 4 个小旗，劳工就在这中间干活，出线就用枪打你。有不少劳工逃跑了，有的让日本人抓回来，就喂狗了，狗圈就在劳工棚子东边，那个时候通讯工具主要是狗。

问：这里还有什么组织？

答：泡子沿有一个青年团，这个青年团都是16—19岁的青年组成的，全称叫青年义勇看守团，都是日本人。我在这读书时，他们就来了，驻了一个中队，八家子有一个，李家趟子有一个，大队部在东宁。日本人进来时，不超过800人，当时东宁有王德林的部队，叫救国军（4000多人），还有个二十旅十八团（2000多人），还有自卫军（抗日联军），结果都跑了，没有抵抗就跑了，让日本人进来了，一仗也没打。日本人进来时是成两路进来的，顺老道进入三岔口，从西北门进来的。

问：苏联打过来时这里打仗了吗？

答：我不太清楚，只是听说。苏联人在老毛山杠上打了一天一夜，没打下来，又改到绥芬河北沟打了好几天，日本子那时都拼命了。后来，我们到那边洞子里去看，那边的洞子都炸塌了，我们从天井方口进去了，日本子死老多了，男的女的都有。洞子有一百多米再往里都堵死了，什么东西也拿不出来。我家有一个亲戚，也去捡东西，看到一个日本兵和一个苏联兵都死了，两人枪对枪站在那里，他说："小日本还出洋相呢"，就去拉那个日本兵，结果枪响了，把他给打死了，一个死日本人打死了一个活中国人。苏联部队1946年4月26日撤出中国的。

采访时间：1999年2月25日

采访地点：黑龙江省牡丹江市东宁县三岔口镇泡子沿村

采访对象：卢广仁，男，76岁，黑龙江省牡丹江市东宁县三岔口镇泡子沿村村民

整理人：韩茂才　张昭敬

（原件存东宁县档案馆资料库）

46. 采访于春江笔录

问：你老家是哪儿的？

答：老家在东宁，1948年来这儿（南山村）的。

问：你是东宁坐地户吗？

答：对，我是三岔口生人，日本人来了往外撵（并屯），就搬到东宁了。

问：这附近的几个洞的情况你知道吗？

答：洞子情况——我去过里头。

问：你什么时候去的，去过哪个？

答：俩都去过。

问：大架子底下的去过吗？

答：大架子底的那个我去过。

问：你去的是什么时候？

答：1948 年，就那一二年吧。

问：大架子底下的洞，你进去时是什么情况？

答：我看见里面有些办公的纸，破钢笔，桌子也有。

问：废纸什么的也没拣过吗？

答：那时也没啥用，墨黑的破东西，还有一个铁桌子。

问：是日本人当时用的吗？

答：是在日本人的那个洞里，里面还有只羊，羊成羊皮了，风干了。

问：你进的时候能走进多远？

答：有的塌了，就不往里走了，挺害怕，墨黑。

问：估计一下，你进去多远？

答：五六十米，年轻，好信，捡点洋落儿。

问：这个洞进去什么情况？

答：南面这儿有一个窟窿，这个窟窿往东面一拐弯，有一门炮，炮口挺大，有这么大（30 厘米左右），这个起螺丝，那个起那个的，剩下的不多了。

问：炮在什么地方？

答：不是俩窟窿吗，就是东面那个。

问：哪个窟窿？

答：洞口东面那个。

问：那个炮炮身有多长？

答：那我记不清了。

问：炮口朝东吗？

答：是。

问：这个洞进去有多远？

答：这些洞进去都差不多，他那儿有些碉堡，从大洞起，一蹬一蹬往上去，（碉堡）像个大铁锅似的，有打枪的小铁门，一关一关的。

问：现在还有往上去的梯子吗？

答：有。

问：里面有几个碉堡？

答：不清楚。

问：碉堡有多大？

答：能坐两三个人那么大地方，都炸坏了，长出一些树棵子和草，（碉堡）盖是铁的，有五六厘米厚，一个有好几百斤。

问："铁锅"有几个？

答：大约三五个。

问：大架子底下有没有"铁锅"？

答：没有，光有一个炮。

问：在架子底下那个炮是什么样子的？

答：死炮，水泥打的座不能动，在弯弯的铁道上转，洞里面放些炮弹，我去的时候，洞里面还有一些炮弹，大约（一个）有10多斤。

问：有几个这样的炮？

答：两个，其中一个在反修二那面，我去那时炮都没有了，光剩底座了，跟大架子底下的一样。

问：反修二的那个在哪里？

答：就在现在的国营煤矿南面。

问：大架子底下那个洞什么样子？

答：就是来回走的洞，走一段就没有盖了，好像是个战壕。

问：战壕是通哪个山的？

答：通东方红后面的那个山，像是从大架子底下那个洞进去，东方红后面的电视天线那儿能出去，从反修二过去就没战壕了。

问：你说的那个炮具体在什么位置？

答：我也记不清楚了。

问：反坦克壕有吗？挺宽挺深的沟。

答：有，从大碴子一直能到东方红后面那个山。

问：现在反坦克壕还有吗？

答：有。

问：洞往北有反坦克壕吗？

答：没有。

问：胜利村那有吗？

答：有。

问：泡子沿有吗？

答：有，在 1943 年左右，我还去挖过，每家分几米，不干完不让回家，不给钱。

问：这块你听说过劳工坟吗？也叫"万人坑"。

答：听过，没有去过，就在反修二往西走。

问：有几个。

答：具体不清楚，已经开成煤矿了，平了。

问：铁丝网有几道，你清楚吗？

答：咱也不知道有几道，就是去拣铁丝，一天卖两三块钱。

采访时间：1999 年 2 月 25 日

采访地点：黑龙江省牡丹江市东宁县三岔口镇南山村

采访对象：于春江，男，75 岁，黑龙江省牡丹江市东宁县三岔口镇南山村村民

整理人：杨玉杰、王颜彬

（原件存东宁县档案馆资料库）

47. 采访李广文笔录

问：你那时候给他们赶车送东西是吗？

答：对，就是送吃喝、给养。

问：在山上你给他们干了几年？

答：我是 16 岁去的，20 岁出来的，干了 4 年。

问：你开始送东西的时候，日本人在那儿修工事是吗？

答：不，我去的时候，人家都修完了，什么都修完了。

问：那时庙沟那有几个大炮？

答：俩，沙场子那有一个，北边还有一个。

问：你去的时候他们在干什么？

答：就是训练，在外边巡逻，他们正规训练也挺厉害的，新兵来了可厉害了。

问：驻军情况你知道吗？有什么部队，是叫什么番号？

答：他总的番号叫 777。

问：777 是什么部队？

答：那不知道，什么部队不知道。

问：是炮兵吗？

答：炮兵有。

问：777 都是炮兵吗？

答：不，是混合的。

问：就这一个番号？

答：对。

问：炮兵、步兵、骑兵都有？

答：没有骑兵。

问：这里人最多的时候能有多少人？

答：弄不明白，反正东沟里，有六个连队；西沟三角山林场上面有三个连，是炮兵。

问：三角山上有吗？

答：就是山下边的，营房在山下，比如说一连在这儿老在这儿，你这个连的一排上去，二排再上，一次几天，回来再去，你这个连里头循环，他是这样。

问：现在边防连住的地方，当时也是日军的营房吗？

答：是，军官在这住，是士官，上士往下，班长不行，他们上士有上下班。

问：有家属吗？

答：没有家属。

问：当时这里不是有楼房吗？几号几号楼的。

答：有，现在边防连住是 4 号，菜窖是 3 号，再往上是 2 号，再上边是 1 号，这里边住着一个人，是 777 部队最大的官。

问：再往上是不是还有个会议室？

答：对。

问：还有个医院吗？

答：对，有个卫生所。

问：卫生所有多少人？

答：有几个人不太清楚。

问：送东西能不能送到卫生所那儿？

答：送到那儿，有时候还给那儿送水。

问：八卦洞你送过吗？

答：没有，就送到八卦洞下边的盘道，你就得回去，再往别的地方就不行了。

问：光复时，洞子能进去吗？能进多远？

答：光复时，进去的时候，苏联就开始轰炸了。

问：日本投降后，苏军就看上了对吗？

答：对。

问：那些进洞子的人现在有没有了？

答：没了吧，有个老刘头，苏联在的时候是在治安队，进没进过洞子不知道。

问：除了八卦洞，前面还有洞子吗？

答：有，有也不中用了，现在也进不去了。

问：现在能看出来有洞子吗？

答：看不出来了，能看出来的话也崩得看不出来了。

问：你送东西的时候，除了八卦洞，还知道别的洞子吗？

答：知道，也不知道干啥的，光知道上边有人，现在说的409（高地）那时山洞比较多。

问：给日本人拉活的有多少辆车，送什么东西？

答：有20多辆车，每天都是，这20多辆车天天有活，都能给你安排出去，有四轮的也有两轮的，就是拉米、面、煤的。在沟口拉，在外面也用马车拉的，他分两部分，一部分在外面拉，我们在里面拉，外面的不能进里面来，上外面拉物资的都是用汽车。

问：外边多少辆？

答：外边就没数了，有时到了冬天、秋天有六七十台车。

问：拉煤干什么？

答：就是生活用。

问：生活能用这么多煤吗？

答：就是这4号楼，一天就得两吨。

问：这山上的劳工被堵在洞里、埋在洞里有这事吗？

答：这事我不清楚。

问：杀劳工的事听说没有？

答：没有。

问：这地方劳工死了，埋在什么地方？

答：我说就在现在的靶场那儿，有一部分劳工，说是俘虏。

问：有多少人？

答：看那样有一二百人，不让咱们接近。

问：听劳工说话是哪的人？

答：都是南方，哪的都有，接近的时候就说个一句话、两句话的。他们跟犯人一样的，他们一出来就武装看押。

问：干什么活？

答：就是修那个炮台，后来就不知道那些人哪去了。

问：你回来的时候是哪年？

答：离光复还有两三年。

问：你讲一讲中国人挨打的事吧。

答：那人叫宋贵，有一天，除了送米、面的外，剩下的送煤，在沟口这儿拉，每天一趟就回来。今天就不行，非让送两趟，都黑天了，再送一趟就去不了。这帮人就不干，日本兵要打咱们中国人那不一个来一个来的，三僵两僵的，他俩就干起来了。日本兵抽出刺刀上枪上了，那家伙（宋贵）虎啊，没等日本兵扎他，他抽出铁锹就砍过去了。日本兵脑袋一偏，把耳朵弄下来半块，那事多亏了车头王金荣，要不然就坏了。在上边能看见岔道口，王金荣在上边看见岔道口打起来了，不大一会儿他（王金荣）赶车下来了，一看宋贵把日本兵耳朵砍下来了，说坏了，再说日本兵路过的有不少。王金荣说，不行，你快走，我把你送出沟口，黑天了，要不黑天你自己能出去。王金荣还没回来呢，日本人就找来了，那个当兵的包着脑袋来了，他是二连的，那个连长也来了，（连长）就向他（受伤的日本兵）说：哪个是，认错了不行。那时咱在那里待的时间也长了，他们说个一句半句的也懂得。他（连长）说：你认准了，认错了不行，不能伤害无辜。现在讲话了不能伤害这些好人。认了好几遍也没认出来，也找不出这个人，这个人根本没在那儿。说实在的这时候走到谁那儿，谁都胆突的，没认出来，就拉倒了。

问：那个碑怎么回事你能说说吗？

答：这说不清，在"卡古溜"沟口那个，我们去的时候就有，上西沟一进沟林场门口还有一个。

问：现在还有么？

答：没了。

问：那块石头哪儿去了？

答：石头不知道。

问：什么字还记得吗？

答：什么"马魂"，三角四楞的那么个玩意儿。

问：在"卡古溜"那还有吗？

答：是，"卡古溜"那还有一个，那个还在那儿呢。

问：当时的日本兵前几年来过吗？

答：看见过，人家早回去了，回国了。

问：有一个认识你？

答：是他先认出我来的，我不认识他。

问：在哪儿认出来的？

答：在宾馆门口那儿。他上这（八家子）来，回去后在宾馆门口，我和李元义在门口说话时认出来的，当年在沟里，他整天跟着我们的车，时间长了这就认识了，就这么回事。

问：他来干什么没跟你说吗？

答：就是来玩来了，他带着他的媳妇，他的儿子。

采访时间：1999 年 2 月 25 日

采访地点：黑龙江省牡丹江市东宁县三岔口镇八家子村

采访对象：李广文，77 岁，黑龙江省牡丹江市东宁县三岔口镇八家子村村民

整理人：刘孝臣　王颜彬

（原件存东宁县档案馆资料库）

48. 采访王忠胜笔录

问：你知道当时日本在庙沟驻军的情况吗？

答：我说一说，有个叫 303（高地）的，这边这个日本子叫"卡不六子"山，北边叫"马山"，再往南有个小山叫 316（高地）山，再往南叫 309（高地）那个高山。

问：他们一共有几个部队？

答：就一个吧。

问：你记得当初最多有多少人？

答：那时有好几千，后来剩六七百人吧，都走了。

问：开始没走时最多有多少人？

答：2000 多有啊，后来都调空了。前几年来不少人，我说都快死了还来干啥，他们说他们来看家。金厂沟，他叫"通带西"，下边那个叫"三格醒格啦"以前叫 606 高（地），就是那个老鳖沟上边。

问：郭亮子在什么地方？

答：郭亮子在金厂沟下边。

问：郭亮子当时不驻军吗？

答：有，团山子也有。

问：团山子有多少人？

答：也就一个班，放哨的。

问：光复的时候你去过那些洞子没有？

答：事变（光复）那时我才回来的。

问：老毛子和日本人在这儿打仗了吗？

答：打了，死了不少啊！

问：打了几天？

答：就算一宿吧，一多半宿。那天晚上咱出来的，下晚老毛子就攻进来了，那时候老毛子从金厂沟那边过来都占了东宁了，又占了三岔口，那时候这还觉得没事呢。

问：在这打了一天是你看见的还是听说的？

答：是听说的，这头一天吧，咱在那干活跑出来了，到了第二天人家老毛子就占了。

问：第二天就占了？

答：是，人死老多了，老毛子、日本人都死了不少，听说俩人对击吧，你攘我肚子我攘你肚子。

问：你头一天跑出来，是怎么听到的信？

答：那时，老毛子已经打了一天，就是咱出来的这天，打几炮老毛子飞机就来一趟，打几炮就来一趟，转两圈就回去，一开始飞机飞得很高，到后来它就越来越低，看那日本人不敢还手。后来俺们在那吃炒面，飞机就在俺们头顶上飞过去了，那天俺们出来四五十人。

问：那些日本人让你们走吗？

答：不让走，俺们偷着走的。有姓田的会日本话，跟日本兵说出去拉东西去，我们 20 多辆车就出来了。

问：你下来的时候山上还有别的劳工吗？

答：没有了，就俺这一些。

问：以前不是有不少劳工吗？

答：那个都走了，不知道哪去了，还有四五十个俘虏后来事变也没看见什么时候走的，就没了，是山西那边的。

问：你知道洞子有多深吗？

答：那个八卦洞，看见可深了，有一里半。洞口在南边，山后半肋有个放气井有好几丈深。那年防空，洞子又挖出来了。

问：能进去吗？

答：能进去，往里进有一面塌了，现在能进去半里来地。

问：409 那时有什么工事？

答：也就是像瞭望所似的。下边也有洞子，是躲炮的，他们（日军）的那个大炮在"卡古溜"后边。

问：事变时炮还有吗？

答：有啊，后来都砸废铁卖了，有好几千斤，炮弹都 800 斤一个。

采访时间：1999 年 2 月 25 日

采访地点：黑龙江省牡丹江市东宁县三岔口镇八家子村

采访对象：王忠胜，男，77 岁，黑龙江省牡丹江市东宁县三岔口镇八家子村村民

整理人：宋吉庆　毕玉芬

（原件存东宁县档案馆资料库）

49. 采访李发笔录

问：你能讲讲以前日本人在的时候的事吗？

答：小日本在这儿吧，咱们中国人是吃了苦头了。我家住在东大川，我是东大川生人，我 8 岁那年，这天家里去了一个鲜族人，当时好像是日本特务，在我家这转转那瞧瞧，他又在东面一个姓高的鲜族家待了一天。第二天早晨起来他又到我们家来了，到我家来就说：你家有子弹、有枪，我父亲说我家子弹

没有、枪也没有。当时我家住的是两间屋，在外屋地挖了个小窖，他在里面说是拿出来子弹和枪，就这个理由就把我父亲给打了。打得我父亲当天就起不来了，最后我母亲到了快黑天的时候上前边一个村，叫十甲长，找十甲长去说，在大杨树沟子有个咱自己的队伍。告诉他们了，他们就去把那鲜族人抓起也打了一顿，我父亲也因为这身体不行了。到第二年人家（日军）就开始撵咱搬家，搬到庙沟口东边，有个叫王升的家里，在他家住了一年。赶到我 10 岁那年，又搬到三岔口，在三岔口东门里住着，因为我父亲干不了啥，我母亲就说给我找点活干，我就到八家子有个姓刘的家，给他喂猪。一个是能挣给自己吃，另一个一个月给三块两块的，这样我在八家子一年。我 12 岁那年，在西边一个新修的屯子，给叫王银的人家喂猪。赶到了秋天日本子开始撵三岔口的人，要15 天内三岔口全部倒出来。我家又搬到了暖泉沟一个外号叫王聋子的家里，这时我正给人家喂猪也不知道家已经搬走了，干完活回家的时候，不知道家搬到哪儿了，听说搬到了暖泉沟去了。这时候有个姓徐的要上胡萝卜崴给日本人盖大营，他说我把你领到胡萝卜崴你就能自己找到家了，就这样我才找到了家。到了这一年秋天我父亲可能因为家穷，他自己又不能干活，觉得过不下去了，到了晚上出去就再也没有回来，打发人一气找了好几天也没找着。我 14 岁那年雇给现在北河沿的朝阳沟，在那姓张的家一共待了 3 年。到了 15 岁以后自己也大了，赶在冬天吃两顿饭的时候，想家了，喂完猪就回家看看。

赶到了我 17 岁的那年冬天的一天，天黑了，下了一层小雪。我回家在道上绊得跟头把式的，当时天黑也不知道什么绊的，反正走吧，自己也不觉得害怕。第二天我就想看看到底儿是什么玩意儿，因为下了层小雪，我就顺我的脚印回去一看，都是一些死人，人在街里死了，被鬼子用卫生车把他们拉到地里，这卸一车那卸一车。那地方有一个沟子，多数被拉到那个沟子里头去了，能有四五十这样，那时狗也多，那狗整天在那儿啃。我 16 岁那年的腊月，在我们前面四五十米，有个小工棚子，住着 30 来个人。一个人就有病了，他本人说：“我不要紧，死不了”，别人说不能行了，快把他抬出吧，因为那时候一个是吃不饱，另一个也没有衣服穿，正好他有点毛病，就给抬出去了，人抬出去不多一会儿时间就没动静了。我 17 岁那年就被日本子抓去当劳工，按那时他们说，到18 岁才可以抓劳工，因为穷，家里也没有人，让你去，你就得赶紧，不敢不去，小一岁就小一岁。在 39 部队，就现在的橡胶厂那个地方的北面，当时去了，他们抓了 400 来号人。住的房子不是房子，就用木板钉的，转圈儿用土培，顶上用席盖的，两趟房子。他那儿有汽车，但当兵的不多，干活全靠这帮劳工给他干，一天吃完饭就上班，一个车四五个人，有时拉砖，有时拉豆饼。赶到拉豆饼，大家伙感到很高兴似的，因为当时在那吃饭吃不饱，一顿只给4两饭。赶上拉豆饼的时候，豆饼渣子划拉一点，小块的往腰里揣点，到了晚上时候捡个罐头盒子预备着，用点水泡上，搁在炉子上炖炖，添巴添巴吃点，还得偷着，会有人监视。一次给他们看着了，第二天集合，一共40来个人排起队来，一分两开，正好一个对一个，光着上身一个打一个，你打我我打你，谁要不使劲，他就过去连撇子带脚，把你踹巴一顿然后你们两个接着打，这次打了一个多小时啊，那几年他一个月供应三四斤苞米面，给一半橡子面，有时冬天弄点冻土豆子，那时中国人不叫人，我最恨日本，因为我尝到了那滋味。

问：大杨树沟咱们自己的队伍是谁的队伍？

答：那时候我七八岁，那时候叫胡子。

问：你说的大杨树沟的队伍有多少人？

答：有四五十个人吧，还有一帮300来人，在我们家那儿路过往北走，有说是当兵，有说是胡子，他们不祸害老百姓。

问：他们穿什么衣服？

答：好像是灰不出溜似的，也没有正经的衣服。

采访时间：1999年2月26

采访地点：黑龙江省牡丹江市东宁县东宁镇民主村

采访对象：李发，男，72岁，黑龙江省牡丹江市东宁县东宁镇民主村村民

整理人：韩茂才　张昭敬

（原件存东宁县档案馆资料库）

50. 采访付德财笔录

问：当时民主村日本人住的房子是谁盖的？

答：下边的劳工盖的。

问：劳工有多少人？

答：几百人吧。

问：这儿的劳工有没有死的？

答：这儿的劳工死的少。我在庙沟那边干过活，庙沟劳工死海了。那年我在庙沟干了一年，进去时先照相，然后就不让出来，在庙沟口有卡子。

问：那边死的劳工你看见过吗？

答：那天天看，那可真在跟前，那工人老多了。

问：能有多少人？

答：那没数，在沟两边用木板搭的工棚，天天上山挖沟，一天能抬出 10 个、20 个的，死了之后用席捆着，工人抬工人，就扔到沟口大河滩上，剩下没死的就说往回送，在三岔口坐小火车，大冬天就穿着单衣单裤都冻死了，赶着走赶着往下扔，一个也没回去，他（日本人）也不打算让他们劳工回去。

问：庙沟的劳工有几千吧？

答：有，都是南方人，这山上的洞子完全是他们修的，庙沟那些事我是亲眼看见的，在庙沟干活的人现在没有了，就剩我了。那些劳工受老罪了，监工的用洋镐把揍。

问：你看见了？

答：这事咱亲眼看见的，都是下边人，咱当地人没有。

问：能听出是哪的人吗？

答：哪儿的都有，外边跟车的人就有咱们八路军俘虏，都穿着八路军的衣服，说话咱不太明白。我就问他，你们是干啥的，他说：我们是八路军，在哪儿在哪儿打仗被俘虏了，也老多了，哪个部队的都有。还有妇女，下晚干活回来，席棚用刺鬼栏着，事变时全没有了，不知道上哪儿了。

问：你在庙沟干，出来时离事变有几年？

答：那可有几年，反正修庙沟的时候，那时我们给他们拉水、拉给养。

问：三角山你知道吗，去过吗？

答：知道，那有个小部队，我们天天给他们送给养。

问：八卦洞知道吗，去过吗？

答：知道，那儿不让咱们去。

问：庙沟的仗一共打几天？

答：打了两天两宿，老毛子飞机在上边盖着，都打交手仗了，那人死老多了。

采访时间：1999 年 2 月 25 日

采访地点：黑龙江省牡丹江市东宁县东宁镇大城子村

采访对象：付德财，男，84 岁，黑龙江省牡丹江市东宁县东宁镇大城子村村民

整理人：陈学泉　张昭敬

（原件存东宁县档案馆资料库）

51. 采访张福忠笔录

问：光复的一些情况你知道不？

答：怎么能不知道呢！苏联红军打来时，我跑到石门子，在日本大营捡洋货，先前捡了一把日本战刀，因日本人的黄衣服不能要，怕苏联人认错了给打死。随后发现一个箱子，掀开一看，发现里面藏着好几个日本兵，吓得就往外跑，用日本战刀砸破玻璃，跳了出去。还告诉他们在高丽庙（矿山村）还有没退下来的日本兵。

问：是你带着去的吗？

答：不是，是苏联人用电台通报的。第二天苏联的部队就把高丽庙的日本人都包围了。

问：高丽庙那打了多少天？

答：18 天，天天是白天飞机炸、大炮打。这里（太阳升村）全是苏联的坦克和人包围着。高丽庙子留下了 1000 多人，这是后来日军降服后，一个日本排长（会中国话）从这儿过时说"大日本的死了 200 多人，800 多的日本人的回来，20 年后我们还会回来的"。

问：劝降的情况你知道吗？

答：知道的，我给苏联红军当过向导，从牡丹江来了一个日本大官（上将），是苏联一个红军军官对我说"这是个大大的太君"。当时第一天没有劝成，第三天才把高丽庙的日军劝降的。

采访时间：1998 年 7 月

采访地点：黑龙江省牡丹江市东宁县大肚川镇太阳升村

采访对象：张福忠，男，80 岁，黑龙江省牡丹江市东宁县大肚川镇太阳升村村民

整理人：韩茂才　张昭敬

（原件存东宁县档案馆资料库）

52. 采访杜德善笔录

问：你是这儿生人吗？

答：我是东宁县生人。

问：你是什么时候搬这来的？

答：14 岁那年。三岔口东面，日本人全撵了，先撵到新曙光，在那住 3 年后又撵到煤矿大队，后搬到煤矿去的。那时日本子从这山往那山打炮，老百姓不能生产干活。日本鬼子在那儿抽兵，在那儿把我抽走了，那年我正好 21 岁，当了 5 个月。

问：那是哪一年？

答：康德十二年吧！就那一年亡的（1945 年），我们在承德。

问：那是日本什么兵？

答：那是步兵第八团，日本人叫国兵，团长叫王铁新，连长是鲜族人。

问：这边的事你知道不知道？

答：看什么事，日本人在这东山上修工事，军事基地吧。那时我是十四五岁，知道，我没进去过。

问：都哪个山修了？

答：就这个东岗（反修一叫西岗，大草盒在南边），炮台都是铁的，铁铸的，4 块一个大围圈（叫座山炮），一起是 4 个炮筒没看到，反正座盘得用机器，人动不了。

问：当时你们进洞子没？

答：当时都炸坏了。

问：当时有 4 个炮台，还有什么工事？

答：有洞子，东大川有洞子，都让苏军给炸毁了，进不去人了。

问：除见电马路洞以外，反修二那儿有洞吗？

答：东面还有洞，东方红的岭西，反修二的岭东。那里有汽车，这里有在那儿当过工人的去找（李贵林），挖多少回，没挖着。

采访时间：1998 年 7 月

采访地点：黑龙江省牡丹江市东宁县大肚川镇太阳升村

采访对象：杜德善，男，75 岁，黑龙江省牡丹江市东宁县大肚川镇太阳升

村村民

整理人：宋吉庆　毕玉芬

53. 关于大肚川日本驻军情况采访赵凤海笔录

问：你介绍一下日伪时期的情况。

答：那时我 22 岁，他们把我抓去给他们做饭，主要给日本人做一些点心、果子、豆包，干了一年多，就在石门子这个大营里，后来就不用了。

问：为什么不用了？

答：他们要黄了，那时日本兵也退了，就剩收尾的了，那时就一个连的人了。

问：你做饭这里最多时有多少人？

答：最多时也就一个营吧。

问：叫什么部队？

答：369 部队，我就给 369 部队做饭，369 人数大约四五百人那样。

问：还有什么部队？是步兵、炮兵？

答：103 部队是小炮，就是马拉的那样的，108 没有炮，好像是步兵。

问：日本人在这里修过大的工事吗？

答：工事是有的，修了个大炮台，就是像座山炮似的，听说一个炮弹有 800 多斤，太阳升北还有两个，高丽庙子也有。

问：还有别的工事吗？

答：别的工事这边没有，高丽庙子那边有个洞子，听说那几个洞子挺大。

问：你做饭给谁吃？

答：给日本人吃，主要做果子、点心，还杀猪。

问：你看到日本人打中国老百姓吗？

答：听说宪兵抓过中国人，抓了之后，送到西沟的宪兵队，在那边打，我是没见过。

问：他们杀过中国人没有？

答：听说，我没看到过，只是听说日本人抓了中国人灌辣椒水、冷水什么的。我听说有这么回事，特务丢封信在你家门口，让你家给他们种地，你不去给他种，就把你家的人抓去，蹲大牢。咱们这就有一家，反正抓去了就别想回来了。

问：抓走那个叫什么名字。

答：他姓王，他叫王什么我也不知道，抓去以后不长时间就死了，到底也没回来。

问：事变时你还在这个村吗？

答：事变之前我就出劳工了，到黄松给日本鬼子烧松油子去了，当天下晚到了那地方，就盖棚子，一个坑没挖完，飞机就来了，那飞机不管三七二十一到处都炸，这些人没办法了，走吧，跑到了沙河子，在那住了半个来月，咱们这里有一个姓刘的，有一个姐夫在这个地方，说先别走，又住了10多天，后来听说解放了，我们就回家了。

问：劳工当时穿什么衣服？

答：都穿着便衣，穿便衣也都给杀死了，苏联人是怀疑劳工是日本人一伙的。

问：你回到这里是什么时候？

答：1945年阴历七月，回到这儿就不打仗了，老毛子在这边住，有两个月时间。

问：你从黄松回来，听说石门子打没打过仗？

答：在这没打，在罗圈、太平川那，打过一仗，死了不少人，火车都炸了。

问：罗圈打仗是什么时间？

答：就事变那几天，把日本人赶到罗圈打的。

问：你做饭时日本人打过你吗？

答：就有一次，我拿面食吃，让日本人看到了，打了两耳光子，就被打了那一次。

问：事变以后你一直在这儿住吗？

答：一直在这儿住，没动地方。

问：日本有大营时，这个地方有住户吗？

答：有，我是后搬来，日本来以后，就归屯子了，都集中在屯子里面。

问：你来这里是多大岁数？

答：那时我才21岁。

采访时间：1999年2月25日

采访地点：黑龙江省牡丹江市东宁县大肚川镇石门子村

采访对象：赵凤海，男，86岁，黑龙江省牡丹江市东宁县大肚川镇石门子村村民

整理人：陈学泉　张昭敬

（原件存东宁县档案馆资料库）

54. 关于日军抓劳工情况采访王敏原笔录

问：向您了解一下"满洲国"时的事。

答：那时我在东宁满铁干活，不是火车，是汽车，全称叫满铁自动车营业所，位置在街东头三校。康德八年，我在那儿做木匠，主要修理车（门、大厢等）。这些汽车是拉给养的，有100多台，每天正常情况下都有40多辆拉东西，拉一些生活必需品。好像是福特车，这里负责的都是日本人。

问：你在那儿干了几年？

答：干了4年，从康德八年到日本要完蛋那年，之后，我去当国兵（"满洲国"国兵），当了6个月国兵，就光复了，当时我们一起干活的中国人有40多人。

问：你在老城子干活时有日本兵吗？

答：没有，就是工人和劳工。那里有经理部，也挎刀啥的，在那儿领着，另外有一个主头，主头就是管包工的，经理部就是施工、监工、质量监察的。

问：劳工都干什么活？

答：打洋灰砖、挖洞子、挖地槽、灌地基，我那时一天挣一块多钱，劳工能有200多人，有榆树县的、天津的，木匠、瓦匠，天津的人多。那时铁路才修。

问：那时你们的生活怎么样？

答：开始还行，后期就不行了，连日本兵都得吃定量。

采访时间：1999年2月25日

采访地点：黑龙江省牡丹江市东宁县三岔口镇泡子沿村

采访对象：王敏原，男，75岁，黑龙江省牡丹江市东宁县三岔口镇泡子沿村村民

整理人：韩茂才　张昭敬

（原件存东宁县档案馆资料库）

55. 关于苏军进攻东宁日军作战情况采访徐清笔录

问：当年你给日本人当翻译时的情况如何？

答：1944 年我在日本的 2638 部队当过翻译。我是在三岔口学校学了几年日语，毕业后，19 岁在县政府（伪满时期）财务股做事，干了不到一年。那时我父亲在太平川当村长，当时日本人在老黑山有个叫小春的宪兵队队长到太平川来，见了我说，我给你找个好地方。他介绍我到了老黑山部队当翻译，当时 2638 部队在老黑山南村，它是个给养部队（存放汽车、汽油等），还有一个 2643 部队是步兵。物资就存放在土洞子里。2638 部队的头叫山本一郎，上尉军衔，他们的本部在大肚川，这里只是个中队。解放前 20 来天，那边就拉空了，都往延吉那边运走了。运完了我们就撤到大肚川了，回到本部有五六天，又坐火车到延吉了，我也跟着去了，走到了延吉日本就投降了。好像是 8 月 15 日左右。这之后我就回家了，一个中国人也没跟日本人走。

问：投降后你怎么回来的？

答：走着回来的，回到了太平川。

问：打完仗你回来路过七十二道顶子吗？

答：路过呀，在七十二道岭子走了一天，就看到死了的鬼子一堆一堆的，脸都发黑了，身上鼓鼓的，都冒油了，走到这里日本人投降后的七八天吧（这之前打完仗了），接着我就回太平川了。

采访时间：1999 年 2 月 23 日

采访地点：黑龙江省牡丹江市东宁县东宁镇

采访对象：徐清，男，74 岁，黑龙江省牡丹江市东宁县东宁镇二街村居民

整理人：韩茂才　张昭敬

（原件存东宁县档案馆资料库）

56. 采访侯怀恩笔录

问：你参加过王德林的队伍吗？

答：王德林的队伍不是救国军吗，我还跟着一块上河东（苏联）来着，上

苏联那儿去了，抵抗不住了，那时东宁就是现在的三岔口，有个姓原的，他是财主家，接了日本来。

问：日本打三岔口时，你在三岔口吗？

答：我在三岔口。

问：在王德林的部队吗？

答：在。

问：日本打炮时你们还击了吗？

答：还击，也抵挡不住，俺们就同苏联交涉，这就上了河东。

问：当时王德林的部队有多少人？

答：一二千人吧，光我知道的就一二千人。

问：过去多长时间？

答：过了一个年，就过了一个春节，我想回来的时候个正月十四。

问：回到哪儿去了？

答：又回到三岔口。

问：日本人不是驻上了吗？

答：是驻上了，从三岔口南边有个大乌蛇沟进来的，进来就和人家（日本人）交涉，就得服从他们（日本）管。

问：又给他们干了？

答：给我们编进了警察署。

问：在三岔口干？

答：对，在三岔口干，在这干什么时候是个头，不能老当亡国奴啊，就回了山东老家。

问：警察、宪兵队抓过老百姓吗？

答：可是，不用警察署抓，他抓，特意让你看，使铡刀铡。

问：你看见吗？

答：看见过，在东门里我看见过，铡脑袋。

问：铡的谁知道吗？

答：记不清了，把铡刀放在那个地方，脖梗子那放两棵高粱秆儿，借着高粱秆儿的脆生劲，一铡脑袋就下来了，他们不是东西，我不相信他们，别看和他们友好。

采访时间：1999 年 2 月 21 日

采访地点：黑龙江省牡丹江市东宁县东宁镇

采访对象：侯怀恩，男，85 岁，现住黑龙江省牡丹江市东宁县东宁镇三委十三组

整理人：宋吉庆　毕玉芬

57. 采访郭成山笔录

我是康德七年来到大肚川，在 2632 部队当劳工。在万鹿沟兵营干了一年，大肚川有后勤仓库（兵工厂），主要是造迫击炮，99 枪、38 枪，还造子弹、炮弹。部队人不多，队长是在佐，有 200 来人，工人有 2000 多人，安东（今丹东）人比较多一点，当地劳工也有。劳工吃不饱，死的人也没数。死的比较多的有 2643 部队的劳工，死了就扔到一个地方。山洞我也去过，光复后时间不长，我们十几个人赶着辆马车到高丽庙子（矿山村）东山捡洋落，到那就中午了，下午我们进洞走了 4 个来小时，也没走完这个洞，大约走了十几里地，天黑了，我们在那儿打了一个小宿，捡了两国地雷风（电缆线），第二天拉回来了，洞里有不少大小房间，听说这个洞有 70 多里地长。

采访时间：1999 年 2 月 21 日

采访地点：黑龙江省牡丹江市东宁县大肚川镇大肚川村

采访对象：郭成山，男，80 岁，黑龙江省牡丹江市东宁县大肚川镇大肚川村村民

整理人：宋吉庆　毕玉芬

58. 采访张合太笔录

我是 1938 年到绥阳的，在日本部队大修队工作，当时据沟里出来的人说，柞木台子、八里坪大道上都是兵，还有许多劳工，劳工都是关里来的，有几万人。绥阳当时没有多少人，平时更看不到人。绥阳当时看是比较繁华的，日本子红部驻北山，还有个宪兵队，最大官是满金两个豆（中将），八里坪是个军工厂，现在二中的位置是个飞机场，在三道河子有个地下工程，光复后有人进

去过，有的都死了，有好几里地长，里面有大屋、有小屋还有个炮台。在银行的位置有老多的劳工棚子，住着好多劳工。到了冬至，我看见这样一个场面，从东面押来一些人到了火车站，有日本宪兵看押，这些人身上穿草袋纸，一个车拉着两个人，头上黑布包着，听人们说抓的是共产党。

采访时间：1999 年 2 月 26 日

采访地点：黑龙江省牡丹江市东宁县

采访对象：张合太，男，82 岁，黑龙江省牡丹江市东宁县绥阳镇原百货批发部主任

整理人：韩茂才　陈学泉

（原件存东宁县档案馆资料库）

59. 李长山口述：　日本侵略中国犯下的滔天罪行

大约在 1933 年前，日本没侵略中国以前，我们中国的农村都是这一家那二户的，谁住在哪儿，谁就在哪里种地，然后就在自己种地的跟前盖房子住（好种地）。自从日本侵略中国以后，日本在中国横行霸道，抢夺、烧杀，社会就乱了。

大约在 1935 年和 1936 年前后，我家住在夹信子屯西南，靠南山边子奉天梁大院套的院外住，这个时期我们抗日联军就住在这南大山里，吃的都是靠夹信子屯这一带。各个大院套的大户，如奉天梁大院套（在夹信子屯西南就是现在一部落的位子）、乔振朋大院套（在夹信子屯东南边）、高二麻子大院套、姜庭显大院套夹信子屯西一里路的两个大院套（不知名）等都有马车，经常用马车给南大山里我们抗日联军送粮、油、菜等吃的。这个时期听说，我们抗日联军要在这南大山里（七星硅子）建立抗日联军根据地和军工厂。此时我们抗日联军队伍人很多，活跃在夹信子屯这一带，来来往往，也经常吃住在奉天梁大院内外住户家中。以后日本军就来了，我们抗日联军从南大山里出来打日本军队，有的时候日本军队也来奉天梁一带打我们抗日联军，一打我们抗日联军就进南大山里，日本军队不敢进山里，只好败退回来。就这样打了多次，日军就拿住户老百姓出气（打骂烧杀）。开始日本军队把靠南山最近的住户（两三家）人给杀了，房子给烧了，然后就告诉靠南山边子远一点的奉天梁大院套内外的住户，限期扒房子到夹信子屯重新盖，到期扒不了的，人给杀了，房子给烧了，

这样家家都把房子扒了。

（1）奉天梁大院套（在夹信子屯西南，现在一部落位置）是用草发子修的，城墙4至5米高，4个角都修筑炮台和城门，院内四合房子28间，大板车两台，马12匹，整个大院方圆能有半里地一半的那么大，现价值300万元。

（2）和奉天梁大院套一样的有：1）乔振朋大院套（在夹信子屯东南边）；2）高二麻子大院套；3）姜庭显大院套（在夹信子屯正西4至5里地）；4）在夹信子屯西一里地，有两家的两个大院套（不知名）。这5家的5个大院套，现价值1500万元。

（3）奉天梁大院外扒房子的住户，知道名的有李万池3间，邹云山两间，梁宝库3间，我家3间加上院内28间，共39间，每间房子3000元，共117000元。

（4）在夹信子屯一起重新盖的房子有李万海3间，邹云山两间，梁宝库3间，郑春芳5间，我家3间，这5家共16间，每间3000元，共48000元。我们这5家的房子都盖在夹信子屯的西南角，这5家的房子先后都盖完了，人和东西搬进新房没几天，日本军队就先横行霸道地欺压强迫住户，把房子倒给他们做兵营，把夹信子屯六分之一的西南角都给占了。又在哈拉密河大桥西边、笔架山北头、张精神屯前路口建立了日本军兵营。又在安邦河大桥西头的慢山坡上边（就是现在集贤县钢铁厂的位置）建立日本军的兵营，周围都是铁丝网的大院由大门日军把守（院内修的狗圈）。车、马、人路过都经日军检查，手掌有没有干活磨的茧子，有茧子的就是老百姓放走了，没有茧子就是抗日联军就给扔狗圈里活活叫狗吃了。安邦河大桥、夹信子屯、张精神屯，这3处日本军常驻的兵营，把佳木斯通往富锦、宝清的路都把住了。这个时期我们抗日联军都去完达山、过苏联了。

（5）日本为了统治中国人，把整个中国各个地方农村分散住户都给归到一起了（叫归屯），分散住户的房子都给扒了，到指定的屯子重新再盖，扒房，再盖房。这两笔经济损失是最大的，中国各地农村的屯子都是日本给归的，这是日本在中国又犯下了一个最大的经济罪行，这笔大账中国农村一定要算的，日本如果不认账，我们中国农民就告到国际法庭从严处理。

（6）日本为了控制夹信子一带的山区，预防我们抗日联军进南大山里，在夹信子屯的南山边子，没有人家的荒山野草的山边子，成立日本人管理日本人种地的开拓团，有团部（是机关），下边有部落（屯子）。第一年建团部和一部落（是奉天梁大院位置）、二部落（没有人家地方），第二年建三部落（没有人家地方）、四部落（是高二麻子大院位置），第三年建五部落和六部落（都是没有人家的地方），这6个部落都是日本人住家的屯子，名义上是开荒种地，实际上是控制山区，这一、二、三、四、五、六部落把夹信子屯的南大山全给挡住了，中国人进山是不行了。

（7）屯子归完以后，日本利用他组织的伪警察特务、宪兵到农村，由屯长带领，给日本（无代价）要出荷粮。农民不交粮，就管农民硬要，农民没有粮，就在农民住房的房前房后、屋里屋外到处翻粮（实际上就是抢粮），翻出来的粮全部给拿走，农民家里没有粮也一点儿不给留。据我所知，被强行拿走家里粮食的有以下几家：李清祥、谢长阁、杨付全、王振东、任红福、刘宝玉、李长福、杨老七等，至于每家拿走的多少粮就不知道了。就拿我家来说吧，被抢走的粮食有：高粱3担（2100斤）、玉米5担（3500斤）、小麦两担（1400斤）、谷子两担（1300斤）、黄豆1担（700斤），共13担（9000斤），按每斤1元钱计算，共9000元。

日本人把翻出来的粮都给拿走了，农民没有粮食吃，日本人就叫老百姓吃糠咽菜。谁要是吃大米白面，谁就是经济犯。这时有很多人没有粮食吃，有的人家把玉米糠加工成面子吃，有的吃菜，再加上农民互通有无，才度过了荒年。

（8）"八一五"这一天，日本鬼子失败了。正是下涝套雨，日本败退走的路都是泥水，一陷多深、人走都费劲，汽车就更走不了了。日本人把车都扔在路上，步行走到集贤县东南的南大山里，准备抄近路，奔勃利县再奔朝鲜。在这步行山路的一开始，有的日本人的老婆孩子走不了就被扔在半路上，也有的把老婆孩子杀了，日本人太残忍了！日本这种惨败不光是人民灭他，同时也是天灭他，正像中国人常说的，正义终将战胜邪恶的。

"八一五"这一天是标志，中国人民在中国共产党的坚强领导下，经过长期抗日战争，用落后的武器装备和小米加步枪战胜了经济实力和军事装备强的敌人，创造了弱国打败帝国、强国的奇迹。"八一五"这一天是伟大胜利的标志，是中华民族世世代代不能忘记的一天。

"八一五"日本鬼子失败了，跟日本学坏的中国人、伪警察、特务、宪兵队，自行组织的李庭会和谢文东土匪乘机在我们黑龙江省各地胡作非为、横行霸道，到处抢夺民财。1945年的秋天李庭会土匪队抢走我们夹信子屯住户很多马，知道名的，有我家的两匹，杨付全家两匹，兰宪臣家3匹，李红彬家两匹，杨老七家4匹，这5家13匹每匹马6000元，共78000元。

这个时期社会治安就乱了，好人怕坏人，直到共产党来了以后才治理好了，我们八路军把李庭会和谢文东土匪队都消灭了，社会治安都稳定了。

（9）日本在这扒房子，占房子、抢粮、抢马所造成的损失：

1）在夹信子屯这一带，我知道的大院套都扒了，有6家6个大院套。每个大院套价值300万元，共计1800万元。

2）住户的房子扒了，我知道的5家39间，每间房子3000元，共117000元。

3）重新盖的房子，又叫日军给占了做兵营的有5家16间房子，每间房子3000元，共48000元。

4）日本在夹信子屯抢走的粮太多（无法计算）就拿一家抢走的粮说吧，各种粮食共13担，9000斤，每斤1元钱，共9000元。

5）跟日本学会抢夺的伪警察、宪兵、特务组织、李庭会土匪队，抢走夹信子屯13匹马，每匹马6000元，共78000元。

6）损失共计：18252000元。

注：夹信子屯就是现在的黑龙江双鸭山市集贤县沙岗乡胜利村。

口述时间：2006年7月13日

口述地点：黑龙江省双鸭山市集贤县经济委员会办公室

口述人：集贤县经济贸易局离休干部李长山

记录人：黑龙江省双鸭山市集贤县经济委员会党办干事——王学文

口述人简历

李长山，男，1927年生人，汉族，2年文化，原辽宁省本溪县人，现住集贤县升昌乡。1947年11月11日，加入中国共产党。

1934—1935年在辽宁省本溪县；

1936—1937年在黑龙江省集贤县沙岗乡一部落（奉天梁大院外）；

1938—1939年在黑龙江省集贤县沙岗乡夹信子屯念书；

1940—1946年在黑龙江省集贤县沙岗乡夹信子屯种地；

1947年在黑龙江省集贤县沙岗乡夹信子屯参加土改工作队；

1948—1951年在黑龙江省集贤县沙岗乡委员会工作；

1952—1959年在黑龙江省集贤县腰屯、升昌、太保、黎明乡任公安助理；

1960—1962年在黑龙江省集贤县二九一农场任保卫科治安股股长；

1963—1970 年在黑龙江省集贤县腰屯乡升昌乡做公安特派员工作；

1971 年在黑龙江省集贤县升昌公社；

1971—1973 年在黑龙江省集贤县升昌公社做党的监察干部工作；

1974—1979 年在黑龙江省集贤县升昌公社医药商店任主任；

1980 年至今离休。

居民身份证号：230521271218061

（原件存中共集贤县委党史研究室）

60. 刘忠诚口述： 日本侵略中国给我家造成的财产损失

关于日本侵略中国给我家造成财产损失如下：

（1）房产

1）强迫扒掉草房 3 间，仓房牛圈 3 间，磨米房两间，猪圈未扒，被日本军队烧掉。1938 年 4—5 月份，日本军队为消灭抗联强行并屯，把山里山外没有扒掉的房子全部烧光，我家发现山里房子起火时，立即上房把上述房子扒掉，剩下猪圈未扒，被日本军队烧光。

2）强占房场 5 间，抢走五檩五榫红松房木 5 间。在 1938 年 6—7 月份，日本军队在夹信子村西门里道南建设日本守备队大营，强占两条街民房和我家 5 间房场，并把 5 间红松房木抢去建西河大桥。

（2）地产

日本霸占土地 16 垧，1941 年 3—4 月份，日本把夹信子村西门外围道南的地照全部缴消，我家土地在四部落道南（长征村），西临高二麻子地，东临陈左微子地，总共 16 垧被日本开拓团强行霸占，从此我家十几口人年年靠租地种维持生活。

（3）抢走小麦 2000 余斤

大约在 1941 年 11—12 月的一个晚上，我父亲点油灯挖牛粪堆子埋小麦，被东院邻居王俊清的亲属孟广余特务发现并告发，由沙岗村警察署把小麦翻出抢走并以经济犯罪的名义把我父亲押起来。

口述时间：2006 年 7 月 7 日

口述地点：黑龙江省双鸭山市集贤县经济委员会办公室

口述人：集贤县经贸局离休干部刘忠诚

口述人简历

刘忠诚，男，1929 年 9 月 27 日生于现集贤县福利镇胜利村，汉族，共产党员，物资局工会主席。

1940—1943 年在富锦县五区四排夹信子村念书 4 年；

1944—1945 年在富锦县五区集贤镇崇国民优级小学校念书两年；

1945 年 8 月 15 日—1917 年 9 月 1 日在家务农；

1947 年 9 月 1 日—1947 年 12 月 25 日，在集贤县干部技样师范班学习；

1947 年 12 月—1948 年 10 月 10 日，被选到哈市东北财政经济干部等学校学习，同年 7 月 7 日自报会议组织批准参加毛泽东青年团（后改为共产主义青年团）；

1948 年 10 月 11 日—1949 年 6 月 19 日，被分配到东北人民政府财政部，实物供给处，定科员级做出纳工作。

1949 年 5 月 25 日加入中国共产党；

1949 年 6 月 20 日—1952 年 7 月，调到东北专卖总局凤城再厂任材料股副股长；

1952 年 8 月—1952 年 10 月到中央轻工业部，任沈阳啤酒厂供销科推销股任股长；

1952 年 11 月—1962 年 12 月，任中央轻工业部沈阳啤酒厂劳动工资科副科长，后改人事工资科任第一副科长主持职务；

1963 年 1 月—1972 年 12 月调回集贤县人民检察院任检察员（副科级）；

1973 年 1 月—1974 年 9 月，调到集贤县工业科果酒厂任支部书记；

1974 年 10 月—1981 年 9 月，调到集贤县物资局任木村公司经理，后任书记兼经理；

1981 年 10 月—1983 年 7 月 18 日，调到集贤县物资局任工会主席（副科级）；

1983 年 7 月 19 日至今离休。

居民身份证号：23052129092□□□□

（原件存中共集贤县委党史研究室）

四、大事记

1931 年

11 月 3 日　日军飞机向驻守齐齐哈尔嫩江桥的黑龙江守军阵地投掷炸弹，伤士兵 16 人。

11 月 4 日至 5 日　日军嫩江支队和张海鹏伪军向嫩江桥阵地发起猛烈攻击，马占山部守军奋起还击。此战江桥守军阵亡 262 人，伤 143 人。

11 月 18 日　嫩江桥中国守军因寡不敌众，撤出阵地。次日，江桥抗战结束。历时 16 天的嫩江桥一战，中国守军伤亡约 5000 人。

11 月 24 日　日军在齐齐哈尔杀害马占山部伤兵及职员数百名。

1932 年

1 月 19 日　吉林边防军冯占海一个营的兵力在哈尔滨近郊五常县拉林镇被日军长谷联队和数千伪军包围，激战至 20 日夜，义勇军伤亡 200 余人。

1 月 31 日　日军多门二郎所属第二师团第二十九联队与驻守双城堡车站的自卫军赵毅所部第二十二旅发生激战，义勇军将士牺牲 108 人。

3 月 15 日　驻宁安日军出动飞机 4 架，并以重炮连续轰炸五虎林，救国军刘万魁部士兵 5 人和镇内居民 5 人被炸身亡。

3 月 18 日　李延禄率救国军补充团在宁安镜泊湖南墙缝伏击日军上田支队，救国军牺牲 7 人，负伤 9 人，被逼迫带路的猎户陈文起亦被杀害。

3 月 20 日　救国军姚振山团与日军山谷支队在宁安南湖头发生激战，救国军阵亡 15 名，负伤 2 名。

3 月至 7 月　日本侵略者对带有民族意识的出版物或进步书报一律查禁销毁。据伪文教部记载，5 个月内焚毁图书 650 余万册。

4 月 1 日　吉林自卫军在桶子沟争夺战中，牺牲支队长以下军官数十人，士兵千余人。

4月29日　吉林自卫军冯占海部在方正县西北30里的南天门与日、伪军血战多日，自卫军官兵伤亡200余人。

同日　吉林自卫军中路大军会同义勇军、红枪会、大刀会进攻珠河县城，至5月9日战斗结束，自卫军伤亡近2000人。

4月底　日军400多人侵入通河县城，烧杀抢掠，一户王姓居民全家40余口被烧死。

4月　日军飞机3架在绥化县双河投弹21枚，炸毁民房10余间，炸死14人，炸伤10余人。

5月1日　日军侵占通河县城，义勇军马占山部老五团团部留守人员8人被日军惨杀，老五团副团长张兴华化装回县城侦察时被杀害。3日，老五团团长吴凌汉等3人在战斗中阵亡，多人负伤。5日，日军向城内开炮，焚毁沿江房屋千余间，居民300余人丧生。

5月26日　日军中佐中村茂一带领日军在飞机的配合下进攻肇东，义勇军李海青部死伤100余人。城陷后，日军又挑死无辜群众数人。

5月30日　日军用6架飞机在马占山指挥部驻地海伦县城投弹50余枚，并用机枪扫射城内居民，居民死伤30名左右，烧毁商号20余家，妓馆30余家，炸毁民房10余间，损失在100多万元。

春　肇东县满沟站流行霍乱病，因战乱，官方救治不力，每日死亡20—30人，计死亡500—600人。

春　驻守大勒勒密的吉林自卫军丁超部旅长孙殿甲部被日军打退，死伤200余人。

6月10日　夜，马占山部邓文旅长派某团骑兵200余名入海伦县海北镇向日军守卫兵开枪射击，双方交战。士兵战死五六名。之后日军诬陷海北镇居民里应外合，遂将镇内居民及早晨赶集的乡民，斩杀及活埋108人。

6月19日　东兴大刀会在兴隆镇火车站与驻绥化日军守备部队激战，牺牲200多人。

6月　日军以"剿匪"为名，对绥化县吴家窝棚、小苗家沟一带进行炮击，并放火烧毁民房40余间，杀死40余人。

7月5日　一队日本兵在通河县桦树乡大兴村北兰家大院，以抓"马胡子"为名，杀害25名村民。

7月18日　投降日军的中东路护路军总司令丁超派兵骗抗日救国军第二补充团去平阳镇开会，将苏怀田、田宝贵（共产党员）、聂海山、张德功、刘昌等 36 名抗日官兵包围在密山平阳镇杀害，制造了平阳镇惨案。

7 月 28 日　义勇军马占山部行至绥棱十七井子，与日军步、骑兵 600 余人遭遇，张广文团长与工兵营刘润川营长率队与敌发生激战，马占山部伤亡 100 余人。

7 月 29 日　马占山率 1000 余人在绥棱北部罗圈甸子（罗圈沟）一带遭日军包围。翌日，营长王青龙率部突围，170 余人全部殉国。31 日，马占山率部突围，约 500 人阵亡及失踪。

8 月　义勇军卢明谦率所部 1000 余人，在布西甘南会同红枪会 2000 余人，夜袭齐黑路拉哈站时，伤亡 500 余人。

9 月 21 日　日军将被俘的抗日义勇军李海青部第四团 108 名官兵绑出安达县城东门外集体枪杀，其中，死 107 人。团长张锡三等经安达站押往齐齐哈尔，后遭杀害。

10 月 1 日　黑龙江抗日救国军第三军军长李海青率部在昂昂溪车站与日、伪军激战，救国军牺牲 300 余人。

10 月 8 日　东北民众救国军高峻岭团与日军在富拉尔基黑岗子一带激战，救国军军官伤亡 10 余人、士兵伤亡 200 余人。

10 月 27 日　抗日军刘万魁部约 1 万人攻打宁安城，与日军警备队激战，刘万魁部牺牲约 200 人。

10 月 29 日　抗日救国军在齐齐哈尔拉哈车站与日军激战，连、营、团长阵亡 10 余人，战士伤亡 400 多人。

10 月 31 日　日军 7 架飞机向拜泉城内东大营投掷炸弹百余枚，炸死 6 人及牛 1 头。

11 月 5 日　癞马沟红枪会与三道镇黄枪会 500 多名会员，同朴炳珊军共同阻击日军，红枪会牺牲 200 多人。

同日　日军高波部队进攻讷河县城，用飞机投掷炸弹，炸死居民 15 人。

11 月 17 日　驻佳木斯日、伪军 1000 余人，袭击驻桦川县抗日组织黄枪会。3 天时间先后袭击了在马忠显大桥附近村屯宿营的黄枪会、红枪会、信志山大队和王勇队等抗日武装。共杀害红枪会、黄枪会等抗日人员 2000 余人。

11 月中旬　日军在昂昂溪附近与义勇军李海青部交战，李海青部伤亡四五百人。

11 月 22 日　日本骑兵在拜泉县高家屯制造惨案，屠杀居民 40 人，杀伤

8人。

11月下旬 抗日军刘万魁部攻打宁安，在与伪警备队战斗中牺牲约50人。

11月下旬 马占山部义勇军第一军军长邓文率部与进犯拜泉的日军战斗6昼夜，义勇军伤亡3000余人。

11月 宁安日军武力弹压队袭击在宁安城东北方高地西边小村宿营的100名抗日军，屠杀20人。接着又攻占该村东方高地，抗日军伤亡约20人。另有约6户房屋被烧，1名老妇被烧死。

11月 宁安日军武力弹压队对宁安城西北地区予以武力弹压，将该村五六户房屋放火烧毁。

12月 宁安日军警备队长指挥武力弹压队对宁安城南方二道河子附近的抗日军约1000名进行武力镇压，抗日军死伤约100名。另有1名携带抗日军联络信的农民被捕获打死，日军阵地南方平地的房屋约20户被烧毁。

1932年 日军侵占望奎县后，明令各地种植鸦片，仅1932年在望奎境内种植200余公顷，从此吸食者日多，全县已成瘾者1800余人。

同年 据不完全统计，林口县沦陷时期，日本侵略者在县域部分地区掠夺约100万立方米优质木材运回日本国内，其中20万立方米木材加工成木炭运走。

1933 年

1月3日 抗日救国军孔宪荣带队退至穆棱镇泉眼河时，与日军大佐竹田部队遭遇，双方激战中，孔宪荣部战死100多人。

1月 日本侵略者在穆棱侵占13年内，按最保守的1929年煤产量313585吨计算，掠夺煤炭产量至少有4076605吨。

同月 日军侵占东宁后，在三四年的时间里共修筑8条干线公路，总长966.6公里。此外，还在边境建有密如蛛网的军用公路，总长约815公里。

2月18日 驻富锦日军大尉石井带领百余名日、伪军乘40辆汽车进攻绥滨县中兴镇，自卫军伤亡数十人。

2月 日军对东宁南方老黑山附近抗日军进行武力镇压，抗日军牺牲10人，次日日军返回东宁时，警备队长派部队将老黑山北侧的小村庄放火烧毁。

3月10日 救国军和抗日部队2000多人攻打东宁县城三岔口获胜。之后日军在全城搜捕"通匪"百姓，杀死群众200名，纵火烧毁大量民房。

3月11日 吴义成部抗日救国军联合山林队攻打三岔口城的战斗中，与日、伪军发生激战，2名机枪手牺牲。后日、伪军又将南火磨五节大楼炸毁，20多名救国军战士牺牲。

3月17日 绥滨抗日义勇军在萝北县三间房阻击日军，义勇军伤亡20余人。

3月 日本侵略军侵入逊克，以"通匪、抗日"罪名，对逊克境内蒲拉口子屯朝鲜族居民进行大屠杀，百余名朝鲜族居民无一幸免。

7月28日 日军在桦南县孟家岗前宋屯杀害无辜群众24人。

8月15日 《团绥宁县委关于客观形势、工人农民士兵情形、组织状况及工作计划的报告》中记述：日本占领东北后，实行大屠杀，其中东宁5个月死于日军之手的就有600余人，梨树镇200余人，九站300余人，五站约有200人。

8月 德都（现五大连池市）县城北双龙泉屯爱国人士王鸿图等12人，因援助马占山部抗日所需粮食、物资、马匹等，遭克山日本宪兵队逮捕。经残酷刑讯后，送往龙门山，11人被日军枪杀于龙门山福利公司屯旧址，并焚尸灭迹。史称"龙门山惨案"。

9月4日 救国军吴义成、柴世荣等联合汪清、珲春、和龙、延吉等县抗日游击队，第二次攻打三岔口，抗日部队100多人牺牲。

10月5日 中共汤原中心县委遭到破坏，前任中心县委书记裴治云，组织部长崔圭复，县委委员金成刚（女），党员郑重久、孙哲龙、金术龙、李振永、林国镇，共青团员石光信（女）、孙明玉（女）、金峰春，抗日群众柳仁化12人被日军逮捕入狱，后惨遭杀害。

10月17日 伪满军"讨伐队"在穆棱河谷西大坡与"东山好"等抗日武装遭遇激战。抗日武装牺牲24人，伤17人。

10月 日军在依兰、桦川、勃利、宝清、虎林等6县征用165万垧可耕地，价格一律每垧1元，实际上等于强制剥夺。

12月3日 日军在拜泉县张景芳屯杀害该屯75人和30余名过路人，共108人。

1933年 据林甸县实业局统计：自九一八事变以来，兵匪蹂躏，境内耕畜损失6.58万头，家禽损失8.12万只。

同年 东宁县耕地有4万垧，日军侵占东宁后，便以廉价强行收购"国有"土地，再以高额租金租给农民，或强占耕地建设兵营、仓库等军用设施，到1935年全县仅剩耕地16480垧。

同年　日军占领穆棱后，全县惨遭杀害的无辜群众千余人，仅九站一地就有300余人，1000多栋房屋被烧毁。

1934 年

1月28日　高玉山率东北国民救国军攻打虎林县城。救国军牺牲237人。日、伪军后又在乌苏里江边杀害被俘的救国军战士41名，并将县商务会长张丕基枪杀。

1月　日伪当局以微价在依兰、桦川一带强行收买土地，桦川县先后被强占土地10万余公顷。

2月9日　抗日义勇军"雅民"队在绥滨四区与日、伪军"讨伐队"遭遇，40余名战士全部牺牲。

3月　依兰县土龙山农民举行暴动后，日本关东军先后血洗村屯12个，烧毁粮食70余万斤，死伤牲畜290余头。同时日军用机枪扫射、刺刀捅、战刀砍头，以及火烧、水溺、严刑拷打等多种手段杀害土龙山地区无辜村民1100多人。

5月26日　宁安反日游击队遭日军围攻，游击队长等4人牺牲。

6月　虎林县虎头山军事工程自本月开始修筑，每当一项工程完工之时，即为日军秘密集体屠杀劳工之日。据在虎头决战中生还的日本老兵冈崎哲夫在1993年回忆，曾亲眼目睹13000多名修筑要塞的中国劳工被日军处死。

9月初至10月末　绥宁反日同盟军在日军秋季大"讨伐"中死伤200人。

1934年　日本侵占绥化后，将本县最大的机械制粉工业广信火磨改名为日满制粉株式会社绥化制粉厂。1934年全县有食品工业工厂及作坊37家，其中油房17家、烧锅12家，较大的制粉厂2家。到1936年，由于日伪当局的经济统治和对原料及销售方面的控制，全县手工作坊只剩下17家，其中油房8家、磨坊4家、烧锅5家，从业人员为122人。

同年　由于日货对市场的冲击，经营国货的中小型企业纷纷破产。据哈尔滨市道外商会会刊统计，哈尔滨市道外区10个行业中，倒闭者160户。其中杂货业40户、棉织业49户、针织业23户、绸缎业1户、布业8户、五金业2户。

同年 日本在黑河设立了满洲采金会社黑河总局,将民国时期县内金矿强行划归其所有。1935年境内的逢源、德源、凌源、裕边、古溪、阿凌河、德安7个金厂年产量7万余两。

1935 年

2月18日 驻东宁老黑山南村伪靖安军团长腾井带200多人去四道河子"洗沟"。全村120多口人只剩下8个朝鲜族小孩和3个青年。

6月至9月 日军在五常境内的四合川"清沟"行动中杀害百姓1000多人,仅三人班附近3个大坑就有500多具尸体。

7月 通河县商会会长孙佐廷等7人被日本警备队以反满抗日罪,投入松花江淹死。

8月29日 中共珠河县委机关在芦家窝堡遭敌袭击,东北人民革命军第三军政治部主任张振国和县团委书记等3人牺牲。

9月26日 东北人民革命军第四军第四团在新兴洞附近遭遇敌人突袭。激战中,朴振宇、李斗文等16名指战员牺牲,吴福林等10人负伤。

10月 日军在穆棱全县建45个"集团部落",6750户被逼迁,2625间民房被拆烧,逼迁农户因无衣食住而致死的达200余人。

11月4日 东北人民革命军第三军第二团团长王惠同、团政治部主任赵一曼率50余人在铁道北五区春秋岭左撇子沟附近的安山屯,遭日军及伪警察队300多人包围。突围战中,团长王惠同受伤被俘,几天后被敌人在左撇子沟枪杀。赵一曼在战斗中负伤,后于11月22日被俘。1936年8月2日在珠河县城北门与同日被捕的中共铁北区委宣传部部长周伯学一起就义。

11月 日伪在推行"归屯并户"中,阿城县达子营以东到红石砬屯的一趟沟,被烧毁和扒掉房屋2243间,毁掉自然屯158个,撂荒耕地3285垧,有714户农民背井离乡,粮食柴草、箱柜缸罐全部被日军烧毁。

秋 日军米山守备队在嫩江县城西北门外残杀10名东北抗联战士。

12月 日军在穆棱县龙爪沟杀害206名伐木工人。

冬 日伪当局将东京城区所有22名甲长中的19名以通抗日同盟军罪名逮捕,其中2人被枪杀。

1935年 望奎县城镇商家由民国时的349户,减少到249户,下降

28.7%，资金由 288.63 万元（币种不详，下同），减少到 120.54 万元，下降47.3%。

同年 中东铁路林业局在县内设立嫩江森林事务所，专营林木采伐，每年采伐木材 2 万多立方米，均供日军调用。至伪满洲国崩溃时，卧都河以南的松木被砍伐殆尽，县内的原始森林已不复存在。

同年 通河县日本警备队将收降的义勇军"吉星"部、"霸天"部 200余人杀害。

1935—1937 年 日军在宁安强行"归屯""并村"，共建部落 105 个，14512 户受害，每户按最低一座房屋计算，共损失房屋 14512 户。

1936 年

2 月 27 日 驻东京城的日军第四守备队一部和伪军警备旅第二十七团一个营在莲花泡将东北抗联第五军一师部队包围。次日拂晓的莲花泡战斗中，抗联战士牺牲 78 名，负伤 45 名。

4 月 东北抗联第四军代军长李延平带军部 40 余人去方正、通河联络第二团时，在勃利县大四站与日军"讨伐队"遭遇，第一团政治部主任李守中、第三团政治部主任邓化南牺牲，李延平负伤。

同月 郑鲁岩率东北抗联第四军第二师部分队伍在虎林地区与日、伪军多次交战，抗联伤亡 17 名。

5 月 11 日 由东北抗联第六军第二团和第三军第五师第一团共 150 多名指战员在依兰县东部暖泉子与 3 倍于我的日军"讨伐队"遭遇，绝大多数指战员英勇牺牲，几名幸存者几天后也被敌人逮捕杀害。

5 月 23 日 东北人民革命军第三军第三团在通河洼子张与日军进行激战，抗联战士牺牲 36 人。

5 月至 9 月 日军帽儿山"治安肃正"办事处为制造"无人区"，烧毁大量房屋，仅蜜蜂地区就烧毁 6500 余间，并驱逐大批中国和平居民。还在蜜蜂村逮捕了杜忠臣以下 35 人，1 人被酷刑致死，5 人被杀害。在平山北方约 10公里的地方，逮捕爱国者张连科将军的部下 5 人，经刑讯后枪杀。

6 月 8 日 东北抗日联军依东派遣队向太平镇活动时，被 1000 多名日、伪军包围，派遣队 200 余名战士牺牲。

6 月 13 日 根据日本关东宪兵队司令部《全面逮捕北满共产党的命令》，

日伪当局对共产党地下组织和反满抗日团体的成员进行大逮捕。逮捕总人数达 149 人，其中哈尔滨 52 人，齐齐哈尔 38 人，海拉尔 11 人，牡丹江 48 人。以后几天里，又逮捕海拉尔 25 人，牡丹江地区达 145 人。1936 年 10 月 13 日哈尔滨被捕者判处死刑 15 名，无期徒刑 5 名，有期徒刑 25 名，其他缓刑；1936 年 8 月 15 日齐齐哈尔被捕者王甄海、金剑啸、麻秉钧、王柱华、闫达生 5 人被判处死刑，26 人被判程度不等的徒刑。同年 8 月 15 日王甄海等 5 人就义于齐齐哈尔市北郊。

6 月 28 日　日军在同江县鲁民店村杀害百姓 10 余人，并放火将鲁民店烧成一片废墟。

6 月　日本宪兵队对通河中共地下党进行大逮捕，反日会主席郑丙赞、抗日群众康龙奎、朴京相 3 人被杀害。

8 月　在帽儿山蜜蜂村居住的许喜顺（共产党员，村农民委员会委员长）、王作舟（共产党员）和朱凤宪等人被办事处特务逮捕，同年 10 月被杀害。

10 月 16 日　日军帽儿山"治安肃正"办事处警察在蜜蜂村南大沟一带烧毁 120 多户房屋。

10 月　黑河街有恒曜电灯电力股份有限公司被日伪电业株式会社购买。按照恒曜电灯电力股份有限公司 1936 年产值 83974 元估算，5 年间当地电业方面的损失至少 419870 元。

11 月　日本宪兵队破获齐齐哈尔共产国际军事情报站，至 25 日，情报站人员共有 19 人被捕。张永兴、张庆国、许志岚、陈福绪等 8 名情报人员于翌年 1 月 5 日被枪杀在齐齐哈尔北郊。

12 月 13 日　日、伪军袭击东北抗联饶河县石头窝子密营，战斗中东北抗联第七军原第二师政治部主任崔荣华等 7 人牺牲，另有 4 人被捕。

12 月 31 日　被日伪关押在齐齐哈尔伪陆军监狱的爱国人士"访贤"组织同狱 120 余人越狱，其中 20 人在日伪宪警追捕中被枪杀，80 人被捕回收监。

冬　日军火烧汤原县四合村制造惨案，63 人被烧死，47 名村民被屠杀，另有 10 余名村民因慌忙逃离后没来得及穿衣而被冻死。四合村的房屋、粮食、家具等全部化为灰烬，家禽、牲畜被日军抢劫一空。四合村变成"无人区"，2160 余垧土地随之荒芜。

1936 年　在爱辉西岗子为日军修建军事工程的天津劳工 1100 余人和沈

阳劳工 600 余人全部死亡。从北安抓来的 1300 多名劳工死掉 600 人，余者均被集体枪杀。

同年　日军细菌部队 141 支队建立，到 1945 年 10 月，至少有三四千匹马死于实验。

同年　哈尔滨民族商户由 1933 年的 7604 户减少到 4754 户，资本金仅 1000 万元（币种不详，下同），而日商户却迅速增加，由 1933 年的 347 户增加到 800 户，资本金高达 12000 万元。

同年　滨江省建立完成"集团部落"46 座，在建 149 座；三江省建立完成"集团部落"97 座，在建 164 座。

同年　伪满洲国在汤原县二区太平川地区实施"集家并屯"，并入太平川 279 户，流入他处 574 户，破毁房屋 1608 座，共 4490 间。

同年　日军在嫩江建立各类"开拓团"，圈占熟地，大量开荒，强占土地近 50 万亩。

1937 年

2 月 2 日　日军抓捕汤原县黄有屯、庆余屯、后二道岗等无辜群众 100 人，杀害 62 人，此为二二惨案。

2 月 16 日　日军守备队长大尉下元率 100 多日军包围汤原县前孔家，将东北抗联地下工作人员滕树伟一家 13 口推入大井淹死，此即二一六惨案。

3 月 6 日　军长陈荣久率东北抗联第七军第一师 150 余人在饶河县城西北大顶子山小南河天津班遭日、伪军袭击，陈荣久等 24 人牺牲，2 人负伤。

3 月 7 日　赵尚志率东北抗联第三军在通北木营附近山间冰趟子阻击追踪的日、伪军，抗联战士牺牲 7 人。

4 月 15 日　日伪军警在哈尔滨和滨绥线、滨北线各铁路沿线及大连、奉天、抚顺等全东北各地展开搜捕，被逮捕总人数达 482 人，其中被判处死刑 85 人，判处有期徒刑 64 人，缓刑 36 人。

4 月　东北抗联第三军哈东游击司令李福林等率队去通河县省委驻地鹰窝开会途中被 400 余日、伪军包围，李福林等 151 人牺牲。

同月　黑河日本守备队原田中佐指挥 1 个步兵营和 1 个骑兵连及伪爱辉县警察队，在逊河县松树沟西南约 30 公里的山中伏击东北抗联第三军赵尚志部，东北抗联战士牺牲 20 多人，被俘 1 人，另有 3 名鄂伦春向导被杀。

同月　伪爱辉县警务局警察在巡官越智直仁指挥下，于爱辉县四嘉子屯附近用铡刀杀害张信等7名东北抗联战士。

同月　滴道河北老二坑发生瓦斯爆炸，守矿日军用沙袋堵严井口门，62名矿工死亡。

5月15日　东北抗联第七军军长李学福率200战士到二龙山第三牌掩护伪军一个连哗变时，与日军遭遇，东北抗联战士牺牲10人，受伤6人。

春　伪阿城县公署警务科指导官大野泰治率料甸子警察署警察和自卫团去管内山区四和尚庙"扫荡"时，烧毁20多间庙房。

春　饶河日伪军警对大叶子沟、十八垧地、西风沟、暖泉子、大带河、关门嘴子、暴马顶子、七里钦一带进行"讨伐"。数以千计的群众被屠杀或被逼自尽，仅暴马顶子就有100多居民被杀。

春到1938年秋　在日伪三江地区"讨伐"中，抗日军民被屠杀3000余人，饶河县大、小别拉坑2000多户房屋被烧。

6月14日　密山炭矿滴道二坑发生瓦斯爆炸，死亡矿工176人。

6月　东北抗联第七军军长李学福率700余战士在富锦，与900余日、伪军遭遇，东北抗联指战员牺牲10余人。

7月29日　日军和警察特务等七八十人在汤原县嘉兴村抓捕东北抗联地下工作者8名，其中6人被杀害。

同日　东北抗联第五军教导团第一师在依兰刀口河西前齐家与日、伪军遭遇交战，死3人，伤7人。

7月到年末　伪第四军管区司令官兼伪三江省省长于琛澂指挥日、伪军对东北抗联进行"讨伐"，在约200次战斗中，东北抗联牺牲1700人，伤约1000人。

8月末　东北抗联第五军第二师三个连、第三师八九团与伪军第三十五团在富锦县兴隆镇南发生战斗，抗联部队牺牲4人，伤2人。

9月　日军疯狂镇压罢工工人，在孙吴县屠杀劳工200余人。

同月　汤原警察队、治安队在二保屯一带烧毁30余间民房，逮捕的40多名居民被押送日本兵营秘密处死。

10月　日军在黑通地区逮捕东北抗联指战员100余人，将其中大部杀害。

同月　日军血洗汤原县西二堡和陶家湾两村，500多名无辜群众被杀害。

11月11日至12日　在伪汤原县警察队及特务奉警务厅厅长海村园次郎

命令下，二保屯、尚家街被杀 100 多人，同时还将套子里、高店元屯、尚家街等 20 多个部落的房屋全部烧毁。

11 月下旬至 12 月中旬　伪满警察协助日军"围剿"东北抗联第八、第九军根据地，在依兰县九区土城子屯迤以北至舒格图屯，大肆焚烧民房，全区共烧毁民房 2500 余间，使 6000 多居民在严冬无家可归。

12 月　滴道煤矿老二坑发生瓦斯爆炸，180 人矿工被炸死。

1937 年　日军对住在蒲拉口子的鄂伦春人强制注射"防疫针"，注射后 50 余人死亡，其中儿童 28 人。

同年　日军将密山企林村列为抗日据点，将牛马抢走，40 多名老少村民被杀死，房舍烧光，制造了火烧企林村事件。

1937 年至 1938 年　日伪当局在伪三江省桦南县建立了 170 个"集团部落"，在"归屯并户"中，烧毁村屯 120 余个，烧毁或拆掉民房 2.4 万余间，被杀害、冻饿而死的群众 1.3 万多人。

1937 年至 1939 年　伪三江省的"集团部落"数量达到 578 个。据 1938 年统计，日伪当局在黑龙江地区的伪三江、滨江、龙江、牡丹江、黑河省的"集团部落"有 5000 余个。

1938 年

1 月 14 日　驻扎在伪三江省的日本宪兵队，在汤原县、鹤立县套子房、尚家街、裕德等村屯惨杀中共党团员、抗日救国会及爱国群众 110 余人。

2 月　在三江省"大讨伐"中，东北抗联第十一军七星砬子兵工厂遭到围攻。兵工厂负责人胡志刚率战士 50 余人英勇抗击，最后全部牺牲。

同月　东北抗联第十一军第一旅在大锅盔山被"讨伐"之敌包围，旅长与 88 名战士殉国。

同月　日军至 1943 年 10 月在庆城县拉林（今属两利乡）共建 15 个"开拓团"，迁驻日本移民 1300 余户，3715 人，占地 3600 垧。

同月　绥芬河国境监视队姜姓班长组织部分士兵起义，打死日军中尉连长后，多数士兵越境进入苏联，途中有少数人被日军打死。

3 月 8 日　东北抗联第三师第八团第一连被日、伪军困在宝清县小山之巅。突围时，抗联部队牺牲 12 人，伤 4 人。

同日　东北抗联第六军第一师师长马德山在开展反"讨伐"中牺牲。

3月15日　佳木斯宪兵队于汤原一带对中共吉东省委、北满临时省委进行大规模破坏，到7月8日止，共逮捕中共党员和抗日工作人员达328人。其中112人交由伪哈尔滨高等检察厅审理，由伪哈尔滨高等法院判处89人。其中，死刑8人，无期徒刑5人，其余判处5—20年有期徒刑。

3月18日　日军守备队步炮兵、伪兴安军骑兵共300余人的"讨伐队"对宝清西沟与宝石河子之间的尖山子东北抗联第五军密营进行突袭，第五军第三师第八团第一连14名战士及总指挥部交通员2名，在连长李海峰、政治指导员班路遗的带领下，与敌展开激烈战斗。李海峰等12名指战员牺牲。

3月　东北抗联在攻打大别拉坑朝鲜部落警察所时，牺牲2人。

4月15日　东北抗联第五军、第二军第二师和救世军，在依兰县大百顺沟与日军交战。抗联部队牺牲31人，伤7人。

4月　日伪当局在宁安县新安镇、东京城、海林等地，收买农田5200垧，分别交给1400户朝鲜开拓移民。

同月　在依兰县四块石战斗中，东北抗联第三军张世臣、李师傅、韩姐、夏大姐（夏云杰军长的妻子）等英勇牺牲。夏志清（夏军长的独生女儿）、李桂兰被俘。日军放火烧毁了第三军后方医院。

6月上旬　敌人以2000人的兵力，向七星砬子东北抗联各军密营发动大规模进攻。战斗中，东北抗联第十一军第一旅伤亡十五六人，第二旅一个连被敌人堵在屋里，全部牺牲。

6月　伪步兵第三十一团的一个连与抗日部队在饶河西北20多里遭遇激战，抗日部队牺牲2人。

夏初　日军步兵第三十团在宝清七星泡一带与东北抗联30余人遭遇，东北抗联无法突围全部被俘，其中20多人被枪杀。

8月13日　日军和伪靖安军骑兵200余人，突袭宝清东北抗联第五军第九团小团子山后方防所，团长戴克正及10名战士牺牲。

9月10日　据伪《滨江日报》报道：伪滨江省公署一次收买了宾县、阿城、五常、青冈、海伦、绥棱、东兴、安达、肇州、苇河、珠河、延寿、木兰13县的土地，总面积3.5万垧。

10月下旬　随东北抗联第五军第一师远征的妇女团8名女战士在政治指导员冷云（郑志民）的带领下，为掩护大部队突围，在弹尽援绝、无路可退的情况下，宁死不屈，毅然跳入乌斯浑河牺牲。史称"八女投江"。

11月23日　师长徐光海率东北抗联第六军第一师教导队在宝清县锅盔

山掩护后方医院20余名医护人员、伤病员转移时，与伪军第三十五团在张家窑发生战斗。徐光海及东北抗联第六军被服厂厂长裴成春等牺牲。

11月27日 北满抗联第一支队在松门山露营时突遭日、伪军200余人袭击，支队长张光迪负伤，20余名战士牺牲。

12月1日 城子河煤矿正式开采。至1945年8月，该煤矿死亡矿工6300余人，被掠走煤炭2890482吨，每百万吨死亡工人2178人。

12月 日军将牡丹江铁岭河监狱的70名抗日志士押进刑讯室，逐个注射针剂，几分钟后全部死去。

同年 集贤县每垧地强征"出荷"粮700—900斤。

1939 年

1月 罗庆（本）部伪军在五道岗与东北抗日联军交战。抗联部队连长以下5人牺牲，1人被俘。

2月13日 日军在牡丹江海浪机场出动3架飞机，轰炸乜河南岭，村民崔万和、佟连举、林正荣、张光超、刘凤岐及其母亲和3岁的妹妹等22人被炸死。

3月中旬 中共吉东省委秘书长、《救国报》主编姚新一、省委秘书处机要员孙绍棠、省委秘书处编辑胥杰（孙礼）、省委秘书处朴正熙（女、朝鲜族）4人在转移省委文件和秘书处印刷器材后赴江东密营时，遭遇敌人袭击牺牲。

4月23日 东北抗联第五军在穆棱、下城子与数百名日、伪军展开5小时激战，第五军政治部代理主任王克仁及第三团副团长王德山以下20人牺牲。

5月 伪黑河省次长中井久二指使省开拓厅和伪爱辉县公署，以移民用地及军事用地为由，领迫黑河上游上马厂等7个屯207户居民离开家园，强占土地2450垧。6月，又驱赶老青屯等4个屯150户居民离开家园，强占土地7500垧。

夏 东北抗联第二路军总指挥周保中率部在宝清西南附近活动时，与宝清县伪警察队发生战斗，李师长以下五六人牺牲。

8月4日 伪满开展"国军飞行献纳金"运动，规定滨江省献纳28万元，其中哈尔滨承担20万元。

9月13日 东北抗联第五军第三师第九团在原第五军密营前哨所附近被伪军第三十五团和伪警察队包围，师长李文彬在指挥部队突围中牺牲。

秋 伪警察发现汤原县正阳乡刘长永屯给东北抗联第六军做棉衣，遂将刘长永屯烧毁，刺死赵裁缝，并将抗日救国会会员高福全等3人塞进冰窟窿里活活淹死。

11月8日 东北抗联第七军第一师第四团、第五军第九团等在大碴子东山与日军大和镇步骑兵激战，牺牲战士12人，失踪3人。

冬 东北抗联第十一军崔振寰带领该军学校的20余名学员在梧桐河上游山里遭日军袭击，崔振寰与全体学员牺牲。

1939年 为修南—东线（现鹤岗向阳区洋灰洞子东侧）铁路，从天津招来外包工600多人，铁路尚未修好，已累死500多人。

同年 在黑河稗子沟日军地下军事工程修建中，1800多名关内劳工死掉1300名，余者也在军事工程完工后遭屠杀。

同年 日伪当局在东海、哈达、兴农设立"开拓团"，强占土地至少2000垧。

同年 七台河村桃山地区组建义勇奉公队，占地1.5万亩，耕耘土地2000亩，编入日本"开拓团"后，在罗泉地区开发土地42995亩。

同年 日本侵略者为达到长期控制鄂伦春民族的目的，规定鄂伦春人凡年龄在20岁以上的（含20岁），不论男女，都发给鸦片。在逊克县新鄂村，每人至少1份（鸦片15克或生烟50克），造成全村82户鄂族家庭有100多人吸鸦片成瘾。据日伪档案记载，奇克县（今属逊克县）管内有鸦片烟瘾者536人，登记发证，凭证购吸鸦片。

同年 从1939年起到1940年两年间，日本关东军在孙吴、爱辉两县强占农民耕地9.2万亩作为军事用地，驱赶居民600户，致3000多人无家可归。

同年至1941年 在镜泊湖发电厂土建工程中，因病及冻饿和在施工中死亡的中国人，保守估计最低也有500人。

1940年

2月 乌拉嘎金矿工人在日伪警宪、把头的残酷压榨下，染流行性传染病，到8月，共死亡1000余人。

4 月　日本陆军技术本部来中国东北试验瓦斯炮弹，30 名中国人被作为瓦斯炮弹的试验品，其中 29 人死亡。

夏　日本关东军防疫给水部队 643 支队把伤寒病菌偷偷投撒到拉古一带，日本关东军第五军团第 475 部队的劳工营开始流行伤寒病，五六百名从关内抓来的劳工相继死去。

7 月 19 日　日、伪军骑兵"讨伐队"包围并袭击德都县朝阳山东北抗联第三路军总指挥部驻地。战斗中，中共北满省委委员张兰生、第三路军第三支队政委赵敬夫、第三路军总部机要主任兼电台台长崔清秀等 10 人牺牲，曹玉魁等 8 人负伤。

7 月中旬　日本关东军化学部特种汽车第 1 联队材料厂在富拉尔基东散布糜烂性、持久性瓦斯，面积 2000 平方米，毒死中国男子 5 名，另有 25 名农民手脚被瓦斯腐蚀侵害。

8 月 20 日　东北抗联第二路军第三支队在富锦县第七区柳大林子袭击伪自卫团。抗联部队牺牲 5 人，伤 15 人。

9 月至 1944 年 3 月　日伪当局在讷河县实行 3 次大搜捕。第一次逮捕抗日人员 96 人，第二次逮捕 36 人，第三次逮捕 35 人。

10 月 7 日　东北抗联第十二支队在（肇源）境内敖木台屯与日、伪军进行遭遇战，东北抗联指战员牺牲 44 人。

同日　东北抗联第五军军长柴世荣率部袭击白石砬子附近敌人经营的伐木场。与日军激战中，抗联部队牺牲 8 人，负伤 6 人。

10 月 30 日　北安大特务头子郝喜山等带领日本宪兵、伪警察包围北安县各屯，33 人被捕，其中 15 人死于狱中。

10 月　赵尚志小部队与伪第三军管区司令官王之佑步兵第四旅和混成十二旅在通北县、绥棱县北部山林发生激战，抗联部队死伤约各 10 人。

11 月 11 日　满军第四宪兵团在日满军的协助下，于肇源、肇东、肇州对中共地下党、东北抗联第十二支队、抗日救国会及群众进行大搜捕，自 11 日起至 1941 年 3 月 15 日止，先后逮捕了抗联第十二支队长徐泽民等抗日武装人员及群众 292 人，制造了"三肇惨案"。哈尔滨高等法院审判 175 人有罪，死刑 72 人，无期徒刑 40 人，徒刑 15 年 38 人，徒刑 10 年 2 人，徒刑 7 年 3 人，徒刑 5 年 3 人，徒刑 3 年 5 人，徒刑 2 年 12 人。

11 月 14 日　东北抗联第五军第三方面军第十三团在东宁县杨木桥子与小绥芬伪森林警察队交战，抗联部队牺牲 7 人。

11 月 18 日 小绥芬伪森林警察队在东宁县杨木桥子西南攻击东北抗联第五军第三方面军第十三团，抗联部队牺牲 10 人。

11 月 22 日 宝清县伪头道河子警察分驻所警察袭击东北抗联第二路军约 20 人，东北抗联牺牲 2 人。

11 月 25 日 日军岗田队前田"讨伐队"于虎林县独木河东南方小北子与抗日部队交战，抗日部队牺牲 13 人。

同日 东北抗联第二路军第二支队在虎林小穆河宝山的密营被敌人破坏，战斗中，第二支队牺牲 11 人，负伤 11 人，失踪 2 人，冻伤 14 人。

12 月 2 日 日本关东军驻哈尔滨平房区第 731 部队 162 细菌支队在林口制造了骇人听闻的"七星泡屯窝子瘟"，全村 30 人丧生，大部分牲畜死亡。

12 月 东北抗联第三路军第三支队参谋长冯治纲率骑兵百余人在高贤村李文彩屯遭望奎县伪警务科长汤希铭带"讨伐队"袭击，抗联战士牺牲10 人。

同月 中共勃利县委书记张星等 5 人被日本宪兵队逮捕惨遭杀害。

同月 末东北抗联第三路军在朝阳山后方密营遭敌人袭击，30 余名抗联战士（多为伤员）在突围中大部牺牲。中共北满省委秘书徐紫英为掩护战友被俘，后被敌杀害。

1940 年 日本侵略者实行物资"配给"制度，集贤县 45 家手工业作坊、141 户手工业户，到建县前已所剩无几。

同年 伪勃利县公署开拓科在沙鱼、新风等地建立"开拓团"，占荒地、熟地及山林 41 万垧，开荒 1900 垧。

同年 鸡西滴道矿中央老五坑发生瓦斯爆炸，日军下令堵死坑口，致使90 名矿工死于井下。

同年 庆安县日伪当局强购"出荷"粮 2.2 万吨。

同年 望奎县粮谷"出荷"量为 5.46 万吨。

同年 日本集中 1000 余名中国劳工修筑逊克别拉河大堤，当年死去 600多人。同时修筑曾家堡村的钢筋混凝土水闸，参加施工的被俘抗联干部和战士 100 多人，事后被秘密处死。

1940 年至 1942 年 日本关东军第 731 部队牡丹江支队和驻守东宁的日军化学部队将 100 余名中国抗日爱国志士用于细菌武器实验。他们把中国抗日志士押进一个口袋型的实验场，然后投放细菌武器和毒气，数小时后有三分之二的人痛苦死去，没有死的人被就地枪杀。

1941 年

1 月 4 日　哈尔滨市郊王岗伪第三飞行大队士兵举行起义。起义部队遭敌人追击。6 日，日、伪军将起义部队包围。战斗中，起义领导者苏贵祥、龙国兴等 30 人牺牲，44 人被俘，10 人逃脱。

1 月 29 日　东北抗联第十军蛤拉河子东山石头亮子宿营地遭梶田部日军守备队袭击。军长汪雅臣、副军长张忠喜在突围战中牺牲。

1 月 31 日　梶田"讨伐队"在滨江省五常县张家湾与双龙队交战，双龙队 15 人牺牲。

1 月　日本侵略者从 1941 年 1 月起—1945 年在肇州全县共捕抓劳工 1.6 万多人，死亡 600 多人。

同月　日本侵略者将 22 名抗日志士和群众推入肇源县三站李家围子附近的冰窟窿里杀害。

3 月 8 日　宁安县"讨伐队"在宁安县镜泊湖村王八岗附近与东北抗联第一路军警卫旅政治部主任韩仁和所率部队交战，韩仁和等 5 人牺牲。

7 月 16 日　因牡丹江国际交通站被日军破坏，张慧忠等 3 人被"特别输送"哈尔滨日本关东军第 731 部队，后被用作人体试验死亡。

8 月日　本关东军化学部练习队材料厂在富拉尔基东进行发烟训练，致使正在耕地的 80 名农民受害。

9 月 20 日　东北抗联第三路军第九支队在嫩江西岸郭泥屯活动时突遭日军袭击。战斗中，支队参谋长郭铁坚以下 20 余人牺牲。

11 月 9 日　据日本昭和十六年（1941 年）12 月 9 日齐齐哈尔宪兵队齐宪高第 745 号文件记载，从 9 日至 12 日，齐齐哈尔宪兵队在齐齐哈尔、郑家屯等地抓捕抗日救国人员 135 人。史称"田白工作事件"。后 41 被法办，其中王耀钧等 3 人被判处死刑，其他人被判无期或有期徒刑。

冬　日伪开始在嫩江县内抓"浮浪"，在通往北部山区的路上一次冻死劳工 60 多人。

12 月 11 日　望奎县设立"搜荷督励本部"，全县缴"出荷"粮食 6.16 万吨。

12 月 17 日　齐齐哈尔日本宪兵队从本日开始在齐齐哈尔、哈尔滨、锦州等地疯狂的大逮捕，其中在齐齐哈尔逮捕约 160 人。至 1942 年 2 月结束，共逮捕约 500 人。1943 年 2 月，判决王文宣、伊作衡 2 人死刑，另 4 人无期徒刑，38 人 10—20 年徒刑。

12 月　海伦县有 3311 人被迫当劳工。

1941 年　游猎于河南山的鄂伦春人因打死日本特务，日本特务机关遂逮捕鄂伦春人 40 余人，除几名少年获释外全部遭杀害。

同年　日本侵略者在勃利修建军营及飞机场，强行占用耕地和荒地 710 垧。

同年　宁安县"出荷"粮食 7.2 万吨。

1942 年

2 月 1 日　东北抗联第三支队与铃木"讨伐队"在呼玛县北习里交战，抗联部队牺牲 25 人。

2 月 12 日　赵尚志率东北抗联小部队在袭击梧桐河伪警察分驻所时，遭到日伪特务刘德山袭击，赵尚志受伤昏迷被俘，后牺牲，王永孝同时遇难。

2 月 13 日　东北抗联第三支队与铃木"讨伐队"在兴安东省巴彦旗库楚河东北方交战，抗联战士 61 人牺牲。

3 月　日伪当局在哈尔滨举行滨江省国民勤劳奉公队组成式。队员来自 1 市、1 旗、16 县，共 1 万余人。4 月初，这支奉公队被派到第二松花江至哈尔滨的铁路复线工种现场，开始为期 4 个月的奴役劳动。

5 月 11 日　东北抗联部队朴连长、何连长等 10 人与五常县满警小林"讨伐队"在宁安县海浪河上游交战，抗联部队牺牲 6 人，负伤 2 人。

5 月 27 日　日伪当局以"紧急劳动力供出"的名义，强行抓劳工。从 5 月末至 7 月 2 日，仅牡丹江市就被抓走 1186 人。

7 月下旬至 8 月上旬　日本关东军化学部练习队在兴安西省扎兰屯东南 6 公里山地进行瓦斯效力实验，向中国人散布糜烂性持久瓦斯。此次实验毒死中国男性农民 4 名，另有 30 名中国男女农民的手脚受了腐蚀伤害。

夏　驻鹤岗日本宪兵、特务在萝北一带搜捕 20 名无辜百姓，施以严刑。

11 月 6 日　伪满当局召开各省次长、副县长、兴农合作社的代表及日本人地方官吏会议。讨论增加粮谷"出荷"对策。提出 1942 年"出荷"粮 645 万吨，其中滨江省 107 万吨、北安省 88 万吨、龙江省 67 万吨。各省、县设立"农产物增产出荷完遂本部"，逐村逐屯掠夺粮食。

12 月　滴道炭矿先后两次发生瓦斯爆炸，死难矿工 200 多人。

1942 年　望奎县粮谷"出荷"7.45 万吨。

同年　兴山煤矿从关内招来 1000 多名 18—30 岁的工人，因生产生活条件极端恶劣，最后仅剩 90 多人。

同年　日军从黄河边招来 400 多名矿工到鸡西采煤，由于饥饿、病冻等原因，400 多人最后只有 30 多人存活。

同年　日军在城子河白石砬子建立一座"炼人炉"，在水源地建立一座死人仓库，在一井西部设一"万人坑"，据老工人回忆说，从 1942 年到 1945 年间，经他手就从死人仓库往外拉出矿工尸体 3000 多具。

同年　滴道二坑发生瓦斯爆炸事故，死亡 142 人，其中有 2 个日本人。

同年　克山县"出荷"大豆 34899 吨，运往日本 34165 吨。

同年　宁安县"出荷"粮食 7.2 万吨。

同年　爱辉县内粮谷"出荷"444 万余斤。

1942 年—1945 年　城子河煤矿设有 3 座死人仓库，4 年里拉出尸体 5000 多具。

1943 年

1 月 6 日　兴山（鹤岗）南岗三坑二槽右八片回采工作面发生瓦斯爆炸，引起煤尘燃烧。日本人为保住矿井，下令封闭井口，矿工当场死亡 96 人。

1 月 14 日　日、伪军在庆安福合隆屯逮捕爱国志士和无辜群众 107 人，其中 70 人被杀害，20 多人致残。

2 月　伪佳木斯市公署组织捐献高射机关枪活动，搜刮民财伪币 7.5 万余元。

3 月　日本宪兵队从勃利街、金山、矫家、四甲要屯强行动迁 170 户去虎林县为日军各大营种菜。

3 月和 5 月　伪滨江省警备厅调集近 500 余名军警宪特，在巴彦、木兰、东兴 3 县城乡进行两次大检举，逮捕东北抗联地下工作者、抗日救国会会员及群众 1000 余人。

5 月　滴道河北老二坑因炭车与变压器相撞引起瓦斯爆炸，百余名矿工死亡。

6 月　据伪满警务局统计，本年 1—6 月，伪满洲国煤矿工人特殊死亡

1154 人，兴安岭筑城工程的 4 万名劳工死亡 3000 余人。

同月　拜泉县各地遭受雹灾水灾，农作物减产约 3 成。秋，日伪当局仍强迫农民照数交"出荷"粮 49680 吨。

7 月 20 日　齐齐哈尔日伪当局对"浮浪"进行大搜捕，抓走 152 人，将其中有劳动能力的送去当苦力。

7 月　刘全德等 5 名东北抗联人员被伪依安县警务科特务股逮捕，后遭杀害。

7 月下旬至 8 月上旬　日本关东军化学部练习队在兴安西省碾子山东 3 公里山地进行瓦斯效力实验，毒死中国农民 3 人，约 50 名农民的手脚受到不同程度腐蚀。

夏　日本关东军第 731 部队在安达特别靶场，将 10 多名中国人装进装甲车、坦克车内，在距离 10 米、20 米、30 米处，用新研制的火焰喷射器进行喷烧试验。车中的人被活活烤死、烧焦。

夏　鹤岗日本警察因粮食丢失而抓捕 20 名工人，严刑审讯后，1 人被折磨致死。

9 月 8 日　滴道炭矿河北老二坑瓦斯爆炸，日本监工下令停止送风、堵塞井口，145 名矿工窒息身亡。

10 月 22 日　日本关东军第 731 部队从海城、大石桥、锦州等地押来 800 名劳工，全部拘押在哈尔滨平房正黄旗五屯的劳工棚里，用活人进行各种细菌武器实验，在不到两个月的时间里，惨杀 600 人，并把尸体扔进该屯西门外"万人坑"。

11 月　伪牡丹江监狱在鹤岗煤矿设"作业场"，后改为"鹤岗刑务署"，关押 3000 余人，并强迫下井劳动。劳工死后葬于东山坡"万人坑"。

12 月　滴道矿老二坑发生瓦斯爆炸，日军下令将坑口炸毁，145 人丧生。

1943 年　集贤县被抓走劳工者 992 人，这些人被日本军送到矿山、森林或军事工程要地去背煤、打石头、架桥梁、修公路、修飞机场等，死者和下落不明者达 333 人。

同年　克山县"出荷"粮食 90453 吨。

同年　宁安县"出荷"粮食 4.2 万吨。

同年　牡丹江市区内先后有 7 批（每批 360—500 人）共 3000 多名市民，被日伪当局强行送往恒山煤矿充当劳工。

同年　望奎县粮谷"出荷"9.2 万吨。

同年　爱辉县内粮谷"出荷"519万余斤。

1944 年

1 月　桦川县田禄村（今建国乡）修建排灌工程的天津劳工 600 余人，其中 570 余人在工程中死亡，被扔进"万人坑"。

3 月　一列运送劳工的火车行至纳金口子与源利金厂之间时，因列车震动将高吊于车厢内的煤油灯震落引起火灾。日本宪兵怕劳工逃跑而将车门紧锁，致使车厢内 50 名中国劳工被活活烧死。

春　恒山炭矿小恒山四井绞车大绳折断，跑车撞死矿工 10 人。

4 月 26 日　日、伪军警在双城镇逮捕 40 余人，被害 20 余人。

5 月　林甸县"勤劳奉仕"队约 900 人去富裕县富海镇修飞机场。

同月　日伪在鹤岗煤矿东山地区设矫正辅导院，11 月又在西山增设一处矫正辅导院。至 1945 年 8 月，在矫正辅导院囚禁的"浮浪"共 1190 人，死者均被扔到东山坡"万人坑"。

6 月 30 日　伪黑河省公署向所属各县发出"军需畜肉出荷"命令。强调民需必须服从军需，强征肉食，本年必须交纳 200 吨畜肉。

8 月中旬　在齐齐哈尔市富拉尔基东 4 公里处，日本关东军化学部练习队第 526 部队材料厂进行散毒试验，中国男子有 4 名中毒而死，伤 20 名。

同月中旬　鹤岗日本宪兵分队将中国抗日地下工作人员 5 人押送哈尔滨日军石井细菌部队杀害。

8 月 30 日　伪满协和会珠河县本部强迫民众献金 13 万元。

8 月　伪满自 1943 年 12 月开展"献纳飞机"运动以来，已强迫东北人民交出 3300 多万元（币种不明，下同），其中滨江省最多，缴纳 364 万元。

9 月　日军在穆（穆棱河）兴（兴凯湖）水路改修工程中，使用劳工 7000 人，其中致死 1700 余人。

同月　鸡宁县（今鸡西市）日军宪兵队在鸡宁街、平阳镇等地逮捕地下抗日工作人员李东升等 90 人。审讯后，李东升、张玉环（女）等 16 人被杀害。

11 月 20 日　日本宪兵队在杏树、勃利街等地逮捕共产党地下工作者李东岱、桑元庆、曲东岩、刘清阳等 80 余人，有的被枪杀，有的被送到哈尔滨细菌研究所。

1944 年　日伪当局修建"满炭通神洞"铁路，3 个组共有中国劳工 1100 人，至 1945 年 5 月竣工，死者无数。

同年　克山县被送到孙吴、黑河修筑防御工事的劳工近 3000 人。

同年　克山县"出荷"粮食 12 万吨。

同年　宁安县全县"出荷"粮食 8.9 万吨。

同年　桦川县粮食总产量 7 万吨，"出荷" 3.6 万吨。

同年　望奎县全年粮谷"出荷" 10.53 万吨。5 年累计粮谷"出荷" 38.81 万吨。

同年　讷河县劳工 2000 余人被送往黑河服劳役，死亡 36 人，因逃跑被打死 20 人，翌年，40 余人在查哈阳修筑灌区工程时被冻死。

同年　伪龙江省农民共交纳"出荷粮" 721939 吨，占总产量的 52%。平均每垧地交纳"出荷粮" 844 斤，占垧产量的 51%。

1945 年

2 月 14 日　日军全面实行"思想矫正"大逮捕。在凤山、凤阳、万柳、蚂蟆河、浓河沿山村屯逮捕无辜群众 287 人，刑讯致死 188 人。

4 月下旬　鹤岗日本宪兵队派佛山县（今嘉荫县）国境宪兵逮捕中国地下抗日工作者 3 人，严刑拷打后送往哈尔滨日军石井细菌部队。

5 月　恒山山南特殊工人训练所，几十名工人集体逃跑。30 人被日本人抓回后用火烧死。

6 月上旬　日本关东军化学部练习队在黑龙江省齐齐哈尔富拉尔基小北屯第 526 部队演习场，对中国人放毒，伤 10 人。

8 月 7 日　日本宪兵队队长命鸡宁发电所所长池司带人打碎配电盘的仪器；烧毁主控室；放出主变压器油，烧毁主变压器；砸坏汽轮机的高压加热器及调速器并扔到水里；放出汽轮机润滑油，点燃汽轮机车间，烧毁各种技术资料和图纸。

8 月 11 日　伪三江省警务厅特务科长日本人岛村三郎率警察、特务血洗三岛理化研究所，50 余名爱国者被处决。

8 月 12 日　日伪特务机关组织破坏队在佳木斯市内纵火，烧毁房屋 40 多万平方米。

8 月 15 日　柳毛石墨矿的日军炸毁坑口，放火烧毁了浮选厂、选煤厂、火药库和新旧房屋 11 栋，整个矿山变成一片废墟。

8 月 19 日　一伙逃跑的日本兵对龙江县三家子屯、申家地房子进行屠杀，两村 160 多人被杀。

8 月 22 日　日军 300 余人路经依兰县西刘油坊，将村子包围，实行野蛮屠杀，105 人被杀，受伤 14 人，虎口余生 16 人，全村 80 余间房屋化为灰烬。

8 月 24 日　日军一残部 150 余人，对泰来县景星镇两家子蒙古族小屯手无寸铁的 80 多名百姓进行惨无人道的屠杀，血洗了全屯。后日军又包围申地房子屯，全屯 90 多口人全部被杀害。

后 记

由黑龙江省委党史研究室编纂的《黑龙江省抗日战争时期人口伤亡和财产损失》，是中央党史研究室组织编纂的抗日战争时期中国人口伤亡和财产损失调研丛书的重要组成部分，是在全省抗战时期人口伤亡和财产损失调研成果的基础上，经过筛选编辑而成。

黑龙江省抗战时期人口伤亡和财产损失调研工作由黑龙江省委党史研究室领导同志李景文、钱锋、吴炜具体负责组织，全省各市（地）县（区）党史部门及相关单位共同完成。调研前期成果主要由省委党史研究室研究一处负责审核修改，省委党史研究室宣传教育指导处、资料编辑处参加了编辑工作。

2011 年形成的初稿，由陈玫负责组织编辑和统稿。调研报告初稿由张洪兴负责撰写，大事记初稿由张梅负责编辑，省级人口伤亡和财产损失统计表由高代红、郭健军负责统计编制。龙建新对全省各市（地）县（区）上报的课题调研成果进行了初步审核，崔艳波参与了专题的审核修改。曲晓溪、马彦超参与了书稿的编辑工作。东北抗战史专家赵俊清、元仁山、李云桥、任希贵等分别对书稿进行了审改。中央党史研究室有关专家对书稿进行了认真的审读，并提出许多宝贵的意见。全书最后由省委党史研究室主任李景文审阅定稿。

2014 年初，根据中央党史研究室的总体部署和要求，开始对 2011 年初稿《黑龙江省抗战时期人口伤亡和财产损失》进行修订。此项工作由黑龙江省委党史研究室主任钱锋具体负责组织，省委党史研究室研究一处具体负责修改和编辑。其中，曲晓溪负责调研报告、马彦超负责专题和资料、崔艳波和马莉亚负责大事记有关工作；崔艳波对书稿进行了统改，陈玫对书稿进行了审改，最后由室主任钱锋审阅定稿。

本次书稿修订，有关人员查阅和复核了大量调研资料、文献资料及相关书籍，中央党史研究室第一研究部原主任霍海丹对全书进行了认真审核和修改，省直有关单位也给予了积极支持，特别是省地方志办公室的领导同志和有关人员给予了大力支持和帮助，在此一并表示衷心的感谢！

书稿虽重新修订，但历经数年的黑龙江省抗日战争时期人口伤亡和财产损失调研工作还只是取得了阶段性成果，有关资料和史实还有待进一步挖掘和考证。

本书编者

2016 年 6 月

总 后 记

历时多年的《抗日战争时期中国人口伤亡和财产损失调研丛书》终于问世了。参加这套丛书编纂工作的，主要是承担《抗日战争时期中国人口伤亡和财产损失》课题调研任务的各省、自治区、直辖市及其下属市、县的领导同志和课题组成员，以及部分著名专家。他们以高度的责任心和使命感，竭尽全力，攻坚克难，终于完成了各自承担的任务，并按统一要求，形成了调研成果的 A 系列书稿。同时，有关省、自治区、直辖市还从实际情况出发，编纂了主要反映市、县调研成果的 B 系列书稿。由于各地情况不尽相同及其他原因，呈现在读者面前的丛书，将分批陆续完成和出版。

为了保证质量，我们对本丛书中由各省、自治区、直辖市完成的 A 系列书稿（即省级调研成果）实行了四级验收制，即：所有的省级调研成果，先由有关省（自治区、直辖市）课题领导小组及其聘请的省级专家验收组分别审读通过、写出书面意见；然后提交到中共中央党史研究室课题组。中共中央党史研究室课题组审读后，再聘请国内知名专家审读书稿，提出书面意见。对每次审读提出的意见，各省、自治区、直辖市课题组都认真研究落实，对书稿进行反复修改，或是说明相关情况，直到符合要求。由一批专家完成的 A 系列书稿（即带全局性的专门课题调研成果），也通过类似的办法验收。主要反映市、县调研成果的 B 系列书稿，则由有关省、自治区、直辖市党史研究室组织验收。各种调研成果验收修改的过程，同时也是调研的深化过程、提高过程。经过反复修改补充的成果，在质量上都有明显提高。

该课题的调研和编辑出版工作分两个阶段：

第一阶段从 2004 年启动到 2010 年部分成果出版。在这一阶段，中共中央党史研究室课题组在中共中央党史研究室室委会和分管室副主任的具体领导下开展工作。中共中央党史研究室几任主要领导同志即孙英、李景田、欧阳淞主任，非常关心和重视本课题调研工作的开展，室副主任李忠杰同志分管这项工作，第一研究部承担具体工作，各地同志和有关专家同中共中央党史研究室课题组保持密切联系，对中共中央党史研究室课题组的工作给予了积极配合和支持。

第二阶段从 2014 年 1 月重新启动此课题至今。2014 年 1 月，中央领导同志对"抗损"工作作出重要批示，要求我室重新启动"抗损"课题。在此前后，曲青山主任主持全室工作，并直接分管第一研究部的工作，尽管李忠杰副主任已不再担任副主任职务，室委会仍全权委托李忠杰同志对《抗日战争时期中国人口伤亡和财产损失调研丛书》的宣传出版负总责。室委会高永中副主任、冯俊副主任对此工作也给予积极的指导和帮助。

在曲青山主任的关心指导下，在李忠杰同志的领导和具体部署下，在一部主要负责同志蒋建农的主持下，课题组自 2014 年年初起，围绕进一步提高书稿质量和尽快全部推出该套丛书，全力以赴，做了多方面的努力。

2015 年年底，曲青山主任口头明确由张树军副主任代表室委会负责主持"抗损"书稿的编辑修订出版等后续工作。2016 年 3 月 2 日，室委会正式明确由张树军副主任代表室委会全权负责"抗损"课题出版工作。

中共中央党史研究室课题组由李忠杰、霍海丹、李蓉、姚金果、李颖、王志刚、王树林、杨凯同志组成。先后担任中共中央党史研究室第一研究部领导职务的黄修荣、刘益涛同志参与了课题调研部分工作。中共中央党史研究室科研管理部、办公厅的部分同志也参与了有关工作。特别是在北京市和山东省召开的两次全国性会议，中共中央党史研究室科研管理部、办公厅的有关同志自始至终参与了繁忙的会务工作，付出了大量心血和辛勤劳动。

中共中央党史研究室课题组承担了组织指导与协调推进各地课题调研和联系有关专家完成全局性专题调研的繁重任务。在人手十分有限的条件下，课题组同志们近十年如一日，以对民族负责、对历史负责的自觉精神，克服困难，埋头苦干，为圆满完成任务做了大量工作。计先后编发213期达60多万字的《工作简报》，同各省、自治区、直辖市的同志和有关专家进行了数以千万次的电话联系及当面沟通，先后到10多个省、自治区、直辖市实地调查、参加会议，了解情况，当面指导，协助各地完成调研工作，或邀请有关地方的同志到北京进行座谈；还组织22个省、自治区、直辖市课题组编纂《抗日战争时期全国重大惨案》，同中央档案馆联合编辑《抗日战争时期解放区人口伤亡和财产损失档案选编》，同中国第二历史档案馆、中国人民解放军档案馆联合编辑其馆藏的相关档案资料，撰写有关专题报告，等等。将近10年来，课题组成员虽有变动，但工作始终如一，没有延误和懈怠。

需要说明的是，《抗日战争时期中国人口伤亡和财产损失》课题，有时也简称为抗战损失课题或抗损课题。虽然有学者认为"抗战损失"或"抗损"通常只能反映抗日战争中财产方面的损失，人口伤亡不能称作损失，但考虑到当年国民政府习惯采用"抗战损失汇报"或"抗战中人口与财产所受损失统计"等表述，所以本课题参照前例，以"抗战损失"或"抗损"作为课题简称。

2014年初，根据中央领导同志的指示精神和中共中央党史研究室室委会关于做好出版和对外宣传全国抗战损失课题调研成果准备工作的要求，我们组织部分省、自治区、直辖市的分管领导和课题组成员对已经印出样本的 A 系列书稿再次进行复审和互审，并邀请部分承担了抗战损失专题调研任务的专家参加审稿工作。这次集中复审和互审的主要任务是：审核已经印出样本的 A 系列书稿，对相关数据、史实严格把关，保证课题调研结论的真实性，保证书稿没有重大差错。中共中央党史研究室主要领导同志和分管领导同志也提出要求：把工作做得再深入、再扎实一些，统一规范，责任到人，把问题消灭在书稿正式出版之前。

在复审和互审过程中，地方同志和邀请的专家以多种形式及时沟通，围绕审稿发现的问题研究讨论，和中共中央党史研究室分管领导进行交流，对一些重要的共性问题达成一致。经过复审和互审，对有关的 A 系列书稿做出进一步修改。在此基础上，中共中央党史研究室课题组同志又对拟第一批出版的每一部 A 系列书稿进行多环节的审读、检查、修改、校对，严格审核把关，尽可能如实、客观地反映调研情况和成果。

中共中央党史研究室的其他同志及一些外聘同志、从地方党史部门借调的同志，如徐玉凤、谢忠厚、杨延力、郭明泉、戴思厚、王俊云、梁亿新、宋河星、毛立红、王莹莹、茅永怀、庾新顺、李蕙芬同志等，满腔热情地参加了本课题调研的部分工作。不论是调研选题的讨论、同有关各方的联络，还是资料的整理、归类、建档等，他们都付出了辛勤的劳动。还有不少领导和同志对课题调研给予了关心和帮助。

这里，还要特别感谢国家社会科学基金规划办公室、国家新闻出版广电总局有关领导和同志对本课题调研工作的支持和帮助，感谢有关部门对丛书出版经费的支持和保证。中共党史出版社的领导汪晓军以及陈海平、姚建萍等同志，也为这套丛书的出版花费了很多心血。

我们相信，本丛书 A 系列和 B 系列各卷的陆续公开出版，必将大大有助于抗战损失课题调研成果的推广利用，有利于固化历史，更好地发挥以史为鉴、资政育人的作用。但是，我们也深知，本课题调研迄今所取得的成果，还只是阶段性的、部分的、不完全的成果。在已经取得的来之不易的成果的基础上，今后，这一课题的调研工作还要深入不懈地继续进行下去。

中共中央党史研究室课题组

2016 年 8 月 19 日